Principes de marketing

Gary Armstrong
université de Caroline du Nord

Philip Kotler
université de Northwestern

10e édition

Emmanuelle Le Nagard-Assayag
ESSEC

Thierry Lardinoit
ESSEC

PEARSON
Education

Le présent ouvrage a été traduit et adapté à partir de *Marketing: an Introduction,* 10e édition, par Gary Armstrong et Philip Kotler, publié par Pearson Education Inc./Prentice Hall, **Copyright © 2010 Pearson Education Inc.**

Traduction : Sébastien Marty et Philippe Beaudran.

Mise en page : FAB Orléans

Publié par Pearson Education France
47 bis, rue des Vinaigriers
75010 Paris
Tél. : 01 72 74 90 00

ISBN : 978-2-7440-7475-2

Table des matières

Partie 2
Connaître les marchés et les consommateurs

Partie 4
Diffuser l'offre marketing

Liste des encadrés

Liste des études de cas

Crédits

5 Corbis-NY/Corbis.
9 www.fdjeux.com/institutionnel/institutionnel/jeu_responsible/restez_maitre_du_jeu_fixez_vos_limiets.php
10 Fiat France, Alpha Romeo.
11 Innocent.
22 Stew Leonard's.
23 CCFD.
33 Vivendi.
37 Getty Images, Inc.
39 Baccarat et latoutepetiteagence.
43 Petit Bateau.
44 Hitachi.
66 Redux Pictures.
69 Liebig et Young & Rubicam France – Photographe : Maria Dawlat @ Agence 55.
73 Getty Images, Inc. – Image Bank
76 Ikea, www.ikea.com
77 Montblanc France – Création interne.
85 Getty Images, Inc.
94 Fisher-Price Company, © 2003, Mattel Inc.
109 Nielsen, www.nielsen.com
127 Yvan et Claude Boileau.
129 Douglas A. Fidaleo et Integrated Media Systems Center, University of Southern California, Los Angeles et Teradata, une division de la NCR.
131 National Fluid Milk Processor Promotion Board.
135 MINI France/Agence : TBWA.
140 Gore-Tex.
142 Agence Bosphore (Comabi).
150 GDF Suez, Gaz de France Dolce Vita.
156 Nike, 2005.
157 Jean-Paul Gaultier – Photographe : Jean-Baptiste Mondino.
158 Mir.
159 Doug Hardman, http://www.hardman.org
167 Nacara Cosmetiques.
171 www.onvotetouspourdanette.com
177 Air France.
188 Samsonite Black Label, Life's a journey, Gamme X'Lite, Joaquin Cortès.
194 Corbis-NY/ Corbis.
195 Dyson Appliances, 2010.
196 www.lavachequirit.com
201 Pepsico France.
204 © Copyright 2007 Michelin. Tous droits réservés.
216 SFR S.A., SFR neufbox.
230 Philips France.
234 Photographe : Rick Rappaport.
237 Mondadori France Publicité.
238 Brooks Kraft/Corbis Sygma.
247 Philips et Nivea, *Philips Nivea for men.*
245 Automobiles Peugeot/MKTP.
249 Fauchon Paris.
250 www.cadum.fr
255 © Copyright 2007 Michelin. Tous droits réservés.
259 ebay
262 Leclerc, www.quiestlemoinscher.com
266 Direct Energie – Juin 2009
270 Gibson Guitar.
278 Sport 2000.
299 Mobalpa.
301 My Major Company, www.mymajorcompany.com
303 www.ooshop.com
310 Redux Pictures.
313 AP Wide World Pictures.
320 AP Wide World Pictures.
322 AP Wide World Pictures.
327 Sherpa Alimentation.
328 Nature et Découvertes.
345 Assurance France Generali.
350 Loulou Mother pour Têtu.
354 V&S Vin & Spirit AB (publ). Absolut country of Sweden vodka & logo, Absolut, Absolut bottle design and Absolut calligraphy are trademarks owned by V & S Vin & Spirit AB (publ).
357 Microsoft France.
362 Fondation Abbé Pierre.
363 M&Ms.
365 Gillette.
369 Unilever.
371 www.coca-cola.fr/home.do#Entre_dans_le_stade
377 Boise Cascade Corporation.
382 Ferorelli Interprises, Inc.
394 Ecofioul et Getty Images.
398 © 2007 adidas France – Marques et modèles adidas deposés par le Groupe adidas – Utilisés avec son autorisation.
399 www.welcomeoffice.com
412 REI Recreationnal Equipment Inc.

Préface à l'édition originale

Bienvenue dans *Principes de marketing* !

Avec cet ouvrage, nous voulons offrir aux étudiants une initiation aussi exhaustive que possible aux principes et aux pratiques marketing, sans les décourager par un grand nombre de détails ou de notions complexes. Notre objectif est de proposer un manuel de référence qui soit à la fois complet et aisé à appréhender.

Principes de marketing respecte donc un équilibre entre profondeur d'analyse et efficacité d'apprentissage. Son contenu et sa structure sont parfaitement adaptés aux étudiants de premier cycle. Les exemples concrets qui émaillent le texte permettent de comprendre les concepts en profondeur. De nombreuses situations réelles montrent comment les entreprises abordent et résolvent les problèmes marketing. Nous espérons ainsi offrir à tous – enseignants et étudiants – un support efficace et attractif.

Les axes forts de l'ouvrage

L'ensemble des chapitres est traversé par cinq grands thèmes auxquels nous prêtons une attention particulière :

1. **Créer de la valeur à l'intention du client et en dégager un bénéfice pour l'entreprise.** Les décideurs marketing d'aujourd'hui doivent exceller dans la création de valeur et la gestion des relations clients. Ils doivent attirer les clients cibles avec de fortes propositions de valeur, puis conserver et accroître cette clientèle en lui offrant une valeur supérieure ainsi qu'en gérant efficacement les échanges entre l'entreprise et ses clients. Les entreprises les plus performantes sont celles qui ont bien cerné leurs marchés et les besoins des consommateurs, élaboré des stratégies marketing créatrices de valeur, développé des programmes marketing porteurs de valeur et de satisfaction pour les consommateurs et établi des relations solides avec eux. En retour, les clients leur délivrent de la valeur sous forme de ventes, de profits et de capital client.
2. **Développer des relations client.** Les responsables marketing doivent également assurer une bonne gestion des relations de partenariat. Ils doivent collaborer étroitement avec les interlocuteurs internes et externes de l'entreprise afin de construire ensemble des relations clients rentables. Les « marketeurs » efficaces travaillent aujourd'hui de concert avec les autres départements pour mettre en place une solide chaîne de valeur à l'échelle de l'entreprise. Ils sont également en contact avec les partenaires externes de manière à construire des circuits de demande et d'approvisionnement efficaces et à nouer des alliances orientées clients.
3. **Mesurer et contrôler les retours marketing.** Les responsables marketing doivent s'assurer que leurs investissements sont engagés à bon escient. De nombreux entreprises ont pu, par le passé, développer de lourds et coûteux programmes marketing sans souci

d'évaluer ensuite les retombées financières de leurs dépenses. Ce n'est plus le cas aujourd'hui. La mesure et le contrôle des retours sur investissement marketing ont pris une place importante dans la stratégie et la prise de décision marketing.

4. **Maîtriser les nouvelles technologies marketing à l'ère numérique.** Les évolutions technologiques modifient les pratiques marketing et ont un impact important sur les acheteurs comme sur les responsables marketing à leur service. À l'ère d'Internet, les marketeurs doivent savoir comment exploiter les avancées en matière de nouvelles technologies de l'information et de la communication et en matière de transport pour maintenir des échanges toujours plus efficaces avec leurs clients et leurs partenaires.
5. **Pratiquer un marketing socialement responsable à travers le monde**. Alors que les progrès technologiques ne cessent de ramener le vaste monde à l'échelle d'un village compact, il est essentiel de pratiquer une bonne gestion globale des marques, avec le souci de la responsabilité sociale de l'entreprise.

L'approche pédagogique

Principes de marketing a pour but de guider les étudiants dans leur découverte du marketing, en les aidant à maîtriser les concepts fondamentaux et les principales méthodes du marketing moderne. L'ouvrage prend soin de faire un exposé clair des théories et des concepts, de les illustrer par des exemples pertinents de pratiques marketing et d'accompagner le lecteur avec un grand souci pédagogique.

- Chaque chapitre s'ouvre sur un descriptif précis des connaissances à acquérir.
- Celles-ci sont récapitulées dans les sections « Retour sur les concepts clés » en fin de chapitre.
- Les termes clés et les notions essentielles sont systématiquement définis dans la marge.
- Les méthodes et les concepts importants sont systématiquement illustrés par des exemples choisis et précis, facilement identifiables dans le texte du chapitre par leur retrait et par une marque de début et de fin.
- Les encadrés « Marketing en actions » permettent de s'attarder un peu plus longuement sur un cas d'entreprise ou une pratique, pour offrir une approche résolument concrète de la gestion marketing et faire le lien entre les différentes notions au fur et à mesure de la progression.
- Chaque chapitre s'achève par une section « Activités », qui propose à la fois des questions de révision et des exercices de mise en application, avec notamment une étude de cas en lien avec le thème du chapitre.

Remerciements

Aucun ouvrage ne verrait le jour sans le concours de nombreuses personnes. Nous devons beaucoup à tous ceux qui, par leur aide, ont rendu possible cette nouvelle édition. Nous tenons à exprimer notre reconnaissance à Keri Miksza pour ses conseils nombreux et pertinents, son aide et son implication tout au long de ce projet. Nous remercions Andy Norman de l'université Drake pour sa contribution au développement des études de cas et des cas vidéos, ainsi que Lew Brown de l'université de Caroline du Nord à Greensboro pour sa participation à la rédaction des exemples. Tous nos remerciements également à Laurie Babin de l'université de Louisianne à Monroe pour son travail sur les éléments de fin de chapitre et sur l'annexe « Calculs de marketing ».

De nombreux collègues enseignants nous ont fait part de leurs commentaires et suggestions depuis la première édition de cet ouvrage. Nous les remercions sincèrement pour leurs relectures constructives, et notamment pour leur apport à cette dixième édition :

George Bercovitz, York College – Sylvia Clark, St John's University – Datha Damron-Martinez, Truman State University - Ivan Filby, Greenville College - John Gaskins, Longwood University - Karen Halpern, South Puget Sound Community College - Jan Hardesty, University of Arizona -Hella Elona Johnson, Olympic College - Mark Newman, Hocking College - Vic Piscatello, University of Arizona -William M. Ryan, University of Connecticut - Elliot Schreiber, Drexel University - Robert Simon, University of Nebraska, Lincoln - John Talbott, Indiana University - Rhonda Tenenbaum, Queens College - Tom Voigt, Judson University - Terry Wilson, East Stroudsburg University

Nous devons également beaucoup aux personnes de Prentice Hall qui nous ont aidés à rédiger cet ouvrage. Melissa Sabella nous a apporté des idées nouvelles et soutenus tout au long de cette réédition. Kierra Kashickey nous a soutenus, conseillés, et a su gérer avec compétence toutes les facettes de ce projet. Nous voudrions aussi citer les noms de Janet Slowik, Karalyn Holland, Anne Fahlgren, Karin Williams et Judy Leale. Nous sommes fiers d'avoir collaboré avec ces professionnels de l'édition.

Enfin, nous souhaitons remercier nos familles pour leur aide et leurs encouragements – Kathy, Betty, Mandy, Matt, KC, Keri, Delaney, Molly, Macy et Ben Armstrong, ainsi que Nancy, Amy, Melissa et Jessica Kotler. Ce livre leur est dédié.

Gary ARMSTRONG
Philip KOTLER

Préface à l'édition française

Avoir l'opportunité d'adapter un ouvrage comme *Principes de marketing* est autant une chance qu'une démarche stimulante. Enseignant depuis des années un cours d'introduction au marketing ou de marketing fondamental à l'ESSEC, nous avions tous deux ressenti le manque d'un ouvrage d'initiation en français qui soit clair, attractif et illustré.

Si l'adaptation française de *Marketing Management* par Bernard Dubois et Delphine Manceau demeure une référence, le présent ouvrage se veut plus condensé, pour donner aux étudiants découvrant le marketing le goût de cette discipline et l'essentiel de ses concepts.

C'est donc ce que nous nous sommes attachés à faire dans la deuxième version de cette adaptation. Si les concepts abordés par Gary Armstrong et Philip Kotler restent identiques, nous avons toutefois minutieusement adapté tous les exemples, les encadrés (« Marketing en actions ») et les visuels, pour qu'ils soient parlants et pertinents pour le lecteur francophone. Nous avons choisi des exemples internationaux, européens ou plus locaux, les plus récents possibles et souvent emblématiques. Nous nous sommes également attachés à fournir, dans chaque chapitre, les principales informations pertinentes sur l'environnement démographique, économique, socio-culturel et réglementaire français.

Les nouveautés de la 10e édition

Nous avons actualisé le texte, et renouvelé l'ensemble des « Marketing en actions » et des Activités de fin de chapitre, en cherchant des exemples encore plus récents. Nous avons notamment cherché à illustrer les aspects les plus actuels du développement du marketing, comme l'importance croissante de la responsabilité sociale de l'entreprise et du développement durable, le rôle des médias sociaux, les nouveaux développements technologiques auxquels nous consacrons désormais un chapitre. Enfin, nous avons également souhaité mettre l'accent sur la productivité du marketing en ajoutant une annexe « Calculs de Marketing ».

Pour faciliter l'appropriation de la démarche marketing par les étudiants, nous avons développé le contenu de cet ouvrage en quatre parties qui abordent les questions suivantes :

- Qu'est-ce que le marketing et quel est son rôle dans la planification stratégique de l'entreprise ?
- Quels facteurs observer et comment les observer pour comprendre les marchés et les consommateurs ?
- Comment bâtir une offre marketing ?
- Comment diffuser l'offre marketing ?

Nous nous sommes également mis à la place de nos collègues enseignants pour leur fournir un support de cours attrayant, ceci – entre autres – grâce aux questions de fin de chapitre et aux études de cas.

Nous espérons que chaque lecteur prendra autant de plaisir et d'intérêt à lire et à s'approprier cet ouvrage que nous en avons eu à l'écrire !

Remerciements pour la nouvelle édition

Depuis la publication de la première adaptation, j'ai eu la satisfaction de voir mes étudiants utiliser ce livre, et de recevoir de nombreux retours positifs de mes collègues.

Je n'aurais pas entrepris ce lourd travail d'adaptation sans la collaboration de Thierry Lardinoit, avec qui, depuis bientôt treize ans ans à l'ESSEC, j'ai déjà partagé de nombreux projets, pédagogiques ou de recherche. Je lui rends ici hommage pour ses compétences, son professionnalisme et son engagement.

Je tiens à remercier Pearson Education, Pascale Pernet pour nous avoir donné l'opportunité d'adapter un ouvrage de référence tel que celui-ci, et Béatrice Rego, pour la conduite de tout le projet dans des délais très tendus, sa ténacité et sa patience.

Merci à Isabelle Bleou-Godin, étudiante à la chaire VSM à l'ESSEC, ainsi qu'à Nina Gineste pour l'aide précieuse apportée dans la recherche documentaire, et la négociation des droits pour les visuels. Leur efficacité et leurs judicieuses recommandations ont été d'un grand support.

Ma gratitude va également à tous mes collègues du département marketing de l'ESSEC, toujours prêts à apporter informations, suggestions, encouragements et conseils.

Mes remerciements vont également à mes étudiants – dans le programme « Grande Ecole », mais également en Mastère Spécialisé, ou dans les programmes de formation permanente –, et les intervenants et partenaires d'entreprise qui m'ont fourni, au fil des discussions et des présentations, le sujet de mes exemples, et le support de mes réflexions !

Enfin, merci à ma famille, mon mari Chem, qui est lui-même responsable marketing, ma fille Yaël, qui aime tant les livres, mon fils Noë, qui est si curieux du monde qui l'entoure, et bien sûr mon père et ma tante, chacun à leur manière toujours à mon écoute.

Cette nouvelle édition, comme la précédente, est dédiée à ma mère.

Emmanuelle Le Nagard

Je voudrais en premier lieu remercier mes étudiants, avides de savoir, de compréhension et de réalisations. Leur engagement dans notre pédagogie par l'action m'encourage constamment à continuer à développer de nouvelles voies d'apprentissage.

Immanquablement, mes pensées vont à ma collègue Emmanuelle Le Nagard, avec qui, année après année, il est toujours aussi enrichissant et enthousiasmant de coopérer – *a fortiori* sur un livre tel celui-ci. Sa clairvoyance, son approche équilibrée des situations et son sens de la collaboration ont valeur d'exemplarité dans notre profession.

Je remercie également Magali Tézenas du Montcel et Sandrine Plançon, mes collaboratrices de la chaire internationale de marketing sportif de l'ESSEC qui, par leur efficacité et leur disponibilité, m'ont permis de m'isoler pour faire avancer cet ouvrage. Merci à Marthe Rollier, étudiante de l'ESSEC, pour son aide dans la recherche documentaire et la synthèse précise d'informations judicieusement collectées. Ma reconnaissance est aussi adressée à mes collègues du département marketing de l'ESSEC, pour qui « tout apprentissage est un métissage », et qui accueillent la diversité comme une source d'éveil et d'évolution.

En aucun cas je n'oublierai d'associer à ces remerciements l'équipe de Pearson Education, Pascale Pernet et Béatrice Rego, pour avoir initié et accompagné la publication de ce manuel.

Je dédie enfin ce travail à ma femme, Catherine, et à nos enfants, Marie, Louise, Baptiste et Félix. Que telle une conviction pédagogique, constamment revisitée, sans cesse réinventée, ils restent toujours joyeusement en devenir et ancrés dans l'action.

Thierry LARDINOIT

Nous tenons également à remercier les enseignants qui nous ont fait part de leur avis sur l'ouvrage original et de leurs attentes pour la version française :

Pascale Borel, Groupe ESC Clermont – Bruno Camus, Euromed Marseille-École de Management – Christophe Haon, Institut d'Étude Politiques de Grenoble ; Grenoble École de Management – Chantal Lai, Groupe ESC Rouen – Virginie Maille, CERAM Sophia Antipolis – Christian Meyssonnier, ESC Lille – Cécile Pichou, ESC Saint-Étienne.

Les auteurs

Gary Armstrong est professeur de marketing en premier cycle à la Kenan-Flagler Business School de l'université de Caroline du Nord. Il est diplômé en gestion (université Wayne State, Détroit) et docteur en marketing (PhD) de la Northwestern University (Chicago). Il a contribué à de nombreux articles dans des revues de premier plan. En tant que consultant et chercheur, il a collaboré avec de grandes entreprises pour des études de marché, du conseil en stratégie marketing ou en management de la force de vente. Mais Gary Armstrong aime avant tout enseigner et est particulièrement réputé pour ses talents de pédagogue. Très impliqué dans la définition des programmes et l'encadrement pédagogique de la Kenan-Flagler Business School, il assure la direction académique de la licence et est connu pour suivre de près les étudiants. Ses compétences ont été saluées par de multiples prix d'excellence dans l'enseignement de premier cycle, au sein de l'école comme de l'université. Il est notamment le seul à porter le titre de *Blackwell Distinguished Professor*, qui consacre « l'excellence et l'innovation des enseignements, le suivi et le conseil des étudiants, la sensibilisation à l'éthique dans la pratique du marketing », et a été couronné en 2004 par la plus haute distinction de l'université de Caroline du Nord-Chapell Hill, le prix de l'UNC Board of Governors.

Philip Kotler est l'une des plus grandes autorités mondiales en marketing. Il est *Distinguished Professor* de marketing international à la Kellogg Graduate School of Management (Northwestern University, Chicago). Il est titulaire d'une maîtrise en économie obtenue à l'université de Chicago et d'un doctorat en économie au MIT. Son livre *Marketing management*, qui en est actuellement à sa douzième édition, est l'ouvrage de référence en la matière (traduit et adapté en français par Bernard Dubois et Delphine Manceau, Pearson Education, 2006). Il a écrit plus de vingt autres livres à succès et publié plus de cent articles dans des revues de premier plan. Ses contributions à la discipline et sa carrière d'enseignant ont été salués par de multiples récompenses. Il est notamment le seul auteur à avoir obtenu par trois fois le très envié prix Alpha Kappa Psi, qui récompense le meilleur article de l'année paru dans le *Journal of Marketing*. Il a été le premier récipiendaire de deux prix très importants : le prix Distinguished Marketing Educator of the Year décerné par l'American Marketing Association et le Philip Kotler Award for Excellence in Health Care Marketing de l'Academy of Health Care Marketing. Il est par ailleurs docteur *honoris causa* des universités de Stockholm, Zurich, Athènes, Cracovie, Vienne, Budapest et du groupe HEC. Il a conseillé de nombreuses grandes entreprises américaines et étrangères dans leur stratégie marketing, leur organisation ou leur marketing international. Philip Kotler a été président du collège marketing de l'Institute of Management Sciences (TIMS), directeur de l'American Marketing Association, administrateur du Marketing Science Institute, directeur du Groupe MAC (Gemini), membre du Yankelovich Advisory Board et du Copernicus Advisory Board, membre du bureau du comité consultatif de la fondation Peter Drucker.

Emmanuelle Le Nagard est professeur de marketing à l'ESSEC, où elle a été responsable, pendant de nombreuses années, du cours d'introduction au marketing pour les étudiants en première année, et pour les étudiants admis sur titre, et du cours « Innovation et nouveaux produits ». Elle enseigne également en formation continue et dans les programmes de Mastères spécialisés. Elle est Professeur Titulaire de la Chaire Vente et Stratégie Marketing (VSM), et Responsable Pédagogique pour l'ESSEC du Programme CPI (Création de Produits Innovants), en partenariat avec l'Ecole Centrale Paris et Strate College Designers.

Diplômée de l'ESCP-EAP, titulaire d'un DEA d'économie (Sciences-Po Paris), d'une maîtrise de lettres modernes et d'un doctorat en marketing (HEC), elle est habilitée à diriger des recherches. Elle est l'auteur de plusieurs chapitres dans des ouvrages collectifs, de nombreux cas pédagogiques déposés à la Centrale des cas et des médias pédagogiques (CCMP) ou à l'European Case Clearing House (ECCH), ainsi que d'articles de recherche, notamment dans *International Journal of Research in Marketing, Journal of Product and Brand Management, Recherche et Applications en Marketing, Décisions Marketing*, etc. Elle a co-écrit avec Delphine Manceau *Marketing des nouveaux produits* (Dunod, 2005), qui a reçu le prix de l'Académie des sciences commerciales. Elle a également adapté en français *Marketing Planning*, de Marian Burk Wood (Pearson Education, 2005).

Emmanuelle Le Nagard est trésorière et membre du bureau de l'Association Française du Marketing. Elle est membre du comité de rédaction de *Recherche et Applications en Marketing* et du Comité de Lecture de Décisions Marketing.

Thierry Lardinoit est professeur de marketing à l'ESSEC, où il est responsable, depuis dix ans, du cours de marketing fondamental destinés aux « admis sur titre » et, plus récemment, du cours d'introduction au marketing dédié au programme PhD. Il enseigne également le comportement du consommateur en formation continue, dans des programmes pour entreprise et dans des programmes de Mastères spécialisés. Depuis 2001, il dirige la chaire européenne de marketing sportif, dont il est le co-fondateur. Il est aussi responsable pédagogique du Mastère *part-time* « Sport, management et stratégie d'entreprise » qu'il a créé. Dans les programmes qu'il dirige, il a instauré un certain nombre d'innovations pédagogiques qui ont pour but de rendre les étudiants plus acteurs de leur formation et par conséquent d'accroître l'appropriation des contenus par ces derniers.

Il a obtenu son doctorat à l'université catholique de Louvain et ses travaux de recherche ont été publiés dans différentes revues internationales telles que *Journal of Advertising Research, Psychology and Marketing* ou *Recherche et Applications en Marketing*. Il a collaboré à différents ouvrages collectifs, français ou internationaux, sur le marketing, le comportement du consommateur et le marketing sportif. Il est membre du comité de rédaction de l'*International Journal of Sport Marketing & Sponsorship* et relecteur pour différentes revues académiques. Préalablement à son doctorat, il a mené une carrière de sportif de haut niveau (volley-ball, 25 sélections en équipe nationale). Sa pratique l'a amené à s'intéresser à la gestion du sport et en particulier au marketing sportif.

Partie 1

Comprendre le marketing et ses processus

Chapitre 1

AU TERME DE CE CHAPITRE, VOUS SAUREZ

1. **Définir la notion de marketing et identifier les étapes successives de la démarche marketing.**
2. **Expliquer l'importance d'une bonne compréhension des clients et du marché, et identifier les concepts fondamentaux associés.**
3. **Déterminer les éléments clés d'une stratégie marketing orientée vers le client.**
4. **Expliquer la gestion de la relation client et identifier les stratégies permettant à la fois de créer de la valeur à l'intention du client et de dégager en retour du profit pour l'entreprise.**
5. **Décrire les grandes tendances et les principales forces qui sont en train de transformer le paysage marketing.**

La définition du marketing

Les entreprises accordent aujourd'hui une importance extrême au marketing, et se concentrent en priorité sur la clientèle. Pour satisfaire les besoins de leurs clients et leur apporter un surcroît de valeur, elles définissent avec précision les marchés visés et incitent chacun de leurs employés à bâtir des relations durables avec les clients. Comme l'explique Sam Walton, fondateur de Wal-Mart, la plus grande entreprise de distribution au monde : « Le seul vrai patron, c'est le client. Il peut jeter tout le monde à la rue, depuis le P-DG jusqu'au manutentionnaire : il lui suffit pour cela d'aller dépenser son argent ailleurs. »

1. Qu'est-ce que le marketing ?

Plus que toute autre fonction de l'entreprise, le marketing se situe dans un rapport direct avec la clientèle. Avant d'entrer davantage dans le détail, disons simplement qu'il vise pour l'essentiel à créer des relations rentables avec les clients. Il poursuit en fait un double objectif : séduire de nouveaux clients par la promesse d'une valeur supérieure, et conserver la clientèle existante pour qu'elle augmente ses achats, en lui apportant la plus grande satisfaction possible à long terme.

Si Wal-Mart s'est imposée comme la plus grande entreprise de distribution au monde, c'est parce qu'elle a pris soin de tenir sa promesse : « Toujours les prix les plus bas. Toujours ! » Quant à Apple, son slogan « Think Different » s'appuie sur des innovations orientées clients et plébiscitées par eux, comme l'Iphone ou l'Ipod. Ces entreprises savent pertinemment que l'attention accordée aux clients se traduit au bout du compte par un accroissement des bénéfices et des parts de marché.

Un marketing solide se révèle essentiel au succès d'une organisation, quelle qu'elle soit. Cela vaut non seulement pour les grandes entreprises commerciales telles que Procter & Gamble, Renault, Carrefour, Apple ou Accor, mais aussi pour les organismes à but non lucratif – universités, hôpitaux, musées, organisations humanitaires, et même les partis politiques.

Le marketing fait partie intégrante de notre vie ; il y est même omniprésent, comme en témoignent la variété des produits disponibles en grande surface et les publicités qui remplissent nos écrans de télévision, nos magazines, nos boîtes aux lettres ou nos pages web. Le marketing s'immisce dans la quasi-totalité de nos occupations quotidiennes : à la maison, à l'école, au travail, dans nos activités de loisir… Pour autant, il ne s'agit là que de la partie visible. En coulisse, des milliers de personnes s'activent en permanence pour comprendre les besoins des consommateurs, gagner leur attention et influencer leurs achats.

Le présent ouvrage propose une introduction complète et rigoureuse aux concepts fondamentaux et aux pratiques actuelles du marketing. Dans ce premier chapitre, nous commencerons par définir le terme même de *marketing* et la notion de démarche marketing.

1.1 Le marketing

Qu'est-ce donc que le marketing ? Pour la plupart des gens, il ne s'agit que de vente et de publicité, souvent décrites, de façon péjorative, comme de la manipulation, ou du « boniment ». En réalité, la vente et la publicité ne constituent que la partie la plus visible du marketing.

L'objectif du marketing est beaucoup plus large et ambitieux : il s'agit de *satisfaire les besoins de la clientèle*. Si le responsable marketing fait l'effort de comprendre les besoins de ses clients, s'il développe des produits et des services capables de leur apporter un surcroît de valeur, et s'il assure une tarification, une distribution et une promotion efficaces de ces produits, il n'éprouvera dès lors aucune difficulté à les vendre. En conséquence, vente et publicité ne constituent finalement qu'une petite partie d'un « mix marketing » beaucoup plus vaste, formé d'un ensemble d'outils qui se coordonnent pour satisfaire les besoins du client et construire avec lui une relation solide.

Marketing
Démarche de l'entreprise visant à créer de la valeur pour ses clients, et à nouer avec eux des relations durables afin de bénéficier en retour de la valeur qu'ils peuvent lui apporter.

D'un point de vue général, le **marketing** est un processus social et managérial qui permet à des personnes ou à des organisations de créer de la valeur et de l'échanger avec d'autres, afin d'obtenir ce dont elles ont besoin[1], et d'en retirer de la satisfaction. Dans le contexte plus étroit de l'entreprise, le marketing suppose l'établissement de relations d'échange rentables avec les clients, fondées sur la notion de valeur à long terme.

1.2 La démarche marketing

La figure 1.1 propose un modèle schématique de la démarche marketing, divisé en cinq étapes. Les quatre premières consistent pour l'entreprise à comprendre ses clients, à leur apporter de la valeur et à bâtir avec eux des relations solides. La dernière lui permet de récolter les fruits de ses efforts : en créant de la valeur pour ses clients, l'entreprise peut ensuite en retirer pour elle-même par le biais des ventes, des bénéfices et du capital client accumulé sur le long terme.

Figure 1.1 Modèle schématique de la démarche marketing

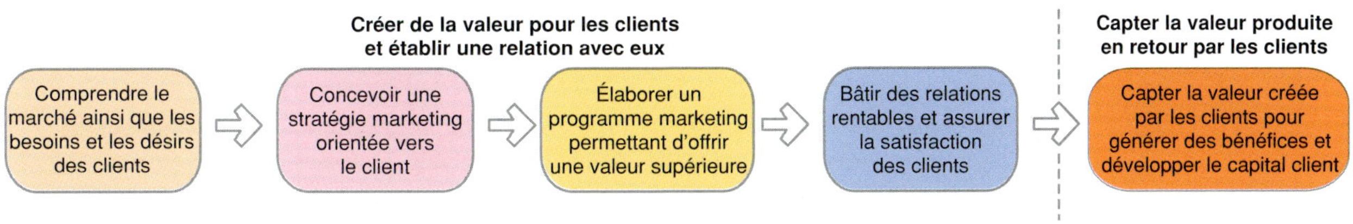

Les deux premiers chapitres de cet ouvrage décriront dans le détail les différentes étapes du modèle exposé. Nous passerons d'abord en revue chacune d'entre elles, en mettant plus particulièrement l'accent sur les étapes liées à la relation client – comprendre les clients, nouer des relations et recueillir la valeur qu'ils apportent. Dans le chapitre 2, nous approfondirons un peu plus la deuxième et la troisième – concevoir des stratégies marketing et élaborer des plans d'action marketing.

2. Comprendre le marché et les besoins des clients

Avant toute chose, les responsables marketing doivent s'efforcer de comprendre les besoins et les désirs des clients, ainsi que le marché au sein duquel ils opèrent. Nous allons donc examiner cinq concepts fondamentaux : (1) *besoins, désirs et demandes*; (2) *offres commerciales (produits, services et expériences)*; (3) *valeur et satisfaction*; (4) *échanges et relations*; et (5) *marchés.*

2.1 Besoins, désirs et demandes des clients

Besoins
États liés à une sensation de manque.

Désirs
Forme que prennent les besoins humains sous l'effet de la culture et de la personnalité de chacun.

Demandes
Désirs humains soutenus par un pouvoir d'achat suffisant.

En matière de marketing, le concept le plus élémentaire se rapporte aux besoins humains. Ces **besoins** peuvent être définis comme des états liés à une sensation de manque. Ils incluent les besoins *physiques* – se nourrir, se vêtir, se chauffer et assurer sa sécurité –, les besoins *sociaux* – appartenance et affection –, et les besoins *individuels* – acquisition de connaissances et expression de soi. Ces besoins n'ont pas été créés par le marketing : ils font partie intégrante de la nature humaine.

Les **désirs** représentent la forme que prennent les besoins humains sous l'effet de la culture et de la personnalité de chacun. L'Américain et le Mauricien ont tous les deux *besoin* de manger, mais le premier *désire* un Big Mac, des frites et un soda, là où le second préfère une mangue, du riz, des lentilles et des haricots. Les **désirs** sont façonnés par la société dans laquelle on vit, et se définissent sous la forme d'objets concrets susceptibles de satisfaire nos besoins. Soutenus par un pouvoir d'achat suffisant, ils se transforment en **demandes**. En fonction de leurs désirs et de leurs ressources, les gens réclament des produits qui leur apportent le maximum de valeur et la plus grande satisfaction possible.

En termes de marketing, les entreprises doivent déployer tous leurs efforts pour saisir et comprendre les besoins, les désirs et les demandes de leurs clients. Pour cela, elles disposent de différents moyens :

- Elles réalisent des études et analysent en permanence des informations et des données.
- Leurs employés prennent soin de rester toujours proches des clients, y compris aux échelons les plus élevés.

▶ Ainsi, les collaborateurs de Procter & Gamble, l'entreprise qui commercialise entre autres la marque de couches pour bébé Pampers, sont invités à aller rencontrer de jeunes mamans pour comprendre la nature des difficultés auxquelles

elles sont confrontées, et même à passer une nuit à leurs côtés. Cela leur permet de garder à l'esprit de manière durable et très concrète les besoins de leurs consommateurs.

2.2 Offres commerciales – produits, services, informations et expériences

Offre commerciale
Combinaison particulière de produits, de services, d'informations ou d'expériences destinée à satisfaire un besoin ou un désir spécifique sur un marché donné.

Myopie marketing
Erreur consistant, pour un responsable marketing, à s'intéresser davantage aux produits eux-mêmes qu'aux bénéfices et aux expériences générés par ces produits.

Les entreprises vont tenter de satisfaire les besoins et les désirs des consommateurs par le biais d'une **offre commerciale** – une combinaison particulière de produits, de services et d'expériences destinée à satisfaire un besoin ou un désir spécifique sur un marché donné. Les offres commerciales ne se limitent pas aux simples *produits* matériels. Elles englobent également des *services*, c'est-à-dire des activités ou des avantages proposés à la vente qui sont de nature essentiellement intangible et ne se traduisent par aucune possession concrète. Entrent par exemple dans cette catégorie les services bancaires, le transport aérien, l'hôtellerie, les conseils fiscaux ou les services de dépannage à domicile. Plus largement, les offres commerciales peuvent aussi porter sur d'autres entités, telles que les *personnes*, les *endroits*, les *organisations*, les *informations* ou les *idées*.

La Prévention routière fait la promotion du port de la ceinture de sécurité, et l'INPES (Institut national de prévention et d'éducation par la santé) incite les consommateurs à faire attention à leur alimentation, notamment sur le site « mangerbouger.fr ».

En se préoccupant excessivement de leur offre commerciale actuelle, les responsables marketing risquent de souffrir de **myopie marketing**. Ils peuvent avoir tendance à s'intéresser davantage aux produits eux-mêmes qu'aux bénéfices et aux expériences générés par ces produits et finissent alors par se focaliser uniquement sur les désirs existants, en perdant de vue les besoins latents de la clientèle[2]. Ils oublient qu'un produit n'est rien d'autre qu'un moyen de résoudre le problème rencontré par le client. Un fabricant de brosses à dents peut oublier que son client a besoin non du produit brosse à dents mais d'hygiène dentaire, besoin qui peut être satisfait plus facilement par un chewing-gum sans sucre mâché après le repas. Si un nouveau produit, plus adapté ou moins coûteux, apparaît sur le marché, le client éprouvera toujours le même *besoin*, mais son *désir* se portera vers le nouveau produit.

En associant plusieurs services et plusieurs produits, les responsables marketing s'emploient de plus en plus à créer une *expérience de marque* pour leurs clients. La visite d'un parc Disney apporte ce type d'expérience,

De nombreux nouveaux produits comme le téléphone mobile, les ordinateurs portables, les assistants personnels ou les appareils photos numériques sont issus d'un marketing de l'offre : les consommateurs n'auraient pas seuls eu l'idée de tels produits.

tout comme l'essai d'une moto chez un concessionnaire Harley-Davidson, ou une visite dans un magasin Sephora. Les entreprises essaient ainsi de développer un véritable « marketing expérientiel[3] ».

2.3 Valeur et satisfaction client

En règle générale, les consommateurs disposent d'un large éventail de produits et de services susceptibles de satisfaire un besoin donné. Pour choisir entre ces différentes offres, ils envisagent la valeur et la satisfaction qu'elles peuvent leur apporter, et orientent leurs achats en conséquence. Les clients satisfaits vont avoir tendance à renouveler le même choix et à informer les autres des expériences positives qu'ils ont vécues. À l'inverse, les clients déçus se tournent vers la concurrence et font état de leur déconvenue.

Le sentiment de satisfaction résulte de la confrontation entre les attentes préalables et l'expérience vécue. Les responsables marketing doivent donc prendre soin de susciter des attentes adéquates. S'ils les restreignent trop, ils satisferont leur clientèle actuelle mais ne parviendront pas à attirer de nouveaux acheteurs. S'ils promettent trop, les clients seront au contraire déçus et mécontents. La valeur et la satisfaction constituent deux éléments essentiels pour le développement et la gestion des relations clients. Nous réexaminerons ces concepts fondamentaux un peu plus loin dans ce chapitre.

2.4 Échanges et relations

Échange
Acte visant à obtenir d'autrui un objet souhaité en lui offrant quelque chose en retour.

Le marketing intervient lorsque des individus décident de satisfaire leurs besoins ou leurs désirs par le biais d'une relation d'**échange**. L'**échange** désigne l'acte visant à obtenir d'autrui un objet souhaité en lui offrant quelque chose en retour. Au sens le plus large, le responsable marketing tente d'obtenir une réponse à une offre commerciale spécifique. Cette réponse peut très bien se situer en dehors d'une simple opération d'achat portant sur des biens ou des services. Un candidat à une élection cherchera ainsi à obtenir des voix, une association professionnelle à attirer de nouveaux adhérents, un théâtre à accroître son public, et une organisation humanitaire à susciter des dons.

Le marketing englobe toutes les actions permettant de bâtir et d'entretenir avec les publics cibles des *relations* d'échange utiles relatives à un produit, un service, une idée ou n'importe quel autre objet. En plus de séduire de nouveaux clients et de générer des transactions, l'objectif est de conserver les clients actuels et d'intensifier leurs échanges avec l'entreprise (voir encadré 1.1).

Marché
Ensemble des acheteurs actuels d'un produit ou d'un service.

Marché potentiel
Ensemble des personnes susceptibles d'acheter un produit ou un service.

2.5 Marchés

Les concepts d'échange et de relation mènent tout droit à celui de **marché**. Un **marché** désigne l'ensemble des acheteurs actuels et potentiels d'un produit. Ces acheteurs partagent un besoin ou un désir particulier, susceptible d'être comblé par des relations d'échange.

Le marketing consiste à gérer les marchés de manière à instaurer des relations rentables avec les clients. Les entreprises doivent rechercher des clients, identifier leurs besoins, concevoir des offres commerciales appropriées, en fixer le prix, les promouvoir, les stocker et les livrer. Le développement de produits, la recherche, la communication, la distribution, la tarification et le service font ainsi partie des activités marketing fondamentales.

La figure 1.2 illustre les principaux éléments du système marketing. Le marketing vise à servir un marché de consommateurs finaux en devançant les concurrents. L'entreprise et ses concurrents diffusent leurs offres et messages respectifs auprès des consommateurs, directement ou par le biais d'intermédiaires marketing. Tous les acteurs du système se voient affectés par quelques grandes forces environnementales (démographiques, économiques, physiques, technologiques, politico-légales et socioculturelles).

Les flèches signalent l'ensemble des relations qu'il convient de gérer et de développer. S'agissant d'établir des relations rentables, le succès d'une entreprise dépend dès lors non seulement de ses propres actions mais aussi de la capacité du système à satisfaire les besoins des consommateurs finaux. Pour que Leclerc puisse remplir sa promesse du prix le plus bas, il faut par exemple que ses fournisseurs lui procurent les marchandises les moins coûteuses. Et pour que Renault puisse offrir la meilleure satisfaction à ses clients, il faut que ses concessionnaires assurent un service de premier plan.

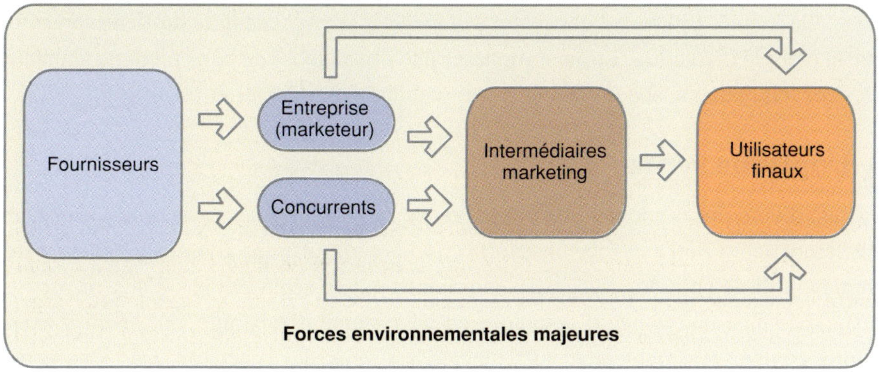

Figure 1.2
Principaux éléments du système marketing

3. Les différentes optiques de l'organisation

L'idée générale qui sous-tend le marketing est donc de répondre aux besoins et aux attentes même inexprimés des consommateurs actuels ou potentiels. Pour cela l'entreprise tout entière doit être orientée marketing. Il existe cinq orientations possibles pour la conception et la mise en œuvre d'une stratégie marketing : l'*optique production*, l'*optique produit*, l'*optique vente*, l'*optique marketing* et l'*optique du marketing sociétal*.

3.1 L'optique production

L'**optique production** émet l'hypothèse que les consommateurs vont acheter les produits disponibles et bon marché. En conséquence, le management doit se concentrer sur l'amélioration de la productivité et l'efficience de la distribution. Il s'agit là de l'une des orientations les plus anciennes susceptibles de guider les entreprises.

Optique production
Idée selon laquelle les consommateurs achètent les produits disponibles et bon marché, et qui incite donc l'organisation à se concentrer sur l'amélioration de la productivité et l'efficience de la distribution.

L'optique production se révèle encore utile dans certaines situations. Legend, fabricant asiatique d'ordinateurs, domine de la sorte le marché chinois du PC – fortement concurrentiel et très sensible aux prix – grâce à ses coûts de main-d'œuvre extrêmement bas, à son excellente productivité et à sa distribution de masse. Cependant, dans un contexte concurrentiel de plus en plus intense, beaucoup d'entreprises peuvent être capables de produire à bas prix et de distribuer à grande échelle. Il faut donc se différencier également sur la qualité des produits et des services.

Optique produit
Idée selon laquelle les consommateurs privilégient les produits qui offrent la meilleure qualité, les meilleures performances et les caractéristiques les plus innovantes, et qui incite donc l'organisation à se consacrer à l'amélioration permanente de ses produits.

3.2 L'optique produit

L'**optique produit** part du principe que les consommateurs privilégient les produits qui offrent la meilleure qualité objective, les meilleures performances et les caractéristiques les plus innovantes. Dès lors, la stratégie marketing se focalise sur l'amélioration permanente des produits.

Or la qualité est subjective, et elle doit être déterminée par les clients et non par l'entreprise elle-même. Si l'on se concentre *uniquement* sur les produits de l'entreprise, on risque la myopie marketing. Enfin, à supposer que l'on dispose de bons produits appréciés par les consommateurs, encore faut-il savoir communiquer dessus et les vendre.

Optique vente
Idée selon laquelle les consommateurs achèteront si l'on engage un effort de promotion suffisant.

3.3 L'optique vente

Beaucoup d'entreprises adoptent l'**optique vente**, qui présuppose que les consommateurs n'achèteront que si l'on a engagé un effort de promotion suffisant. L'optique vente est fréquemment utilisée pour des catégories de produits qui ne séduisent pas d'eux-mêmes les acheteurs, comme une police d'assurance ou un système d'éclairage, ou lorsqu'il existe une forte concurrence faiblement différenciée aux yeux des acheteurs. Dès lors, il faut savoir identifier les prospects et mettre en avant les bénéfices liés au produit.

Dans l'optique vente, le but consiste davantage à vendre ce que l'entreprise produit qu'à produire ce que le marché demande. On fait alors le pari que les clients séduits apprécieront ensuite le produit. Les méthodes de vente, si elles sont utilisées seules, peuvent être perçues comme agressives et présentent alors de gros risques : elles se focalisent sur la réalisation de transactions à court terme plutôt que sur l'établissement de relations durables et rentables avec les clients.

Optique marketing
Philosophie de gestion considérant que l'accomplissement des objectifs de l'organisation dépend de sa connaissance des besoins et des désirs des marchés cibles, et de sa capacité à leur apporter davantage de satisfaction que la concurrence.

3.4 L'optique marketing

L'**optique marketing** considère que l'accomplissement des objectifs de l'organisation dépend de sa connaissance des besoins et des désirs des marchés cibles, et de sa capacité à leur apporter davantage de satisfaction que la concurrence. On part donc ici de la valeur client et des intérêts du consommateur pour générer *in fine* des ventes et des profits. Au lieu d'une conception centrée sur la fabrication et la commercialisation du produit, l'optique marketing adopte une philosophie d'écoute et de réponse orientée vers le client. Il ne s'agit plus de « chasser » le client, mais de « cultiver » avec lui une relation adéquate. Le but de l'entreprise orientée marketing ne consiste pas à trouver les bons clients pour ses produits, mais à créer les bons produits pour ses clients (voir figure 1.3).

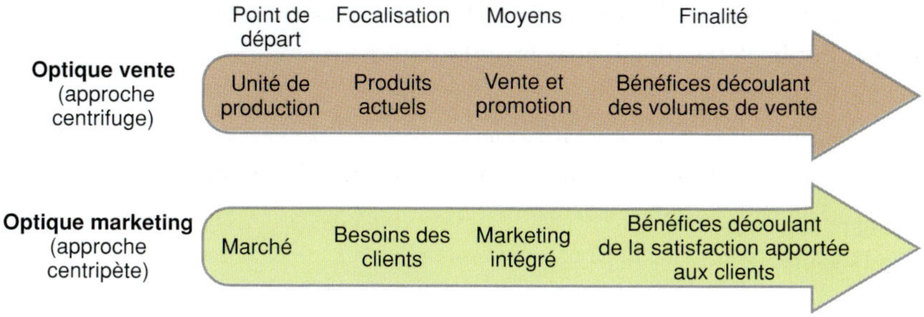

Figure 1.3
Optique vente *versus* optique marketing

La mise en œuvre d'une optique marketing ne saurait se limiter aux désirs clairement exprimés et aux besoins évidents de la clientèle. Les entreprises orientées vers le client effectuent des recherches approfondies pour connaître les véritables envies de leurs clients, trouver de nouvelles idées de produits ou de services, et vérifier la validité de telle ou telle amélioration. Ce type de marketing fonctionne généralement d'autant mieux qu'il existe un besoin clairement établi et que les clients savent précisément ce qu'ils veulent. Mais il arrive très souvent qu'ils n'en sachent rien, ou qu'ils ignorent même ce qu'il est possible de faire.

■ La Française des Jeux, dans une perspective de marketing sociétal, promeut un comportement de jeu responsable et met en ligne sur son site un diagnostic et des conseils pour rester « maître du jeu ».

Il y a vingt ans, combien de consommateurs auraient eu l'idée de réclamer des produits aujourd'hui aussi courants que les téléphones mobiles, les assistants numériques, les ordinateurs portables, les appareils photo numériques, les Caméscopes, les services d'achat en ligne ou les systèmes de navigation par satellite ? Ce genre de situation exige l'adoption d'un marketing *proactif*, qui consiste à comprendre mieux qu'eux-mêmes les besoins des clients, et à créer des produits et des services qui répondent aux besoins exprimés comme aux besoins latents.

3.5 L'optique du marketing sociétal

L'**optique du marketing sociétal** pose la question de savoir si l'optique marketing classique ne négligerait pas de possibles conflits entre les *désirs à court terme* du client et son *bien-être à long terme*. En comblant les besoins et les désirs immédiats de ses marchés cibles, l'entreprise agit-elle nécessairement dans l'intérêt ultime des consommateurs ? L'optique du marketing sociétal soutient que le rôle d'une entreprise est de déterminer et de satisfaire les besoins, désirs et intérêts du marché cible plus efficacement que la concurrence, mais de le faire d'une manière qui améliore le bien-être du consommateur et de la société dans son ensemble.

Optique du marketing sociétal
Principe de marketing selon lequel l'entreprise, si elle veut opérer de bonnes décisions marketing, devrait prendre en considération à la fois les désirs des consommateurs, ses propres impératifs, le bien-être à long terme des clients et l'intérêt général de la population.

La figure 1.4 montre que les entreprises doivent prendre en considération trois éléments distincts pour définir leur stratégie marketing : leurs profits, les désirs des consommateurs et l'intérêt général. À long terme, l'optique du marketing sociétal suppose que cette attitude est gagnante, car elle permet de développer la confiance dans la marque, et le respect pour l'entreprise qui l'adopte.

Figure 1.4
Les trois préoccupations qui sous-tendent l'optique du marketing sociétal

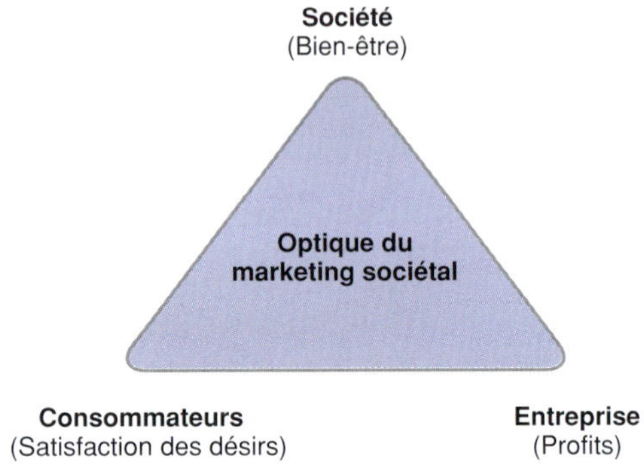

▶ Ainsi, sur son site, la marque Bleu Ciel d'EDF propose des conseils pour réduire sa facture énergétique, ce qui n'est pas dans l'intérêt de l'entreprise à court terme, mais va dans le sens du bien-être du consommateur à long terme et de l'intérêt général. ◀

Stratégie marketing
Choix des marchés cibles et établissement de relations rentables avec eux.

4. La définition d'une stratégie marketing orientée vers le client

■ Les acheteurs de l'Alfa 159 valorisent à la fois le design et l'équipement haut de gamme, mais aussi la sécurité.

Lorsqu'il s'est fait une idée bien précise des consommateurs et du marché considéré, le service marketing peut s'atteler ensuite à la conception d'une **stratégie** orientée vers le client. On définit la stratégie marketing comme le choix des marchés cibles et l'établissement de relations rentables avec eux.

Pour concevoir une stratégie marketing gagnante, le responsable marketing doit se poser deux grandes questions : *Quels consommateurs allons-nous servir (quel est notre marché cible) ?* et *Comment les servir au mieux (quelle est notre proposition de valeur) ?* Ces concepts stratégiques seront brièvement évoqués ici, et traités plus en détail au chapitre suivant.

4.1 Choisir les consommateurs auxquels on va s'adresser

L'entreprise doit tout d'abord décider *qui* elle se propose de servir. Pour ce faire, elle divise le marché en plusieurs sous-ensembles (*segments*) et sélectionne ceux qu'elle souhaite viser (*ciblage*). Il est en effet impossible de servir avec efficacité tous les clients : à vouloir les satisfaire tous, on risque de n'en satisfaire aucun. L'entreprise a donc intérêt à sélectionner uniquement les clients qu'elle sera capable de contenter de façon rentable.

Certains responsables marketing cherchent même parfois à *réduire* la demande et le nombre de clients. La demande devenant excessive, les entreprises opèrent un *démarketing* afin de réduire le nombre de clients ou de décaler temporairement ou définitivement la demande.

De même, le site d'ASF, les Autoroutes du Sud de la France, publie des prévisions de trafic pour ses clients « afin de circuler dans les créneaux les plus fluides ».

En définitive, les responsables marketing doivent décider quels sont les clients qu'ils souhaitent viser, et définir le niveau, la programmation dans le temps et la nature de la demande.

MARKETING EN ACTIONS 1.1

Innocent : une nouvelle proposition de valeur

Innocent est une société créée il y a une dizaine d'années en Grande-Bretagne par trois amis sans capital au démarrage mais qui avaient en tête une idée simple : proposer aux consommateurs des « fruits en bouteille ». Leur proposition de valeur est de permettre aux urbains pressés de manger sainement des produits « équitables ». L'idée a fait son chemin et, en 2008, Innocent compte 275 employés dans 11 pays, pour un chiffre d'affaires de 100 millions de livres. Pour parvenir à ce résultat, les fondateurs d'Innocent ont dû traduire leur idée en produit, en proposant des fruits frais pressés, sans aucun additif, inventant ainsi le concept du « smoothie » naturel. Face au refus des industriels classiques de l'industrie, ils vont finir par trouver une petite entreprise galloise acceptant de produire sans conservateur, dans des conditions de commerce équitable. Pour traduire cette proposition de valeur, Innocent a conçu une bouteille toute simple, avec un logo figurant un visage stylisé surmonté d'une auréole. Cette proposition de valeur a un impact dans la gestion interne même de l'entreprise, puisque l'ensemble de l'activité a fait l'objet d'un bilan carbone avec des objectifs d'amélioration dans le domaine des réductions d'émissions de gaz ou de déchets. Chaque année, 10 % des profits sont versés à une fondation qui gère des œuvres caritatives. La marque s'est engagée dans la mise en place de fermes équitables en Amérique du Sud et a demandé à des volontaires de tricoter un bonnet pour coiffer les bouteilles et aider ainsi les déshérités avec l'argent récolté. Innocent entretient également une relation très complice avec ses clients, en publiant sur le site des informations personnelles sur les collaborateurs, comme la pointure du fils du fondateur ou le nombre de personnes portant des prénoms originaux. Son dernier lancement, le p'tit smoothie, destiné aux enfants, y est ainsi présenté : « Mais nous avons pensé aussi à vous, les parents, car nous avons laissé dehors les choses bizarres qui ne sont pas trop naturelles. Dans chaque p'tit smoothie, il n'y a jamais les choses suivantes : pas de concentré, pas de sucre ajouté, pas d'additif bizarre, pas de colorant, pas d'arôme artificiel, pas de e-machin choses. »

Sources : *Les Echos*, « La candeur d'Innocent à l'épreuve de la croissance », 10/06/2009 ; Philippe Escande, www.innocent.fr.

4.2 Formuler une proposition de valeur

L'entreprise doit également définir de quelle manière elle se propose de servir les clients ciblés – comment elle entend *se différencier* et *se positionner* sur le marché. La *proposition de valeur* de l'entreprise est l'ensemble des avantages ou des valeurs qu'elle promet d'apporter aux consommateurs afin de satisfaire leurs besoins.

La boisson énergétique Red Bull « revigore le corps et l'esprit ». Elle a d'ailleurs conquis 70 % du marché en promettant de « donner des ailes » au consommateur. Le magazine *Courrier international* se propose de donner à ses lecteurs francophones l'accès à l'actualité internationale.

Ces propositions de valeur différencient les marques les unes des autres. Elles répondent à la question du client : « Pourquoi devrais-je choisir votre marque plutôt que celle d'un concurrent ? » Les entreprises doivent élaborer des propositions fortes, capables de leur procurer un avantage décisif sur les marchés ciblés.

5. Préparer un plan marketing opérationnel

La stratégie marketing de l'entreprise définit quels sont les clients qu'elle entend servir, et comment elle prévoit de créer de la valeur pour ces clients. Dans un deuxième temps, le responsable marketing doit développer un programme marketing visant à délivrer concrètement la valeur promise. Ce programme marketing traduit la stratégie en actes, et permet de la sorte de nouer des relations avec la clientèle. Il prend la forme d'un *mix marketing* – l'ensemble des outils marketing dont l'entreprise dispose pour mettre en œuvre sa stratégie.

Les principaux outils du mix marketing sont regroupés en quatre grandes catégories. Ce sont les « quatre P » du marketing : produit (*Product*), prix (*Price*), distribution (*Place*) et communication (*Promotion*). Pour honorer sa proposition de valeur, l'entreprise doit d'abord concevoir une offre (un produit) susceptible de satisfaire le besoin du marché. Elle doit décider de ce qu'elle va réclamer en échange de cette offre (le prix), et comment elle va la rendre disponible auprès des consommateurs visés (place). Enfin, elle doit faire connaître son offre aux clients et les convaincre de ses mérites (promotion). Le mix marketing fera l'objet d'un exposé plus détaillé dans les chapitres suivants.

6. Bâtir des relations avec les clients

Les trois premières étapes du processus marketing – comprendre le marché et les besoins des clients, concevoir une stratégie marketing orientée vers le client, et élaborer un programme marketing – débouchent sur la quatrième étape, qui est aussi la plus importante : bâtir des relations rentables avec les clients.

6.1 Gestion de la relation client

La *gestion de la relation client* (*GRC*) est peut-être le concept le plus essentiel du marketing développé ces dernières années. Auparavant, la GRC se trouvait réduite à une simple activité de gestion des données clients. Selon cette définition, la GRC visait à traiter les informations relatives à chaque individu et à gérer les « occasions de rencontre » permettant de renforcer sa fidélité à l'égard de l'entreprise. Nous aborderons cette vision plus focalisée de l'activité GRC au chapitre 12, consacré à l'information marketing.

Récemment, la **gestion de la relation client** s'est enrichie d'une signification beaucoup plus large. Elle désigne à présent le processus global consistant à bâtir et à entretenir des relations rentables avec les clients, en leur apportant une valeur et une satisfaction supérieures à celles de la concurrence. Elle regroupe toutes les activités visant à conquérir et à fidéliser la clientèle.

Gestion de la relation client
Processus global consistant à bâtir et à entretenir des relations rentables avec les clients, en leur apportant une valeur et une satisfaction supérieures à celles de la concurrence.

Éléments fondateurs de la relation : la valeur client et la satisfaction

Pour établir des relations durables avec les clients, la clé réside dans l'octroi d'une valeur et d'une satisfaction supérieures à celles qu'ils trouvent ailleurs. Les clients satisfaits se montreront plus fidèles et se fourniront plus largement auprès de l'entreprise.

Valeur perçue Les consommateurs doivent souvent choisir parmi un éventail très important de produits et de services, et se tournent dès lors vers l'entreprise qui propose la **valeur perçue** la plus élevée – celle pour laquelle la différence entre l'ensemble des bénéfices et le coût total de l'offre marketing semble la plus favorable.

Valeur perçue
Évaluation de la différence entre l'ensemble des bénéfices et le coût total d'une offre marketing, par rapport aux offres concurrentes.

Satisfaction client La **satisfaction client** dépend des performances perçues du produit, comparées aux attentes de l'acheteur. Si les performances du produit ne sont pas à la hauteur de ses attentes, le client sera mécontent. Si elles les remplissent exactement, il sera satisfait. Enfin, si elles les dépassent, il se montrera ravi et comblé.

Satisfaction client
Détermine dans quelle mesure les performances perçues d'un produit répondent aux attentes du client.

Les entreprises les plus efficaces mettent tout en œuvre pour entretenir la satisfaction de leurs meilleurs clients. Les clients les plus satisfaits réitèrent leur achat et témoignent auprès des autres de l'expérience positive vécue avec le produit. La plupart des études font d'ailleurs état d'une relation directe entre le niveau de satisfaction et la fidélité de la clientèle, synonyme de performances accrues pour l'entreprise[4]. La meilleure stratégie consiste à *séduire* le client en lui faisant une proposition de valeur pertinente, puis à le *satisfaire*, en lui apportant *davantage* que promis.

Néanmoins, une entreprise centrée sur le client doit prendre soin de préserver sa rentabilité. C'est un équilibre délicat : le responsable marketing doit continuer de produire toujours davantage de valeur et de satisfaction pour les clients que les concurrents, sous contrainte de profit.

Niveaux de relations et outils associés

Les entreprises peuvent établir des relations clients situées à différents niveaux, selon la nature du marché cible. À l'une des extrémités du spectre, une entreprise possédant un grand nombre de clients à faible marge de rentabilité décidera sans doute de développer avec eux une *relation basique*. Ainsi, Danone ne peut contacter l'ensemble des acheteurs de ses yaourts pour les connaître personnellement. La firme préfère nouer des relations par le biais de la publicité, des promotions, de son numéro vert et de son site web. À l'autre extrémité, si le marché compte peu de clients et se caractérise par des marges unitaires importantes, l'entreprise peut chercher à créer avec ces clients une véritable *relation de partenariat*. Chez P&G, des équipes clientèle dédiées travaillent ainsi en étroite collaboration avec les grandes enseignes de distribution comme Auchan ou Carrefour.

De nos jours, la plupart des grandes entreprises mettent en place des programmes de fidélisation et de rétention de la clientèle. Ainsi, de nombreuses sociétés proposent des programmes basés sur la *fréquence d'achat*, qui récompensent ceux qui achètent souvent ou en grandes quantités – c'est le cas notamment des compagnies aériennes, des chaînes d'hôtellerie ou de certains hypermarchés. D'autres privilégient la création de *clubs*, qui permettent d'offrir des réductions spéciales réservées aux membres et favorisent de la sorte la formation d'une communauté (voir encadré 1.2)

6.2 L'évolution des relations clients

Ces dernières années, la façon dont les entreprises s'adressent à leurs clients a profondément évolué. Hier, elles se focalisaient sur un marketing de masse imposé sans distinction à l'ensemble de la clientèle. Aujourd'hui, elles établissent des relations durables et plus personnelles, en sélectionnant avec soin les clients visés. Quelques tendances majeures se dégagent.

Sélectionner plus soigneusement les clients auxquels on s'adresse

Très peu d'entreprises continuent aujourd'hui de pratiquer un véritable marketing de masse consistant à appliquer à tout nouveau client un modèle de vente standard. La plupart des responsables marketing ont réalisé qu'ils n'avaient aucun intérêt à établir des relations avec chacun de leurs clients. Ils préfèrent désormais cibler les plus rentables. Dans le cadre de cette *gestion sélective des relations*, de nombreuses entreprises exploitent des analyses de rentabilité pour identifier les clients qui ne créent pas de valeur pour elles et privilégier les plus intéressants. Une fois qu'elles ont identifié les clients rentables, elles peuvent élaborer des offres particulièrement attractives et proposer des avantages spéciaux afin de séduire et de fidéliser ces clients.

Mais que faire des clients non rentables ? L'entreprise peut chercher, si elle ne parvient pas à rentabiliser ces relations clients, à y mettre fin. Les établissements bancaires évaluent ainsi régulièrement la rentabilité de leur clientèle en fonction du solde moyen des comptes, de leur niveau d'activité, de l'utilisation des services, des passages au guichet et de nombreuses autres variables. Pour la plupart des banques, il s'agit de fournir des services de qualité supérieure aux clients les plus prospères, tandis que les autres ne sont pas encouragés à poursuivre la relation[5].

Travailler sur le long terme

De même qu'elles se montrent plus sélectives quant au choix de leurs clients, les entreprises s'emploient aujourd'hui à les servir de façon plus durable et approfondie. Elles ne

MARKETING EN ACTIONS 1.2

La FNAC cultive depuis son origine la relation avec ses clients

La Fnac a été fondée en France en 1954, sous le nom de Fédération nationale d'achats des cadres, et était à l'origine une centrale d'achats où les cadres venaient acheter leur matériel photographique. Élargie au grand public, elle ouvre son premier magasin en 1969 à Paris, avenue de Wagram, et étoffe peu à peu ses rayons pour devenir le magasin de référence en France pour les produits culturels et technologiques. Elle compte en 2009 près de 81 magasins dans l'Hexagone et est présente dans huit pays. Tout au long de son histoire, l'enseigne a veillé à conserver et à développer la relation avec les adhérents. Elle le fait par différents moyens :

- **Par l'intermédiaire de son programme « adhérents »,** tout d'abord. Il compte en France plus de 2 200 membres qui bénéficient de différents avantages, comme une remise permanente de 5 % sur les livres, l'informatique, l'audiovisuel, les développements photos et les accessoires, le gain de chèques-cadeaux pour l'achat de CD ou de DVD, l'envoi d'un magazine clients à domicile, l'invitation à des manifestations culturelles au sein des magasins, à des journées adhérents exclusives, etc.

  En 2009, la Fnac est allée plus loin en créant la carte « One » pour ses meilleurs clients, qui achètent toutes les semaines sur le site ou en magasins et représentent 2 % des adhérents. Une étude a permis de mettre en évidence les attentes de ces clients fidèles ; elle a montré que ceux-ci recherchaient à la fois de la reconnaissance et une facilitation de leur parcours d'achat. Une carte avec un visuel bien différencié a donc été créée, faisant office de carte coupe-file en caisse et donnant accès à une ligne téléphonique dédiée, pour traiter en priorité les litiges éventuels et les problèmes de SAV. Des avantages non marchands, comme des activités culturelles gratuites et exclusives, leur sont également proposés tous les mois. Le programme semble porter ses fruits, puisqu'une enquête a révélé que l'attachement à la marque a progressé de 16 points pour les porteurs de la carte One.
- Par ailleurs, **le site Fnac.com** est un support important de la relation client. Celui-ci a été créé en 1999 et représente désormais 7 % du chiffre d'affaires de la Fnac en France. Il accueille 6 millions de visiteurs uniques par mois. Il relaie les offres adhérents et propose un espace personnalisé MyFnac, où les adhérents peuvent, d'un seul clic, visualiser tous les achats effectués en magasin depuis trois ans, et ceux réalisés sur le site depuis neuf ans. Le site est en mesure de faire des propositions d'achats fondées sur le goût des clients. L'internaute peut bien sûr participer en notant les œuvres. Un moteur de recherche sélectionne aussi automatiquement les produits en fonction des goûts des clients.
- Enfin, l'enseigne cherche sans cesse à **développer le service aux clients**, adhérents ou non, en mettant en place des services nouveaux, comme des outils comparatifs disponibles sous forme de catalogues en magasins et des outils sur le site, avec des versions « simple » ou « expert » et des fiches détaillées. Une plate-forme communautaire est également en cours de développement, comme cela s'est déjà fait sur la plate-forme « enfants » de la Fnac, Fnac éveil et jeux, avec le lancement du site **grainesdecurieux**.

Sources : « Quand la FNAC reconnaît ses meilleurs clients », Anna Michalowska, *Relation Client Magazine*, septembre-octobre 2009, n° 82, pp. 42-46. « FNAC Éveil et Jeux câline le Web 2.0 », Cathy Leitus, *Stratégies*, n° 1551, 25 juin 2009, p. 19. « My FNAC, un espace très personnalisé », *Marketing Direct*, octobre 2009.

se contentent plus de concevoir des stratégies visant à *attirer* de nouveaux clients et à opérer de simples *transactions*. Elles utilisent la GRC pour *conserver* leurs clients actuels et bâtir avec eux des *relations* rentables sur le long terme. Cette nouvelle optique est celle du marketing relationnel, par opposition au marketing transactionnel. Le marketing relationnel s'emploie à séduire, retenir et développer un portefeuille de clientèle rentable.

L'évolution démographique, les progrès de la concurrence et la surcapacité de nombreux secteurs industriels ont entraîné une raréfaction de la clientèle, si bien que beaucoup de firmes se disputent à présent des marchés qui sont en train de stagner, voire de régresser. Dans ce contexte, les coûts liés à la conquête de nouveaux clients ne cessent d'augmenter. À l'heure actuelle, il faut dépenser en moyenne de 5 à 10 fois plus pour attirer un client que pour le conserver. Compte tenu de cette situation, les entreprises font donc logiquement tout ce qui est en leur pouvoir pour retenir les plus rentables[6].

Établir un contact direct et de plus en plus interactif

De nombreuses entreprises cherchent également à établir un contact plus *direct* avec leurs clients. On peut même dire que l'on assiste à une véritable explosion du marketing et de la vente directs. Les clients peuvent désormais acheter tous les types de produits sans sortir de chez eux, que ce soit par téléphone, par correspondance ou par Internet. Les acheteurs professionnels vont chercher sur le Web les articles les plus divers, depuis les fournitures de bureau jusqu'aux équipements informatiques les plus sophistiqués.

Certaines entreprises – Dell, Houra ou Amazon, pour n'en citer que quelques-unes – utilisent d'ailleurs *uniquement* des circuits de distribution directs. D'autres les exploitent en complément des circuits traditionnels.

> ▶ Sony vend ainsi ses consoles PlayStation et ses cartouches de jeu au travers de son réseau de revendeurs, en s'appuyant sur des campagnes publicitaires de plusieurs millions de dollars. Mais elle utilise aussi son site web (www.playstation.com) pour nouer des relations avec des joueurs de tous âges. Le site publie des informations sur les derniers jeux sortis, se fait l'écho des manifestations ou des promotions à venir, propose des manuels et des solutions, et permet même d'accéder à un forum de discussion pour échanger trucs et astuces. ◀

Nous reviendrons en détail sur le marketing et la vente directs aux chapitres 13 et 14.

Les nouvelles technologies, au premier rang desquelles Internet, permettent non seulement d'établir un contact direct avec ses clients, mais que ce contact soit de plus en plus interactif.

Les marques peuvent ainsi observer ce qui se passe sur les forums spécialisés, ou dans les sites de communautés pour mieux comprendre ce qui se dit sur les produits et services de la marque et en tirer des enseignements.

En effet, les communautés de marque, groupes d'intérêt, forums en ligne, sur un sujet donné sont de plus en plus nombreux, et peuvent apporter des services complémentaires à ceux qu'apporte l'entreprise. Ainsi les nombreux votes, conseils et commentaires des internautes sur les produits constituent un apport précieux et une source d'information majeure pour les autres consommateurs.

Les bases de données concernant les achats en ligne permettent également à l'entreprise de faire des recommandations d'achat de plus en personnalisées.

Les entreprises sollicitent aussi de plus en plus souvent directement leurs clients pour exprimer leurs opinions, leur avis, ou faire des choix sur les produits, dans le cadre de ce que les professionnels appellent le « marketing participatif ». Il semble en effet que les consommateurs cherchent de façon croissante à donner leur opinion et à exprimer leur créativité dans tous les domaines, et particulièrement dans le domaine du marketing.

Ainsi, la Caisse d'Épargne a récemment sollicité des clients, via un concours sur Internet, pour proposer un design pour une nouvelle carte de crédit. Le gagnant a vu sa création utilisée pour une nouvelle carte bleue de cet établissement bancaire. Tropicana a invité des consommateurs sur le stade de Rolland-Garros pour leur faire goûter et les faire voter pour de nouveaux parfums de jus de fruits[7].

L'ensemble de ce contenu, « généré par les consommateurs », permet un dialogue continu avec les clients, et l'établissement de relations plus interactives. Les medias sociaux comme Facebook ou MySpace, ou encore les sites de téléchargement de vidéos comme YouTube constituent également des moyens nouveaux de communication à destination des clients potentiels, d'autant plus intéressants qu'ils sont relayés par les consommateurs eux-mêmes. Dans le même ordre d'idées, les blogs, ces « journaux intimes en ligne » exercent une influence de plus en plus grande sur les internautes, et cela peut profiter à la diffusion de nouveaux produits ou services, ou à l'amélioration de l'image d'une marque. Les entreprises cherchent donc de plus en plus à communiquer vers les blogueurs, ou plus généralement vers les différents leaders d'opinion sur Internet. Comme tous les leaders d'opinion cependant, ils ne seront véritablement écoutés que si leur réputation d'indépendance est intacte.

Ces développements ne sont en effet pas sans risques pour les entreprises car les consommateurs ont gagné un nouveau pouvoir grâce à Internet et sa capacité à fédérer un nombre important de personnes très rapidement. Si de nombreuses marques ont cherché à utiliser ce potentiel, en diffusant des messages destinés à être propagés par les internautes, dans le cadre de ce que l'on appelle le « marketing viral », ce nouveau pouvoir des internautes peut parfois s'exercer au détriment des entreprises, si ceux-ci cherchent à organiser un boycott, ou à endommager la réputation d'une entreprise.

Le cas du musicien canadien Dave Carrol qui a eu sa guitare cassée dans un vol de l'United Airlines en 2008 est devenu célèbre. Dave a essayé d'obtenir la réparation de sa guitare pendant 9 mois, sans aucun succès. Finalement, il a décidé de raconter son histoire en 3 chansons. La première chanson a été postée sur YouTube en juillet 2009, le succès a été immédiat, en moins de 10 jours 3,2 millions d'internautes ont vu la vidéo et 14 000 l'ont commentée. La vidéo de cette chanson a déjà été vue par plus de 5 millions de personnes. La saga de Dave Carrol contre l'United Airlines a aussi fait la une de la presse et de plusieurs blogs américains et internationaux, le musicien a été interviewé par des chaînes comme CBS et CNN, son cas a été mentionné dans des blogs partout dans le monde. La deuxième chanson a été postée sur YouTube en août 2009 et presque 500 000 personnes ont déjà visionné la vidéo.

6.3 Gestion des relations de partenariat

Lorsqu'il s'agit de créer de la valeur pour le client et d'établir avec lui des relations solides, il est particulièrement important de collaborer avec tout un réseau de partenaires. En supplément d'une bonne *gestion de la relation client*, il faut donc aussi assurer une bonne **gestion des relations de partenariat**. La façon dont les responsables marketing

Gestion des relations de partenariat
Collaboration étroite avec les partenaires internes et externes de l'entreprise en vue d'apporter conjointement une valeur supérieure aux clients.

s'allient aux partenaires internes ou externes de l'entreprise, en vue d'apporter conjointement une valeur supérieure aux clients, se trouve aujourd'hui marquée par de profonds changements.

Partenaires internes

Par le passé, les responsables marketing étaient traditionnellement chargés de comprendre les clients et de retranscrire leurs besoins auprès des différents services de l'entreprise. La conception classique réservait l'action marketing aux équipes marketing, à la force de vente et au support client. Les interactions avec la clientèle ne relèvent plus désormais du domaine réservé du marketing : chaque domaine fonctionnel peut y prendre part. Les entreprises cherchent à coordonner leur action pour favoriser la création de valeur. Au lieu de confier cette tâche aux seuls responsables des ventes ou du marketing, elles préfèrent souvent constituer des équipes clientèle plurifonctionnelles.

Ainsi, chez P&G, des spécialistes logistiques, commerciaux, financiers et marketing collaborent au sein d'équipes dédiées à un « grand compte » particulier, comme Carrefour ou Auchan.

Partenaires externes

Des changements apparaissent également dans la façon dont les responsables marketing communiquent avec les fournisseurs, les circuits de distribution, voire la concurrence. La plupart des entreprises actuelles sont organisées en réseaux et dépendent fortement des partenariats noués avec d'autres firmes.

Les circuits marketing rassemblent les distributeurs, les détaillants et tous les intervenants qui relient l'entreprise à ses acheteurs. La *chaîne d'approvisionnement* définit un circuit plus long, qui va des matières premières au produit fini livré à l'acheteur final. Dans la production de micro-ordinateurs, la chaîne d'approvisionnement comprend par exemple les fournisseurs de composants, le fabricant lui-même, ainsi que les distributeurs, grossistes et détaillants, qui s'occupent de vendre les machines.

Grâce à la *gestion de la chaîne d'approvisionnement* (*supply chain management*), de nombreuses entreprises peuvent aujourd'hui renforcer leurs liens avec l'ensemble des partenaires de la chaîne. Elles prennent conscience que leur réussite ne dépend pas uniquement de leurs performances propres, et que leur capacité à créer des relations rentables avec les clients repose aussi sur les performances globales de leur chaîne d'approvisionnement, face à celles de la concurrence.

▶ Le groupe de commerce associé INTERSPORT a adopté récemment un outil baptisé Visiomarque, permettant aux différents magasins de l'enseigne de confronter la politique d'assortiment de chaque magasin aux achats réels des clients. Les fournisseurs sont également informés et peuvent donc mieux adapter leur offre[8]. ◀

Au-delà de la gestion de la chaîne d'approvisionnement, les entreprises découvrent aussi qu'elles ont besoin de partenaires *stratégiques* pour être efficaces. Dans un environnement économique mondialisé et fortement concurrentiel, les *alliances stratégiques* se multiplient dans tous les secteurs.

Il arrive même parfois que deux concurrents unissent leurs forces dans l'intérêt bien compris de chacun, par exemple *via* une politique de co-développement de produit et de co-marquage.

▶ Sur le marché des amincissants, L'Oréal et Philips, dont les produits peuvent répondre aux mêmes besoins, ont ainsi créé ensemble Perfect Slim, un système qui combine appareil de « palper-rouler » et crème amincissante. Philips avait déjà commercialisé un rasoir électrique en collaboration avec Nivea. ◀

7. Capter la valeur produite par les clients

Les quatre premières étapes du processus marketing visent à établir des relations avec les clients en leur procurant une valeur supérieure. La dernière étape consiste à capter la valeur produite en retour par les clients, sous forme de ventes, de parts de marché et de profits. En créant une valeur supérieure, l'entreprise s'assure de combler ses clients, qui lui resteront fidèles et continueront d'acheter ses produits. Sur le long terme, elle profite de ce fait d'un retour plus important. Nous étudierons ici les divers bénéfices de cette création de valeur : fidélisation et conservation de la clientèle, part de client, et enfin capital client.

7.1 Fidéliser et retenir la clientèle

Une GRC (Gestion de la Relation Client) efficace permet de satisfaire les clients, qui se montrent dès lors d'autant plus fidèles et parlent en bien de l'entreprise et de ses produits. Les études révèlent d'ailleurs à cet égard d'importantes différences entre les clients peu satisfaits, assez satisfaits et totalement satisfaits, le moindre écart pouvant entraîner un recul notable de la fidélité. En conséquence, l'objectif de la GRC n'est pas simplement de générer de la satisfaction, mais de « combler » véritablement les clients[9].

Les entreprises commencent à se rendre compte que la perte d'un client représente bien plus que la perte d'une vente ponctuelle. Car elle implique aussi la perte de la totalité des achats que le client aurait pu effectuer tout au long de sa relation avec l'entreprise, et qui composent pour celle-ci la **valeur à vie dudit client**.

Valeur à vie du client
Valeur estimée de la totalité des achats que le client est susceptible d'effectuer tout au long de sa relation avec l'entreprise.

Retenir et fidéliser les clients constitue donc de toute évidence une simple question de bon sens économique. Même si elle perd de l'argent sur une transaction donnée, l'entreprise peut retirer un bénéfice substantiel d'une relation à long terme.

Sur le plan des relations clients, il résulte de tout cela que les entreprises doivent faire en sorte de viser le plus haut possible. La satisfaction absolue du client ne se traduit pas simplement par une préférence rationnelle, mais par la formation d'un lien émotionnel vis-à-vis du produit et de la marque concernés. Un client satisfait sera ainsi enclin à recommander le produit et à résister aux offres commerciales de produits concurrents.

7.2 Conquérir une part de client plus importante

Part de client
Partie des achats du client captée par l'entreprise, par rapport au total des achats effectués dans les catégories de produits qu'elle commercialise.

Outre le fait de conserver les bons clients pour capter leur valeur à vie, une GRC efficace pourra aider les responsables marketing à acquérir une plus grande **part de client**. Les banques cherchent ainsi à augmenter leur « part de portefeuille », les supermarchés, les restaurants, et les fabricants de produits alimentaires, leur « part d'estomac » et les compagnies aériennes, leur « part de voyage ».

Pour élargir leur part de client, les entreprises peuvent notamment choisir de diversifier leur offre. Elles peuvent aussi former leurs employés en vue de développer les ventes croisées et de favoriser la montée en gamme, de manière à proposer davantage de produits et de services aux clients actuels.

▶ Amazon.com met à profit les relations nouées avec ses 45 millions de clients pour accroître la part qu'elle occupe dans les achats de chacun. Au départ simple librairie en ligne, la firme propose aujourd'hui des disques, des films, des cadeaux, des jouets, des appareils électroniques, des équipements de bureau, des articles de bricolage, des produits de jardinage, des vêtements et des accessoires de mode, des bijoux, ainsi qu'un service d'enchères. En fonction de l'historique d'achat de chaque client, Amazon.com se révèle capable par ailleurs de lui recommander certains produits apparentés susceptibles de l'intéresser. De cette façon, l'entreprise capte peu à peu une part de plus en plus grande du budget du client. ◀

7.3 Développer le capital client

Au vu de ce qui précède, on comprend qu'il est tout aussi important d'attirer les clients que de les conserver et de les fidéliser, afin de constituer un capital client.

Capital client
Somme des valeurs à vie de l'ensemble des clients actuels et potentiels de l'entreprise.

Qu'est-ce que le capital client ?

Le but ultime de la GRC consiste à produire un **capital client** élevé[10]. Le **capital client** désigne la somme des valeurs à vie actualisées de l'ensemble des clients actuels et potentiels de l'entreprise. Fondamentalement, plus la fidélité des clients rentables s'accroît, plus le capital client augmente. Comparé aux chiffres de ventes ou aux parts de marché, ce capital client propose souvent une meilleure mesure des performances de l'entreprise.

Établir les bonnes relations avec les bons clients

Les entreprises doivent gérer avec soin leur capital client. Elles doivent envisager leur clientèle comme un portefeuille d'actifs qu'il convient d'administrer et de valoriser. Pour autant, tous ces clients – fussent-ils les plus fidèles – ne représentent pas forcément un bon investissement. Il arrive en effet que certains clients fidèles se révèlent peu rentables et que d'autres, plus « volages », rapportent au contraire bien davantage.

L'entreprise peut classer ses clients en fonction de leur rentabilité potentielle, et gérer ses relations en conséquence. La figure 1.5 illustre une répartition des clients en quatre groupes, selon leur niveau de rentabilité et leur degré de fidélité prévisible[11]. Chaque groupe réclame une stratégie de gestion relationnelle adaptée.

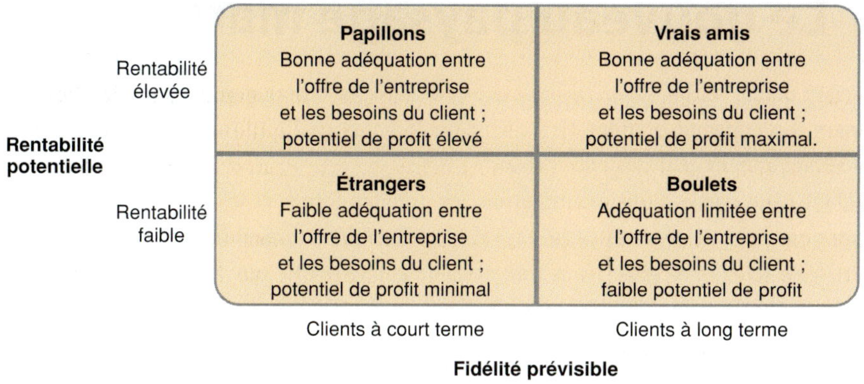

Figure 1.5
Rentabilité potentielle et fidélité prévisible des quatre groupes de clients

Source : reproduit avec l'aimable autorisation de la *Harvard Business Review*. Adapté de « The Mismanagement of Customer Loyalty », de Werner Reinartz et V. Kumar, juillet 2002, p. 93. Copyright © le président et les membres du conseil d'administration de l'université de Harvard ; tous droits réservés.

Les « étrangers » se caractérisent par une faible rentabilité et une fidélité réduite. L'offre de l'entreprise répond assez peu à leurs besoins. Pour ces clients-là, la stratégie relationnelle est fort simple : investissement nul.

Les « papillons » se montrent rentables mais infidèles. L'offre de l'entreprise est en adéquation avec leurs besoins. Pourtant, à l'instar des vrais papillons, leurs apparitions restent toujours éphémères. On peut citer l'exemple des investisseurs boursiers, qui s'échangent en permanence de grandes quantités de titres, mais préfèrent traquer les meilleures affaires plutôt que s'engager dans une relation durable avec un courtier unique. Les efforts visant à convertir les papillons en clients fidèles ont peu de chances de réussir. Il vaut mieux pour l'entreprise profiter tant qu'il est temps de leur présence, les attirer au moyen de « coups » promotionnels, opérer avec eux des transactions rentables et satisfaisantes, et attendre ensuite la prochaine occasion.

Les « vrais amis » sont à la fois rentables et fidèles. L'entreprise leur présente une offre qui correspond parfaitement à leurs besoins. Elle tâchera par conséquent d'investir durablement dans cette relation, et de satisfaire, cultiver, conserver et développer cette clientèle. Elle transformera ainsi ses clients en véritables ambassadeurs, qui non seulement lui achèteront ses produits mais les recommanderont à leur entourage.

Les « boulets » sont extrêmement fidèles mais peu rentables. L'adéquation entre leurs besoins et l'offre de l'entreprise demeure limitée. On citera pour exemple les clients les moins actifs d'un établissement bancaire, qui certes utilisent régulièrement leur compte mais ne génèrent pas assez de revenus pour compenser les coûts de gestion. Ce sont probablement les clients les plus problématiques. S'il s'avère impossible d'améliorer leur rentabilité – en leur faisant acheter davantage de produits, en augmentant les tarifs ou en réduisant le niveau de service –, il faudra se résoudre à les décourager.

La notion explorée ici se révèle absolument essentielle, à savoir que chaque groupe de clients réclame une stratégie relationnelle différente. Le but est bien évidemment de nouer les *bonnes relations* avec les *bons clients*.

8. Le nouveau paysage marketing

À mesure que le temps passe, les marchés connaissent des changements de plus en plus radicaux. La capacité d'adaptation aux changements de l'environnement constitue un atout stratégique majeur des entreprises.

Dans cette partie, nous examinerons les grandes forces et les principales tendances qui sont en train de remodeler le paysage marketing, et qui obligent les entreprises à reconsidérer leurs stratégies. Nous traiterons de quatre évolutions majeures : l'avènement du numérique, l'accélération de la mondialisation, l'appel à davantage d'éthique et de responsabilité sociale, et le développement du marketing dans le secteur à but non lucratif.

8.1 L'avènement du numérique

Les récentes avancées techniques, comme l'évolution explosive de l'informatique, des télécommunications et des moyens de transport, ont bouleversé la façon dont les entreprises délivrent de la valeur à leurs clients.

Internet
Vaste réseau public composé de multiples réseaux informatiques, qui permet à tous ses utilisateurs de se connecter les uns aux autres sur l'ensemble du globe et d'accéder à une source impressionnante d'informations.

Le progrès technique a donné naissance à de nouveaux outils, qui permettent de mieux connaître et de mieux cerner les clients, et de créer des produits et des services adaptés aux besoins de chaque individu grâce aux techniques de personnalisation de masse. Les technologies modernes offrent également aux entreprises la possibilité d'assurer une distribution plus efficiente et plus efficace. Elles facilitent en outre la communication avec les clients, aussi bien au travers de médias de masse que de moyens de communication personnalisés (*one-to-one*) – depuis Internet jusqu'au téléphone mobile. Les responsables marketing peuvent utiliser ces outils pour cibler avec une précision absolue les clients sélectionnés et leur soumettre des messages soigneusement adaptés. Le commerce en ligne permet aux consommateurs de découvrir, d'adapter, de commander et de payer les produits ou services qu'ils désirent, depuis leur domicile.

L'explosion d'Internet et des technologies de l'information a ouvert de nouvelles perspectives de services pour les entreprises, et a également donné de nouveaux pouvoirs aux consommateurs, partout dans le monde.

Au centre de cette effervescence, **Internet** s'impose certainement comme la technologie la plus révolutionnaire. Il met en relation les personnes et les entreprises les plus diverses et leur permet d'échanger des informations depuis n'importe quel point du globe. La communication devient permanente et s'affranchit des frontières géographiques et temporelles. Les entreprises y trouvent le moyen de nouer des relations encore plus étroites avec leurs clients et leurs partenaires. Au-delà des marchés traditionnels, elles ont la possibilité aujourd'hui d'investir de véritables nouveaux *espaces* commerciaux.

En quelques années, Internet est devenu un phénomène mondial. À l'horizon 2010, le nombre d'utilisateurs devrait atteindre près de 1,8 milliard d'individus[12]. Le développement et la diversité croissante de la « population » Internet signifient que toutes sortes de gens se tournent désormais vers le Web pour s'informer et acquérir des produits et des services.

À l'heure actuelle, il devient très rare de trouver une entreprise qui n'exploite pas les possibilités du Web de façon plus ou moins significative. La plupart des enseignes « traditionnelles », qui disposaient de points de vente physiques, ont ouvert des sites Internet pour attirer de nouveaux clients et resserrer les liens avec leur clientèle existante. En parallèle, le réseau a engendré une nouvelle espèce d'entreprises 100 % Internet – les fameuses « point-com ».

Le commerce électronique à destination des consommateurs ainsi que l'e-commerce interentreprises (business-to-business ou b-to-b) font preuve d'une santé encourageante. Ainsi, selon la FEVAD (Fédération des entreprises de vente à distance), le chiffre d'affaires du commerce électronique en France s'établit à 20 milliards d'euros en 2008, soit une progression de 25 % en un an, avec environ 48 000 sites marchands actifs[13].

8.2 L'accélération de la mondialisation

Les responsables marketing doivent aujourd'hui envisager les choses dans une perspective véritablement *globale*.

En effet, de nos jours, chaque entreprise ou presque, quelle que soit sa taille, se trouve confrontée d'une manière ou d'une autre à la concurrence mondiale. Les managers adoptent désormais tous aujourd'hui un point de vue global, et non plus seulement local, sur le secteur d'activité, la concurrence et les opportunités industrielles de leur entreprise. Et les questions qu'ils se posent reflètent directement cette nouvelle orientation : qu'est-ce que le marketing global ? En quoi diffère-t-il du marketing local ? Dans quelle mesure les concurrents étrangers et les forces économiques mondiales affectent-ils notre activité ? Jusqu'à quel point devons-nous nous « mondialiser » ?

Le Comité Catholique contre la Faim et pour le Développement communique dans les grands media, souvent en utilisant les images choc, pour attirer l'attention sur les causes qu'il défend et susciter des dons.

8.3 L'appel à davantage d'éthique et de responsabilité sociale

À mesure que les mouvements consuméristes et écologiques gagnent en maturité, les consommateurs demandent de plus en plus aux entreprises de prendre leurs responsabilités vis-à-vis de l'impact social et environnemental de leurs activités. Dans presque tous les secteurs, l'éthique professionnelle et la responsabilité sociale sont devenues des sujets brûlants. Et bien peu d'entreprises peuvent se permettre d'ignorer les exigences pressantes et sans cesse renouvelées des groupes écologistes.

À l'avenir, la pression devrait vraisemblablement continuer de s'intensifier. Certaines entreprises ne cèdent que sous l'injonction de la loi ou face à l'indignation des associations de consommateurs ; d'autres cherchent à anticiper le mouvement. Ces dernières y trouvent l'opportunité de tirer profit d'une bonne action, en servant les intérêts à long terme de leurs clients et de l'ensemble de la population.

8.4 Le développement du marketing à but non lucratif

Jusqu'à ces dernières années, le marketing s'était essentiellement appliqué au secteur lucratif. Il s'est maintenant imposé également dans les stratégies de nombreuses organisations non lucratives – universités, hôpitaux, musées, théâtres, institutions religieuses, collectivités territoriales ou organisations humanitaires.

Les administrations font preuve elles aussi d'un intérêt grandissant pour le marketing, avec notamment des *campagnes de marketing social* visant à promouvoir les économies d'énergie, à sensibiliser les gens à la protection de l'environnement, ou à les dissuader de fumer, de boire ou de consommer des stupéfiants.

Bilan et perspectives de ce premier chapitre

Au début de ce chapitre, la figure 1.1 présentait un modèle simplifié de la démarche marketing. Ses étapes successives ayant été tour à tour étudiées, la figure 1.6 offre à présent une modélisation plus détaillée qui permet de relier entre eux les différents concepts abordés. Le marketing est une démarche qui vise à établir des relations rentables avec les clients en créant de la valeur à leur intention et en captant la valeur qu'ils produisent en retour.

Les quatre premières étapes de la démarche marketing se focalisent sur la création de valeur pour les clients. L'entreprise doit d'abord analyser les besoins de sa clientèle et gérer l'information marketing, afin d'acquérir une compréhension exhaustive du marché. Elle élabore ensuite une stratégie marketing orientée vers le client, en répondant à deux questions fondamentales. Première question : « Quels sont les consommateurs auxquels on va s'adresser ? » (problématique de la segmentation et du ciblage). Les bonnes entreprises savent qu'elles ont tout intérêt à sélectionner uniquement ceux qu'elles seront capables de contenter de façon rentable. Seconde question : « Comment servir au mieux les clients visés ? » (problématique de la différenciation et du positionnement). Ici, le responsable marketing émet une proposition de valeur afin de séduire la clientèle convoitée.

Une fois qu'elle a formulé sa stratégie marketing, l'entreprise doit s'atteler à la conception d'un plan marketing tenant compte des quatre éléments du mix marketing – les « quatre P » –, et permettant de fournir concrètement la valeur promise aux clients. Elle développe pour ce faire des offres adaptées et leur associe une forte identité de marque. Elle en fixe le prix, qui conditionne la création de valeur pour le client, et distribue ces

Figure 1.6
Modèle étendu de la démarche marketing

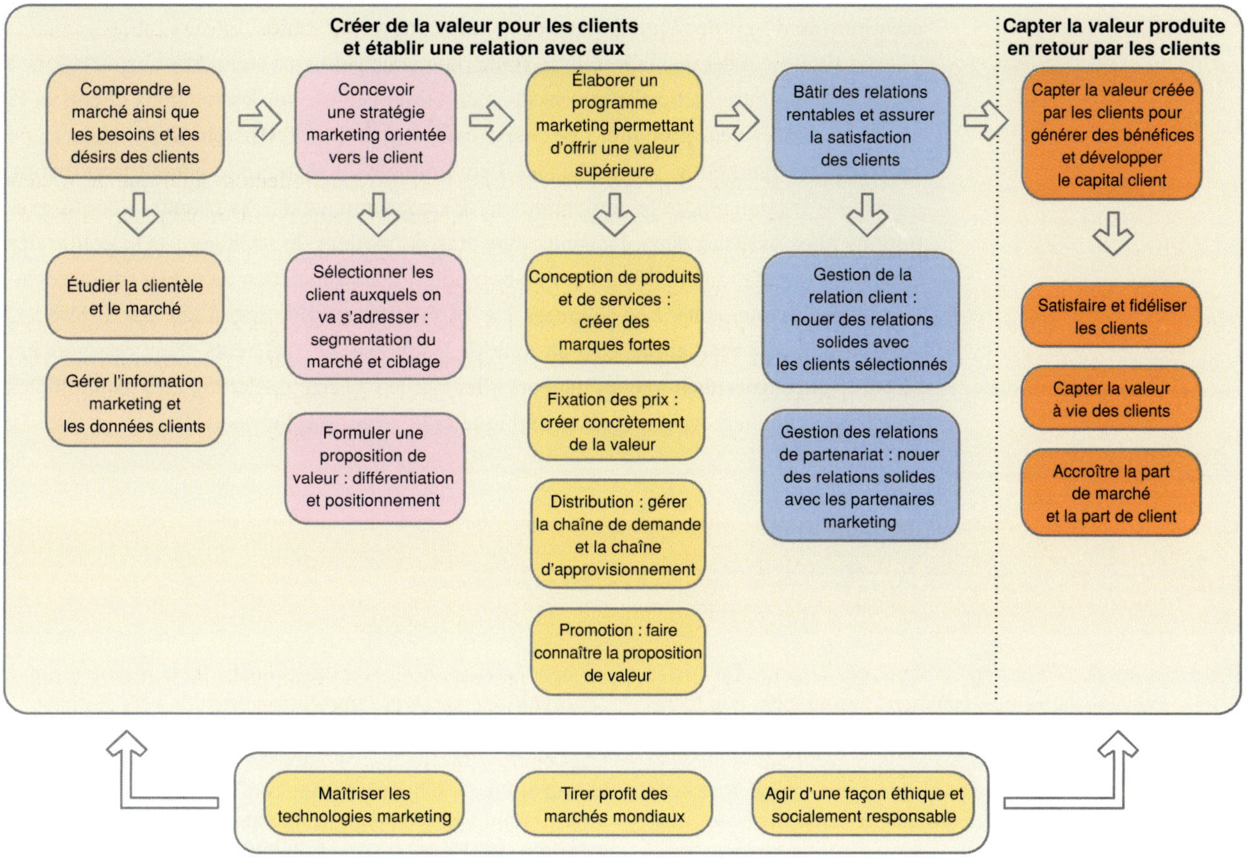

offres pour les mettre à la disposition des consommateurs visés. L'entreprise engage enfin des actions de promotion afin de faire connaître sa proposition de valeur et de convaincre les clients de répondre favorablement aux offres soumises.

Établir des relations rentables et génératrices de valeur constitue sans doute l'étape la plus importante du processus marketing. D'un bout à l'autre dudit processus, les responsables marketing utilisent à cet effet l'arme de la GRC (gestion de la relation client). Mais l'entreprise ne saurait parvenir seule à satisfaire les besoins de sa clientèle. Il lui faut collaborer étroitement avec ses partenaires, en son sein comme à travers l'ensemble du système marketing.

Les quatre premières étapes de la démarche marketing créent de la valeur *à destination* des clients. Inversement, la dernière étape permet à l'entreprise de tirer bénéfice de son travail relationnel, en captant la valeur qu'ils produisent *en retour*. En créant de la valeur, l'entreprise s'assure de satisfaire au mieux ses clients, qui lui resteront fidèles et continueront d'acheter ses produits. Sur le long terme, il en résulte pour elle un accroissement du capital client.

Enfin, étant donné l'évolution actuelle du paysage marketing, les entreprises sont tenues d'intégrer trois facteurs complémentaires : elles doivent acquérir la maîtrise des technologies marketing, savoir profiter des opportunités offertes par la mondialisation et prendre soin d'agir de façon éthique et socialement responsable.

La figure 1.6 dessine la feuille de route pour les chapitres à venir. Les chapitres 1 et 2 proposent une introduction au processus marketing, centrée sur les relations clients et la captation de la valeur produite. Les chapitres 3, 4 et 5 approfondissent la première étape du processus marketing – appréhender l'environnement marketing, gérer l'information marketing et comprendre le comportement des consommateurs. Au chapitre 6, nous examinons plus en détail deux décisions majeures en matière de stratégie : la sélection des clients (segmentation et ciblage) et l'élaboration d'une proposition de valeur (différenciation et positionnement). Les chapitres 7 à 14 étudient ensuite une à une les différentes variables du mix marketing. Tout au long de l'ouvrage, les différents chapitres prennent en compte les trois phénomènes majeurs affectant le paysage marketing : les technologies numériques, le marketing global, et l'éthique et la responsabilité sociale.

RETOUR SUR LES CONCEPTS-CLÉS

De nos jours, les entreprises qui réussissent – qu'elles soient grandes ou petites, commerciales ou à but non lucratif, nationales ou mondialisées – ont toutes quelque chose en commun : elles se concentrent en priorité sur le client et accordent une importance extrême au marketing, dont l'objectif consiste précisément à nouer et à entretenir des relations rentables avec les clients. Le marketing vise à la fois à séduire de nouveaux acheteurs, par la promesse d'une valeur supérieure, mais aussi à conserver et à développer la clientèle existante en lui apportant toute la satisfaction nécessaire. Il opère au sein d'un environnement mondial particulièrement dynamique, capable du jour au lendemain de rendre une stratégie obsolète. Pour espérer réussir, les entreprises doivent par conséquent situer le marché au cœur de leurs préoccupations.

1. Définir la notion de marketing et mettre en évidence les étapes successives du processus marketing.

Le marketing se définit comme le processus par lequel l'entreprise crée de la valeur pour ses clients et noue avec eux des relations durables afin de bénéficier en retour de la valeur qu'ils peuvent lui apporter.

La démarche marketing compte **cinq étapes**. Les quatre premières visent à **créer de la valeur**. Les responsables marketing ont d'abord besoin de comprendre le marché, ainsi que les besoins et les désirs de leurs clients. Ils doivent ensuite concevoir une **stratégie marketing** orientée vers le client, en vue d'attirer, de conserver et de développer leur clientèle. Dans un troisième temps, ils élaborent un **programme marketing** destiné à délivrer concrètement la valeur promise. On aboutit alors à la quatrième étape, qui consiste à **bâtir des relations rentables avec les clients** et à combler leurs désirs. Il ne reste plus dès lors à l'entreprise qu'à **capter la valeur produite** en retour par ces mêmes clients – c'est la dernière étape du processus.

2. Expliquer l'importance d'une bonne compréhension des clients et du marché, et identifier les cinq concepts fondamentaux associés.

En termes de marketing, les entreprises les plus performantes s'efforcent de saisir et de comprendre les besoins, les désirs et les demandes de leurs clients. Cette compréhension les aide à concevoir des offres satisfaisantes et à bâtir des relations profitables permettant de capter la valeur à vie du client ainsi qu'une part accrue de ses achats. Sur le long terme, cela se traduit pour l'entreprise par une croissance significative du capital client.

Il existe en la matière cinq concepts fondamentaux : (1) **besoins**, **désirs** et **demandes** ; (2) **offres commerciales** (produits, services et expériences) ; (3) **valeur** et

satisfaction ; (4) **échanges** et **relations** ; (5) **marchés**. Les désirs sont la forme que prennent les besoins humains sous l'effet de la culture et de la personnalité de chacun. Soutenus par un pouvoir d'achat suffisant, ils se transforment en demandes. Les entreprises répondent aux besoins en formulant une proposition de valeur, un ensemble d'avantages qui promettent de combler les besoins des consommateurs. La proposition de valeur se trouve concrétisée par l'offre commerciale, qui apporte au client la valeur et la satisfaction attendues, et permet d'instaurer avec lui une relation d'échange durable.

3. Déterminer les éléments clés d'une stratégie marketing orientée vers le client et souligner les orientations managériales susceptibles de guider la stratégie marketing.

Pour concevoir une stratégie marketing gagnante, l'entreprise doit d'abord décider **qui** elle envisage de servir. Elle divise pour cela le marché en plusieurs sous-ensembles (**segmentation**) et sélectionne ceux qu'elle souhaite viser (**ciblage**). Il lui faut ensuite définir **comment** elle se propose de servir les clients ciblés (comment elle entend **se différencier** et **se positionner** sur le marché).

L'entreprise peut adopter différentes optiques. L'**optique production** affirme que la tâche du management consiste à améliorer la productivité et à réduire les prix. L'**optique produit** part du principe que les consommateurs achèteront les produits offrant la meilleure qualité, les meilleures performances et les caractéristiques les plus innovantes. L'**optique vente** soutient que les consommateurs n'achèteront que si on engage un effort de promotion suffisant. L'**optique marketing** considère que l'accomplissement des objectifs de l'organisation dépend de sa connaissance des besoins et des désirs des marchés cibles, et de sa capacité à leur apporter davantage de satisfaction que la concurrence. Enfin, pour remplir ses objectifs tout en assumant ses responsabilités envers la société, l'**optique du marketing sociétal** soutient que l'entreprise doit à la fois satisfaire ses clients **et** se soucier du bien-être à long terme de la population.

4. Expliquer la gestion de la relation client et identifier les stratégies permettant à la fois de créer de la valeur à l'intention du client et d'en dégager en retour au profit de l'entreprise.

Dans son acception la plus large, la **gestion de la relation client** désigne le processus consistant à bâtir et à entretenir des relations rentables avec les clients, en leur apportant une valeur et une satisfaction accrues. L'objectif est de générer un **capital client** – défini comme la somme des valeurs à vie de l'ensemble des clients de l'entreprise – le plus élevé possible. Pour établir une relation durable, **valeur** et **satisfaction** constituent deux éléments essentiels. Les entreprises ne cherchent pas seulement à conquérir des clients rentables, mais aussi à nouer avec eux des relations permettant de les conserver et d'accroître leur « part de client ». Chaque type d'acheteur réclame une stratégie relationnelle différente. Et le but du responsable marketing consiste bien évidemment à nouer les **bonnes relations** avec les **bons clients**. En échange de la valeur créée à destination des clients ciblés, l'entreprise capte la valeur produite par les clients eux-mêmes, sous forme de bénéfices et de capital client.

Il est nécessaire pour les responsables marketing de travailler en étroite collaboration avec les partenaires internes et externes de l'entreprise. En complément d'une bonne gestion de la relation client, ils doivent donc aussi assurer une bonne **gestion des relations de partenariat**.

5. À l'heure du marketing relationnel, décrire les grandes tendances et les principales forces qui sont en train de transformer le paysage marketing.

À mesure que le temps passe, l'univers du marketing connaît des changements de plus en plus radicaux. L'évolution de l'informatique, des télécommunications et des moyens de transport a donné naissance à de nouveaux outils qui permettent de mieux connaître et cerner les clients et de créer des produits et des services adaptés à leurs besoins individuels.

Dans une économie mondialisée, de nombreux responsables marketing se trouvent aujourd'hui connectés **à l'échelle planétaire** avec l'ensemble de leurs clients et de leurs partenaires. Chaque entreprise ou presque, quelle que soit sa taille, subit d'une manière ou d'une autre la concurrence mondiale. En parallèle, les responsables marketing sont également amenés à réexaminer leurs responsabilités éthiques et sociales. On les incite sur ce plan-là à assumer plus ouvertement l'impact de leurs activités. Enfin, si le marketing était jusqu'à présent essentiellement appliqué au secteur commercial, il s'invite aussi depuis quelques années dans les stratégies de nombreuses organisations non lucratives – universités, hôpitaux, musées, théâtres ou organisations humanitaires.

Activités

Questions de réflexion et de mise en pratique

1. Faut-il toujours, en marketing, rechercher la plus grande satisfaction du client ? Pourquoi ?
2. En quoi peut-il y avoir contradiction entre la démarche d'innovation et la démarche marketing ? Comment éviter ce paradoxe ?
3. Dans le domaine de la banque, le fait de chercher les clients les plus rentables et de décourager ceux qui ne le sont pas est-il forcément compatible avec l'optique du marketing sociétal ? Pourquoi ? Comment gérer ce paradoxe ?
4. Dans quelle mesure un restaurant qui recrute ses clients dans une zone géographique proche peut-il être affecté par le phénomène de mondialisation ?
5. Quels apports peut avoir le concept de marketing à l'activité d'une organisation humanitaire qui collecte des fonds pour lutter contre le sida ?
6. Quelle est la proposition de valeur du magazine « Courrier International » ? Vous paraît-elle pertinente ? Pourquoi ?
7. Pourquoi est-il selon vous intéressant de solliciter les consommateurs pour créer ou voter sur le contenu d'une communication publicitaire ?
8. Pourquoi les entreprises d'agro-alimentaire comme Kraft ont-elles lancé des « 100 Calories packs », contenant exactement 100 calories ?
9. Une entreprise a-t-elle toujours intérêt à lancer le produit ayant les meilleures performances technologiques ?
10. Dans quelle mesure peut-on dire aujourd'hui que la marque « appartient à ses consommateurs » ?

Étude de cas : Essensis

Danone a été parmi les premières marques à se lancer dès 2001 sur le créneau des alicaments, c'est-à-dire des aliments revendiquant un bénéfice santé. Ainsi, Actimel, qui promet d'augmenter les défenses naturelles de l'organisme, ou Danacol, qui participe à la lutte contre le cholestérol. Les deux produits ont connu un succès important en France, malgré leur prix élevé, notamment grâce à la caution de la marque Danone, qui communique fortement sur son engagement dans la santé. Actimel réalise ainsi aujourd'hui dans le monde un chiffre d'affaires de plus de 1 milliard d'euros.

Le 22 janvier 2007, Danone lance Essensis, un yaourt dont la promesse est de « nourrir la peau de l'intérieur ». Ce produit inaugure en France l'arrivée de la « dermonutrition », ou *cosmeto food*, c'est-à-dire les aliments qui revendiquent un effet sur la beauté. Danone annonce un objectif de vente de 20 000 tonnes en cinq ans, dont 6 500 tonnes la première année.

La gamme compte quatre références : le blanc (nature), litchi-raisin blanc, framboise-grenade, pêche-abricot. Le conditionnement a un impact très fort en linéaire, grâce à ses couleurs fuchsia argent, inédites dans ce rayon.

Essensis contient, outre des actifs probiotiques spécifiques, de l'huile de bourrache (pour les omégas-6), du thé vert (pour les anti-oxydants) et de la vitamine E. Danone a réalisé une étude clinique qui montre que « les nutriments contenus dans ce yaourt contribuent à l'amélioration de la fonction barrière de la peau, en réduisant la perte d'eau dans les cellules de 15 % en seulement six semaines et jusqu'à 25 % en dix-huit semaines ». Pour obtenir ces résultats, Danone recommande d'en manger deux par jour sur la période.

Perçu comme très innovant par les journalistes, Essensis bénéficie d'emblée d'une couverture par la presse très importante. Son budget de lancement ne l'est pas moins, avec 9,3 millions d'euros dépensés la première année.

La campagne de communication a été réalisée par l'agence internationale Young et Rubicam. Elle est axée sur la science et le glamour et prévoit de la télévision, de la presse, de l'affichage, de l'Internet, avec notamment la création d'un site dédié, et de l'événementiel, avec la décoration de six des vitrines du Printemps Haussmann et la présence d'une cuillère géante sur la façade du magasin. Un *beauty bar*, permettant des dégustations et la découverte d'un livret ludique et explicatif, sera également ouvert au Printemps.

Les prétests du spot télévisé sont très bons, la publicité étant jugée comme très nouvelle (ratio de nouveauté de 52 % contre 35 % en moyenne pour les publicités du même secteur) et très persuasive par les consommateurs (10,9 % contre 4,7 % en moyenne).

Le prix est élevé pour le segment des yaourts, avec 2,58 euros le pack de quatre pots.

Outre une présence classique dans la grande distribution, Danone noue un partenariat original avec les 190 salons de coiffure Jean Claude Biguine. 7 300 yaourts Essensis sont distribués dans les salons des grandes villes, 150 000 guides co-marqués sur la dermonutrition sont distribués, incluant un bon de réduction de 0,30 euro sur l'achat de quatre yaourts, et un spot publicitaire de Danone est diffusé sur la « Biguine TV ». L'objectif est, pour Danone, de cibler les femmes citadines, entre 25 et 50 ans, intéressées par la beauté, la forme et le bien-être, et qui sont typiquement les clientes de Jean-Claude Biguine.

Les premiers résultats de vente sont supérieurs aux objectifs ; cependant, rapidement, les ventes baissent : de près de 60 % entre février et décembre 2007. Danone réagit fin 2007 en modifiant la texture du produit, jugée par les consommatrices trop grasse et trop peu gourmande. La marque lance également une référence sans sucre ajouté et deux références plus « grand public », fraise-fraise des bois et vanille.

En mai 2008, un nouveau format est lancé sous forme de yaourt à boire dans une petite fiole style Actimel. Ce produit est d'ailleurs présent depuis le lancement en Espagne et en Italie.

Le 30 janvier 2009, le groupe Danone annonce le retrait de la vente d'Essensis en France pour la fin mars. Les ventes auraient été de 3 000 tonnes en 2007 et de 1 500 en 2008. Le produit continuera cependant d'être commercialisé en Espagne et en Italie.

Questions :

1. Quelle était selon vous la cible d'Essensis ?
2. Quelle est la proposition de valeur d'Essensis ?
3. Que pensez-vous de l'adaptation du produit à la cible ?
4. Pourquoi cet échec en France ?

Notes

1. L'American Marketing Association propose cette définition : « Le marketing est une fonction de l'organisation et un ensemble de processus qui consistent à créer, communiquer et délivrer de la valeur aux clients ainsi qu'à entretenir des relations avec eux afin de servir l'organisation et ses parties prenantes. » Consultable sur www.marketingpower.com/mg-dictionary-view1862.php.
2. Voir l'article de référence de Theodore Levitt, « Marketing Myopia », *Harvard Business Review*, juillet-août 1960, pp. 45-56.
3. Voir notamment Sophie Rieunier, *Le marketing sensoriel du point de vente,* Dunod, 2002 ; Patrick Hetzel, *Planète conso : marketing expérientiel et nouveaux univers de consommation*, Éditions d'Organisation, 2002.
4. Voir par exemple Christian Homburg, Nicole Koschate et Wayne D. Hoyer, « Do Satisfied Customers Really Pay More? A Study Between Customer Satisfaction and Willingness to Pay », *Journal of Marketing*, avril 2005, pp. 84-96.
5. Voir Haenlein, M. & Kaplan, A. M., « Unprofitable customers and their management », *Business Horizons,* Indiana University, January vol. 52, n° 1, pp. 89-97.
6. Voir Renee Houston Zemansky et Jeff Weiner, « Just Hang On to What You Got », *Selling Power*, mars 2002, pp. 60-64 ; Mark R. Okrant, « How to Convert '3's and '4's into '5's », *Marketing News*, 14 octobre 2002, pp. 14, 17 ; Andrew Grossman, « When Bigger Isn't Better », *Catalog Age*, février 2005, pp. 0-1.
7. Voir par exemple Renceu, F. & Le Nagard, E., « Why do people engage in participative marketing operations? An exploratory study », *Actes de la conférence de l'EMAC,* Brighton, 2000.
8. Source : S. L., « INTERSPORT gère son stock au plus près », *Enjeux-Les Echos*, février 2007.
9. Pour une étude plus approfondie de cette question, voir Fred Reichheld et Christine Detrick, « Loyalty: A Prescription for Cutting Costs », *Marketing Management*, septembre-octobre 2003, pp. 24-25 ; Jacquelyn S. Thomas, Robert C. Blattberg et Edward J. Fox, « Recapturing Lost Customers », *Journal of Marketing Research*, février 2004, pp. 31-45.
10. Voir Roland T. Rust, Katherine N. Lemon et Valerie A. Zeithaml, « Return on Marketing: Using Customer Equity to Focus Marketing Strategy », *Journal of Marketing*, janvier 2004, pp. 109-127 ; Rust, Zeithaml et Lemon, « Customer-Centered Brand Management », *Harvard Business Review*, septembre 2004, p. 110.
11. Roland T. Rust, Katherine N. Lemon et Das Narayandas, *Customer Equity Management*, Upper Saddle River, N.J. : Prentice Hall, 2005.
12. « Population Explosion! », *ClickZ Stats*, 12 avril 2006, disponible sur www.clickz.com/stats/sectors/geographics/article.php/151151.
13. Étude ICE Bilan e-commerce 2008, FEVAD/KPMG.

Partie 1

Comprendre le marketing et ses processus

Chapitre 2

AU TERME DE CE CHAPITRE, VOUS SAUREZ

1. Expliquer ce qu'est un plan stratégique d'entreprise et distinguer les quatre étapes de sa mise en œuvre.
2. Concevoir des portefeuilles d'activités et développer des stratégies de croissance et de réduction des activités.
3. Définir le rôle du marketing dans la planification stratégique et expliquer comment les responsables marketing interagissent avec d'autres fonctions en interne et d'autres partenaires extérieurs à l'entreprise pour créer des relations clients rentables.
4. Décrire les éléments constitutifs d'une stratégie orientée vers le consommateur et du mix marketing, ainsi que les forces qui les influencent.
5. Établir les éléments qui composent un plan marketing et expliquer l'importance de la mesure du retour sur investissement marketing.

La stratégie marketing

La stratégie marketing et le marketing opérationnel sont guidés par la stratégie globale de l'entreprise. Pour comprendre le rôle du marketing, nous devons donc d'abord étudier le processus global de planification stratégique de l'entreprise. Toutes les entreprises doivent en effet développer des stratégies à long terme afin de s'adapter aux conditions changeantes de leur secteur d'activité et de garantir leur pérennité.

1. La planification stratégique de l'entreprise : définir le rôle du marketing

Planification stratégique
Processus de développement et de suivi d'une stratégie ayant pour but d'adapter les actions de l'entreprise aux évolutions de l'environnement. Il implique de définir clairement la mission de l'entreprise, de mettre en place des objectifs, de concevoir un portefeuille d'activités cohérent et de coordonner les activités des différentes fonctions de l'entreprise.

Chaque entreprise établit un plan de croissance et de pérennité à long terme qui correspond au mieux à sa situation, à ses opportunités, à ses objectifs et à ses ressources spécifiques. La **planification stratégique** consiste à développer une stratégie qui fasse correspondre les capacités et les buts de l'entreprise aux évolutions des opportunités marketing.

De cette planification stratégique découlent les autres plans d'action de l'entreprise. Les entreprises élaborent généralement des plans marketing annuels et pluriannuels et des plans stratégiques sur le long terme. Les plans marketing définissent les activités commerciales actuelles de l'entreprise et les méthodes à employer pour que celles-ci perdurent et se développent. En revanche, les plans stratégiques envisagent l'adaptation de l'entreprise de façon qu'elle tire parti au mieux des opportunités d'un environnement qui évolue sans cesse.

Le processus de planification stratégique commence par la définition globale des buts et de la mission de l'entreprise (voir figure 2.1). Cette mission permet d'établir les objectifs qui guident l'entreprise tout entière. Elle permet également de définir les portefeuilles d'activités et les moyens alloués à ces différentes activités. Chaque division dans chaque domaine d'activité stratégique (DAS) développe alors des plans marketing détaillés pour atteindre les objectifs globaux de l'entreprise[1].

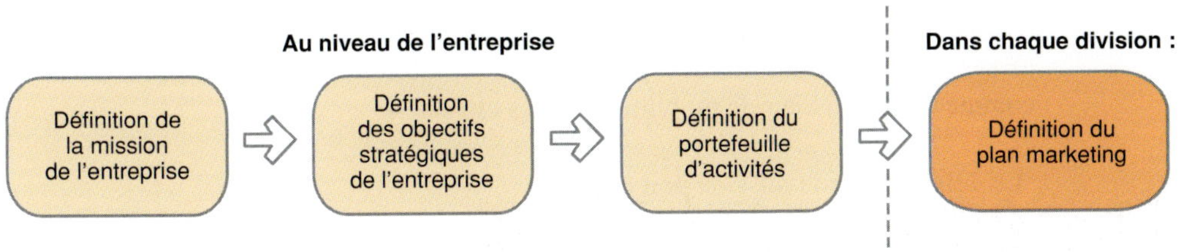

Figure 2.1
Les étapes de la planification stratégique

1.1 Définir une mission orientée vers le marché

L'entreprise doit tout d'abord définir sa mission. Cette mission peut être claire à la naissance de l'entreprise mais devenir floue au fur et à mesure que l'entreprise grandit, diversifie ses produits, conquiert de nouveaux marchés, ou que son environnement évolue. Elle peut également n'avoir jamais été formulée explicitement. Les managers doivent alors réfléchir à la redéfinition de la mission de l'entreprise en se demandant :

Définition de la mission
Déclaration des objectifs de l'entreprise et de ce qu'elle souhaite accomplir dans son environnement.

- Quelle est notre activité ?
- Qui sont nos clients ?
- Qu'attendent nos clients ?
- Quelle devrait être notre activité ?

Beaucoup d'entreprises définissent formellement leur mission pour répondre à ces questions. La mission stipule ce que l'entreprise souhaite accomplir dans son environnement, afin de guider les collaborateurs de l'entreprise. Les entreprises dont la mission est bien définie ont souvent les performances organisationnelles et financières les meilleures.

La **définition de la mission** ne concerne pas uniquement le produit ou le secteur d'activité de l'entreprise (« nous produisons et vendons des meubles » ou « nous sommes une entreprise de traitement des produits chimiques »). Les définitions de mission doivent s'inscrire dans une *orientation marché* et donc être établies en fonction des besoins du consommateur. En effet, les produits et les technologies peuvent devenir obsolètes mais les besoins des marchés, perdurer.

Une définition de mission orientée vers le marché définit l'entreprise en termes de satisfaction du consommateur.

■ Vivendi se définit comme une « entreprise de divertissement », avec ses différents métiers que sont la musique, la télé, le cinéma, le mobile, Internet et les jeux.

▶ Vivendi se définit comme une « entreprise de divertissement », avec ses différents métiers que sont la musique, la télé, le cinéma, Internet et les jeux. La mission d'eBay ne consiste pas uniquement à gérer un service de vente aux enchères mais à fournir aux vendeurs et acheteurs « une plate-forme commerciale internationale en ligne ». Sa mission consiste donc à constituer une communauté unique sur le Web où les gens peuvent effectuer des transactions, s'amuser et mieux se connaître les uns les autres en discutant au Café eBay. Michelin se définit non plus comme un fabricant de pneumatiques, mais comme un fournisseur de mobilité pour ses clients.

La définition de la mission doit être :

- ni trop restreinte ni trop large : un fabricant de brosses à dent qui déclarerait réaliser des produits d'hygiène définirait trop vaguement sa mission ;
- réaliste : une PME ne peut avoir pour mission de devenir leader sur un marché majeur où opèrent des multinationales ;
- spécifique : elle ne doit pouvoir s'appliquer parfaitement qu'à une seule entreprise, et se fondera sur ses compétences particulières.

Enfin, la définition de la mission doit être une source de motivation pour les employés de l'entreprise. Le but énoncé doit mettre l'accent sur l'utilité de son activité, et sa contribution à l'amélioration de la vie des consommateurs.

Le Club Med s'est fixé pour mission de « repenser l'expérience des vacances », « en réinventant sans cesse l'alchimie du bonheur », « pour une clientèle internationale exigeante »[2]. Areva définit sa mission comme suit : « innover pour contribuer à une production d'énergie sans $C0_2$ et à un acheminement de l'électricité toujours plus propres, plus sûrs et plus économiques ». Ses objectifs stratégiques sont d'atteindre un tiers du marché mondial dans le nucléaire avec une marge opérationnelle à deux chiffres et d'être l'un des leaders les plus rentables dans la transmission et la distribution d'électricité. Pour réaliser cette mission, la stratégie consiste à « développer l'offre de produits et services et poursuivre le renforcement de sa présence internationale »[3].

1.2 Définir les objectifs de l'entreprise

L'entreprise convertit ensuite sa mission en objectifs pour chaque niveau de management. Chaque manager doit avoir des objectifs et la responsabilité de les atteindre.

En ce qui concerne la fonction marketing, la réalisation de la mission globale de l'entreprise entraîne la déclinaison de toute une hiérarchie d'objectifs commerciaux et marketing, nécessitant la mise en œuvre d'actions de marketing opérationnel. Il est important de lier ces actions et ces plans à la réalisation de la stratégie globale de l'entreprise, afin de coordonner l'ensemble des efforts.

1.3 Définir le portefeuille d'activités

Portefeuille d'activités
Ensemble des secteurs et des marchés sur lesquels l'entreprise va opérer.

À partir de la définition de la mission et des objectifs de l'entreprise, les managers établissent un **portefeuille d'activités**, c'est-à-dire planifient l'ensemble des marchés sur lesquels l'entreprise va opérer. Il s'agit de profiter au mieux des forces et des faiblesses de l'entreprise en fonction des opportunités et des menaces de son environnement. L'entreprise doit tout d'abord analyser son portefeuille d'activités actuel. Elle doit ensuite concevoir son *futur* portefeuille en développant des stratégies de croissance sur certains marchés, ou d'abandon de certaines activités.

L'analyse du portefeuille d'activités existant

Analyse du portefeuille d'activités
Processus par lequel les managers évaluent les produits et les activités de l'entreprise.

L'**analyse du portefeuille d'activités** conduit à évaluer les produits et les secteurs d'activité qui composent l'entreprise. Celle-ci cherche à augmenter ses investissements dans les secteurs les plus rentables au détriment des secteurs les moins rentables.

La première étape consiste donc à identifier les secteurs clés de l'entreprise, autrement dit les domaines d'activité stratégiques. Un *domaine d'activité stratégique* est un secteur de l'entreprise qui a une mission et des objectifs distincts et qui peut donc être planifié indépendamment des autres activités de l'entreprise. Il peut s'agir d'une division tout entière, d'une chaîne de production, ou même parfois d'une marque ou d'un produit en particulier.

Lors de la seconde phase de l'analyse du portefeuille, les managers définissent l'attractivité des différents domaines d'activité stratégiques et décident de l'importance à accorder à chacun d'entre eux. Dans la plupart des cas, les entreprises ont tout intérêt à se concentrer sur les produits et les activités qui correspondent à la mission et aux compétences particulières de l'entreprise.

La plupart des méthodes standard d'analyse des portefeuilles évaluent les domaines d'activité stratégiques selon deux dimensions :

- la croissance du marché ou du secteur industriel concerné ;
- la part de marché de l'unité stratégique dans ce marché ou ce secteur industriel.

Une des méthodes de planification les plus connues a été développée par le cabinet de conseil en stratégie Boston Consulting Group.

Matrice BCG
Méthode de gestion du portefeuille qui évalue les domaines d'activité stratégiques en fonction de la croissance du marché et de leurs parts de marché relatives, et les classe en quatre catégories : les étoiles, les vaches à lait, les dilemmes et les poids morts.

L'approche du Boston Consulting Group

La **matrice BCG**[4] tire son nom de la méthode définie par le cabinet de conseil Boston Consulting Group (voir figure 2.2). Sur l'axe vertical, le *taux de croissance du marché* mesure l'attractivité du marché. Sur l'axe horizontal, la *part de marché relative* permet de mesurer la position de l'entreprise sur ce marché.

La matrice BCG définit quatre types d'activité :

- *Les étoiles :* les activités dont la croissance et la part de marché sont élevées. Le financement de leur croissance rapide nécessite souvent des investissements très importants. Leur croissance finit ensuite par ralentir et elles deviennent des vaches à lait.

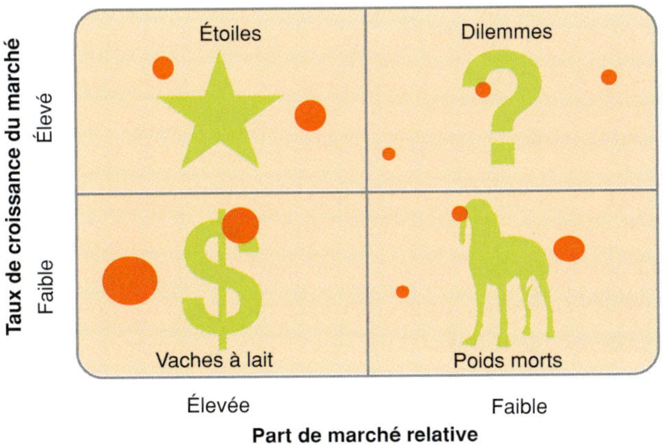

Figure 2.2
La matrice BCG

- *Les vaches à lait :* les activités dont la croissance est faible mais la part de marché importante. La conservation des parts de marché de ces activités prospères et bien établies nécessite moins d'investissements. Elles produisent donc une grande partie des liquidités que l'entreprise utilise pour financer les autres produits.
- *Les dilemmes :* les activités dont la part de marché est faible dans un marché à croissance élevée. Elles demandent beaucoup de liquidités, ne serait-ce que pour conserver leur part de marché. Le management doit choisir quels points d'interrogation essayer de transformer en étoiles et lesquels liquider.
- *Les poids morts :* les activités dont la croissance et la part de marché sont faibles. Elles génèrent suffisamment de liquidités pour s'autofinancer mais pas plus.

Les cercles de la matrice BCG représentent les domaines d'activité stratégique d'une entreprise. Le diamètre des cercles correspond au chiffre d'affaires réalisé par chaque activité. Le portefeuille d'activités de l'entreprise représenté dans la figure compte deux vaches à lait importantes, qui apporteront suffisamment de liquidités pour financer les dilemmes, les étoiles et les poids morts.

Quatre stratégies différentes peuvent être mises en œuvre pour faire évoluer le portefeuille d'activités :

- l'entreprise peut augmenter ses investissements afin d'accroître sa part de marché ;
- elle peut n'investir que la somme nécessaire au maintien des parts de marché ;
- elle peut se contenter de profiter des gains générés sans se soucier de la dégradation de la part de marché ;
- enfin, l'entreprise peut vendre ou liquider l'activité et utiliser ses ressources dans un autre secteur.

Chaque secteur d'activité possède un cycle de vie propre, si bien qu'il change de position dans la matrice BCG au fil du temps. L'entreprise doit donc continuellement lancer de nouveaux produits et de nouvelles activités pour que certaines d'entre elles deviennent des étoiles, puis des vaches à lait, et aident à financer les autres activités.

Les limites de la matrice BCG

La matrice BCG et d'autres méthodes formelles ont révolutionné la planification stratégique. Cependant, des approches aussi centralisées présentent inévitablement certaines limites. Leur mise en place peut être longue, complexe et coûteuse. Définir les domaines d'activité stratégiques et mesurer la croissance et la part de marché qu'ils occupent peut se révéler difficile. En outre, la définition des seuils entre les différentes catégories est souvent délicate, et peut dépendre du contexte macroéconomique.

Ces approches formelles de la planification peuvent également accorder trop d'importance à la croissance de la part de marché ou à la croissance liée à l'investissement dans de nouveaux marchés. Ces approches ont ainsi incité certaines entreprises à s'engager dans de nouvelles activités à forte croissance qu'elles ne savaient pas gérer (car elles étaient sans rapport avec leur mission première) et à abandonner, à vendre ou à liquider trop rapidement leurs activités les plus rentables, tout cela pour des résultats catastrophiques. Aussi beaucoup d'entreprises qui se sont diversifiées exagérément dans le passé cherchent-elles maintenant à se concentrer uniquement sur les secteurs d'activité qu'elles connaissent le mieux.

En raison de ces défauts, de nombreuses entreprises ont abandonné ces méthodes d'analyse formelles au profit d'approches plus personnalisées et plus décentralisées.

■ Au fil des années, le groupe Disney s'est diversifié, notamment dans les parcs à thème.

▶ Ainsi, Disney était historiquement présent dans le domaine des parcs à thème et les programmes de divertissement familiaux. Au milieu des années 1980, l'entreprise a mis en place un groupe de planification stratégique centralisé chargé de définir les directions dans lesquelles l'entreprise allait s'engager. Disney s'est énormément diversifié au cours des deux décennies suivantes pour devenir un géant des médias et de l'industrie des loisirs. Malheureusement, l'entreprise ainsi transformée s'est révélée très difficile à gérer et ses résultats assez chaotiques. Le nouveau responsable de Disney a récemment supprimé l'unité de planification stratégique centralisée et a confié ses fonctions aux managers de chaque secteur d'activité. ◀

Développer des stratégies de croissance et de réduction des activités

L'analyse du portefeuille d'activités doit aussi permettre de redessiner le périmètre des activités futures, afin de garantir la croissance de l'entreprise. Les entreprises doivent croître afin d'être plus compétitives, de satisfaire leurs actionnaires et d'attirer les meilleurs collaborateurs possibles. L'objectif de l'entreprise n'est cependant pas la croissance à tout prix, mais la croissance rentable.

Rendre la croissance de l'entreprise rentable relève de la responsabilité du marketing, qui doit identifier, évaluer et sélectionner les opportunités du marché, puis établir les stratégies qui permettront d'en profiter. Le **tableau croisé produit/marché** (voir figure 2.3) est un outil qui permet de déceler les opportunités de croissance.

Tableau croisé produit/marché
Outil de planification de portefeuille d'activités permettant l'identification des opportunités de croissance pour l'entreprise en termes de pénétration du marché, de développement du marché, de développement du produit ou en vue de se diversifier.

	Produits existants	Nouveaux produits
Marchés existants	Pénétration du marché	Développement de produits
Nouveaux marchés	Extension du marché	Diversification

Figure 2.3
Le tableau croisé produit/marché

Source : H. Igor Ansoff, « Strategies for Diversification », *Harvard Business Review*, septembre-octobre 1957, pp. 113-124.

MARKETING EN ACTIONS 2.1

Philips : un développement fondé sur l'innovation technologique, avec des réorganisations en fonction de l'évolution des marchés

Étape 1 : une progression au rythme des innovations technologiques

Philips a été créé en 1891 aux Pays-Bas par Anton et Gerard Philips. À l'origine, l'entreprise produit des lampes à filament de carbone, devenant au début du XXe siècle l'un des plus grands fabricants d'Europe. La croissance de l'entreprise dans les premières décennies du XXe siècle est rythmée par les inventions techniques :

- En 1918, l'entreprise présente son tube à rayons X médical.
- En 1925, Philips est impliqué dans les premiers essais de téléviseurs et, en 1927, se lance dans la fabrication de radios.
- En 1932, Philips a déjà vendu 1 million de radios et est devenu le plus grand fabricant mondial de ces appareils.
- En 1939, Philips lance le premier rasoir électrique et invente les têtes pivotantes qui conduiront au développement du rasoir électrique Philishave.
- En 1963, Philips lance la cassette audio.
- Philips Research investit dans les technologies optiques ; ces avancées conduisent à l'invention du disque optique LaserVision, du Compact Disc et des systèmes de télécommunication optique.
- En 1972, afin de promouvoir ses technologies dans le domaine du son, Philips fonde PolyGram, la célèbre maison de disques. En 1983, Philips lance en association avec Sony le Compact Disc.
- En 1997, Philips, toujours associé à Sony, est à l'origine du lancement du DVD.

Étape 2 : une restructuration du groupe et une cession des activités déficitaires

Au cours des années 1990, fort de ses avancées techniques dans le domaine des semi-conducteurs, Philips se lance dans la production de téléphones mobiles. Or cette activité est très concurrentielle et devient déficitaire.

Dès 2001, le groupe commence à se désengager de l'activité, en sous-traitant la production.

En 2006, le groupe annonce la cession de ses activités dans la téléphonie mobile, qui réalise environ 400 millions d'euros de chiffre d'affaires par an, au conglomérat chinois China Electronics Corporation, qui lui fournissait ses combinés. China Electronics Corporation conservera l'usage de la marque Philips pendant les cinq années suivantes. En septembre 2006, Philips vend 80,1 % de son activité Semiconductors à un consortium de sociétés de financement.

Étape 3 : une réorganisation en fonction des besoins des marchés

En septembre 2007, Philips rend public son plan stratégique « Vision 2010 », destiné à asseoir la croissance de la société grâce à des objectifs de rentabilité plus ambitieux. Le groupe néerlandais réorganise ses activités autour de trois secteurs clés : le médical, l'éclairage et l'électronique grand public. Selon ses dirigeants, le plan « Vision 2010 », qui prévoit ces changements, devrait permettre d'économiser 150 à 200 millions d'euros et d'améliorer son bénéfice opérationnel. Avec ce panel d'activités, Philips a pour ambition de devenir la marque leader en matière de santé et de bien-être. La mission de l'entreprise est ainsi reformulée : « Améliorer la qualité de vie des gens grâce à l'introduction d'innovations significatives. » Ce plan s'appuie sur la nouvelle promesse de la marque, « du sens et de la simplicité ». Philips affirme son engagement à proposer des produits grand public à la fois hautement techniques, faciles à utiliser et spécialement conçus pour répondre aux besoins et aux attentes des consommateurs.

Source : Philips.com.

Pénétration du marché
Stratégie de croissance consistant à augmenter les ventes des produits existants dans les segments du marché actuels.

Extension du marché
Stratégie de croissance consistant à identifier et à développer de nouveaux marchés pour les produits existants.

Développement de produits
Stratégie de développement de l'entreprise qui consiste à modifier les produits existants ou à en créer de nouveaux à destination des marchés existants.

Diversification
Stratégie de développement qui consiste pour l'entreprise à développer de nouvelles activités.

L'entreprise ne doit pas se soucier uniquement d'innover et de croître, elle doit aussi parfois savoir procéder à une **réduction de ses activités**. Il est en effet parfois nécessaire de se pencher sur la rentabilité de chacune des activités du portefeuille et sur sa contribution à la stratégie globale de l'entreprise.

Réduction des activités
Réduire le portefeuille d'activités en éliminant les produits ou les divisions qui ne sont pas rentables ou qui ne correspondent plus à la stratégie globale de l'entreprise.

De nombreuses raisons peuvent pousser une entreprise à abandonner des produits ou des marchés. En évoluant, l'environnement du marché peut rendre certains produits ou marchés de l'entreprise moins rentables. La croissance de l'entreprise peut avoir été trop rapide ou trop diversifiée, ce qui est le cas lorsque l'entreprise cible trop de marchés internationaux sans avoir effectué les recherches adéquates ou lorsque ses nouveaux produits n'apportent aucune valeur ajoutée à ses clients. Enfin, certains produits peuvent être en fin de cycle de vie et devenir obsolètes.

2. La planification marketing : établir une relation avec les consommateurs

Le plan stratégique définit dans quels secteurs d'activité l'entreprise va s'engager et quels sont ses objectifs dans chacun de ces secteurs. Une planification plus détaillée est ensuite mise en place dans chaque domaine d'activité stratégique ou division. Les principaux services fonctionnels de chaque DAS – marketing, finance, comptabilité, achats, opérations, systèmes d'information, ressources humaines, etc. – doivent collaborer pour atteindre les objectifs stratégiques.

■ Les cristalleries Baccarat, initialement présentes dans les arts de la table, ont utilisé leur image et leur maîtrise technologique pour innover dans une nouvelle activité : les bijoux en cristal.

Le service marketing joue un rôle clé tout au long de la planification de la stratégie de l'entreprise. Il établit tout d'abord le concept marketing – la *philosophie* à suivre – et les stratégies à mettre en œuvre pour créer des relations rentables avec les groupes de consommateurs les plus importants. Il aide ensuite les concepteurs du plan stratégique à identifier les marchés attractifs, à développer le potentiel de l'entreprise et à tirer parti de ces opportunités. Enfin, le marketing conçoit la *stratégie marketing* des différentes divisions et apporte son soutien à la définition des actions de marketing opérationnel afin qu'elles atteignent leurs objectifs.

La valeur et la satisfaction du consommateur sont les facteurs les plus importants du succès des entreprises. Mais, comme nous l'avons noté au chapitre 1, les responsables marketing seuls ne peuvent pas produire une valeur supérieure pour les consommateurs. Bien que son rôle soit primordial, le marketing ne peut que favoriser l'intérêt et la fidélité du consommateur.

Le service marketing doit non seulement prendre en charge la gestion de la relation client, mais également travailler en étroite collaboration avec les autres fonctions de l'entreprise, et avec d'autres entreprises, comme les fournisseurs ou les agences de publicité. L'objectif est de former un « système marketing » qui serve efficacement le consommateur. Nous allons à présent étudier de plus près les concepts de chaîne de valeur et de chaîne d'approvisionnement.

2.1 Les relations du département marketing avec les autres départements

On peut considérer chaque fonction comme un lien dans la **chaîne de valeur** de l'entreprise[5]. Autrement dit, chaque service remplit un ensemble de fonctions afin de concevoir, de produire, de lancer sur le marché, de fournir et de promouvoir les produits et services de l'entreprise. Le succès de l'entreprise dépend non seulement de la façon dont chaque service agit, mais également de la coordination des activités de chacun d'entre eux.

Aussi important que soit son rôle, le service marketing dépend des autres secteurs de l'entreprise, comme le service achat (pour acheter les matières premières les plus performantes et les moins chères), le service production, le service des ressources humaines, le service informatique (pour disposer des informations en temps et en heure), le service de la logistique…

Chaîne de valeur
Tous les services qui ont ensemble pour fonction de concevoir, de produire, de commercialiser et de promouvoir les produits de l'entreprise.

En principe, toutes les fonctions devraient contribuer de façon harmonieuse aux objectifs généraux de l'entreprise. En réalité, les rapports entre départements sont fréquemment caractérisés par de profondes rivalités et incompréhensions. Dans l'optique marketing, seule compte la satisfaction du consommateur, ce qui peut avoir pour effet d'augmenter le coût des achats, de provoquer une rupture des plans de production, d'augmenter l'importance des stocks et de créer des problèmes de budget. Cela explique que les efforts du service marketing soient parfois mal acceptés des autres services.

Les responsables marketing doivent donc faire en sorte que les autres services adoptent leur point de vue afin de développer une chaîne de valeur qui fonctionne de façon harmonieuse. Pour cela, le service marketing doit comprendre le fonctionnement des autres services. Il doit travailler en étroite relation avec les autres départements afin de développer un système de plans fonctionnels que tous peuvent suivre. Ainsi seront atteints les objectifs stratégiques globaux de l'entreprise.

▶ Essilor, spécialiste des verres optiques avec notamment des marques comme Varilux, doit acheminer chaque année 215 millions de verres produits dans 300 000 références différentes fabriquées sur 15 sites de production centraux et 250 laboratoires de finition. La promesse de service faite aux clients est très exigeante : les verres les plus courants sont acheminés chez les clients opticiens en moins de 24 heures ! Le projet Master Planning, lancé en 2004 en partenariat avec Dynasis, d'un montant de 1,2 million d'euros sur quatre ans, a permis de se lancer cet ambitieux défi : 100 % des commandes livrées à temps[6]. ◀

2.2 L'association à d'autres services marketing

Dans sa quête de création de valeur pour le consommateur, l'entreprise doit voir plus loin que sa propre chaîne de valeur et se pencher sur les chaînes de valeur de ses fournisseurs, de ses distributeurs voire de ses clients.

De nombreuses entreprises s'associent aux autres membres de la chaîne d'approvisionnement afin d'améliorer les performances du système de livraison de la valeur au consommateur et d'assurer une bonne **gestion de la chaîne d'approvisionnement**.

Cet aspect est si important que de nombreuses entreprises développent un marketing achat, afin d'optimiser leurs relations avec leurs fournisseurs et de maximiser leur satisfaction. La compétition ne se joue plus uniquement entre différentes entreprises concurrentes dans un même secteur mais entre les systèmes de création de valeur pour le client, par le biais de l'ensemble de la chaîne d'approvisionnement.

Gestion de la chaîne d'approvisionnement (*supply chain management*)
Chaîne formée de l'entreprise, des fournisseurs, des distributeurs et finalement des consommateurs qui « s'associent » afin d'améliorer les performances de l'ensemble du système.

▶ Dans l'industrie automobile, clients et fournisseurs peuvent se regrouper sur un même site géographique, afin de respecter les contraintes du système de production « juste à temps ». C'est par exemple le cas dans la région du Havre, au sein du Pôle industriel de fournisseurs de l'usine Renault Sandouville, qui regroupe notamment des sous-traitants comme Faurecia (fabricant de panneaux de porte, planches de bord, sièges), Plastic Omnium (fournisseur de pièces et modules de carrosserie et de modules à carburant), Inoplast (spécialisé dans la fourniture de matériaux composites pour l'automobile)... Ce pôle bénéficie également d'un réseau logistique international très performant, avec le port du Havre et un terminal routier accessible 7 jours sur 7 et 24 heures sur 24[7]. ◀

3. La stratégie marketing et le mix marketing

Le plan stratégique définit la mission globale et les objectifs de l'entreprise. La figure 2.4 illustre le rôle du marketing, les principales étapes de la formulation d'une stratégie marketing, et les principales actions qui en découlent.

Les clients occupent la place centrale, car le but est d'intensifier la relation avec eux et de les fidéliser. Vient ensuite la *stratégie marketing*, grâce à laquelle l'entreprise pense pouvoir établir cette relation avec le consommateur. L'entreprise commence par identifier l'ensemble du marché, qu'elle divise ensuite en segments plus réduits, sélectionne les segments les plus prometteurs et définit les méthodes à employer pour satisfaire les consommateurs choisis.

En fonction de la stratégie marketing définie, l'entreprise conçoit un « mix marketing » cohérent, qui est composé des quatre leviers d'action dont elle dispose : le produit, le prix, la distribution et la communication – les « quatre P », d'après l'anglais *product* (produit), *price* (prix), *place* (distribution) et *promotion* (communication publipromotionnelle).

Pour établir la stratégie marketing et le mix marketing les mieux adaptés, l'entreprise passe par quatre phases successives que sont l'analyse, la planification, l'implémentation (ou mise en œuvre) et le contrôle marketing.

Figure 2.4
Gestion de la stratégie marketing et mix marketing

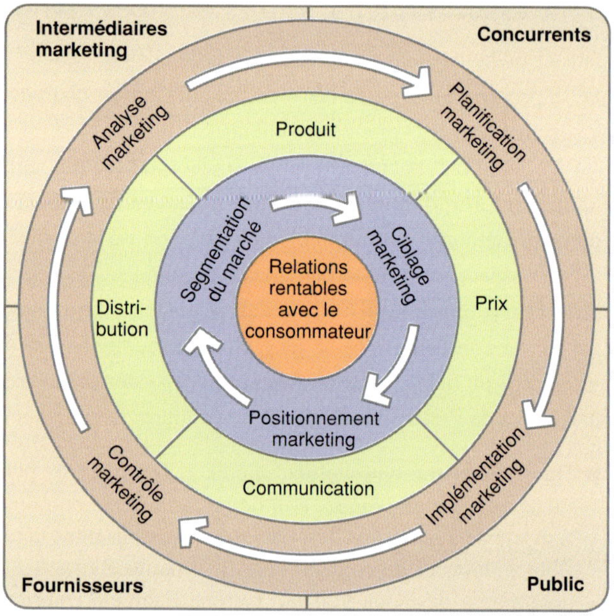

Nous allons étudier brièvement chacune de ces activités dans cette section et dans la suivante. Nous reviendrons en détail sur chacune d'entre elles dans les chapitres suivants.

3.1 La stratégie marketing centrée sur le consommateur

Comme nous l'avons répété tout au long du chapitre 1, le consommateur doit être au centre des préoccupations des entreprises pour qu'elles soient compétitives. Pour attirer de nouveaux clients et les conserver, une entreprise doit leur fournir une valeur plus importante que la concurrence. Mais avant de pouvoir satisfaire le client, une entreprise doit comprendre ses besoins et ses souhaits. Par conséquent, un marketing efficace requiert une analyse pointue du consommateur.

Les entreprises savent qu'elles ne peuvent satisfaire tous les consommateurs d'un marché donné, car il existe un trop grand nombre de types de consommateurs et de besoins différents. En outre, la plupart des entreprises sont plus aptes à satisfaire certains groupes de consommateurs que d'autres. Chaque entreprise doit donc découper le marché en segments, choisir les segments les plus intéressants et définir les meilleures stratégies à mettre en œuvre pour servir les segments choisis. Ce processus se déroule en trois phases : la *segmentation du marché*, le *ciblage marketing* et le *positionnement marketing*.

Segmentation du marché
Division d'un marché en groupes distincts de consommateurs en fonction de leurs besoins, de leurs caractéristiques et de leurs comportements particuliers, chaque groupe pouvant nécessiter des offres marketing spécialement adaptées.

La segmentation du marché

Le marché est constitué de différentes sortes de consommateurs, de produits et de besoins. Le responsable marketing doit déterminer quels segments offrent les meilleures opportunités. La **segmentation du marché** peut se faire en fonction de critères géographiques, démographiques, psychographiques ou comportementaux.

Les consommateurs qui veulent acheter la voiture la plus imposante et la plus confortable sans se soucier du prix représentent un **segment du marché** automobile et les consommateurs qui se soucient avant tout du coût d'achat et du coût de fonctionnement forment un autre segment de ce même marché. Il serait difficile de créer un modèle de véhicule qui corresponde aux aspirations de tous, si bien que les entreprises doivent s'efforcer de correspondre aux besoins particuliers de chaque segment.

Segment de marché
Groupe de consommateurs qui répondent de façon similaire à un ensemble donné d'actions marketing.

Le ciblage marketing

Une fois que l'entreprise a défini les segments d'un marché, elle décide de s'engager dans un ou plusieurs de ces segments. Le résultat du **ciblage marketing** dépend de l'intérêt que représente chaque segment du marché. Une entreprise doit cibler les segments dans lesquels elle peut délivrer la valeur la plus forte au consommateur et maintenir cette valeur dans le temps.

Ciblage marketing
Sélection du ou des segments dans lesquels l'entreprise s'engagera, en fonction de l'intérêt stratégique que représente chaque segment du marché pour cette entreprise.

Une entreprise dont les ressources sont limitées peut décider de ne servir qu'un seul ou quelques segments spéciaux appelés « niches ».

La marque de textile Damart produit notamment des sous-vêtements destinés à tenir chaud, connus par le slogan « Tous au chaud et en bonne santé ». Elle est particulièrement bien implantée chez les plus de 65 ans. En France, une femme de plus de 65 ans sur dix est cliente de Damart. Une tentative de la marque à la fin des années 1990 pour rajeunir sa clientèle s'étant soldée par un échec cuisant, l'entreprise roubaisienne Damartex cible à nouveau les seniors, avec succès[8].

La marque Petit Bateau est connue pour ses vêtements et sous-vêtements pour enfants, mais cible également les adultes.

Une entreprise de grande taille peut quant à elle décider de couvrir l'ensemble des segments d'un marché en proposant une gamme complète de produits. En règle générale, les entreprises pénètrent un nouveau marché dans un seul segment, puis, si l'expérience est un succès, élargissent leur offre aux autres segments.

La marque de l'entreprise allemande Beiersdorf, NIVEA, a démarré grâce à son produit historique, la crème NIVEA, vendue dans la célèbre boîte bleue en fer. Elle propose aujourd'hui une gamme de produits cosmétiques très complète, sous des noms de marques différents, comme NIVEA Baby pour les bébés, NIVEA for Men pour les hommes, NIVEA Vital pour les seniors, NIVEA Sun pour les produits solaires, NIVEA Visage pour les soins du visage, NIVEA Beauté pour le maquillage et les produits de beauté pour les lèvres, les ongles ou les yeux, etc.

Le positionnement marketing

Positionnement marketing
Place distinctive et attractive occupée par le produit dans l'esprit des consommateurs par rapport aux produits concurrents.

Lorsqu'une entreprise a choisi à quels segments se consacrer, elle doit décider de la position qu'elle souhaite occuper dans ces segments. Dans cette phase de **positionnement marketing**, les responsables marketing cherchent à positionner distinctement leurs produits, car si le consommateur ne perçoit aucune différence entre un produit et ses concurrents, il n'a aucune raison de l'acheter.

Jack Trout, spécialiste américain du positionnement, définit cette activité ainsi : « La façon dont votre produit ou votre entreprise se différencie dans l'esprit de vos clients potentiels. Le positionnement explique qu'un acheteur est prêt à dépenser plus pour votre marque. Toute l'astuce consiste à exprimer cette différence[9]. » Il est donc nécessaire de mettre l'accent sur le caractère unique du produit afin de lui donner le meilleur positionnement possible dans le marché cible.

Michelin propose « une meilleure façon d'avancer » ; la carte Visa est « partout où vous êtes » ; EDF veut « changer l'énergie ensemble ». Les slogans publicitaires révèlent le positionnement, qui forme l'épine dorsale de la stratégie marketing de l'entreprise.

L'entreprise identifie tout d'abord les avantages du produit qui peuvent le rendre compétitif et sur lesquels le positionnement va être basé. Elle peut offrir au consommateur une valeur plus importante en vendant son produit moins cher que la concurrence ou au contraire en proposant des bénéfices supérieurs qui justifient son prix plus élevé. Mais si l'entreprise promet de fournir une valeur plus importante, elle doit tenir effectivement ses engagements. Un positionnement efficace commence donc par différencier l'offre de

Dans cette campagne, Hitachi communique sur différentes activités de l'entreprise, qui concernent des consommateurs ou des clients entreprises, sous la même marque et le même positionnement global.

l'entreprise de celles de la concurrence, afin que le consommateur ait conscience de la valeur que le produit apporte. L'ensemble des actions marketing doit ensuite soutenir la stratégie de positionnement choisie et communiquer ce positionnement aux consommateurs visés. Un bon positionnement doit à la fois être spécifique, clair, pertinent pour le consommateur, crédible, et durable dans le temps.

L'entreprise italienne Geox a choisi sur le marché des chaussures un positionnement original, grâce à un brevet exclusif sur la semelle, percée de petits trous permettant d'évacuer la transpiration sans laisser entrer l'humidité extérieure. Les produits Geox sont ainsi vendus sous le slogan «*Respira*» («des chaussures qui respirent»).

3.2 Développer le mix marketing

Une fois la stratégie marketing globale adoptée, l'entreprise peut commencer à planifier les détails du **mix marketing**, un des concepts fondamentaux du marketing.

Mix marketing
Outils marketing opérationnels (produit, prix, distribution et communication) que l'entreprise utilise sur le marché qu'elle cible afin d'obtenir la réponse souhaitée.

Les différents leviers d'action du mix marketing peuvent être classés en quatre groupes de variables, connues sous le nom de «quatre P» : le produit (*product*), le prix (*price*), la distribution (*place*) et la communication (*promotion*). La figure 2.5 illustre les outils marketing disponibles dans chacune de ces catégories.

Le *produit* désigne la combinaison des biens et des services proposés par l'entreprise. On classe aussi dans cette rubrique du mix les différentes décisions relatives à la marque et au packaging du produit.

Le *prix* correspond à la somme d'argent que le consommateur doit dépenser pour obtenir le produit. Le fabricant fixe le prix de vente au distributeur, qui va ensuite fixer le prix de revente au consommateur, ou prix final, qui inclut parfois des remises, des promotions-prix, des conditions de crédit.

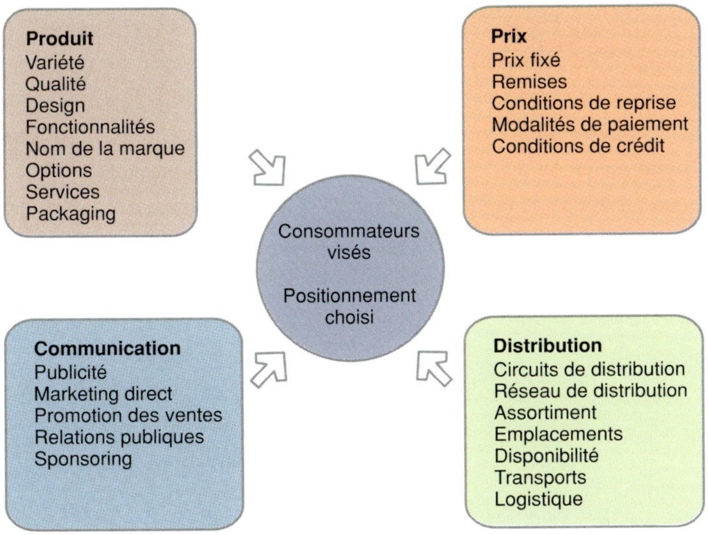

Figure 2.5
Les quatre composantes du mix marketing

La *distribution* désigne les activités de l'entreprise permettant la mise à disposition des produits et services à ses consommateurs. L'entreprise doit mettre en place et animer un réseau de distribution. Ces points de vente vont sélectionner leur assortiment, présenter les produits (virtuellement ou physiquement), assurer leur mise en place en rayon et leur promotion, et fournir un certain nombre de services aux clients.

La *communication* regroupe toutes les activités qui permettent à l'entreprise d'informer les consommateurs potentiels de l'existence du produit et de promouvoir ses avantages. Cela peut se faire par la publicité ou le marketing direct, mais également, sur le lieu de vente, par différentes techniques promotionnelles, par les relations publiques ou encore le parrainage d'événements sportifs ou culturels.

L'encadré 2.2 montre comment l'innovation et la cohérence sur l'ensemble des variables du mix marketing ont permis le succès de l'enseigne L'Occitane en Provence.

Un marketing opérationnel efficace coordonne tous les éléments du mix marketing afin d'atteindre les objectifs marketing en délivrant de la valeur aux consommateurs.

Si le classement des différents moyens du marketing en quatre rubriques (les « quatre P ») est simple, facile à mémoriser et pédagogique, il privilégie cependant le point de vue du vendeur, et non celui de l'acheteur. D'autres auteurs, mettant en avant l'importance de la relation client, ont proposé des classifications différentes, comme les « quatre C » (voir tableau 2.1).

Tableau 2.1 Quatre C *versus* Quatre P

Quatre P	Quatre C
Produit	Solution au consommateur
Prix	Coût pour le consommateur
Distribution	Commodité d'accès
Communication	Communication

Ainsi, tandis que les responsables marketing se considèrent comme les vendeurs d'un produit, les consommateurs se voient comme les acheteurs d'une valeur ou d'une solution à leurs problèmes. Les consommateurs ne s'intéressent pas uniquement au prix de vente, mais également au coût total que représentent l'obtention, l'utilisation et l'abandon d'un produit, ainsi qu'à la disponibilité du produit et des services qui l'accompagnent. Enfin, ils souhaitent que la communication ne soit pas uniquement le fait de l'entreprise mais que leur avis soit pris en compte. Il est donc préférable de penser d'abord aux quatre C pour mettre en œuvre ensuite les quatre P sur cette base.

MARKETING EN ACTIONS 2.2

L'Occitane en Provence : un développement spectaculaire guidé par la cohérence du positionnement

L'Occitane a été fondée en 1976 par Olivier Baussan. Plus de trente ans plus tard, le groupe est présent dans plus de 60 pays, pour un chiffre d'affaires de plus de 400 millions d'euros. Rien au départ ne disposait pourtant Olivier Baussan, son fondateur, à créer une enseigne d'envergure internationale. Militant écolo, il abandonne ses études à 23 ans pour se lancer dans la fabrication de produits naturels, shampooings ou bains moussants à base d'huiles essentielles, qu'il distille grâce à un vieil alambic et vend sur les marchés. Quelque temps plus tard, il s'associe avec un ami chimiste pour fonder une véritable entreprise. La première boutique ouvre près de Manosque, à Volx, en 1980, puis d'autres suivent en Île-de-France. Cependant, l'entreprise s'endette et connaît des difficultés financières. En 1994, un homme d'affaires autrichien spécialisé dans le *packaging* cosmétique entreprend de redresser la barre. Pour insister sur l'origine de la marque, il rajoute « en Provence » au nom originel « L'Occitane » et développe le réseau en France et à l'international. Le succès ne se démentira plus. Le premier magasin étranger ouvre en 1995 à Hong Kong, suivi par New York en 1996. Aujourd'hui, l'entreprise possède plus de 1 000 points de vente dans le monde.

Le positionnement est demeuré très cohérent et spécifique depuis l'origine : « s'inspirer des terroirs et des savoir-faire de la Méditerranée pour créer des soins et des parfums naturels et authentiques ». Ce positionnement se traduit dans l'ensemble de la politique marketing. Les produits L'Occitane, à base d'ingrédients AOC et bio, comptent aujourd'hui plus de 500 références. Ils sont conditionnés dans un packaging à la fois sobre et traditionnel. Dans les boutiques, une ambiance provençale est recréée par le crépi ocre, les poutres en bois, la lavande et autres genêts. Les communications mettent en scène la campagne provençale et les ingrédients naturels qui entrent dans la composition des produits. La marque attire une clientèle de catégories socioprofessionnelles supérieures, âgée de 35 à 50 ans en France, voire plus jeune dans les pays asiatiques, et souvent à la recherche d'un cadeau.

La cohérence de ce positionnement implique également des choix stratégiques : ainsi, l'usine de Manosque, construite dans les années 1990, demeure l'unique site de production de la marque. Cependant, cela n'a pas empêché L'Occitane d'innover en termes de produits ni d'incorporer des ingrédients d'autres origines géographiques : dès 1982, à la faveur d'un voyage au Burkina Faso, Olivier Baussan découvre le beurre de karité, qui devient un des ingrédients phares des produits L'Occitane. La crème pour les mains au beurre de karité est ainsi un véritable best-seller. Très récemment, le groupe a créé la marque « L'Occitane do Brasil », qui commercialise une gamme de produits solaires entièrement produite au Brésil à partir d'ingrédients cultivés par les communautés locales. C'est une façon de continuer à servir la promesse de l'entreprise tout en permettant une expansion géographique.

Source : Béatrice Heraud, « L'Occitane exporte la Provence », *Marketing Magazine*, n° 111, 1er mars 2007, www.loccitane.com.

4. La mise en œuvre de la démarche marketing

Un marketing efficace implique une mise en œuvre minutieuse du processus marketing, à travers quatre fonctions : l'*analyse*, la *planification*, l'*implémentation* et le *contrôle* (voir figure 2.6).

L'entreprise développe en premier lieu des plans stratégiques globaux. Elle les traduit ensuite en plans marketing pour chaque domaine d'activité stratégique, produit et marque, sur la base des résultats de l'analyse marketing, qui fournit les informations et les évaluations nécessaires à toutes les activités marketing. À travers le marketing opérationnel,

Figure 2.6
Analyse, planification, implémentation et contrôle marketing

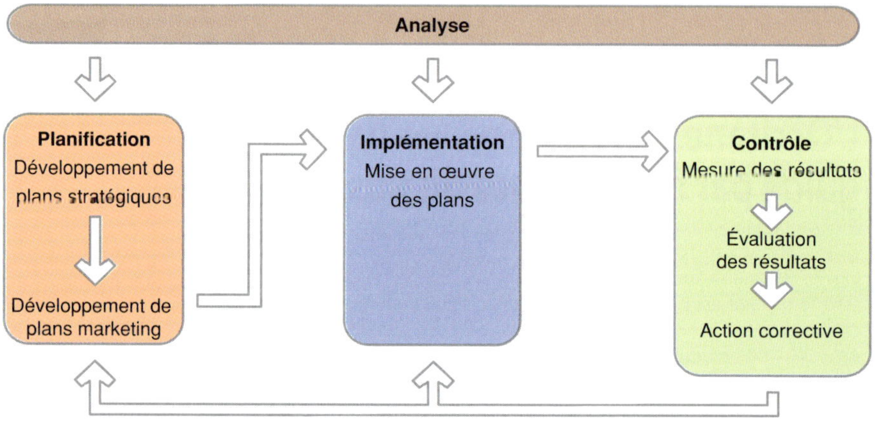

l'entreprise convertit ces plans en actions. Le contrôle consiste à mesurer et à évaluer les résultats des activités marketing et, au besoin, à prendre des actions correctives.

4.1 L'analyse marketing

Diagnostic stratégique (analyse SWOT)
Évaluation globale des forces (S, pour *strength*), faiblesses (W, pour *weakness*), opportunités (O, pour *opportunities*) et menaces (T, pour *threats*) de l'entreprise.

La mise en œuvre de la démarche marketing commence par l'analyse complète de la situation de l'entreprise. Les responsables marketing doivent effectuer un **diagnostic stratégique**, également appelé **analyse SWOT**, afin d'évaluer les forces, les faiblesses, les opportunités et les menaces (voir figure 2.7). Les forces et les faiblesses désignent les atouts ou les points faibles internes, les éléments positifs ou négatifs qui peuvent aider l'entreprise à satisfaire ses clients et à atteindre ses objectifs, ou au contraire peser négativement sur ses performances. Les opportunités et les menaces regroupent les facteurs ou les tendances de l'environnement externe que l'entreprise peut exploiter à son avantage ou qui peuvent gêner ses actions.

L'entreprise doit analyser ses marchés et son environnement marketing afin de découvrir les opportunités les plus attractives et d'identifier les menaces environnementales. L'analyse doit également porter sur les forces et les faiblesses de l'entreprise ainsi que sur les actions marketing possibles afin de combler les faiblesses et de développer les forces. Le but est de faire correspondre les forces de l'entreprise avec les opportunités les

Figure 2.7
Analyse SWOT

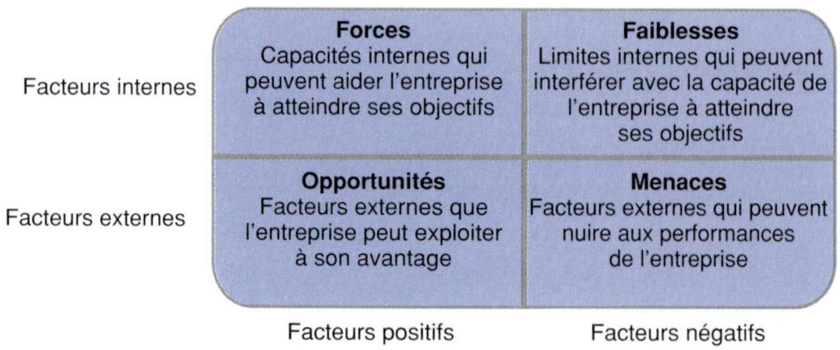

plus intéressantes de l'environnement, en éliminant ou en surmontant ses faiblesses et en contournant les menaces. Nous reviendrons plus en détail sur l'analyse marketing au chapitre 3.

▶ Une entreprise qui souhaiterait développer un parc de divertissement à thème en France devrait prendre en compte des opportunités, comme le développement du temps de loisirs grâce à la mise en œuvre de la loi sur les 35 heures, et des menaces, comme la présence du parc Eurodisney et de ses extensions (Studios Disney). Elle devrait faire également l'analyse de ses forces, comme l'attractivité de son concept, et de ses faiblesses éventuelles, par exemple la difficulté à se faire connaître sans un budget publicitaire important. ◀

4.2 La planification marketing

La planification stratégique permet à l'entreprise de décider ce qu'elle souhaite faire de chaque domaine d'activité stratégique. Il est ensuite nécessaire de mettre en place un plan marketing détaillé pour chaque activité, produit ou marque. Le tableau 2.2 détaille les principales sections d'un plan marketing pour un produit ou une marque. Le plan débute par un résumé exécutif, autrement dit une évaluation d'ensemble des principaux buts et des principales recommandations. La partie centrale du plan se compose d'une analyse détaillée de la situation marketing courante ainsi que des menaces et opportunités potentielles. Le plan établit ensuite les objectifs principaux de la marque ou du produit et souligne les spécificités de la stratégie marketing à employer pour les atteindre.

Une *stratégie marketing* se compose de la définition des segments de marché ciblés, du positionnement retenu sur chaque segment choisi, des différentes rubriques du mix marketing et de l'estimation des dépenses marketing correspondantes. La dernière partie du plan se consacre aux contrôles qui seront mis en œuvre pour surveiller les progrès réalisés et qui permettront éventuellement de prendre des mesures correctives.

4.3 L'implémentation marketing

La planification stratégique n'est que la première étape d'un marketing réussi. Aussi brillante que soit la stratégie marketing, elle n'aura que peu d'effet si l'entreprise ne parvient pas à la mettre en œuvre correctement. Alors que la planification s'intéresse au *contenu* et au *pourquoi* des activités marketing, la mise en œuvre dans la phase de **marketing opérationnel** concerne le *qui*, le *où*, le *quand* et le *comment*.

Marketing opérationnel
Processus de transformation des plans marketing en actions marketing afin d'atteindre les objectifs définis.

« Faire les choses bien » (implémentation) se révèle aussi important que « faire les bonnes choses » (stratégie). Les stratégies de deux entreprises peuvent être similaires, et pourtant l'une d'entre elles peut emporter le marché grâce à une exécution de son plan plus rapide ou meilleure. Il est souvent plus facile de concevoir de bonnes stratégies marketing que de les implémenter.

Tous les membres du système marketing doivent coopérer pour implémenter les stratégies et les plans marketing. Un responsable marketing se trouve ainsi à l'interface entre les différents services de l'entreprise, et également entre ses partenaires et prestataires externes : distributeurs, fournisseurs, agences de publicité, société d'études, etc.

Tableau 2.2 Le contenu d'un plan marketing

Section	Rôle
Résumé exécutif	Résume brièvement les principaux buts et recommandations du plan afin d'aider les cadres supérieurs à trouver les principaux points du plan rapidement. Une table des matières complète le résumé exécutif.
Situation marketing courante	Décrit le marché ciblé et la position de l'entreprise dans ce marché. Contient des informations sur le marché, le produit, la concurrence et les circuits de distribution. Cette section comprend : – Une *description du marché* et des principaux segments qui le composent ; une vue d'ensemble des besoins des consommateurs et des facteurs environnementaux qui peuvent affecter leur choix. – Une *description du produit* qui indique les ventes, les prix et les marges des principaux produits de la gamme. – Une *liste des concurrents*, de leur positionnement sur le marché et de leurs stratégies en termes de qualité, de prix, de distribution et de commercialisation. – Un *examen de la distribution* qui évalue les tendances du marché et les autres développements des principaux circuits de distribution.
Menaces et opportunités	Définit les principales menaces et opportunités auxquelles sera exposé le produit, afin d'aider les managers à anticiper les développements marketing qui auront un impact sur l'entreprise et ses stratégies.
Objectifs et écueils	Définit les objectifs marketing que l'entreprise souhaite atteindre au terme du plan et établit la liste des principaux écueils à éviter.
Stratégie marketing	Décrit de façon générale la stratégie marketing par laquelle le DAS compte réaliser ses objectifs marketing, ainsi que les spécificités des marchés ciblés, le positionnement et les niveaux de dépense marketing. Cette section définit les stratégies spécifiques à chaque élément du mix marketing et explique comment chacun d'entre eux fera face aux menaces, opportunités et questions critiques définies auparavant dans le plan.
Programmes d'action	Décrit comment les stratégies marketing seront converties en actions, en définissant la nature, le moment, le coût de ces actions ainsi que la personne qui aura la responsabilité de les mener à bien.
Budgets	Détaille le budget marketing nécessaire. Ce budget détaille le chiffre d'affaires (nombre d'unités vendues et prix moyen net) et les coûts (coûts de production, de distribution et du marketing) envisagés. La différence entre les deux représente le bénéfice prévisionnel. Une fois le budget approuvé par les cadres supérieurs, il sert de base à l'achat des matériaux, à l'établissement du programme de production, à la planification du personnel et aux opérations marketing.
Contrôles	Décrit les contrôles qui seront mis en œuvre pour surveiller les avancées du plan, vérifier les résultats de l'implémentation et voir quels produits n'atteignent pas les buts fixés.

La réussite de l'implémentation du plan marketing dépend de la façon dont les salariés, la structure organisationnelle, les systèmes de décision et de récompense et la culture de l'entreprise se fondent dans un programme d'action cohérent qui soutient sa stratégie. À tous les niveaux hiérarchiques, l'entreprise doit disposer de personnes ayant les capacités, la motivation et le profil professionnel nécessaires. La structure formelle de l'entreprise joue un rôle important dans l'implémentation de la stratégie marketing, ainsi que les systèmes de décision et de récompense. Par exemple, si le système de rémunération d'une entreprise récompense les managers en fonction de leurs résultats à court terme, ces derniers ne seront guère tentés de s'engager dans des projets marketing dont les objectifs peuvent uniquement être atteints sur le long terme.

Enfin, pour que l'implémentation soit une réussite, les stratégies de l'entreprise doivent correspondre à la culture de l'entreprise, c'est-à-dire au système de croyances et de valeurs que partagent ses membres.

4.4 L'organisation du service marketing

L'entreprise doit concevoir un service marketing capable de mener à bien ses stratégies et ses plans marketing. Le service marketing peut être de taille variable : dans une PME, il peut être réduit à une seule personne, qui s'occupe de l'ensemble des activités marketing, depuis les études, l'administration des ventes, la publicité jusqu'au service après-vente. Plus l'entreprise est de taille importante, plus la présence d'une direction marketing s'avère nécessaire. Dans les grandes entreprises, les directions marketing se composent de responsables des études, du marketing stratégique, des différentes lignes de produits, de la communication, etc. Pour chapeauter de si grandes structures marketing, beaucoup d'entreprises nomment un directeur marketing rattaché à la direction générale.

La fonction marketing peut être organisée de différentes manières :

- Dans la structure la plus courante, l'*organisation fonctionnelle*, les différentes activités marketing sont placées sous la direction d'un spécialiste fonctionnel (un responsable des ventes, un responsable de la publicité, un chargé d'études de marché, un responsable du service de relation au client ou un responsable des nouveaux produits).
- Une entreprise qui vend sur tout le territoire national ou à l'international utilise souvent une *organisation géographique*. Les responsables des ventes et les responsables marketing se voient alors attribuer un pays, une région ou une zone spécifique. Cette structure permet aux responsables locaux de mieux connaître les consommateurs de la zone qui leur est dévolue et également de réduire le temps et le coût de leurs déplacements.
- Les entreprises qui commercialisent une grande variété de produits sous plusieurs marques se reposent souvent sur une *organisation par produits*. Dans cette approche, le responsable marketing développe et met en œuvre la totalité de la stratégie et du programme marketing pour un produit ou une marque en particulier. Cette structure est apparue chez Procter & Gamble en 1929. Camay, l'une des nouvelles marques de la société, n'obtenait pas de bonnes performances et l'on confia à un jeune cadre la tâche exclusive de développer ce produit. Il y parvint avec succès et, peu après, la société créa d'autres postes de chefs de produits[10]. Depuis, un très grand nombre de sociétés, notamment dans les secteurs de la grande consommation, ont mis en place de telles structures. Lorsqu'une entreprise s'adresse à des clients aux habitudes d'achat et aux préférences bien distinctes, il est préférable de mettre en place une *organisation par marchés*. Les chefs de marchés sont chargés de développer les plans marketing pour des marchés ou des segments de consommateurs en particulier, ce qui permet de mieux prendre en compte la variété des besoins.
- Les grandes entreprises qui produisent différents produits à destination de différents pays et de marchés personnalisés utilisent généralement une combinaison des organi-

sations géographique, par produits et par marchés. Une telle structure matricielle garantit que chaque fonction, produit ou marché fait l'objet d'une attention égale de la part du service marketing. En revanche, cela peut augmenter le coût du management et réduire la flexibilité de la structure. Néanmoins, les avantages de la spécialisation organisationnelle dépassent généralement ses défauts.

▶ Dans la nouvelle organisation de France Télécom, mise en place à l'arrivée de Didier Lombard début 2005, la direction marketing et commerciale baptisée « ventes et services » compte cinq divisions : services de communication résidentiels, clients personnels (clients individuels pour leur activité professionnelle), entreprises, contenus, et international. ◀

De plus en plus d'entreprises s'orientent vers une *organisation par clients*, en abandonnant (ou en superposant) la gestion de la rentabilité d'un produit ou d'une marque au profit de la gestion de la rentabilité du consommateur. Ainsi, une équipe marketing est dédiée à la satisfaction des besoins d'un client important, par exemple une enseigne de distribution.

▶ Chez Ferrero France, une cellule de « marketing d'enseigne » (*trade marketing*) est spécifiquement dédiée à chacun des clients les plus importants, comme Carrefour ou Auchan. Cette équipe s'occupe notamment de gérer les relations avec cette enseigne, de proposer de nouvelles façons d'organiser les rayons et de monter des opérations promotionnelles spécifiques à ces différentes enseignes. ◀

Contrôle marketing
Mesure et évaluation des résultats effectifs des plans et des stratégies marketing et mise en place des corrections nécessaires pour atteindre les objectifs fixés.

4.5 Le contrôle marketing

En raison des nombreux impondérables qui surviennent durant leur mise en œuvre, les opérations marketing nécessitent un contrôle constant. Le **contrôle marketing** se déroule en quatre étapes. Les responsables marketing fixent d'abord les objectifs marketing spécifiques. Ils mesurent ensuite les performances des actions marketing, puis évaluent les différences entre les performances réelles et les performances espérées. Enfin, ils effectuent des actions correctrices pour réduire l'écart entre les objectifs énoncés et les performances constatées. Cela peut nécessiter de modifier les programmes d'action, voire de modifier les objectifs, lorsque l'on réalise qu'ils sont mal fixés.

On appelle *contrôle opérationnel* la vérification des performances courantes par rapport au plan annuel et la mise en œuvre des corrections nécessaires, afin d'atteindre les objectifs de ventes, de bénéfices et les autres objectifs fixés dans le plan annuel. Il s'agit également de déterminer la rentabilité des différents produits, zones géographiques, marchés et canaux de distribution.

Audit marketing
Examen complet, systématique, indépendant et périodique de l'environnement, des objectifs, des stratégies et des activités d'une entreprise, afin de connaître les difficultés et les opportunités et de définir un plan d'action à suivre pour améliorer les performances marketing de l'entreprise.

Le *contrôle stratégique* consiste à vérifier si les stratégies fondamentales de l'entreprise correspondent effectivement aux opportunités. Les stratégies et programmes marketing peuvent en effet rapidement devenir obsolètes, si bien que l'approche stratégique de l'entreprise doit être réexaminée périodiquement. L'**audit marketing**, qui permet de mettre en place un plan d'action qui améliore les performances marketing de l'entreprise[11], est l'outil fondamental de ce contrôle stratégique.

L'audit marketing doit porter sur *toutes* les activités, et pas seulement celles qui connaissent des difficultés. Il décrit l'environnement marketing, la stratégie marketing, l'organisation marketing, les systèmes d'information marketing, le mix marketing ainsi que la productivité et la rentabilité des actions marketing. L'audit est généralement confié à des spécialistes indépendants de l'entreprise, et permet de déterminer les actions à entreprendre ainsi que de la méthode à employer pour les mettre en œuvre.

5. La mesure de l'efficacité des actions marketing

Les responsables marketing doivent s'assurer que les sommes investies le sont correctement. Les retombées des actions marketing et leur retour sur investissement sont en outre systématiquement examinés. Les responsables marketing doivent de plus en plus fréquemment et précisément justifier les sommes investies en publicité, en sponsoring, en actions de marketing direct, etc. Le marketing doit désormais justifier de son efficacité et de sa rentabilité.

Les cadres marketing sont donc contraints d'utiliser une approche plus scientifique pour défendre la pertinence de leurs stratégies marketing, notamment devant le service financier de l'entreprise. Toutes les entreprises, quel que soit leur secteur d'activité, se posent la question de la mesure des performances marketing.

Retour sur investissement marketing
Bénéfice net d'un investissement marketing divisé par les coûts de cet investissement.

Pour répondre à cette demande, les responsables marketing ont développé de meilleures mesures de **retour sur investissement marketing** (ou ROI, de l'américain *return on investment*).

Cependant, il peut être assez difficile d'évaluer le rendement du marketing. Contrairement au retour sur investissement financier, les deux composantes (le *retour* et l'*investissement*) de l'investissement marketing ne sont pas nécessairement exprimées en unités monétaires. Le retour sur investissement marketing peut être mesuré à l'aide d'indicateurs standard, comme la notoriété de la marque, les ventes ou les parts de marché.

Ainsi, lors de la déréglementation du service des renseignements téléphoniques en France, l'entreprise anglo-saxonne Le Numéro hérite, lors du tirage au sort organisé en 2005 par l'ART (Autorité de régulation des télécommunications), du numéro 118 218, difficile à mémoriser et dont la notoriété est nulle. Le Numéro investit 37,2 millions d'euros en 2006, avec l'objectif de maximiser la mémorisation spontanée du 118 218, puisque les usagers mémorisent en général un seul numéro. Huit mois après son lancement, le 118 218 était le leader avec une part de marché de 45 %. Sa notoriété spontanée de premier rang atteint 47 %, largement devant les concurrents. Il s'agit du gain de notoriété le plus économique du marché, avec un coût par point de notoriété spontanée de premier rang gagné de 890 000 euros[12].

Cependant, les responsables marketing considèrent de plus en plus fréquemment les dépenses marketing comme des investissements qui produisent en retour de meilleures relations clients[13] (voir figure 2.8). Les investissements marketing augmentent la valeur et

Figure 2.8
Retour sur investissement marketing

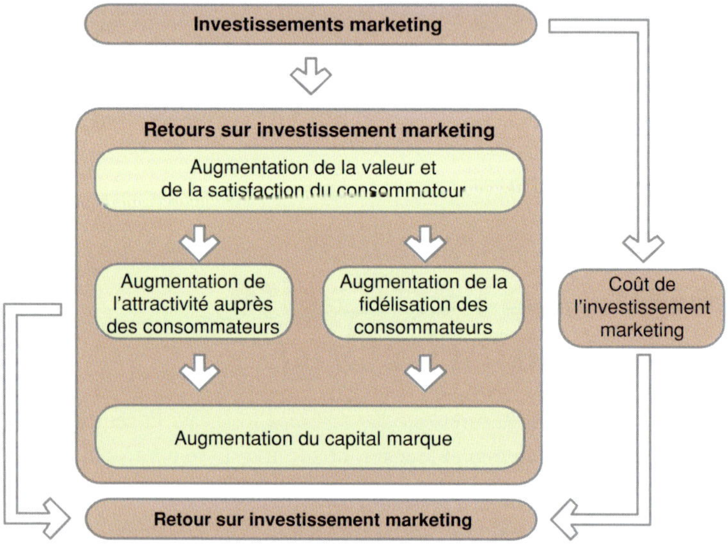

Source : Adapté de Roland T. Rust, Katherine N. Lemon et Valarie A. Zeithaml, « Return on Marketing : Using Costumer Equity to Focus Marketing Strategy », Journal of Marketing, janvier 2004, p. 112.

la satisfaction du consommateur, ce qui accentue son intérêt et sa fidélité. Cela a pour effet d'augmenter le capital marque global de l'entreprise. Le retour sur investissement se mesure donc alors par la différence entre la croissance du capital marque auprès des consommateurs et le coût des investissements marketing.

RETOUR SUR LES CONCEPTS-CLÉS

Dans le chapitre 1, nous avons défini le **marketing** et mis en évidence les étapes successives du processus marketing. Dans ce chapitre, nous avons examiné les plans stratégiques de l'entreprise et le rôle du marketing. Nous avons ensuite abordé plus en détail les stratégies marketing et le mix marketing ainsi que les principales fonctions du marketing. Ces fonctions seront développées dans les chapitres suivants.

1. Expliquer ce qu'est un plan stratégique d'entreprise et distinguer les quatre étapes de sa mise en œuvre.

De la **planification stratégique** découlent les autres plans d'action de l'entreprise. Le marketing contribue au plan stratégique, tandis que le plan global définit le rôle du marketing dans l'entreprise. La planification stratégique implique de développer une stratégie de croissance et de survie à long terme, en quatre étapes : la définition de la mission de l'entreprise, l'établissement des objectifs, la conception d'un portefeuille d'activités et le développement des plans par fonctions. Une **mission d'entreprise** claire commence par la rédaction d'une définition de mission, qui doit être orientée vers le marché, réaliste, spécifique, motivante et conforme à l'environnement du marché. La mission est ensuite transformée en buts et objectifs intermédiaires détaillés qui guident l'ensemble des actions de l'entreprise. À partir de ces buts et objectifs, le conseil d'administration conçoit un **portefeuille d'activités** afin de décider quelles ressources affecter à chaque division et à chaque produit. Chacune de ces divisions doit ensuite développer à son tour des **plans**

marketing détaillés conformes au plan stratégique global de l'entreprise.

2. Concevoir des portefeuilles d'activités et développer des stratégies de croissance et de réduction des activités.

À partir de la définition de la mission et des objectifs de l'entreprise, les managers doivent établir un portefeuille d'activités, c'est-à-dire planifier l'ensemble des activités et des produits qui composent l'entreprise. L'entreprise doit disposer d'un portefeuille d'activités qui fasse correspondre le mieux possible ses forces et ses faiblesses aux opportunités de son environnement. Pour cela, elle doit analyser et ajuster son portefeuille d'activités courant et établir des stratégies de croissance et de repli afin de constituer son portefeuille futur. Même s'il existe des modèles formels de planification de portefeuille, de nombreuses entreprises conçoivent la planification de leurs portefeuilles de façon personnalisée afin que ceux-ci correspondent mieux à leur situation spécifique. À partir du tableau croisé marché/produit, l'entreprise peut choisir parmi quatre méthodes de croissance possible : la **pénétration du marché**, l'**extension du marché**, le **développement de produits** et la **diversification**.

3. Définir le rôle du marketing dans la planification stratégique et expliquer comment les responsables marketing interagissent avec d'autres fonctions en interne et d'autres partenaires extérieurs à l'entreprise pour créer des relations clients rentables.

Les principales fonctions de l'entreprise – marketing, finance, comptabilité, achats, opérations, systèmes d'information, ressources humaines – doivent collaborer pour atteindre les objectifs stratégiques. Le marketing joue un rôle clé dans le plan stratégique de l'entreprise en fournissant une **analyse du marché** et des **recommandations** sur les opportunités du marché les plus intéressantes. Dans chaque domaine d'activité stratégique, le marketing conçoit les **stratégies** qui permettront d'atteindre les objectifs de cette unité.

Le marketing ne peut à lui seul produire une valeur supérieure pour les consommateurs. La réussite de l'entreprise dépend de la façon dont chaque service agit pour apporter cette valeur au consommateur et de la coordination entre les différents services. Les responsables marketing doivent collaborer étroitement avec les membres des autres services de l'entreprise et s'associer avec d'autres entreprises pour former une **chaîne de valeur** qui serve efficacement le consommateur.

4. Décrire les éléments constitutifs d'une stratégie orientée vers le consommateur et du mix marketing, ainsi que les forces qui les influencent.

La relation au client est au centre des stratégies et des programmes marketing. L'entreprise utilise la **segmentation**, le **ciblage** et le **positionnement** pour diviser le marché en groupes plus réduits, pour sélectionner les segments qu'elle peut le mieux satisfaire et pour décider des méthodes qu'elle souhaite utiliser pour cibler ces consommateurs. Elle conçoit ensuite un **mix marketing** afin de produire la réponse qu'elle souhaite dans le marché ciblé. Le terme « mix marketing » désigne les décisions relatives au produit, au prix, à la distribution et à la communication (« quatre P »).

5. Établir les éléments qui composent un plan marketing et expliquer l'importance de la mesure du retour sur investissement marketing.

Pour trouver la stratégie marketing et le mix marketing les mieux adaptés, l'entreprise analyse, planifie, implémente et contrôle les activités marketing. Les principales rubriques d'un **plan marketing** sont le résumé exécutif, la situation marketing actuelle, les menaces et les opportunités, les objectifs et les difficultés à résoudre, les stratégies marketing, les programmes opérationnels, les budgets et les contrôles. Bien qu'il soit souvent plus aisé d'établir de bonnes stratégies que de les appliquer, la **mise en œuvre** du plan (la conversion des stratégies marketing en actions) est primordiale à sa réussite.

La responsabilité de cette implémentation incombe principalement au service marketing de l'entreprise. Les services marketing sont organisés de l'une des façons suivantes (ou combinent plusieurs de ces organisations) : organisation marketing fonctionnelle, organisation géographique, organisation par produits ou organisation par marchés. En raison de l'importance de la relation au client, de plus en plus d'entreprises passent d'une optique marketing orientée vers le produit ou la zone géographique à une organisation marketing centrée sur le client. Les services marketing effectuent également un **contrôle marketing**, qui est à la fois un contrôle stratégique et un contrôle opérationnel. Les **audits marketing** déterminent les opportunités et les difficultés auxquelles l'entreprise doit faire face et indiquent les actions à court et à long terme à entreprendre pour améliorer les performances marketing globales.

Le marketing doit aujourd'hui démontrer que ses dépenses se justifient et apportent de la valeur. Pour cela, les responsables marketing ont développé de meilleures mesures de **retour sur investissement marketing**. Ils utilisent de plus en plus des mesures centrées sur le consommateur pour évaluer l'impact du marketing et fonder leurs décisions stratégiques.

Activités

Questions de réflexion et de mise en pratique

1. Comparez le positionnement des marques NIVEA et The Body Shop sur le marché des cosmétiques. Lequel vous paraît le plus spécifique ? Le plus clair ?
2. Clio est un tour-opérateur dont le slogan est « Pour découvrir le monde et ses cultures » et qui propose des voyages exclusivement culturels. Quelle peut être sa cible ? Quel est l'avantage de pratiquer un marketing ciblé ?
3. Xerox se présente comme le leader mondial en gestion du document. Quels sont les développements stratégiques que permet selon vous cette formulation de la stratégie ?
4. En quoi une organisation marketing par clients remet-elle en cause une organisation centrée sur les produits ? Comment articuler les deux ?
5. Le faible taux de pénétration d'une catégorie de produits sur un marché doit-il être considéré comme une faiblesse, une force, une opportunité ou une menace pour une entreprise qui souhaite s'y implanter ?
6. Que pensez-vous de l'énoncé de mission de Google : « organiser l'information à l'échelle mondiale et la rendre universellement accessible et utile » ?
7. Comment appliquer la matrice d'Ansoff à une marque de luxe comme ST Dupont, qui commercialise à l'origine des briquets et des stylos, principalement à destination des hommes ?
8. La stratégie d'assortiment de Zara repose sur des séries limitées et des mini-collections renouvelées très fréquemment, grâce à un système d'information sur intranet très performant et à une organisation logistique sans faille. En quoi cette capacité lui confère-t-elle un avantage sur ses concurrents en termes de stratégie marketing ?
9. À partir de la matrice BCG, pouvez-vous expliquer pourquoi l'innovation est absolument nécessaire à une entreprise ?
10. Le fait que les femmes boivent actuellement peu de bière est-il une opportunité ou une menace pour un fabricant de bière ? Pourquoi ?

Étude de cas : La Wii de Nintendo

Un nouvel épisode de la grande bataille des consoles de jeux vidéo se joue depuis la fin de l'année 2006. Chaque génération avait traditionnellement vu augmenter la puissance des consoles, permettant des prestations graphiques nouvelles et des jeux plus complexes. Sony a lancé, après plusieurs reports, la Playstation 3, équipée d'un lecteur de DVD Blu-ray, le format de DVD soutenu par Sony face à Toshiba, et du Cell, un processeur dernier cri également promu par Sony. Elle offre des capacités graphiques extraordinaires, et son prix de vente est annoncé entre 500 et 600 euros selon les options incluses.

Microsoft a lancé quant à lui la Xbox 360, qui s'appuie notamment sur le succès de sa plate-forme de jeux en ligne Xbox Live, qui passionne les accros du jeu vidéo, traditionnellement des hommes jeunes et des adolescents. Le prix de vente de la console se situe entre 300 et 400 euros selon les versions.

Nintendo, présent sur le marché depuis son origine dans les années 1980, lance fin 2006 la Wii, une console fixe avec un contrôleur très simple et des détecteurs de mouvement qui traduisent les déplacements de ce contrôleur en actions à l'écran, ce qui permet de jouer au tennis, de pêcher ou de se battre au sabre. Ignorant la haute définition, pauvre en mémoire de stockage, mais mettant à profit des techniques méconnues du grand public mais déjà éprouvées et peu coûteuses (la reconnaissance de mouvement sur l'écran, l'accéléromètre de la manette Wiimote...), la nouvelle console ne représente pas une avancée technologique majeure, à l'antipode des stratégies des concurrents. Nintendo cherche à séduire les consommateurs traditionnellement non joueurs de jeux sur console de salon : les filles, déjà converties à Nintendo grâce à la console portable DS, les seniors, les familles. Contrairement aux joueurs traditionnels, souvent qualifiés de *gamers*, ils ne

sont pas forcément accros du jeu vidéo, mais ce sont souvent des joueurs beaucoup plus occasionnels… et beaucoup plus nombreux.
Nintendo a également cherché à séduire le segment des « rétro-gamers », les nostalgiques des jeux de leur enfance, en relançant des références de jeux mythiques comme Mario ou Zelda, qui avaient fait le succès des premières NES, ou en permettant de télécharger d'anciens jeux de Nintendo. La Wii est vendue à un prix de lancement de 250 euros environ et est entièrement compatible avec l'ancienne génération, la GameCube. Cette stratégie, consistant à convaincre des non-consommateurs de la catégorie de produits, non clients des concurrents, a été qualifiée de stratégie « Océan Bleu »[14] et s'est révélée particulièrement intéressante pour Nintendo.
Ainsi, les ventes de la Wii ont atteint presque 26 millions d'exemplaires en 2008, soit un total de 50,4 millions depuis le lancement fin 2006. C'est la console qui a dépassé les 50 millions d'exemplaires vendus le plus rapidement, selon Nintendo. De surcroît, une très grande majorité des jeux vendus pour la Wii (tels Wii Fit et Mario Galaxy) sont produits par la maison Nintendo elle-même.
En outre, la Wii se révèle rentable pour Nintendo, du fait de son profil *low-tech*, alors que les jeux vidéo reposaient traditionnellement sur un modèle de rentabilité où les consoles étaient vendues bon marché et où les industriels gagnaient de l'argent sur les jeux compatibles, vendus à un prix élevé.

Sources : « Jeux vidéo : Nintendo brave la crise avec des profits records », Karyn Poupée, 7 mai 2009, Agence France Presse ; « La passion des jeux vidéo gagne toute la famille », *Le Monde,* 4 mai 2008, *Libération*, 3 avril 2009.

Questions

1. Quelles peuvent être les faiblesses de la stratégie de Nintendo ?
2. Quelles opportunités et quelles menaces peuvent peser sur sa stratégie ?

Notes

1. Pour une analyse plus détaillée de l'articulation entre stratégie d'entreprise et plan marketing, et du rôle de la mission d'entreprise, voir *Marketing planning*, de Marian Burk Wood et Emmanuelle Le Nagard-Assayag, Pearson Education, 2005.
2. Source : www.clubmed.fr, mot de Henri Giscard d'Estaing.
3. Source : www.areva.com.
4. Une présentation de la matrice par le BCG et des références complémentaires peuvent être trouvées à l'adresse suivante : http://www.bcg.com/this_is_bcg/mission/growth_share_matrix.html.
5. Voir, en français, Michael E. Porter, « Choix stratégique et concurrence », *Economica*, 1986, et *L'avantage concurrentiel*, Dunod, 2003 ; en anglais, Michael E. Porter, « What Is Strategy? », *Harvard Business Review*, novembre-décembre 1996, pp. 61-78.
6. Source : journaldunet.com, « Essilor opte pour une gestion centralisée de ses flux logistiques », Dominique Filippone, 12 juin 2007, www.essilor-recrute.com.
7. Source : www.havre-developpement.com.
8. « Pour tout l'or des seniors », *Le Nouvel Observateur*, n° 2188, 12 octobre 2006.
9. Jack Trout, « Branding Can't Exist Without Positioning », *Advertising Age*, 14 mars 2005, p. 28. Voir également, en français, Jack Trout, *Les nouvelles lois du positionnement*, Village Mondial, 2004.
10. Pour plus d'informations sur la gestion de la marque, voir, en anglais, Kevin Lane Keller, *Strategic Brand Management*, 2e édition, Prentice Hall, 2003 ; en français, *Management stratégique de la marque*, Pearson, Keller K., Fleck N., Fontaine I., Chantal Lai, *La marque*, Dunod, 2005, et Géraldine Michel, *Au cœur de la marque*, Dunod, 2004.
11. Pour plus de détails, voir Philip Kotler, Kevin Keller, Bernard Dubois et Delphine Manceau, *Marketing Management*, 12e édition, Pearson Education, 2006, pp. 813-820.
12. Source : www.effie.com.
13. Pour une discussion plus complète de ce modèle et des mesures du retour sur investissement marketing, voir Roland T. Rust, Katherine N. Lemon et Valarie A. Zeithaml, « Return on Marketing: Using Customer Equity to Focus Marketing Strategy », *Journal of Marketing*, janvier 2004, pp. 109-127 ; Roland T. Rust, Katherine N. Lemon et Das Narayandas, *Customer Equity Management*, Prentice Hall, 2005.
14. Voir Kim Chan et Renée Mauborgne, *Stratégie Océan Bleu : Comment créer de nouveaux espaces stratégiques,* Pearson Education, 2010.

Partie 2

Connaître les marchés et les consommateurs

Chapitre 3

AU TERME DE CE CHAPITRE, VOUS SAUREZ

1. **Décrire les facteurs environnementaux qui affectent la capacité de l'entreprise à nouer des relations rentables avec ses clients.**
2. **Expliquer comment les modifications démographiques ou économiques peuvent affecter les décisions marketing.**
3. **Identifier les principales tendances écologiques et technologiques qui affectent les stratégies marketing.**
4. **Expliquer les principaux changements de l'environnement politico-légal et les facteurs culturels susceptibles d'avoir une influence sur les stratégies marketing.**
5. **Expliquer comment les entreprises peuvent réagir à l'environnement marketing.**

L'environnement marketing

Pour établir des relations solides avec leurs clients, les autres départements de l'entreprise et leurs partenaires, les responsables marketing doivent comprendre les principaux facteurs extérieurs qui pèsent sur ces relations. La réussite de l'entreprise dépend de sa capacité d'observation et d'adaptation aux évolutions constantes de son environnement.

Environnement marketing
Acteurs et facteurs externes au marketing qui affectent sa capacité à établir et à maintenir des relations clients réussies.

En effet, l'**environnement marketing** évolue très rapidement et il est difficile de faire des prédictions sur le long terme. Bien que tous les managers de l'entreprise doivent observer l'environnement extérieur, c'est particulièrement le rôle du service marketing de surveiller les tendances du marché afin de découvrir les opportunités et de prévenir les menaces.

Pour collecter des informations sur l'environnement marketing, les responsables marketing s'appuient sur les études de marché ainsi que sur les connaissances qu'ils tirent de leurs fréquents contacts avec les consommateurs et avec la concurrence. L'étude attentive de l'environnement leur permet d'adapter leurs stratégies aux nouveaux challenges et opportunités des marchés.

L'environnement marketing se compose d'un *microenvironnement* et d'un *macro-environnement*.

1. Le microenvironnement de l'entreprise

Le microenvironnement
Les acteurs proches de l'entreprise qui influent sur sa capacité à approvisionner ses clients, à savoir l'entreprise elle-même, les fournisseurs, les intermédiaires de marché, les clients, les concurrents et les différents groupes d'influence.

Le rôle du marketing consiste à établir des relations avec les clients en leur apportant de la valeur et de la satisfaction. Mais le marketing ne peut pas remplir cette tâche de façon isolée. La réussite du marketing exige en effet d'établir des relations avec tous les acteurs du **microenvironnement**, qui forment le système de création de valeur de l'entreprise (voir figure 3.1).

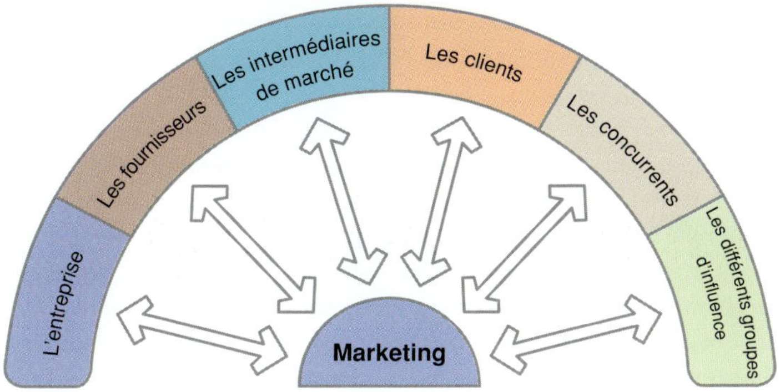

Figure 3.1
Les acteurs du microenvironnement

1.1 L'environnement interne de l'entreprise

Lors de la conception des plans marketing, les responsables marketing prennent en considération les autres départements de l'entreprise (la direction générale, les services financiers, la recherche et le développement, le service des achats, la comptabilité, etc.). Tous ces groupes sont en étroite relation et forment l'environnement interne.

La direction générale définit la mission de l'entreprise, ses objectifs, sa politique et ses stratégies globales, autrement dit le cadre à l'intérieur duquel les responsables marketing prendront ensuite les différentes décisions. Les services financiers ont la charge de trouver et d'utiliser les fonds nécessaires à la réalisation du plan marketing. La fonction recherche et développement (R&D) se concentre sur la découverte de procédés et technologies nouveaux. Le service des achats se préoccupe d'obtenir les marchandises et les matériaux, tandis que la production est responsable de la fabrication et de la distribution de la quantité de produits nécessaires, en respectant les critères de qualité qui ont été définis. La comptabilité, enfin, évalue les revenus et les coûts afin de mesurer si le marketing a atteint ses objectifs.

Tous ces départements ont une influence sur les plans et les actions du service marketing. Selon le concept marketing, tous doivent fonctionner en pensant au client et donc travailler en harmonie afin de le satisfaire et de lui fournir de la valeur.

1.2 Les fournisseurs

Les fournisseurs constituent un lien important dans le système global de création de valeur. Ils fournissent en effet les ressources nécessaires à l'entreprise pour produire des biens et des services. Les difficultés des fournisseurs pouvant sérieusement affecter les efforts du marketing, les responsables marketing doivent surveiller la disponibilité des approvisionnements (retards, pénurie) chez leurs fournisseurs, les grèves de leurs salariés ainsi que tous les événements qui peuvent influencer les ventes à court terme et endommager la satisfaction du consommateur à long terme. Le marketing doit également surveiller le prix des approvisionnements, car une augmentation de leur coût peut entraîner une augmentation des prix des produits de l'entreprise, et une réduction du volume des ventes de l'entreprise, ou encore une réduction de sa marge.

Pour la fonction marketing, les fournisseurs doivent être considérés comme des associés dans le processus de création et de livraison de la valeur au consommateur.

En 2008, Danone a dû faire face à une forte hausse des prix du lait, qui l'a conduite à augmenter ses prix et à monter en gamme, notamment sur des produits comme Activia. Face à la crise économique qui touche l'Europe depuis 2009, l'entreprise a adopté une nouvelle stratégie, en mettant l'accent sur des produits à prix plus modérés, comme Velouté ou Danette, ou en lançant des produits comme EcoPack (6 yaourts vendus à 1 euro). Cette stratégie a été payante pour l'entreprise puisque, au premier semestre 2009, son chiffre d'affaires global a atteint 7,5 milliards d'euros, en hausse de 1,6 %. Le résultat opérationnel a, quant à lui, progressé de 8,1 %, grâce à la baisse des prix du lait sur le marché international. Ceci a permis d'améliorer les marges des divisions yaourts et laits infantiles. Le lait représente en effet 40 % des achats de Danone[1].

1.3 Les intermédiaires de marché

Intermédiaires de marché
Revendeurs, entreprises de logistique, agences marketing et intermédiaires financiers qui aident l'entreprise à promouvoir, à vendre et à distribuer ses biens aux consommateurs finaux.

Les **intermédiaires de marché** peuvent être en contact direct avec les clients, ou permettre à l'entreprise d'entrer en contact avec eux.

- Les *revendeurs* sont les distributeurs qui aident l'entreprise à trouver des consommateurs ou à réaliser des ventes auprès de ces derniers. Cette catégorie inclut les grossistes ou les détaillants qui achètent et revendent des marchandises.

En France, les cinq principales centrales d'achat représentent 90 % du chiffre d'affaires du commerce de détail non spécialisé. Il s'agit de la centrale du Groupe Carrefour, de Lucie (Leclerc + Système U), d'EMC Distribution Groupe Casino, d'ITM Entreprises (Intermarché) et de la centrale du Groupe Auchan. Les trois distributeurs les plus importants installés sur son territoire représentent, à eux seuls, plus de 50 % du commerce de détail de produits alimentaires. La France est le pays d'Europe qui compte le plus grand nombre d'hypermarchés par habitant. Mais la forte concentration du secteur de la grande distribution est commune à la France et à la plupart des pays du nord de l'Europe. Le Royaume-Uni, l'Italie et l'Allemagne offrent toutefois des caractéristiques très différentes.[2]

- Les *entreprises de logistique* aident l'entreprise à stocker et à déplacer les biens depuis l'endroit de leur fabrication jusqu'à leur point de vente. Pour effectuer son choix, l'entreprise sélectionne les meilleures conditions de stockage et de transport, en évaluant le coût, la livraison, la rapidité et la sécurité des services proposés.
- Les *prestataires de services marketing* sont les entreprises spécialisées en recherche marketing, les agences publicitaires et les cabinets de conseil qui aident l'entreprise à cibler les marchés adéquats et à promouvoir ses produits.
- Les *intermédiaires financiers* sont les banques, les entreprises de crédit, les compagnies d'assurances ainsi que toutes les entreprises qui participent au financement des transactions commerciales ou protègent l'entreprise des risques liés à l'achat et à la vente de biens.

Comme les fournisseurs, les intermédiaires de marché constituent une composante importante du système global de livraison de la valeur. Pour créer des relations clients satisfaisantes, l'entreprise ne peut se contenter d'optimiser ses propres performances mais doit s'associer avec des intermédiaires afin d'optimiser les performances de l'ensemble du système.

Le 5 janvier 2009 entrait en vigueur en France la suppression de la publicité télévisée sur les chaînes publiques après 20h30. Les experts annonçaient alors une hausse de l'audience de France Télévisions, les programmes démarrant plus tôt que sur les autres chaînes, et une hausse des tarifs préjudiciable aux annonceurs les plus petits. La hausse de l'audience, si elle s'est bien produite, a été de courte durée. Quant à la hausse des tarifs, un an après l'entrée en vigueur du dispositif, elle ne s'est pas produite, du fait de l'arrivée de la crise économique. En outre, les recettes publicitaires de France Télévisions n'ont pas autant baissé que prévu. Alors que France Télévisions avait budgétisé, début 2009, 260 millions d'euros de rentrées publicitaires – contre près de 800 millions en 2007 –, les chiffres ont été régulièrement revus à la hausse, grâce au développement des parrainages d'émissions, de la publicité sur le Net et au maintien de spots durant la journée, pour atteindre près de 400 millions[3].

1.4 Les clients

L'entreprise doit étudier attentivement cinq types de marchés. Les *marchés de consommation* regroupent les clients (individus, foyers et éventuellement entreprises) qui achètent des biens et des services pour leur consommation personnelle. Les *marchés interentreprises* (ou *business-to-business*) concernent les biens et les services qui sont achetés par des entreprises pour être ultérieurement modifiés ou utilisés dans un nouveau processus de fabrication. Dans le cas des *marchés de revente*, les biens et les services sont achetés dans le but de tirer un bénéfice de leur revente. Les *marchés publics* désignent l'achat de biens et de services par des organismes publics pour produire des services publics ou pour les transférer à ceux qui en ont besoin. Chacun de ces clients peut se trouver sur le *marché national*, ou sur des *marchés internationaux*. Ces différents marchés ont des caractéristiques spécifiques, que l'entreprise qui propose une offre commerciale doit étudier avec soin.

1.5 Les concurrents

Dans l'optique marketing, telle que nous l'avons définie au chapitre 1, la réussite d'une entreprise dépend de sa capacité à offrir une valeur supérieure et à mieux satisfaire le consommateur que ses concurrents. Les responsables marketing doivent donc non seulement s'adapter aux besoins des consommateurs visés, mais également se positionner clairement par rapport aux offres de la concurrence, afin de gagner un avantage stratégique dans l'esprit des consommateurs.

Pour définir sa stratégie marketing, chaque entreprise doit prendre en compte sa taille et sa position concurrentielle par rapport à ses concurrents. Les entreprises de grande taille qui occupent une position dominante dans leur secteur d'activité peuvent utiliser des stratégies que les entreprises de plus petite taille ne peuvent se permettre de suivre. Les petites entreprises peuvent cependant choisir des stratégies spécifiques qui peuvent également être rentables.

Par ailleurs, indépendamment de la taille de l'entreprise elle-même, les meilleures stratégies à adopter peuvent varier selon la taille de ses concurrents et la concentration du secteur. Une modification du microenvironnement concurrentiel peut amener l'entreprise à faire évoluer sa propre stratégie.

▶ Lorsque les deux opérateurs de télévision payante Canal Satellite et TPS ont fusionné en France, la nouvelle entité a lancé un nouvel appel d'offres pour la diffusion satellite de son offre. C'est le fournisseur précédent de Canal Plus, Astra, qui l'a remporté, au détriment de celui de TPS, Eutelsat. ◀

Groupe d'influence
Tout groupe qui a un intérêt ou un impact, que celui-ci soit réel ou potentiel, sur la capacité d'une entreprise à atteindre ses objectifs.

1.6 Les différents groupes d'influence

L'environnement marketing de l'entreprise comprend également différents **groupes d'influence**. On peut en distinguer sept types principaux.

1. *Les partenaires financiers*. Ils influencent la capacité de l'entreprise à obtenir des fonds. Cette catégorie regroupe les banques, les investisseurs et les actionnaires.

▶ Afin de stabiliser ou d'étendre leur actionnariat, les entreprises peuvent parfois être amenées à un véritable marketing auprès des actionnaires. Ainsi, le 17 juin 2008 au soir, Arcelor Mittal a organisé une réunion d'un nouveau genre pour rajeunir son actionnariat : une réunion sur une île virtuelle ouverte sur Second Life. Plus de 60 avatars se sont réunis pour rencontrer virtuellement Lakshmi Mittal, interagir avec lui et découvrir Arcelor Mittal d'une manière atypique. De nombreux documents tels que le rapport annuel de la société ou bien encore le rapport d'activité étaient à la disposition de chacun. Plus de 300 connexions ont été établies dans cette opération de communication d'un nouveau genre[4]. ◀

2. *Les médias*. Les journaux, magazines, stations de radio et chaînes de télévision font connaître l'offre de l'entreprise et donnent leur opinion sur un produit ou un service.
3. *L'État*. L'État peut être un client majeur pour l'entreprise ; il peut également édicter des règlements ou mettre en place des mesures qui favorisent la consommation de la catégorie de produit, ou au contraire la découragent. Un changement d'orientation politique d'un gouvernement peut donc influer sur la réalisation des objectifs de ventes de l'entreprise.
4. *Les associations citoyennes*. Les décisions marketing d'une entreprise peuvent être remises en question par des associations de défense du consommateur, des groupes écologistes, des représentants de minorités, etc. Le service des relations publiques permet de garder le contact avec ces groupes de consommateurs et de citoyens.
5. *Les associations locales*. Cette catégorie regroupe les associations locales (associations de riverains, collectivités locales…) sur les territoires sur lesquels l'entreprise est présente.

6. *Le grand public*. Une entreprise doit s'intéresser à l'image de ses produits et de ses activités auprès du grand public. L'image publique de l'entreprise affecte en effet ses résultats, car l'opinion publique est composée de consommateurs actuels ou potentiels, et également de leaders d'opinion qui peuvent influencer les consommateurs actuels ou potentiels.
7. *Les membres de l'entreprise*. Cette catégorie regroupe les ouvriers, les employés, les cadres et le conseil de direction de l'entreprise. Les grandes entreprises publient des bulletins d'information internes afin de renseigner et de motiver leurs membres. Lorsque les employés apprécient leur entreprise, ils peuvent avoir une influence positive sur leur entourage, et contribuer au succès commercial de l'entreprise

Une entreprise peut préparer des plans marketing à destination de ces différents groupes parallèlement à ses plans destinés aux consommateurs. Si elle souhaite obtenir une réponse spécifique d'un groupe en particulier, qu'il s'agisse d'améliorer son image, d'obtenir l'adhésion à sa politique ou d'une augmentation des ressources financières, elle peut alors concevoir une offre vers ce public qui soit suffisamment attractive pour produire l'effet escompté.

Créée le 1er janvier 2008, ERDF (Électricité réseau distribution France) est la société qui exploite le réseau de distribution d'électricité en France. En octobre 2009, elle a choisi de s'adresser au grand public. Dans cette campagne de communication, l'entreprise s'appuie sur le signe le plus visible de sa présence, la fourgonnette bleue, qu'elle met en scène par tous les temps, pour mettre en avant ses salariés et ses services. La campagne est déclinée à la télévision, dans la presse et sur le Web, où les internautes peuvent notamment participer à un jeu concours sur Facebook[5].

2. Le macroenvironnement de l'entreprise

Le macroenvironnement
Facteurs généraux qui affectent le microenvironnement : démographiques, économiques, naturels, technologiques, politiques et culturels.

Les acteurs du microenvironnement opèrent tous dans un macroenvironnement qui définit les opportunités et les menaces auxquelles l'entreprise doit faire face. Le **macroenvironnement** de l'entreprise se compose de six facteurs principaux (voir figure 3.2). Dans la suite de ce chapitre, nous examinerons ces facteurs et leur impact sur les plans marketing.

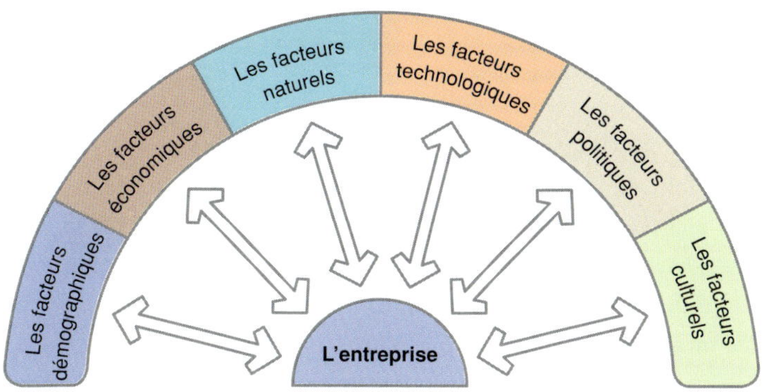

Figure 3.2
Les principaux facteurs du macroenvironnement de l'entreprise

2.1 L'environnement démographique

Démographie
Étude des populations humaines en termes de taille, de densité, d'emplacement, d'âge, de genre, de groupe ethnique, de profession, etc.

Les responsables marketing s'intéressent de très près à la **démographie**, car la population est le réservoir de leurs marchés. La population mondiale compte actuellement 6,59 milliards d'habitants et son rythme de croissance est tel qu'elle devrait atteindre les 9 milliards d'individus en 2042[6]. L'importance et la diversité de la population offrent à la fois des opportunités et des challenges à relever.

Les modifications de l'environnement démographique mondial ont en effet de grandes répercussions sur les entreprises.

Afin de maîtriser sa démographie, le gouvernement chinois a réglementé la natalité en n'autorisant qu'un seul enfant par famille. En conséquence, les enfants chinois sont extrêmement gâtés puisqu'ils font l'objet des attentions et des dépenses de six adultes – les deux parents et les quatre grands-parents –, à tel point qu'on les surnomme les « enfants aux six portefeuilles » ou les « petits empereurs ». Ainsi, les parents des classes moyennes de Pékin dépensent jusqu'à 40 % de leur revenu pour leur enfant, ce qui représente de grandes opportunités pour les fabricants de produits éducatifs et de jouets.

La réglementation chinoise limite les naissances à un enfant par famille. Sur deux générations, ceci a pour conséquence que chaque enfant est l'objet des attentions et des dépenses de six adultes.

Au 1er janvier 2010, selon les calculs de l'INSEE basés sur le dernier recensement en 2007, 64,7 millions de personnes habitent en France métropolitaine et dans les départements d'outre-mer (DOM), dont 62,8 millions en métropole. Au 1er janvier 2050, en supposant que les tendances démographiques récentes se maintiennent, la France métropolitaine compterait 70 millions d'habitants. La population augmenterait sur toute la période, mais à un rythme de moins en moins rapide.

Le vieillissement de la population française

Le vieillissement de la population française est déjà une réalité. Il est notamment dû à une progression constante de l'espérance de vie à la naissance, qui est passée de 70,2 ans pour les hommes et 78,4 pour les femmes en 1980 à 77,8 et 84,5 respectivement en 2009. Le tableau 3.1 montre l'évolution de la population en France métropolitaine, par tranches d'âge, en 30 ans.

Les projections réalisées par l'Insee sur la base des tendances démographiques récentes font état d'une forte augmentation de la proportion des « seniors ». En 2050, un habitant sur trois serait âgé de 60 ans ou plus, contre un sur cinq en 2005. La part des jeunes diminuerait, ainsi que celle des personnes d'âge actif. En 2050, 69 habitants seraient âgés de 60 ans ou plus pour 100 habitants de 20 à 59 ans, soit deux fois plus qu'en 2005. Même si ces projections dépendent d'hypothèses sur l'espérance de vie, le taux de natalité, etc., le vieillissement de la population paraît, dans tous les scénarios, inéluctable.

Tableau 3.1
Évolution de la population française en âge (1980-2010)

	Moins de 20 ans	20 ans à 59 ans	60 ans ou plus	*dont 75 ans ou plus*
1980	30,6 %	52,4 %	17,0 %	*5,7 %*
2000	25,6 %	53,8 %	20,6 %	*7,2 %*
2010 (projection)	24,6 %	52,7 %	22,6 %	*8,8 %*

Le changement dans la composition des foyers français

La composition des foyers évolue également dans le sens d'une baisse du nombre moyen de personnes par foyer, ce qui est dû à la fois au vieillissement de la population et à l'émergence des familles monoparentales. En 2005, il y avait 1,75 million de familles monoparentales en France (contre 1,60 million en 1990), et 2,84 millions d'enfants de moins de 25 ans vivent dans une famille monoparentale. À l'horizon 2030, toujours selon l'Insee, le nombre de ménages serait ainsi supérieur d'environ un quart à sa valeur présente, et le nombre moyen de personnes par ménage serait compris entre 2,04 et 2,08 au lieu de 2,31 en 2005 et de 2,88 en 1975. Cette évolution de la structure des foyers n'est pas sans conséquences sur leur comportement de consommation, et notamment sur la place qu'occupent les enfants et les adolescents dans la consommation.

La fécondité

Le taux de fécondité en 2009 s'élève à 1,99 enfant par femme, ce qui représente une très légère baisse par rapport au taux de 2006 (2), qui était le plus important enregistré depuis trente ans. L'âge moyen des mères à la naissance de leur premier enfant ne cesse de reculer. Il est ainsi passé de 28,3 en 1990 à 29,9 en 2009. La part des enfants nés de mères âgées de 35 ans ou plus progresse régulièrement et atteint 22 % en 2009. Cela s'explique principalement par des études plus longues des femmes, et un taux d'activité professionnelle plus élevé. Ainsi, 23,3 % des femmes de 25 à 34 ans étaient en 2005 titulaires d'un diplôme de l'enseignement supérieur, contre 7,4 % des femmes entre 55 et 64 ans. Ces proportions sont respectivement de 18,6 et de 11,5 pour les hommes.

MARKETING EN ACTIONS 3.1

Le développement durable : contrainte ou opportunité sur le marché du lavage ?

Après le réfrigérateur, le lave-linge est l'appareil électroménager le plus présent dans les foyers français, équipés à 96 %. Or le nettoyage du linge représente à lui seul 12 % de la consommation en eau d'un foyer et 7 % de son électricité. Par ailleurs, les lessives classiques sont connues pour être très polluantes, les lessives contenant des phosphates étant d'ailleurs interdites depuis janvier 2007. Enfin, lourdes et encombrantes, elles nécessitent de l'énergie pour être transportées et sont conditionnées dans des emballages volumineux et coûteux. Les préoccupations de développement durable au sens large étant de plus en plus présentes chez les consommateurs, de même qu'un souci croissant de maîtrise de leur budget, ces deux tendances ont donné lieu à de multiples sources d'innovation tant du côté des fabricants de lave-linge que des lessiviers. Ainsi, avant même la montée du phénomène écologique, les fabricants se sont donc attachés à faire baisser la facture des clients. En dix ans, leurs appareils ont réalisé jusqu'à 44 % d'économie d'énergie, et leur consommation d'eau a été divisée par deux. Aujourd'hui, de nouvelles pistes sont explorées :

- Un meilleur dosage de la lessive. Le groupe FagorBrandt, qui dispose déjà d'une Ecobox pour sa marque Vedette, a lancé le Dose-e sous la marque Brandt. La machine stocke 4,5 litres de lessive liquide et diffuse, pour chaque lavage, une dose calculée en fonction du type de lessive, de la qualité de l'eau, du poids du linge et de son degré de salissure. Selon le fabricant, ce dispositif permet d'économiser jusqu'à 40 % de détergent.
- Une suppression de la lessive. Le modèle Wash2o du fabricant chinois Haier peut laver sans détergent grâce à un courant électrique qui sépare les molécules d'eau en ions OH^- et H^+, permettant d'attirer et d'évacuer les salissures.
- La réduction de la consommation en eau et en électricité, grâce à l'injection de vapeur dans le tambour de la machine. Ceci permettrait selon les constructeurs présents sur ce créneau comme LG et Whirlpool une réduction sensible des consommations d'eau et d'électricité (20 % à 50 %).

Du côté des fabricants de lessives, plusieurs pistes sont explorées :

- Des lessives écologiques, avec des agents biodégradables, comme Le Chat Eco Efficacité, lancé par Henkel en 2008.
- Des lessives ultraconcentrées permettant de réduire la taille et donc la matière utilisée pour les emballages. En Europe, la tendance est plutôt aux gels, et presque toutes les marques sont présentes sur ce segment, un des plus dynamiques du marché, même s'il reste encore de taille restreinte.
- Des lessives à basse température, comme Ariel Excel Gel, du groupe Procter & Gamble, efficace dès 15 °C.

Au total, la tendance au développement durable peut sembler une menace, puisque cela impose de changer la composition des produits et tend à faire diminuer les quantités utilisées par les consommateurs, en permettant un meilleur dosage. Ainsi, en 1990, un consommateur utilisait 225 g de lessive pour faire une lessive, contre 25 g en 2005. Par ailleurs, des produits de substitution apparaissent comme les machines sans lessive, ou les noix de lavage, produit naturel de plus en plus plébiscité par les consommateurs. Mais cela permet également de lancer des innovations, à des prix au gramme plus élevés, et de relancer un marché très concurrentiel et globalement peu dynamique en volume. Des problématiques nouvelles se font également jour, puisque les consommateurs auraient tendance à acheter davantage de détachant en complément d'une lessive lavant à basse température. Du côté des fabricants de machine, ces nouvelles tendances sont également support d'innovations et donnent aux foyers l'occasion de renouveler un parc de machines vieillissant.

Sources : « Les lave-linge veulent faire mieux avec moins », Jean-Bernard Litzler, *Le Figaro*, 20 octobre 2008 ; « Les lessiviers s'attachent à laver plus écolo », *Challenges*, n° 111, 14 février 2008, p. 35 ; « Un marché rincé et lessivé », pointsdevente.fr, 9 mars 2009.

2.2 L'environnement économique

Environnement économique
Facteurs qui influent sur le pouvoir d'achat et les dépenses de consommation.

L'**environnement économique** affecte également l'activité des entreprises. Les dépenses de consommation dépendent à la fois des revenus, du niveau d'épargne et de l'accès au crédit. Or, la répartition des richesses varie énormément d'un pays à l'autre. On appelle *économie de subsistance* une économie qui repose principalement sur l'autoconsommation des produits agricoles et industriels. Les pays dans lesquels règne une économie de subsistance n'offrent que peu d'opportunités marketing. À l'inverse, une *économie industrielle* désigne une économie riche comprenant de multiples marchés. Les responsables marketing doivent suivre attentivement les principales tendances et habitudes de consommation des consommateurs, aussi bien sur le plan national qu'international. La conjoncture économique joue également un rôle important. Lorsque celle-ci est médiocre, le pouvoir d'achat des ménages peut baisser et leur confiance dans l'avenir, s'amoindrir. Ils vont donc avoir tendance à favoriser les achats indispensables à court terme et à remettre à plus tard des achats qu'ils considèrent comme superflus, ou les dépenses d'investissement.

Selon une enquête menée par Ipsos, la crise économique dans laquelle les pays développés sont entrés fin 2008 a modifié les pratiques de consommation de la majorité des Français. En effet, 52 % d'entre eux ont déjà changé leurs pratiques de consommation et 5 % vont le faire. Près des deux tiers (63 %) ont même déjà commencé à réduire leurs dépenses, 13 % l'envisageant à plus ou moins court terme. Leur consommation est de plus en plus dominée par la recherche du meilleur rapport qualité-prix (79 %) et plus utilitaire (77 %). En conséquence, 81 % de nos compatriotes sont moins intéressés par les grandes marques. 89 % des Français comparent systématiquement les prix, 78 % maximisent les programmes de fidélité. Ils sont 69 % à regarder le prix du kilogramme, 40 % à négocier à la baisse. 19 % se groupent pour acheter moins cher et les marques de distributeurs sont en progression. Une tendance générale qui favorise « le faire soi-même ». Deux Français sur trois cuisinent davantage et 50 % apportent leur repas au travail[7].

La marque Liebig prend en compte dans cette publicité le pouvoir de prescription très important des enfants.

La structure des dépenses de consommation évolue dans le temps, au fur et à mesure que de nouvelles catégories apparaissent, ou que l'augmentation des revenus permet aux consommateurs d'allouer leur budget à d'autres catégories de produits. Ainsi, certaines catégories comme les produits alimentaires ont tendance à stagner en termes de proportion du revenu qui leur est dédié, alors que d'autres catégories comme les communications ou les loisirs progressent toujours (voir tableau 3.2).

Le niveau moyen de revenu d'une population et la répartition de ces revenus selon les différentes catégories de population jouent un rôle important dans la consommation d'un pays. Le tableau 3.3 donne la répartition des revenus selon le sexe et la catégorie socioprofessionnelle en France.

Tableau 3.2 Évolution de la structure de la consommation des ménages français

Consommation des ménages par fonctions	Variations en volume au prix de l'année précédente					Coefficients budgétaires(1)
	2001	2002	2003	2004	2005	2008
Alimentation et boissons non alcoolisées	0,4	1,1	1,1	1,6	1,3	13,5
Boissons alcoolisées et tabac	1,3	–0,8	–7,8	–9,7	–0,9	2,9
Articles d'habillement et chaussures	–0,1	3,0	3,4	1,3	0,1	4,4
Logement, chauffage, éclairage	3,1	1,6	3,1	2,8	2,3	25,4
Équipement du logement	0,4	2,4	2,3	2,0	0,5	5,9
Santé (dépenses à la charge des ménages)	6,4	4,2	2,6	7,1	6,6	3,6
Transports	2,6	0,7	–1,2	2,1	0,8	14,6
Communications	14,9	13,6	8,5	5,3	6,3	2,7
Loisirs et culture	5,0	6,3	4,6	5,5	4,2	9,0
Éducation (dépenses à la charge des ménages)	1,6	2,9	3,4	3,1	2,0	0,8
Hôtels, cafés et restaurants	1,6	0,7	1,5	–1,0	0,8	6,2
Autres biens et services	0,5	1,4	2,5	1,5	1,7	11,6
Dépenses de consommation des ménages	**2,5**	**2,2**	**2,2**	**2,3**	**2,1**	**100,0**

(1) Calculé ici en prix courants, le coefficient budgétaire est le rapport à la consommation effective de la dépense consacrée à un bien ou à un service particulier (ou à une catégorie de biens ou de services).

Source : Insee, comptes de la Nation (base 2000).

Tableau 3.3 Revenus des Français selon leur catégorie socioprofessionnelle et leur sexe

En 2004, en euros courants

	Femmes	Hommes	Rapport des salaires femmes/hommes (en %)
Cadres(1)	35 647	46 514	77
Professions intermédiaires	20 712	23 693	87
Employés	15 254	16 259	94
Ouvriers	13 982	16 730	84
Ensemble	19 182	23 778	81

(1) Y compris les chefs d'entreprise salariés.
Champ : salariés à temps complet du secteur privé et semi-public.

2.3 L'environnement naturel

La préservation de l'**environnement naturel** est aujourd'hui une préoccupation majeure de la population. La pollution de l'air et de l'eau a atteint un seuil critique dans de nombreuses métropoles. L'inquiétude provoquée par le réchauffement de la planète ne cesse de croître, tandis que de nombreux spécialistes de l'environnement craignent que nous ne soyons bientôt submergés par nos déchets.

Environnement naturel
Les ressources naturelles utilisées par les responsables marketing ou sur lesquelles les activités marketing ont un impact.

Les responsables marketing doivent intégrer à leurs raisonnements les questions que soulèvent les différentes évolutions de l'environnement naturel : la *pénurie des matières premières*, le *coût de l'énergie*, l'*accroissement de la pollution*, mais aussi l'*intervention croissante des États* et des instances internationales sur ces questions.

Les ressources de la Terre se répartissent en trois groupes, selon qu'elles sont illimitées, renouvelables ou limitées. Les ressources qui paraissaient illimitées, comme l'air ou l'eau, deviennent progressivement un sujet de préoccupation. La pénurie d'eau affecte fortement certaines régions du monde tandis que la pollution de l'air est aujourd'hui un enjeu de première importance dans certaines des plus grandes métropoles. Les ressources renouvelables, forêts et cultures, exigent également d'être mieux utilisées. Mais ce sont les ressources non renouvelables, comme le pétrole, le charbon, le platine, le zinc ou l'argent, qui posent le problème le plus grave. Les entreprises qui les utilisent doivent en effet faire face à de substantielles hausses de prix, même si ces ressources restent encore disponibles.

L'activité industrielle ne peut manquer d'affecter la qualité de l'environnement : citons l'énergie nucléaire, la diffusion du mercure dans l'océan, l'utilisation massive de produits chimiques sous forme d'engrais ou la prolifération des détritus urbains occasionnés par les bouteilles et les emballages qui ne sont pas biodégradables.

Les gouvernements des différents États du globe abordent ces problèmes avec plus ou moins de détermination, mais tous interviennent de plus en plus dans la préservation de l'environnement. Alors qu'en Allemagne l'État poursuit depuis de nombreuses années une politique d'amélioration de la qualité de l'environnement, d'autres pays, en particulier les moins riches, manquent souvent des fonds nécessaires ou de la volonté politique pour lutter contre la pollution. Et même les nations les plus riches ne parviennent pas à s'entendre ni à soulever les fonds communs nécessaires à la mise en place d'une politique de préservation de l'environnement à l'échelle de la planète. Tous espèrent que les entreprises accepteront d'endosser une plus grande responsabilité sociale et que de nouvelles découvertes permettront de contrôler et de réduire la pollution.

Les entreprises doivent donc s'attendre à subir de plus en plus de pressions de la part des instances gouvernementales et des associations écologistes sur les questions environnementales. Plutôt que de s'opposer à cette tendance, de nombreux responsables marketing cherchent à aider au développement de solutions pour éviter la pénurie prochaine des ressources énergétiques. Cela leur permet de préserver leur activité à long terme, mais également d'améliorer leur image auprès de leurs consommateurs soucieux de l'environnement.

Certaines entreprises vont même au-delà des normes édictées par le gouvernement. Elles développent des stratégies environnementales afin de créer une économie que la planète pourra supporter indéfiniment et de répondre à la demande des consommateurs en leur proposant des produits moins polluants.

3M a lancé un programme de prévention de la pollution visant à réduire les rejets nocifs que la fabrication de ses produits implique. Au cours des trente dernières années, ce programme a permis à l'entreprise de réduire son utilisation de produits polluants de plusieurs milliards de tonnes et d'économiser environ 1 milliard de dollars. McDonald's lutte depuis longtemps contre les pluies acides, se fournit en produits d'emballage recyclés et fait appel pour ses restaurants à des techniques de construction visant à économiser l'énergie.

D'autres entreprises développent des emballages recyclables ou biodégradables, accentuent le contrôle de leurs émissions et cherchent à augmenter le rendement des énergies utilisées.

McDonald's France a mis en place un « plan énergies » sur toute sa chaîne de production, en utilisant des ampoules basse consommation, des économiseurs d'eau, des pompes à chaleur ou des urinoirs sans eau. Depuis 2005, l'entreprise aurait réduit de 8 % ses émissions de gaz à effet de serre. L'emballage en carton recyclable est de rigueur, ainsi que la réduction du volume des emballages. Plus de 7 000 tonnes d'huile de friture usagée sont valorisées en biodiesel. Un logiciel informatique « EcoProgress » a même été développé pour permettre aux restaurants de contrôler et de gérer leur consommation. L'objectif de l'entreprise est de mieux communiquer les efforts à sa clientèle, car le secteur de la restauration rapide est en général plutôt mal perçu sur cet aspect[8].

Environnement technologique
Forces qui créent de nouvelles technologies, de nouveaux produits et de nouvelles opportunités marketing.

2.4 L'environnement technologique

L'**environnement technologique** est l'un des facteurs qui influent le plus sur l'offre commerciale des entreprises. Cependant, une avancée technologique peut permettre le lancement de produits controversés, ou procurant à la fois des avantages et des inconvénients importants, comme l'automobile, la médecine génétique ou l'énergie nucléaire.

La RFID est une nouvelle technologie permettant de réaliser des « étiquettes intelligentes », à placer sur les emballages, pour pouvoir les suivre au cours de leur durée de vie. Cela offre des opportunités importantes, comme la traçabilité des produits, notamment en alimentaire. Cela peut permettre de marquer des livres de bibliothèque et d'offrir un accès aux lecteurs 24 h/24. On peut imaginer aussi un frigo intelligent capable de reconnaître les produits qu'il contient et les dates de péremption… Il existe de nombreuses opportunités en marketing, par exemple le suivi du devenir des produits après l'achat. Cependant, un certain nombre de personnes se sont montrées hostiles à cette technologie, au nom de la protection de la vie privée. La loi française interdit notamment le contrôle clandestin, en obligeant une identification visible.

Les nouvelles technologies représentent de nouveaux marchés et de nouvelles opportunités. Cependant, chacune d'entre elles remplace en fait une technologie qui existait auparavant. Les transistors ont remplacé les lampes, la photocopie a supplanté le papier carbone, le CD a fait disparaître les disques vinyle, et la photo numérique est en passe de supplanter définitivement la photo argentique. En conséquence, les secteurs industriels qui ont combattu, ignoré ou n'ont pas su s'adapter à ces évolutions ont périclité. Les responsables marketing doivent donc surveiller étroitement l'environnement technologique afin d'éviter que leurs produits ne soient rapidement dépassés et de pouvoir profiter des nouvelles opportunités qui apparaissent. La Poste prévoit ainsi une baisse de chiffre d'affaires de son activité courrier d'au moins 30 % en cinq ans du fait de la substitution par le courrier électronique[9]. De nombreuses entreprises adjoignent des compétences marketing dans leurs équipes de recherche afin de donner une orientation marketing à leurs travaux. Cependant, la perspective du marketing et celle de la recherche et développement sont parfois difficiles à concilier. En effet, les responsables marketing cherchent des produits qui attireront les consommateurs, mais ces derniers ont souvent du mal à se projeter dans l'avenir, et à définir leurs désirs pour des produits qui n'existent pas encore. Inversement, ils imaginent parfois des produits totalement impossibles à concevoir. Il est donc nécessaire de combiner une approche technologique et une approche par la demande, en présentant aux consommateurs des prototypes futuristes, qui ne sont pas forcément industrialisables immédiatement, mais peuvent donner des directions de recherche aux entreprises.

Le développement technologique est une des forces les plus importantes qui agissent sur l'environnement marketing. Ici, un berger passe un appel sur son téléphone mobile.

Dassault Systèmes commercialise des logiciels de conception en 3D qui permettent de visualiser des nouveaux produits. Ses clients traditionnels étaient pendant longtemps les constructeurs aéronautiques et les automobiles. Plus récemment, l'entreprise a élargi sa clientèle à des entreprises plus grand public comme Adidas, Barilla, P&G ou Gap. L'intérêt à terme est de pouvoir faire associer les consommateurs finaux à la conception des produits, en les faisant utiliser le logiciel[10].

2.5 L'environnement politique

L'**environnement politique** affecte fortement les décisions commerciales.

Environnement politique
Le cadre politique, législatif, réglementaire et administratif qui influe et limite les activités des entreprises et des individus d'une société donnée.

Le contrôle législatif du commerce

Même les plus grands partisans du libre-échange admettent que le bon fonctionnement du système économique implique une part de réglementation. En effet, une réglementation bien conçue peut encourager la libre concurrence et garantir la bonne tenue des marchés. L'État intervient dans le domaine commercial, à travers un ensemble de lois et de directives, afin de garantir le bien de l'ensemble de la société. Les lois et des réglementations encadrent toute activité marketing ou presque.

L'intervention croissante de l'État On a assisté ces dernières années au renforcement de la législation commerciale dans le monde entier. Aux États-Unis, tout un ensemble de lois définit entre autres les règles de la concurrence, les pratiques commerciales, la protection de l'environnement, les normes de sécurité des produits, les pratiques publicitaires et le respect de la vie privée. L'Union européenne a également établi un cadre législatif régissant la concurrence, les normes des produits ainsi que les transactions commerciales pour ses États membres. Plusieurs pays ont même établi une législation consumériste encore plus stricte. L'utilisation de certaines formes de promotion (tickets de réduction, concours, primes) est ainsi illégale en Norvège. La Thaïlande exige que les magasins d'alimentation vendent également des produits nationaux à prix réduit, afin de garantir l'accès aux biens de première nécessité aux consommateurs dont les revenus sont les plus faibles. En Inde, les entreprises agroalimentaires doivent recevoir l'autorisation du gouvernement pour lancer un produit concurrent de ceux déjà existants, qu'il s'agisse d'une nouvelle boisson ou d'une nouvelle marque de riz. Il n'est pas toujours aisé d'appréhender le cadre législatif d'une activité marketing : des lois et des règlements peuvent évoluer rapidement, et parfois être contradictoires. Aux États-Unis, par exemple, les lois fédérales, de l'État et même locales se superposent. Les législations française et européenne peuvent parfois ne pas converger. Le marketing doit donc s'efforcer de suivre les évolutions de la réglementation mais aussi de son interprétation. Il s'appuie pour cela sur les services juridiques des entreprises, qui jouent un rôle de plus en plus important.

▶ En France, les relations entre producteurs et distributeurs étaient traditionnellement très réglementées. Ainsi, en 1997, la loi Galland a été mise en application, dans le but de protéger le petit commerce de certains usages de la grande distribution. Cette loi a interdit notamment aux distributeurs de revendre leurs produits à un prix inférieur au « seuil de revente à perte », ce prix étant défini comme le prix effectif figurant sur la facture d'achat, sans possibilité de déduire les remises obtenues au titre de la « coopération commerciale » (présence des produits sur catalogue, têtes de gondole, démonstrations en magasin), et que l'on désigne sous le terme de « marge arrière ». Cette loi a contribué à faire augmenter les prix à la consommation. La loi Dutreil, effective à partir du 1er janvier 2006, a cherché à corriger cet effet, en autorisant les distributeurs à intégrer dans le calcul du seuil de revente à perte une partie de la marge arrière. Le 4 août 2008 a été promulguée la Loi de modernisation de l'économie, qui comprend, entre autres dispositions, la possibilité de négocier librement les tarifs entre industriels et distributeurs et d'intégrer la totalité des marges arrière dans le seuil de revente à perte. L'objectif est de favoriser la concurrence entre les distributeurs et de faire baisser les prix de vente aux consommateurs. Selon un premier bilan établi par le ministère de l'Économie, les marges arrière se sont résorbées (passant de 32 à 11 %) et les prix des produits de grande consommation sont en baisse de 0,65 % entre décembre 2008 et juillet 2009[11]. ◀

Le cadre législatif défini par l'État a pour but premier de *protéger les entreprises* les unes des autres, en combattant les abus de position dominante ou la concurrence déloyale, mais également d'assurer la *défense du consommateur*, en interdisant certaines pratiques aux entreprises. Différents organismes publics vérifient ainsi que les produits mis sur le marché respectent certaines normes, que leurs caractéristiques correspondent aux informations fournies, ou encore que leur prix n'est pas inférieur à leur coût de fabrication.

L'importance accrue des organismes publics Le marketing international doit souvent faire face à une multitude d'organismes chargés de surveiller et de réguler les activités commerciales. Aux États-Unis, le Congrès a ainsi créé tout un ensemble d'agences fédérales chargées de contrôler le secteur agroalimentaire, les communications, le secteur énergétique, les transports aériens, la sécurité des produits ou le respect de l'environnement.

▶ L'Afssa (Agence française de sécurité sanitaire des aliments) est un établissement public indépendant de veille, d'alerte, d'expertise et de recherche sur les risques sanitaires et nutritionnels des aliments destinés à l'homme et aux animaux. L'Afssa émet des avis, formule des recommandations et est consultée systématiquement sur tous les projets réglementaires et législatifs de son champ de compétence. L'Afssa peut être saisie par le gouvernement, les associations de consommateurs agréées, ou s'auto-saisir. Elle peut notamment se prononcer sur l'utilisation des allégations santé (comme « Aide à garder la ligne », « Renforce les défenses naturelles de l'organisme »). ◀

Le nombre des lois et des réglementations va vraisemblablement continuer à croître à l'avenir. Les cadres commerciaux doivent suivre ces évolutions lorsqu'ils conçoivent leurs produits et leurs programmes marketing. Ils doivent en effet connaître les principales lois qui régissent la concurrence, protègent les consommateurs et la société aussi bien au niveau local, national qu'international.

L'importance de l'éthique et de la responsabilité sociale

Les lois écrites ne suffisent pas à couvrir tous les abus potentiels et sont parfois difficiles à appliquer. Cependant, le commerce n'est pas guidé uniquement par les lois et les règlements écrits mais également par des codes sociaux et des règles d'éthique professionnelle.

La responsabilité sociale Les entreprises encouragent de plus en plus leurs managers à ne pas se contenter de suivre la législation mais à chercher à protéger l'environnement et les intérêts à long terme de leurs clients.

Certains scandales, ainsi que l'importance croissante accordée à la protection de l'environnement ont ravivé les notions d'éthique et de responsabilité sociale. Or ces questions concernent quasiment toutes les activités marketing. Malheureusement, elles sont généralement soulevées lorsque des intérêts contradictoires sont en jeu, si bien que leur interprétation peut différer selon la situation. Pour répondre à ces questions complexes, de nombreuses associations commerciales et industrielles ont suggéré d'établir des codes d'éthique, tandis que de plus en plus d'entreprises définissent les règles à observer.

Le développement du commerce électronique soulève de nouvelles questions éthiques, en particulier sur le sujet du respect de la vie privée. Les visiteurs d'un site Web, par exemple, fournissent souvent des informations personnelles que des responsables marketing peu scrupuleux peuvent ensuite utiliser. Des sociétés comme Intel et Microsoft ont en outre été accusées d'avoir dissimulé des mouchards dans leurs puces et logiciels afin d'obtenir des informations commerciales sur leurs clients. Ces deux exemples poussent aujourd'hui la plupart des entreprises à rendre publique leur politique vis-à-vis de la vie privée des internautes[12]. En France, la Commission nationale de l'informatique et des libertés est une instance indépendante instituée par la loi en 1978. Elle a pour but d'informer les citoyens sur leurs droits et de leur garantir l'accès aux données les concernant. Tout fichier nouvellement créé contenant des données personnelles doit être enregistré et autorisé par la CNIL. L'instance qui crée un nouveau fichier doit notamment en indiquer le but, la nature des informations détenues et la façon pour les personnes d'accéder aux données qui les concernent et de les rectifier éventuellement.

▶ La CNIL a réalisé en 2008 une enquête sur la perception de la protection de la vie privée par les Français. Cette enquête révèle que 50 % d'entre eux ont des craintes quant à l'utilisation des fichiers, qu'ils soient publics ou privés. Ils sont 71 % à juger le niveau de protection insuffisant sur Internet, et ce pourcentage monte à 78 % pour les jeunes de 18 à 24 ans[13]. ◀

Le marketing humanitaire Les entreprises exercent leur responsabilité sociale et se créent une meilleure image en s'associant à des causes humanitaires. Le marketing humanitaire est une des méthodes utilisées par les entreprises pour effectuer des dons. Le fait d'associer les ventes de leurs produits ou de leurs services à des associations charitables leur permet de « bien faire en faisant le bien ».

▶ En 2009, Henkel France s'est associé au Secours populaire français au travers de diverses actions de solidarité. Ainsi, les académies Schwarzkopf Professional de Paris, Toulouse et Lyon ont ouvert leurs portes (le temps d'une journée) aux femmes en situation difficile pour une séance de coiffure, souvent avant un entretien d'embauche ou un événement familial. En 2009 et 2010, des marques de Henkel vont reverser des fonds sur les ventes de produits, comme la marque Le Chat savon liquide et son opération « Solidarité enfance », lancée dans tous les points de vente depuis la rentrée 2009. Henkel a également donné des produits cosmétiques et de coiffure, des produits d'entretien et des lessives, ainsi que des colles, adhésifs et autre papeterie, tout au long de l'année. Enfin, les salariés du groupe ont participé en 2009 à une collecte de produits culturels et de jouets pour Noël, au cours de la campagne des « Pères Noël verts » du Secours populaire. ◀

■ Ikéa et la Fondation de l'Abbé Pierre ont développé un partenariat depuis cinq ans permettant de financer l'aménagement de lieux d'accueil pour les plus démunis.

Pourtant, le marketing humanitaire est controversé. Les critiques remarquent qu'il s'agit plus d'une stratégie de vente qu'une stratégie de don, autrement dit que le marketing « lié à une cause » s'apparente plus à une « exploitation » de cette cause. Par conséquent, les entreprises qui utilisent le marketing humanitaire doivent tenir compte à la fois de l'augmentation de leurs ventes et de l'amélioration de leur image d'une part et des accusations d'exploitation mercantile qui peuvent être portées contre elles d'autre part. Cependant, le marketing humanitaire, lorsqu'il est bien géré, peut être bénéfique aussi bien à l'entreprise qu'à la cause qu'elle soutient. Le marketing humanitaire non seulement est un outil marketing efficace mais il permet également de donner une image plus positive de l'entreprise auprès du public. Les revenus reversés à des associations caritatives permettent d'augmenter la visibilité de la marque et fournissent de nouvelles sources de financement.

2.6 L'environnement culturel

Le changement des valeurs qui affectent une société peut évidemment avoir un impact sur les stratégies marketing d'une entreprise.

On a pu par exemple constater récemment une dégradation de la confiance dans les institutions, un plus grand intérêt pour la nature et la quête de valeurs plus spirituelles. Cela aura un impact à la fois sur les produits et les services proposés par les entreprises, et sur les thèmes de communication publicitaire utilisés.

Ce thème sera spécifiquement traité dans le chapitre sur le comportement du consommateur (voir chapitre 5).

Montblanc cherche à appuyer son positionnement prestigieux sur une politique de mécénat culturel.

3. Répondre à l'environnement marketing

Quelqu'un a déclaré un jour : « Il existe trois types d'entreprises : celles qui agissent, celles qui observent et celles qui se demandent ce qui se passe[14]. » De nombreuses entreprises considèrent que l'environnement marketing est un élément qu'elles ne peuvent contrôler et auquel elles doivent s'adapter. Autrement dit, elles acceptent passivement l'environnement marketing sans essayer de le modifier et concentrent leurs efforts sur l'analyse des facteurs environnementaux et la conception de stratégies qui leur permettront d'éviter les menaces et de tirer parti des opportunités qui se présentent.

D'autres entreprises adoptent une attitude *proactive* envers l'environnement marketing. Plutôt que de se contenter d'observer ses évolutions et d'y réagir, elles prennent des mesures pour influencer les facteurs et les groupes d'influence qui le composent. Pour cela, elles engagent des groupes de pression (ou lobbys) afin d'influer sur la législation qui les concerne et organisent des événements médiatiques pour améliorer leur exposition médiatique. Elles publient des publireportages (des articles publicitaires exprimant leur point de vue) afin de modifier l'opinion publique. Elles engagent des poursuites judiciaires et émettent des plaintes à l'encontre de leurs concurrents pour que ces derniers respectent la législation, ou signent des accords pour mieux contrôler leurs circuits de distribution.

Les entreprises peuvent ainsi surmonter des contraintes environnementales qui *a priori* échappaient à leur contrôle.

La compagnie aérienne Cathay Pacific Airways a ainsi découvert que beaucoup de ses passagers préféraient éviter Hongkong en raison des contrôles douaniers interminables de l'aéroport. Les dirigeants de Cathay ont demandé aux autorités de Hongkong comment réduire la durée de ces contrôles. Après de longues discussions, la compagnie aérienne a accepté de financer l'embauche de douaniers supplémentaires, à condition que ceux-ci se consacrent en priorité à ses vols. La réduction du temps d'attente a augmenté la valeur apportée au consommateur et a donc renforcé la compétitivité de la compagnie[15].

Le management marketing ne peut cependant pas toujours contrôler les facteurs environnementaux. Ainsi, il serait vain pour une entreprise de vouloir influencer les flux migratoires, l'environnement économique ou les principales valeurs culturelles d'un pays. Néanmoins, les managers doivent adopter une approche *proactive*, et non *réactive*, chaque fois que possible. L'encadré 3.2 montre les différents impacts que l'évolution de l'environnement a sur une entreprise comme GDF Suez.

MARKETING EN ACTIONS 3.2

L'influence de l'environnement sur la stratégie marketing : GDF Suez

Après avoir été liée pendant des années à EDF, avec laquelle elle partage encore certains services, GDF, devenue Gaz de France, est devenue à l'été 2008 GDF Suez. Cette fusion entre deux entreprises de cultures radicalement différentes a donné naissance à un énergéticien de premier plan au niveau mondial qui emploie plus de 230 000 collaborateurs répartis dans près de 50 pays.

GDF Suez développe aujourd'hui des activités et une expertise sur toute la chaîne de valeur du gaz, de l'électricité et de l'environnement, en amont comme en aval, en Europe comme à l'international. Le groupe est présent à la fois dans l'achat, la production et la commercialisation de l'énergie. Son mix énergétique est très diversifié : énergies renouvelables (solaire, éolien, biomasse, électricité hydraulique), énergie nucléaire, énergies fossiles (gaz naturel, charbon, fioul).

La stratégie de GDF Suez s'inscrit dans un contexte où la demande en énergie devient de plus en plus forte, sous l'influence de l'accroissement démographique, d'une urbanisation croissante, du développement économique et industriel, et où les ressources naturelles se raréfient. L'ensemble des facteurs du macroenvironnement exerce de fortes contraintes :

- **Politique** tout d'abord, puisque l'État français est à la fois actionnaire et régulateur. Ainsi, même si la concurrence a été introduite sur le marché de l'énergie y compris pour les particuliers, les ménages ont le choix entre une offre dite « régulée », dont les prix sont contrôlés par l'État, et une offre de marché, où les prix sont libres.
  En outre, les facteurs géopolitiques entrent en ligne de compte, puisque GDF Suez s'approvisionne sur différents marchés étrangers, dont des pays comme la Russie ou certains États du Moyen-Orient.
- **Économique**, bien sûr, puisque la fourniture d'énergie est un service absolument indispensable à la fois pour les entreprises et pour les ménages. Pour les entreprises, la consommation d'énergie est très sensible au niveau de l'activité économique. Pour les particuliers, son importance est telle que les énergéticiens sont tenus de fournir une offre à tarif modéré pour les ménages les plus modestes.
- **Sociologique**, bien sûr. La perception de la marque est très liée à celle du gaz naturel, alors que l'opinion publique est de plus en plus sensible aux questions environnementales, tout en n'étant pas réellement prête à payer plus cher une énergie verte. Ainsi, l'offre Duo Energies Nature, lancée en 2008 sous la marque commerciale Dolce Vita, associe une offre d'électricité hydraulique avec une offre de gaz « compensée carbone », c'est-à-dire pour laquelle l'entreprise s'engage à

acheter sur le marché international des crédits carbone. L'entreprise en lançant cette offre savait d'emblée qu'elle ne pouvait intéresser qu'une cible assez étroite de personnes avec des revenus relativement élevés et sensibles aux questions de réchauffement climatique. Il est toutefois possible que cette situation évolue.

- **Environnementale**. GDF Suez est engagé de plus en plus fortement dans les énergies renouvelables, et également dans la protection de l'environnement. Les énergies non fossiles représentent 38 % du « mix énergétique » de GDF Suez (18 % pour l'hydraulique, 17 % pour le nucléaire, 3 % pour le solaire, l'éolien et la biomasse).
- **Technologique**. La rentabilité des énergies renouvelables présentes dans le mix énergétique de GDF Suez dépend des progrès de la technologie dans ce domaine. Ainsi, une possibilité future de stocker l'énergie permettra un jour de mieux utiliser le parc d'éoliennes dans lequel GDF Suez a d'ores et déjà investi *via* sa filiale Erelia. De même, l'entreprise investit dans les technologies de captage du CO_2, qui apparaissent très prometteuses.

Enfin, l'entreprise est également très influencée par les stratégies de ses **concurrents**, non seulement son nouveau rival EDF, mais également des fournisseurs alternatifs comme Poweo, qui ont fait leur apparition ces dernières années suite à la dérégulation sur le marché français.

Sources : www.gdfsuez.com

RETOUR SUR LES CONCEPTS-CLÉS

Ce chapitre ainsi que les deux suivants sont consacrés à l'étude des environnements marketing et aux méthodes d'analyse qu'utilisent les entreprises pour mieux comprendre les marchés et les consommateurs. Les entreprises doivent en effet constamment surveiller et gérer l'**environnement marketing** pour rechercher des opportunités et se protéger des menaces. L'environnement marketing inclut tous les acteurs et les facteurs qui influencent la capacité de l'entreprise à poursuivre efficacement ses activités sur le marché qu'elle cible.

1. Décrire les facteurs environnementaux qui affectent la capacité de l'entreprise à nouer des relations rentables avec ses clients.

Le **microenvironnement** regroupe tous les acteurs proches de l'entreprise qui forment le système de création de valeur de l'entreprise ou qui affectent sa capacité à nouer des relations rentables avec le consommateur. L'**environnement interne** de l'entreprise est composé des différents départements et fonctions qui influent sur les décisions marketing. Les **intermédiaires de marché** sont les fournisseurs, revendeurs, entreprises logistiques, prestataires de services marketing et intermédiaires financiers qui coopèrent pour apporter de la valeur au consommateur. Il existe différents types de marchés : les marchés de consommation, les marchés interentreprises ou **business-to-business**, les marchés de revente, les marchés publics, et ce au niveau national ou international. Les **concurrents** rivalisent avec l'entreprise afin de mieux servir les consommateurs. Enfin, les différents **groupes d'influence** ont un impact réel ou potentiel sur la capacité d'une entreprise à atteindre ses objectifs. Le **macroenvironnement** comprend les forces sociales qui influent sur l'ensemble du microenvironnement. Les six facteurs qui composent le macroenvironnement sont la **démographie**, l'**économie**, la **technologie** et les facteurs **naturels**, **politiques** et **culturels**. Ces facteurs créent des opportunités et représentent des menaces pour l'entreprise.

2. Expliquer comment les modifications démographiques ou économiques peuvent affecter les décisions marketing.

La démographie est l'étude des caractéristiques des populations. Plusieurs aspects de l'**environnement démographique** sont en train d'évoluer. On constate que la pyramide des âges, la structure familiale et la répartition géographique de la population changent, et que l'éducation est meilleure. L'**environnement économique** désigne les facteurs qui affectent le pouvoir d'achat et les mécanismes d'achat, comme la distribution des richesses et la répartition des dépenses.

3. Identifier les principales tendances écologiques et technologiques qui affectent les stratégies marketing.

Trois tendances caractérisent l'**environnement naturel** : la pénurie de certaines matières premières, l'augmentation de la pollution et l'intervention croissante des États dans la gestion des ressources naturelles. Les inquiétudes liées à l'environnement constituent des menaces, mais également des opportunités marketing pour les entreprises. Il est également fondamental de prendre en compte l'**environnement technologique**, notamment du fait d'une évolution de plus en plus rapide des technologies, et les politiques publiques de la recherche et les budgets accordés à la recherche et au développement par les États. Les entreprises incapables de suivre les avancées technologiques ne parviennent pas à profiter des opportunités marketing qu'elles engendrent, et peuvent être menacées sur leurs marchés plus traditionnels.

4. Expliquer les principaux changements de l'environnement politico-légal et les facteurs culturels susceptibles d'avoir une influence sur les stratégies marketing.

Les lois, organismes publics et groupes qui influencent ou limitent les activités marketing forment l'**environnement politique**. Deux évolutions majeures affectent l'environnement politique actuel dans le monde entier : l'augmentation des lois et des règlements sur le commerce, et l'importance grandissante des questions éthiques et de la responsabilité sociale. L'**environnement culturel** désigne les institutions et les facteurs qui affectent les valeurs, la perception, les préférences et les comportements d'une société.

5. Expliquer comment les entreprises peuvent réagir à l'environnement marketing.

Certaines entreprises peuvent considérer l'environnement marketing comme un élément hors de leur contrôle auquel elles doivent s'adapter afin d'éviter les menaces et de profiter des opportunités qui se présentent. À l'inverse, elles peuvent adopter une attitude **proactive** et agir dans le but de modifier cet environnement plutôt que de le subir. Chaque fois que cela est possible, les entreprises doivent essayer d'être proactives et pas seulement réactives.

Activités

Questions de réflexion et de mise en pratique

1. Quels sont selon vous les principaux éléments du macroenvironnement qui jouent sur un marché comme celui des cartes de crédit ?
2. Comment Total peut-il réagir aux mouvements de protestations des consommateurs face aux différentes marées noires qui ont déferlé sur les côtes bretonnes, et notamment lors du naufrage du pétrolier Erika, affrété par la compagnie pétrolière ?
3. Les programmes de R&D en entreprise doivent-ils tous être pilotés par le marketing ? Pourquoi ?
4. Quels sont d'après vous les buts et les enjeux d'une loi comme la loi Lang sur le prix unique du livre, promulguée en 1981, et qui donne à l'éditeur le droit de fixer le prix de revente des livres, le détaillant ne pouvant pratiquer qu'une remise maximale de 5 % ? Qui pourrait avoir intérêt à la voir abrogée ?
5. L'émergence d'un concurrent nouveau peut-elle être bénéfique pour une entreprise ? Pourquoi ?
6. Pourquoi la Française des Jeux cherche-t-elle à protéger certains joueurs contre un comportement de jeu excessif ?
7. Quelles sont selon vous les principales opportunités et menaces qui pèsent sur la stratégie marketing de La Poste à moyen terme ?
8. On appelle *greenwashing* le comportement d'une entreprise qui prétend agir en faveur du développement durable pour améliorer son image de marque sans véritablement agir dans ce sens. Quels sont selon vous les risques de tels agissements ? Comment se prémunir d'une telle accusation ?
9. La crise économique récente affecte-t-elle plus les marchés B-2-B ou B-2-C ? Dans les deux cas, quels types de marchés sont les plus affectés ? Pourquoi ?
10. Pourquoi une entreprise comme Areva, qui produit des centrales nucléaires, communique-t-elle auprès du grand public ?

Étude de cas : La révolution technologique dans l'éclairage

Les lampes à incandescence, inventées en 1879 par Joseph Swan et améliorées par les travaux de Thomas Edison, ont longtemps été les seules ampoules utilisées pour éclairer les logements. En France, l'éclairage représente 9 % de la facture d'électricité des ménages. Selon l'Ademe (Agence pour le développement et la maîtrise de l'énergie), chaque ménage français possède en moyenne 22 lampes, en achète trois par an et consomme environ 350 kWh pour s'éclairer. Or les ampoules à incandescence (à filament) sont très énergivores : 95 % de l'énergie utilisée par une ampoule à incandescence disparaît en chaleur, 5 % seulement étant transformée en lumière. Leur efficacité est ainsi de seulement 14 à 25 lumens (unité utilisée pour mesurer l'intensité de la lumière) par watt. Leur durée de vie moyenne est de 1 000 heures, soit un an pour un éclairage de 4 heures par jour.

En raison de leur faible rendement énergétique, 23 industriels et distributeurs, l'Ademe, les recycleurs et EDF ont ainsi signé, un an après le Grenelle de l'environnement, une convention qui a conduit à la disparition progressive de ces ampoules.

Concrètement, au 30 juin 2009, toutes ces ampoules classiques d'une puissance supérieure ou égale à 100 W ont été retirées du marché. Au 31 décembre 2009, ce fut le tour des ampoules de plus de 75 W; celles de 60 W disparaîtront le 30 juin 2010, et ainsi de suite jusqu'aux 25 W le 31 décembre 2012.

Une nouvelle génération d'ampoules va donc prendre le relais, les ampoules fluo compactes.

L'ampoule fluorescente compacte « basse consommation » se présente sous la forme d'un tube miniaturisé replié ou torsadé, parfois recouvert d'un bulbe de verre pour lui donner la forme d'une lampe traditionnelle. Le tube est accolé à un culot équipé de composants électroniques (appelé « ballast ») adaptable aux luminaires standard. Elle consomme quatre à cinq fois moins d'électricité que la lampe à incandescence et dure huit fois plus longtemps. La durée de vie moyenne de ces ampoules est ainsi de 8000 à 10000 heures environ, soit une durée de vie de 6 ans pour un éclairage de 4 heures par jour. Les fluo compactes assurent une meilleure sécurité car elles dégagent très peu de chaleur et sont à 93 % recyclables... Mais elles sont aussi dix fois plus chères à l'achat. Même si la faible consommation énergétique des ampoules « basse consommation » permet de les rentabiliser dès la première année, leurs ventes peinent à décoller et les lampes à incandescence sont encore utilisées par huit Européens sur dix.

Outre leur prix, les consommateurs font les reproches suivants aux ampoules fluo compactes :

- Une difficulté à comprendre la puissance lumineuse; l'équivalence est donnée par rapport à la luminosité des ampoules à incandescence, à laquelle les consommateurs sont habitués. Selon l'Ademe, le rapport serait de 4,6. Il faut donc multiplier le nombre de watts basse consommation par 4,6 pour obtenir la puissance équivalente en ampoules classiques. Mais les marques ont un taux de conversion parfois différent, ce qui induit une confusion chez les consommateurs.
- Un aspect de la lumière produite qui dépend de la qualité de la poudre utilisée et est perçu comme plus froid que celui des ampoules à incandescence, notamment par les consommateurs français.
- Un délai pour obtenir la lumière qui peut aller jusqu'à 20 secondes.
- Dernier inconvénient, les lampes basse consommation usagées doivent être éliminées selon une procédure spéciale, car elles contiennent une faible quantité de mercure, nécessaire pour faire rayonner les poudres luminescentes.

D'autres technologies sont d'ores et déjà annoncées sur le marché de l'éclairage.

Les ampoules LED utilisent des diodes fabriquées à base de semi-conducteurs minéraux comme le silicium, émettant de la lumière à partir de puces de 1 millimètre carré.

Bien qu'environ quatre fois plus chers que les ampoules fluo compactes basse consommation, les modèles à LED sont réputés pour avoir une durée de vie trois fois plus longue, d'une dizaine d'années à raison de 10 heures d'éclairage par jour. Leur consommation est, selon les fabricants, sept fois inférieure à celle d'une ampoule à incandescence et deux fois plus faible que celle d'une fluo compacte, à luminosité égale. Pour l'instant, les applications sont plutôt limitées à des applications professionnelles et à l'éclairage des véhicules, mais les ambitions autour de ce marché sont très grandes et émanent d'entreprises venues d'autres secteurs. Le groupe japonais Toshiba, qui fabrique aussi bien des réacteurs nucléaires que des puces électroniques, a ainsi annoncé qu'il allait commercialiser, début 2010, ses ampoules à diodes électroluminescentes (LED) en France.

Les OLED sont fabriquées avec des molécules polymères de petite taille et diffusent une lumière plus homogène à partir d'un film mince et souple. La technologie OLED, déjà couramment utilisée pour les écrans couleur d'appareils photo ou de téléphones portables, est aussi prisée pour son très bon rendu des couleurs et son excellent contraste. Elle commence également à être utilisée sur de plus grandes surfaces, comme les téléviseurs. Plus récemment, les scientifiques ont concentré leurs efforts sur l'obtention de lumière blanche à l'aide des OLED. Néanmoins, cette technologie ne sera pas prête à un usage commercial avant plusieurs années.

Questions :

1. Quelle est l'attractivité du marché des ampoules fluo compactes basse consommation ?
2. Quelles sont les opportunités et les menaces ?
3. Comment promouvoir l'adoption des ampoules fluo compactes par les consommateurs ?

Sources : « Bientôt une nouvelle génération d'éclairages pour remplacer les ampoules », le point.fr, 13 mai 2009, www.guide-topten.com ; www.malampe.org.

Notes

1. Catherine Rekik, « Agroalimentaire. Comment Danone adapte sa stratégie pour faire face à la crise », *Le Journal des Finances*, 11 juillet 2009 ; Ivan Letessier, « Riboud : "Notre responsabilité est d'amortir la crise" », 25 juillet 2009, *Le Figaro*.
2. Joachim Bechtikou, « La grande distribution en France : un secteur plus concentré que chez ses voisins ? », *Problèmes économiques*, n° 2949, 4 juin 2008, dossier : « Inflation et grande distribution ».
3. Julien Fournier et Laurent Larcher, « Bilan mitigé de la suppression de la publicité à la télévision », *La Croix*, 4 janvier 2010.
4. Source : « Arcelor Mittal convie ses actionnaires sur Second Life », culture-buzz.fr.
5. Source : « ERDF s'offre sa première campagne grand public », www.cbnews.fr, 29 septembre 2009, et www.erdfdistribution.fr.
6. Source : www.census.gov, avril 2007. Ce site du U.S. Census Bureau fournit des chiffres actualisés et des projections sur la population mondiale et américaine.
7. Source : « Crise et consommation : l'ère d'un nouveau consommateur », 30 novembre 2009, www.tns-sofres.com, enquête menée entre janvier et mars 2009.
8. Source : « Mc Donald's se met au vert », lejdd.fr, 9 décembre 2009.
9. Source : Intervention La Poste, Marketing Trends Conference, Venise, janvier 2010.
10. Source : Héloïse Bolle, « Dassault Systèmes s'invite chez nous », Challenges.fr, 29 octobre 2009.
11. « Le CES défend la réforme de la loi Galland », *Les Echos*, 27 février 2007, www.modernisationeconomie.fr
12. Sources : « The Spies in Your Computer », *New York Times*, 18 février, 2004, p. A18 ; Amir M. Hormozi, « Cookies and Privacy », *Information Systems Security*, janvier-février 2005, pp. 51-60 ; Alan R. Peslak, « Internet Privacy Policies: A Review and Survey of the Fortune 50 », *Information Resources Management Journal*, janvier-mars 2005, p. 29.
13. Source : www.cnil.fr.
14. Voir Philip Kotler, *Kotler on Marketing*, New York, Free Press, 1999, p. 3, et *Marketing Insights from A to Z*, Hoboken, N.J., John Wiley & Sons, 2003, pp. 23-24.
15. Source : Howard E. Butz Jr. et Leonard D. Goodstein, « Measuring Customer Value: Gaining the Strategic Advantage », *Organizational Dynamics*, hiver 1996, pp. 66-67.

Partie 2

Connaître les marchés et les consommateurs

Chapitre 4

AU TERME DE CE CHAPITRE, VOUS SAUREZ

1. Expliquer l'importance de l'information pour l'entreprise et pour la compréhension de ses marchés.
2. Définir le système d'information marketing et décrire ses différentes composantes.
3. Détailler les étapes d'une étude de marché.
4. Expliquer comment les entreprises analysent et diffusent l'information marketing.
5. Comprendre les spécificités des études dans les PME, et des études de marché à l'international.
6. Identifier les problèmes relatifs à l'éthique des études de marché.

Les études marketing

Afin d'apporter un surcroît de valeur et la plus grande satisfaction possible aux consommateurs, les entreprises doivent constamment disposer d'une information précise et récente sur les besoins et les demandes de ceux-ci. Les entreprises doivent également se tenir informées sur les activités de leurs concurrents, des revendeurs, sur tous les acteurs du marché concerné et les évaluations de leur environnement.

Grâce aux récentes avancées technologiques, les entreprises peuvent maintenant se procurer plus aisément ces informations, à tel point que les managers sont souvent submergés de renseignements. Ce n'est donc plus le manque d'information qui pose problème, mais sa qualité et son traitement.

En effet, les responsables marketing se plaignent fréquemment de ne pas disposer des informations pertinentes. Ils doivent également *mieux* utiliser les informations dont ils disposent déjà. Un ancien P.-D.G. d'Unilever a ainsi déclaré que, si sa société savait vraiment quelles informations elle possède, elle doublerait ses bénéfices. Autrement dit, beaucoup d'entreprises ne parviennent pas à gérer et utiliser efficacement les informations dont elles disposent[1]. Pour que les managers puissent prendre de meilleures décisions marketing, les entreprises doivent donc concevoir des systèmes qui offrent aux managers les bonnes informations, présentées de façon adéquate et au moment où elles sont utiles.

Système d'information marketing (SIM)
Réseau complexe de personnes, de logiciels, de machines et de procédures qui collectent, trient, analysent, évaluent et diffusent un flux ordonné d'information pertinente qui doit servir de base aux décisions marketing.

Un **système d'information marketing (SIM)** est un réseau complexe de relations structurées où interviennent des hommes, des logiciels et des procédures. Il a pour objet d'engendrer un flux ordonné d'informations pertinentes, destinées à servir de base aux décisions marketing. La figure 4.1 montre que le SIM est entièrement conçu par et pour les utilisateurs de l'information – les responsables marketing, les partenaires internes et externes, ainsi que tous ceux qui ont besoin d'information marketing. La première phase du SIM consiste à interagir avec ces utilisateurs afin *de détailler leurs besoins en information*. Suit ensuite la *collecte de l'information demandée* à partir des bases de données internes de l'entreprise, des activités de « l'intelligence marketing » et des études de marché. Le SIM aide ensuite les utilisateurs à analyser l'information et à la mettre en forme pour prendre des décisions marketing et gérer les relations clients. Enfin, le SIM *diffuse* l'information marketing aux personnes concernées et aide les managers à l'*utiliser*.

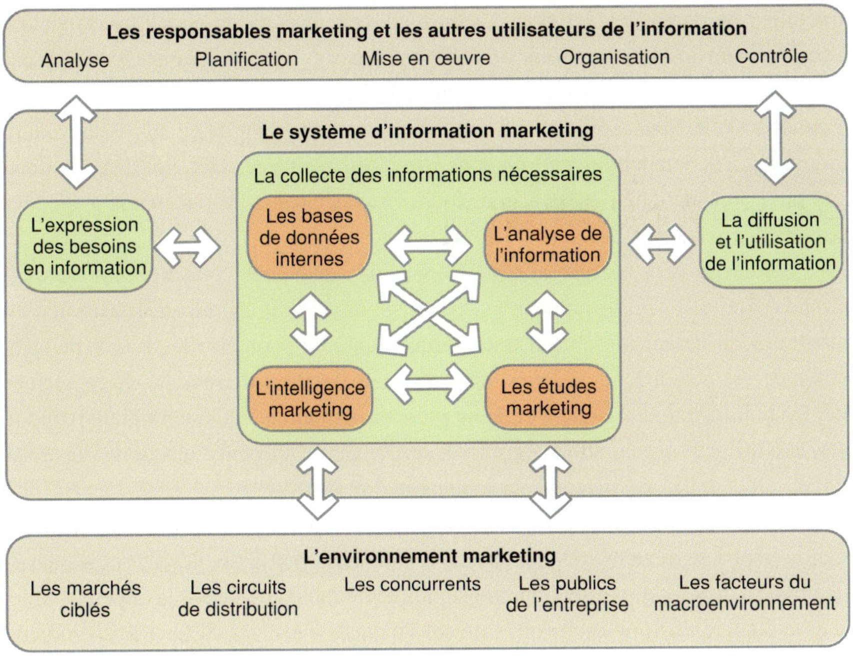

Figure 4.1
Le système d'information marketing

1. L'expression des besoins en information marketing

Le système d'information marketing est en premier lieu destiné au service marketing et aux autres managers de l'entreprise. Cependant, il peut également fournir des informations aux partenaires extérieurs, comme les fournisseurs, les revendeurs ou les agences de conseil en marketing.

▶ Dell offre à ses clients les plus importants un service qui leur permet de se tenir informés sur la conception du produit, de profiter de rapports de commandes détaillés et de bénéficier d'une assistance de gestion de leur parc informatique. ◀

Lorsqu'elle conçoit un système d'information, l'entreprise doit prendre en compte les besoins de tous ces utilisateurs externes.

Un bon système d'information marketing doit trouver l'équilibre entre ce dont les dirigeants *estiment* avoir besoin, ce dont ils *ont vraiment besoin* et ce qui est *réaliste* sur le plan économique. L'entreprise commence donc par interroger les managers sur les informations dont ils aimeraient disposer. Certains demanderont à obtenir toute l'information disponible sans se soucier de son intérêt effectif pour la prise de décision. En revanche, d'autres managers

■ Un des principaux problèmes des responsables marketing est de savoir trouver l'information pertinente dans le flot des données qui leur parviennent quotidiennement.

peuvent négliger de demander des données qu'ils devraient pourtant connaître ou encore ignorer quelles sont les informations dont ils ont besoin. Les managers devraient par exemple être informés qu'un concurrent prévoit de lancer un nouveau produit dans le courant de l'année à venir. Mais, comme ils n'ont jamais entendu parler de ce nouveau produit, ils ne pensent pas à demander des informations spécifiquement à ce sujet. Le SIM doit donc surveiller l'environnement marketing afin de fournir aux décideurs les informations qui leur sont nécessaires.

Mais l'entreprise peut parfois se révéler incapable de fournir l'information demandée, soit parce que cette information n'est pas disponible, soit en raison des limites du SIM. Imaginons qu'un responsable d'une marque souhaite connaître les futurs budgets publicitaires de ses concurrents et leurs influences sur les parts de marché de ce secteur d'activité. Cette information risque fort de ne pas être disponible. Et, quand bien même le serait-elle, le SIM peut ne pas suffire à prévoir quelle sera l'influence des nouvelles stratégies publicitaires de la concurrence sur le marché.

Le coût nécessaire à l'obtention, au traitement, au stockage et à la distribution de l'information peut vite devenir très important. L'entreprise doit alors décider si les avantages que procure la détention d'informations complémentaires justifient la dépense. Mais la valeur et le coût de l'information sont souvent difficiles à évaluer. Seule l'*utilisation* de l'information a de la valeur, et non l'information en elle-même. Bien souvent, soit ces informations complémentaires n'ont qu'une influence minime sur la décision que prend le manager, soit leur coût excède l'intérêt qu'elles représentent. Les responsables marketing ne doivent donc pas considérer que toute information supplémentaire est bonne à prendre, mais plutôt estimer attentivement si les avantages qu'elle est censée procurer justifient la dépense à effectuer.

Il arrive aussi fréquemment que le temps nécessaire pour collecter l'information soit trop long pour éclairer la décision, parce que celle-ci doit être rapidement prise. Ainsi, l'étude de l'effet des différentes opérations promotionnelles des concurrents dans le passé peut s'avérer intéressante, mais les résultats seront trop longs à obtenir pour réagir rapidement à une nouvelle offre promotionnelle d'un concurrent.

2. La collecte des informations marketing

Les responsables marketing peuvent obtenir les informations demandées à partir des *données internes*, du *système d'intelligence marketing* et des *études de marché*.

2.1 Les données internes

Bases de données internes
Regroupement des informations concernant les consommateurs et les marchés qui ont été collectées par tous les services de l'entreprise.

De nombreuses entreprises intègrent les différentes informations qu'elles collectent concernant les consommateurs et les marchés dans des **bases de données internes**. Les responsables marketing peuvent alors facilement accéder à ces informations et les utiliser pour identifier les opportunités et les problèmes, établir leurs programmes et évaluer les performances de leurs activités.

Les informations de la base de données peuvent provenir de nombreuses sources. La comptabilité établit les bilans financiers et conserve des relevés détaillés des commandes, des coûts de production et des recettes. Le service des opérations fournit des prévisions de production, renseigne sur les expéditions des commandes en cours et l'état des stocks. Le service marketing donne des informations sur les consommateurs, la démographie, la psychographie et les habitudes d'achat. Le service chargé de la relation client enregistre les données concernant la satisfaction des consommateurs ou les réponses à des offres marketing précises (voir encadré 4.1). La force de vente indique les réactions des revendeurs, les activités de la concurrence et des circuits marketing associés, ainsi que l'état des ventes. Ces informations peuvent procurer un réel avantage à l'entreprise face à ses concurrents.

Ainsi, chez Voyages-SNCF, une équipe d'une vingtaine de personnes, SNCF CRM Services, assure en interne la gestion de l'ensemble du système d'information clients. L'objectif est de faciliter la commande de billets de train, de délivrer les

MARKETING EN ACTIONS 4.1

L'implication des consommateurs dans les études : des tests à la cocréation

Dans les études marketing traditionnelles, les consommateurs sont sollicités pour réagir à un stimulus marketing, le plus souvent un concept ou un produit. Les études marketing évoluent cependant aujourd'hui dans deux directions :

- l'implication des consommateurs de plus en plus tôt dans le processus de conception d'une nouvelle offre ;
- l'appel à la créativité des consommateurs.

On passe donc progressivement d'une logique de tests, où les consommateurs interrogés réagissent à une proposition de l'entreprise, à une logique de cocréation, où l'entreprise sollicite une création de la part des consommateurs ou clients potentiels. Il peut également arriver que les consommateurs eux-mêmes proposent leur concours à l'entreprise. Cette logique de cocréation est à l'œuvre tout au long du processus de développement d'une nouvelle offre et peut impliquer des consommateurs « ordinaires » ou des spécialistes de l'innovation :

- Au stade de la recherche des idées : ainsi, chez Playmobil, les thèmes des nouveaux jouets sont inspirés du courrier et des dessins envoyés à l'entreprise par les enfants. C'est ainsi que le thème « Égypte » a été sélectionné.
- Au stade de l'évaluation des concepts : sur le site « dreamorange », les internautes peuvent venir consulter les idées de nouveaux concepts de services interactifs imaginés par les services de recherche et développement d'Orange et sont invités à donner leur avis, contre engagement de confidentialité et indemnisation.
- Dans le développement des produits eux-mêmes : Henkel a lancé en 2007 le « Trophée de l'innovation », un concours international visant à récompenser des inventeurs indépendants *via* un jury international composé de spécialistes internes au groupe et d'associations d'inventeurs de différents pays. L'opération a rassemblé des milliers de personnes qui ont proposé à Henkel leurs idées et leurs brevets en matière de conception de produit, de design et de technologie, dans les domaines dans lesquels le groupe est présent : entretien de la maison ; cosmétiques ; adhésifs, étanchéité et traitement de surface. Plus de 80 000 idées ont été collectées. Electrolux et Nespresso ont lancé des concours internationaux à destination des étudiants en école de design, pour avoir des propositions de nouvelles formes ou de nouveaux produits.
- Dans la conception de la communication : Fiat a diffusé sur le Web un kit permettant de personnaliser la communication de la nouvelle Fiat 500.

Sources : « Henkel recrute chez les Géo Trouvetou », *CB News*, 23 octobre 2006 ; Véronique Lorelle, « À 35 ans, Playmobil fascine toujours les enfants », *Le Monde*, 29 décembre 2009 ; www.dreamorange.tv ; Marion Vignal, « Electroménager - C'est déjà demain », *L'Express*, 25 avril 2005.

points de fidélité en ligne, d'offrir des cadeaux aux détenteurs de cartes et de développer une relation privilégiée avec eux, par exemple en proposant rapidement à des clients très ciblés une offre tarifaire en fonction du remplissage des trains. Deux programmes coexistent pour fidéliser les clients : un programme « Grand Voyageur », qui compte plus de 360000 adhérents effectuant quelque 50 allers-retours annuels. Ce programme, destiné aux professionnels, leur offre des points en fonction de leurs parcours, mais surtout plus de confort et de souplesse en fonction de leurs attentes. L'autre programme, « Gagnez à voyager », a démarré en octobre 2006. Il touche près de 3 millions de détenteurs de cartes commerciales, dans quatre catégories spécifiques : les enfants, les 12-25, les escapades et les seniors.[2] ◀

On accède généralement aux informations contenues dans les bases de données internes plus rapidement et pour un coût inférieur qu'en utilisant d'autres sources d'information. Pourtant, les bases de données présentent également quelques défauts. Comme l'information interne à l'entreprise est souvent collectée dans un autre but, elle peut être incomplète ou avoir une forme inadaptée à une utilisation marketing. Les données concernant les ventes et les coûts que la comptabilité utilise pour établir ses états financiers nécessitent par exemple d'être adaptés pour servir à évaluer les performances d'un segment de marché, d'une force de vente ou d'un circuit de distribution en particulier.

Les données vieillissent également rapidement, si bien que la base de données demande une mise à jour constante. En outre, pour que les managers puissent facilement trouver et utiliser efficacement la quantité d'information qu'une entreprise de grande taille génère, il est primordial que les données soient parfaitement intégrées et rapidement disponibles. La gestion d'une telle quantité de données exige souvent d'avoir recours à des équipements et des technologies très sophistiqués.

Système d'intelligence marketing
Collecte et analyse systématique de l'information disponible sur les concurrents et sur les évolutions de l'environnement marketing.

2.2 Le système d'intelligence marketing

On appelle **système d'intelligence marketing** l'ensemble des moyens qui permettent aux dirigeants de se tenir continuellement informés sur l'évolution de leur environnement marketing. Son rôle est d'identifier rapidement des opportunités et des menaces qui se présentent, de suivre les activités de la concurrence, pour améliorer la prise de décision stratégique.

De nombreuses informations peuvent être obtenues en interne auprès des employés de l'entreprise (cadres, ingénieurs et scientifiques, responsables des achats et membres de la force de la vente). Mais elles peuvent également provenir de ses fournisseurs, de ses revendeurs et des principaux clients, ou bien encore de l'observation des activités des concurrents et des informations qu'ils publient. L'entreprise peut acheter et analyser les produits de ses concurrents, surveiller leurs ventes, vérifier le dépôt de nouveaux brevets, examiner les annonces de recrutement qu'ils publient, etc.

Les entreprises épient de plus en plus leurs concurrents, si bien que l'importance du système d'intelligence marketing s'est considérablement accrue. Les techniques de recueil des informations sont très variées : évaluation des produits concurrents, recherches sur Internet, visite des stands des autres entreprises au cours des salons professionnels, voire fouilles des déchets de ses rivaux.

Chez Renault, il existe au sein du Technocentre, à Guyancourt, un service dont le rôle est d'acquérir les véhicules des constructeurs concurrents et de les démonter, afin d'analyser les différentes pièces et de comprendre comment et à partir de quelles technologies elles sont conçues. Ce service effectue ensuite un rapport détaillé aux différents services chargés de la conception des véhicules chez Renault, ainsi que du marketing.

Les entreprises dévoilent souvent des informations intéressantes dans leur bilan annuel, leurs publications commerciales, les articles qui leur sont consacrés, leurs publicités, lors des salons et des foires commerciales, et même dans leurs pages web. Internet représente en effet pour les entreprises une nouvelle source d'information sur leurs concurrents. À l'aide des moteurs de recherche, les responsables marketing peuvent trouver le nom de leurs concurrents, savoir ce qu'ils préparent et connaître les tendances du marché. De plus, la plupart des entreprises divulguent énormément d'informations détaillées les concernant sur leurs sites Web afin d'attirer des consommateurs, des partenaires, des investisseurs ou des franchisés. Leurs concurrents peuvent ainsi connaître leur stratégie, en savoir plus sur leurs activités, leurs nouveaux produits et leurs équipements, entre autres.

Infogreffe permet de collecter des informations sur les comptes des entreprises françaises inscrites au registre du commerce, grâce aux informations obligatoirement fournies par les entreprises aux greffes des tribunaux de commerce. Des sites payants, comme Anafinance ou Inforisk, mettent également en ligne des informations financières sur les entreprises.

L'utilisation grandissante de l'intelligence marketing peut soulever deux types de questions, celles concernant la légalité et celles se rapportant au code éthique. Certaines techniques peuvent être légales, mais considérées comme non éthiques par les entreprises du secteur. Les utiliser donnerait donc un signal très agressif aux concurrents. D'autres techniques peuvent être tout simplement illégales et relever de l'espionnage industriel. Cependant, dans la plupart des cas, le problème majeur est plutôt de tirer efficacement parti de toutes les sources d'information légales et disponibles.

3. Les études marketing

En dehors des renseignements sur les concurrents et sur l'état des marchés, les responsables marketing ont souvent besoin de réaliser des études ponctuelles sur des problèmes spécifiques.

Kraft peut ainsi chercher à connaître quel packaging sera le mieux adapté au lancement d'un nouveau biscuit, Sony veut savoir combien et quels types de consommateurs achèteront ses téléviseurs à écran plasma, Lancôme veut savoir pourquoi les hommes n'achètent pas plus de cosmétiques, et Renault veut connaître les sources d'information utilisées pour l'achat d'un nouveau véhicule.

Études marketing
Préparation, recueil, analyse et exploitation des données relatives à une situation marketing particulière.

Dans ces différents cas, le système d'intelligence marketing ne peut pas fournir les informations demandées et les responsables marketing doivent alors effectuer une étude marketing.

On appelle **étude marketing** la préparation, le recueil, l'analyse et l'exploitation des informations concernant une situation marketing donnée. Les entreprises utilisent les études de marché dans des situations très variées. Elles permettent aux responsables marketing de mieux comprendre le comportement des consommateurs et de mieux les satisfaire, les aident à évaluer le potentiel du marché et les parts de marché, à mesurer l'efficacité d'un prix de vente, d'un produit, de sa distribution et des activités promotionnelles.

Le marché mondial des études marketing s'est élevé à 32 milliards de dollars en 2008, avec un taux de croissance net de 0,4 %. L'Europe représente le premier marché mondial des études, avec presque 50 % du total des dépenses. C'est le marché américain qui a le plus souffert de la crise récente avec -2,1 %, alors que l'Europe progressait de 0,9 %. En France, le chiffre d'affaires du marché des études marketing s'est élevé à 1,99 milliard d'euros en 2008 ; le marché est resté positif malgré les turbulences économiques qu'a connues la France[3].

Certaines très grandes entreprises réalisent ces études elles-mêmes. Mais, le plus fréquemment, les entreprises confient à des sociétés d'études la tâche d'effectuer des études marketing spécifiques. Parfois même, les entreprises se contentent simplement d'acheter les données collectées par des sociétés spécialisées afin de prendre leur décision.

Une étude marketing se déroule en quatre phases : la définition du problème à résoudre et des objectifs à atteindre, le développement du plan d'étude, la mise en œuvre par la collecte des données sur le terrain, l'analyse des données et la présentation des résultats (voir figure 4.2)

Figure 4.2
Le processus d'étude de marché

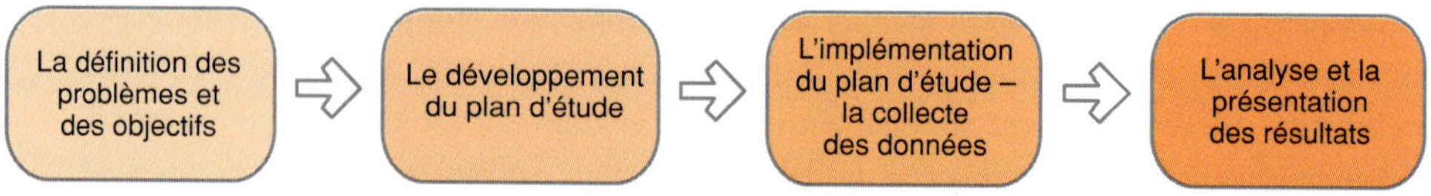

Étude exploratoire
Collecte d'informations préliminaires afin d'identifier les problèmes et d'indiquer certaines hypothèses.

Étude descriptive
Étude de marché permettant de mieux décrire les problèmes et les situations marketing ou les marchés, comme le potentiel d'un produit, la répartition démographique ou l'attitude des consommateurs.

3.1 La définition des problèmes et des objectifs

Les responsables marketing et les responsables de l'étude doivent travailler ensemble à définir les problèmes et s'accorder sur les objectifs à atteindre. Le responsable marketing est le mieux placé pour savoir quelle information est nécessaire, tandis que le responsable de l'étude sait comment obtenir cette information. Définir les problèmes et les objectifs est souvent l'étape la plus difficile du processus d'étude de marché.

Une fois les problèmes soigneusement identifiés, le manager et le responsable de l'étude doivent définir les objectifs. Une étude de marché peut porter sur trois types d'objectifs. L'**étude exploratoire** consiste à collecter des informations préliminaires qui aideront à mieux définir les problèmes et indiqueront des hypothèses de travail. L'**étude descriptive** a pour but de décrire les faits existants, comme les habitudes d'achat, ou l'attitude des consommateurs qui achèteront le produit. L'objectif de **l'étude de causalité** est de tester différentes hypothèses et d'identifier les relations de cause à effet d'une décision. Il s'agit par exemple de savoir si une baisse de prix de 10 % du montant de l'abonnement annuel d'une revue autoriserait une augmentation du nombre des abonnés, permettant de compenser la réduction de ces frais. Les managers commencent souvent par une étude exploratoire avant d'effectuer une étude descriptive, puis enfin une étude de causalité.

Étude de causalité
Essai de différentes hypothèses et identification des relations de cause à effet.

La définition du problème et des objectifs de l'étude guide l'ensemble du processus de recherche. Le manager et le responsable de l'étude doivent établir un cahier des charges afin de garantir qu'ils sont d'accord sur le but et les résultats attendus de l'étude.

3.2 Le développement du plan d'étude

Une fois la première phase terminée, les chargés d'études doivent déterminer exactement quelle information est nécessaire, développer un plan de recueil de cette information et le faire valider. Ce plan indique les sources de données existantes et établit la liste des approches spécifiques, des méthodes de prise de contact, des plans d'échantillonnage et des instruments qui seront utilisés pour collecter de nouvelles données.

Les objectifs de l'étude doivent être traduits en besoins spécifiques d'information.

▶ Pour le lancement de services de vidéo sur téléphone mobile, les différents opérateurs (comme Orange, SFR, Bouygues) et constructeurs de terminaux (comme Nokia) se sont interrogés sur le potentiel de marché et la rentabilisation possible de ces services. Les objectifs de l'étude peuvent être précisés de la façon suivante :

- Quel est le profil des personnes les plus intéressées par un accès à la télévision sur leur mobile ?
- Quels sont les programmes qui paraissent les plus attractifs ?
- Dans quelles situations la téléphonie sur mobile sera-t-elle utilisée ?
- Quel prix maximal les consommateurs intéressés sont-ils prêts à payer pour un téléphone permettant l'accès aux programmes télévisés ?
- Combien de temps par jour un utilisateur regardera-t-il en moyenne les programmes télévisés sur son mobile ? ◀

Ces informations, ainsi que beaucoup d'autres, sont nécessaires aux managers de l'entreprise pour décider de lancer ou non le produit et définir ses caractéristiques.

Ce cahier des charges écrit est particulièrement important lorsque le projet d'étude est complexe ou lorsqu'il est confié à une société extérieure à l'entreprise. Il doit couvrir l'ensemble des problèmes et des objectifs, indiquer les informations à recueillir et préciser en quoi ces informations faciliteront la prise de décision. Le coût de l'étude doit être également stipulé.

En fonction des besoins des managers, le plan d'étude peut demander que soient collectées des informations secondaires, des informations primaires, ou les deux à la fois. On appelle **informations secondaires** les informations qui ont déjà été collectées une première fois à d'autres fins et que l'on va réutiliser. Les **informations primaires** sont au contraire les informations recueillies spécifiquement pour l'étude en cours.

Informations secondaires
Informations déjà existantes, collectées auparavant à d'autres fins.

Informations primaires
Informations collectées spécifiquement pour l'étude en cours.

3.3 La collecte d'informations secondaires

Les chargés d'études commencent généralement par recueillir les informations secondaires. Ils commencent par utiliser les ressources internes à l'entreprise. Ils peuvent également se fonder sur des sources d'information externes, publiques ou privées, voire acheter des informations secondaires auprès de fournisseurs spécialisés. Les ministères, l'Insee, les syndicats professionnels publient souvent des statistiques qui peuvent se révéler très précieuses.

Bases de données en ligne
Ensemble d'informations électroniques disponibles depuis des sources commerciales ou via Internet.

En utilisant les **bases de données en ligne** commerciales, les responsables des études de marché peuvent également mener leurs propres recherches en informations secondaires.

Xerfi propose une banque de données d'études sectorielles couvrant les grands secteurs économiques des marchés français et européens, comme l'agroalimentaire, l'immobilier, les transports. Euromonitor propose des données statistiques, et des études. La base de données Diane fournit les coordonnées et l'analyse financière de plus de 900 000 entreprises françaises. Factiva permet un accès au texte intégral des articles des principaux titres de la presse économique internationale…

Les informations secondaires sont souvent plus rapides et moins chères à obtenir que les informations primaires. En outre, les sources secondaires fournissent parfois des données qu'une entreprise ne peut recueillir elle-même – des informations qui ne sont pas disponibles directement ou qu'il serait trop cher de collecter.

Une des principales sources d'information des entreprises qui vendent dans la grande distribution est constituée par les données issues des panels. L'encadré 4.2 présente les principales informations issues des panels.

Les données secondaires ne présentent cependant pas que des avantages. L'information souhaitée peut ne pas exister. Il est même rare que les chargés d'études obtiennent toutes les données dont ils ont besoin uniquement à partir des sources d'informations secondaires. Et, même quand les données existent, elles peuvent ne pas être très exploitables. Le chargé d'étude doit vérifier l'exactitude des informations secondaires et s'assurer qu'elles sont *pertinentes* (qu'elles correspondent aux besoins du projet d'étude), *fiables* (qu'elles ont été recueillies et sont présentées correctement), *actuelles* (que les données présentées soient suffisamment récentes pour les décisions à prendre) et *impartiales* (qu'elles ont été recueillies et sont présentées de façon objective).

3.4 La collecte d'informations primaires

Bien que les informations secondaires constituent une bonne base et aident souvent à définir les problèmes et les objectifs, l'entreprise doit dans la plupart des cas collecter également des informations primaires. Comme pour les informations secondaires, les responsables de l'étude doivent s'assurer que les informations primaires sont pertinentes, fiables, actuelles et impartiales. La conception d'un plan de collecte des informations primaires nécessite de choisir les *approches méthodologiques*, les *méthodes de recueil de l'information*, le *plan d'échantillonnage* et les *instruments de recherche*.

MARKETING EN ACTIONS 4.2

Les données de panels

Certaines sociétés, comme les sociétés de panels, collectent l'information sur l'ensemble d'un marché, pour la vendre ensuite aux différents acteurs de ce marché. Les panels sont des échantillons permanents interrogés à des intervalles de temps régulier. Trois grandes sociétés de panels opèrent sur le territoire français : ACNielsen, TNS Worldpanel et GfK.

Il existe deux sortes de panels : les panels distributeurs, qui suivent les résultats de vente dans les différents magasins, et les panels consommateurs, qui suivent les achats des foyers. Les entreprises abonnées à un panel reçoivent mensuellement ou de manière hebdomadaire les ventes ou les achats des différentes marques de la catégorie de produit.

Par exemple, TNS Worldpanel met au service de ses clients un panel de 20 000 consommateurs afin de suivre les achats des ménages français en grande distribution, un panel de 12 000 consommateurs pour suivre les achats du frais, ainsi que des panels spécialisés, comme Worldpanel Beauty, un panel de 22 000 consommatrices spécialisé sur les produits d'hygiène beauté, ou Worldpanel Fashion, qui permet le suivi des marchés de l'habillement, des chaussures ou du linge de maison auprès de 8 000 foyers.

Pour sa part, GfK est un spécialiste des produits technologiques qui exploite un panel distributeur couvrant 33 circuits de distribution pour le suivi de plus de 300 familles de produits sur les marchés de l'électronique grand public, le multimédia, la micro-informatique, la téléphonie, les produits culturels, l'écriture et la papeterie, la photo, l'optique, l'électroménager, le jardinage et le bricolage. GfK collecte notamment les données de vente en sortie de caisse de 3 500 points de vente sur les biens culturels (livres, CD, DVD…), qui remontent leurs informations toutes les semaines.

AC Nielsen exploite des panels distributeurs et collecte des informations sur un échantillon de magasins, qu'il complète par les relevés au point de vente par ses inspecteurs. Des informations sont collectées dans les lieux suivants : les hypermarchés, les supermarchés, les magasins de proximité non spécialisés, les stations-service, les bureaux de tabac, les boulangeries, les grandes et moyennes surfaces spécialisées, les pharmacies, les parapharmacies, les hard-discounters. Ceci permet de suivre les ventes de produits qui peuvent être vendus dans différents circuits de distribution.

Les panels consommateurs fournissent des données sur les achats des foyers et leurs profils. Ils fournissent notamment deux indicateurs importants : le nombre de foyers acheteurs de la marque (NA) et les quantités achetées (QA). Le ratio QA/NA correspond aux quantités moyennes achetées par foyer. Un même volume d'achat global peut correspondre soit à un nombre important de foyers achetant en moyenne de faibles quantités du produit, ou inversement à un faible nombre de gros acheteurs.

Les panels distributeurs fournissent des éléments sur les volumes achetés, les prix pratiqués, les parts de marché des différentes marques, les référencements, les ruptures de stocks. Ils fournissent notamment deux indicateurs importants sur la qualité de la distribution : la Distribution Numérique (DN) et la Distribution Valeur (DV). La DN est le pourcentage de magasins de l'univers commercial considéré (supermarchés, hypermarchés…) qui référencent le produit considéré. La DV correspond au même indicateur, pondéré par le CA de la catégorie de produits. Ainsi, si on considère une lessive de la marque X, on a :

DN = nombre de magasins référençant la marque X/nombre de magasins vendant de la lessive

DV = CA lessive des magasins référençant la marque X/CA lessive

Les approches méthodologiques

Les approches méthodologiques pour collecter des informations primaires sont l'observation, l'interrogation et l'expérimentation. Nous allons examiner chacune d'entre elles.

Observation
Collecte d'informations primaires par l'étude des actions de certains individus dans certaines situations.

L'**observation** consiste à recueillir des informations primaires en étudiant les actions de certains individus dans certaines situations. Un responsable packaging peut par exemple se rendre dans un supermarché pour observer comment les clients circulent en magasin, la façon dont ils sélectionnent et examinent les emballages et prennent leurs décisions d'achat. Une banque qui cherche à installer une nouvelle agence locale peut

■ Fisher-Price a mis en place depuis de nombreuses années un laboratoire où les responsables marketing peuvent observer les réactions des enfants qui testent les nouveaux projets de jouets.

observer le trafic routier, le type d'habitations et l'emplacement des banques concurrentes dans une zone en particulier.

L'observation permet d'obtenir des informations que les personnes étudiées ne souhaiteraient pas ou seraient incapables de fournir autrement. Dans certains cas, l'observation représente le seul moyen d'obtenir l'information souhaitée. À l'inverse, certaines choses ne peuvent pas être observées, comme les sentiments, les attitudes et les envies ou encore le comportement privé. Les comportements inhabituels ou les évolutions sur le long terme sont aussi difficiles à observer. En raison de ces limites, les chargés d'études utilisent souvent d'autres méthodes de collecte d'information en parallèle.

Beaucoup d'entreprises utilisent des *approches ethnographiques* consistant pour un chercheur à s'immerger dans un foyer afin d'étudier les consommateurs dans leur cadre de vie habituel.

Plusieurs sociétés d'études ont développé des méthodes d'observation « in situ » des consommateurs, permettant d'observer toutes les séquences d'usage du produit, à l'instar de Plan Créatif Users First, ou de In Process avec son « Observation Lab ». Par exemple, dans une étude sur le cappuccino, on va analyser quel type de tasse le consommateur sort du placard, le dosage effectué, la façon dont le breuvage est consommé, etc. Dans une étude menée par la marque Vittel, toutes les séquences d'achat depuis le port du pack jusqu'au stockage ont été observées. Findus avait filmé les repas familiaux de dix enfants afin d'étudier leurs habitudes alimentaires. Cette étude baptisée « Caméra conso » a donné lieu au lancement de nouvelles recettes, où les légumes sont mélangés à d'autres aliments pour être consommés plus facilement, comme le font les enfants[4].

Enquête
Collecte d'informations primaires en interrogeant des personnes sur leurs connaissances, leurs attitudes, leurs préférences et leurs comportements d'achat.

L'**enquête** est la méthode la plus utilisée pour recueillir des informations primaires et la mieux adaptée pour collecter des informations *descriptives*. Une enquête peut permettre de recueillir des informations sur les connaissances, les attitudes, les préférences et les comportements d'achat de certaines personnes en les interrogeant directement.

Ces études fondées sur des **systèmes de données provenant d'une seule source** permettent aux responsables marketing de mieux comprendre les habitudes d'achat. Ces systèmes d'étude portent sur un large échantillon de personnes (des groupes de consommateurs volontaires pour participer à l'étude et sélectionnés avec soin). Les chercheurs analysent ensuite comment les membres de l'échantillon réagissent aux différentes activités marketing à travers les achats et les réactions de chacun. La comparaison entre les activités marketing auxquelles ces personnes sont exposées et leurs achats donne une meilleure compréhension des liens qui existent entre les caractéristiques, les attitudes et le comportement d'achat du consommateur.

Système de données provenant d'une seule source (« single source »)
Système de contrôle électronique qui compare l'exposition des consommateurs à la publicité et aux offres promotionnelles (mesures d'Audimat) et leurs achats en magasin (données fournies par les scanners des supermarchés).

L'enquête a pour principal avantage d'obtenir potentiellement des informations très variées. Cependant, ces enquêtes présentent également certains inconvénients. Les personnes interrogées sont parfois incapables de répondre aux questions parce qu'elles ne se souviennent pas ou n'ont jamais réfléchi ni à ce qu'elles font ni à la raison qui les fait agir ainsi. Elles peuvent également se montrer réticentes à répondre à des inconnus sur des sujets qu'elles considèrent d'ordre privé. Elles peuvent répondre aux questions de l'enquête sans connaître la réponse, afin de sembler plus intelligentes ou mieux informées qu'elles ne le sont, ou penser faire plaisir à l'enquêteur en lui donnant la réponse qu'il attend. Enfin, on voit apparaître un mouvement de résistance de consommateurs qui refusent délibérément de répondre aux enquêtes marketing, pour des motifs idéologiques.

Expérimentation
Collecte d'informations primaires en plaçant plusieurs groupes de sujets similaires dans des situations différentes, en contrôlant les facteurs explicatifs envisagés et enfin en observant les différences entre les réponses de chaque groupe.

La dernière approche méthodologique est l'**expérimentation**. Alors que l'observation est mieux adaptée à l'étude exploratoire et les enquêtes à l'étude descriptive, la **recherche expérimentale** est l'approche qui convient le mieux à la collecte d'information de *causalité*. L'expérimentation consiste à sélectionner plusieurs groupes de sujets similaires et à les placer dans des situations différentes, à contrôler les facteurs explicatifs envisagés et enfin à observer les différences entre les réponses de chaque groupe. Il s'agit donc de chercher à expliquer les relations de cause à effet.

Les expérimentations sont notamment utilisées pour tester certaines variables du mix, comme le packaging ou le prix. On présentera la même offre à deux échantillons de consommateurs différents, mais composés de façon similaire, en ne changeant que la variable que l'on cherche à tester (packaging, ou niveau de prix). Les variations en termes de réponses des consommateurs pourront alors être uniquement attribuées à la différence de la variable que l'on cherche à tester.

Approche qualitative et approche quantitative

Indépendamment du mode de recueil des données, deux grands types d'approche existent dans les études marketing : l'approche qualitative et l'approche quantitative.

Dans *l'approche qualitative,* il s'agit d'expliquer en profondeur un phénomène, par exemple les motivations et les freins à l'achat d'un produit, l'influence exercée par un consommateur sur un autre, les étapes d'un processus d'achat, etc. Il est donc nécessaire d'examiner la question en profondeur, et de consacrer un temps important par individu. Dans cette approche, pour des raisons notamment de coût et de longueur de traitement de l'information, on va s'intéresser à un échantillon restreint d'individus. L'objectif de la composition de l'échantillon n'est pas d'obtenir la représentativité, mais de chercher la diversité des profils. Il ne s'agit pas de pouvoir extrapoler à la population, mais de pouvoir repérer les grands types d'explications et de profils qui existent sur le marché.

Les études qualitatives représentent en France environ 15 % du chiffre d'affaires global des études, et 10 % environ au niveau mondial[5].

On peut croiser cette approche qualitative avec différents modes de recueil de l'information, principalement l'interrogation et l'observation.

Ethno-marketing
Étude marketing par observation des consommateurs, en situation d'usage ou d'achat, et empruntant les techniques de l'ethnologie.

Les méthodes qui entrent dans le cadre d'une démarche qualitative d'interrogation sont l'entretien individuel en profondeur ou les entretiens de groupe. On utilise en effet dans une démarche qualitative les méthodes d'interrogation non directives, avec des thèmes ou sous-thèmes généraux plutôt que des questions fermées.

Si l'on a recours à l'observation, on va privilégier des observations dans la durée, comme les méthodes ethnographiques.

Les modes de collecte des données

L'information peut être recueillie par courrier électronique, par téléphone, à travers un questionnaire personnalisé ou en ligne. Le tableau 4.1 dresse la liste des avantages et des inconvénients de chacun de ces instruments de collecte des données.

Enquête postale, téléphonique et en face à face Les *enquêtes postales* peuvent être utilisées pour recueillir de grandes quantités d'informations pour un coût très modique. De plus, les personnes interrogées répondent plus honnêtement aux questions personnelles qu'elles ne le feraient si l'enquêteur se trouvait face à elles ou leur téléphonait. Enfin, cette méthode évite que la personnalité de l'enquêteur influence les réponses.

Cependant, les questionnaires par courrier ne sont pas très flexibles, puisque tous les correspondants répondent aux mêmes questions dans l'ordre qui a été fixé. Ces questionnaires sont souvent longs à remplir et le taux de réponse – le nombre de personnes qui renvoient le questionnaire complété – est souvent très faible. De plus, le chercheur n'a souvent que peu de contrôle sur l'échantillon de personnes interrogées. Même avec une bonne liste d'adresses, il est en effet difficile de savoir *qui* remplit le questionnaire.

Tableau 4.1 Les forces et les faiblesses des instruments de collecte des données

	Enquête postale	Enquête téléphonique	Enquête en face à face	Enquête en ligne
Flexibilité	Faible	Bonne	Excellente	Bonne
Quantité de données qui peuvent être collectées	Bonne	Correcte	Excellente	Bonne
Contrôle de l'influence de l'enquêteur	Excellent	Correct	Faible	Correct
Contrôle de l'échantillon	Correct	Excellent	Bon	Excellent
Rapidité de la collecte d'information	Faible	Excellente	Bonne	Excellente
Taux de réponse	Correct	Bon	Bon	Bon
Coût	Bon	Correct	Faible	Excellente

L'*enquête par téléphone* est une des meilleures méthodes pour recueillir de l'information rapidement et s'avère plus flexible que les questionnaires par voie postale. Les enquêteurs peuvent expliquer les questions les plus ardues et adapter les questions en fonction des réponses déjà obtenues. Le taux de réponse tend également à être supérieur à celui des enquêtes postales. Les enquêteurs peuvent demander à parler au correspondant qui présente les caractéristiques requises.

En revanche, le coût d'une enquête téléphonique est plus élevé. Les personnes interrogées ont également tendance à ne pas vouloir répondre aux questions les plus personnelles, même si ce phénomène est encore amplifié dans les entretiens en face à face. L'influence de l'enquêteur sur les résultats n'est pas négligeable ; la façon dont il parle, les questions qu'il pose peuvent affecter les réponses de la personne interrogée. Enfin, les enquêteurs peuvent interpréter et enregistrer les réponses différemment.

Les *enquêtes en face à face* se présentent sous deux formes : l'entretien individuel et la réunion de groupe. L'*entretien individuel* consiste à interroger les personnes à leur domicile, sur leur lieu de travail, dans la rue ou à proximité d'un point de vente. Ce genre d'enquête se révèle très flexible. Les enquêteurs chevronnés peuvent apporter leur aide, expliquer les questions difficiles et envisager les sujets à aborder en fonction de la situation. Ils peuvent montrer le produit, des publicités ou des emballages et observer la réaction et le comportement des personnes interrogées. Cependant, les enquêtes en face à face sont trois ou quatre fois plus onéreuses que les enquêtes téléphoniques.

Réunion de groupe
Rassemblement de 6 à 10 personnes pendant quelques heures autour d'un enquêteur pour discuter d'un produit, d'un service ou d'une entreprise. Le rôle de l'enquêteur est de « recadrer » la discussion sur les sujets importants.

La **réunion de groupe** consiste à rassembler quelques personnes autour d'un modérateur pour discuter d'un produit, d'un service ou d'une entreprise. Les participants sont parfois défrayés pour assister à ces réunions, sous forme monétaire ou plus fréquemment sous formes de distribution de bons d'achat ou d'échantillons de produits. Le modérateur encourage la libre discussion, en espérant que l'interaction entre les différents membres du groupe permettra de dévoiler les vrais sentiments ou pensées de chacun d'entre eux. En même temps, l'enquêteur agit comme un modérateur et recentre la discussion au besoin. Les chercheurs et les responsables marketing peuvent observer les réunions de groupe derrière une glace sans tain et enregistrer ou noter des commentaires en temps réel.

Les réunions de groupe sont devenues une des principales sources utilisées par les entreprises pour connaître les pensées et les sentiments des consommateurs. Cependant, le nombre de participants aux réunions de groupe est généralement peu élevé, afin de favoriser les interactions entre les participants. Il est donc nécessaire d'avoir recours à plusieurs réunions de groupes pour pouvoir avoir des résultats plus exploitables. En outre, les techniques d'animation de groupe sont difficiles à maîtriser, et il est nécessaire de faire appel à des animateurs chevronnés pour mener les discussions sans les influencer, et pour faire participer tous les participants sans donner un poids excessif aux plus expansifs.

De nos jours, de nombreux chercheurs changent la manière dont ils animent les réunions de groupe. Certains utilisent la vidéoconférence pour relier les responsables de la marque aux réunions de groupe. L'utilisation de caméras et de haut-parleurs leur permet alors d'entendre la discussion, voire de zoomer sur les visages des participants ou de se concentrer sur chaque membre à tour de rôle. Pour aider les consommateurs à être plus détendus et à formuler des réponses plus sincères, certains chargés d'études portent leur attention sur le lieu dans lequel se tient la réunion, en choisissant des endroits plus confortables ou plus en rapport avec le sujet de la discussion. Ils organisent ainsi les réunions de groupe consacrées à des produits ménagers dans une cuisine et celles portant sur le mobilier dans le salon d'une maison.

L'enquête en ligne Les progrès des technologies de communication ont entraîné l'apparition de nouveaux instruments de collecte des données. On peut notamment citer l'enquête téléphonique assistée par ordinateur, où l'enquêteur, assis devant un ordinateur, lit les questions à l'écran et saisit directement les réponses des personnes interrogées, ou encore les enquêtes téléphoniques entièrement automatisées, lesquelles sont réalisées par un ordinateur qui téléphone et pose des questions préenregistrées sans intervention humaine. Les réponses se font soit par la voix, soit par l'intermédiaire des touches du téléphone. D'autres instruments de collecte de données sont également utilisés, comme l'envoi de CD-ROM par voie postale ou l'envoi par ordinateur de questionnaires à destination de fax.

Études de marché en ligne
Collecte d'informations primaires par la réalisation d'enquêtes sur Internet et de réunions de groupe en ligne.

Mais les chargés des études de marché se tournent de plus en plus vers Internet pour recueillir des informations primaires. Le terme **études de marché en ligne** désigne aussi bien des *questionnaires*, des *expérimentations* que des *réunions de groupe*. L'ensemble de ces études représenterait en 2008 10 % du marché mondial des études.

▶ En 2006, en collaboration avec la société Repères, Danone a lancé les *home use blogs*. Il s'agit d'un échantillon qualitatif de consommateurs d'une dizaine de personnes auprès de qui sont placés des produits et qui s'engagent à commenter jour après jour leurs expériences d'utilisation sur un blog dédié[6]. ◀

Le terme d'enquête en ligne recèle une grande diversité de pratiques. Une entreprise peut mettre un questionnaire sur son site web ou placer une bannière sur un site très fréquenté, en invitant les volontaires à répondre en contrepartie d'une récompense. Elle peut réaliser des entretiens en profondeur par e-mail, proposer des liens ou ouvrir des fenêtres pop-up pour inviter les internautes à répondre à ses questions et peut-être gagner un lot par tirage au sort. L'entreprise peut parrainer un site de discussion et y introduire régulièrement des questions, ou organiser des réunions de groupe en ligne. Elle peut en apprendre plus sur le comportement des consommateurs en ligne en recueillant des informations sur les sites web qu'ils visitent. Une entreprise peut également tester différents prix, différentes présentations, ou présenter un produit avec différentes options sur plusieurs sites web afin de connaître l'efficacité de chacune de ces offres. Elle peut ainsi lancer plusieurs « ballons d'essai » et expérimenter rapidement de nouveaux concepts de produits.

Les études de marché en ligne offrent certains avantages sur les méthodes traditionnelles, notamment en terme de rapidité et de coût. La mise en place de réunions de groupe en ligne peut demander une certaine préparation, mais les résultats sont presque instantanés.

Le système « brandDelphi » de la société française crmmetrix permet de faire intervenir les consommateurs dans la création des slogans pour une marque ou un nouveau produit. Le système est fondé sur un panel en ligne, fourni par crmmetrix. On demande aux 100 premières personnes d'inventer des slogans, qui sont ensuite mélangés avec ceux qui ont été créés par l'équipe marketing. Les participants doivent ensuite voter pour les différents slogans, puis les classer par ordre d'efficacité perçue croissante. Les meilleurs slogans sont ensuite proposés au groupe des 100 panélistes suivants, etc. Cela permet d'identifier les meilleures idées, mais également des idées « de niche » qui sont jugées très efficaces par un petit nombre de consommateurs. Solliciter l'avis des consommateurs permet notamment d'exprimer les slogans publicitaires dans leur langage. Ainsi, pour la collective des produits laitiers, les jeunes consommateurs n'aimaient pas les messages sur l'idée de « perdre du poids », mais adhéraient davantage à un message du type « parvenir au look que vous voulez »[7].

Les études de marché en ligne ont également un coût relativement modique. Les participants peuvent assister à une réunion de groupe quelle que soit leur situation géographique, ce qui élimine les coûts inhérents au transport, au logement et à l'utilisation d'une salle. Internet élimine la plupart des dépenses des autres méthodes, comme le publipostage, les communications téléphoniques, l'impression et les coûts salariaux. Une enquête réalisée en ligne peut donc ne coûter que 10 à 20 % d'une enquête postale, téléphonique ou en face à face. De plus, la taille de l'échantillon a peu d'influence sur ce coût, car, une fois le questionnaire conçu, peu importe que 10 ou 10000 personnes soient ensuite interrogées.

Les questionnaires et les réunions de groupe en ligne sont également intéressants pour atteindre des catégories qui participent rarement aux études traditionnelles (les adolescents, les personnes seules, aisées et de niveau d'études supérieur). Ils permettent également de toucher les mères qui travaillent, ainsi que les personnes très occupées, car elles peuvent répondre à leur propre rythme, quand elles en ont envie. Enfin, elles permettent de constituer des groupes de personnes sans tenir compte de leur situation géographique, en particulier celles dont le revenu est très élevé et qui n'ont pas le temps de se rendre à une convocation.

Mais les études de marché en ligne présentent aussi certains inconvénients. Tout le monde ne dispose pas d'un accès à Internet, ce qui limite la taille des échantillons possibles. Néanmoins, ce défaut tend à disparaître au fur et à mesure que la pénétration d'Internet augmente et que le profil des internautes devient de plus en plus proche de celui de l'ensemble de la population. Le deuxième problème tient au relatif anonymat des personnes interrogées. En effet, sans voir les participants, il est très difficile de savoir s'il s'agit bien des personnes que l'on souhaite interroger.

En outre, même si l'identité des participants est correcte, il manque souvent aux questionnaires et aux réunions de groupe en ligne la dynamique propre aux approches en face à face. Sont notamment absents le contact visuel, le langage corporel et les interactions de personne à personne. Le format de discussion – la frappe de commentaires accompagnés d'« émotions » (des signes comme :-) pour exprimer la joie) – restreint les possibilités d'expression des personnes interrogées.

Pour résoudre ces problèmes d'identification et de forme du débat, de nombreuses sociétés spécialisées font appel à des volontaires inscrits au préalable, au sein de ce que l'on appelle un *access panel.*

Les *access panels* en ligne sont des échantillons de grande taille d'internautes qui se sont inscrits pour répondre à des enquêtes marketing. Ces individus sont recrutés sur des sites Internet et sont qualifiés sur des centaines de critères comme des données sociodémographiques, l'équipement du foyer, les styles de vie, la consommation média, les habitudes de consommation, etc. Si l'échantillon n'est pas nécessairement représentatif de la population d'un pays, la taille importante de l'échantillon assure une variété des profils, l'accès à des populations rares, mais également un renouvellement permanent. Ces individus sont ensuite interrogés en envoyant un e-mail contenant un lien personnalisé vers un questionnaire. Les principaux avantages du panel en ligne sont le fait que les participants répondent au moment où ils le souhaitent, et sont donc plus disponibles et plus concentrés que pour une enquête en face à face ou par téléphone, par exemple ; l'anonymat ressenti face à l'écran, qui permet de poser des questions plus personnelles ; et un mode de recueil auto-administré qui diminue les effets de recherche de valorisation auprès de l'enquêteur. La société Novatris est une des pionnières en Europe et possède plus de 450 000 adresses qualifiées sur des centaines de critères. De nombreuses autres sociétés, comme Ipsos, panelontheweb, possèdent des *access panels* de dizaines de milliers d'adresses.

La question la plus épineuse concerne le respect de la vie privée des consommateurs. Certains craignent que des chercheurs dépourvus de toute éthique utilisent les adresses e-mail et les réponses confidentielles qu'ils glanent dans les études de marché pour vendre ensuite des produits. Ils s'inquiètent aussi de l'utilisation de logiciels espions et de programmes qui collectent des informations confidentielles sans l'accord de la personne interrogée. Ces craintes peuvent entraîner les consommateurs à moins participer et incitent les États à légiférer de façon beaucoup plus stricte. Mais, malgré ces défauts, les études de marché en ligne se développent à un rythme très rapide, notamment pour des raisons de coût et de rapidité de collecte des informations.

Le plan d'échantillonnage

Échantillon
Segment de la population sélectionné pour l'étude de marché afin de représenter l'ensemble de la population.

Les chercheurs tirent généralement des conclusions pour de grands groupes de consommateurs à travers l'étude de petits échantillons de la population. Un **échantillon** est un segment de la population sélectionné pour représenter la totalité de la population. En théorie, l'échantillon doit être représentatif pour que le chercheur puisse généraliser convenablement les idées et les comportements.

Pour constituer un échantillon, trois questions se posent. Qui faut-il interroger ? Combien de personnes ? Comment doivent-elles être choisies ? La première question, celle de *la population interrogée,* est la plus importante. Or, la réponse à cette question n'est pas toujours simple. Pour étudier le processus de décision d'achat d'une voiture familiale, doit-on interroger le père, la mère, les enfants, les concessionnaires, les vendeurs, ou chacun d'entre eux ? Le chercheur doit donc non seulement déterminer de quelle information il a besoin, mais également identifier qui la détient.

La deuxième décision à prendre concerne la *taille de l'échantillon*. En général, un large échantillon donne de meilleurs résultats. Cependant, il n'est pas nécessaire d'interroger toute la population, ni même un fort pourcentage de celle-ci, pour parvenir à une bonne précision. Contrairement à l'intuition et à la croyance généralement répandue, la taille de l'échantillon nécessaire n'est pas liée à la taille de la population, mais à l'écart type, c'est-à-dire à la dispersion du phénomène étudié dans la population étudiée. Par exemple, si on cherche à évaluer le montant moyen détenu sur un compte bancaire, il peut y avoir un fort écart type si le montant détenu varie entre quelques euros et des milliers d'euros, ou être plus faible si les montants sont plus homogènes, pour le même montant moyen.

La *méthode d'échantillonnage*, enfin, dépend essentiellement de l'objectif de l'étude. Le tableau 4.2 résume différentes méthodes d'échantillonnage. Dans les échantillons probabilistes, toute personne appartenant à la population a une chance connue et identique d'appartenir à l'échantillon. Les chercheurs peuvent alors produire des estimations tenant compte d'une certaine marge d'erreur. Ce dispositif est très onéreux et demande beaucoup de temps, si bien que les chercheurs utilisent souvent des *échantillons non probabilistes*, même s'ils ne peuvent alors pas calculer de marge d'erreur. Ces différentes méthodes de sélection d'échantillons présentent des différences en termes de coût et de validité dans le temps, mais ont également des propriétés statistiques et une précision différentes. Le choix de la méthode dépend donc des besoins de l'étude de marché.

Tableau 4.2 Les types d'échantillons

Échantillons probabilistes	
Échantillon aléatoire au premier degré	Chaque membre de la population a une chance connue et identique d'appartenir à l'échantillon. *Exemple : tirage au sort sur la base d'une liste, appelée base de sondage (annuaire téléphonique, liste de facturation ou d'inscription…).*
Échantillon aléatoire stratifié	La population est d'abord répartie en groupes mutuellement exclusifs, au sein desquels s'opère le tirage au sort. *Exemple : tirage au sort sur une liste dans différentes catégories de classe d'âge.*
Échantillon aléatoire en grappes	La population est divisée en groupes mutuellement exclusifs ; on tire au sort les groupes à interroger, puis éventuellement les individus au sein de ces groupes. *Exemple : tirage au sort d'une rue, et interrogation d'un foyer sur trois dans cette rue.*
Échantillons non probabilistes	
Échantillon de convenance	Le chercheur sélectionne l'échantillon le plus simple à désigner pour recueillir l'information. *Exemple : les amis, les voisins.*
Échantillon raisonné	Le chercheur choisit l'échantillon en fonction de sa capacité à lui fournir une information fiable. *Exemple : les directeurs marketing de grandes entreprises.*
Échantillon par quotas	Le chercheur définit l'échantillon en fonction de critères prédéterminés et interroge un certain nombre de personnes de plusieurs catégories. *Exemple : interrogation dans la rue avec des quotas sur l'âge, le sexe, la CSP.*

Instruments de recherche

Pour collecter des informations primaires, les chercheurs ont le choix entre deux principaux instruments de recherche : le *questionnaire* et les *instruments de mesure*. Le *questionnaire* est de loin l'instrument le plus utilisé, qu'il s'agisse d'une enquête en face à face, par téléphone ou en ligne.

C'est un instrument extrêmement flexible, car il existe une grande variété de façons de poser les questions. Les *questions fermées* incorporent toutes les réponses possibles, parmi lesquelles le sujet fait son choix. Il peut s'agir de questions à choix multiples ou de questions mesurées par des échelles. Les questions ouvertes permettent aux personnes interrogées de répondre en utilisant leurs propres termes.

- Exemple de question fermée :
  Pour l'achat d'une nouvelle voiture, diriez-vous que la sécurité est un critère :

  Très important / Important / Moyennement important / Peu important / Pas du tout important
- Exemple de question ouverte :
  Quels sont pour vous les principaux critères d'achat d'une automobile ?

Une question ouverte peut également demander à l'interviewé de compléter une phrase, comme par exemple : « Pour choisir une compagnie aérienne, je considère avant tout… » Les questions ouvertes engendrent souvent plus d'informations que les questions fermées, car les personnes interrogées ne sont pas limitées dans leurs réponses. Les questions ouvertes sont particulièrement utiles lors de l'étude exploratoire pour découvrir *ce que* pensent les individus sans mesurer *combien* de personnes pensent de la même façon. Les questions fermées, en revanche, fournissent des réponses plus faciles à interpréter et à codifier.

Les chercheurs doivent également prêter attention à la *forme* et à la *rédaction* des questions. Ils doivent s'efforcer d'utiliser des termes simples, directs, sans ambiguïté ni connotation tendancieuse, afin de ne pas induire la réponse. Les questions doivent apparaître dans un ordre logique. La première question doit si possible éveiller l'intérêt, tandis que les questions personnelles ou difficiles sont à placer en fin d'interview afin d'éviter toute réaction émotionnelle susceptible d'affecter des réponses ultérieures ou d'interrompre l'entretien. Le tableau 4.3 dresse la liste des erreurs les plus fréquentes à éviter lors de la rédaction d'un questionnaire.

Bien que le questionnaire soit l'outil le plus courant, les chercheurs utilisent également des *instruments de mesure* pour surveiller le comportement des consommateurs, comme par exemple les scanners qui équipent les caisses des magasins, ou des boîtiers qui servent à mesurer l'audience des chaînes de télévision.

▶ Médiamétrie fournit les chiffres d'audience des chaînes télévisées françaises. Chacun des 3 700 foyers panélisés (composés de 9 500 individus de 4 ans et plus) est équipé d'une télécommande spéciale, le médiamètre, qui possède un bouton pour chacun des membres de la famille. Ceux-ci doivent appuyer sur le bouton qui leur correspond lorsqu'ils s'installent devant le poste, et appuyer de nouveau

Tableau 4.3 Un questionnaire à remettre en question

Supposons qu'un responsable marketing d'une marque de chaussures de sport cherche à connaître les critères d'achat d'une chaussure de tennis en fonction du profil des consommateurs. Un projet de questionnaire lui a été soumis. Comment évalueriez-vous chaque question ?
1. Quel est votre revenu annuel (arrondi à la centaine d'euros la plus proche) ? *Commentaires : rares sont les gens qui connaissent leur revenu annuel à 100 euros près. Plus rares encore sont ceux qui souhaitent l'indiquer de façon si précise. En outre, un questionnaire ne doit jamais commencer par une question si personnelle.*
2. Êtes-vous un bon joueur de tennis ? *Commentaires : que signifie « bon joueur » ? Cette information est subjective et va donc varier selon les personnes. Il faudrait mieux remplacer par une question sur une donnée plus objective comme « Êtes-vous classé ? » « Quel est votre classement ? ».*
3. Quel est le budget annuel que vous consacrez à la pratique du tennis ? *Commentaires : qui peut se souvenir de cela ?*
4. Ne vaut-il pas mieux consacrer plus d'argent à l'achat d'une chaussure de marque si elle est de bonne qualité ? *Commentaire : la question est biaisée, notamment par sa forme interronégative, et parce qu'elle comporte une hypothèse (le lien entre la qualité et la marque) qui n'est peut-être pas partagée par le consommateur. Il sera donc difficile d'interpréter la réponse.*
5. Quels sont les points les plus signifiants que vous utilisez pour évaluer une chaussure de tennis ? *Commentaires : que signifient des points « signifiants » ? Il vaut mieux utiliser un vocabulaire plus simple.*

lorsqu'ils s'absentent. Chaque nuit, les données collectées sont envoyées par l'intermédiaire du téléphone à Médiamétrie, qui les confronte à celles sur la diffusion effective des programmes afin d'en faire des données d'audience. ◀

D'autres appareils mesurent le comportement physique des sujets. Les publicitaires utilisent par exemple des caméras pour étudier les mouvements oculaires des personnes qui regardent leurs publicités ; sur quels points leur regard se concentre et le temps qu'ils accordent à tel ou tel élément de la publicité.

La société In Vivo propose par exemple un système d'*eye tracking*, qui permet de suivre le parcours visuel de l'œil sur le packaging d'un produit ou face à un rayon.

Plus récemment, d'autres techniques sont apparues pour mieux comprendre le comportement des consommateurs. Ainsi, des scanners ont été utilisés pour examiner l'activité cérébrale en réponse à des stimuli marketing : c'est ce que l'on appelle le neuro-marketing. Encore en développement, cette technique est prometteuse, mais sa principale limite réside dans la difficulté d'interprétation des données collectées.

3.5 La mise en œuvre du plan d'étude

La phase suivante consiste à utiliser le plan d'étude marketing. Cela implique de collecter, traiter et analyser les informations. La collecte des données peut être réalisée par les membres du bureau d'études marketing de l'entreprise ou être confiée à des sociétés spécialisées. La collecte des données est généralement la phase la plus onéreuse et celle au cours de laquelle le plus d'erreurs sont susceptibles d'être commises. Les chercheurs doivent surveiller attentivement la mise en œuvre du plan d'étude et faire face à quatre problèmes principaux : les personnes absentes, les personnes qui refusent de coopérer ou qui donnent des réponses erronées, les erreurs de l'enquêteur.

Les responsables d'études doivent également traiter et analyser les données collectées pour isoler les informations et les découvertes les plus importantes. Ils doivent vérifier que les données sont exactes et complètes puis les codifier avant de les analyser. Enfin, ils doivent mettre en forme les résultats et calculer des mesures statistiques.

3.6 L'interprétation et la présentation des résultats

La dernière étape de la réalisation d'une étude consiste à interpréter les découvertes, à tirer des conclusions et à rédiger un rapport pour les présenter. Il faut éviter de noyer les managers dans un flot de chiffres et d'analyses statistiques sophistiquées, mais au contraire présenter les découvertes importantes qui leur seront le plus utiles pour prendre des décisions.

Néanmoins, l'interprétation ne doit pas être confiée uniquement aux responsables d'études, même s'ils sont bien souvent des spécialistes de la conception et de l'analyse des études, car les responsables marketing connaissent mieux le problème et les décisions à prendre. La meilleure étude n'a aucune valeur si le manager fait une confiance aveugle à l'interprétation du responsable études. De la même manière, les managers peuvent également avoir un point de vue subjectif, accepter les résultats qui confortent leur idée préconçue et rejeter ceux qu'ils n'attendaient ou n'espéraient pas. Dans de nombreux cas, les découvertes peuvent être interprétées de différentes façons, si bien que des discussions entre les responsables d'études et les managers sont nécessaires pour trouver quelles sont les meilleures interprétations, pour ensuite partager la responsabilité des recommandations qui en découlent.

4. L'analyse de l'information marketing

L'information recueillie dans les bases de données et par le système d'intelligence marketing nécessite généralement une analyse approfondie des données. Les managers peuvent avoir besoin d'aide pour que ces informations leur soient utiles. Il peut s'agir d'une analyse statistique avancée qui permette aux managers de mieux comprendre le sens et les relations des données entre elles, de corriger les variations et donc de mieux évaluer les tenants et les aboutissants des marchés et des activités marketing.

L'utilisation de différents modèles analytiques peut également aider les marketeurs à prendre leurs décisions. Ces modèles scientifiques aident les responsables marketing à prendre de meilleures décisions pour tous les éléments du mix marketing, à élaborer les campagnes publicitaires les plus efficaces et à prévoir les ventes des nouveaux produits.

▶ Dans le domaine de la prévision des ventes des nouveaux produits, on utilise la forme du modèle de Parfitt & Collins (1968), où la part de marché est modélisée de la façon suivante : $M = p \times r$, où M est la part de marché à long terme, p est le taux de pénétration à long terme, r est le taux de réachat à long terme, lui-même égal à $s / (1 + S - R)$, où s est la probabilité de retour, à savoir la probabilité qu'un consommateur qui n'a pas acheté au temps t l'achète en $t + 1$ et R est la probabilité de réachat, c'est-à-dire la probabilité qu'un consommateur ayant acheté au temps t l'achète en $t + 1$. Les différents paramètres peuvent être estimés lors d'une expérimentation sur un nouveau produit, et utilisés pour fournir une prévision de la part de marché à long terme.

4.1 La gestion des relations personnalisées

Beaucoup d'entreprises collectent énormément d'informations sur leurs clients, mais ne savent pas nécessairement les analyser et les utiliser. Les entreprises peuvent même enregistrer des informations à chaque *prise de contact* avec les consommateurs. Ces prises de contact peuvent être multiples : les différents actes d'achat du consommateur, un contact avec la force de vente, une utilisation du service après-vente ou de l'assistance technique, une visite du site Web de l'entreprise, la réponse à un questionnaire de satisfaction ou à un questionnaire d'étude de marché, une réclamation.

Mais toutes ces informations sont généralement disséminées dans les différentes bases de données de chaque département de l'entreprise. Pour résoudre ce problème, de nombreuses entreprises utilisent la **gestion des relations clients** (en anglais CRM, pour *Customer Relationship Management*).

Gestion des relations clients
Gestion des informations détaillées concernant chaque consommateur et gestion personnalisée des « prises de contact » afin de renforcer sa fidélité.

La gestion des relations clients a fait son apparition au début des années 2000. De nombreuses entreprises l'ont adoptée et ont mis en place des programmes trop ambitieux qui furent souvent des échecs. Actuellement, les entreprises sont plus prudentes et utilisent des systèmes de gestion des relations clients qui fonctionnent mieux.

La gestion des relations clients implique l'utilisation de logiciels et d'outils analytiques sophistiqués qui intègrent toutes les sources d'information sur les consommateurs, les analysent en détail et utilisent les résultats obtenus pour créer une meilleure relation client. Ces systèmes intègrent toutes les données des équipes de vente, des équipes marketing et d'assistance client afin de disposer d'une vision complète de la relation entre le client et l'entreprise.

Si le principe de consolidation des données est assez simple, la mise en œuvre est souvent complexe.

Les analystes des systèmes de gestion des relations clients créent des *banques de données* et utilisent des techniques d'*extraction des données (data mining)* complexes afin de dénicher les meilleures informations dans toutes ces données accumulées sur le consommateur. Une banque de données est une base de données que partage toute l'entreprise et qui contient des informations détaillées sur les clients, qui doivent être ensuite analysées pour en extraire les plus intéressantes. Le rôle des banques de données n'est pas uniquement de collecter l'information, mais également de la regrouper dans un emplacement accessible.

Une bonne utilisation de la GRC permet de mieux comprendre le consommateur et donc de lui fournir de meilleurs services et de renforcer la relation client. Elle permet de connaître les consommateurs à valeur élevée, de les cibler plus efficacement, de vendre transversalement les produits de l'entreprise et de créer des offres adaptées aux demandes des clients, comme on l'a vu précédemment dans l'encadré 4.1.

La gestion des relations clients présente de nombreux avantages, mais ces systèmes ont un coût, et recèlent certains risques, aussi bien lors de la collecte des données que de leur gestion et de leur analyse. L'erreur la plus courante consiste à considérer uniquement la gestion des relations clients comme une question technologique et logicielle. La technologie seule en effet ne permet pas de créer des relations clients rentables. Or, la gestion des relations personnalisées n'est qu'une partie de la *stratégie de gestion de la relation client*. Elle doit débuter par une segmentation et un ciblage des segments adéquats, et élaborer des offres de produits et services pour ces segments. Lorsque le système fonctionne véritablement, les avantages dépassent de loin le coût et les risques inhérents à son utilisation.

▶ Siebel Systems, un des leaders mondiaux des logiciels de CRM, effectue régulièrement des sondages auprès de ses clients et affirme que les entreprises qui utilisent ses logiciels de gestion des relations personnalisées connaissent en moyenne une augmentation de 16 % de leurs bénéfices et de 21 % du taux de fidélité des consommateurs, sans compter la nette amélioration de l'efficacité de leurs employés. ◀

5. L'utilisation de l'information marketing

L'information marketing n'a aucune valeur tant qu'elle ne permet pas de prendre de meilleures décisions marketing. Le système d'information marketing doit donc rendre cette information aisément disponible pour les managers, les décideurs et les autres personnes en contact avec les consommateurs. Dans certains cas, cela implique de fournir aux managers des rapports réguliers sur leurs performances, d'effectuer des mises à jour du système d'intelligence marketing et de rédiger des rapports sur les résultats des études de marché.

Mais les responsables marketing peuvent également avoir besoin d'informations spécifiques afin de répondre immédiatement à des situations particulières. Un responsable des ventes qui connaît quelques problèmes avec un client important peut vouloir un résumé des ventes effectuées auprès de ce client ces dernières années et connaître sa rentabilité. Un négociant qui ne dispose plus dans son magasin d'un produit qui se vend très bien peut vouloir connaître l'état des stocks dans les autres magasins de la chaîne. Par conséquent, la diffusion de l'information implique que les données soient rapidement saisies dans les bases de données et mises à la disposition de l'utilisateur.

De nombreuses entreprises utilisent un réseau *Intranet* pour faciliter ce processus. Ce réseau fournit entre autres un accès rapide à l'information, aux rapports de stocks, permet de partager des documents de travail, d'entrer en contact avec les employés et les autres sources d'information. Certains systèmes permettent d'intégrer dans les bases de données aussi bien les appels téléphoniques des consommateurs que le suivi des achats en ligne et les demandes par e-mails.

En outre, les entreprises disposent de plus en plus d'un réseau *Extranet* qui permet à leurs clients les plus importants et aux membres de leur système de gestion de la valeur d'accéder à certaines données. Les fournisseurs, clients, revendeurs et certains associés peuvent ainsi mettre à jour leur compte, gérer leurs achats, vérifier l'état de leurs commandes et des stocks *via* ce réseau.

De nos jours, grâce aux technologies modernes, les responsables marketing peuvent accéder directement au système d'information, à tout moment et depuis presque n'importe quel lieu disposant d'un accès Internet. De tels systèmes permettent aux managers de disposer directement de l'information nécessaire et de l'adapter à leurs propres besoins. Ils peuvent obtenir des informations depuis la base de données de l'entreprise ou des sociétés externes, les analyser à l'aide d'un logiciel de statistiques, préparer des rapports et des présentations, et enfin communiquer directement avec d'autres personnes sur le réseau.

6. Les études de marché dans des contextes spécifiques

Dans cette section, nous allons étudier les études de marché dans deux contextes particuliers : les petites entreprises et les associations, ainsi que les études de marché internationales.

6.1 Les études de marché dans les petites entreprises

Comme les entreprises de grande taille, les petites organisations ont besoin d'informations. Une entreprise qui commence son activité a besoin de connaître son secteur d'activité, ses concurrents, ses clients potentiels et leurs réactions face à de nouvelles offres. Les entreprises de petite taille déjà installées doivent surveiller l'évolution des besoins et des demandes des consommateurs, leurs réactions face aux nouveautés et les évolutions de l'environnement concurrentiel.

Les managers des petites entreprises pensent souvent que seuls les experts des plus grosses entreprises disposent des capacités et du budget suffisant pour effectuer des études de marché. Bien sûr, la plupart des petites entreprises ne peuvent mener d'études à grande échelle. Néanmoins, les organisations de petite taille peuvent utiliser beaucoup des techniques que nous avons vues dans ce chapitre, de manière moins formelle et pour un coût minime, voire nul.

Par conséquent, les managers des petites entreprises (et des organisations à but non lucratif) peuvent obtenir de bonnes informations marketing par différents moyens, en particulier :

- l'*observation*. Les détaillants peuvent par exemple évaluer l'intérêt d'un emplacement en observant le trafic automobile et pédestre, surveiller leurs concurrents en examinant leurs publicités dans les médias locaux, ou encore enregistrer le nombre et le type de consommateurs qui se rendent dans leur magasin à différentes heures. En outre, de nombreux managers de petites entreprises visitent les magasins concurrents et discutent avec leurs responsables pour mieux connaître les attentes du marché ;

- des *enquêtes* informelles sur de petits échantillons. Les vendeurs d'un magasin peuvent discuter avec leurs clients et le personnel hospitalier interroger les patients. Les managers d'un restaurant peuvent mener une enquête par téléphone pour demander aux consommateurs dans quels endroits ils déjeunent et ce qu'ils pensent des différents restaurants des environs ;
- des *expérimentations*. En modifiant ses publicités dans les journaux, le manager d'un magasin peut connaître quelle est l'importance de la taille et de l'emplacement de la publicité, quels effets produit l'offre de bons de réduction et quel est l'impact du média utilisé.

Les petites structures peuvent obtenir la plupart des informations secondaires dont disposent les grandes entreprises. En outre, de nombreuses associations, médias locaux, chambres de commerce et organismes publics disposent d'informations qui leur sont spécialement destinées.

Enfin, les petites entreprises peuvent recueillir une quantité impressionnante d'informations sur Internet pour un coût très modique. Elles peuvent parcourir les sites web de leurs concurrents et des consommateurs et utiliser les moteurs de recherche pour en savoir plus sur certaines entreprises ou certains sujets en particulier.

En résumé, les petites structures peuvent collecter efficacement les informations secondaires pour un budget raisonnable par l'observation, les questionnaires et l'expérimentation. Ces méthodes d'étude informelles sont moins complexes et coûteuses, elles nécessitent toutefois d'être effectuées avec beaucoup de prudence et de rigueur pour obtenir des résultats satisfaisants.

6.2 Les études de marché internationales

Les études de marché internationales suivent les mêmes étapes que celles qui sont réalisées sur le territoire national (recherche du problème, développement du plan d'étude, interprétation et présentation des résultats). Cependant, les chercheurs sont souvent confrontés à des problèmes différents. Alors que les études nationales portent sur des marchés relativement homogènes, les études internationales s'effectuent sur des marchés très divers et des pays très différents les uns des autres. Le développement économique de ces marchés, les cultures, les habitudes et les comportements d'achat varient énormément d'un pays à l'autre.

Le chercheur peut ainsi éprouver beaucoup de difficultés à recueillir des informations secondaires sur certains marchés, car il n'existe pas toujours de sources fiables. En effet, même si certaines des sociétés spécialisées dans la réalisation d'études de marché opèrent au niveau mondial, la plupart de ces sociétés ne se consacrent qu'à un nombre réduit de pays. Par conséquent, lorsque l'information secondaire est disponible, elle provient généralement de plusieurs sources locales. Les données manquent alors souvent d'homogénéité et se révèlent donc difficiles à comparer entre elles.

Face au manque d'information secondaire, les chercheurs essaient souvent de collecter leurs propres informations primaires. Mais ils sont alors de nouveau confrontés à des problèmes différents de ceux rencontrés dans leur pays. Il peut par exemple être difficile de définir des échantillons représentatifs. Au plan national, les chercheurs se tournent vers les annuaires téléphoniques, les listes électorales ou toute autre source de données socio-économiques pour créer des échantillons, mais ces informations manquent dans de nombreux pays.

Dans le cadre d'une étude nationale, le chargé d'étude peut entrer en contact avec la majorité des membres de l'échantillon choisi par téléphone, par courrier, par Internet ou les rencontrer en personne. Mais atteindre les personnes qu'on souhaite interroger n'est pas aussi simple dans certains pays. Au Mexique, les chercheurs ne peuvent compter ni sur le téléphone, ni sur Internet, ni sur les adresses postales et doivent recourir au porte-à-porte dans les trois ou quatre plus grandes villes du pays. Dans certains pays, rares sont les gens qui ont le téléphone ou un ordinateur. Sur 1 000 personnes, on trouve en moyenne 668 lignes téléphoniques et 555 ordinateurs aux États-Unis, 117 lignes téléphoniques et 54 ordinateurs au Mexique et seulement 12 lignes téléphoniques et 3 ordinateurs au Ghana. Certains services postaux sont également réputés pour leur manque de fiabilité. Au Brésil, on estime par exemple à 30 % le courrier qui n'est jamais distribué. Dans de nombreux pays en voie de développement, les infrastructures routières et le système de transport ne permettent pas d'accéder aisément à certaines zones, ce qui rend les interviews en face à face difficiles et très chères à réaliser[8].

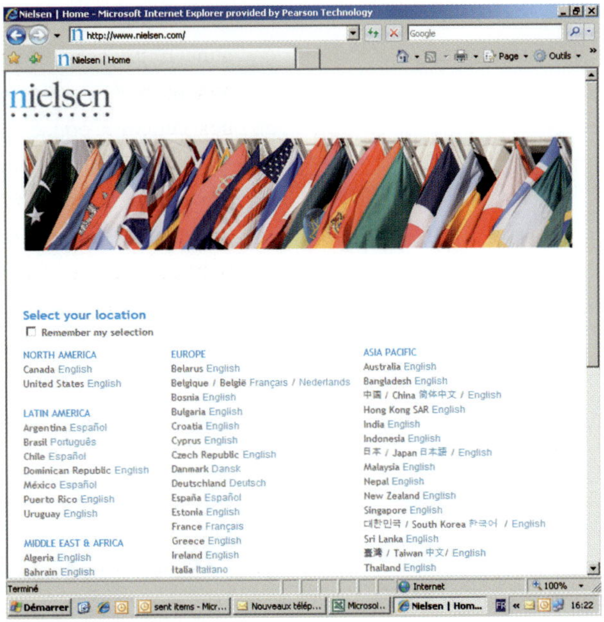

Nielsen est une des principales sociétés de panels dans le monde, et elle est présente dans de nombreux pays.

Les différences culturelles d'un pays à l'autre sont également problématiques. La barrière de la langue est l'obstacle le plus évident. Les questionnaires, rédigés dans une langue, doivent être traduits dans les langues de chacun des pays sur lesquels porte l'étude avant d'être de nouveau traduits dans la langue d'origine des chercheurs pour qu'ils puissent les analyser et les interpréter. Tout cela multiplie le coût des enquêtes et le nombre d'erreurs possibles.

L'attitude des consommateurs envers les études de marché varie également entre les différents pays. Les habitants de certains pays se prêtent facilement aux enquêtes, tandis que, dans d'autres pays, la population rechigne à le faire. L'absence de réponse peut alors devenir un problème crucial. Les coutumes nationales peuvent interdire aux personnes d'adresser la parole à des inconnus ou les questions être considérées comme trop personnelles par certaines cultures. De nombreux Sud-Américains se sentent embarrassés d'avoir à indiquer le nom de leur shampoing, de leur déodorant ou de tout autre produit de beauté qu'ils utilisent. Dans les pays musulmans, les réunions de groupe mixtes sont inconcevables, tout comme l'enregistrement audiovisuel de réunions de groupes dont tous les membres sont des femmes.

Et, même lorsque les personnes interrogées *souhaitent* répondre, elles peuvent ne pas en être *capables* en raison du taux important d'illettrisme dans leur pays. En outre, les classes moyennes des pays en voie de développement répondent souvent de manière erronée pour se valoriser. Lors d'une étude sur la consommation du thé en Inde, 70 % des interviewés appartenant à la classe moyenne ont ainsi affirmé utiliser une des nombreuses marques nationales. Pourtant, les chercheurs ont de bonnes raisons de remettre en question ces réponses, puisque plus de 60 % du thé est vendu en Inde sous une forme générique, sans indication de la marque.

En dépit de ces problèmes, la croissance récente du marketing international a entraîné une augmentation rapide du nombre d'études de marché internationales. Les compagnies mondiales n'ont guère d'autre choix que d'effectuer de telles études, car, bien que les coûts soient élevés et les problèmes nombreux, ne pas les réaliser pourrait représenter un coût encore plus élevé, en termes d'opportunités manquées et d'erreurs. Il est donc important de chercher à surmonter les problèmes des études de marché internationales, à la fois dans la spécificité des collectes de données dans les différents pays, et également pour synthétiser les données au niveau international.

7. L'éthique des études de marché

Les études marketing bénéficient aux entreprises qui les réalisent et donc indirectement aux consommateurs. Grâce à elles, les entreprises cernent mieux les besoins de leurs clients et proposent donc des produits ou des services mieux adaptés, améliorant ainsi leur relation client. En revanche, la mauvaise utilisation des études de marché peut représenter une nuisance, voire un danger, pour les consommateurs. Deux questions fondamentales doivent être abordées : les intrusions dans la vie privée des consommateurs et la mauvaise utilisation des résultats des études.

Beaucoup de consommateurs considèrent les études de marché comme positives et utiles. Certains adorent même être interrogés et donner leur opinion. D'autres, au contraire, se méfient grandement des études de marché. Certains d'entre eux craignent en effet que les chercheurs n'utilisent des techniques sophistiquées pour connaître leurs sentiments les plus secrets et ne mettent ensuite à profit ces données pour les manipuler. Ils regrettent aussi que les énormes bases de données utilisées contiennent des données confidentielles sur les consommateurs.

▶ Les Français conservent cependant une bonne image générale des sondages et études marketing. Ainsi, selon une étude réalisée par le Syntec, 89 % des Français jugent les instituts d'études « professionnels et compétents », 87 % les jugent « respectueux des règles de déontologie » (anonymat, confidentialité), mais seulement 23 % estiment que les sondages et études permettent à ceux qui les commandent de disposer d'éléments d'information avant de prendre une décision importante[9]. ◀

Certains consommateurs peuvent également avoir participé à des enquêtes de consommation qui se sont avéré être des tentatives de vente. C'est pourquoi certains consommateurs, confondant les études de marché et le télémarketing, refusent ensuite de participer à toute enquête. Mais le principal motif de refus de participer à une enquête reste la perception que l'enquête est une intrusion dans leurs vies privées. Ils détestent les questionnaires postaux, téléphoniques ou électroniques trop longs ou trop personnels ou qui interrompent leurs activités.

Une étude a montré que le nombre de consommateurs qui refusent de donner des informations aux entreprises parce qu'ils trouvent les questions trop personnelles est passé de 42 % à 59 % ces dernières années.

▶ American Express, qui traite un volume considérable de données, a depuis longtemps pris la question du respect de la vie privée au sérieux. L'entreprise a établi un ensemble formel de règles internes concernant la vie privée dès 1991. En 1998, elle fut aussi une des premières à rendre ces règles publiques sur son site web. American Express propose notamment à ses clients des services qui protègent leur vie privée lors de l'utilisation de leur carte de crédit en ligne. L'entreprise considère en fait que cette question est un critère qui influence le choix des consommateurs et qu'il s'agit d'un moyen de gagner l'avantage sur ses concurrents[10]. ◀

Les consommateurs fournissent volontiers les informations demandées lorsque les chercheurs leur apportent de la valeur en échange. Les clients du site Amazon.com ne se soucient pas que cette entreprise constitue une base de données à partir des produits qu'ils achètent, puisque ces données servent ensuite à leur recommander d'autres produits en fonction de leurs goûts. Il s'agit donc bien d'offrir une valeur ajoutée aux clients, puisque ces informations leur permettent d'économiser du temps lors de leurs recherches.

La meilleure approche pour les sociétés d'études consiste donc à ne demander que l'information dont elles ont besoin, à l'utiliser de façon responsable et à ne pas la partager sans la permission du consommateur.

RETOUR SUR LES CONCEPTS-CLÉS

À notre époque où les marchés sont complexes et changent rapidement, les responsables marketing ont besoin de disposer de plus d'informations de qualité pour pouvoir prendre les bonnes décisions au bon moment. Les avancées des technologies de l'information ont permis de répondre à ce plus grand besoin d'information, à tel point que les entreprises sont parfois noyées sous la quantité de données. Les marketeurs se plaignent en effet souvent de manquer de l'information **adéquate** ou d'avoir trop d'information **inappropriée.** Pour résoudre ce problème, de nombreuses entreprises étudient les besoins en informations de leurs managers et conçoivent des systèmes susceptibles de mieux les aider à développer et gérer les renseignements concernant les marchés et les consommateurs.

1. Expliquer l'importance de l'information pour l'entreprise et pour la compréhension de ses marchés.

Pour initier le processus marketing, l'entreprise doit au préalable parfaitement connaître le marché, ainsi que les besoins et les demandes du consommateur. Elle doit donc disposer d'une information fiable afin d'apporter de la valeur et de la satisfaction aux consommateurs. L'entreprise doit également se tenir informée sur ses concurrents, ses revendeurs et sur tous les autres acteurs et facteurs qui constituent le marché. Les responsables marketing considèrent de plus en plus que l'information non seulement les aide à prendre de meilleures décisions, mais qu'elle constitue également un atout stratégique et un outil marketing de première importance.

2. Définir le système d'information marketing et détailler ses composantes.

Le système d'information marketing (SIM) est un réseau complexe de relations structurées où interviennent des hommes, des machines et des procédures. Il a pour objet d'engendrer un flux ordonné d'information pertinente, destiné à servir de base aux décisions marketing. Un système d'information bien conçu est centré sur ses utilisateurs.

Le SIM définit tout d'abord les **besoins en information**. Le SIM est en priorité destiné au service marketing et aux autres managers de l'entreprise, mais il peut également fournir des informations aux partenaires extérieurs. Le SIM procède ensuite à la **collecte de l'information demandée** à partir des bases de données internes de l'entreprise, des activités de l'intelligence marketing et des études de marché. Les **bases de données internes** fournissent des informations sur les services et actions de l'entreprise elle-même. Ces données peuvent être obtenues rapidement pour un coût modique, mais doivent souvent être ensuite adaptées pour être utilisées dans le cadre des activités marketing. Les **systèmes d'intelligence marketing** fournissent des informations journalières sur les développements de l'environnement marketing externe. Les **études de marché** permettent de recueillir des informations pertinentes sur une question marketing spécifique à laquelle est confrontée l'entreprise. Enfin, le SIM **diffuse l'information** collectée depuis toutes ces sources aux bons managers, dans la forme et au moment qui convient.

3. Détailler les étapes d'une étude de marché.

La première phase d'une étude de marché consiste à **définir le problème et les objectifs de l'étude**. Il peut s'agir d'une étude exploratoire, descriptive ou de causalité. La deuxième phase est le **développement du plan d'étude** destiné à recueillir les données depuis des sources primaires et secondaires. La troisième étape est **la mise en œuvre du plan d'étude**, autrement dit la collecte, le traitement et l'analyse de l'information. La quatrième et dernière étape consiste à **interpréter et analyser les découvertes**. L'analyse de données supplémentaires aide les responsables marketing à mettre en pratique ces données et leur fournit des statistiques et des exemples précis grâce auxquels ils peuvent atteindre des résultats plus rigoureux.

La collecte des informations depuis les sources de données secondaires **internes** et **externes** est souvent plus rapide et moins onéreuse que la recherche d'information primaire et permet parfois de se procurer des informations autrement inaccessibles à l'entreprise. Cependant, les sources secondaires ne peuvent pas répondre à toutes les demandes en information. Les chercheurs doivent également s'assurer que les informations secondaires sont **pertinentes**, **fiables**, **actuelles** et **impartiales**. Les informations primaires doivent également être évaluées selon les mêmes critères. Chaque méthode de collecte de données primaires, par l'**observation**, l'**interrogation** ou l'**expérimentation**, a ses propres avantages et inconvénients. Chacune des différentes approches de recueil des informations primaires – par voie postale, par téléphone, en face à face et en ligne – présente également des forces et des faiblesses.

Les informations primaires peuvent être collectées selon une approche **qualitative** ou **quantitative**.

4. Expliquer comment les entreprises analysent et diffusent l'information marketing.

L'information recueillie dans les bases de données et par le système d'intelligence marketing nécessite généralement d'être ensuite analysée plus en détail. Il peut s'agir d'une analyse statistique poussée ou de l'utilisation de modèles analytiques qui aideront les responsables marketing à prendre de meilleures décisions. De nombreuses entreprises utilisent des logiciels de **gestion des relations personnalisées** qui intègrent, analysent et gèrent l'énorme quantité de données sur chaque consommateur inscrites dans leurs bases de données.

L'information marketing n'a aucune valeur tant qu'elle ne permet pas de prendre de meilleures décisions marketing. Par conséquent, le système d'information marketing doit rendre cette information aisément disponible pour les managers, les décideurs et toutes les personnes en contact avec les consommateurs. Dans certains cas, cela implique de fournir régulièrement des rapports et de procéder à des mises à jour fréquentes. Dans d'autres cas, cela signifie que les informations doivent être immédiatement disponibles afin de répondre sur-le-champ à certaines situations imprévues. De nombreuses entreprises utilisent des réseaux **Intranet** et **Extranet** pour faciliter la diffusion de l'information. Grâce à ces technologies modernes, les responsables marketing peuvent accéder directement au système d'information, à tout moment et où qu'ils se trouvent.

5. Comprendre les spécificités des études dans les PME, et des études de marché internationales.

Certains responsables marketing sont confrontés à des situations particulières, notamment lorsqu'ils effectuent leurs recherches dans des petites entreprises, ou à l'étranger. Les petites entreprises et les organisations à but non lucratif peuvent réaliser des études de marché avec des budgets limités. Les études de marché internationales suivent les mêmes phases que les études effectuées sur le plan national, mais les problèmes rencontrés sont différents et plus nombreux.

6. Identifier les problèmes relatifs à l'éthique des études de marché.

Toutes les organisations doivent enfin répondre de façon responsable aux questions éthiques que soulèvent les études de marché, principalement en termes de respect de la vie privée.

Activités

Questions de réflexion et de mise en pratique

1. Une entreprise cherche un nom pour un nouveau produit qu'elle souhaite lancer prochainement. Elle a généré en interne plusieurs noms, et souhaite consulter ses consommateurs potentiels pour le choix final. Quel type de méthodologie (qualitative, quantitative) lui conseilleriez-vous ?
2. Un responsable marketing constate une forte incohérence entre les chiffres de ventes d'un nouvel équipement électronique high-tech et les taux de pénétration calculés à partir d'une enquête téléphonique auprès d'un échantillon de foyers pourtant représentatif de la population française. Comment pouvez-vous expliquer ces décalages ?
3. Vous souhaitez réaliser une enquête sur le recours des Français au travail « au noir ». Quel mode d'administration du questionnaire privilégieriez-vous ? Pourquoi ?
4. Une entreprise peut-elle faire selon vous trop d'études marketing ? Dans quels cas ?
5. En quoi et dans quelles circonstances l'observation est-elle supérieure à l'interrogation ?
6. Afin d'avoir des idées de produits innovants, une entreprise a décidé de mener des entretiens de groupe auprès de ses clients actuels, et d'évoquer avec eux des contraintes à l'utilisation des produits existants et des améliorations possibles. Qu'en pensez-vous ?
7. Peut-on toujours réduire le risque d'échec commercial d'un nouveau produit en réalisant des études marketing ? Dans quel cas et à quelles conditions ?

8. Dans un panel, on observe que la DN d'un produit dans le circuit hypermarchés est supérieure à sa DV. Comment peut-on interpréter ce résultat ?
9. Si la part de marché valeur d'un produit est supérieure à sa part de marché en volume, quelle conclusion peut-on en tirer ?
10. Une marque de biscuit souhaite mettre au point un packaging revisité plus adapté au nouveau positionnement d'un goûter pour enfants. L'agence lui a proposé plusieurs projets. Quelle(s) méthodologie(s) d'étude préconisez-vous pour faire le bon choix ? Dans quel ordre ?

Étude de cas : Le lancement de Fanta Still

Fanta est une marque ancienne en France – plus de 50 ans ! – et très connue. Début 2008, elle se positionne au second rang du marché des boissons aux fruits gazeuses, en volume et en chiffre d'affaires. Elle arrive en termes de chiffre d'affaires derrière le leader de la catégorie, Orangina.

Depuis 2005, la tendance du marché pour les boissons non alcoolisées est à la naturalité, et les segments les plus dynamiques sont ceux perçus comme les plus naturels par les consommateurs, soit parce que le taux de sucre est réduit, soit parce qu'elles mettent en avant les fruits. Les boissons plates sont notamment perçues comme plus naturelles que les gazeuses.

La marque Fanta, elle, a pour cœur de cible les adolescents, auprès de qui elle communique sur les « sensations Fanta ». Cependant, elle est perçue comme assez chimique, ce qui constitue un frein pour les mères, qui sont pourtant celles qui achètent souvent le produit en magasin.

En 2008, la marque a donc décidé d'innover… et a lancé le 17 mars 2008 une toute nouvelle gamme, Fanta Still. Il s'agit d'une boisson aux fruits plate (sans bulle), sans arôme artificiel, sans colorants, et déclinée en trois parfums.

Les tableaux suivants présentent sur le lancement de Fanta Still des éléments chiffrés issus de données de panels. À partir de ces éléments, il vous est demandé de faire le bilan du lancement de Fanta Still, en analysant notamment la contribution de Fanta Still à la marque Fanta.

Tableau 4.4 Profil des consommateurs de Fanta Still, en cumul à juillet 2008

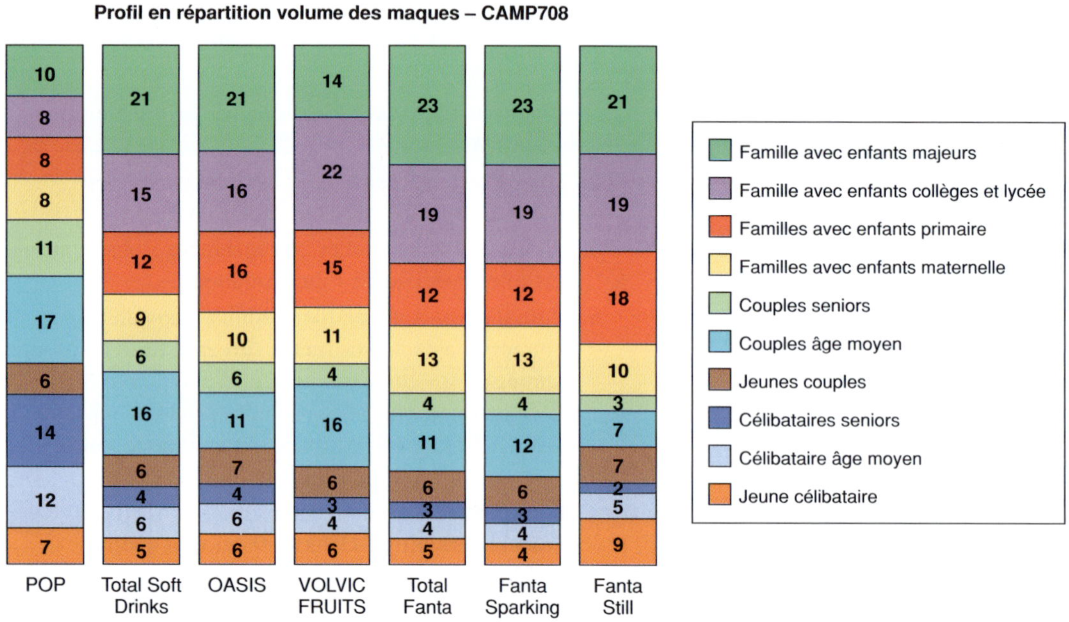

Tableau 4.5 Évolution des ventes de 2006 à 2008

	Volume (ML)			Valeur (M)		
Boissons aux fruits plates	2006	2007	CAM P6 2008	2006	2007	CAM P6 2008
BAFP OASIS	105	122	124	96	121	127
BAFP MDD	6 4	76	85	33	40	45
BAFP 1er PRIX	11	10	10	8	8	8
BAFP VOLVIC	0	7	8	0	7	8
BAFP CAPRI SUN	0	2	3	0	3	4
BAFP FANTA STILL	0	0	3	0	0	3
BAFP TOTAL AUTRES	7	4	3	6	4	3

Tableau 4.6 Évolution de la distribution de Fanta Still comparée à Oasis (par période de 4 semaines)

	FANTA STILL					OASIS				
	02/03 2008	30/03 2008	27/04 2008	25/05 2008	22/06 2008	02/03 2008	30/03 2008	27/04 2008	25/05 2008	22/06 2008
DN										
Hypermarché	0	8	74	95	96	100	100	100	100	100
Supermarché	0	1	47	69	78	100	100	100	100	100
Hard Discount	0	0	0	0	3	23	23	22	22	22
DV										
Hypermarché	0	17	84	97	97	100	100	100	100	100
Supermarché	0	1	53	77	85	100	100	100	100	100
Hard Discount	0	0	0	0	3	32	32	31	30	29
Nombre moyen de références										
Hypermarché	0	3,9	4	4,1	4,4	16,2	17,2	18,7	19,8	20,8
Supermarché	0	1,6	2,4	2,7	2,4	11,1	11,3	11,7	12,4	12,7
Hard Discount	0	0	0	0	1	1,7	1,5	2	1,9	1,4

Notes

1. Philip Kotler, Marketing *Insights from A to Z*, John Wiley & Sons, 2003, pp. 80-82.
2. Source : Yan de Kerorguen, « La SNCF serre de près ses usagers », *La Tribune*, 2 janvier 2006.
3. Source : *ESOMAR Global Market Research*, Syntec Etudes Marketing et Opinions, 2009.
4. Sources : « De nouveaux angles d'approche du client », *Les Echos*, 20 septembre 2006, « Les premiers plats caméras conso arrivent », *Le Parisien*, 22 septembre 2006.
5. Syntec Etudes Marketing et Opinions.
6. « Danone présente son *Home Use Blog* », *LSA*, 7 novembre 2006.
7. Thomas Crampton, « On Advertising: Consumers Vote for The Best Slogan », *International Herald Tribune*, 18 mars 2007.
8. Les données sur l'équipement en téléphones, ordinateurs et autres appareils multimédias sont tirées de www.nationmaster. com, juillet 2005.
9. Source : étude réalisée pour le compte du Syntec par Ifop auprès de 804 personnes entre le 22 et le 25 janvier 2007.
10. Schwartz, « Chief Privacy Officers Forge Evolving Corporate Roles », p. C1.

Partie 2

Connaître les marchés et les consommateurs

Chapitre 5

AU TERME DE CE CHAPITRE, VOUS SAUREZ

1. Identifier les processus majeurs influençant le comportement des consommateurs.
2. Analyser les étapes de décision d'achat des consommateurs.
3. Décrire les processus d'adoption et de diffusion des nouveaux produits.
4. Définir le marché des entreprises et identifier les facteurs influençant leurs comportements d'achat.
5. Établir la liste des étapes du processus d'achat des entreprises et les définir.

Le comportement des consommateurs

La compréhension du comportement d'achat est primordiale pour les responsables marketing. Nous étudions d'abord les tenants et les aboutissants du marché de la consommation et du comportement des consommateurs. Ensuite nous examinons le marché des entreprises et leurs processus d'achat.

Le comportement des consommateurs
Comportement d'achat des consommateurs finaux (particuliers et ménages) qui achètent des biens et des services pour leur consommation personnelle.

Marché de la consommation
Tous les individus et ménages qui achètent ou acquièrent des biens et des services pour leur consommation personnelle.

1. Le marché de la consommation et les comportements des consommateurs

Le **comportement des consommateurs** fait référence au comportement d'achat des consommateurs finaux. L'ensemble de ces consommateurs constitue le **marché de la consommation**. Le marché français représente plus de 64,7 millions de personnes qui consomment des biens et des services pour une valeur équivalente à plusieurs dizaines de milliards d'euros chaque année, ce qui en fait un des marchés de consommation les plus intéressants en Europe. Le marché de la consommation mondiale correspond, lui, à près de 6,8 milliards de personnes.

L'âge, les revenus, le niveau d'éducation et les goûts des consommateurs du monde entier sont incroyablement diversifiés, si bien que le type de biens et de services qu'ils achètent est tout aussi varié. Les choix que les consommateurs effectuent entre les différentes offres de produits ou de services dépendent des relations qu'ils entretiennent avec les différents éléments de leur environnement.

1.1 Le modèle de comportement du consommateur

Les grandes entreprises étudient très minutieusement les nombreuses décisions d'achat que les consommateurs prennent chaque jour, afin de déterminer la nature, le lieu, la quantité, le moment et les raisons de leurs achats. Les statistiques permettent de connaître les quatre premiers paramètres. En revanche, la raison de l'achat est généralement plus difficile à cerner, car elle relève le plus souvent de critères psychologiques difficilement observables.

Bien souvent, les consommateurs eux-mêmes ne connaissent pas exactement ce qui influence leur choix. En effet, 95 % des pensées, des émotions, des apprentissages reliés à nos achats prennent place dans notre inconscient, c'est-à-dire sans que nous nous en rendions compte.

Pour les responsables marketing, la question consiste donc à savoir comment les consommateurs réagissent aux différentes stratégies de marketing. Comme le montre la figure 5.1, le consommateur réagit aux sollicitations du marketing et aux autres stimulations de l'environnement en fonction de ses caractéristiques personnelles et de ses modes de décision. Les responsables marketing doivent donc découvrir et comprendre ces facteurs personnels qui déterminent les réactions aux stimuli marketing. L'ensemble de ces facteurs est appelé la « boîte noire » du consommateur.

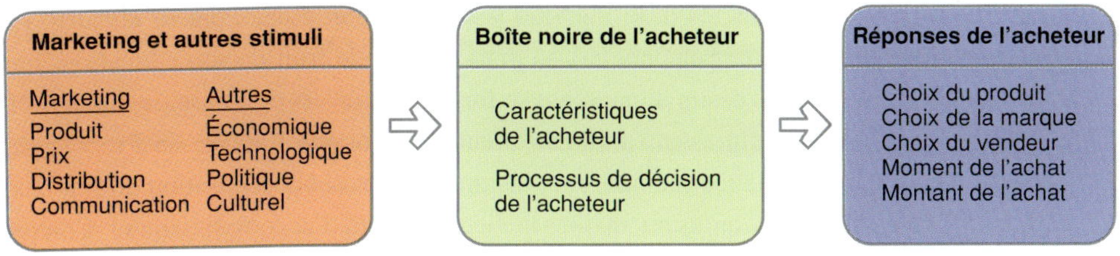

Figure 5.1
Modèle de comportement de l'acheteur

Les stimuli marketing reposent classiquement sur quatre « P » : produit, prix, distribution (*place*) et communication (*promotion*). Aujourd'hui, avec l'avènement du Web 2.0 et 3.0, un cinquième P pour personne (*people*) s'invite dans toute démarche marketing. Les technologies de l'information ont amplifié le pouvoir prescripteur des consommateurs, leurs capacités à cocréer les produits et les publicités, à comparer les offres et à s'acheter ou se vendre entre eux… Les autres stimuli en deviennent encore plus importants à comprendre. Ceux-ci sont reliés à l'environnement économique, technologique, politique et culturel de l'acheteur. Tous ces facteurs sont traités dans la « boîte noire » de ce dernier. Après traitement, ils suscitent des réponses observables, tels les choix d'un produit, d'une marque, d'une communauté de marque, d'un réseau de distribution, du moment de l'achat, de la somme d'argent qu'il est prêt à dépenser ou encore des commentaires qu'il va diffuser sur la toile des réseaux sociaux.

1.2 Les caractéristiques qui influencent le comportement du consommateur

Les achats sont fortement influencés par les caractéristiques culturelles, sociales, personnelles et psychologiques du consommateur, comme l'illustre la figure 5.2. Les responsables marketing ne peuvent pas contrôler ces facteurs, mais ils doivent les comprendre et en tenir compte.

Facteurs culturels

Les facteurs culturels – la *culture*, la *sous-culture* et la *classe sociale* auxquelles appartient un individu – exercent une influence primordiale sur le comportement du consommateur.

Figure 5.2
Facteurs influençant le comportement du consommateur

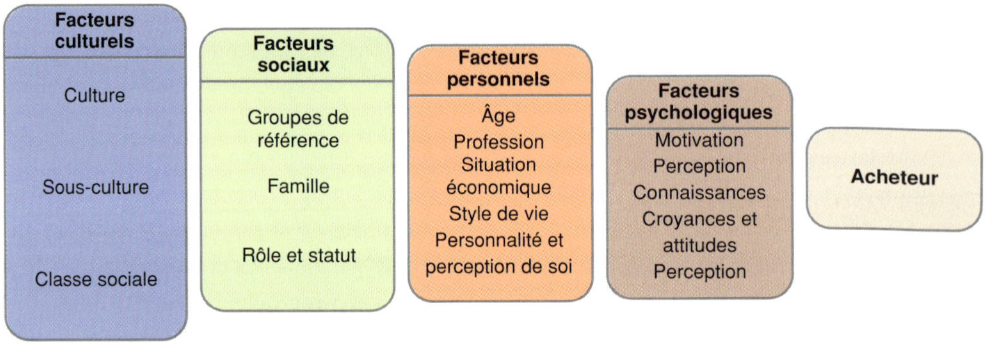

Culture
Ensemble des valeurs, perceptions, désirs et comportements élémentaires enseignés au membre d'une société par sa famille ou d'autres institutions importantes.

La culture Les comportements d'un individu sont avant tout guidés par sa **culture**. En effet, le comportement d'une personne est en grande partie le fruit de son éducation. Les valeurs, la perception et les désirs d'un enfant se forgent au travers de l'enseignement qu'il reçoit de sa famille ou d'autres institutions importantes comme l'école. En France, par exemple, les valeurs considérées comme les plus importantes sont : réalisation de soi, chaleur des relations humaines, amusement dans la vie, sentiment d'accomplissement. Chaque groupe ou société possède une culture dont les influences sur le comportement peuvent énormément varier. Le marketing doit s'adapter à ces différences sous peine d'être inefficace ou de provoquer des quiproquos dommageables pour la marque émettrice.

Les responsables marketing essaient toujours de déceler les *tendances culturelles* afin de découvrir quels nouveaux produits peuvent correspondre au goût du marché. Ainsi, l'importance grandissante accordée à la santé et à la forme physique a entraîné l'apparition d'une industrie de services dédiés, la fabrication d'appareils de remise en forme, de vêtements adaptés, ainsi que de nombreux types de régimes alimentaires.

Aux États-Unis, Procter & Gamble crée en outre des produits spécifiques pour la population d'origine latino-américaine comme Pantene Extra Liso pour cheveux noirs et droits.

Sous-culture
Groupe de personnes qui partagent les mêmes valeurs en raison de leur nationalité, de leur religion, de leur appartenance à un groupe ethnique, de leur âge ou de leur situation géographique.

La sous-culture Chaque culture regroupe plusieurs **sous-cultures** ou groupe d'individus qui partagent les mêmes valeurs en raison de leur nationalité, leur religion, leur appartenance à un groupe ethnique ou leur situation géographique. Ces regroupements autour de sous-cultures forment potentiellement des segments de marché importants et les responsables marketing adaptent souvent la conception de leurs produits et de leurs programmes de vente aux besoins spécifiques de ces groupes (voir encadré 5.1).

En France, l'origine ethnique n'est pas prise en compte par l'Insee ou l'Ined. Il est donc difficile de quantifier les membres des différents groupes ethniques. Cependant leur nombre n'est pas négligeable et, vu le caractère prédictif de l'ethnie sur la consommation (niveau et type d'exposition aux médias, préférences alimentaires et vestimentaires, loisirs…), de nombreuses initiatives marketing ont vu le jour. Par exemple, le marché de l'ethnocosmétique s'est très fortement développé en France et a été investi par des marques telles que BlackUp, Iman ou SoftSheen-Carson de L'Oréal. Sur ce marché des

MARKETING EN ACTIONS 5.1

Marketer les sous-cultures : l'essor national du halal

L'appellation « halal » désigne un aliment « autorisé » par l'islam, c'est-à-dire ne comprenant ni alcool ni porc, et dont la viande provient d'une bête égorgée sans étourdissement préalable par un sacrificateur musulman. Vu son caractère religieux et indépendant de considérations phytosanitaires, la puissance publique n'intervient pas dans son attribution et seules trois grandes mosquées la dispensent en France. Il existe plusieurs labels halal, différents selon les mosquées. Ainsi, le label AVS (à votre service) a été délivré en juillet 2008 à Coca-Cola France par la Grande Mosquée de Paris, après que des soupçons sur le Coca-Cola, qui contiendrait de l'alcool, et des appels au boycott eurent été émis et largement relayés sur le Web.

Le marché

Avec la plus large population musulmane d'Europe, le marché halal en France représente un chiffre d'affaires de 5,5 milliards d'euros par an sur les 12 à 15 milliards du marché européen. Depuis 1998, ce marché est en croissance de 7 à 15 % par an sur le territoire français. Les consommateurs halal représentent 10 à 15 % des clients des supermarchés et ils dépensent à peu près 30 % du budget familial en nourriture. Ce qui correspond au double de la population française non musulmane. Cela est entre autres dû au fait que les musulmans consomment deux fois plus de viande que le reste de la population française et qu'ils sont prêts à payer de 30 à 50 % en plus pour un produit halal.

La communauté musulmane de France se distingue de celles vivant dans les pays voisins dans la mesure où elle est à 94 % d'origine maghrébine alors que cette communauté est majoritairement turcophone en Allemagne et essentiellement originaire d'Asie (Pakistan, Bangladesh, Inde et Moyen-Orient) en Grande-Bretagne. Les musulmans de France seront donc de plus gros consommateurs de kebab et de merguez, des préparations beaucoup moins populaires en Grande-Bretagne.

Des consommateurs épris de tradition et de modernité

Les produits halal attirent surtout les jeunes générations. En effet, 56 % des consommateurs halal ont moins de 40 ans. Selon l'Union des organisations islamiques de France, 93 % des consommateurs de halal consomment exclusivement ou de façon très régulière ces types de produits certifiés. Ces consommateurs justifient leur choix pour des raisons religieuses, mais ils considèrent aussi ces aliments comme plus sains et plus goûteux.

Le respect des traditions n'empêche pas la communauté musulmane d'aspirer à une plus grande variété de produits. Il existe en effet un véritable intérêt pour des aliments consommés par d'autres cultures, pour autant qu'ils soient produits suivant les règles halal. Aujourd'hui, les jeunes populations, qui ont grandi dans un « univers de grandes et moyennes surfaces et de restauration rapide », sont à la recherche de plats préparés, de produits surgelés, de portions individualisées, de snacks, de sodas, de jus de fruits…

Un marketing qui cherche son identité

La demande est forte mais les modalités de communication avec la cible sont complexes et les entreprises ont encore du mal à appliquer et à assumer la logique communautaire jusqu'au bout. Ainsi, des publicités halal caricaturant l'imaginaire oriental ou encore des grandes surfaces proposant des produits halal en période de ramadan tout en les reléguant au rayon « saveurs du monde » ont le don d'irriter les consommateurs concernés, qui revendiquent de manger comme tout un chacun mais de manière halal. La frilosité des publicités à destination des communautés musulmanes est symptomatique, il s'agit d'attirer le cœur de cible de la communauté musulmane, sans faire fuir les consommateurs classiques.

En phase de structuration, le commerce halal a vu ces dernières années des distributeurs et de grands producteurs s'investir dans ce marché prometteur. Ed et Casino ont respectivement lancé leur marque distributeur sous les noms de Reghalal ou Wassilia. Les rayons spécifiques fleurissent en grande surface, au même titre que le bio. Selon *La Revue de l'industrie alimentaire*, la création d'un rayon « halal » peut accroître le chiffre d'affaires d'un supermarché de 15 % dans une zone à forte concentration de population musulmane. Des multinationales ont investi le marché du halal avec des produits répondant au besoin de diversité des consommateurs. Du hachis parmentier, des pizzas, des lasagnes, des rouleaux de printemps, des petits pots pour nourrissons… sont aujourd'hui halal. Maggi commercialise des potages halal. La société Vidal, une charcuterie aveyronnaise, a lancé sa gamme halal « Comptoir des origines », qui propose terrines et pâtés certifiés par la mosquée d'Ivry. De nombreux produits « haram », c'est-à-dire non halal et comprenant donc dans leur composition soit de l'alcool soit des gélatines à base de porc, tels les yaourts, les biscuits, le chocolat sont modifiés pour répondre aux besoins de ce marché en expansion. C'est ainsi que le confiseur Haribo a changé la recette de certaines de ses friandises pour être certifié « halal » et développer sa présence en Europe et au Moyen-Orient.

Sur le plan de la communication, une page s'est tournée avec Zakia Halal, filiale de Panzani. Pendant le ramadan 2009, les téléspectateurs ont pu voir le premier spot publicitaire télévisé halal diffusé à une échelle nationale. Son lancement sur des chaînes hertziennes (TF1 et M6) ou de la TNT (TF6, W9, TMC, Direct 8, Energie 12, NT1) et non plus par le biais de médias identitaires (chaînes satellitaires étrangères, Internet, télévisions et radios identitaires telles Beur TV ou Berbère TV) prend acte du fait que les consommateurs d'alimentation halal tendent à se fondre dans le creuset national en termes de taux d'équipement ou de taux de fidélité aux médias nationaux (étude Solis 2009). L'initiative de Zakia Halal a été saluée par l'ensemble des consommateurs musulmans et marque sans doute un tournant en France dans le marketing de segments liés à des sous-cultures de souche religieuse ou ethnique.

Sources : Vincent Riberolles, « Portrait du consommateur halal sur un marché de 5,5 milliards d'euros », LSA, 20 janvier 2010 ; Vincent Riberolles, « La halal food portée par les jeunes musulmans », *LSA*, 21 janvier 2010 ; Laurent J. Journo et Aysha Kassim, « France Market Development Reports Halal Food Market in France 2007 », USDA Foreign Agricultural Service ; http://www.solisfrance.com/ ; http://www.lefigaro.fr/conso/2009/09/21/05007-20090921ARTFIG00381-la-grande-distribution-a-l-appetit-halal-.php ; http://www.saphirnews.com/Zakia-Halal-innove-en-communication_a10420.html ; http://www.strategies.fr/actualites/marques/121450W/halal-des-marques-encore-trop-prudentes.html.

peaux noires et métissées, des cheveux crépus, frisés et défrisés, SoftSheen-Carson estime que sa cliente potentielle dépense trois fois plus, hors coiffure, que la cliente caucasienne (blanche). La société d'étude en ethnomarketing Ak-a estime par ailleurs qu'une femme « afro-française » consomme neuf fois plus de produits capillaires, sept fois plus de maquillage et cinq fois plus de produits de soin qu'une femme blanche dans les mêmes conditions. On perçoit donc tout le potentiel des opportunités marketing offertes aux entreprises.

D'autres opportunités trouvent leur origine dans l'évolution de la pyramide des âges. La population française vieillissant, les *seniors* attirent de plus en plus les entreprises. Les personnes âgées de 60 ans et plus sont 14 millions, soit plus de 22 % de la population. Cette tranche d'âge représentera 34 % de la population à l'horizon 2050. Comme les consommateurs seniors disposent de plus de temps libre et de moyens financiers que les consommateurs plus jeunes, ils sont une cible idéale pour l'industrie du voyage, les restaurants, les appareils ménagers à la pointe de la technologie, les biens et les services de loisirs, les meubles et la mode conçus par des designers, les services financiers et les services de santé. Leur volonté de paraître aussi jeunes que possible fait également des seniors des cibles privilégiées de l'industrie cosmétique, des fabricants de produits de remise en forme, d'aliments bio et de tout ce qui peut les aider à combattre les effets du vieillissement. La stratégie favorite du marketing consiste à représenter les seniors plus jeunes qu'ils ne le sont ou pratiquant de nombreuses activités. Lancé en avril 2002, *Vivre Plus*, « le plus jeune des magazines seniors », a su s'installer dans le paysage contrasté de la presse française avec une ligne rédactionnelle résolument positive. Chaque mois, *Vivre Plus* s'adresse à ces nouveaux seniors d'aujourd'hui, actifs, consommateurs, curieux et désireux de vivre pleinement leur âge.

Classes sociales
Groupes relativement homogènes et permanents, ordonnés les uns par rapport aux autres, et dont les membres partagent le même système de valeurs, le même mode de vie, les mêmes intérêts et les mêmes comportements.

La classe sociale Toute société humaine met en place un système de stratification sociale d'où émergent les **classes sociales**.

En France, depuis 1982, l'Insee définit les classes sociales par les PCS (professions et catégories socioprofessionnelles). Cette approche est plus détaillée que les propositions antérieures mais elle est aussi plus complexe. Les PCS classent la population selon une synthèse de la profession (ou de l'ancienne profession), de la position hiérarchique et du statut (salarié ou non).

Les PCS agrègent trois niveaux (les groupes socioprofessionnels, les catégories socioprofessionnelles et les professions), ce qui donne 497 combinaisons possibles. Outre sa complexité, la difficulté de répliquer cette classification à un niveau international diminue fortement la portée de cet outil. Pour remédier à cet inconvénient, l'ESOMAR (*European Society for Opinion and Marketing Research*) propose une classification sociale standardisée sur le plan européen. En croisant l'âge à la fin des études (de 13 ans à 21 ans et plus) et la catégorie professionnelle (du cadre supérieur [E1] à l'ouvrier non qualifié [E12]), cinq classes ont été définies (A, B, C, D et E). En Europe, la classe A représente 11,4 % de la population, la B 19,9 %, la C 20,6 %, la D 20,2 % et la E, 27,9 %[1].

Facteurs sociaux

Le comportement du consommateur est également influencé par des facteurs sociaux, comme l'appartenance à des *groupes* et à une *famille*, ainsi que par son *rôle social* et son *statut*.

Groupe
Deux personnes ou plus qui interagissent pour atteindre des buts personnels ou collectifs.

Les groupes Dans sa vie quotidienne, un individu est influencé par de nombreux **groupes**. On appelle *groupes d'appartenance* les groupes auxquels une personne appartient et qui ont sur elle une influence directe. À l'opposé, les *groupes de référence* servent de points de comparaison directs ou indirects quant aux comportements et aux attitudes de chacun. Les personnes sont souvent influencées par les groupes de référence auxquels elles n'appartiennent pas. Ainsi, de nombreux jeunes footballeurs sont influencés par les comportements des joueurs professionnels.

Les responsables marketing doivent identifier les groupes de référence de leurs cibles, car ces groupes proposent à l'individu des modèles de comportement, influencent l'image qu'il se fait de lui-même et engendrent des pressions en faveur d'une certaine conformité de comportement, qui peut affecter les choix de produits et de marques.

Leader d'opinion
Individu à l'intérieur d'un groupe de référence dont les talents particuliers, l'habileté, la personnalité ou d'autres caractéristiques lui permettent d'exercer une influence sur les autres.

Les entreprises dont le succès des produits est fortement lié à l'influence des groupes de référence s'efforcent d'atteindre les **leaders d'opinion** du groupe. Ces leaders lancent les tendances, influencent l'opinion et, surtout, font vendre de très nombreux produits, puis relaient l'information à leur entourage, au sens large du terme, désignant ce qu'ils considèrent comme bon ou comme mauvais.

Les responsables marketing cherchent à identifier les leaders d'opinion et élaborent ensuite des messages qui leur sont destinés. Ils utilisent le *buzz marketing* pour engager les leaders d'opinion, qui vont ensuite endosser le rôle d'ambassadeur de la marque et diffuser l'information sur leurs produits. Il peut s'agir aussi bien d'habitués des bars qui vont citer tel ou tel alcool au barman au détour d'une conversation informelle, de mères aux foyers qui vantent les mérites d'une lessive autour d'un stade pendant que leurs enfants font du sport, que de personnes qui essaient leurs nouveaux Smartphones dans les transports en commun (voir encadré 5.2).

MARKETING EN ACTIONS 5.2

Le Net social foisonne

Les gens aiment parler des choses qui les rendent heureux – y compris des produits et de leurs marques préférés. Ne sommes-nous pas ce que nous avons, ce que nous vivons ? Raconter sur Facebook comment Adidas a organisé dans son magasin de la rue de Rivoli un *speed dating* avec les joueurs de rugby du Stade Français est un vrai plaisir, presque autant que de « chatter » sur Msn avec vos copines qui vous envient d'avoir passé six minutes avec Christophe Dominici. Il y a quelques années, vous auriez simplement parlé de cette expérience privilégiée avec quelques amis et membres de votre famille. Alors que, de nos jours, vous êtes un parmi des millions à être interconnectés sur la toile. En effet, 2009 a été l'année de la montée en puissance des réseaux sociaux : 77 % des internautes francophones sont membres d'au moins un réseau social ; 25 % sont membres d'un seul réseau, 34 % de deux ou trois et 18 % de plus de quatre. L'internaute moyen est membre de 1,9 réseau ; un chiffre qui passe à 2,9 pour les 18-24 ans. C'est une réalité : de nos jours, grâce aux techniques modernes, aux smartphones, aux consoles et tablettes communicantes, n'importe qui peut partager ses expériences et commentaires au sujet d'un produit ou d'une marque avec des milliers, voire des millions, d'autres consommateurs… en un clic.

Les marques suivent les consommateurs là où elles les poussent

Les responsables marketing ont pris conscience du pouvoir de communication de leurs clients et travaillent à les transformer en ambassadeurs influents de leur marque. Les sites de réseaux sociaux ont également intégré l'intérêt qu'ont les marques d'être dans « le coup ». Chez MySpace, par exemple, vingt-cinq personnes sont au service des annonceurs français pour leur apporter des solutions clés en main.

Des marques telles que Red Bull, Sony, Microsoft et McDonald's, notamment, développent de nouveaux types de programmes d'ambassadeur qui organisent et orientent les échanges de consommateur-à-consommateur par rapport à leurs marques. Ces programmes utilisent des consommateurs passionnés par une catégorie de produit ou, mieux, une marque pour agir comme « agent » de relation publique bénévole, voire comme relais de vente.

Les responsables marketing choisissent leurs ambassadeurs très soigneusement. Les critères de sélection sont souvent fondés sur la passion pour le produit, la marque, la taille des cercles sociaux qu'ils ont développés sur la toile, l'esthétique, le dynamisme et l'audience de leur blog. Ils recherchent et repèrent sur la blogosphère et les réseaux sociaux en ligne les personnes qui ont déjà une attitude favorable par rapport à leur marque et qui fonctionnent comme ils le souhaitent. Une fois les ambassadeurs amateurs choisis, ceux-ci sont invités par l'entreprise et reçoivent des cadeaux et plus d'informations pour alimenter leur passion de la marque. Le principe est que les ambassadeurs relayent ensuite leurs impressions et leur expertise vers leurs amis, leur famille et leur e-communauté.

Les récompenses incluent des échantillons de produit, des cadeaux, des bons d'achats, des invitations exclusives et parfois des paiements symboliques mais, pour les ambassadeurs, c'est souvent plus une passion qu'un travail. Dès lors, le plus important pour beaucoup de ces « chevaux de Troie pacifiques » est de leur donner de l'information privilégiée sur les nouveaux produits ou services.

Les programmes d'ambassadeurs exploitent et valorisent la puissance de la communication et de la persuasion par les pairs *(peer-to-peer)*. Les consommateurs entendent parler des produits et des expériences de marque par d'autres consommateurs qui leur ressemblent en beaucoup de points, et ils leur accordent leur confiance bien plus facilement qu'aux messages commerciaux. Une étude récente montre en effet que les consommateurs se disent bien plus influencés par les commentaires d'autres consommateurs que par les informations commerciales disponibles sur la toile (72 % contre 59 %). Selon un ambassadeur de marque, « c'est une vraie valeur d'avoir quelqu'un qui peut librement parler d'un produit et de ses caractéristiques. Ce n'est pas tellement une question d'achat ou de vente mais bien plus une question de partage d'informations intéressantes et de passion. Si l'on fait cela dans un esprit positif et sincère, c'est tout bénéfice pour les deux parties ».

Sony a employé des ambassadeurs pour le lancement de son nouvel appareil photo avec GPS intégré. Ce nouveau produit permet, grâce à sa connexion satellitaire permanente, de localiser chacune des prises de vue et de les resituer ensuite sur Google Maps. Sony a choisi ses ambassadeurs parmi des passionnés de photo qui voyagent beaucoup et qui aiment partager leurs aventures sur la toile. « C'est un produit avec une technologie innovante et nous devons vraiment laisser les clients potentiels voir des personnes en train de l'utiliser », dit le directeur de Sony imagerie numérique pour rappeler que les consommateurs doivent bien prendre conscience de l'avantage qu'ils vont tirer de ce nouveau produit.

Sur plus de 2 000 candidats qui se sont manifestés en ligne, Sony en a sélectionné seulement 25. Les ambassadeurs ont reçu un appareil photo GPS, des équipements assortis et un manuel d'emploi. Ils ont ensuite été encouragés à montrer leur « nouveau jouet » à leurs amis et relations, à distribuer des bons de réduction, à parler chaque semaine de leurs voyages sur leur blog et à déposer leurs photos ainsi que leurs commentaires sur un site dédié de Sony. Régulièrement, des ambassadeurs-bloggeurs de Sony décrivent leurs voyages idylliques en juxtaposant des cartes postales à des photos de scènes de plage, d'amis bronzés en maillot de bain.

Les campus d'universités et de grandes écoles sont traditionnellement des terres fertiles pour recruter des ambassadeurs.

Cette pratique a été popularisée par les Wings Team de Red Bull lors de son introduction sur le marché français en 2008. Les « étudiants savent quels genres d'activités sont importantes pour leurs pairs, ce que nous devons leur dire et comment nous devons le dire », commente le directeur de la communication de JetBleu, qui a une expérience certaine dans le domaine. Le programme d'ambassadeur de JetBleu a en effet été un vrai succès. Il a d'ailleurs été doublé en taille en 2009 et a joué un rôle déterminant dans l'attractivité de la marque sur le segment des jeunes adultes.

Tout n'est pas rose sur le Web

L'approche d'ambassadeur de marque a ses limites. Certains regardent la pratique comme sournoise ou trompeuse. Pour éviter ces travers, la plupart des sociétés conseillent à leurs ambassadeurs d'indiquer ouvertement quel est leur statut. Certains adversaires du peer-to-peer s'inquiètent que des ambassadeurs soient perçus comme des revendeurs qui favorisent la marque parce qu'ils reçoivent des produits gratuits ou, pire, qu'ils soient perçus comme d'ennuyeux évangélistes promarques. Mais, comme le souligne le représentant d'une société de recrutement d'ambassadeurs sur les campus, les « ambassadeurs sont vus par leurs amis comme des personnes entreprenantes et créatrices. Nous avions l'habitude de supposer que les meilleurs ambassadeurs étaient les étudiants cool avec n'importe quel groupe. Mais nous avons appris que la plupart des jeunes ne sont pas totalement cool. Si les responsables marketing veulent que les consommateurs sentent un lien avec les ambassadeurs et qu'ils les considèrent comme accessibles, ils doivent regarder au-delà des gens cool et surtout identifier qui a de l'influence sur ses pairs. De manière générale, les meilleurs ambassadeurs sont durablement loyaux vis-à-vis de la marque et, surtout, ils adorent parler et échanger avec les gens ».

Sources : Béatrice Héraud, « Quelques années après leur création, les réseaux sociaux affichent une belle audience. Arrivés à maturité, ils offrent nombre d'opportunités aux marques », *Marketing Magazine*, 1er mai 2009 ; anonyme, « Réseaux sociaux : le phénomène s'amplifie », e-marketing, 21 janvier 2010 ; http://www.inquisitr.com/6341/word-of-mouth-tops-online-reviews-as-purchase-influencer-survey-finds/.

Parties adaptées de et basées sur Joan Voigt, « The New Brand Ambassadors », Adweek, 31 décembre 2007, pp. 18-19, 26 ; Houx Shaw, « Buzzing Influencers », *National Post*, 13 mars 2009.

La famille L'influence des époux l'un sur l'autre varie considérablement selon les produits. La femme reste par tradition le principal acheteur des aliments, des produits ménagers et des vêtements. Mais l'activité professionnelle des femmes ainsi que l'implication croissante des hommes dans la vie familiale et les tâches ménagères font évoluer la répartition des rôles dans les achats. Alors que 50 % des conducteurs de voitures sont des femmes, elles interviennent à 80 % dans le choix du véhicule familial. Parallèlement, 40 % des achats alimentaires sont effectués par des hommes. De tels changements impliquent que certaines marques, qui s'adressaient jusqu'à présent uniquement aux femmes ou uniquement aux hommes, ont maintenant pour cible le sexe opposé.

L'influence des enfants sur les décisions d'achat est également très importante. Un enfant de 10 ans peut influencer l'achat de la voiture familiale.

▶ On se souvient de cette publicité mythique pour le lancement de la Peugeot 806, mettant en scène la sagacité des petites têtes blondes pour convaincre le chef de famille de passer à l'acte d'achat. Cette approche n'était pas un gadget publicitaire. En effet, les 4-11 ans influencent 40 % des achats familiaux, toutes catégories de produits confondues[2]. ◀

Le rôle et le statut On désigne par le terme de rôle toutes les activités qu'une personne est censée accomplir, compte tenu de son statut et des attentes de son entourage.

Statuts et rôles exercent une profonde influence sur le comportement d'achat. Une mère de famille qui est aussi directrice de produit endosse différents rôles, selon qu'elle est sur son lieu de travail, chez elle ou qu'elle assiste à une compétition de son sport favori. Mais elle achètera des vêtements qui correspondent à son rôle et à son statut dans l'entreprise.

Facteurs personnels

Les décisions d'achat sont également affectées par les caractéristiques personnelles de l'acheteur, et notamment son âge, l'étape de son cycle de vie, sa profession, sa position économique, son style de vie, sa personnalité et la façon dont il se perçoit.

L'âge et le cycle de vie Les produits et services achetés par une personne évoluent tout au long de sa vie. Les goûts alimentaires, vestimentaires, mobiliers et les loisirs évoluent avec l'âge. Les achats dépendent également du cycle de vie familial, c'est-à-dire des différentes phases que la famille traverse au cours du temps.

Les phases du cycle de vie familial prennent traditionnellement en compte les jeunes célibataires et les couples mariés sans enfant, mais, aujourd'hui, le nombre et la nature des étapes se diversifient sous l'effet de l'union libre, des couples du même sexe, des familles monoparentales, du PACS, du divorce, du remariage et des familles recomposées.

▶ Sony a récemment révisé son approche marketing afin de mieux cibler les attentes des consommateurs en fonction de leur cycle de vie. Les recherches de l'entreprise ont identifié sept catégories, dont la Génération Y (moins de 25 ans), les jeunes professionnels (25-34 ans), les Dinks (couples sans enfant et à double revenu), les familles (35 à 54 ans) et les Zoomers (plus de 55 ans). Une campagne récente de Sony ciblant les Zoomers, ces personnes à la retraite depuis peu de temps ou sur le point de l'être, montre un homme vivant son rêve d'aller dans l'espace. Le message ne concerne pas seulement le passage à la retraite mais aborde les changements psychologiques que cela entraîne. Pour Sony le but est de toujours entretenir la proximité avec les motivations profondes du consommateur. ◀

La profession Le métier exercé par une personne est à l'origine de nombreux achats. Un ouvrier du bâtiment, par exemple, aura tendance à acheter des vêtements solides et simples, tandis que son supérieur, lui, achètera des costumes. Certaines entreprises vont même jusqu'à positionner leurs produits pour une profession déterminée.

▶ Essilor, le leader mondial des verres progressifs, a adapté ses verres pour l'usage des pilotes d'avion. Ces derniers regardant très fréquemment les tableaux de bord incrustés dans les plafonds de cockpit, Essilor a étendu les zones correctrices des verres vers le haut. ◀

La situation économique Les responsables marketing des produits sensibles aux variations de revenus doivent surveiller la conjoncture économique, les taux d'intérêt et les évolutions de niveau de vie. Si ces indicateurs laissent présager une récession, ils peuvent repositionner leurs produits et leurs prix. Au contraire, pour certaines marques de luxe qui visent une clientèle très aisée, le prix importe beaucoup moins.

▶ Pour Rolex, les montres sont « un hommage à l'élégance, un objet de passion, un symbole intemporel », tandis que d'autres marques, comme Timex, visent des consommateurs aux moyens plus modestes et créent donc des montres plus abordables, qui « sont solides et ne craignent pas les chocs ». ◀

■ En utilisant Marcel Dessailly comme ambassadeur, Sennheiser suggère que ses écouteurs sont utiles pour les téléspectateurs jeunes et dynamiques. Mais le « bénéfice client » cible bien les seniors. Ceci est cohérent avec le choix de la revue pour retraités actifs (*Notre Temps*) dans laquelle cette publicité est diffusée.

Le style de vie Des individus partageant la même sous-culture, la même classe sociale et la même profession peuvent avoir des **styles de vie** différents. Le style de vie dépasse la classe sociale et la personnalité. Il établit le portrait de l'individu dans son approche globale face à son environnement.

Il existe plusieurs classifications des styles de vie. La typologie la plus couramment utilisée dans le monde est celle de SRI Consulting : le VALS (*Values And Life Style*). Cette typologie classe les individus selon la manière dont ils organisent leur temps libre et dépensent leur argent. Les consommateurs sont divisés en fonction de deux critères principaux : la motivation première et les ressources. Les *motivations premières* incluent les idéaux, l'accomplissement et l'expression de soi. Selon SRI Consulting, les consommateurs qui sont d'abord guidés par leurs *idéaux* se basent sur leurs connaissances et leurs principes ; ceux qui sont avant tout guidés par l'*accomplissement* recherchent des produits et des services qui montrent leur réussite à leurs pairs ; ceux motivés par l'*expression de soi* cherchent des activités sociales ou physiques, la diversité et le risque.

Ces consommateurs sont ensuite divisés en deux catégories, selon que leurs ressources (revenu, éducation, santé, confiance en soi, énergie…) sont élevées ou faibles. On classe les consommateurs qui disposent de ressources très élevées ou très faibles sans tenir compte de leurs motivations premières (Innovateurs, Survivants). La catégorie des Innovateurs contient les personnes qui ont tant de ressources qu'elles obéissent aux trois motivations premières à la fois, à des degrés divers. À l'inverse, les Survivants ont si peu de ressources qu'ils ne suivent aucune motivation première en particulier et doivent d'abord chercher à satisfaire leurs besoins plutôt que leurs envies.

Style de vie
Mode de vie d'un individu exprimé par ses activités (travail, hobbys, sports, vie sociale, achats), ses centres d'intérêt (aliments, mode, famille, loisirs) et ses opinions (sur lui-même, la société, le monde du travail et les produits).

La classification par style de vie est également utilisée pour comprendre, par exemple, comment les consommateurs utilisent Internet, leurs ordinateurs et les autres technologies. Le rapport intitulé « Technographics Report » du bureau d'étude Forrester classe les consommateurs en fonction de leur motivation, de leurs désirs et de leur capacité à investir dans les produits de haute technologie, et divise les individus en dix catégories, dont[3] :

- *Les Fonceurs*. Les principaux consommateurs de produits liés à l'informatique. Ils se focalisent sur leur carrière professionnelle, sont contraints par le temps et grands utilisateurs des dernières technologies.

- *Les Nourriciers New Age*. Également de gros consommateurs, mais plus intéressés par une utilisation domestique des technologies, dans un dessein éducatif ou pour leurs loisirs.
- *Les Fous de la souris*. Consommateurs attirés par le divertissement interactif et disposés à acheter les dernières innovations.
- *Les Techno-supporters*. Personnes qui croient que la technologie représente l'avenir pour leur carrière.
- *Les Traditionalistes*. Vivent dans des petites villes et montrent une certaine réticence envers la technologie au-delà d'un certain point.

Delta Airlines a utilisé ce système de classification pour mieux cibler la vente de tickets en ligne. La compagnie a lancé des campagnes marketing à destination des Fonceurs et des Nourriciers New Age, éliminant les techno-sceptiques. Lorsqu'il est utilisé à bon escient, le concept de style de vie peut aider les responsables marketing à mieux appréhender les changements de valeurs des consommateurs et la façon dont ces changements affectent leur comportement.

Personnalité
Caractéristiques psychologiques distinctives qui engendrent des réponses cohérentes et durables à l'environnement.

La personnalité et le concept de soi La **personnalité** d'un individu s'exprime en général sous forme de traits : confiance en soi, autonomie, sociabilité, adaptabilité, introversion, impulsivité, créativité. La personnalité est une variable utile pour analyser le comportement d'achat. Les marchands de café ont découvert que les gros consommateurs de café étaient souvent très sociables. Par conséquent, Starbucks a aménagé des espaces agréables pour que ses clients puissent se détendre et discuter autour d'une tasse de café.

On considère souvent que les marques ont elles aussi une personnalité et qu'un consommateur aura tendance à choisir des marques dont la personnalité colle à la sienne. La *personnalité d'une marque* est l'ensemble des caractéristiques humaines qui peuvent être associées à une marque en particulier. Cinq traits principaux ont été identifiés[4] :

- la sincérité (concret, honnête, sain et gai);
- l'excitation (qui ose, qui a de l'esprit, de l'imagination et à la mode);
- la compétence (sur qui on peut compter, intelligent et qui réussit);
- la sophistication (luxueux et qui a du charme);
- la rudesse (solide, brut…).

Des études ont montré que certaines marques très connues étaient souvent associées à un seul trait de personnalité : Levi's à « la rudesse », MTV à « l'excitation » et CNN à « la compétence ». Ces marques attireront donc les personnes qui se retrouvent dans ces traits de personnalité.

De nombreux responsables marketing se basent également sur la notion voisine de *concept de soi* (l'image que l'individu a de lui-même). Selon ce principe, nos possessions contribuent à notre identité et la reflètent, puisque « nous sommes ce que nous avons ». Pour saisir le comportement du consommateur, le responsable marketing doit donc d'abord comprendre les relations entre l'image que le consommateur a de lui-même et ce qu'il possède.

Facteurs psychologiques

Les choix de l'acheteur sont également influencés par quatre facteurs psychologiques principaux : sa *motivation*, sa *perception*, son *apprentissage* et ses *croyances et attitudes*.

La motivation Certains besoins sont biologiques, issus d'états de tension physiologique tels que la faim, la soif ou le manque de confort. D'autres sont psychologiques, tel le besoin de reconnaissance. Pour qu'un besoin devienne un **mobile**, il faut qu'il soit intense. Les deux plus célèbres théories de la motivation, celle de Sigmund Freud et celle d'Abraham Maslow, expliquent chacune les motivations du consommateur d'un jour fort différent.

Mobile
Un besoin suffisamment pressant pour pousser une personne à le satisfaire.

La théorie freudienne soutient que les besoins de l'être humain sont des forces psychologiques largement inconscientes qui forment les comportements. Selon Freud, l'individu réprime de nombreux désirs lors de son développement. Ces désirs ne sont pas totalement éliminés ni parfaitement maîtrisés, et réapparaissent dans les rêves, les lapsus et les obsessions, ou, dans le pire cas, se transforment en psychoses.

Les décisions d'achat d'une personne sont affectées par des mobiles subconscients que même l'acheteur peut ne pas comprendre entièrement. Ainsi, un enfant du baby-boom d'un certain âge peut expliquer qu'il a acheté une décapotable BMW 330Ci parce qu'il aime sentir le vent dans ses cheveux clairsemés, sans avoir conscience que cette voiture lui permet peut-être également de se sentir de nouveau jeune et indépendant.

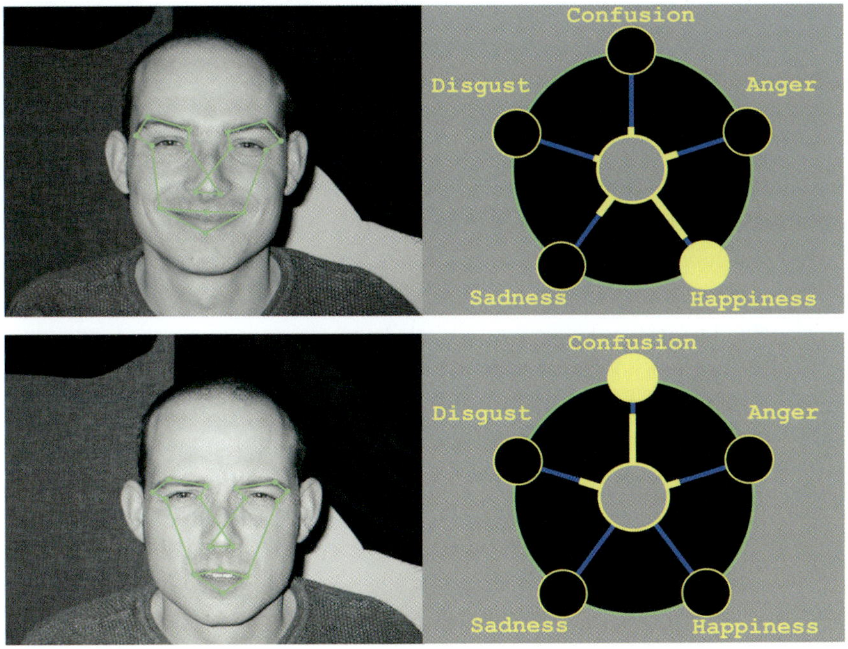

En s'appuyant sur les cinq émotions de base (joie, tristesse, dégoût, colère et confusion/surprise), l'observation des expressions faciales permet d'appréhender les réactions émotionnelles des consommateurs, par exemple face à une publicité.

Comme les consommateurs sont souvent incapables d'expliquer les raisons qui les poussent à agir, les responsables marketing ont recours aux approches qualitatives afin de sonder les mobiles cachés et subconscients. Seuls des entretiens en profondeur et l'utilisation de différentes techniques permettent de dévoiler les émotions et les attitudes sous-jacentes d'un individu vis-à-vis d'une marque ou dans une situation d'achat. Les techniques utilisées sont parfois assez curieuses (association de mots, phrases à compléter, portrait chinois, interprétation des images, rêves éveillés).

Abraham Maslow a cherché à expliquer pourquoi les individus sont guidés par certains besoins à des moments donnés. Il a ainsi proposé une hiérarchie des besoins : besoins *physiologiques*, besoins *de sécurité*, besoins *d'appartenance*, besoins *d'estime* et besoins *d'accomplissement de soi* (voir figure 5.3). Un individu cherche à satisfaire le premier besoin non satisfait par ordre hiérarchique (en lisant la pyramide de bas en haut). Lorsque ce besoin est satisfait, il cherche à satisfaire le suivant.

Les personnes qui souffrent de la faim (besoin physiologique) ne s'intéressent pas au monde de l'art (besoin d'accomplissement de soi), ni à la façon dont les autres les perçoivent (besoin d'appartenance ou d'estime), ni à la pureté de l'air (besoin de sécurité). Mais lorsque ce besoin est satisfait, le besoin suivant devient alors d'actualité.

Perception
Processus par lequel les individus sélectionnent, organisent et interprètent les informations pour construire une image cohérente du monde qui les entoure.

La perception Un individu motivé est prêt à l'action. La forme que prendra celle-ci dépend de sa **perception** de la situation, en fonction du flux d'informations que perçoivent ses cinq sens (vue, ouïe, toucher, odorat, goût). Chacun d'entre nous perçoit, organise et interprète ces informations sensorielles de façon différente.

En marketing, les perceptions des clients sont plus importantes que la réalité. Trois mécanismes affectent la manière dont un stimulus est perçu : l'attention sélective, la distorsion sélective et la rétention sélective. Un jeune adulte est exposé à environ 5 000 stimuli commerciaux par jour. Il lui est donc impossible de prêter attention à tous ces stimuli. En raison de l'*attention sélective*, c'est-à-dire la tendance de chaque personne à ne pas tenir compte de la plupart des informations auxquelles elle est exposée, les responsables marketing doivent multiplier leurs efforts pour attirer l'attention des consommateurs.

Figure 5.3
La hiérarchie des besoins de Maslow

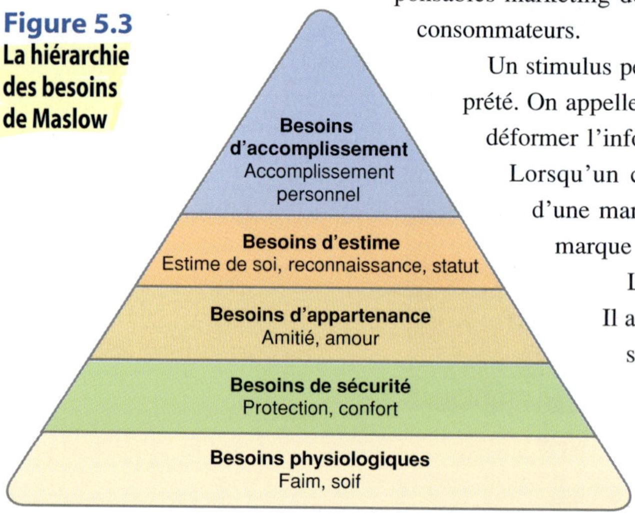

Un stimulus peut être remarqué sans pour autant être correctement interprété. On appelle *distorsion sélective* le mécanisme qui pousse l'individu à déformer l'information afin de la rendre plus conforme à ses croyances. Lorsqu'un consommateur éprouve une certaine réticence vis-à-vis d'une marque, il considère toutes les informations concernant cette marque comme sujettes à caution.

L'individu oublie la plus grande partie de ce qu'il apprend. Il a tendance à mieux mémoriser une information qui conforte ses convictions. Cette *rétention sélective* fait que le consommateur se souvient des points positifs relatifs aux produits qu'il apprécie et oublie ceux qui concernent les marques moins appréciées. L'attention, la distorsion et la rétention sélectives témoignent de la puissance des filtres internes et expliquent pourquoi les responsables marketing doivent si souvent répéter leurs messages de communication pour éviter qu'ils ne soient occultés.

Apprentissage Modifications du comportement d'un individu en raison de son expérience.

L'apprentissage Lorsqu'un individu agit, il apprend. Selon les théoriciens de l'**apprentissage**, la plupart de nos comportements sont appris. L'apprentissage repose sur l'interaction de cinq concepts : le besoin, le stimulus, l'indice, la réponse et le renforcement.

Nous avons abordé au chapitre 1 la notion de *besoin*. Ce besoin devient une envie lorsqu'il se focalise sur un *stimulus* particulier. Le besoin d'accomplissement de soi peut par exemple pousser une personne à envisager l'achat d'une Playstation. La réaction du consommateur à l'idée d'un tel achat est conditionnée par les indices qui forment son environnement. On appelle *indices* les stimuli secondaires qui déterminent quand, où et comment la personne va réagir. Un article sur les consoles de jeux dans une revue spécialisée, une promotion intéressante ou une conversation avec un ami peuvent constituer autant de facteurs déclenchants d'une *réponse*.

Admettons qu'un consommateur achète une Playstation. Si cette première expérience est concluante, il utilisera probablement cet appareil à une fréquence de plus en plus élevée. On parle alors de *renforcement*. Si, par la suite, l'acheteur cherche à acquérir un ordinateur portable, un netbook ou un produit de la même famille, il est fort probable qu'il achètera un produit de la même marque. Pour le responsable marketing, la théorie de l'apprentissage implique concrètement qu'il peut espérer accroître la demande d'un produit en l'associant à des besoins puissants, en facilitant l'émergence d'indices saillants et en provoquant un renforcement positif.

■ Cette publicité pour le lait est destinée aux tout jeunes adolescents qui sont de plus en plus tôt en rupture avec les discours de leur mère, tel : « Bois du lait, c'est bon pour la santé ». Pour la cible visée, modifier l'attitude vis-à-vis du lait *via* les croyances (le lait, c'est bon pour la croissance…) est vain. La stratégie de persuasion vise ici à rajeunir l'image du lait et à le positionner en marge du discours des parents. Le registre est donc symbolique et affectif.

Les croyances et les attitudes Une *croyance* correspond à un élément de connaissance descriptive qu'une personne entretient à l'égard de quelque chose. Les fabricants sont bien sûr très désireux de connaître les croyances que le marché entretient vis-à-vis de leurs produits et de leurs marques. Celles-ci sont à l'origine de leur image auprès des consommateurs, laquelle influence fortement les comportements d'achat. Si certaines croyances erronées influent sur les ventes, l'entreprise aura tout intérêt à lancer une campagne publicitaire pour corriger leurs effets.

Nous développons des attitudes à l'égard de la religion, de la politique, des vêtements, de la musique, de la nourriture… Les *attitudes* donnent naissance à des prédispositions plus ou moins favorables, à l'origine d'un mouvement d'attirance ou au contraire de répulsion. Une personne tentée par un ebook numérique, pour qui « les Japonais fabriquent les meilleurs produits en électronique », qui souhaite « acheter le meilleur produit disponible » et qui considère que « la créativité et l'expression de soi sont primordiales » se tournera naturellement vers un appareil Sony, puisque celui-ci convient parfaitement à son attitude.

Les attitudes sont difficiles à modifier, car elles suivent un schéma. Par conséquent, altérer une attitude nécessite souvent de procéder à de nombreux ajustements d'autres attitudes liées. Une entreprise a donc avantage à adapter ses produits aux attitudes préexistantes plutôt qu'à chercher à les transformer. Il y a bien sûr des exceptions et certaines sociétés ont su détourner à leur profit les attitudes de leurs clients.

1.3 Le processus de décision de l'acheteur

La figure 5.4 montre que les décisions d'achat s'effectuent en cinq étapes : la *reconnaissance du problème*, la *recherche d'information*, l'*évaluation des alternatives*, la *décision d'achat* et *le comportement post-achat*. Ce modèle fait clairement apparaître que le processus de décision commence bien avant et finit bien après l'acte d'achat.

Selon ce modèle, le consommateur franchit successivement les cinq étapes pour chaque achat. Mais, dans la plupart des cas, certaines de ces étapes peuvent être sautées ou inversées. Ainsi, une consommatrice habituée à une marque de dentifrice pourra, lorsqu'elle constatera qu'elle n'en a plus, passer directement de la reconnaissance du problème à l'achat. En revanche, pour d'autres situations liées à des achats complexes, le modèle de la figure 5.4 est utile, car il montre tous les aspects du problème auquel est confronté le consommateur dans une situation nouvelle et complexe.

La reconnaissance du problème

Le point de départ du processus est la *reconnaissance du problème*, c'est-à-dire la révélation du problème ou du besoin. Ce besoin peut se manifester en réponse à des *stimuli internes* ou *externes*. Le premier cas se produit lorsque l'une des pulsions fondamentales – la faim, la soif – devient suffisamment pressante pour constituer un mobile. Le deuxième cas peut être provoqué par une publicité ou une conversation. Cette étape incite le responsable marketing à rechercher les motivations susceptibles d'être liées à son produit ou à sa marque. Quels sont les types de problèmes rencontrés ? Par quoi sont-ils engendrés ? Comment ont-ils amené le consommateur à choisir ce produit ?

La recherche d'information

Un consommateur intéressé par un produit peut chercher ou non des informations supplémentaires. Si son besoin est très intense et que le produit soit disponible facilement, il est très probable qu'il l'achètera immédiatement. Dans le cas contraire, le consommateur garde ce besoin en mémoire ou se lance dans une recherche active d'information. Si par exemple vous décidez de changer de voiture, vous prêtez plus d'attention aux publicités, aux conversations sur ce sujet et aux voitures de vos connaissances. Vous pouvez également chercher à rassembler vous-même le maximum d'informations en lisant des brochures, en demandant l'avis de vos amis, etc. L'intensité de vos recherches dépend de la

Figure 5.4
Le processus de décision de l'acheteur

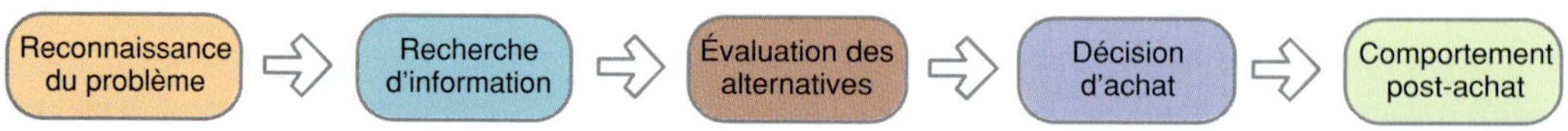

force du besoin, de la quantité d'informations dont vous disposez au départ, de la facilité avec laquelle vous obtenez des renseignements, de la valeur que vous accordez à toute nouvelle information et de la satisfaction que vous éprouvez à effectuer ces recherches.

Les consommateurs disposent de nombreuses sources d'information, qu'il s'agisse de *sources personnelles* (familles, amis, voisins, connaissances, réseaux sociaux), de *sources commerciales* (publicités, sites Internet, vendeurs, détaillants, emballages, présentoirs), de *sources publiques* (articles de presse, tests comparatifs des revues ou de sites de consommateurs...) ou de *sources liées à l'expérience* (examen, manipulation, consommation du produit). L'influence respective de ces différentes sources varie en fonction du produit considéré et des caractéristiques de l'individu. Les consommateurs reçoivent davantage d'informations d'origine commerciale, mais accordent une plus grande importance aux informations qui les concernent personnellement. Une étude menée auprès de 32 000 personnes dans le monde montre qu'avec la généralisation des nouvelles technologies les consommateurs attendent des offres plus ciblées, des promotions et des messages personnalisés[5]. Les messages commerciaux jouent un rôle *informatif*, tandis que les conversations personnelles permettent d'*évaluer* ou de *justifier* le produit. Il est rare qu'une campagne publicitaire, même très ciblée, soit aussi efficace que l'avis d'un pair.

Au fur et à mesure que le consommateur collecte de l'information, sa connaissance sur l'offre disponible augmente. Ces informations lui permettent également de réduire progressivement son éventail de choix à quelques marques. Une entreprise doit donc s'efforcer d'identifier les sources d'information de l'acheteur et découvrir lesquelles ont été décisives afin de tirer ensuite parti de ces renseignements dans l'élaboration de sa stratégie de communication.

L'évaluation des alternatives

À mesure qu'il reçoit de l'information, l'individu s'en sert pour réduire son incertitude par rapport aux alternatives et à leurs avantages respectifs. La manière dont il évalue les différentes alternatives dépend de ses caractéristiques personnelles et de la situation donnée. Dans certains cas, un même consommateur va réfléchir de façon logique et peser soigneusement le pour et le contre, tandis que, dans d'autres cas, son achat sera impulsif et basé sur son intuition. Les acheteurs prennent parfois seuls la décision d'achat, mais ils font aussi parfois appel au jugement des autres consommateurs, aux conseils de leurs amis ou des vendeurs.

Supposons qu'un consommateur ait circonscrit son choix à trois modèles de voitures et qu'il base sa décision finale sur les quatre attributs suivants : le style, le faible coût d'utilisation, la garantie et le prix. À cette phase de la décision, il a sans doute déjà évalué la manière dont chaque marque favorise chaque attribut. Il est évident qu'il achèterait aussitôt la voiture qui remplirait toutes les conditions recherchées, mais il est très rare qu'un produit réunisse toutes ces qualités. Il pourrait également privilégier un seul attribut, ce qui rendrait son choix facile à deviner. Cependant, la plupart des acheteurs tiennent compte de plusieurs attributs auxquels ils donnent une importance différente. Si les marketeurs savaient quelle pondération l'acheteur accorde à chaque attribut, ils pourraient prédire plus sûrement ce que serait son choix.

De nombreux modèles ont été élaborés pour rendre compte de ce processus. La plupart d'entre eux accordent une place importante aux facteurs cognitifs, en particulier aux règles selon lesquelles le consommateur forme ses jugements sur les produits qu'il envisage d'acheter.

Les responsables marketing doivent donc étudier comment leurs clients évaluent les produits concurrents. Une fois le processus d'évaluation connu, ils peuvent alors chercher à influencer la décision de l'acheteur.

La décision d'achat

À l'issue de la phase d'évaluation, le consommateur dispose d'un ordre de préférence lui permettant de classer les différents produits. Normalement, sa décision d'achat devrait correspondre au produit qu'il préfère, mais deux facteurs peuvent intervenir entre l'*intention* et la *décision*. Le premier est lié à *l'attitude d'autrui*. Si l'entourage de l'acheteur lui conseille d'acheter le modèle de voiture le plus économique, alors les possibilités qu'il choisisse un véhicule plus cher sont réduites.

Une seconde source de complication tient aux *facteurs situationnels imprévus*. Le consommateur peut avoir une intention d'achat qui tienne compte de son revenu, du prix du produit et du bénéfice qu'il espère tirer de son acquisition, mais des éléments inattendus peuvent modifier son choix. La situation économique peut se dégrader, la concurrence abaisser ses prix de vente ou un ami lui signaler qu'il n'est pas satisfait de ce produit. Par conséquent, ni les préférences ni les intentions d'achat ne correspondent toujours au choix final.

Le comportement post-achat

La tâche du marketing ne s'arrête pas à l'acte de vente. Après avoir acheté et fait l'expérience du produit, le consommateur éprouve un sentiment de satisfaction ou au contraire de mécontentement. La relation entre les *attentes* de l'acheteur et sa perception des *performances du produit* fait toute la différence entre satisfaction et mécontentement. S'il est déçu par des caractéristiques du produit, le consommateur est forcément déçu ; si celles-ci correspondent à ses attentes, il est satisfait ; si le produit dépasse ses attentes, il est ravi. Un vendeur intelligent s'efforce donc de proportionner son argumentaire aux avantages réels du produit de façon à ce que l'achat engendre la satisfaction. Certains vont même jusqu'à sous-argumenter afin de provoquer l'enthousiasme lors de l'utilisation du produit.

▶ Les vendeurs de Boeing, par exemple, indiquent que la consommation de carburant de leurs appareils est inférieure de 5 % à celle de la concurrence, même si cette différence est en fait plus proche de 8 %. Les consommateurs sont ravis que les performances soient supérieures à leurs attentes ; ils se fourniront de nouveau chez Boeing et expriment leur satisfaction aux autres clients potentiels. ◀

Dissonance cognitive
Inconfort du consommateur causé par les doutes post-achat.

La majorité des achats entraîne une **dissonance cognitive**. Même si les consommateurs sont satisfaits des avantages que leur procure un produit acheté et se réjouissent des défauts des autres modèles, ils éprouvent un certain malaise à devoir endurer les défauts de ce produit et à ne pas pouvoir profiter des avantages des autres.

Pourquoi est-il si important de satisfaire le client ? Le niveau de satisfaction du consommateur est primordial dans l'optique d'établir des relations durables avec lui, autrement dit de conserver sa clientèle et d'attirer d'autres consommateurs. Un consommateur satisfait aura tendance à racheter le même produit lors du prochain achat, à vanter les mérites de ce produit à d'autres personnes, à porter moins d'attention aux campagnes publicitaires des marques concurrentes et à acheter d'autres produits de la même marque. Un client mécontent réagit différemment. Un avis défavorable porte souvent plus qu'un avis favorable, ce qui peut rapidement détruire la réputation d'une marque auprès de ses clients. Mais les entreprises ne doivent pas compter sur les consommateurs pour exprimer d'eux-mêmes leur insatisfaction. La plupart ne signalent jamais leurs griefs à l'entreprise, si bien que cette dernière doit mesurer régulièrement le taux de satisfaction de ses clients. C'est en effet l'intérêt de l'entreprise de mettre en place des mécanismes qui *encouragent* les consommateurs à entrer en contact avec elle afin de communiquer leurs réactions. Le feed-back obtenu permet souvent de reconquérir les clients mécontents et donne des idées pour des améliorations ultérieures du produit.

■ Nous savons aujourd'hui que les choix des consommateurs sont plus « affectifs » que « rationnels ». Toutefois, les publicitaires « fournissent » aux acheteurs potentiels des arguments pour justifier rationnellement leurs choix affectifs ou pour réduire la dissonance cognitive, comme en joue ici Mini.

▶ Dans la pratique, il peut s'agir d'un numéro vert ou d'une adresse e-mail pour gérer les plaintes et les requêtes. La hot line de la compagnie Gerber a ainsi reçu plus de 5 millions d'appels au cours des 20 dernières années, ce qui correspond à plus de 2 400 appels par jour. Les personnes qui répondent à ces appels sont souvent des mères de famille ou des grands-mères à même de fournir des conseils 24 heures par jour et 365 jours par an. Les consommateurs peuvent également indiquer leur numéro de téléphone sur le site Web de Gerber afin qu'un conseiller les rappelle. ◀

1.4 Le processus de décision de l'acheteur vis-à-vis des nouveaux produits

Nous avons vu les différentes phases qu'un consommateur traverse pour essayer de satisfaire son besoin. Ces phases peuvent avoir une durée plus ou moins longue et certaines peuvent même survenir dans un ordre différent de notre modèle. Tout dépend de l'acheteur, du produit et de la situation d'achat.

Nouveau produit
Bien, service ou idée perçu comme totalement ou partiellement nouveau par certains clients potentiels.

Processus d'adoption
Processus mental qui décrit les étapes par lesquelles passe le consommateur, depuis la découverte d'une innovation jusqu'à son adoption finale.

Nous nous intéressons ici à la manière dont les consommateurs apprennent l'existence d'un **nouveau produit** et au processus qui va les conduire à l'adopter. Dans la notion de **processus d'adoption**, le terme « adoption » fait référence à la décision du consommateur de devenir un utilisateur régulier de ce produit.

Les étapes du processus d'adoption

Pour adopter un nouveau produit, le consommateur traverse cinq phases :

- *Découverte*. Il découvre l'existence du produit, mais manque d'informations à son sujet.
- *Intérêt*. Il cherche à se renseigner sur le produit.
- *Évaluation*. Il réfléchit à l'intérêt d'essayer ce produit.
- *Essai*. Il essaie le nouveau produit en petite quantité ou sur une échelle réduite afin de mieux estimer la valeur du produit.
- *Adoption*. Il décide d'utiliser pleinement et régulièrement le produit.

Le marketing des nouveaux produits doit tenir compte de ce modèle et aider le consommateur à franchir les différentes étapes.

▶ Ainsi, un fabricant de téléviseurs haute définition peut découvrir que beaucoup de consommateurs ne dépassent pas la phase de l'intérêt en raison du coût du produit et de l'incertitude concernant la généralisation de cette technologie. Si ces mêmes consommateurs souhaitent pouvoir tester gratuitement la télévision HD pendant une période d'essai à moindre coût, le fabricant a tout intérêt à proposer cette possibilité, accompagnée d'une option d'achat. ◀

Les différences individuelles face aux innovations

Les individus appréhendent les nouveautés de façon très différente les uns des autres. Pour chaque catégorie de produit, il y a des « innovateurs », des « adopteurs précoces » et des consommateurs plus tardifs. (Voir la figure 5.5.)

Les *innovateurs* sont aventureux et prennent le risque d'essayer les nouveautés. Les *adopteurs précoces* sont les leaders d'opinion de leur communauté et adoptent les innovations assez tôt mais avec prudence. La *majorité précoce* désigne les personnes qui sont rarement des leaders d'opinion mais adoptent les nouveautés avant l'individu lambda.

Figure 5.5
Classement des consommateurs selon la période à laquelle ils adoptent une innovation

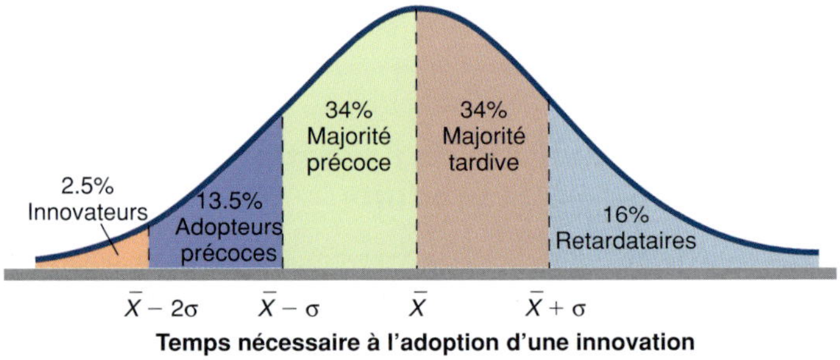

Source : Everett M. Rogers, *Diffusions and Innovations*, Free Press, 5e éd., 2003.

La *majorité tardive* regroupe les sceptiques qui adoptent un produit après qu'une majorité de personnes l'a essayé. Enfin, les *retardataires* ont une attitude conservatrice et n'adoptent un produit que lorsqu'il est devenu une tradition.

Au vu de cette classification, une entreprise innovante doit chercher à cerner les caractéristiques des innovateurs et des adopteurs précoces et concentrer ses efforts marketing sur eux. En règle générale, les innovateurs sont plus jeunes, mieux éduqués et disposent d'un revenu plus important que la majorité tardive et les retardataires. Ils sont également plus réceptifs aux choses qui sortent de l'ordinaire, se reposent plus sur leurs valeurs personnelles, sur leur propre jugement et sont plus enclins à prendre des risques. Ils sont enfin moins fidèles aux marques et ont tendance à tirer parti des promotions, des bons de réduction et des échantillons.

L'influence du produit sur le taux d'adoption

Certains produits sont tout de suite acceptés (comme l'iPhone) ou peuvent présenter une période d'adoption plus longue (l'iPad). Cinq critères principaux influencent le taux d'adoption d'une innovation. Examinons les caractéristiques de l'iPad par rapport à ces critères :

- *Avantage relatif.* La supériorité de l'innovation sur les produits existants. Plus le confort visuel de l'iPad et ses performances ergonomiques et techniques seront considérés comme des avantages indéniables par rapport aux consoles de jeux classiques et aux netbook, plus vite ce système sera adopté.
- *Compatibilité.* Le degré auquel l'innovation correspond aux valeurs et à l'expérience des clients ciblés. L'iPad, par exemple, correspond bien aux situations d'utilisation. En effet, les consoles de jeux sont employées à 80 % au domicile des joueurs.
- *Complexité.* La difficulté à comprendre et à utiliser l'innovation. L'iPad ne présente pas d'écueil de ce point de vue. Une fois la multifonctionnalité bien intégrée et le prix abordable de 360 euros confirmé, l'iPad prendrait moins de temps à pénétrer le marché que certaines innovations plus complexes.
- *Accessibilité.* Vu le double emploi avec les consoles de jeux nomades et les ordinateurs portables, les consommateurs vont-ils multiplier les écrans chez eux ?
- *Communicabilité.* La facilité avec laquelle l'utilisation du produit peut être observée ou décrite aux autres. Comme l'iPad se prête parfaitement à la démonstration et à la description, les consommateurs devraient rapidement l'adopter.

D'autres critères, comme le coût initial et le coût d'utilisation, le risque et l'incertitude que l'adoption du produit implique et l'attitude de l'entourage, influencent également le taux d'adoption. Tous ces facteurs doivent être pris en compte lors de la conception et la mise en place du programme marketing.

1.5 Le comportement des consommateurs dans le monde

Bien que tous les consommateurs du monde partagent certains traits communs, leurs valeurs, leurs attitudes et leurs comportements varient souvent dans des proportions très importantes et exigent des entreprises qu'elles ajustent leurs offres et leurs méthodes en fonction des particularismes locaux.

▶ Étant donné que les Américains mangent en général des céréales au petit-déjeuner, la marque Kellogg's cherche avant tout à les convaincre d'acheter ses produits plutôt que ceux de la concurrence. Les Français, en revanche, préfèrent les croissants et le café, voire ne prennent pas de petit-déjeuner, si bien que Kellogg's cherche uniquement à les convaincre de manger des céréales. De même, les paquets comportent des instructions détaillées sur la manière de préparer les céréales. En Inde, où le petit-déjeuner est souvent constitué d'aliments frits et le repas de midi délaissé, Kellogg's conseille de manger le matin des céréales, plus légères et plus nutritives. Les différences sont souvent plus subtiles. Elles peuvent être dues aux différences physiques entre les consommateurs ou à leur environnement. Au Japon, Remington fabrique des rasoirs électriques de plus petite taille pour s'adapter aux mains plus fines de ses clients. ◀

Si l'entreprise ne comprend pas ces différences de coutumes et de comportements, les ventes et le plan marketing d'un produit peuvent tourner au désastre.

Afin de diminuer les coûts de production et de simplifier les opérations marketing, les entreprises cherchent à standardiser leurs offres. Cependant, on peut constater que le degré de satisfaction des clients est bien supérieur lorsqu'elles adaptent leurs efforts marketing à chaque pays. Adaptation ou standardisation sur les marchés internationaux, la question est toujours d'actualité.

2. Les entreprises et leurs comportements d'achat

Des entreprises comme UPS, IBM ou Havas Sports-Entertainment vendent la *majorité* de leurs produits ou services à d'autres entreprises. D'autres, qui produisent des biens ou des services pour les particuliers, doivent d'abord vendre leurs produits à d'autres entreprises.

▶ Unilever, par exemple, fabrique de nombreuses marques familières aux consommateurs : des glaces (Carte d'Or, Cornetto, Magnum sous la marque Miko), des produits d'entretien (Cajoline, Omo, Cif), des produits de soin (Dove, Signal, Axe), les huiles Fruit d'Or… Mais pour vendre ces produits aux consommateurs, Unilever doit d'abord les vendre à des centrales d'achat ou à des détaillants. ◀

Comportement d'achat des entreprises
Comportement d'achat des organisations qui achètent des biens et des services pour les utiliser dans la production d'autres biens et services ou les revendre ou les louer à leur profit.

Lors du *processus d'achat des entreprises*, les acheteurs déterminent de quels produits et services leur organisation a besoin puis trouvent, évaluent et choisissent parmi plusieurs fournisseurs et marques. Les responsables du marketing *business-to-business* (ou B to B) doivent faire de leur mieux pour comprendre les marchés des entreprises et le **comportement d'achat des entreprises**.

2.1 Le marché des entreprises

L'argent investi dans les achats industriels est supérieur à celui de la consommation privée. Pensez au nombre de transactions que la production d'un train de pneus Michelin implique. Différents fournisseurs vendent à Michelin le caoutchouc, l'acier et tous les autres composants d'un pneu. Michelin vend ensuite les pneus à des distributeurs qui les revendent aux consommateurs. Pour un achat effectué par un consommateur, beaucoup d'échanges *business-to-business* sont nécessaires. De plus, Michelin vend aussi des pneus aux constructeurs automobiles qui les installent sur leurs véhicules neufs, ainsi que des roues de secours aux entreprises qui disposent d'une flotte de voitures, de camions ou d'autres véhicules.

Par certains points, le marché des entreprises et le marché de la grande consommation se ressemblent. Dans les deux cas, des individus prennent des décisions d'achat afin de satisfaire des besoins. Mais ils sont malgré tout très différents, aussi bien au niveau de la *structure* et de la *demande* que de la *nature de l'unité d'achat (le « centre d'achat »)*, du *type* et du *processus de décision*.

La structure et la demande des marchés

Les acheteurs du marché des entreprises sont *moins nombreux* mais les *volumes concernés sont plus importants*. Même dans les marchés des entreprises les plus importants, la majorité des achats sont effectués par un nombre réduit d'acheteurs. Lorsque Michelin vend des pneus de remplacement à des particuliers, son marché potentiel comprend les millions de possesseurs de voitures du monde entier. Mais, dans le marché des entreprises, la réussite de Michelin est suspendue aux commandes d'une poignée de fabricants automobiles. De la même façon, des dizaines de millions de consommateurs dans le monde utilisent de l'outillage Black & Decker. Pourtant, l'entreprise vend plus de la moitié de ses produits par l'intermédiaire de quelques centrales d'achat.

Demande dérivée
Demande des entreprises qui dépend de la demande de consommation des particuliers.

La demande des entreprises est une **demande dérivée**. HP ou Dell achètent des processeurs Intel parce que les consommateurs achètent des ordinateurs. Si la demande des particuliers baisse, la demande de puces informatiques baisse également.

Les entreprises s'adressent par conséquent directement aux consommateurs afin d'augmenter la demande des entreprises avec lesquelles elles traitent.

▶ La campagne publicitaire de Gore-Tex vante ainsi aux particuliers les mérites de ses fibres textiles respirantes. Du fait de l'accroissement de la demande en technologie Gore-Tex, le marché des imperméables et des chaussures équipés de Gore-Tex augmente, si bien que Gore-Tex et ses partenaires commerciaux ont réalisé des bénéfices plus importants. ◀

Le centre d'achat

Un achat d'entreprise implique *plus de participants à la prise de décision* et un *effort plus professionnel*. Plus la transaction est complexe, et plus le nombre de participants dans le processus de prise de décision d'achat sera important. Ces centres d'achat sont généralement composés de spécialistes techniques qui agissent à titre de consultants et de cadres supérieurs de l'entreprise.

Beaucoup d'entreprises améliorent leurs fonctions d'achat car le marché des entreprises a vu l'apparition d'une nouvelle génération de fournisseurs mieux entraînés et plus qualifiés. Ces fournisseurs semblent même parfois en savoir plus sur l'entreprise que ses propres responsables, à tel point que l'entreprise acheteuse doit se doter de responsables marketing et de vendeurs formés à relever ce défi.

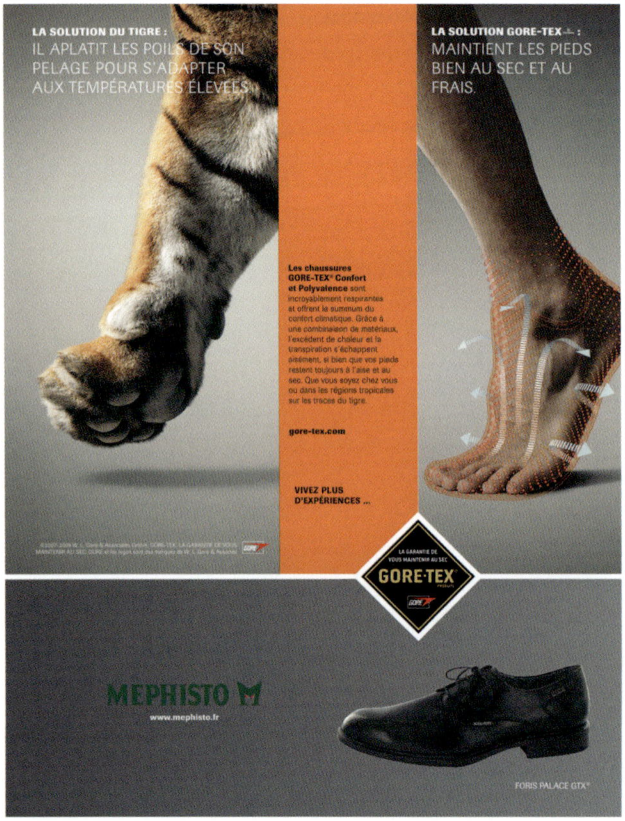

■ Demande dérivée : du fait de l'accroissement de la demande en technologie Gore-Tex, le marché des imperméables et des chaussures équipés de Gore-Tex augmente, si bien que Gore-Tex et ses partenaires commerciaux ont réalisé des bénéfices plus importants.

Le type et le processus de décision

Les décisions d'achat en entreprise sont souvent plus complexes que celles des particuliers, en raison des sommes considérables qui sont en jeu, de la complexité technique et économique et de l'interaction entre les différentes personnes de l'entreprise impliquées à des degrés divers. De ce fait, la décision d'achat peut prendre plus de temps. En outre, le processus d'achat induit souvent beaucoup plus de *formalités*. Le responsable de l'achat souhaite ainsi connaître parfaitement les spécifications du produit, demande nombre de devis, compare en détail les offres et sollicite l'avis formel de sa direction avant de s'engager.

2.2 Le comportement d'achat des entreprises

Les responsables marketing souhaitent connaître le comportement moyen de l'acheteur industriel ainsi que la façon dont le marketing et les autres stimuli agissent sur ses comportements (voir figure 5.6). Les quatre stimuli prioritaires sont les mêmes que pour la vente aux particuliers, à savoir : le produit, le prix, la distribution et la communication. D'autres stimuli entrent également en jeu : les avantages économiques, technologiques, politiques, culturels et la compétitivité de l'offre. Ces stimuli entraînent différentes réponses du client et influencent le choix du produit, le choix du fournisseur, la quantité d'achat, les conditions de livraison et de paiement.

Dans l'entreprise cliente, l'activité d'achat se divise en deux parties : le centre d'achat, composé de toutes les personnes impliquées dans la décision, et le processus de décision d'achat lui-même. Comme le montre la figure 5.6, le centre d'achat et le processus de décision sont tous deux influencés par des facteurs internes à l'entreprise, par les relations entre les différents membres et la nature de chaque individu, ainsi que par des facteurs externes.

Ce modèle soulève des questions essentielles : Qui participe au processus d'achat ? Quelles sont les principales influences sur les acheteurs ? Comment les acheteurs prennent-ils leurs décisions ?

Centre d'achat
Regroupement de tous les individus qui participent au processus de décision d'achat.

Les participants au processus d'achat

Un **centre d'achat** n'est pas une entité formelle et fixe mais se compose de personnes différentes ou qui assument un rôle différent selon l'achat. Le nombre de participants et la composition du centre d'achat peuvent ainsi varier en fonction du produit ou de la

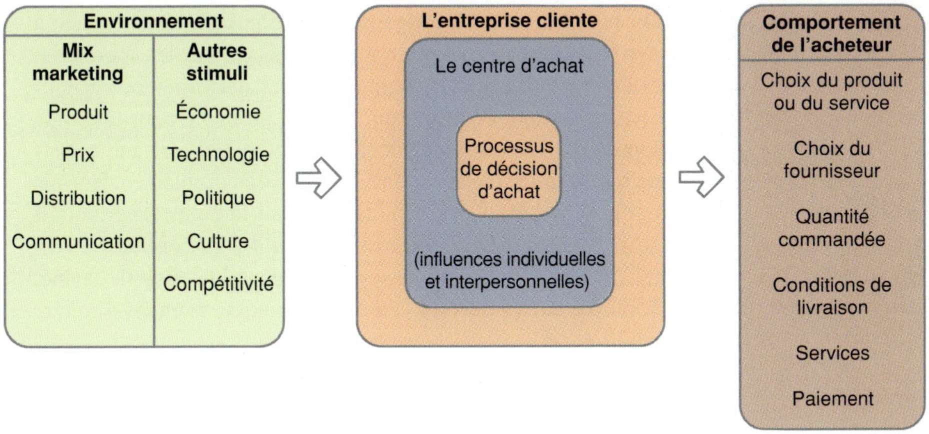

Figure 5.6
Modèle de comportement de l'acheteur d'entreprise

situation. Pour des achats de routine, un responsable des achats suffit à remplir tous les rôles. Pour des situations plus complexes, le centre d'achat peut être formé de plusieurs dizaines de personnes venant de différents services et à différents échelons hiérarchiques.

Le concept de centre d'achat présente un challenge important pour le marketing. Le responsable marketing *B to B* doit déterminer qui participe à la prise de décision, l'influence relative et les critères d'évaluation de chacun.

Le service commercial de l'entreprise Cardinal Health, spécialisée dans les produits et services médicaux, a identifié le personnel hospitalier impliqué dans la décision d'achat de blouses chirurgicales jetables ainsi que le rôle de chacun : le vice-président des achats analyse si l'hôpital préfère utiliser des vêtements jetables ou non ; l'administrateur des salles d'opérations compare les produits disponibles (qualités d'absorption, antiseptiques, coupe, prix), puis choisit le produit le moins cher qui correspond à ces critères ; enfin, les chirurgiens modifient ce choix en exprimant leur satisfaction ou leur insatisfaction après avoir essayé le produit.

Les principales influences sur les achats d'entreprise

Les décisions d'achat des entreprises sont conditionnées par de nombreuses influences. Pour certains responsables marketing, l'influence majeure est d'ordre économique, si bien que les acheteurs ont toujours tendance à se tourner vers le fournisseur qui offre le prix le moins élevé pour le meilleur produit ou les meilleurs services. Les responsables marketing cherchent donc à offrir les meilleures conditions possibles à leurs clients. Mais la décision d'achat dépend également de facteurs personnels, car les acheteurs ne sont pas des entités froides, calculatrices et impersonnelles. Ils raisonnent, certes, mais ils éprouvent aussi des émotions.

La plupart des responsables marketing *business-to-business* admettent que les émotions jouent un rôle important dans les décisions d'achat des entreprises.

■ De plus en plus, le mix marketing des acteurs sur le marché des entreprises intègre la dimension émotionnelle.

▶ On pourrait penser qu'une campagne publicitaire destinée à des transporteurs routiers mettrait l'accent sur les caractéristiques techniques des véhicules, leurs performances et leur consommation. Pourtant, une récente publicité pour les poids lourds Volvo montrait deux chauffeurs routiers faisant un bras de fer, avec le slogan : « Il résout tous vos problèmes. Hormis le choix de celui qui conduit. » Toute la campagne mettait ainsi l'accent sur les autres fonctionnalités susceptibles d'attirer les chauffeurs (beauté, espace disponible dans la cabine, confort), car ce secteur d'activité manque de main-d'œuvre qualifiée. ◀

La figure 5.7 dresse la liste des influences sur les acheteurs, à savoir les facteurs environnementaux, organisationnels et interpersonnels. Les *facteurs environnementaux* comme la demande première, les perspectives économiques et le coût jouent un rôle majeur. De même, le manque de matériaux est primordial. Beaucoup d'entreprises préfèrent disposer d'un stock important de matériaux rares afin de répondre immédiatement à la demande. Les acheteurs sont également influencés par les développements technologiques, politiques, et la volonté d'être compétitifs dans leur secteur. Enfin, la culture et les habitudes peuvent influer sur leurs réactions face aux comportements et aux stratégies du responsable marketing, en particulier pour les transactions internationales, comme nous l'avons déjà vu.

Les *facteurs organisationnels* influencent également le comportement d'achat. Chaque entreprise a ses objectifs, politiques, procédures, structures et systèmes qui définissent le cadre de ses opérations. Il est primordial de connaître le nombre de personnes impliquées dans l'achat, de savoir qui sont ces personnes et leurs critères d'évaluation, ainsi que les limites d'achat que la politique de l'entreprise implique.

On appelle *facteurs interpersonnels* l'influence que les participants du centre d'achat exercent les uns sur les autres. Il est souvent assez difficile d'évaluer ces dynamiques de groupe, car les rôles de chacun peuvent être assez flous, plusieurs individus pouvant occuper le même rôle et un même individu occuper divers rôles à la fois. De plus, la position

Figure 5.7
Les principales influences sur le comportement d'achat des entreprises

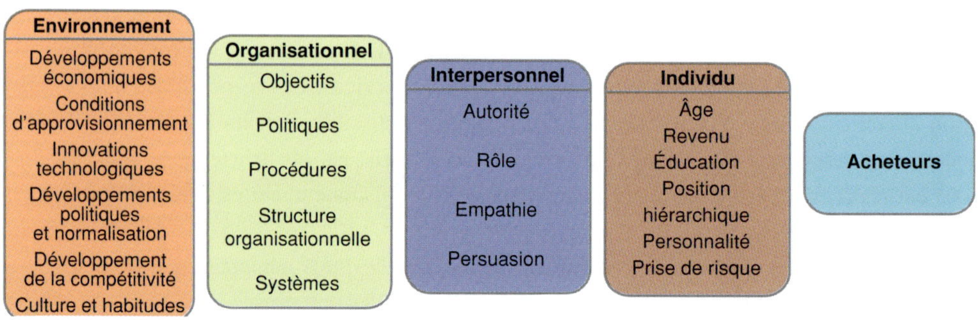

hiérarchique qu'un participant occupe dans l'entreprise ne correspond pas forcément à son influence. Un individu qui est apprécié des autres, qui a des connaissances particulières ou qui entretient une relation spéciale avec d'autres participants peut jouer un rôle important. Les responsables marketing doivent s'efforcer de tenir compte de ces subtils rapports interpersonnels.

Enfin, les acheteurs d'entreprise sont influencés par des *facteurs individuels*. Chaque participant au processus de décision d'achat a des objectifs, une perception et des préférences qui lui sont propres. Ces facteurs individuels dépendent de différentes caractéristiques personnelles comme l'âge, le revenu, le niveau d'éducation, l'identification professionnelle, la personnalité et l'attitude vis-à-vis de la prise de risque. De plus, le style de chaque acheteur est différent. Certains analysent en profondeur les différentes propositions avant de choisir un fournisseur tandis que d'autres négocient de façon intuitive en jouant sur l'antagonisme entre vendeurs pour obtenir la meilleure offre.

Les étapes du processus d'achat

On a coutume de distinguer huit étapes, qui apparaissent à la figure 5.8. Une telle matrice est appelée *grille d'achat*. Ces étapes s'appliquent à un nouvel achat. En cas de réachat, avec modification ou à l'identique, certaines étapes sont abrégées ou supprimées.

La reconnaissance du problème Le processus s'engage lorsque quelqu'un dans l'entreprise reconnaît l'existence d'un besoin nécessitant l'achat d'un produit ou d'un service. La reconnaissance du problème peut résulter de facteurs internes ou externes. Au plan interne, l'entreprise peut décider de lancer un nouveau produit qui nécessite de nouveaux équipements : une machine vient de tomber en panne et nécessite d'être remplacée, la qualité de certains produits ou le rapport qualité/prix se révèlent inappropriés à l'usage et l'entreprise doit rechercher un nouveau fournisseur. Au plan externe, l'acheteur peut avoir l'idée d'une acquisition à l'occasion d'un salon, en voyant une publicité ou en écoutant un représentant lui présenter un nouvel article. La tâche du fournisseur est de faciliter la reconnaissance d'un problème à travers les différents moyens marketing qui sont à sa disposition.

La description générale du besoin Une fois le besoin reconnu, l'acheteur doit définir les caractéristiques générales du produit demandé. Pour un article standard, cela ne présente guère de difficultés. Pour un article complexe, en revanche, l'acheteur prendra l'avis

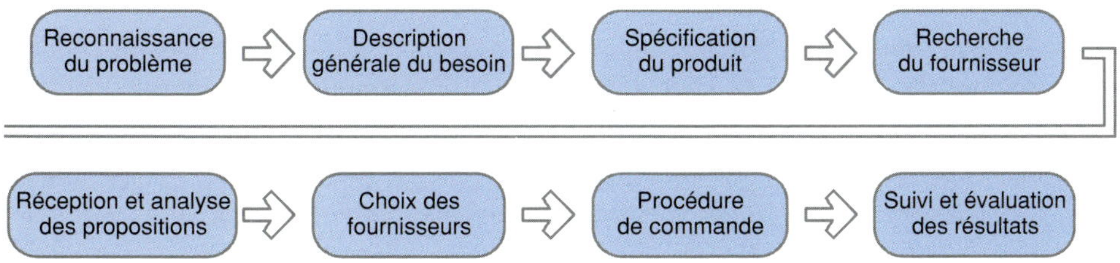

Figure 5.8
Les étapes du processus d'achat

Source : Patrick J. Robinson, Charles W. Faris et Yoram Wind, *Industrial Buying Behavior and Creative Marketing*, Boston, Allyn & Bacon, 1967, p. 14.

de nombreuses personnes : ingénieurs, utilisateurs, etc., afin de déterminer l'importance de la fiabilité, du prix, des délais ou de tout autre attribut lié au produit. Le fournisseur peut intervenir à ce stade en aidant l'acheteur à mieux définir ses besoins et à évaluer l'importance qu'il accorde aux différentes caractéristiques du produit.

Les spécifications du produit Il s'agit ensuite de détailler les spécifications techniques recherchées, lors de la rédaction d'un appel d'offres. L'acheteur s'intéresse en particulier aux composants les plus coûteux d'un produit ou à ceux, trop bien conçus, dont la longévité excède celle du produit fini. Un fournisseur peut lui aussi avoir recours à l'**analyse de la valeur** pour emporter la décision de l'acheteur, en lui montrant par exemple comment une meilleure technique de production permet d'abaisser le prix de revient de son produit.

Analyse de la valeur
Examen de tous les composants susceptibles d'être modifiés, standardisés ou dont les coûts de fabrication peuvent être réduits afin de réduire les coûts.

La recherche des fournisseurs L'acheteur cherche à identifier les sources d'approvisionnement les plus appropriées. Internet constitue aujourd'hui un outil privilégié lors de cette étape, à la fois pour collecter l'information, négocier et même conclure des contrats, ce qui permet à de petits fournisseurs de tirer leur épingle du jeu.

Si le produit recherché constitue une nouveauté, que son coût soit très élevé et l'achat complexe, la recherche de fournisseur peut alors s'étendre sur une longue période de temps. Dans ce contexte, le fournisseur cherche à être référencé dans les principaux annuaires, à se construire une bonne réputation ainsi qu'à surveiller les entreprises qui cherchent des fournisseurs pour s'assurer que leur firme est prise en compte.

La réception et l'analyse des propositions À ce stade du processus d'achat, l'acheteur invite les fournisseurs présélectionnés à soumettre une offre. Certains envoient un catalogue, d'autres un représentant. Pour un achat complexe, l'acheteur requiert généralement des propositions écrites détaillées ou une présentation orale de chaque fournisseur.

Il est important pour un fournisseur de savoir élaborer des propositions précises et présentées dans une optique marketing et pas seulement technique. Les commentaires oraux accompagnant le texte doivent inspirer confiance et permettre à l'entreprise de se placer en position favorable vis-à-vis de la concurrence.

Le choix des fournisseurs Les membres du centre d'achat entreprennent une analyse détaillée de chaque proposition et sélectionnent un ou plusieurs fournisseurs. Ils peuvent établir une liste de critères, rangés par ordre d'importance, et évaluer la performance de chaque société sur chaque critère. Une étude a révélé que les critères de sélection étaient les suivants : qualité des produits et des services, respect des délais de livraison, éthique du fournisseur, honnêteté de la communication et prix compétitifs. Viennent ensuite la qualité du suivi et du service, l'assistance technique, l'emplacement géographique, l'historique et la réputation du fournisseur.

Les acheteurs négocient de meilleurs prix et conditions en priorité avec les fournisseurs avec lesquels ils sont en relation depuis longtemps. Le choix final peut porter sur un ou plusieurs fournisseurs. Beaucoup d'acheteurs préfèrent en effet disposer de plusieurs sources d'approvisionnement afin d'éviter une dépendance exagérée vis-à-vis d'un fournisseur et pouvoir établir des comparaisons entre les prix et les services de chacun d'entre eux. De nos jours, les fournisseurs cherchent de plus en plus à établir un partenariat avec leurs clients et mettent en évidence la « valeur ajoutée » d'un tel système.

La procédure de commande L'acheteur passe maintenant commande auprès du fournisseur choisi en précisant les ultimes détails techniques, les quantités, les délais, les garanties, etc. Pour la maintenance, les réparations et les articles courants, les acheteurs utilisent de plus en plus des contrats permanents par lesquels le fournisseur s'engage à répondre constamment à leurs besoins. Certaines entreprises transfèrent la responsabilité de la commande au fournisseur, qui suit alors lui-même le niveau des ventes et des stocks de son client et le réapprovisionne automatiquement.

Le suivi et l'évaluation des résultats À ce stade, l'acheteur évalue la performance du fournisseur, en contactant par exemple ses propres clients et en mesurant leur satisfaction. En fonction de cette évaluation, l'entreprise décidera de poursuivre, de modifier ou d'abandonner ses relations avec le fournisseur. Ce dernier doit de son côté procéder à la même évaluation que son client pour s'assurer qu'il satisfait à la demande.

Les huit phases présentées correspondent aux principales étapes d'un nouvel achat typique, même si la réalité est souvent beaucoup plus complexe et même si, dans le cas d'un réachat simple ou modifié, certaines étapes peuvent être réduites ou ignorées. En outre, chaque entreprise utilise une méthode spécifique pour effectuer ses achats et chaque situation d'achat est différente.

Les participants du centre d'achat peuvent changer aux différentes étapes du processus, certaines étapes se produire dans un ordre différent, le processus comporter des étapes supplémentaires ou encore se répéter plusieurs fois. Enfin, la relation au consommateur peut impliquer plusieurs achats simultanés qui suivent un processus d'achat différent. Le fournisseur doit alors tenir compte de l'ensemble des transactions en cours et non de chaque vente au cas par cas.

L'e-procurement ou l'approvisionnement électronique Les avancées technologiques ont changé le visage du B to B. L'achat B to B en ligne et la gestion des fournisseurs, souvent appelés l'*e-procurement*, se sont développés rapidement ces dernières années. Pratiquement inconnu il y a moins d'une décennie, il est quasiment standard aujourd'hui pour les grandes entreprises. L'*e-procurement* permet aux acheteurs d'identifier de nouveaux fournisseurs, de tirer les prix vers le bas, de réduire les déplacements et les temps de négociation, d'accélérer les processus d'achat et les livraisons de commandes. Grâce, entre autres, à l'*e-procurement*, l'équipementier aéronautique français Safran a réduit ses frais généraux de 20 millions d'euros sur le premier trimestre 2009.

Grâce à l'*e-procurement*, les acheteurs peuvent se relier aux fournisseurs pour partager en ligne des informations marketing, proposer des services de support et maintenir des rapports continus. Par ailleurs, avec ce type de dispositif, il y a une meilleure coordination entre les acheteurs et leurs directions. Les dispositifs d'achat étant également plus automatisés, les acheteurs peuvent plus facilement passer le relais en interne et se consacrer à leur métier. Ils sont en effet plus libres pour se concentrer sur les questions stratégiques, telles que trouver de meilleures sources d'approvisionnement, collaborer avec des fournisseurs pour réduire des coûts de production et pour développer de nouveaux produits.

Le cas de Kodak démontre assez bien les avantages de cette approche. Quand la société de Rochester a rénové son siège social, elle a décidé d'employer uniquement l'*e-procurement*. De la démolition à la restauration, le projet a imposé de contrôler plus de 1600 contrats et 150 entrepreneurs. Sur l'ensemble du projet, l'*e-procurement* a réduit drastiquement les écritures administratives, le temps d'étude de dossiers et celui des décisions. En fin de compte, le projet a été accompli en temps et en heure et Kodak considère avoir fait une économie de 15 % sur l'ensemble du processus d'achat et de fonctionnement (y compris des économies de 134000 euros en frais de photocopies).

L'*e-procurement* peut présenter plusieurs modalités. Les entreprises peuvent s'engager dans des *Trading Information Exchanges* (bourses d'informations professionnelles) par lesquels les entreprises collaborent collectivement pour faciliter le processus d'approvisionnement. C'est par exemple le métier d'Exostar, qui relie des acheteurs et des vendeurs dans l'industrie aérospatiale et de la défense. Cette société a relié plus de 300 systèmes d'approvisionnement et 40000 partenaires commerciaux dans plus 20 pays.

Les entreprises peuvent également organiser des enchères inversées. Elles déposent alors leurs appels d'offres en ligne et invitent les fournisseurs à y répondre. Dans certains cas, elles poussent la logique en développant leur propre site d'achat. General Electric exploite un site d'achat B to B en propre sur lequel les services achat signalent leurs besoins et organisent les appels d'offres, négocient les limites (prix, temps, quantités…) et passent commande. Dans certains cas, elles prolongent les relations avec les fournisseurs principaux en créant des sites extranet dédiés. Elles peuvent créer des comptes sécurisés d'approvisionnement directs avec des fournisseurs tels que Dell, par lesquels les acheteurs commandent et se font livrer dans les meilleurs délais.

Les responsables marketing B to B jouent également un rôle essentiel en créant des sites de vente sécurisés et faciles à utiliser. Cisco Systems, un des leaders mondiaux des réseaux, équipements, logiciels et services informatiques, a mis sur pied un site B to B remarquable.

Pour stimuler sa croissance, Cisco Systems a intensifié sa stratégie sur les petites et moyennes entreprises. Cisco a développé un site spécifique pour ce segment. Celui-ci est simple, pratique et permet aux acheteurs d'obtenir des informations détaillées sur un très grand nombre de sujets, de produits ou de services. Le site a également une valeur pédagogique puisqu'il présente de très nombreux témoignages d'utilisations de produits/services et également des vidéos explicatives à la demande. Le site permet évidemment la mise en relation immédiate *via* un « chat » avec l'expert compétent par rapport aux besoins du prospect. En outre, un système de Web conférence peut mettre en contact le client potentiel avec le réseau de distribution partenaire adéquat. Ce système de conférence donne accès à des pages web spécifiques, à des présentations Powerpoint et à bien d'autres documents dans un espace collaboratif online.

Le site de Cisco dédié aux petites et moyennes entreprises peut réellement personnaliser l'expérience de visite des prospects. S'il détecte que quelqu'un de l'industrie de la restauration s'intéresse aux systèmes wifi, il pourra récupérer des informations appropriées pour créer une page web spécifique pour ce visiteur. Une telle personnalisation a un impact particulièrement fort. Les clients qui visitent les pages personnalisées restent deux fois plus longtemps que les autres visiteurs sur le site et traitent l'information beaucoup plus en profondeur.

L'utilisation de l'*e-procurement* présente cependant un problème majeur. Ce système donne beaucoup plus de pouvoir aux acheteurs et ceux-ci n'échappent pas à la tentation de remettre continuellement en cause les collaborations avec leurs fournisseurs habituels à chaque commande, ce qui épuise ces derniers et érode leur confiance.

RETOUR SUR LES CONCEPTS-CLÉS

Nous avons étudié en détail les consommateurs et leur comportement d'achat. Le marché de la consommation en France représente environ 65 millions de personnes et plusieurs centaines de milliards d'euros en biens et services chaque année. Les sommes en jeu dans le marché des entreprises sont bien plus considérables. Les caractéristiques et le mode de fonctionnement des particuliers et des entreprises sont très fluctuants, si bien que comprendre le **comportement des consommateurs et des achats d'entreprise** constitue un des plus gros challenges auxquels les responsables marketing doivent faire face.

1. Identifier les processus majeurs influençant le comportement des consommateurs.

Le **marché de la consommation** est constitué de tous les particuliers et familles qui achètent ou acquièrent des biens et des services pour leur consommation personnelle. Selon le modèle de stimulus-réponse, les stimuli pénètrent la « boîte noire » du consommateur et produisent des réponses. Cette boîte noire se divise en deux parties : les caractéristiques du consommateur et le processus de décision de l'acheteur. Une fois dans la boîte noire, les données deviennent un ensemble de réponses de l'acheteur qui peuvent être observées, comme le choix d'un produit, d'une marque, d'un vendeur, le moment de l'achat et la somme que l'acheteur est prêt à dépenser.

Le **comportement d'achat du consommateur** est influencé par quatre ensembles de facteurs : culturels, sociaux, personnels et psychologiques. Comprendre ces facteurs aide les responsables marketing à identifier les intérêts des clients potentiels et à leur proposer des produits et des services qui leur conviennent mieux. La **culture** désigne l'élément le plus fondamental des envies et du comportement d'une personne. Les personnes d'une culture, sous-culture et classe sociale différentes favorisent des marques et des produits différents. Les **facteurs sociaux**, comme l'influence de la famille et des groupes auxquels appartient la personne, ainsi que les **caractéristiques personnelles**, comme l'âge, le cycle de vie, la profession, les circonstances économiques, le style de vie et la personnalité, influent pour une grande part dans le choix du consommateur. Enfin, le comportement d'achat d'un individu dépend de quatre types de **facteurs psychologiques** : sa motivation, sa perception, son apprentissage ainsi que ses croyances et attitudes. Chacun de ces facteurs explique le fonctionnement de la boîte noire du consommateur dans une perspective différente.

2. Analyser les étapes de décision d'achat des consommateurs.

Pour effectuer un achat, un consommateur entre dans un processus de décision en plusieurs phases. Durant la première, la **reconnaissance du problème**, le consommateur identifie un problème ou un besoin qui peut être satisfait par un produit ou un service. Il passe alors à l'étape suivante, la **recherche d'information**. Une fois obtenue cette information survient l'**évaluation des alternatives**, au cours de laquelle il évalue chaque possibilité. En conséquence, le consommateur effectue sa **décision d'achat** et achète effectivement le produit. Dans la dernière phase, le **comportement post-achat**, le consommateur effectue certaines actions selon son niveau de satisfaction ou d'insatisfaction. Le rôle du responsable marketing est de comprendre le comportement de l'acheteur à chaque étape et d'identifier les influences qui entrent en jeu.

3. Décrire les processus d'adoption et de diffusion des nouveaux produits.

Le processus d'adoption se divise en cinq étapes : la découverte, l'intérêt, l'évaluation, l'essai et l'adoption. Les responsables marketing des nouveaux produits doivent trouver comment aider les consommateurs à franchir ces étapes. En fonction du **processus de diffusion**, les consommateurs réagissent de différentes façons, selon leurs caractéristiques personnelles et celles du produit. Les consommateurs peuvent être des innovateurs, des adopteurs précoces, appartenir à la majorité précoce ou à la majorité tardive, ou enfin être des retardataires. Chaque groupe peut demander une approche marketing différente. Les responsables marketing ciblent souvent en priorité les adopteurs, et en particulier les leaders d'opinion de cette catégorie.

4. Définir le marché des entreprises et identifier les facteurs influençant leurs comportements d'achat.

Le **marché des entreprises** désigne toutes les organisations qui achètent des biens et des services pour les utiliser dans la production d'autres biens et services ou les revendre ou les louer à leur profit. Comparé au marché de la consommation, le nombre de fournisseurs est moins élevé, leur concentration géographique plus élevée et les volumes plus importants dans le marché des entreprises. La demande est une demande dérivée et les décisions d'achat des entreprises impliquent généralement un plus grand nombre d'acheteurs, souvent spécialisés dans ce domaine.

Ces professionnels prennent des décisions qui varient en fonction de trois **situations d'achat** : le simple réachat, le réachat modifié ou le nouvel achat. La prise de décision s'effectue par le **centre d'achat**, qui peut comprendre plusieurs personnes jouant des rôles différents. Les responsables marketing doivent savoir quelles personnes jouent les rôles importants, quelle influence ces personnes exercent et quels sont les critères d'évaluation des participants. Ils doivent également comprendre les influences environnementales, organisationnelles, interpersonnelles et individuelles sur l'achat.

5. Établir la liste des étapes du processus d'achat des entreprises et les définir.

Le **processus d'achat des entreprises** comprend huit étapes : la reconnaissance du problème, la description générale du besoin, les spécifications du produit, la recherche du fournisseur, la réception et l'analyse des propositions, le choix des fournisseurs, la procédure de commande, le suivi et l'évaluation des résultats. Dans le cas d'un nouvel achat, les acheteurs suivent habituellement toutes ces étapes, tandis que, dans le cas d'un simple réachat ou d'un réachat modifié, ils peuvent passer outre certaines phases. Les entreprises doivent gérer la relation au client dans son ensemble, ce qui comprend souvent plusieurs décisions d'achat à différentes étapes du processus de décision d'achat.

L'apparition de l'approvisionnement électronique permet aux acheteurs d'acquérir toutes sortes de produits et de services *via* un réseau extranet ou Internet, leur donne accès à de nouveaux fournisseurs, permet de réduire les coûts et de raccourcir les délais entre la commande et la livraison. En revanche, l'approvisionnement électronique peut également émousser la fidélité client-fournisseur et présenter des risques en matière de sécurité. Quoi qu'il en soit, les responsables marketing ***business-to-business*** utilisent de plus en plus les moyens de communication électroniques pour communiquer, partager des informations, vendre des produits, fournir de l'assistance et entretenir leurs relations avec leurs clients.

Activités

Questions de réflexion et de mise en pratique

1. Les cultures et sous-cultures influencent-elles les stratégies marketing ou est-ce l'inverse ? Étendez votre réflexion au secteur des médias pour approfondir votre point de vue.
2. Nommez et décrivez un leader d'opinion – soit une personnalité publique, soit quelqu'un que vous connaissez personnellement. Comment cette personne influence-t-elle vos décisions d'achat ?
3. En vous basant sur les cinq catégories de consommateurs de produits nouveaux définies dans ce chapitre, expliquez comment Apple pourrait se positionner vis-à-vis de chacune d'entre elles pour promouvoir son iPad ? Quelle serait selon vous la catégorie la plus intéressée ? Quelle serait la plus intéressante ?
4. Comment un responsable marketing peut-il influencer la recherche d'informations d'un consommateur au sein de chacune des quatre sources d'information abordées dans ce chapitre ? Quelle est la source d'informations sur laquelle le marketing devrait porter ses efforts en priorité afin de créer une relation à long terme avec ses clients ?
5. En quoi le comportement d'achat des entreprises est-il différent de celui des particuliers ? Au niveau de la stratégie de persuasion, quelles sont les implications pour une entreprise qui souhaite vendre des biens à d'autres entreprises ?
6. Vous êtes en charge du marketing de la Mercedes Classe B. Sur quel(s) besoin(s) de la pyramide de Maslow allez-vous vous appuyer pour lancer la dernière campagne de publicité de votre modèle ? Pourquoi ? Si la campagne était programmée en hiver, feriez-vous le même choix ? Expliquez.
7. Chaque Français reçoit à son domicile 42 kilogrammes de publicités par an. Vous devez réaliser et diffuser une publicité toute boîte pour vanter un système de sécurité contre les vols et effractions de maisons ou appartements. En vous référant aux besoins, aux motivations et aux principes de perception, comment allez-vous présenter votre publicité en 8 pages pour éviter qu'elle ne se retrouve systématiquement à la poubelle sans être lue ?
8. Zidane a annoncé son retour en équipe de France sur le site web d'Orange. Ce n'est que le lendemain qu'il est apparu à la télévision sur Canal+. Pensez-vous que cette tactique a servi les intérêts stratégiques d'Orange ? Expliquez.
9. Vous êtes l'importateur des camions Mercedes-Benz en France. Lors du salon du véhicule utilitaire de Paris, un transporteur routier qui opère sur la moitié nord du pays et également en Belgique et au Luxembourg vient et vous commande 11 camions. Visiblement, il avait besoin de plusieurs camions depuis un certain temps mais il a préféré passer sa commande sur le salon. Les prix promotionnels pendant le salon sont-ils les seuls facteurs expliquant un tel comportement ?
10. Chez Valéo, vous gérez une équipe de 12 acheteurs de composants pour Airbag, freins à disque, ceintures de sécurité, etc. Chaque année, vous devez réduire vos prix d'achat de 3 %. Vos fournisseurs sont au Mexique, en Russie et en Chine. Votre manager ne souhaite pas mettre en place un dispositif d'*e-procurement*. Quels sont vos six arguments clés pour le convaincre ?

Étude de cas : GDF Suez a lancé une campagne de publicité pour l'installation de production d'électricité pour particulier

Questions

1. Êtes-vous d'accord pour dire que la cible de cette publicité sont les pères de famille ? Si oui, le choix de cette cible pour une telle décision familiale est-il judicieux ? Pourquoi ?
2. Comment ces publicités essaient-elles de convaincre la cible ? Quels sont les facteurs psychologiques (besoin, motivation, valeur…) et les facteurs sociaux activés ? Expliquez.
3. Le rôle de prescripteur que cette publicité fait jouer aux enfants est-il crédible ? Expliquez.
4. Quels besoins et motivations seraient mis en évidence si DolceVita s'était adressée aux mères de famille ?

Notes

1. Y. Marbeau *et al.*, « Harmonization of Demographics in Europe in 1991: State of the Art », *Marketing and Research Today*, mars 1992, pp. 33-40.
2. Anonyme, « 11-20 ans Le kaléidoscope d'une génération complexe », *LSA*, 7 novembre 2002.
3. Sources : www.forrester.com/Data/ConsumerTechno ; Colin Chung, « Quantitative Research Approach to Understanding How Consumers Adopt Technology-related Products and Services », www.onetooneinteractive.com/advisor_ chung.html.
4. Jennifer Aaker, « Dimensions of Measuring Brand Personality », *Journal of Marketing Research*, août 1997, pp. 347-356, et « The Malleable Self: The Role of Self Expression in Persuasion », *Journal of Marketing Research*, mai 1999, pp. 45-57 ; Audrey Azoulay et Jean-Noël Kapferer, « Do Brand Personality Scales Really Measure Brand Personality? » *Journal of Brand Management*, novembre 2003, p. 143.
5. Florent Maillet, « Nouvelles technologies : ce que veulent les consommateurs », *LSA*, 22 janvier 2010.

Partie 3

Bâtir l'offre marketing

Chapitre 6

AU TERME DE CE CHAPITRE, VOUS SAUREZ

1. **Définir les trois étapes de la formulation d'une stratégie marketing : segmentation, ciblage et positionnement.**
2. **Énumérer et détailler les principaux critères de segmentation des marchés de grande consommation et inter-entreprises.**
3. **Expliquer comment les entreprises peuvent identifier les segments de marché intéressants et choisir une stratégie marketing adéquate.**
4. **Expliquer comment les entreprises peuvent positionner leurs produits pour acquérir un avantage concurrentiel maximal.**

La segmentation, le ciblage et le positionnement

Les entreprises ne peuvent en général pas toucher l'ensemble des acheteurs présents sur le marché, et s'adresser à tous avec la même efficacité. Les clients sont trop nombreux, trop dispersés, et présentent des besoins et des habitudes d'achat trop variables. En outre, les entreprises elles-mêmes diffèrent largement quant à leur aptitude à servir convenablement plusieurs segments de marché. Elles ont donc tout intérêt à identifier ceux qu'elles sont capables de satisfaire au mieux et avec le maximum de rentabilité. L'objectif général est d'élaborer des stratégies qui permettent d'établir les *bonnes* relations avec les *bons* clients.

La plupart des entreprises ne pratiquent pas un marketing de masse, mais identifient des segments de marché, sélectionnent un ou plusieurs d'entre eux, et développent pour chacun des actions marketing adaptées. Cela permet de se focaliser sur les acheteurs qui portent le plus d'intérêt à leur proposition de valeur.

La figure 6.1 illustre les trois grandes étapes de la formulation d'un marketing segmenté. La première étape est celle de la **segmentation** – le fractionnement du marché en plusieurs groupes d'acheteurs partageant des besoins, des caractéristiques ou des comportements communs, et susceptibles d'être sensibles à des offres marketing spécifiques. L'entreprise identifie différentes façons de segmenter le marché, et décrit les profils des segments obtenus. La seconde étape concerne le **ciblage** – l'évaluation du niveau d'attractivité de chaque segment et la sélection d'un ou de plusieurs d'entre eux comme cible marketing. La **stratégie de positionnement** constitue la troisième étape, en élaborant une différenciation concurrentielle pour le produit et en concevant un mix marketing précis et détaillé, cohérent avec ce positionnement. Ces étapes successives seront étudiées dans les paragraphes qui suivent.

Segmentation
Découpage d'un marché en plusieurs groupes distincts partageant des besoins, des caractéristiques ou des comportements communs, et susceptibles d'être attirés par des offres marketing spécifiques.

Ciblage
Processus visant à évaluer l'attractivité de chaque segment du marché et à sélectionner celui ou ceux à qui l'on souhaite s'adresser.

Stratégie de positionnement
Faire en sorte qu'un produit occupe, par rapport aux produits concurrents, une place claire, distincte et enviable dans l'esprit des consommateurs visés.

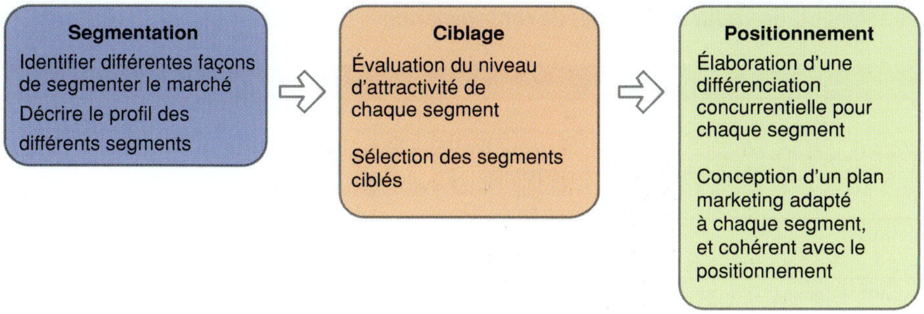

Figure 6.1
Étapes du marketing ciblé : segmentation, ciblage et positionnement

1. La segmentation du marché

Les marchés se composent d'acheteurs, qui diffèrent les uns des autres sous de très nombreux aspects : besoins, ressources, situation géographique, attitudes ou habitudes d'achat, etc. Par le biais de la segmentation, les entreprises divisent ces vastes marchés hétérogènes en plusieurs segments, que l'on cherche homogènes, auxquels elles peuvent s'adresser plus efficacement, en proposant des produits et des services adaptés à leurs besoins spécifiques.

1.1 La segmentation des marchés de grande consommation

Une première étape dans la réalisation d'une segmentation consiste à sélectionner des critères possibles de segmentation sur le marché considéré. Le tableau 6.1 recense les principaux critères applicables à la segmentation des marchés de consommation, regroupés en quatre catégories : critères *géographiques*, *sociodémographiques*, *psychographiques* et *comportementaux*.

Segmentation géographique

La **segmentation géographique** consiste à découper le marché en différentes unités territoriales : pays, régions, départements, villes, quartiers. L'entreprise pourra choisir de s'implanter sur une seule ou quelques-unes de ces zones uniquement, ou de s'établir partout en tenant compte des spécificités locales liées aux besoins et aux désirs des consommateurs. Les critères géographiques s'avèrent pertinents dans des activités aussi variées que la presse quotidienne régionale, les produits de jardinage (selon le type d'habitat) ou les boissons (selon le climat), l'automobile (selon le type d'habitat, urbain ou rural), ou même l'alimentaire (habitudes alimentaires différentes dans le nord et le sud de la France).

Segmentation géographique
Découpage d'un marché en différentes unités territoriales – pays, régions, départements, villes ou quartiers, notamment.

Certaines entreprises cherchent également à investir des territoires encore inexploités. Beaucoup de grosses enseignes préfèrent ainsi s'éloigner des grandes villes, trop concurrentielles, au profit des centres périurbains. D'autres développent à l'inverse de nouveaux concepts commerciaux qui leur permettent d'accéder aux zones à forte densité de population.

Tableau 6.1 Principaux critères de segmentation pour les marchés de consommation

Type de critères	Exemple de critères	Exemple de modalité de ces critères
Géographiques		
Région	Regroupement de régions Régions (entités administratives, au sens de Nielsen, de l'UDA, de Secodip)	Île-de-France, Bassin parisien, Nord-Est, Ouest, Sud-Ouest, Centre-Est, Méditerranée
Type d'habitat	Habitat rural/habitat urbain Centre ville/banlieue	
Taille d'agglomération	Nombre d'habitants dans la commune de résidence	Moins de 2 000 hab., de 2 000 à 4 999, de 5 000 à 9 999, de 10 000 à 19 999, de 20 000 à 49 999, de 50 000 à 99 999, de 100 000 à 499 999, de 500 000 à 999 999, 1 000 000 et plus, agglomération parisienne
Climat	Septentrional/méridional, océanique/continental	
Sociodémographiques		
Âge		Moins de 6 ans, 6 à 11 ans, 12 à 17 ans, 18 à 24 ans, 25 à 34 ans, 35 à 49 ans, 50 à 64 ans, 65 à 75 ans, 75 ans et plus
Sexe		Masculin, féminin
Taille du foyer	Nombre de personnes composant le foyer	1 personne, 2, 3–4, 5 et plus
Cycle de vie familial		Jeune, célibataire ; jeune, marié, sans enfants ; jeune, marié, au moins 1 enfant de moins de 6 ans ; âgé, marié, avec enfants ; âgé, marié, tous les enfants âgés de plus de 18 ans ; âgé, célibataire ; autres
Revenu annuel brut	Revenu du chef de famille, revenu total du foyer	Moins de 10 000 euros ; 10 000 à 14 999 ; 15 000 à 19 999 ; 20 000 à 30 000 ; 30 000 à 50 000 ; 50 000 à 100 000 ; plus de 100 000
Catégorie socioprofessionnelle	Classification INSEE	Agriculteurs, petits patrons, cadres et professions intellectuelles supérieures, professions intermédiaires, employés de service, ouvriers qualifiés, ouvriers non qualifiés, inactifs
Niveau d'éducation	Diplôme le plus élevé obtenu par la personne Diplôme le plus élevé obtenu par le chef de famille	Aucun diplôme ou certificat d'études, CAP-BEP, BEPC, Bac et Bac Pro, Bac + 2, diplômes supérieurs
Religion	Type de religion Niveau de pratique	Catholique, protestant, juif, musulman, autres Pratiquant/Non pratiquant
Nationalité		Allemands, Américains, Anglais, Espagnols, Français, Japonais, etc.
Classe socio-économique		A, B, C, D (classification Secodip) : A = aisée (15 % de la population) ; B = moyenne supérieure (30 %) ; C = moyenne inférieure (40 %) ; D = modeste (15 %)
Psychographiques		
Style de vie		Égocentrés, décalés, activistes, recentrés matérialistes, recentrés rigoristes (classification du CCA)
Personnalité		Autoritaire, introverti, ambitieux, etc.
Comportementaux		
Situations d'achat	Occasion d'achat	Pour soi/pour un cadeau Pour la vie quotidienne/pour une occasion exceptionnelle (mariage, naissance)
Avantages recherchés		Économie, commodité, prestige
Statut d'utilisateur		Non-utilisateur, ex-utilisateur, utilisateur potentiel, premier utilisateur, utilisateur régulier
Niveau d'utilisation	Volumes moyens consommés par période Fréquence d'achat de la catégorie de produit	Petit utilisateur, utilisateur moyen, gros utilisateur Acheteur régulier, acheteur occasionnel, acheteur exceptionnel
Fidélité à la marque		Nulle, moyenne, forte, totale
Relation au produit	Degré de connaissance Degré d'intérêt	Ne le connaît pas ; en connaît l'existence ; est informé sur lui Est intéressé par le produit ; est désireux de l'acquérir ; a l'intention de l'acheter

Les grands groupes de distribution adaptent la forme des magasins à la taille des villes : hypermarchés dans la périphérie des villes de grande et de moyenne taille, supérettes dans les petites villes et villages, supermarchés dans le centre des grandes villes. Un groupe comme Carrefour propose à la fois des hypermarchés, des supermarchés sous la nouvelle enseigne Carrefour Market (autrefois Champion), des magasins de proximité, en centre-ville comme Carrefour City ou à l'entrée ou au cœur des petites villes comme Carrefour Contact. Le groupe a également développé un hypermarché en ligne, Ooshop.fr, afin de toucher les habitants des très grandes villes n'ayant pas d'hypermarché ou de supermarché Carrefour à proximité de chez eux.

Segmentation sociodémographique

La **segmentation sociodémographique** repose sur des critères tels que l'âge, le sexe, la taille du foyer, le revenu, le niveau d'éducation, le cycle de vie familial, l'appartenance religieuse, la nationalité, la catégorie socioprofessionnelle (CSP) ou la classe sociale. Les variables sociodémographiques sont les critères les plus fréquemment utilisés pour segmenter un marché, et ce pour deux raisons. D'une part, les désirs des consommateurs et les niveaux d'utilisation des produits sont souvent étroitement associés à ces caractéristiques. Ensuite, ces variables sont relativement faciles à mesurer. Même si l'on décrit sa cible en fonction d'autres critères, comme la personnalité ou les avantages recherchés dans le produit, on la décrit ensuite en termes sociodémographiques pour évaluer le nombre de clients concernés et déterminer le type de médias et de canaux de distribution qui permettent de toucher ces personnes.

Segmentation sociodémographique
Découpage d'un marché en fonction de critères sociodémographiques tels que l'âge, le sexe, la taille du foyer, le cycle de vie familial, le revenu, la catégorie socioprofessionnelle (CSP), le niveau d'éducation, l'appartenance religieuse et la nationalité.

L'âge et le cycle de vie Les besoins et les désirs des consommateurs évoluent avec l'âge. Certaines entreprises appliquent par conséquent une **segmentation en fonction de l'âge et du cycle de vie**, en proposant des produits différents ou en utilisant des approches marketing spécifiques pour chaque tranche d'âge et chaque phase du cycle de vie.

Segmentation en fonction de l'âge et du cycle de vie
Découpage d'un marché selon différentes tranches d'âge et en fonction des différentes étapes de l'existence.

La presse pour enfants est clairement structurée par âges. Le groupe Bayard Presse propose ainsi une trentaine de titres de magazines, dont les principaux sont : *Popi* (de 1 à 3 ans), *Pomme d'Api* (entre 3 et 7 ans), *Youpi* (entre 5 et 8 ans), *Astrapi* (de 7 à 11 ans), *Okapi* (de 10 à 15 ans), puis *Phospore* pour les jeunes de 15 à 25 ans.

Si l'âge peut être important, cette variable doit souvent être combinée à d'autres pour se garder de toute vision stéréotypée. En effet, si certaines personnes de 70 ans se déplacent en fauteuil roulant, d'autres jouent encore au tennis. Pareillement, alors que certains couples d'une quarantaine d'années inscrivent leurs enfants à l'université, d'autres s'apprêtent tout juste à devenir parents. L'âge ne permet donc pas vraiment de déterminer à coup sûr dans quelle phase de son existence se situe un individu donné, pas plus que son état de santé, sa situation professionnelle et familiale, ses besoins ou son pouvoir d'achat. Les entreprises qui s'adressent aux consommateurs d'âge mûr savent qu'il faut se garder de les stigmatiser, et de focaliser l'attention sur leur âge. Elles utilisent généralement des images et des accroches positives. En outre, elles savent que ce sont des consommateurs « très expérimentés, exigeants, voire sceptiques », mais également potentiellement fidèles[1].

Segmentation selon le sexe
Découpage d'un marché en fonction du sexe des acheteurs.

Le sexe La **segmentation selon le sexe** est traditionnellement utilisée pour les vêtements, la coiffure, les cosmétiques ou les magazines.

> Partant du constat que les femmes ont des besoins spécifiques en termes de remise en forme, un certain nombre de clubs de sport exclusivement réservés aux femmes ont vu récemment le jour, comme Lady Fitness. L'entreprise revendique des programmes sportifs spécifiquement adaptés à la morphologie féminine, qui comporte plus de masse graisseuse, plutôt présente dans le bas du corps. Les témoignages des clientes mentionnent également le fait qu'elles se sentent plus à l'aise pour pratiquer une activité sportive dans une ambiance exclusivement féminine.

Segmentation en fonction du revenu
Découpage d'un marché selon différentes tranches de revenu.

Le revenu La **segmentation en fonction du revenu** est utilisée depuis très longtemps, en particulier dans les secteurs de l'automobile, de l'habillement, des cosmétiques, des services financiers et du voyage. De nombreuses entreprises ciblent les consommateurs les plus aisés, en leur proposant des produits de luxe ou des services haut de gamme. De leur côté, les banques proposent à ce type de clients des cartes de crédit « prestige » offrant une multitude d'avantages et de privilèges.

> La carte personnelle d'American Express (la verte) coûte 95 euros/an, la carte Gold offre des services supplémentaires et est proposée à 185 euros par an, et la Platinum d'American Express n'est proposée qu'aux meilleurs clients d'American Express, sur invitation.

La marque de sport Nike a cherché à conquérir la clientèle féminine en développant une gamme textile spécifiquement destinée aux femmes, mais également en ouvrant des magasins et un site Web spécifiquement dédiés à la commercialisation de ces produits.

Pour autant, les entreprises qui opèrent une segmentation en fonction du revenu ne ciblent pas systématiquement les consommateurs aisés.

Segmentation psychographique

La **segmentation psychographique** s'appuie sur des critères qui se rapportent au style de vie des personnes, à leurs valeurs et à leur personnalité. Au sein d'un groupe sociodémographique donné, des profils psychographiques très différents peuvent se mélanger.

Au chapitre 5, nous avons vu que les produits achetés reflétaient le *style de vie* des clients. Par suite, les responsables marketing segmentent souvent leurs marchés en fonction de ce paramètre. Mais ils utilisent aussi des variables liées à la *personnalité* des individus.

▶ La marque de vêtements Diesel s'adresse à des consommateurs anticonformistes et rebelles, en adoptant toujours un ton second degré. Elle propose par exemple à ses clients de rester cool face au réchauffement de la planète. En revanche, la marque Gap s'adresse à des consommateurs cherchant moins à se démarquer, privilégiant le confort et la simplicité des vêtements. ◀

■ La marque Jean-Paul Gaultier utilise son image acquise en haute-couture, et son style très reconnaissable, pour cibler les hommes jeunes et branchés.

Segmentation comportementale

La **segmentation comportementale** consiste à découper le marché des consommateurs en plusieurs groupes homogènes, du point de vue de leurs motivations, de leurs attitudes et de leurs réactions à l'égard d'un produit. Les variables comportementales sont souvent des variables très pertinentes, à prendre absolument en compte lors d'une démarche de segmentation. Cependant, les segments qui en sont issus sont parfois difficiles à quantifier.

La situation de consommation Les clients peuvent être regroupés en fonction des situations où ils conçoivent l'idée d'acheter, où ils effectuent concrètement leur achat et où ils utilisent l'article acheté. La **segmentation selon les situations de consommation** peut aider l'entreprise à orienter l'usage du produit.

▶ Ainsi, le marché des pains de mie s'est progressivement segmenté autour des occasions de consommation : pains sandwich, pains hamburger, pains canapés, ou « spécial foie gras » ou « fruits de mer ». Les segments les plus dynamiques sont ceux de ces pains spéciaux, de plus en plus diversifiés. ◀

Les avantages recherchés Une forme de segmentation particulièrement efficace consiste à regrouper les acheteurs en fonction des différents *avantages* qu'ils attendent du

Segmentation psychographique
Découpage d'un marché sur la base de critères liés au style de vie des personnes, à leurs valeurs et à leur personnalité.

Segmentation comportementale
Découpage du marché en plusieurs groupes de consommateurs, homogènes du point de vue de leurs motivations, de leurs attitudes et de leurs réactions à l'égard d'un produit

Segmentation selon les situations de consommation
Découpage du marché en fonction des situations où les clients conçoivent l'idée d'acheter, où ils effectuent concrètement leur achat et où ils utilisent l'article acheté.

produit. La **segmentation fondée sur les avantages recherchés** suppose d'identifier les principaux bénéfices recherchés dans une classe de produits donnée, de distinguer les différents types de clients attirés par chacun de ces bénéfices et de repérer les principales marques capables de leur donner satisfaction.

Segmentation fondée sur les avantages recherchés
Découpage du marché en fonction des différents avantages que les consommateurs attendent du produit.

▶ Le marché du dentifrice est structuré autour de différents segments proposant des bénéfices distincts, comme la blancheur, la fraîcheur, la protection contre les caries, la lutte contre la sensibilité des dents, la lutte contre le tartre, le renforcement des gencives. Certains produits proposent de combiner plusieurs bénéfices comme Signal Integral White, Colgate Total Plus Blancheur. ◀

Le statut d'utilisateur Les marchés peuvent être segmentés entre non-utilisateurs, anciens utilisateurs, utilisateurs potentiels, nouveaux utilisateurs et utilisateurs réguliers d'un produit. Les arguments à développer en termes de communication ou de caractéristiques des produits ne seront pas les mêmes selon le statut d'utilisateur.

■ En lançant une lessive spéciale pour le linge sombre et noir, la marque Mir a défini un nouveau segment de marché en partant de la situation d'utilisation du produit.

Le niveau d'utilisation Les marchés peuvent également être segmentés en faibles, moyens et gros utilisateurs. Les gros utilisateurs sont souvent peu nombreux, mais représentent un pourcentage important du volume consommé. Il peut être intéressant de segmenter selon ce critère, afin de chercher à développer les ventes auprès des faibles utilisateurs, en développant la fréquence d'utilisation, ou le volume consommé à chaque utilisation.

Le niveau de fidélité Un marché peut aussi être segmenté en fonction du niveau de fidélité des consommateurs, que ce soit à l'égard d'un produit (Actimel), d'une enseigne (Fnac) ou d'une marque (Renault). Certains clients affichent une fidélité à toute épreuve – ils achètent tout le temps la même marque. D'autres sont assez fidèles – pour un produit donné, ils alternent entre deux ou trois marques ou privilégient une marque sans s'interdire pour autant d'aller voir ailleurs. D'autres encore ne témoignent d'aucune fidélité envers quiconque – soit qu'ils souhaitent à chaque fois essayer quelque chose de nouveau, soit qu'ils achètent systématiquement le produit en promotion, peu importe la marque. L'analyse des degrés de fidélité présents sur son marché peut apporter à l'entreprise de précieux enseignements.

▶ La marque Apple fait partie de celles qui disposent d'un groupe de consommateurs « fanatiques ». En étudiant les « Mac-maniaques », Apple peut ainsi mieux cerner son marché cible et développer des messages marketing adaptés. En s'intéressant aux acheteurs moins fidèles, elle peut repérer quelles sont les principales marques concurrentes de la sienne. Enfin, en observant les consommateurs qui se détournent de ses produits, l'entreprise se donne la possibilité de mettre en lumière les faiblesses de son marketing et de les combler. ◀

Segmentation multicritères

En matière de segmentation, les responsables marketing se contentent rarement d'une ou deux variables. Ils appliquent au contraire de plus en plus une segmentation multicritères, qui permet de constituer des groupes cibles plus étroits et mieux définis.

Les fans de la marque Apple, baptisés les Macolytes, sont restés fidèles à la marque pendant les années où elle était en perte de vitesse, et se sont enthousiasmés pour ses nouveaux produits comme l'IPod ou ITunes.

Parmi les retraités fortunés, un établissement bancaire distinguera plusieurs segments en fonction des revenus actuels, du patrimoine, des préférences en termes d'épargne et de prise de risque, du type de logement et du style de vie.

1.2 La segmentation des marchés industriels

La segmentation des marchés de consommation et des marchés d'entreprises repose essentiellement sur les mêmes variables. Les clients industriels peuvent être segmentés en fonction de critères géographiques, démographiques (secteur d'activité, taille de l'entreprise), ou sur la base des avantages recherchés, du statut d'utilisateur, du niveau d'utilisation et du degré de fidélité. Mais on peut également faire appel à d'autres variables, comme par exemple les *paramètres d'exploitation (*technologies utilisées, type de processus de production*)*, les *méthodes d'achat* (taille du centre d'achat, recours à une procédure du type appel d'offres), les *facteurs conjoncturels* (urgence de la commande, situation financière de l'entreprise cliente) et les *caractéristiques personnelles* des clients (formation professionnelle, ancienneté dans la fonction...).

American Express propose des cartes de crédit à destination des consommateurs. Mais l'entreprise s'adresse également à des clients professionnels, appartenant à trois segments distincts : commerçants, grandes entreprises et PME. Elle a développé pour chacun un programme marketing adapté. Sur le premier segment, American Express cherche à convaincre de nouveaux partenaires d'accepter sa carte, et s'emploie à cultiver de bonnes relations avec ceux qui le font déjà. Aux clients industriels plus importants, elle offre une carte d'entreprise incluant tout un ensemble de services orientés vers la gestion des dépenses et des frais de déplacement des employés. À l'intention de ce même segment, elle propose également un large éventail de services professionnels axés sur la gestion d'actifs, les régimes de retraite et l'information financière. Enfin, pour les PME, American Express a créé le réseau OPEN, « l'unique espace entièrement dédié aux petites et moyennes entreprises ». Des logiciels de gestion de comptes et de notes de frais jusqu'aux recommandations d'experts en management, les titulaires de la carte peuvent trouver sur ce réseau les ressources les plus variées, et se mettre en relation avec d'autres PME pour échanger des idées et des conseils[2]. ◀

De nombreuses entreprises mettent en place des systèmes distincts pour traiter avec les clients les plus importants, ou avec ceux qui possèdent de multiples implantations. Elles segmentent en fonction du chiffre d'affaires réalisé avec le client, en distinguant les « grands comptes », qui réalisent le volume d'affaires le plus important, et pour lesquels elles peuvent proposer des offres sur mesure.

▶ Ainsi, Michelin, sur son offre de pneus poids lourds, segmente selon l'importance du transport dans l'activité de son client, puis du montant de son budget pneu annuel. En fonction de ces critères, le commercial de Michelin aura accès à des niveaux hiérarchiques plus ou moins élevés dans l'entreprise cliente et pourra mieux faire valoir l'avantage comparatif de ses solutions. ◀

Sur les marchés industriels, souvent composés de clients très hétérogènes, on peut utiliser plusieurs niveaux de segmentation, en utilisant un critère pour définir des macrosegments, puis, sur chacun de ces macrosegments, en en utilisant d'autres pour définir des microsegments. Ainsi, au sein d'un secteur donné, l'entreprise peut encore segmenter, pour des clients de taille comparable, en fonction des méthodes et des critères d'achat[3].

1.3 La segmentation des marchés internationaux

La plupart des entreprises ne possèdent ni les ressources ni la volonté d'opérer sur l'ensemble des pays du globe. Même si certaines grandes entreprises, telles que Sony ou Coca-Cola, vendent leurs produits dans plus de 200 pays, les sociétés internationales se concentrent généralement sur un nombre de marchés plus restreint. Chaque nouveau pays implique de nouveaux défis, et les pays même proches révèlent bien souvent un environnement économique, culturel et politique très différent. En appliquant la méthode utilisée sur leur marché intérieur, les entreprises internationales doivent regrouper leurs marchés mondiaux sous forme de segments, caractérisés par des besoins et des comportements d'achat homogènes.

Plusieurs paramètres peuvent être mis en œuvre. Il est notamment possible de regrouper les pays par régions – Europe occidentale, Asie-Pacifique, Moyen-Orient ou Afrique. On s'appuie alors sur l'hypothèse que des nations voisines partagent beaucoup de points communs en termes de comportements. Bien que ce soit souvent le cas, les exceptions sont néanmoins assez fréquentes. Si les États-Unis et le Canada sont en effet très proches, le Mexique se distingue en revanche sur les plans à la fois culturel et économique. On peut peut-être regrouper les pays scandinaves, mais le Danemark et l'Allemagne, pourtant frontaliers, ont des caractéristiques culturelles et politiques très différentes.

Les frontières linguistiques jouent également un rôle important, et ne coïncident pas avec les frontières politiques ou géographiques, comme en témoignent les Belges, Suisses ou Québécois francophones, ou les 140 millions de Brésiliens lusophones.

Les marchés mondiaux peuvent aussi être segmentés sur la base de *facteurs économiques*, en regroupant les pays en fonction des tranches de niveau de vie des habitants, notamment, ou de leur niveau global de développement économique. La structure économique d'un pays détermine en partie les besoins de sa population, et par suite les opportunités marketing qu'il est susceptible d'offrir. Les *facteurs politico-légaux* – type de gouvernement, stabilité des institutions, réceptivité à l'égard des entreprises étrangères, réglementations monétaires et poids de la bureaucratie – peuvent également servir de critère de segmentation, et jouent souvent un rôle déterminant dans les choix d'implantation d'une entreprise. Enfin, l'utilisation de *facteurs culturels* permet le cas échéant de regrouper les marchés sur la base d'une langue, d'une religion, d'une tradition, d'une norme comportementale ou d'un ensemble de valeurs et d'attitudes communes.

La segmentation des marchés internationaux, lorsqu'elle se fonde sur des facteurs géographiques, économiques, politiques, culturels ou autres, fait ressortir des segments constitués d'un agglomérat de pays. Mais de nombreuses entreprises favorisent aujourd'hui une approche différente, qualifiée de **segmentation intermarchés**. Celle-ci permet de mettre au jour des segments de consommateurs qui, bien que situés dans des pays distincts, affichent des besoins et des comportements d'achat similaires.

Segmentation intermarchés
Elle permet de révéler des segments de consommateurs qui, bien qu'habitant dans des pays distincts, présentent des besoins et des comportements d'achat similaires.

MTV s'adresse aux adolescents du monde entier, qui représentent une population de 1,2 milliard d'individus et possèdent énormément de points communs : ils vont à l'école, fréquentent beaucoup les magasins, se trouvent exposés aux mêmes problèmes : l'amour, la délinquance, les difficultés de logement, l'écologie ou l'absence des parents. Par bien des aspects, ils sont plus proches les uns des autres que de leurs propres parents. « J'ai parcouru l'an dernier pas moins de dix-sept pays, raconte un expert, et j'ai eu du mal à déceler la moindre différence – hormis la langue – entre un adolescent japonais, un adolescent anglais et un adolescent chinois. » Un autre spécialiste confirme : « À Buenos Aires, à Pékin ou à Bangalore, les adolescents se trémoussent tous devant MTV en sirotant leur Coca. » MTV jette un pont entre les cultures, et exploite ce que les adolescents du monde entier peuvent avoir en commun. Sony, Reebok, Nike, Coca-Cola et de nombreuses autres entreprises ciblent elles aussi très activement cette population[4].

1.4 Les conditions d'une segmentation efficace

Comme présenté précédemment, il existe de très nombreuses façons de segmenter un marché. Mais il est nécessaire de choisir le ou les critères de segmentation en fonction de sa ou de leur pertinence sur chaque marché.

Il est particulièrement important de trouver les bons critères de segmentation sur un marché. Trouver un nouveau critère de segmentation peut d'ailleurs permettre d'acquérir un avantage concurrentiel important. Cependant, il n'est pas toujours possible de segmenter un marché. Ainsi, si tout le monde achetait la même quantité de sel chaque mois, considérait que tous les sels se valent, souhaitait utiliser le même type de sel pour tous les usages et voulait payer le même prix, l'entreprise commercialisant du sel n'aurait aucune possibilité de segmenter ce marché.

Pour présenter une utilité réelle, les segments de marché doivent être :

1. **Mesurables.** Il faut pouvoir évaluer la taille, le pouvoir d'achat et le profil psychologique des segments. Certains critères de segmentation s'y prêtent assez mal, soit parce qu'ils sont difficiles à identifier (personnalité), soit parce que les données statistiques ne sont pas disponibles. Ainsi, il est difficile de déterminer combien de personnes sont atteintes d'hypersudation, ou sont allergiques à un ingrédient donné.
2. **Accessibles.** L'entreprise doit pouvoir réellement diriger ses efforts marketing vers les segments choisis. Il est donc important de pouvoir caractériser le segment en termes de points de vente fréquentés, et de médias consultés, faute de quoi il sera difficile de communiquer et de mettre à disposition l'offre marketing auprès des consommateurs ciblés.
3. **Substantiels.** Chaque segment doit être suffisamment large ou rentable pour justifier le développement d'une offre marketing adaptée. Ainsi, un constructeur automobile ne gagnerait rien à concevoir des voitures spécialement destinées aux personnes de plus de 2 mètres.
4. **Différenciables.** Les segments doivent être fondamentalement distincts les uns des autres, et réagir d'une manière différente aux divers éléments du mix marketing et aux actions envisagées. Si les femmes mariées et les femmes célibataires réagissent à l'identique devant un parfum, le statut marital n'est pas un bon critère de segmentation sur le marché du parfum.
5. **Exploitables.** L'entreprise doit pouvoir élaborer des programmes efficaces pour séduire et satisfaire les segments considérés. Si les segments identifiés sont trop nombreux, une petite entreprise ne possédera pas les ressources suffisantes pour développer une offre marketing distincte à l'intention de chacun.

L'encadré 6.1 montre comment différents critères d'une segmentation fondée sur l'origine ethnique ont pu être utilisés sur un marché tel que celui des produits cosmétiques.

2. Le ciblage

La segmentation permet de mettre en évidence le degré d'hétérogénéité d'un marché. L'entreprise doit ensuite évaluer les différents segments et choisir ceux sur lesquels elle fera porter son effort.

2.1 L'évaluation des segments

Pour évaluer les différents segments de marché, il faut prendre en compte deux facteurs : l'attractivité du segment considéré, et notamment sa taille et sa croissance, d'une part, et les objectifs et les ressources de l'entreprise, d'autre part.

La première étape consiste à recueillir et à analyser les données relatives aux chiffres de ventes, au taux de croissance et à la rentabilité attendue des divers segments. L'entreprise se concentrera sur ceux qui possèdent la bonne taille et les bonnes caractéristiques

MARKETING EN ACTIONS 6.1

Le développement du marketing ethnique dans les produits cosmétiques

L'utilisation d'une segmentation fondée sur l'ethnie existait depuis longtemps aux États-Unis, mais restait très peu présente en France, où la notion d'ethnie est souvent tabou. La situation est en train d'évoluer sur le marché des cosmétiques.

Les femmes d'origine africaine ou antillaise en France ont ainsi longtemps dû se fournir en produits bon marché, vendus dans les boutiques du nord de Paris et qui présentaient pour beaucoup une qualité médiocre, voire étaient mal testés et avaient parfois des défauts en termes d'innocuité.

Certaines marques spécialisées sont apparues en France depuis des années, comme la marque black'Up, créée en 1999 à Paris par un maquilleur professionnel ivoirien spécialisé dans les beautés noires et métisses. La marque, aujourd'hui distribuée chez Sephora, propose une gamme de soins pour la peau et des produits de maquillage haut de gamme, avec des nuances et des textures spécifiquement adaptées aux peaux foncées. La marque a enregistré sur les deux premiers trimestres de 2009 une hausse de 42 % de son chiffre d'affaires dans les 75 Sephora où elle est présente.

Dans le domaine des soins capillaires, Free Nation of Beauty a été fondée en 1999 par Farida B, coiffeuse experte spécialiste des cheveux frisés, et vend aujourd'hui toute une gamme de produits de beauté allant des produits capillaires au maquillage en passant par les produits de soin pour le corps ou le visage, « pour toutes les femmes issues de la diversité ».

S'il fut longtemps une approche réservée aux marques spécialisées sur des segments considérés comme des marchés de niche, le marketing ethnique intéresse à présent les grandes marques. Le pionnier a été la marque Dop, du groupe L'Oréal, qui lança en 2002 un shampooing au beurre de karité pour cheveux très frisés et très secs en faisant figurer sur son packaging une femme afro-américaine, une femme hispanique et une femme arabe, ce qui avait fait à l'époque grand bruit. Depuis, L'Oréal a investi plus largement le marché ethnique, en créant une filiale européenne de sa marque Softsheen Carson, née en 2000 de la fusion de ces deux marques américaines. Softsheen Carson est leader mondial des produits capillaires pour les personnes d'origine africaine. Les autres marques généralistes du groupe, comme Elsève ou Ultra Doux, ont également désormais des références pour cheveux très secs et bouclés, affichant des mannequins typés.

Dans les cosmétiques, Mixa lance un lait pour le corps pour peaux foncées, tandis qu'Avène élargit sa gamme Couvrance de fonds de teint pour peaux noires.

Ces segments sont en effet particulièrement attractifs pour les marques : la population d'origine africaine et métisse serait en France d'environ 5 millions de personnes. Selon l'institut ak-a, spécialisé dans le marketing ethnique, ces femmes se sentent très concernées par leur beauté et sont à la recherche de soins spécifiquement adaptés. Elles dépenseraient 983 euros par an en cosmétique, contre 255 de moyenne nationale. Leurs dépenses en produits capillaires seraient sept fois supérieures à la moyenne nationale. Ceci explique que le segment des produits ethniques connaisse une croissance bien supérieure à l'ensemble du marché.

Les besoins sont également bien spécifiques : les cheveux frisés sont très secs et souvent soumis à des habitudes de coiffage assez agressives comme le lissage ou le tressage. Les peaux foncées sont parfois caractérisées par des imperfections pigmentaires, des cicatrices d'acné plus visibles et un manque d'éclat, mais sont moins concernées par les rides que les épidermes clairs.

Les approches des marques diffèrent cependant sur ce marché : certaines se contentent d'adapter leur communication en présentant des produits généralistes, d'autres élaborent des produits spécifiques, mais en refusant d'afficher le caractère ethnique des produits, comme les produits Couvrance, chez Avène, qui adoptent un discours très médical sur la dépigmentation.

D'autres abordent également le marché sous l'angle de la distribution, en étant présentes dans les points de vente spécialisés, qui se sont également développés rapidement ces dernières années, comme Inaya, un *concept-store* spécialisé présentant une quarantaine de marques à Saint-Denis, ou Coloril, qui vient d'ouvrir en Seine-Saint-Denis un deuxième point de vente, après celui du Forum des Halles.

Sources : « La beauté ethnique ne se cache plus », *Cosmétique Mag*, 1er mai 2009 ; « Cosmétique : les marques découvrent le potentiel des produits ethniques », *La Correspondance de la Publicité*, 30 septembre 2009 ; Anika Michalowska, « Produits capillaires ethniques : la grande offensive de L'Oréal », *Marketing Magazine*, n° 84, 1er mars 2004.

d'évolution. Mais il s'agit là d'une appréciation relative. En effet, les segments les plus vastes, ou qui affichent la croissance la plus forte, ne seront pas forcément les plus attractifs pour toutes les entreprises. Les petites entreprises risquent de ne pas avoir les compétences ou les ressources nécessaires pour servir convenablement ces segments, à moins qu'elles ne craignent d'y subir une concurrence trop intense, ou que leur avantage concurrentiel ne soit pas adapté à ces segments. Ces entreprises pourront donc opter pour des segments plus restreints et moins attractifs dans l'absolu, mais qui présentent pour elles un potentiel de rentabilité supérieur.

L'entreprise doit aussi examiner les grands facteurs structurels susceptibles d'affecter sur le long terme l'attractivité du segment[5]. S'il réunit déjà de nombreux *concurrents* puissants et agressifs, le segment se montrera par exemple beaucoup moins attractif. L'existence – réelle ou potentielle – d'un grand nombre de *produits de substitution* pourra également limiter les prix et par suite les bénéfices que l'on serait en mesure de réaliser. Le *pouvoir de négociation des clients* influencera lui aussi l'attractivité du segment. S'ils peuvent forcer les prix à la baisse, exiger davantage de services et faire jouer la concurrence, la rentabilité du vendeur s'en ressentira. Enfin, un segment peut se révéler moins attractif s'il renferme des *fournisseurs puissants*, capables de contrôler les prix ou de réduire la qualité ou la quantité des biens commandés.

Même lorsqu'un segment possède une taille correcte, affiche une croissance adéquate et s'avère structurellement attractif, l'entreprise ne doit jamais perdre de vue ses objectifs et ses ressources. Certains segments intéressants se verront ainsi éliminés d'office s'ils ne s'accordent pas aux visées à long terme de l'entreprise. Ses compétences et ses ressources seront peut-être aussi trop limitées pour lui permettre de rencontrer le succès. Il en résulte au final qu'une entreprise ne devrait jamais s'attaquer qu'aux seuls segments où elle peut apporter une valeur supérieure grâce à un avantage concurrentiel durable.

Marché cible
Ensemble d'acheteurs ayant en commun un certain nombre de besoins ou de caractéristiques, et que l'entreprise se propose de servir.

2.2 Le choix des segments

Une fois qu'elle a évalué les différents segments, l'entreprise doit sélectionner ceux auxquels elle souhaite proposer une offre commerciale. Un **marché cible** se définit comme un ensemble d'acheteurs ayant en commun certaines caractéristiques, ou partageant certains besoins auxquels l'entreprise se propose de répondre.

Étant donné que chaque acheteur possède des besoins et des désirs spécifiques, le vendeur pourrait être tenté de les considérer comme autant de cibles distinctes. Dans l'idéal, il faudrait donc concevoir une offre marketing sur mesure pour chacun. Cependant, même si certaines entreprises s'efforcent effectivement d'apporter à leurs clients une offre individualisée, la plupart d'entre elles s'adressent à une foule considérable de petits acheteurs, qui rendent ce ciblage individuel impraticable. Elles préfèrent dès lors travailler sur des segments plus larges, dans le cadre d'un marketing segmenté. D'un point de vue général, le marketing ciblé peut être mis en œuvre à de multiples niveaux. La figure 6.2 montre par exemple que les entreprises peuvent cibler de façon très large (marketing indifférencié), très étroite (micromarketing), ou choisir une voie médiane (marketing différencié ou concentré).

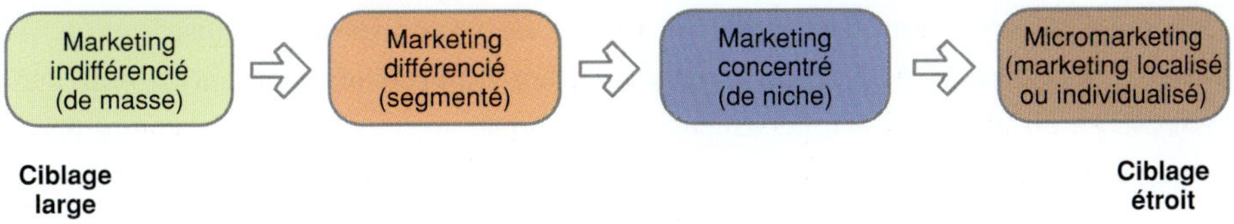

Figure 6.2
Stratégies de ciblage marketing

Marketing indifférencié

Une stratégie de **marketing indifférencié (ou marketing de masse)** consiste à ignorer ce qui distingue les différents segments, et à cibler l'ensemble du marché à l'aide d'une offre unique. Cette stratégie de masse se concentre sur les besoins *communs* des consommateurs, et non sur ce qui les *différencie*. L'entreprise fait alors en sorte d'élaborer un produit et un programme marketing capables de séduire le plus grand nombre.

Marketing indifférencié (de masse)
Stratégie de couverture consistant à ignorer ce qui distingue les différents segments, et à cibler l'ensemble du marché à l'aide d'une offre unique.

Cependant, le développement d'un produit ou d'une marque susceptible de satisfaire la totalité de la clientèle présente de grosses difficultés. En outre, les entreprises qui pratiquent le marketing de masse ont souvent du mal à concurrencer d'autres sociétés plus spécialisées, qui savent mieux combler les besoins de certaines niches ou de certains segments particuliers. Ce marketing de masse est donc peu fréquent, sauf si le marché est récent, ou s'il existe des économies d'échelle très importantes.

Marketing différencié

Une stratégie de **marketing différencié (ou marketing segmenté)** consiste à cibler plusieurs segments en mettant au point pour chacun des offres spécifiques. Cette différenciation des offres selon les segments peut se faire en adaptant le produit, le prix, le circuit de distribution, la communication, la marque, ou plusieurs de ces éléments à la fois.

Marketing différencié (segmenté)
Stratégie de couverture consistant à cibler plusieurs segments en élaborant pour chacun des offres spécifiques.

▶ Eurostar, le train à grande vitesse Paris-Londres, propose une gamme de billets à des prix A/R variant entre 70 euros et 300 euros. Les premiers sont des offres promotionnelles destinées aux voyageurs loisirs de moins de 26 ans, à condition de voyager au minimum à deux et sans modifications possibles. Les seconds sont des billets totalement flexibles, destinés à des voyageurs d'affaires voyageant en classe Business Premier, bénéficiant d'une restauration à la place avec champagne et vins, et ayant accès à des salons dessinés par Starck et équipés d'un accès Wi-Fi. ◀

En déclinant les offres et les actions marketing en fonction des segments ciblés, les entreprises espèrent accroître leurs ventes et renforcer leur position au sein de chacun. Par rapport à un marketing indifférencié appliqué à l'ensemble du marché, l'acquisition d'une position plus solide sur plusieurs segments permet au final d'enregistrer de meilleures ventes.

Mais le marketing différencié augmente aussi les coûts. En effet, il revient généralement plus cher de concevoir et de produire 10 exemplaires de 10 produits différents que 100 exemplaires du même produit. L'élaboration d'un plan marketing distinct pour chaque segment réclame également davantage de travail, que ce soit en termes de recherche, de prévision, d'analyse des ventes, de promotion ou de distribution. Au moment d'envisager une stratégie de marketing différencié, l'entreprise doit donc bien mettre en balance l'accroissement attendu de ses ventes et l'augmentation de ses coûts.

Marketing concentré (de niche)
Stratégie de couverture consistant à acquérir une position forte sur quelques segments bien choisis.

Marketing concentré

Le **marketing concentré (ou marketing de niche)**, troisième stratégie de couverture d'un marché, s'avère particulièrement séduisant lorsque les ressources de l'entreprise sont limitées. Plutôt que de ne capter qu'une toute petite part d'un très vaste marché, il s'agit ici de s'imposer plus largement sur quelques segments plus étroits.

Le marketing concentré permet à l'entreprise de conquérir une position solide sur le marché, du fait d'une meilleure connaissance des besoins particuliers de la clientèle ciblée, et en raison aussi de la réputation de spécialiste dont elle finit par bénéficier. Elle gagne en *efficacité*, par l'adaptation précise de ses produits, de ses prix et de ses programmes vis-à-vis des besoins distincts de quelques segments soigneusement définis. Mais elle gagne aussi en *efficience*, puisqu'elle oriente ses produits ou ses services, sa distribution et ses programmes de communication vers les seuls clients qu'elle se sait capable de servir au mieux, et de la façon la plus rentable possible.

Si les segments s'avèrent plutôt larges et suscitent d'ordinaire la convoitise de nombreux concurrents, les niches présentent une taille beaucoup plus réduite et attirent généralement beaucoup moins de rivaux. Les petites entreprises trouvent là l'opportunité de défendre leurs positions concurrentielles, en concentrant leurs investissements sur les niches qui seraient négligées ou jugées sans intérêt par des adversaires plus importants.

▶ L'entreprise La Cornue a choisi de se concentrer sur le marché des cuisinières très haut de gamme, fabriquées uniquement sur commande, à l'unité. Elle ne produit que 1 200 fourneaux par an, distribués par 15 galeries à l'enseigne La Cornue et 250 revendeurs dans le monde. Sur ce segment, elle possède peu de concurrents, comparativement au marché de l'électroménager plus grand public, très concurrentiel. ◀

Beaucoup d'entreprises font leurs débuts sur des marchés de niche, afin de prendre pied face à des concurrents plus importants et dotés de plus amples ressources, avant de croître et d'élargir peu à peu leur champ d'action.

Il arrive aussi que certaines grandes sociétés développent au contraire des marchés de niche pour accroître leurs ventes.

Aujourd'hui, le coût minime d'une implantation sur Internet augmente encore la rentabilité de certaines niches apparemment minuscules. Les petites structures sont d'ailleurs les premières à bénéficier des opportunités de ce nouveau moyen de communication et de distribution qu'est Internet.

Le marketing concentré peut s'avérer très profitable. Mais il implique en contrepartie une prise de risque plus élevée que la normale. Si l'activité de l'entreprise repose en totalité sur quelques segments très étroits, elle subira en effet de plein fouet une éventuelle décroissance de ses marchés. Sans compter que des concurrents plus solides peuvent aussi

■ Les cosmétiques de la marque d'origine canadienne Nacara cherchent à répondre aux besoins spécifiques de la clientèle de peau noire, métissée, maghrébine, ibéro-américaine et caucasienne.

décider d'investir les mêmes segments, avec des ressources plus importantes. Pour toutes ces raisons, beaucoup d'entreprises préfèrent se diversifier sur un plus grand nombre de segments.

Micromarketing

Les adeptes du marketing différencié et du marketing concentré ajustent leurs offres et leurs actions marketing pour répondre aux besoins spécifiques des divers segments visés. Pour autant, ils ne s'occupent pas de satisfaire individuellement chacun de leurs clients. Le **micromarketing** consiste précisément à adapter les produits et les programmes marketing en fonction des goûts particuliers de certains individus ou de certaines clientèles locales. Le micromarketing se divise en deux volets : le *marketing localisé* et le *marketing personnalisé*.

Micromarketing
Stratégie de couverture consistant à adapter les produits et les programmes marketing en fonction des besoins et des désirs particuliers de certains individus ou de certaines clientèles locales. Le micromarketing englobe le *marketing localisé* et le *marketing personnalisé*.

Marketing localisé Le **marketing localisé** consiste à adapter les marques et les promotions aux besoins et aux souhaits d'une clientèle locale – à l'échelle d'une ville, d'un quartier, voire d'un point de vente donné.

Marketing localisé
Adaptation des marques et des promotions en fonction des besoins et des désirs d'une clientèle locale – à l'échelon d'une ville, d'un quartier, voire d'un point de vente donné.

▶ Dans le 13e arrondissement de Paris, où vit une importante population d'origine chinoise, certaines agences bancaires proposent des instructions en chinois dans leurs distributeurs automatiques de billets. ◀

Le marketing localisé présente néanmoins certains inconvénients. En réduisant les économies d'échelle, il peut entraîner une augmentation des coûts de fabrication et des coûts marketing. Il risque aussi de générer des difficultés en termes de logistique, liées aux exigences très diverses des marchés locaux et régionaux. Enfin, si le produit et le message de l'entreprise subissent de trop fortes variations en fonction du lieu, il n'est pas impossible que l'image générale de la marque s'en trouve diluée.

Toutefois, à l'heure où les entreprises font face à des marchés de plus en plus fragmentés, et grâce au développement de nouveaux outils technologiques appropriés, les avantages du marketing localisé compensent en fin de compte bien souvent ses quelques inconvénients. Il permet en effet à l'entreprise d'opérer plus efficacement, en dépit de différences locales ou régionales particulièrement prononcées. Il répond aussi aux besoins de ses premiers clients – les détaillants –, qui réclament des assortiments de produits adaptés à la population locale.

Marketing personnalisé
Adaptation des produits et des programmes marketing aux besoins et aux préférences de chaque client ; on parle aussi de *marketing one-to-one*, de *personnalisation de masse* ou de *marketing individualisé*.

Marketing personnalisé Poussé à l'extrême, le micromarketing prend la forme d'un **marketing personnalisé** – autrement dit, d'une adaptation des produits et des programmes marketing aux besoins et aux préférences de chaque client. On parle aussi de *marketing one-to-one*, de *personnalisation de masse* ou de *marketing individualisé*.

Sur les marchés industriels, cette offre sur mesure est plus facile dans la mesure où une entreprise peut posséder un portefeuille de quelques entreprises clientes, auxquelles elle va s'adresser de façon individualisée et en leur proposant des produits parfois exclusifs. Ainsi, dans le domaine du conseil, de la formation ou des études, chaque offre est élaborée spécifiquement en fonction des besoins du client. Mais la personnalisation de l'offre se développe également sur les marchés de grande consommation.

Le développement du marketing de masse a occulté le fait que le consommateur était autrefois traité comme un individu : le tailleur lui dessinait des costumes sur mesure, le bottier lui façonnait des chaussures adaptées à sa morphologie, et l'ébéniste lui fabriquait des meubles selon ses exigences. Aujourd'hui, grâce aux nouvelles technologies, de nombreuses entreprises peuvent renouer avec ce marketing personnalisé. Des ordinateurs plus puissants, des bases de données détaillées, une production robotisée et flexible, des moyens de communication interactifs tels que le courriel ou les sites Web… tous ces éléments ont contribué à l'éclosion d'une « personnalisation de masse », qui consiste à offrir à l'échelon industriel des produits ou des services répondant spécifiquement aux besoins de chaque client[6].

Dans tous les domaines, qu'il s'agisse d'informatique, de confiserie, d'habillement ou d'équipement de sport, beaucoup d'entreprises personnalisent aujourd'hui leur offre en fonction des besoins de chacun.

■ Un grand nombre de marques cherchent aujourd'hui à impliquer les consommateurs dans la conception de l'offre, dans le cadre d'un marketing participatif. Ici la marque Danette a fait voter les consommateurs en ligne pour choisir le parfum de son nouveau produit.

À l'inverse de la production de masse, la personnalisation renforce plus que jamais l'importance de la relation client. Dans de nombreux secteurs, les clients expriment le besoin d'être traités de façon personnalisée et individualisée. L'encadré 6.2 détaille des exemples et montre l'intérêt du marketing personnalisé.

L'orientation vers le marketing personnalisé reflète en réalité la tendance actuelle au *marketing participatif*. De plus en plus, les clients prennent eux-mêmes la responsabilité de définir quels sont les produits et les marques à acheter, en prenant par exemple beaucoup de renseignements avant l'achat, notamment sur Internet, sur les sites Web des différents fournisseurs potentiels.

Cette tendance à l'interaction – et à la marginalisation du monologue publicitaire – se confirme au fur et à mesure que les acheteurs sont plus nombreux à consulter

MARKETING EN ACTIONS 6.2

La personnalisation de masse

La personnalisation de masse peut être définie comme une offre permettant au consommateur de modifier lui-même certains éléments d'un produit, au sein d'un ensemble de modules de choix prédéfinis par la marque, et d'acheter le produit ainsi co-conçu. Cette tendance a été rendue possible par une flexibilisation croissante des processus de production, où l'on peut parvenir à une individualisation des produits en bout de chaîne de production, tout en gardant une production de masse permettant de réduire les coûts.

Un grand nombre d'offres de ce type ont fleuri ces dernières années dans différents secteurs, que ce soit dans la mode, les biens technologiques ou même l'alimentaire.

Ainsi, Dell offre la possibilité de configurer son ordinateur en ligne et de choisir son design parmi 200 modèles dans le Dell Design Studio.

Sur le site NikeID, l'internaute peut acheter des chaussures personnalisées : il sélectionne un modèle puis le personnalise en ligne en définissant les matériaux, les couleurs, les dessins et un identifiant personnel.

Dans le domaine de l'automobile, Renault a innové dans le domaine de la personnalisation avec Twingo II. Sur le site Twingototalperso, le futur acheteur a la possibilité de choisir, de façon classique, le modèle et la couleur, mais également des détails personnalisés comme les jantes, les becquets (bandes entourant les pare-brise), les coquilles de portes, les rétroviseurs, les *strippings* (bandes latérales avec 16 motifs disponibles).

Sur le site de vente en ligne de Longchamp, il est également possible de personnaliser les pliages et les cabas, en choisissant le modèle, la taille des poignées, la couleur du sac et de la doublure et en faisant graver ses initiales.

Lancé aux États-Unis en 2003 et en France en 2007, My M&M's est un site qui permet de personnaliser les fameux petits bonbons en chocolat, en choisissant leur couleur, en ajoutant un message personnalisé et en les faisant livrer dans des emballages particuliers. Le concept connaît un vif succès, notamment pour des occasions particulières comme les mariages, anniversaires, fêtes des mères ou événements d'entreprise.

Les offres de parfums personnalisés se développent également ; sur le site Mypersonalbeauty.com, on propose de créer son propre parfum. L'internaute peut choisir son flacon, son capot, créer une étiquette et sélectionner sa fragrance et son coffret. La personnalisation de la fragrance compte cinq étapes. Douze modèles de flacons, neuf essences mais aussi la possibilité d'habiller son flacon des créations de sept artistes aux styles et techniques variés sont proposés.

Cette personnalisation procure plusieurs types de valeur aux consommateurs :

- Tout d'abord une valeur utilitaire, puisqu'elle permet au consommateur d'obtenir le produit qui correspond le mieux à ses attentes. Une approche par segmentation classique ne permettrait pas nécessairement de concevoir une offre pour des segments de consommateurs parfois trop petits.
- Ensuite une valeur liée au fait de posséder un produit unique, sur mesure, qu'il ne pourra retrouver chez aucun autre consommateur. Ceci est souvent considéré par les clients comme un véritable privilège et permet de mieux s'approprier le produit.
- Par ailleurs, le processus durant lequel le client va personnaliser le produit, en configurant et en choisissant parmi les différentes options, peut lui procurer du plaisir, lui faire imaginer différentes possibilités et le faire rêver sur des versions plus chères…
- Enfin, cette expérience de co-design avec la marque peut être source de satisfaction et de fierté. *Via* la personnalisation, le consommateur devient un peu le créateur du produit et est responsable du résultat final. Il retrouve certains éléments de gratification du « fait soi-même », notamment dans le cas où il fait un cadeau.

Sources : Aurélie Merle, Jean-Louis Chandon, Elyette Roux, « Comprendre la valeur perçue de la customisation de masse. Une distinction entre la valeur du produit et la valeur de l'expérience de co-design », *Recherche et Applications en Marketing*, 2008 ; « Avec My M&M's, la grande conso se fait haut de gamme », Agnès Le Gondec, 22 avril 2009, journaldunet.com ; mypersonalbeauty.com ; twingototalperso.com ; nikeid.com.

sur Internet les avis d'autres consommateurs, à participer à des forums de discussion et à vouloir agir sur les décisions des marques via les votes ou les concours. Il est donc nécessaire pour les responsables marketing de mieux impliquer les clients dans toutes les phases du développement des produits et du processus d'achat, en multipliant pour eux les occasions de pratiquer *le marketing participatif*.

Danette a réactualisé son slogan historique « On vote tous pour Danette », en proposant à ses consommateurs de voter sur le site onvotetouspourdanette.com pour le nouveau parfum qui sera lancé par la marque. La deuxième édition de cette opération a eu lieu en 2007. Il s'agissait de départager les parfums « praliné », « chocolat blanc » et « marrons ».

Choisir une stratégie de ciblage

Pour choisir une stratégie de ciblage adéquate, l'entreprise doit examiner un grand nombre de facteurs. Tout dépendra d'abord de ses *ressources* : si elles sont limitées, le marketing concentré représentera l'option la plus judicieuse. Le degré de *différenciation possible des produits* jouera également un rôle. Le marketing indifférencié s'avère en effet davantage adapté à des matières premières telles que le sucre ou l'acier (parfois appelées « commodités », d'après l'anglais *commodities*), tandis que la différenciation ou la concentration conviennent mieux aux produits dont les caractéristiques techniques ou le design diffèrent, comme les Caméscope ou les voitures.

La société Bergerac NC produit et commercialise de la nitrocellulose à usage civil, composant qui entre dans la composition de nombre de peintures, d'encres et de vernis. C'est un produit banalisé, dont le prix est exprimé à la tonne et varie très peu d'un fournisseur à l'autre. Il est assez difficile de se différencier, dans la mesure où le client direct (le fabricant d'encre ou de peintures) incorpore la nitrocellulose à de nombreux autres composants. La qualité de la nitrocellulose influe peu sur la qualité du produit final. Néanmoins, dans la mesure où la nitrocellulose est un produit potentiellement dangereux, certains clients se sont révélés plus sensibles que d'autres à un service de stockage et de manipulation sécurisée[7].

Il faut aussi prendre en compte la *phase du cycle de vie du produit*. Lorsqu'une entreprise lance un nouveau produit, elle peut trouver préférable de n'en produire qu'une seule et unique version. Dans ce cas, un marketing indifférencié ou concentré constituera le choix le plus pertinent. Mais, une fois que le produit aura atteint sa phase de maturité, le marketing différencié se révélera en revanche beaucoup plus adapté, en développant des gammes de produits autour du produit d'origine.

Autre facteur à observer : l'*hétérogénéité du marché*. Si la plupart des acheteurs affichent les mêmes goûts, achètent les mêmes quantités et réagissent de la même manière aux efforts marketing, le marketing indifférencié se montrera le plus approprié. Pour finir, il conviendra également de s'intéresser aux *stratégies marketing des concurrents*. S'ils appliquent un marketing différencié ou concentré, le choix d'un marketing indifférencié risque de se révéler très dangereux. À l'inverse, si la concurrence utilise un marketing indifférencié, l'adoption d'un marketing différencié ou concentré offrira à l'entreprise la possibilité d'acquérir un avantage certain.

2.3 Un ciblage socialement responsable

Un ciblage judicieux permet aux entreprises d'accroître leur efficacité, en se concentrant sur les segments qu'elles sont le plus à même de satisfaire, et ce de la façon la plus rentable. Mais le ciblage profite aussi aux consommateurs ; les entreprises visent des groupes de clients spécifiques en leur soumettant des offres soigneusement adaptées à leurs besoins. Le marketing ciblé peut cependant donner parfois lieu à de vives controverses, et peut susciter des inquiétudes. Les principaux débats concernent généralement le ciblage d'individus vulnérables ou défavorisés, exposés à des produits douteux ou potentiellement dangereux.

Depuis de nombreuses années, l'industrie céréalière essuie notamment d'importantes critiques pour ses actions marketing à l'intention des enfants. Les biscuits pour enfants proposés seraient en effet particulièrement sucrés, au moment où ceux-ci sont à la fois peu conscients des enjeux d'une alimentation équilibrée et sensibles à la présence de techniques marketing comme l'utilisation de leurs personnages et héros préférés. Une étude de l'UFC-Que Choisir montre que ce sont les produits laitiers sucrés et les fromages fondus suivis par les céréales sucrées qui sont le plus souvent présents dans les écrans publicitaires télévisés destinés aux enfants. À la suite de cette étude, une charte entre le gouvernement et les industries alimentaires qui le souhaitent a été proposée, pour limiter la présence de gras et de sucré dans leurs produits, ne pas utiliser d'allégation santé « à double sens », limiter la communication sur les produits gras et sucrés aux heures de grande écoute, ou encore ne pas vendre sur les lieux scolaires.

Le développement fulgurant d'Internet et d'autres médias directs a engendré de nouvelles inquiétudes. Internet autorise un affinage de plus en plus pointu des publics visés et, par suite, un ciblage encore plus précis, ce qui pourrait permettre à des fabricants peu scrupuleux ou à des publicitaires sans vergogne d'abuser plus facilement les populations les plus vulnérables.

Avec le marketing ciblé, la question n'est donc pas tant de savoir *qui* l'on cible, mais *comment* et *pourquoi*. Les controverses apparaissent lorsque les responsables marketing cherchent à profiter des segments visés, lorsqu'ils tentent d'abuser des personnes vulnérables, en leur proposant des produits douteux ou en usant à leur égard de méthodes discutables. Un marketing socialement responsable implique l'emploi d'une segmentation et d'un ciblage qui ne servent pas seulement les intérêts de l'entreprise, mais également ceux de la clientèle visée.

Ainsi, les offres de reprise de crédit auprès de ménages surendettés ont fait récemment l'objet de vives critiques : si les offres des entreprises conduisaient à réduire les mensualités en fusionnant les crédits, elles avaient également pour conséquence d'augmenter la durée de l'endettement et, au final, le coût total du crédit. Un projet de loi visant à encadrer la publicité sur ces offres de rachat de crédit pour une meilleure information des consommateurs a récemment été déposé.

3. Choisir un positionnement concurrentiel

Positionnement d'un produit
Place qu'occupe un produit dans l'esprit des consommateurs, par rapport aux produits concurrents.

Au-delà du choix des segments de marché auxquels elle entend s'attaquer, l'entreprise doit également spécifier la position qu'elle souhaite occuper sur ces segments. Le **positionnement d'un produit** désigne la façon dont il se trouve *défini par les consommateurs*, sur le plan de ses attributs essentiels – autrement dit, la place qu'il occupe dans leur esprit comparativement aux produits concurrents.

▶ Duracell a construit son positionnement autour du caractère durable des piles, Kiri sur le fait qu'il s'adresse aux enfants, Bonne Maman sur le fait que ses confitures sont faites comme celles de nos grand-mères, Bang & Olufsen sur le design et la technologie de ses produits, etc. ◀

Les consommateurs sont submergés d'informations, si bien qu'il leur est impossible de tout réévaluer systématiquement chaque fois qu'ils prennent une décision d'achat. Pour simplifier le processus, ils classent les produits, les services et les entreprises en différentes catégories, et leur affectent mentalement telle ou telle place perceptuelle. Le positionnement d'un produit résulte dès lors de l'assemblage complexe des perceptions, des impressions et des sentiments qu'il éveille chez le consommateur, par rapport aux produits concurrents.

Les consommateurs positionnent les produits avec ou sans l'aide des responsables marketing. Mais ces derniers n'ont aucun intérêt à laisser faire le hasard. Ils doivent *planifier* les positionnements qui permettront à leurs produits d'acquérir l'avantage le plus substantiel sur les marchés visés, et concevoir des mix marketing capables de bien faire percevoir les positionnements prévus.

3.1 Les cartes perceptuelles

Lorsqu'ils élaborent leurs stratégies de positionnement, les décideurs marketing dressent très souvent des *cartes perceptuelles* (voir figure 6.3) illustrant la perception comparée de leur marque ou de leur produit et de ses concurrents auprès des consommateurs, en fonction de certains critères d'achat fondamentaux.

3.2 Choisir une stratégie de positionnement

Certaines entreprises n'ont aucune difficulté à choisir leur stratégie de positionnement. Une entreprise déjà réputée pour la grande qualité de ses produits cherchera par exemple à se positionner de même sur tout nouveau segment, sous réserve qu'elle y trouve suffisamment de clients sensibles à ce facteur. Mais il arrive très souvent que plusieurs concurrents soient amenés à se disputer le même positionnement. Chacun doit alors trouver le moyen de se démarquer, et de différencier son offre en développant un ensemble d'avantages unique capable de séduire une part substantielle du segment visé.

Le processus de positionnement s'articule en trois étapes : identifier l'ensemble des avantages concurrentiels sur lesquels il serait possible d'asseoir un positionnement,

Figure 6.3
Un exemple de carte perceptuelle : La presse « people »[8]

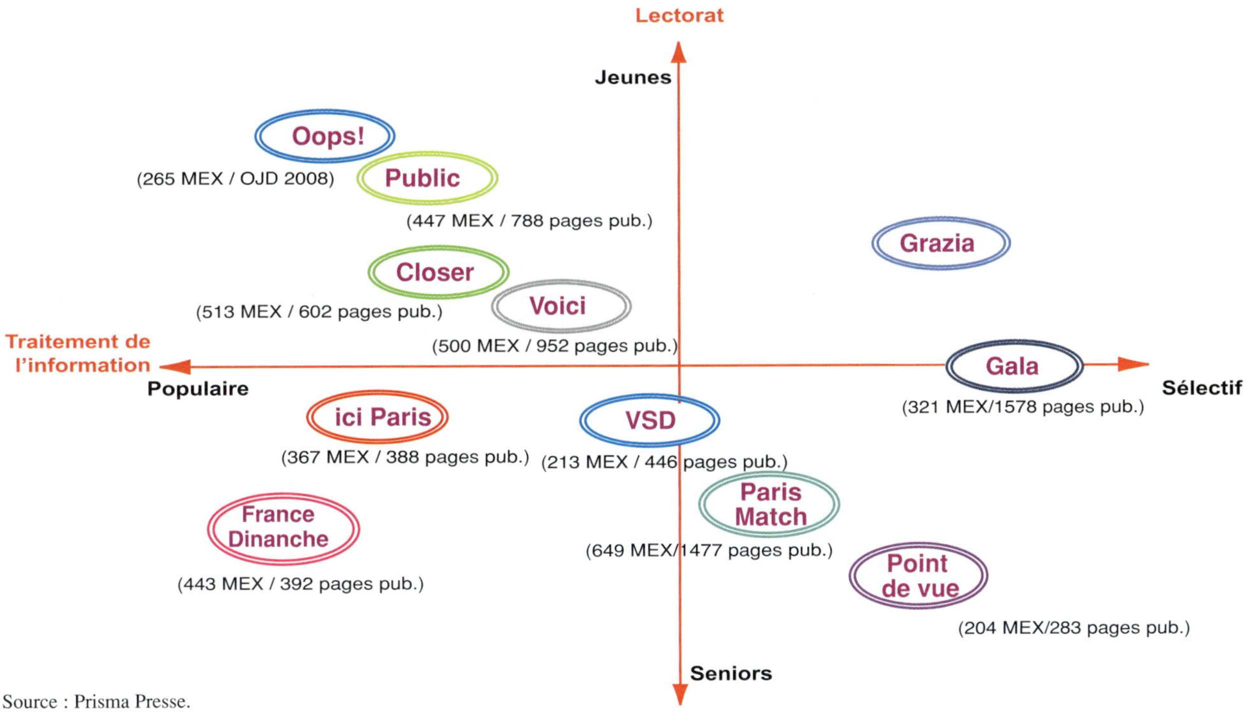

Source : Prisma Presse.

sélectionner le ou les plus pertinents d'entre eux, et choisir une stratégie globale de positionnement. L'entreprise doit s'efforcer ensuite de faire connaître le positionnement choisi et d'en assurer une mise en œuvre efficace.

Identifier les avantages concurrentiels possibles

Pour nouer des relations rentables avec les clients visés, une entreprise doit mieux comprendre leurs besoins que ses concurrents, et leur apporter une valeur supérieure. Dès lors qu'une entreprise se montre capable de se positionner de la sorte, on dit qu'elle acquiert un **avantage concurrentiel**. Pour autant, un positionnement solide ne saurait reposer sur de fausses promesses. Si l'entreprise affirme que son produit offre la meilleure qualité et le meilleur service, il est absolument nécessaire que la prestation soit à la hauteur. Tout commence donc par la possibilité de *différencier* concrètement l'offre marketing, afin de garantir au client une valeur effectivement supérieure.

Avantage concurrentiel
Avantage que l'on acquiert aux dépens de la concurrence, en offrant au client une valeur supérieure, soit par l'adoption d'un prix plus bas, soit par la mise en avant de certains atouts justifiant un prix plus élevé.

Pour déterminer les axes de différenciation, le responsable marketing doit envisager l'expérience globale du client vis-à-vis du produit ou du service proposé. Cinq supports principaux de positionnement peuvent être exploités : le *produit*, les *services*, les *circuits de distribution*, le *personnel* et l'*image*.

La *différenciation par le produit* varie selon les catégories de produits concernées. On trouve d'un côté une série de produits qui n'admettent a priori qu'une différenciation limitée : la farine, les ampoules électriques ou l'aspirine. Cependant, même dans ces cas, on peut trouver des opportunités de différenciation, en étudiant finement le comportement des consommateurs.

▶ La marque Francine a développé une gamme de différentes farines selon les usages : Francine classique, Francine fluide (pour les pâtes liquides comme les crêpes), Francine à gâteaux. ◀

À l'autre extrémité, des catégories comme l'ameublement, l'automobile ou la mode vestimentaire donnent lieu à des déclinaisons quasi infinies, que ce soit sur le plan des caractéristiques, des performances, de l'aspect ou de la conception des produits : Volvo apporte les meilleures innovations en matière de sécurité, Whirlpool commercialise des lave-vaisselle toujours plus silencieux, et Bose se distingue par le design et les qualités acoustiques de ses enceintes.

Plutôt que de différencier le produit en tant que tel, son fabricant peut aussi s'appuyer sur les services qui l'accompagnent. Certaines entreprises appliquent cette *différenciation par le service* en soulignant la rapidité de livraison, la facilité de commande ou l'attention apportée au client.

▶ L'enseigne de magasins de produits électroniques et électroménagers Darty appuie depuis des années son positionnement sur la qualité, la fiabilité et la rapidité de son service après-vente, en prenant comme symbole ses camionnettes sillonnant la France. ◀

Certaines entreprises mettent en place une différenciation par le service en offrant à leurs clients des sessions de formation ou en assurant des prestations de conseil : mise à disposition d'informations, accès à des banques de données ou interventions d'assistance, par exemple.

▶ En France, les magasins de la Fnac sont connus pour mettre gratuitement à la disposition de leur clientèle des guides de comparaison de produits. Ces guides comportent des tableaux comparatifs qui identifient, pour différentes conditions d'utilisation, les meilleurs rapports qualité-prix. Auprès d'une partie de sa clientèle, la Fnac a réussi, par ce biais, à jouir d'une image de conseil, à acquérir la réputation de se préoccuper réellement d'aider le consommateur à effectuer le meilleur choix compte tenu de ses impératifs d'achat. ◀

Les sociétés qui exploitent une *différenciation par les circuits de distribution* acquièrent un avantage concurrentiel en fonction de la couverture, du niveau d'expertise et du degré de performance de leurs points de vente.

▶ Ainsi, Monabanq se différencie dans le monde de la banque par la relation directe entretenue avec les conseillers, qui peuvent être contactés directement par téléphone, par e-mail ou en visio rendez-vous, et par ses horaires étendus (de 8 heures à 22 heures du lundi au vendredi et de 8 heures à 20 heures le samedi). La Banque postale appuie son positionnement de banque de proximité sur le nombre de bureaux de poste en France.

La *différenciation par le personnel* – recrutement et formation d'une main-d'œuvre de qualité – permet là encore de dégager un avantage concurrentiel non négligeable.

Disneyland Paris accorde une grande importance au profil des membres de son personnel. La différenciation par le personnel implique une sélection rigoureuse et une formation adaptée de tous les employés susceptibles d'entrer en contact avec les clients. Chez Disney, on met notamment l'accent sur leur compétence, leur courtoisie et leur serviabilité : qu'il s'agisse des réceptionnistes, des conducteurs de monorail, des surveillants de manèges ou des personnes chargées de l'entretien des rues, chacun doit être expressément formé pour comprendre au mieux le client et « lui donner du bonheur ».

Au Club Med, les GO (les gentils organisateurs) veillent sur le bien-être des GM (les gentils membres, c'est-à-dire les clients). Ils assurent l'animation du village, que ce soit dans le domaine sportif, les soins esthétiques, les clubs enfants, la boutique, etc., mais prennent également leurs repas avec les GM et passent avec eux leurs soirées, en cherchant à chaque instant à leur faciliter la vie.

Même quand des offres concurrentes paraissent identiques, les acheteurs décèlent souvent une différence liée à l'*image* de l'entreprise ou de la marque. Cette image devrait toujours véhiculer les avantages et le positionnement distinctif du produit. Mais le développement d'une image forte et reconnaissable exige une très grande créativité et beaucoup de temps et d'investissements publicitaires.

Les symboles – la double arche de McDonald's, le lion de Peugeot ou les chevrons de Citroën – favorisent la reconnaissance de l'entreprise ou de la marque, dont l'identité peut aussi reposer sur un artiste ou un sportif connu, comme Michael Jordan pour les chaussures Nike du même nom, ou Tiger Woods pour les articles de golf portant sa griffe. Certaines entreprises finissent même par être associées à une simple couleur : le orange pour l'entreprise du même nom, le rouge pour Mumm, ou le jaune moutarde pour la Fnac. Les symboles, personnages et autres éléments graphiques doivent apparaître clairement dans les publicités et véhiculer par ce biais-là la personnalité de l'entreprise ou de la marque.

Sélectionner les avantages concurrentiels pertinents

Supposons qu'une entreprise soit parvenue à identifier plusieurs avantages concurrentiels possibles. Il lui faut à présent sélectionner ceux qui lui permettront d'asseoir sa stratégie de positionnement. Elle doit donc définir *combien* elle veut en promouvoir, et *lesquels*.

Combien d'avantages promouvoir ? De nombreux spécialistes du marketing estiment qu'il vaut mieux promouvoir auprès du marché cible un seul et unique avantage (en anglais *Unique Selling Proposition* ou USP)... Le dentifrice Email Diamant est ainsi entièrement axé sur la blancheur des dents, et cette approche simplifie la communication du positionnement aux clients visés.

D'autres spécialistes préconisent en revanche l'utilisation de plusieurs axes de différenciation, ce qui peut s'avérer nécessaire si deux entreprises ou plus revendiquent une position de leader sur le même attribut. À l'heure où le marché de masse est en train de se fragmenter en une multitude de petits segments, les entreprises cherchent aujourd'hui à élargir leurs stratégies de positionnement afin de séduire un plus grand nombre de ces segments.

Quelles différenciations choisir ? Toutes les différenciations ne sont pas significatives, ni même souhaitables. Une différence utile doit créer de la valeur non seulement pour l'entreprise, mais aussi pour le client. Elle ne présente un réel intérêt qu'à la condition de satisfaire aux critères suivants :

- *importante* : elle offre un avantage substantiel aux yeux des clients visés ;
- *distinctive* : aucun concurrent n'est capable d'apporter cette différence, ou du moins pas d'une manière aussi marquée ;
- *supérieure* : cette différenciation permet d'obtenir une valeur globale supérieure à celle des produits concurrents ;
- *communicable* : elle présente un intérêt clair, visible et explicite ;
- *défendable* : elle est difficile à copier ou à imiter ;
- *accessible* : l'acheteur visé dispose de moyens suffisants pour accepter l'écart de prix ;
- *rentable* : les recettes dégagées par l'exploitation de la différence doivent enrichir l'entreprise.

Choisir des avantages concurrentiels capables de soutenir le positionnement d'un produit ou d'un service peut donc s'avérer difficile, mais c'est aussi là l'une des conditions essentielles du succès.

Proposition de valeur
Positionnement global d'une marque, représentant l'ensemble des avantages qu'elle se propose d'apporter.

Choisir une stratégie globale de positionnement

Le positionnement global d'une marque se traduit par une **proposition de valeur,** qui correspond à l'ensemble des avantages qu'elle se propose d'apporter. Cette proposition de valeur répond à la question du client : « Pourquoi devrais-je acheter votre marque ? »

▶ Celle de Volvo gravite autour de la sécurité, mais intègre également les problématiques de fiabilité, d'espace à bord et de style. Elle tient compte d'un prix de vente supérieur à la moyenne, justifié cependant par l'étendue des avantages offerts. ◀

▶ Celle de Apple intègre le design des produits, mais également la fiabilité et la convivialité dans l'utilisation et l'ergonomie. ◀

Pour évaluer cette proposition de valeur, on peut confronter l'ensemble des avantages offerts par le produit ou le service au client avec le prix demandé. La figure 6.4 illustre les différentes propositions de valeur sur lesquelles une entreprise pourrait positionner ses produits. Sur ce schéma, les cinq cases vertes désignent des propositions gagnantes – celles qui confèrent un avantage concurrentiel à l'entreprise. Les cases bleues, à l'inverse, signalent les propositions perdantes. La case beige, au centre, correspond à une proposition « neutre » et sans grand intérêt. Dans les paragraphes qui suivent,

Figure 6.4
Les différentes propositions de valeur envisageables

Avantages \ Prix	Plus cher	Inchangé	Moins cher
Plus importants	Plus pour plus cher	Plus pour le même prix	Plus pour moins cher
Inchangés			La même chose pour moins cher
Moins importants			Moins pour beaucoup moins cher

nous détaillerons tour à tour les cinq positionnements gagnants : plus pour plus cher, plus pour le même prix, la même chose pour moins cher, moins pour beaucoup moins cher, et plus pour moins cher.

Plus pour plus cher Le positionnement « plus pour plus cher » consiste à fournir le produit ou le service le plus haut de gamme en demandant un prix plus élevé afin de couvrir les coûts.

Les hôtels Sofitel, les stylos Montblanc, les voitures BMW… tous ces produits revendiquent une qualité, un savoir-faire, une durabilité, des performances ou un design supérieurs à la moyenne, et affichent des tarifs en conséquence. L'offre concernée n'est pas seulement d'excellent niveau, elle apporte aussi à l'acheteur un supplément de prestige. Elle symbolise un certain statut social et véhicule l'idée d'un style de vie plus élevé.

Les marques qui proposent uniquement « ce qui se fait de mieux » se retrouvent dans toutes les catégories de produits et de services, depuis l'hôtellerie jusqu'aux appareils électroménagers, en passant par la restauration, l'alimentation, la mode ou l'automobile.

D'un point de vue général, les entreprises ont tout intérêt à se tenir à l'affût des opportunités qui leur permettraient de lancer une marque « premium » dans une catégorie sous-exploitée. Pour autant, ces marques peuvent se montrer vulnérables. Elles attirent souvent nombre d'imitateurs, qui prétendent offrir la même qualité pour un prix

Dans cette communication, Air France promet au voyageur un confort supérieur pour le même prix.

inférieur. Les produits de luxe, qui se vendent bien en période de prospérité, se trouvent particulièrement exposés lorsque le climat économique se dégrade, et que les clients commencent à diminuer leurs budgets de consommation.

Plus pour le même prix Une entreprise peut attaquer le positionnement « plus pour plus cher » d'un concurrent en introduisant une marque capable d'offrir une qualité supérieure pour un prix équivalent.

Lors du lancement de sa gamme Lexus aux États-Unis, Toyota a utilisé par exemple une proposition de valeur « plus pour le même prix », afin de concurrencer Mercedes et BMW. L'annonce disait : « C'est sans doute la première fois que vous pourrez monter en gamme en échangeant une voiture à 72 000 dollars contre une autre à 36 000 dollars. »

La même chose pour moins cher Proposer « la même chose pour moins cher » constitue une proposition de valeur potentiellement très efficace.

Leclerc a lancé un comparateur de prix, sur Internet, baptisé quiestlemoinscher.com, qui compare les prix de 1 466 produits de marques nationales dans 8 enseignes, afin d'orienter le consommateur vers l'enseigne la moins chère, et également de promouvoir son image d'enseigne à bas prix.

Moins pour beaucoup moins cher Il existe pratiquement toujours un marché pour des produits qui offrent moins d'avantages, mais qui coûtent également beaucoup moins cher. Les gens ont rarement le besoin, le désir ou les moyens d'acheter ce qui se fait de mieux dans tous les domaines. Bien souvent, ils se contentent volontiers de performances passables, ou abandonnent le superflu en échange d'un meilleur prix.

Le modèle du *low cost* a ainsi fait des émules dans le transport aérien, mais également dans la location de voiture, ou encore dans l'automobile, avec le lancement de la Logan de Renault. L'idée est de pratiquer des prix minimaux, en se concentrant sur les caractéristiques essentielles du service.

Free a cherché à se positionner en France comme le fournisseur d'accès Internet offrant l'essentiel en étant le moins cher du marché, avec des campagnes publicitaires décalées utilisant le slogan « Il a Free, il a tout compris ».

Plus pour moins cher Bien entendu, la proposition de valeur idéale consiste à donner « plus pour moins cher ». Beaucoup d'entreprises prétendent y parvenir. Et, sur le court terme, certaines d'entre elles réussissent en effet à tenir cette enviable position. Il s'avère néanmoins très difficile de conserver un positionnement aussi ambitieux. Le coût généralement supérieur de l'offre empêche assez vite de respecter le volet « moins cher » de la promesse.

Au bout du compte, chaque marque a pour devoir d'adopter une stratégie de positionnement capable de répondre aux besoins et aux désirs de ses différents marchés cibles : « plus pour plus cher » à destination du premier, « moins pour beaucoup moins cher » à l'intention du deuxième, et ainsi de suite. Au sein d'un marché donné, il y a donc généralement assez de place pour plusieurs entreprises concurrentes, qui occupent chacune avec succès une position spécifique.

L'essentiel est que chaque entreprise élabore une stratégie de positionnement gagnante qui lui soit propre, et qui lui confère un statut privilégié auprès des consommateurs visés. Se contenter d'offrir « la même chose pour le même prix » ne permet en aucune façon d'acquérir un avantage concurrentiel, ni de se démarquer de la masse. Quant aux entreprises qui choisiraient l'une des trois propositions de valeur perdantes – « la même chose pour plus cher », « moins pour plus cher » ou « moins pour le même prix » –, elles sont inévitablement vouées à l'échec. Dans ce genre de cas, en effet, les clients se rendent vite compte qu'ils ont été floués, le font savoir autour d'eux, et se détournent aussitôt de la marque.

Formuler le positionnement choisi

Énoncé de positionnement
Déclaration qui résume le positionnement de l'entreprise ou de la marque. Elle adopte le format suivant : *À (segment et besoin visés), notre (marque) apporte (concept) qui (axe de différenciation).*

Le positionnement de l'entreprise et de la marque doit être résumé sous la forme d'un **énoncé de positionnement**, en s'inspirant du format suivant : *À (segment et besoin visés), notre (marque) apporte (concept) qui (axe de différenciation)*[9].

Par exemple : « Aux *professionnels actifs et mobiles qui doivent toujours se tenir au courant de tout, BlackBerry* apporte *une solution de connectivité sans fil* qui *permet de conserver un accès direct et fiable à vos données, à vos partenaires et à vos ressources, où que vous alliez – et bien plus efficacement qu'avec n'importe quelle autre technologie concurrente.* »

On notera que le positionnement énonce d'abord l'appartenance du produit à une catégorie donnée (solution de connectivité sans fil), avant de préciser ce qui le distingue des autres (plus efficace). Le fait de ranger une marque dans une catégorie spécifique suggère l'existence de certaines similitudes par rapport aux offres concurrentes, mais l'axe de différenciation permet ensuite d'en souligner encore mieux la supériorité.

Il est donc important de réfléchir à la catégorie dans laquelle on souhaite positionner le produit.

Par exemple, Perrier a toujours souhaité plutôt se positionner comme un « soft drink », que comme une eau minérale traditionnelle, comme le montre sa stratégie publicitaire.

Parfois, les responsables marketing jouent la surprise en classant leur produit dans une catégorie inattendue, avant d'expliquer ce qui le différencie des autres.

Ace Délicat, un produit détachant pour les textiles délicats (soie, laine), a pris comme comparaison l'efficacité de l'eau de Javel, qui est une référence importante pour les consommateurs du sud de l'Europe. La stratégie d'implantation en rayon était de se placer entre celui des détachants et celui de l'eau de Javel. Dans le nord de l'Europe, l'eau de Javel n'est pas habituellement utilisée pour le soin du linge, et le produit n'a jamais pu trouver un positionnement satisfaisant.

3.3 Faire connaître et mettre en œuvre la position choisie

Une fois qu'elle a choisi un positionnement intéressant, l'entreprise doit déployer toute son énergie pour le faire connaître et le mettre en œuvre auprès des consommateurs visés. L'ensemble de son mix marketing doit venir soutenir sa stratégie de positionnement.

Le positionnement d'une entreprise réclame bien plus que de simples paroles : l'action concrète est indispensable. Si elle décide d'asseoir sa position sur la supériorité qualitative du produit et du service, elle doit d'abord s'assurer de bien *mettre en œuvre* cette position. La conception du mix marketing – les quatre « P » – nécessite une bonne mise à plat de tous les détails tactiques de la stratégie de positionnement. La société qui brigue un positionnement « plus pour plus cher » sait par exemple qu'elle doit fabriquer des produits de grande qualité, demander un prix élevé, assurer une distribution de haute qualité et diffuser sa publicité par le biais de médias prestigieux. Elle doit recruter et former davantage de personnel affecté aux missions de service, trouver des détaillants particulièrement performants, et développer des arguments de vente et des messages publicitaires capables d'affirmer sa supériorité en la matière. Il n'existe pas d'autre moyen pour elle d'établir une position « plus pour plus cher » qui soit à la fois solide et crédible.

Les entreprises ont souvent plus de facilité à imaginer une bonne stratégie de positionnement qu'à l'appliquer. Asseoir une position ou modifier un positionnement exige en général beaucoup de temps. À l'inverse, un positionnement acquis au terme de plusieurs années de travail peut se perdre très vite. Une fois que l'entreprise a mis en place le positionnement souhaité, elle doit prendre soin de l'entretenir en assurant des performances et une communication constantes. Elle doit aussi surveiller et ajuster sans cesse le positionnement perçu et celui des concurrents, afin de suivre l'évolution du marché. Mais il faut néanmoins éviter tout changement brutal, qui risquerait de perturber les consommateurs. Le positionnement du produit sera donc corrigé peu à peu, afin de l'adapter aux mutations permanentes de l'environnement marketing.

RETOUR SUR LES CONCEPTS-CLÉS

Dans ce chapitre ont été exposés les éléments fondamentaux de la stratégie marketing : la segmentation, le ciblage et le positionnement. Les marketeurs savent bien qu'ils ne peuvent toucher l'ensemble des acheteurs présents sur leur marché, ou du moins qu'il est impossible de s'adresser à tous de la même façon. Les clients sont trop nombreux, trop dispersés, et présentent des besoins et des habitudes d'achat trop variables. En conséquence, la plupart des entreprises pratiquent aujourd'hui un **marketing ciblé**, qui consiste à identifier les différents segments de marché, à sélectionner un ou plusieurs d'entre eux et à développer pour chacun de ceux-là des produits et des programmes marketing « sur mesure ».

1. Définir les trois étapes du marketing ciblé : segmentation, ciblage et positionnement.

La **segmentation** vise à découper le marché en plusieurs groupes d'acheteurs distincts présentant des besoins, des caractéristiques ou des comportements homogènes, et susceptibles d'être sensibles à des produits ou des mix marketing spécifiques. Une fois ces groupes identifiés, le **ciblage** permet d'évaluer l'attractivité de chaque segment, et de choisir ceux auxquels on souhaite s'adresser. Il s'agit ici d'élaborer des stratégies visant à établir les **bonnes relations** avec les **bons clients**. Au niveau du **positionnement**, on détermine enfin comment servir au mieux les clients ciblés, en choisissant un positionnement concurrentiel pour le produit et en formulant un plan marketing détaillé.

2. Énumérer et détailler les principaux critères qui régissent la segmentation des marchés de consommation et d'entreprises.

Il n'existe aucune méthode absolue pour segmenter un marché. Le marketeur doit donc manipuler et combiner différentes variables, afin de dégager les meilleurs critères de segmentation. Sur les marchés de consommation, les grands critères de segmentation sont regroupés en quatre catégories : géographiques, sociodémographiques, psychographiques et comportementaux. La **segmentation géographique** consiste à découper le marché en différentes unités territoriales : pays, régions, départements, villes, quartiers. La **segmentation sociodémographique** repose quant à elle sur des variables telles que l'âge, le sexe, la taille du foyer, le revenu, le niveau d'éducation, le cycle de vie familial, l'appartenance religieuse, la nationalité, la catégorie socioprofessionnelle (CSP), la classe économico-sociale ou la classe sociale. La **segmentation psychographique** s'appuie pour sa part sur des critères qui se rapportent au style de vie des personnes, à leurs valeurs et à leur personnalité. Enfin, la **segmentation comportementale** consiste à former des groupes de clients homogènes du point de vue de leurs motivations, de leurs attitudes et de leurs comportements d'achat ou de consommation à l'égard d'un produit.

Sur les marchés industriels, on utilise essentiellement les mêmes types de segmentation. Mais on peut aussi faire appel à d'autres variables, comme par exemple les **données démographiques** des clients (secteur d'activité, taille de l'entreprise), les **paramètres d'exploitation**, les **méthodes d'achat**, les **facteurs conjoncturels** ou les **caractéristiques personnelles** des acheteurs. Pour qu'une analyse de segmentation soit efficace, les segments définis doivent être **mesurables**, **accessibles**, **substantiels**, **différenciables** et **exploitables**.

3. Expliquer comment les entreprises peuvent identifier les segments de marché intéressants et choisir une stratégie marketing adéquate.

Pour sélectionner les meilleurs segments de marché, on doit d'abord évaluer leur attractivité structurelle, et notamment la taille et le taux de croissance de chacun, et leur compatibilité avec les objectifs et les ressources de l'entreprise. Il faut choisir ensuite parmi quatre stratégies marketing possibles – de la plus large à la plus étroite. Une stratégie de **marketing indifférencié (ou de masse)** consistera à ignorer ce qui distingue les différents segments, et à cibler l'ensemble du marché à l'aide d'une offre unique. On pourra aussi adopter un **marketing différencié**, en élaborant des offres distinctes pour chaque segment. Avec le **marketing concentré (ou de niche)**, on se focalisera uniquement sur un petit nombre de segments. Enfin, le **micromarketing** proposera d'adapter précisément les produits et les programmes marketing aux goûts particuliers de certains individus – **marketing personnalisé** – ou de certaines clientèles locales – **marketing localisé**. La stratégie idéale dépendra des ressources de l'entreprise, de la différenciation possible des produits, de la phase du cycle de vie du produit commercialisé, de la variabilité du marché et des stratégies marketing de la concurrence.

4. Expliquer comment les entreprises peuvent positionner leurs produits pour acquérir un avantage concurrentiel maximal.

Une fois que l'entreprise a choisi les segments auxquels elle entend s'attaquer, il lui faut définir une stratégie de **positionnement** – autrement dit, déterminer la position qu'elle s'efforcera d'occuper sur les segments en question. Le processus de positionnement s'articule en trois étapes : (1) identifier l'ensemble des avantages concurrentiels sur lesquels il serait possible d'asseoir une position donnée ; (2) sélectionner les plus pertinents d'entre eux ; et (3) fixer une stratégie globale de positionnement. Le positionnement global d'une marque se traduit par une **proposition de valeur,** qui représente l'ensemble des avantages qu'elle se propose d'apporter. En règle générale, les entreprises ont le choix entre cinq propositions gagnantes : plus pour plus cher, plus pour le même prix, la même chose pour moins cher, moins pour beaucoup moins cher, et plus pour moins cher. Le positionnement de l'entreprise et de la marque se trouve ensuite résumé sous la forme d'un **énoncé de positionnement**, qui stipule le segment et le besoin visés, le concept de base du positionnement et ses axes de différenciation spécifiques. Il ne reste plus alors qu'à faire connaître et à mettre en œuvre le positionnement choisi.

Activités

Questions de réflexion et de mise en pratique

1. Quelles sont les hypothèses sur les perceptions des consommateurs sous-jacentes à l'utilisation des cartes perceptuelles ?
2. Peut-on définir un positionnement sans avoir segmenté le marché ? Pourquoi ?
3. Quels sont les critères de segmentation pertinents selon vous sur le marché des yaourts ?
4. Quels sont les dangers pour une entreprise d'une hypersegmentation de son marché ?
5. Dans le domaine des cosmétiques, les marques ciblent essentiellement les femmes. Une marque comme Lancôme a développé depuis quelques années une gamme de cosmétiques pour les hommes. Quels sont d'après vous les obstacles pour cibler cette nouvelle catégorie de consommateurs ?
6. La Compagnie des Femmes propose des assurances auto 10 à 20 % moins chères pour les femmes. Quelle est selon vous la justification d'une telle pratique ? Quels en sont les risques ?
7. Le slogan d'un modèle de Fiat était : « Il y a moins bien, mais c'est plus cher ». À quelle stratégie cela correspond-il ?
8. Quels sont selon vous les critères de segmentation utilisés sur le marché de la lessive ?
9. Maeva et Pierre&Vacances sont des enseignes différentes d'un même groupe. Pourquoi adopter des noms différents ?
10. Skoda, marque automobile tchèque rachetée par Volkswagen dans les années 1990, a peiné à développer ses ventes en France, du fait notamment d'une mauvaise image de marque. Comment peut-elle faire évoluer son positionnement ?

Étude de cas : SFR et le marché du petit abonnement en 2008

Le marché des communications mobiles en France est un marché de plus en plus mature. Le taux d'équipement continue à progresser faiblement et inégalement selon les cibles : il est en 2008 de 81 % pour les 10-70 ans, mais dépasse les 95 % sur les 15-25 ans et est de 70 % chez les seniors de plus de 60 ans, en forte progression.

Le marché du petit abonnement correspond aux forfaits de téléphonie de moins de 2 heures par mois. Ce segment représente en 2008 environ un tiers du chiffre d'affaires des communications sur téléphone mobile en France et est en forte croissance. Ces forfaits existent à la fois en version bloquée et non bloquée, en parts environ égales en termes de chiffre d'affaires. Le bloqué représente une part croissante du chiffre d'affaires du petit abonnement.

En 2008, SFR est bien positionné sur le marché du non-bloqué, mais possède une part de marché relativement faible sur le segment du bloqué. L'entreprise s'interroge sur la segmentation de la clientèle et sur une éventuelle évolution de sa gamme de forfaits « petit abonnement », à la fois sur le bloqué et le non-bloqué.

L'ensemble des opérateurs est présent sur le petit abonnement, que ce soient les trois opérateurs classiques, SFR, Orange et Bouygues, mais également les opérateurs dits virtuels, qui ne possèdent pas de réseau en propre, comme NRJ Mobile ou Virgin Mobile. La gamme SFR sur les petits abonnements bloqués est baptisée « les Séries MTV », en partenariat avec la chaîne musicale. Le forfait 1 heure est à 19,90 euros ; 24,90 euros pour 1 h 30 ; 29,90 pour 2 heures et 35,90 euros pour 3 heures, incluant textos + messengers illimités à partir du forfait 1 heure 30 ou 2 fois plus de temps de communication vers 3 numéros, quel que soit l'opérateur. Pour le forfait 1 heure, les textos et messengers illimités sont restreints aux mercredis et au week-end, et à la plage horaire 17 h-24 h les autres jours.

Chez Orange, on propose deux gammes de forfaits bloqués :

- Les forfaits M6 Mobile, de 1 heure (ou 200 SMS), 1 h 30 (ou 250 SMS) ou 2 heures (ou 300 SMS), avec des appels illimités, des SMS illimités, et Internet illimité le soir après 20 heures et le week-end. L'offre comprend également une connexion illimitée 24 heures sur 24 à 6 chaînes télé du bouquet M6. Les tarifs mensuels sont respectivement de 19,99 euros, 24,99 euros et 29,99 euros, selon la durée.
- Le forfaits Zap, de 40 minutes à 1 h 30, allant de 15 à 26 euros et comprenant également des SMS illimités de 16 heures à 20 heures, ou 24 heures sur 24 dans la formule la plus chère.

Bouygues Telecom est présent sur ce marché *via* Universal Mobile. La gamme comprend une offre d'entrée de gamme à 14,90 euros pour 40 minutes, avec les SMS payants, une offre 1 heure avec SMS illimités à 19,90 euros et une offre avec SMS et musique illimités à 24,90 euros pour 1 h 30 et 29,90 euros pour 2 heures.

La gamme sur le non-bloqué se structure chez SFR en deux sous-gammes : Essentiel et Essentiel Maxi.

La gamme Essentiel démarre à 25,90 euros pour 1 heure, puis 32,90 euros pour 2 heures et 38,90 euros pour 3 heures. Elle inclut les appels illimités 24 heures sur 24, 7 jours sur 7 vers trois numéros SFR (ou fixes pour les forfaits à partir de 2 heures).

Les tarifs de la gamme Essentiel Maxi s'établissent à 26,90 euros (1 heure), 32,90 euros (2 heures) et 39,90 euros (3 heures). Ils incluent deux fois plus de temps entre 18 h et 8 h et le week-end, et, pour les moins de 26 ans, les textos et MMS illimités vers tous les opérateurs de 18 h à 8 h, et les appels illimités 24 heures sur 24, 7 jours sur 7, vers trois mobiles SFR.

Chez Orange, des forfaits non bloqués de 1 heure, 2 heures, 3 heures sont disponibles, à respectivement 26 euros, 34 euros, 39 euros, 49 euros ; ils incluent 10 SMS par mois et des appels illimités vers trois numéros Orange mobile au choix de l'abonné. Il existe également une offre simple de 1 heure sans engagement à 20 euros par mois.

Chez Bouygues, le forfait 1 heure d'appels est à 17,90 euros par mois. Il existe également deux autres gammes :

- La gamme « Deux fois plus », où le temps de communication est doublé après 18 heures et le week-end, vers tous les opérateurs.
- La gamme deux fois plus + SMS illimités, où les abonnés bénéficient en plus de SMS ou MMS illimités le soir et le week-end.

Les attentes des consommateurs varient selon leur profil et leur âge. Ainsi, les moins de 18 ans ne payent en général pas eux-mêmes leur forfait, et les parents sont fortement demandeurs de forfaits bloqués afin de contrôler les dépenses. Les plus âgés, moins habitués au téléphone mobile, ont en général une consommation limitée et privilégient le fait d'être joignables. Leur réseau familial ou d'amis n'est pas non plus nécessairement adepte du mobile.

Les plus jeunes communiquent beaucoup par SMS, alors que les plus de 30 ans en sont beaucoup moins friands. Ils sont également amateurs de « bons plans », comme des contenus musicaux gratuits ou des appels illimités vers leurs amis.

Questions :

1. Quels sont les critères qui vous paraissent pertinents pour segmenter ce marché ?
2. Quels sont selon vous les segments prioritaires pour SFR ?
3. Quelles propositions faire à SFR pour sa nouvelle gamme ?

Notes

1. Voir notamment Jean-Paul Treguer, *Le Senior Marketing,* Dunod, 2002, et senioragency.fr.
2. Informations issues du site http://home.americanexpress.com/home/mt_personal.shtml.
3. C'est l'approche qui a été développée par Shapiro, B. et Bonoma, P. « How to segment industrial markets », *Harvard Business Review*, mai 1984.
4. Arundhati Parmar, « Global Youth United », *Marketing News*, 28 octobre 2002, pp. 1-49 ; « Teen Spirit », *Global Cosmetic Industry*, mars 2004, p. 23 ; Johnnie L. Roberts, « World Tour », *Newsweek*, 6 juin 2005, pp. 34-36 ; and the MTV Worldwide Web site, www.mtv.com/mtvinternational.
5. Michael Porter, *Competitive Advantage,* New York, Free Press, 1985, pp. 4-8, 234-236. Pour des discussions plus récentes, voirStanley Slater et Eric Olson, « A Fresh Look at Industry and Market Analysis », *Business Horizons,* janvier-février 2002, pp. 15-22 ; Kenneth Sawka et Bill Fiora, « The Four Analytical Techniques Every Analyst Must Know: Porter's Five Forces Analysis », *Competitive Intelligence Magazine,* mai-juin 2003, p. 57 ; Philip Kotler, Kevin Keller, Bernard Dubois et Delphine Manceau, *Marketing Management*, 12e éd., Pearson Education, 2006, pp. 392-393.
6. On lira un très bon exposé sur la personnalisation de masse et la gestion des relations avec les clients dans l'ouvrage de Don Peppers et Martha Rogers, *Managing Customers Relationships: A Strategic Framework,* Hoboken, N.J., John Wiley & Sons, 2004, chapitre 10.
7. Source : Audrey St Sever, mémoire de MS Marketing, que l'auteur remercie.
8. Source : Prisma Press.
9. Bobby J. Calder et Steven J. Reagan, « Brand Design », *in* Dawn Iacobucci, ed., *Kellogg on Marketing,* New York, John Wiley & Sons, 2001, p. 61.

Partie 3

Bâtir l'offre marketing

Chapitre 7

AU TERME DE CE CHAPITRE, VOUS SAUREZ

1. **Définir la notion de *produit* et les principales classifications des produits et des services.**
2. **Décrire les décisions que les entreprises sont amenées à prendre à l'égard de leurs produits et de leurs services, de leurs gammes, et de leurs portefeuilles de produits.**
3. **Expliquer l'articulation d'une stratégie de marque – les décisions que l'entreprise doit prendre pour construire et gérer une marque.**
4. **Identifier les différentes caractéristiques susceptibles d'affecter le marketing d'un service et les conséquences en termes de marketing.**
5. **Évaluer les enjeux de la politique de produit, de marque et de service à l'international.**

Les produits, les services et la stratégie de marque

Nous chercherons tout d'abord dans ce chapitre à définir ce qu'est un produit, notamment en présentant les méthodes de classement utilisées sur les marchés de grande consommation et *business-to-business*. Seront ensuite évoquées les grandes décisions que les responsables marketing sont amenés à prendre à l'égard de leurs produits, de leurs gammes et de leur portefeuille de produits. Nous examinerons alors la question vitale de la construction et de la gestion des marques, avant d'aborder, pour finir, les caractéristiques et les exigences marketing d'une forme particulière de produits : les services.

1. Qu'est-ce qu'un produit ?

Produit
Tout ce qui peut être offert, acquis ou consommé sur un marché afin de satisfaire un besoin ou un désir.

Service
Toute activité ou prestation, par définition intangible, qu'une première partie peut offrir à une seconde et qui n'occasionne pas de transfert de propriété.

La notion de **produit** ne se limite pas aux seuls biens tangibles. Elle intègre également les services, les événements, les lieux géographiques, les organisations, les idées, les personnes ou bien encore n'importe quelle combinaison de ces différentes entités. Dans le présent ouvrage, c'est l'acception la plus large qui est utilisée, de telle sorte qu'un séjour en Europe, un service d'investissement en ligne ou un conseil délivré par votre médecin de famille sont considérés comme des produits, au même titre qu'un iPod d'Apple, qu'une Renault Modus ou qu'un yaourt Danone.

Étant donné la place qu'ils occupent dans l'économie mondiale, on accordera une attention particulière aux services. Les **services** représentent une forme de biens qui offrent à la vente un ensemble d'activités, de prestations par définition intangibles, et qui n'occasionnent aucun transfert de propriété. La banque, l'hôtellerie, le transport aérien, le commerce de détail et les services de dépannage à domicile en fournissent quelques exemples. Ils feront l'objet d'un exposé approfondi un peu plus loin dans ce chapitre.

1.1 Produits, services et expériences

Le produit constitue un élément clé de l'*offre commerciale*. La planification du mix marketing commence par la formulation d'une offre capable d'apporter de la valeur aux consommateurs visés. Cette offre forme alors le socle qui permet à l'entreprise de bâtir des relations rentables avec sa clientèle.

L'offre commerciale comporte fréquemment à la fois des biens tangibles et des services, chacune de ses composantes représentant une part plus ou moins importante de l'offre totale. L'offre peut d'un côté se limiter à un *pur produit tangible*, tel qu'une savonnette, un tube de dentifrice ou un paquet de sel, sans qu'aucun service y soit rattaché. À l'autre extrémité du spectre, on trouve les *purs services*. Les examens médicaux, l'enseignement ou les services financiers entrent notamment dans cette catégorie. Entre ces deux extrêmes, de nombreuses combinaisons biens/services sont possibles.

Aujourd'hui, la banalisation des produits et des services oblige beaucoup d'entreprises à trouver d'autres moyens de créer de la valeur pour leurs clients. Au-delà de la simple production de biens ou de services, elles proposent, pour se différencier, de vivre avec elles une véritable *expérience*.

La dimension expérientielle a toujours occupé une place importante dans l'industrie du divertissement, mais aujourd'hui d'autres entreprises de services, comme les entreprises de distribution, le transport, les services à la personne (esthétique), cherchent à fournir une véritable expérience à leurs clients. Elles ont compris que les clients achetaient en réalité bien plus qu'un produit ou une solution à un problème.

▶ Fondée en 1995, la marque Caudalie a développé une gamme de cosmétiques de luxe utilisant les vertus des polyphénols contenus dans la vigne et le raisin. En 1999, l'entreprise ouvre sur son site du château Smith-Haut-Lafitte, dans le Bordelais, un spa haut de gamme, « Les Sources de Caudalie ». Plus que des soins, l'endroit propose à ses clients une expérience unique, combinant des soins de « vinothérapie » à la dégustation de la haute gastronomie française, en passant par « Le bar du French Paradox », où l'on peut déguster au verre les meilleurs crus du monde, et « La Tour des Cigares », un club de dégustation de cigares en haut d'une tour, avec une vue panoramique sur les vignobles. ◀

1.2 Niveaux de produits et de services

Dans la pratique, on distingue utilement trois niveaux de produits (voir figure 7.1). Chaque niveau augmente la valeur de l'offre pour le consommateur. Au niveau le plus fondamental se trouve l'*avantage essentiel*, la réponse à la question « Qu'est-ce que le client achète ? ». Lorsqu'ils conçoivent un produit, les responsables marketing doivent d'abord définir les avantages ou les bénéfices que recherche en premier lieu le client pour résoudre son problème. Quand une femme achète un tube de rouge à lèvres, elle achète plus qu'une coloration pour les lèvres. Elle achète de la séduction.

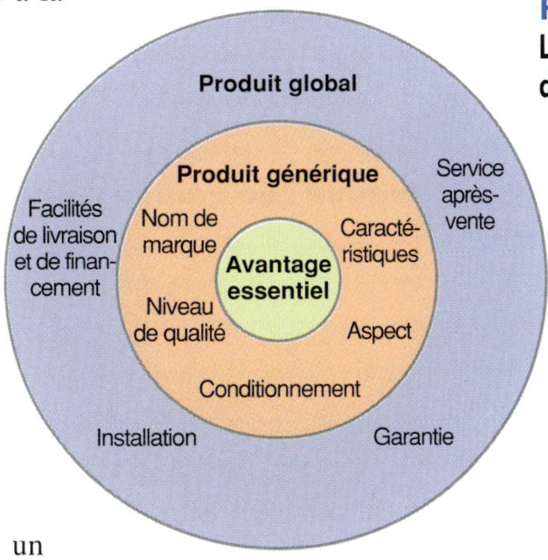

Figure 7.1 **Les trois niveaux de produits**

▶ Si le bénéfice est d'avoir des dents blanches, il peut être couvert par plusieurs produits, comme un dentifrice blanchissant, des produits spécifiques pour le blanchissement des dents, un détartrage chez le dentiste. Si le bénéfice est d'arrêter de fumer, les solutions pour le client peuvent être aussi variées que les patchs, le sport, le chocolat, ou l'assistance psychologique…

Au deuxième niveau, il convient de transformer l'avantage essentiel en un *produit générique*. Il faut pour cela fixer les caractéristiques du produit, définir son aspect, décider d'un niveau de qualité, choisir un nom et concevoir un emballage.

Kandoo est une lingette conçue par Pampers pour permettre aux enfants qui commencent à aller aux toilettes de s'essuyer seuls. Ce bénéfice s'appuie sur les caractéristiques du produit : une lingette imprégnée, qui peut être jetée dans les toilettes, avec un packaging ludique comportant un gros bouton poussoir qui peut facilement être actionné par les enfants. Le packaging comporte des explications fournies par une petite grenouille, mascotte de la marque.

Samsonite a toujours été positionnée sur la résistance de ses bagages, et introduit ici de façon très visuelle l'argument de la légèreté.

Enfin, le rôle du marketing est d'assembler autour de l'avantage essentiel et du produit réel un *produit global* qui offrira au client certains services et bénéfices supplémentaires.

Les consommateurs envisagent les produits comme un ensemble d'avantages capables de satisfaire leurs besoins. Lors de l'élaboration du produit, les concepteurs doivent d'abord identifier les besoins *essentiels* qu'il aura à combler. Ils doivent ensuite concevoir le produit *générique* et trouver le moyen de l'enrichir pour aboutir au produit *global*, et composer ainsi l'ensemble des caractéristiques qui offriront l'expérience client la plus satisfaisante.

1.3 Classification des produits et des services

Les produits et les services se répartissent en deux grandes classes – *produits de grande consommation* et *produits industriels* –, en fonction du type de client qui les utilise. Sous l'appellation de produit, on englobe aussi au sens large d'autres entités commercialisables telles que les expériences, les organisations, les endroits et les idées, et même les personnes.

Produit de grande consommation
Produit acquis par le client final pour sa consommation personnelle.

Bien d'achat fréquent
Bien de consommation que le client a l'habitude d'acheter fréquemment, souvent rapidement et avec un minimum d'effort de comparaison.

Produits de grande consommation

Les **produits de grande consommation** désignent des biens et des services acquis par les clients finaux pour leur consommation personnelle.

D'autres distinctions peuvent être faites selon la fréquence d'achat des produits et le degré d'implication des consommateurs dans l'achat. Cela suppose des processus d'achat différents et donc des stratégies marketing différentes de la part des entreprises.

On peut ainsi distinguer des **biens d'achat fréquent**, et des biens durables. Dans le cas d'un bien d'achat fréquent, les consommateurs ont acquis des habitudes et sont souvent faiblement impliqués dans l'achat.

Pour les biens durables, l'implication est plus forte, ne serait-ce que pour des raisons financières, car le prix est plus élevé en valeur absolue. Les consommateurs vont donc avoir une stratégie de collecte d'information et de comparaison plus importante. Cette implication peut également être liée au plaisir associé à l'achat ou à la consommation du produit, ce qui conduit souvent à une forte différenciation perçue entre les marques.

Le tableau 7.1 montre les contextes d'achat et le type de contexte marketing pour ces deux catégories de produits. De nombreux produits se trouvent cependant dans des situations intermédiaires.

Tableau 7.1 Considérations marketing relatives aux produits de grande consommation

	Bien d'achat fréquent	Bien durable
Comportement d'achat du client	Achat fréquent, sans planification, avec un effort de comparaison minimal et une faible implication du client	Achat moins fréquent, avec un effort de planification et de réflexion important, et une comparaison des marques sur le prix, la qualité et le style
Prix	Faible	Plus élevé
Distribution	Très répandue, avec une facilité d'accès maximale Vente en libre-service	Nombre de points de vente plus réduit Rôle important des vendeurs spécialisés
Promotion	Publicité de masse	Utilisation de moyens plus ciblés comme le marketing direct
Exemples	Dentifrice, pâtes alimentaires, lessive	Gros électroménager, télévision, meubles, vêtements

Produits industriels

Les *produits industriels* sont ceux que l'on achète en vue d'une transformation ultérieure ou pour alimenter l'activité de l'entreprise. La distinction avec un bien de consommation repose donc sur la *finalité* de l'achat. Si un individu fait l'acquisition d'une tondeuse pour l'utiliser dans son jardin, il s'agit d'un bien de consommation. Mais si la même personne achète la même tondeuse pour son activité de paysagiste, elle devient un produit industriel.

▶ Par exemple, Michelin commercialise des pneus dits de première monte auprès des constructeurs automobiles, mais également auprès des particuliers, pour le renouvellement ou pour des pneus spéciaux (pluie, neige). Nespresso vend ses machines à expresso aux particuliers, mais également aux entreprises pour l'équipement des bureaux. ◀

Les produits industriels se divisent en trois groupes : *matières premières et composants*, *biens d'équipement*, *fournitures et services*. Le premier groupe englobe d'une part les produits agricoles (blé, coton, bétail, fruits et légumes) et les ressources naturelles (halieutiques, pétrolières, houillères, etc.), d'autre part les produits manufacturés – composants (acier, ciment, fil métallique) et pièces (moteurs, pneus, moules). La plupart des produits manufacturés sont vendus directement aux utilisateurs industriels. Le prix et le service constituent les facteurs marketing essentiels, tandis que l'image de marque et la publicité revêtent généralement beaucoup moins d'importance.

Les biens d'équipement sont des produits industriels qui concourent aux productions ou aux activités de l'acheteur. Ils comprennent d'une part l'équipement de base – les achats importants, comme les bâtiments (usines, bureaux) et les installations fixes (générateurs, machines, grands systèmes informatiques) –, d'autre part l'équipement accessoire – c'est-à-dire le matériel et l'outillage léger (outils, chariots élévateurs) ainsi que l'équipement de bureau (ordinateurs, télécopieurs, chaises). Cet équipement accessoire présente une durée de vie plus faible que l'équipement de base et se contente de soutenir le processus de production.

Les fournitures et les services représentent le dernier groupe de produits industriels. On peut distinguer deux types de fournitures : les fournitures d'exploitation (lubrifiants, charbon, papier, crayons) et les fournitures d'entretien (peintures, clous, balais). Elles constituent l'équivalent industriel des biens de consommation courante, dans la mesure où leur acquisition n'exige guère d'efforts de la part de l'acheteur et ne donne lieu qu'à des comparaisons minimales. Les services englobent de leur côté l'entretien et la réparation (nettoyage des vitres, maintenance informatique) ainsi que les conseils (juridiques, publicitaires, fiscaux, etc.). Ils font généralement l'objet de contrats négociés.

Organisations, personnes, endroits et idées

Les concepts et les pratiques marketing sont de plus en plus répandus, y compris en dehors des entreprises commerciales à strictement parler, auprès des associations humanitaires, des collectivités locales, des clubs de sport, des organisations culturelles, des partis politiques… C'est pourquoi la notion d'offre commerciale peut être élargie pour inclure les organisations, les endroits, les causes, les idées, et même les personnes.

- Les organisations, entreprises et associations à but non lucratif entreprennent souvent diverses actions qui leur permettent de « se vendre » auprès du public. Elles utilisent pour cela la *communication institutionnelle*, qui vise à façonner, à entretenir ou à modifier les attitudes et les comportements des consommateurs à leur égard. Pour soigner leur image, elles financent des campagnes de publicité ou de relations publiques axées sur l'image de la société. L'offre commerciale est alors l'organisation dans son ensemble.

▶ Areva, dont l'activité est de commercialiser des équipements pour la production d'énergie nucléaire ou d'énergies renouvelables, communique cependant régulièrement à destination du grand public. L'entreprise associe notamment son image à l'athlétisme et a annoncé un programme complet de partenariat avec les instances de ce sport, dont les valeurs sont proches de celles de sa marque, ce qui est illustré par le slogan « L'énergie des athlètes est en vous ». ◀

- Le *marketing territorial* englobe toutes les activités visant à façonner, à entretenir ou à modifier les attitudes ou les comportements à l'égard de certains lieux. Les villes, les départements, les régions et même les nations se font concurrence pour attirer touristes, usines, sièges d'entreprises et nouveaux résidents.

▶ Sur le site goisrael.com, l'Office du tourisme israélien décrit les différents attraits touristiques du pays, en distinguant notamment entre les loisirs purs et les sites d'intérêt religieux[1]. ◀

- Les personnes peuvent elles aussi être envisagées comme des produits. Le *marketing des personnes* regroupe toutes les activités visant à façonner, à entretenir ou à modifier les attitudes ou les comportements à l'égard d'un individu. Les hommes politiques, les artistes, les sportifs, mais aussi les médecins, les avocats ou les architectes utilisent tous cette forme de marketing pour se bâtir une réputation et renforcer leur position sur le marché.
- Les *idées et les causes sociales*, enfin, peuvent également être promues en utilisant des techniques du marketing. On parle à cet égard d'un **marketing social**, défini comme l'utilisation de concepts et d'outils commerciaux dans le cadre de programmes marketing destinés à influencer le comportement des individus, afin d'accroître leur bien-être et celui de la société tout entière[2].
- Les programmes de marketing social incluent notamment les campagnes de santé publique contre le tabac, l'alcool, la consommation de stupéfiants ou les gaspillages d'énergie. D'autres efforts se focalisent par exemple sur la préservation de l'environnement, la protection de la faune sauvage et la qualité de l'air. D'autres encore portent sur des questions relatives au planning familial, aux droits de l'homme ou à l'égalité des chances.

Marketing social
Élaboration, mise en œuvre et contrôle des programmes marketing visant à accroître l'acceptabilité d'une idée, d'une cause ou d'une pratique sociale au sein d'un groupe cible.

▶ Handicap International est une association de solidarité internationale spécialisée dans le domaine du handicap, qui « agit et milite partout où vivre debout ne va pas de soi ». Elle utilise pour cela différents moyens, comme des campagnes publicitaires, des manifestations publiques, et notamment les pyramides de chaussures, dont la quinzième édition française a eu lieu en septembre 2009 à Paris et dans 32 villes françaises. L'objectif est de mobiliser le grand public par un événement spe taculaire et symbolique et d'interpeller par cet intermédiaire l'ensemble des États pour les inciter à interdire les mines antipersonnel et les bombes à sous-munitions. L'association utilise également des techniques de marketing direct comme le courrier ou Internet, pour solliciter et recueillir des dons. Elle a également organisé en 2009, en partenariat avec Leroy Merlin, le 13e concours des Papas bricoleurs et des Mamans astucieuses, destiné à récompenser les idées simples et ingénieuses pour favoriser l'autonomie et faciliter le quotidien des enfants handicapés. ◀

Les techniques du marketing peuvent être utilisées également dans le domaine politique ou dans le domaine artistique, pour la promotion d'un candidat à une élection, ou celle d'un roman ou d'un film. Cependant, dans ces deux cas, le recours à des études marketing peut être critiquable. En effet, dans le cas du marketing politique, la définition d'un programme politique en fonction des seuls désirs des électeurs potentiels peut être qualifiée de démagogique. Dans le cas de la culture, on peut estimer que les études peuvent brider l'expression du créateur. Il peut donc être intéressant d'avoir recours à des techniques marketing, de façon ponctuelle, et sans perdre de vue les besoins et la satisfaction à très long terme des citoyens ou des spectateurs.

2. Décisions relatives aux produits et aux services

Les décisions relatives aux produits et aux services interviennent à trois niveaux : celui des références, celui des gammes, et celui du mix des produits.

2.1 Produits et services individuels

La figure 7.2 illustre les décisions essentielles qui jalonnent le développement et le marketing des produits et des services individuels. On se concentrera ici sur celles qui concernent les *attributs du produit*, le *choix d'une marque*, le *conditionnement*, l'*étiquetage* et les *services annexes*.

Figure 7.2
Décisions relatives à une référence produit

Attributs du produit

Le développement d'un produit ou d'un service implique de définir les avantages qu'il doit offrir. Ces avantages sont communiqués et délivrés par les attributs du produit – sa qualité, ses caractéristiques, ainsi que son style et son design.

Qualité d'un produit
Capacité d'un produit à assurer sa fonction, et plus largement à créer de la valeur et à satisfaire le client.

Qualité La **qualité d'un produit** constitue l'un des principaux outils de positionnement du marketing. Dans son acception la plus stricte, la qualité peut être définie comme « l'absence de défaut ». Mais, du point de vue du marketing, cela va bien au-delà. Pour le marketing, la qualité se définit plus largement comme la capacité du produit à créer de la valeur et à satisfaire le client. L'Association française de normalisation (AFNOR) définit d'ailleurs la qualité comme l'« ensemble des propriétés et caractéristiques d'un produit ou service qui lui confèrent l'aptitude à satisfaire des besoins exprimés ou implicites ». Siemens utilise pour sa part la formule suivante : « La qualité, c'est quand nos clients reviennent chez nous mais que nos produits restent chez eux[3]. » L'idée est donc qu'il ne s'agit pas seulement d'une qualité objective, qui pourrait être définie comme la conformité à un cahier des charges, mais également d'une qualité perçue par le consommateur. Elle peut combiner la durabilité, la fiabilité, la précision, la facilité d'usage et de réparation, et tous les attributs qui seraient jugés importants par le consommateur, à court et à long terme.

Le *management par la qualité totale* (en anglais *total quality management*, ou *TQM*) représente une démarche dans laquelle tous les membres de l'entreprise s'efforcent d'améliorer en permanence la qualité des produits, des services et des procédés.

Dans le cadre d'une recherche de satisfaction pour le client, les principes de *qualité totale* constituent toujours l'une des conditions fondamentales du succès. Bien que de nombreuses firmes aient abandonné l'appellation de TQM, le souci d'apporter au client une qualité optimale s'est imposé chez la plupart comme une règle essentielle de fonctionnement. Les entreprises suivent désormais une optique de « retour sur qualité » ; elles envisagent la qualité comme un investissement et contrôlent l'impact de leurs efforts sur les résultats financiers[4].

La qualité d'un produit se mesure sur deux axes : son niveau et sa constance. Lorsqu'il conçoit un nouveau produit, le responsable marketing doit fixer avant tout le *niveau de qualité* adapté au positionnement choisi, « qualité » étant pris ici dans le sens de « performance perçue » – la capacité du produit à assurer sa fonction. Une Vel Satis offrira par exemple une meilleure qualité qu'une Twingo : intérieur plus soigné, confort supérieur et durée de vie plus longue. Les entreprises cherchent rarement à fournir le niveau de performance le plus élevé possible. La grande majorité des clients n'en expriment pas le désir, et tout le monde ne possède pas les moyens d'acheter une Vel Satis, ou de séjourner dans un palace. L'objectif est de fixer un niveau de qualité/prix qui corresponde aux attentes du marché visé et à celui des produits concurrents.

Outre son niveau, une bonne qualité se définit aussi par sa constance. La question se rapporte ici à la *conformité* du produit : absence de défaut, et *constance* dans la fourniture du niveau de performances souhaité. Toutes les entreprises, sans exception, doivent s'efforcer d'obtenir un niveau élevé de conformité. Si l'on adopte cette perspective, une voiture d'entrée de gamme ou un hôtel économique peuvent présenter une qualité équivalente à une Ferrari ou un hôtel de luxe. Même si leurs performances sont inférieures, rien ne les empêche de fournir, compte tenu du prix payé et des attentes du client, une qualité tout aussi constante.

De nos jours, beaucoup d'entreprises font du souci de qualité à l'égard du client une arme stratégique majeure. En répondant systématiquement et de façon rentable à ses besoins et à ses exigences, elles lui apportent un supplément de valeur et parviennent ainsi à le satisfaire.

Caractéristiques Un produit peut présenter des caractéristiques variables. Le modèle de base, sans aucune option, constitue le point de départ, dit d'entrée de gamme. L'entreprise peut alors créer des versions plus évoluées, en ajoutant peu à peu différentes fonctionnalités. Ces différentes fonctionnalités et options lui permettent de bien différencier son produit de ceux des concurrents. Être la première à introduire une fonctionnalité nouvelle et appréciée par la clientèle constitue pour une entreprise l'un des moyens les plus efficaces de prendre l'avantage sur les autres.

Pour identifier les nouvelles caractéristiques possibles et choisir celles qu'elle doit ajouter à son produit, l'entreprise peut notamment mener des enquêtes régulières auprès des utilisateurs et leur poser les questions suivantes : appréciez-vous le produit ? Quelles sont les caractéristiques qui vous plaisent le plus ? Quelles sont celles que nous pourrions ajouter pour l'améliorer ? Elle peut également observer les produits directement et indirectement concurrents et les fonctionnalités qui sont offertes aux clients.

Les réponses recueillies fourniront à l'entreprise une liste d'idées conséquente. Elle devra ensuite estimer la *valeur* de chacune aux yeux des clients et l'opposer au *coût* de sa mise en œuvre. Les caractéristiques peu demandées auront parfois intérêt à être abandonnées, tandis que les plus prisées seront avantageusement intégrées au produit.

Style et design Il existe un moyen supplémentaire d'accroître la valeur client, qui passe par l'adoption d'un *style* et d'un *design* distinctifs. Le terme de design recouvre un concept plus large que celui de style. Le *style* décrit simplement l'apparence d'un produit. Il peut attirer le regard ou susciter l'indifférence. Un style surprenant éveillera sans doute l'attention du public et véhiculera peut-être un certain plaisir esthétique, mais il n'améliorera pas nécessairement les *performances* du produit. À l'inverse, le *design* ne se limite pas aux simples questions d'aspect, mais inclut également des notions d'ergonomie sur la facilité et le confort d'usage du produit.

Marketing sensoriel
Utilisation des cinq sens pour créer une émotion globale chez le consommateur.

Au-delà du simple aspect visuel, les entreprises s'intéressent de plus en plus au **marketing sensoriel**, à savoir l'utilisation des cinq sens dans la conception des produits. Ces développements concernent notamment :

- L'ouïe : le bruit d'une portière de voiture qui se ferme évoque la qualité pour beaucoup de consommateurs; le bruit des chips quand on les croque donne une perception de croustillant.
- Le toucher : le toucher d'un plan de travail de cuisine, d'un cuir ou d'un tableau de bord automobile peut évoquer des niveaux de qualité différents.
- L'odorat : en alimentaire, dans les cosmétiques, mais également pour le cuir ou dans les points de vente, elle peut jouer un rôle important.

▶ Le whisky Laphroaig, au goût fumé, a été doté d'un packaging contenant de la tourbe, qui diffusait son odeur caractéristique. L'agence Quinte&sens, spécialisée dans le marketing olfactif, a diffusé des senteurs de jardin dans le rayon jardinerie d'une grande surface, stimulant ainsi l'achat[5]. L'agence Mood media crée pour les points de vente des environnements sonores, olfactifs et visuels cohérents avec le

■ Le marketing sensoriel prend une importance grandissante. Ainsi, les fans de la marque de motos Harley-Davidson apprécient tout particulièrement le bruit inimitable de son moteur. Celui-ci est déposé et bénéficie donc d'une protection légale.

positionnement de marque. Le grand magasin La Baie, à Montréal, a ainsi testé un dispositif olfactif à Noël 2007, en diffusant des odeurs de forêt au rayon des sapins artificiels, des odeurs de rose au rayon lingerie et une odeur de biscuits au chocolat au rayon cuisine.

L'approche design commence par une compréhension approfondie des besoins de la clientèle. Bien au-delà des attributs de base du produit ou du service, un bon design nécessite de s'imprégner de l'*expérience* d'utilisation du client.

IDEO est une société de 350 salariés basée à Palo Alto, qui conçoit le design de produits innovants pour ses clients, avec des réalisations comme la première souris d'Apple, le Palm V de Palm Pilot, l'appareil photo I-Zone de Polaroid ou les brosses à dents pour enfants Oral-B. Son originalité consiste à mettre en place des équipes pluridisciplinaires, composées de psychologues, d'anthropologues et de sociologues, qui démarrent par des séances d'observation de l'expérience de consommation du produit, soit en suivant et en observant les clients dans leur expérience d'achat et de consommation, soit en prenant un grand nombre de photos, soit encore en incitant les clients à raconter en détail leurs expériences de consommation. Ces séances d'observation sont suivies de phases de génération d'idées, qui sont ensuite traduites en idées de design de produits *via* des procédés de prototypage rapide[6].

La proposition de valeur de Dyson est du type « plus pour plus cher ». La valeur de ses produits est basée sur l'innovation technologique, mais également sur le design.

N'oublions pas cependant qu'un bon design peut certes accroître la valeur client, réduire les coûts et constituer un solide avantage concurrentiel, mais qu'un design raté peut aussi entraîner une chute des ventes et mettre l'entreprise en difficulté.

Le succès de l'iPod doit certainement beaucoup à son design, et l'échec de l'Avantime de Renault a été attribué, entre autres causes, à un design peut-être trop novateur : c'était le premier « coupéspace », c'est-à-dire un monospace avec seulement deux portes latérales, avec une grande abondance de surfaces vitrées (y compris le pavillon de toit), et l'absence de montant sur les portières. Il n'a sans doute pas séduit une cible assez large.

Choix d'une marque

La compétence la plus caractéristique des professionnels du marketing réside peut-être dans leur aptitude à créer et à gérer des marques. Une **marque** est un nom, un terme, un signe, un symbole, un dessin ou toute combinaison de ces éléments, qui servent à identifier le fabricant ou le vendeur d'un bien ou d'un service. Elle peut être complétée par un logo sonore, comme pour Intel ou Dim.

Marque
Nom, terme, signe, symbole, dessin ou combinaison quelconque de ces éléments, qui sert à identifier les biens ou services d'un vendeur ou d'un groupe de vendeurs, et à les différencier des concurrents.

La marque La Vache qui Rit, née dans les années 1920, est composée d'un nom, d'un logo – La Vache qui Rit écrit en rouge sur une étiquette à fond blanc –, et d'un symbole – la vache rouge avec des boucles d'oreilles en forme de boîtes à fromage. Même si son logo et le design de son symbole ont évolué dans le temps, son nom et le ton de ses communications publicitaires sont restés immuables.

Depuis sa création en 1921, la marque La Vache qui Rit a connu bien des évolutions, mais a gardé ses éléments caractéristiques : le sourire, les boucles d'oreilles, la couleur rouge, qui permettent une forte reconnaissance par les consommateurs.

Les consommateurs considèrent la marque comme un élément fondamental, dont le choix peut ajouter de la valeur au produit. Ainsi, pour la plupart des gens, un parfum estampillé Chanel évoque l'idée d'un produit coûteux et de haute qualité. En revanche, le même parfum conditionné dans un flacon neutre a toutes les chances d'être jugé moins agréable, alors qu'il s'agit pourtant du même produit.

Les marques ont acquis une telle force qu'on ne trouve aujourd'hui pratiquement plus de produits sans marque. Les paquets de sel arborent le nom du récoltant, les boulons et les écrous portent l'étiquette d'un distributeur, et les pièces détachées automobiles – bougies, pneus, filtres – sont vendues sous beaucoup d'autres marques que celles des constructeurs. La règle s'applique même aux fruits, aux légumes, au pain, et aux volailles. On trouve ainsi des melons Rougegorge, des bananes Chiquita, des salades en sachet Florette, des baguettes Banette, ou bien encore des poulets de Loué.

Par bien des aspects, les marques constituent une aide pour les acheteurs. Elles leur permettent de repérer les produits qui pourraient leur être utiles, et véhiculent une idée de qualité et de constance. Les clients qui achètent toujours la même marque savent qu'ils vont retrouver chaque fois les mêmes caractéristiques, les mêmes avantages et les mêmes performances. C'est le support de la confiance entre l'entreprise et le consommateur; les marques peuvent véhiculer des valeurs qui sont extérieures aux fonctionnalités des produits eux-mêmes, comme l'éthique, l'anticonformisme, etc. Elles permettent donc également aux consommateurs d'exprimer leur identité par l'intermédiaire des marques qu'ils consomment.

La marque présente également un très grand intérêt pour le vendeur. Son identité fait office de socle, sur lequel l'histoire des qualités spécifiques du produit peut s'appuyer. Le dépôt de son nom apporte une protection juridique contre d'éventuelles contrefaçons. Et les marques permettent aussi de segmenter les marchés. Au lieu d'imposer un produit global à l'ensemble des consommateurs, Nestlé commercialise des céréales sous différentes marques, qui proposent des bénéfices différents à des groupes différents de consommateurs. C'est pourquoi les marques constituent un véritable capital pour les entreprises, qu'il faut valoriser par le lancement de produits cohérents avec la marque.

Construire et gérer des marques représente peut-être la mission la plus importante du marketing. Cette question stratégique fera l'objet d'une étude détaillée un peu plus loin dans ce chapitre.

Packaging

Le *packaging* désigne les différents emballages destinés à recevoir le produit. Ces emballages peuvent se composer d'un contenant principal (le tube qui abrite la pâte dentifrice), mais aussi d'un sur-emballage que l'on jette au moment d'utiliser le produit (la boîte en carton qui contient le tube de dentifrice). Il peut également inclure un emballage de transport, permettant de stocker, d'identifier et d'expédier le produit (le carton qui renferme six douzaines de tubes). Les informations d'étiquetage qui accompagnent ou sont imprimées sur l'emballage font aussi partie du **conditionnement**.

Conditionnement
Ensemble des activités relatives à l'élaboration et à la production du contenant ou de l'emballage d'un produit.

Les fonctions premières de l'emballage sont techniques : il s'agit de protéger, de transporter, de conserver, d'isoler le produit. Ces dernières années, cependant, de nombreux facteurs ont transformé le packaging en un outil marketing essentiel. L'intensification de la concurrence et l'encombrement des rayons ont abouti au fait que les emballages doivent désormais assurer des missions nouvelles en termes de vente : attirer l'attention, décrire le produit et déclencher l'achat. Le packaging peut également être une source à part entière de différenciation et d'attractivité de l'offre.

Le packaging joue un rôle essentiel dans la communication de l'offre. Dans un environnement de vente en libre-service, le packaging est souvent la seule source d'information sur le produit. Or, dans un hypermarché qui référence typiquement de 25 000 à 40 000 produits, des centaines d'articles passent chaque minute devant les yeux du client, et plus de 60 % de ses achats sont des achats d'impulsion.

Un conditionnement innovant peut conférer à l'entreprise un avantage certain sur la concurrence. Parfois, des améliorations qui paraissent minimes peuvent même changer beaucoup de choses, en donnant un style plus moderne au produit ou en attirant l'attention du consommateur.

À l'opposé, un emballage mal conçu peut exaspérer le consommateur et faire perdre des ventes à l'entreprise.

S'agissant des décisions relatives au conditionnement, les entreprises doivent aussi tenir compte d'une sensibilisation croissante aux problèmes écologiques. Nombre d'entre elles s'y sont déjà adaptées en réduisant la taille des emballages et en optant pour des matériaux respectueux de l'environnement. Elles cherchent à le faire savoir au consommateur afin d'améliorer leur image.

▶ Kraft Foods a lancé en France début 2009 des paquets de confiserie sous ses marques Milka et Toblerone apportant exactement 100 calories. Baptisés « 100 calories pack », ces produits ont pour but d'aider les consommateurs à mieux contrôler leur apport calorique. ◀

Étiquetage

L'étiquette peut se présenter sous de multiples formes, du simple autocollant fixé sur le produit aux graphiques sophistiqués imprimés sur l'emballage. Il remplit plusieurs fonctions. Réduit à sa plus simple expression, il *identifie* le produit ou la marque, à l'instar du nom « Pomelos » collé sur les pamplemousses. Mais il peut aussi *décrire* le produit – qui l'a fabriqué, où, quand, ce qu'il contient, comment il doit être utilisé, et quelles sont les précautions à prendre. Enfin, l'étiquette peut être utilisée pour *promouvoir* le produit et soutenir son positionnement.

Les réglementations concernant les mentions qui doivent figurer sur les emballages sont nombreuses. Plusieurs grandes règles doivent être respectées selon la DGCCRF (Direction générale de la concurrence, de la consommation et de la répression des fraudes) : l'étiquetage doit être rédigé en français, doit renseigner objectivement le consommateur, doit être loyal et ne pas induire le consommateur en erreur. En ce qui concerne les denrées alimentaires, les mentions obligatoires sont les suivantes :

- la dénomination de vente, c'est-à-dire la nature exacte du produit, prévue par la réglementation ;
- la composition, c'est-à-dire la liste des ingrédients classés par ordre d'importance croissante ;
- la date de péremption, soit « à consommer de préférence avant », soit « à consommer jusqu'à » (dans ce dernier cas, la vente est interdite au-delà de cette date) ;
- le nom et l'adresse d'un responsable ;
- l'identification de l'emballeur ;
- la quantité nette ;
- le numéro du lot de fabrication, en cas de rappel du produit ;
- le mode d'emploi, et les précautions particulières d'utilisation si nécessaire ;

D'autres mentions peuvent être obligatoires pour certains produits, comme le degré d'alcool ou l'origine.
En outre, le prix doit être clairement affiché, ainsi que le prix au litre ou au kilo.

Services annexes

Le service au client constitue un élément supplémentaire de la stratégie de produit. L'offre commerciale de l'entreprise comporte généralement certains services annexes, qui peuvent représenter une part plus ou moins grande de l'offre globale. En tant que produits à part entière, les services feront l'objet d'un exposé ultérieur. Il sera uniquement question ici de ceux qui viennent enrichir l'offre principale (produit ou service).

Ces services peuvent porter sur le financement de l'achat du produit, sur sa livraison, sa mise en service, sur la formation ou l'information complémentaire relative à l'utilisation du produit, sur le service après-vente, sur la garantie, etc. La durée de garantie peut notamment jouer un rôle important dans l'achat de produits durables, comme l'électroménager, par exemple.

Michelin a développé des services en complément de son offre de produits pneus. Cette offre globale, baptisée « Michelin OnWay », consiste à offrir gratuitement pendant deux ans à tout client qui a acheté deux pneus Michelin trois services innovants : la Garantie Dommages pneumatiques (assurance en cas de pneu endommagé, lacéré ou crevé), l'Assistance Pneumatiques (dépannage gratuit en moins d'une heure en cas de crevaison) et SOS Direction (un service de renseignements téléphonique sur les itinéraires, les stations-services et les restaurants).

La première étape consiste à interroger périodiquement les clients, afin de mesurer la valeur qu'ils accordent aux services actuels et de dégager de nouvelles idées.

Une fois ce travail effectué, l'entreprise doit évaluer le coût des services qu'elle envisage de fournir. Elle peut alors développer une offre susceptible de satisfaire les clients et de générer des bénéfices. Elle doit avoir une réflexion sur les services qui seront fournis gratuitement et ceux qui peuvent éventuellement faire l'objet d'une facturation complémentaire pour le client.

De nombreuses firmes exploitent désormais un savant mélange de toutes les technologies disponibles – téléphone, courriel, télécopie, Internet, boîtes vocales – pour apporter au client un éventail de services inconcevable jusque-là.

2.2 Gammes

Gamme
Ensemble de produits liés entre eux du fait qu'ils fonctionnent de façon similaire, s'adressent aux mêmes clients, sont diffusés dans les mêmes types de points de vente ou se classent dans la même fourchette de prix.

Au-delà des décisions relatives aux produits et aux services individuels, la stratégie de produit nécessite également l'élaboration d'une **gamme**. Adidas propose ainsi plusieurs lignes de chaussures et de vêtements de sport, au même titre que Nokia dans le domaine des outils de télécommunication, ou que La Banque Postale dans le domaine des produits financiers.

La décision véritablement primordiale concerne l'*étendue de la gamme*, autrement dit, le nombre de références de produit qui la composent. Une gamme se révèle trop étendue à partir du moment où son gestionnaire peut accroître ses bénéfices en y intégrant de nouveaux produits, et trop restreinte s'il lui faut pour cela en retirer. L'entreprise doit gérer ses gammes avec le plus grand soin. Au fil du temps, celles-ci auront tendance à s'étendre et devront donc être expurgées des références inutiles ou non rentables, afin d'améliorer leur rentabilité globale. On demandera aux chefs de produits d'effectuer à intervalles réguliers une *analyse des gammes*, destinée à évaluer les ventes et les bénéfices réalisés sur chaque référence et à comprendre dans quelle mesure celle-ci contribue aux performances de la gamme.

L'étendue d'une gamme se trouve influencée par les objectifs et les ressources de l'entreprise. L'un de ces objectifs consistera peut-être à stimuler la montée en gamme, afin d'augmenter le taux de marge et/ou le chiffre d'affaires : BMW, par exemple, souhaite voir ses clients passer de la série 3 à la série 5 ou 7. Il pourra aussi s'agir de permettre la vente croisée : Hewlett-Packard commercialise à la fois des imprimantes et des cartouches d'encre. Un autre objectif consistera éventuellement à se préserver de possibles revers économiques, en diversifiant le risque sur différents niveaux de gamme.

▸ L'Oréal, dans les cosmétiques et les produits capillaires, est présent sur tous les niveaux de gamme, dans différents circuits de distribution. Dans les cosmétiques, le groupe est présent avec des marques comme Lancôme dans le luxe, mais également L'Oréal Paris. Dans le produit capillaire, L'Oréal possède la marque Dop vendue en grandes surfaces et des produits spécialisés vendus en salons de coiffure, comme Kérastase. ◂

Une entreprise peut étendre sa gamme de produits de deux manières : soit par *extension*, soit par *consolidation*. Le premier cas correspond à une extension de la gamme au-delà de son niveau actuel. Trois stratégies d'extension sont possibles : vers le bas, vers le haut, ou dans les deux sens.

Les firmes qui se situent dans la partie haute du marché peuvent étendre leur gamme *vers le bas* afin d'exploiter un espace laissé vacant – susceptible d'attirer un nouveau concurrent –, ou de répondre aux attaques de leurs rivaux sur le haut de gamme. Elles peuvent aussi vouloir profiter d'une croissance plus soutenue sur le marché de masse. Pour toutes ces raisons, DaimlerChrysler a décidé d'étendre sa gamme Mercedes vers le bas. Confrontée au ralentissement du marché des véhicules de luxe et à l'offensive des constructeurs japonais sur son positionnement d'origine, l'entreprise a lancé les fameuses Classe C, qui ont remporté un énorme succès.

À l'autre extrémité du marché, les sociétés bien placées sur le bas de gamme ont la possibilité d'opérer une extension *vers le haut*, soit pour acquérir un certain prestige, soit pour tirer avantage d'une croissance plus forte ou d'une marge plus confortable sur le haut de gamme.

▶ Philips a progressivement étoffé sa gamme de machines à café Senseo depuis le lancement de la première machine fin 2002, en lançant de nouvelles couleurs, et plus récemment la version en aluminium brossé. L'objectif est de faire monter les consommateurs en gamme, en proposant un modèle à environ 130 euros, contre environ 80 pour les modèles standard. ◀

Les entreprises positionnées en milieu de gamme peuvent envisager quant à elles une extension *dans les deux sens*. Une telle stratégie a été utilisée par le groupe Accor, ce qui lui a permis d'acquérir une position dominante sur le marché hôtelier, avec le lancement des Sofitel en haut de gamme, et de la chaîne Formule 1 dans le secteur de l'hôtellerie économique.

Il existe une alternative à l'extension de gamme : c'est la consolidation, autrement dit l'adjonction de nouvelles références dans les limites actuelles de la gamme. À l'origine d'une stratégie de consolidation, on retrouve souvent un désir d'accroître les bénéfices, une volonté de satisfaire les distributeurs, d'être plus visible en rayon, la possibilité de produire à pleine capacité, l'ambition d'acquérir une position dominante sur le marché, ou le souhait de garder la concurrence à distance. Poussée trop loin, la consolidation risque cependant d'engendrer la confusion et de provoquer une cannibalisation. L'entreprise doit s'en prémunir en s'efforçant de différencier très nettement chacun de ses produits.

▶ La gamme de jus de fruits Tropicana comporte 29 références (24 références dans la gamme Premium, 5 dans la gamme Essentiels), depuis le classique Pure Premium orange, qui existe en bouteille en verre ou en plastique et en brique au rayon réfrigéré, jusqu'au nouveau « pommes pressées ». Chaque parfum essaye de trouver une place spécifique soit en termes de moment de consommation (comme le Ruby Breakfast, ou Réveil Fruité), soit en termes de type de goût, plus frais comme Rouge Plaisir (raisin, framboise, mûre, framboise et groseille), ou plus suave (ananas goyave), soit en termes de bénéfices, comme les lancements récents des Essentiels anti-oxydants, Essentiels Magnésium ou Essentiels fibres. La marque compte également une gamme de smoothies (5 références). ◀

■ Tropicana a récemment étoffé sa gamme en introduisant de nouvelles références avec des mélanges de fruits originaux, afin de séduire de nouveaux consommateurs, de proposer de nouvelles raisons ou de nouveaux moments de consommation.

2.3 Portefeuille de produits

Portefeuille de produits
Ensemble des gammes et des références qu'une entreprise propose à la vente.

Une organisation disposant de plusieurs gammes de produits possède ce que l'on appelle un **portefeuille de produits**.

PepsiCo commercialise en France des boissons gazeuses, avec les marques Pepsi, 7Up et Kas, Mirinda et Dark Dog, des jus de fruits et de légumes avec Tropicana, les gazpachos Alvalle et Looza, des produits apéritifs (snacks avec notamment les produits Fritelle et Doritos, chips avec la marque Lay's, cacahuètes et pistaches avec Bénénuts), des céréales avec la marque Quaker, et enfin des thés glacés avec Lipton Ice Tea.

Le portefeuille de produits d'une entreprise se définit sur la base de quatre caractéristiques essentielles : sa largeur, sa longueur, sa profondeur et sa cohérence.

La *largeur* d'un assortiment fait référence au nombre de gammes mises en vente par l'entreprise.

En ce qui concerne PepsiCo France, la largeur d'assortiment est de cinq catégories de produits (boissons gazeuses, jus de fruits et légumes, produits apéritifs, thés glacés et céréales).

La *longueur* de l'assortiment se rapporte au nombre total d'articles mis en vente par l'entreprise au sein de ses différentes gammes.

Dans chacune des catégories, PepsiCo commercialise plusieurs types de produits. Ainsi, pour les produits apéritifs, elle vend des snacks, des chips et des « graines » (cacahuètes, pistaches, amandes, noix de cajou…). La catégorie « céréales » se compose de l'avoine (Quaker Oats) et des céréales complètes (Cruesli).

La *profondeur* de gamme se réfère au nombre de versions de chaque produit dans sa gamme respective.

La gamme des graines Bénénuts comporte 34 saveurs, qui peuvent être déclinées en différents formats (125 g, 150 g, 250 g, 500 g, voire 1 kg), depuis les plus simples, comme les cacahuètes, jusqu'aux plus sophistiquées, comme les « Twinuts Soleil Saveur Mozarella-Herbes de Provence » (cacahuètes enrobées d'un biscuit épicé) ou les mélanges « Délice de Fruits & Noix ».

Enfin, la *cohérence* du portefeuille de produits a trait à l'homogénéité des différentes gammes vis-à-vis de leur utilisation finale, de leurs impératifs de production ou de leurs circuits de distribution. Dans la mesure où elles ne réunissent que des produits de consommation courante commercialisés par le biais des mêmes circuits de distribution, les gammes de la firme Colgate peuvent être qualifiées de cohérentes. Mais elles le sont beaucoup moins si l'on considère que les différents produits assurent des fonctions distinctes aux yeux des clients.

Les quatre dimensions du portefeuille de produits doivent correspondre à la stratégie marketing de l'entreprise. En augmentant la largeur du portefeuille de produits, l'entreprise espère tirer profit de la réputation acquise sur ses autres gammes. Pour compléter son offre et s'implanter sur l'ensemble des marchés, il lui est possible d'allonger son portefeuille de produits. Elle peut aussi multiplier les versions de ses produits et accroître de la sorte la profondeur de ses gammes. Elle a enfin la capacité de renforcer, ou de réduire, la cohérence, selon qu'elle vise à acquérir une meilleure réputation dans un domaine particulier ou dans plusieurs.

Le groupe Sara Lee est ainsi présent dans des catégories de produits aussi variées que les désodorisants avec la marque Ambi Pur, le cirage avec Kiwi, le café avec Douwe Egberts, les insecticides avec Catch, l'hygiène beauté avec Sanex ou Monsavon, etc. Le groupe a choisi de revendre en 2006 son pôle textile avec les marques Wonderbra, Dim et Playtex.

3. La stratégie de marque : construire des marques fortes

Certains analystes considèrent les marques comme la richesse majeure de l'entreprise, beaucoup plus durable parfois que ses brevets, ses stocks de produits ou ses installations physiques. La preuve en est que les marques sont des actifs valorisés au bilan de l'entreprise, et que les décisions sur les marques affectent la valeur de l'action de l'entreprise sur les marchés financiers[7]. Les marques sont donc un véritable capital pour l'entreprise[8]. Il convient donc de développer et de gérer les marques avec le plus grand soin, en s'aidant notamment de quelques outils stratégiques essentiels.

3.1 Le capital marque

Les marques ne se résument pas à de simples noms, ni à de banals symboles. Elles cristallisent les perceptions et les sentiments des consommateurs à l'égard d'un produit et de ses performances. Elles représentent tout ce que le produit ou le service *signifie* pour eux. En dernière analyse, les marques puisent leur existence dans l'esprit même des consommateurs.

La vraie valeur d'une marque réside dans sa capacité à gagner la préférence et la fidélité du consommateur. Sur ce plan-là, les innombrables marques présentes sur le marché diffèrent énormément les unes des autres. Les plus grandes marques, comme

Coca-Cola, Sony, Danone, American Express, Chanel, etc., deviennent de véritables icônes et maintiennent leur influence pendant de longues années, voire sur plusieurs générations. Ces marques ne s'imposent pas seulement parce qu'elles proposent des avantages uniques ou un service d'une fiabilité irréprochable. Si elles connaissent un tel succès, c'est aussi parce qu'elles permettent d'établir des liens très profonds avec la clientèle.

Capital marque
Effet positif de la marque sur le différentiel de prix que le client accepte de payer lorsqu'il connaît la marque apposée sur un produit ou à un service donné.

Une marque puissante bénéficie d'un **capital marque** élevé. Le **capital marque** se mesure par le différentiel de prix que le client accepte de payer lorsqu'il connaît la marque apposée sur un produit ou à un service donné, par rapport au même produit sans marque. De nombreux tests marketing ont montré que l'évaluation d'un produit est radicalement différente selon que l'on mentionne la marque ou non, ce qui fait que les tests destinés à améliorer un produit sont traditionnellement faits « en aveugle », c'est-à-dire sans mentionner la marque.

▶ Une étude a montré que 72 % des clients étaient prêts à payer 20 % de plus pour leur marque de prédilection, et que 40 % d'entre eux acceptaient même volontiers un surcoût de 50 %[9]. Une différence de 50 % demeurait acceptable pour les adeptes de Coca-Cola et les amateurs de Volvo toléraient sans problème un tarif supérieur de 40 %. ◀

Une marque dotée d'un capital marque conséquent représente une richesse très précieuse. La *mesure du capital marque* consiste à évaluer la valeur financière totale de la marque. C'est un processus assez complexe, car il est très difficile d'évaluer le prix que serait prêt à payer un consommateur pour le même produit sans marque. De manière pratique, les sociétés qui estiment la valeur financière des marques utilisent de nombreux critères comme le chiffre d'affaires réalisé par la marque, le nombre de ses consommateurs fidèles, sa notoriété, la largeur du portefeuille de produits vendus sous cette marque, son caractère international…

▶ Le cabinet Interbrand publie chaque année avec *Business Week* un classement des plus grandes marques mondiales, assorti d'une évaluation financière. En 2009, comme les autres années, Interbrand a classé en premier la marque Coca-Cola et l'a évaluée à 69 milliards de dollars, suivie de IBM (60 milliards de dollars), Microsoft (57 milliards de dollars), General Electric (48 milliards de dollars) et Nokia (35 milliards de dollars). La première marque française selon ce classement est Vuitton, en 16ᵉ position (21 milliards de dollars), suivie de L'Oréal (44ᵉ), Axa (53ᵉ) et Chanel (59ᵉ). ◀

Un capital marque élevé confère à l'entreprise de nombreux avantages. Étant donné que les consommateurs s'attendent à la trouver en magasin, l'entreprise dispose d'un levier supplémentaire dans ses négociations avec les distributeurs. Et dans la mesure où le nom de la marque véhicule une très forte crédibilité, les extensions de marque s'avèrent aussi plus faciles à mettre en œuvre – ce dont Coca-Cola a su profiter pour lancer le Coca Light et le Coca Vanille, au même titre que Danone avec Danacol ou Actimel. Enfin, la solidité d'une marque apporte une certaine protection contre la baisse des prix et l'augmentation des parts de marché des marques distributeurs.

■ Le symbole de la marque Michelin est internationalement connu.

Une marque puissante est également une marque qui a su nouer des relations étroites et rentables avec les clients. Dès lors, c'est en réalité le *capital client* – la valeur des relations créées entre la marque et le client – qui constitue la part essentielle du capital marque. La puissance de la marque, pour importante qu'elle soit, repose *in fine* sur l'existence d'un ensemble rentable de clients fidèles. L'objet primordial du marketing est de développer le capital client, en s'aidant de la gestion des marques comme d'un outil incontournable[10].

3.2 Construire des marques fortes

La gestion de la marque passe par un certain nombre de décisions stratégiques. La figure 7.3 illustre les principaux points à traiter : la détermination et la gestion du positionnement, le choix du nom de marque, le choix d'un nom, la caution et le développement.

Positionnement

Les responsables marketing doivent assurer un positionnement très clair, mais également spécifique et attractif, de leurs marques dans l'esprit des clients ciblés. Ce positionnement peut s'effectuer sur trois niveaux différents : les *attributs* des produits, les *bénéfices* proposés aux clients et les *valeurs* de la marque.

Le niveau le plus élémentaire est celui des *attributs*[11]. Il faut cependant que ces attributs soient pertinents pour le consommateur, difficiles à copier par les concurrents, et qu'ils s'appliquent à l'ensemble des produits et services signés par la marque.

▶ La marque easyJet est clairement positionnée dans l'esprit des consommateurs comme étant une compagnie aérienne peu chère. Ce positionnement est commun à l'ensemble des entreprises sous la marque easy, comme easyCar (location de voitures), easyPizzas (livraison de pizzas), easyCruise (croisières)… ◀

Figure 7.3
Principales décisions relatives à la stratégie de marque

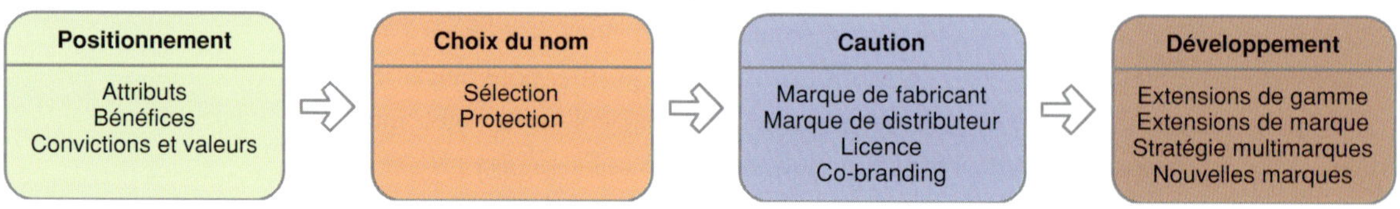

Le niveau supérieur, souvent plus pertinent pour le consommateur mais également plus abstrait, est celui du *bénéfice* apporté par les produits de la marque.

Philips a récemment adopté une nouvelle signature de marque, « Sense and Simplicity », qui doit refléter les deux bénéfices principaux que ses produits doivent apporter au consommateur, que ce soit dans les produits d'électroménager, les produits audio et vidéo ou les produits de santé.

Mais les marques peuvent souvent dépasser les notions d'attributs ou de bénéfices pour se positionner sur des *convictions* et des *valeurs* bien ancrées. Ces marques peuvent dès lors profiter d'un impact émotionnel considérable.

Dans le cadre de son positionnement, le responsable marketing doit définir une mission pour sa marque en définissant ce qu'elle doit être et ce qu'elle doit accomplir. La marque représente la promesse de fournir au client un ensemble homogène de caractéristiques, d'avantages, de services et d'expériences spécifiques. Cette promesse doit demeurer simple et honnête.

Choix du nom de marque

Un nom de marque bien choisi peut largement contribuer à son succès et au succès des produits qui sont ou seront vendus sous cette marque. Mais trouver le nom idéal est une tâche difficile. Tout commence par un examen précis du ou des produits et de ses avantages, du marché cible, et des stratégies marketing proposées. Ensuite, le choix d'un nom doit répondre à un certain nombre d'objectifs et de contraintes. En règle générale, il est souhaitable qu'un nom de marque possède les qualités suivantes :

1. Il doit évoquer les avantages procurés par l'utilisation du ou des produits. Exemples : Tonigencyl, Taillefine, Conforama.

La marque de cosmétiques pour hommes Nickel a lancé une série de noms de produits humoristiques et évocateurs comme « Bonne Gueule » (crème pour le visage), « Sueurs froides » (déodorant), « Poignées d'amour » (gel amincissant), « Super clean » (gel douche), « Mauvais poil » (gel de rasage) ou « Totale frime » (crème solaire).

2. Il doit être facile à prononcer, à reconnaître et à mémoriser. Les noms courts sont à cet égard préférables : OMO, BIC, Kiri.
3. Il doit bien se distinguer. Ainsi, il existe souvent des modes en termes de noms, ce qui peut créer à la longue la confusion dans l'esprit des consommateurs.

   C'est le cas des noms finissant en « oo », qui ont connu un grand succès depuis les années 2000 (Wanadoo, Tatoo, Kandoo, Kangoo, Kelkoo, Yatoopartoo…)

4. Il doit être extensible.

   Lorsque France Télécom Mobile a adopté le nom de marque Orange, cela lui permettait d'étendre ses activités à la fois hors de France et hors de la téléphonie mobile.

5. Il ne doit pas être associé à des connotations négatives dans d'autres langues.

 ▶ Avant de dépenser 100 millions de dollars pour changer son nom en Exxon, la Standard Oil of New Jersey en a testé une multitude d'autres dans plus de 54 langues et sur plus de 150 marchés étrangers. Elle s'est aperçue ainsi que le nom « Enco » désignait un moteur calé en japonais. Mais les entreprises ne testent pas toujours leurs noms de produits ou services à l'international, ce qui peut parfois poser des problèmes : Alcatel signifie ainsi « le tueur » en arabe et Koléos, nom du nouveau 4x4 de Renault, veut dire « testicule » en grec. ◀

6. Il doit être disponible juridiquement, pour pouvoir être déposé. L'enregistrement, par exemple en France auprès de l'INPI, se révélera impossible s'il y a risque de confusion avec des marques existantes, ou si le nom est trop générique.

 ▶ Yves Saint Laurent avait baptisé un parfum Champagne. Suite à une action intentée par les producteurs de champagne, ce nom a dû être retiré et n'a perduré qu'un temps sur les marchés internationaux. ◀

Une fois choisi, le nom de la marque doit être protégé sur la durée. Victimes de leur notoriété, certains noms de marques sont devenus les noms génériques de la catégorie de produits, comme Kleenex, Levi's, Scotch ou Formica. L'entreprise court alors le risque de perdre ses droits sur eux. Beaucoup de marques autrefois protégées – Cellophane, Aspirine, Nylon, kérosène, linoléum, Yo-Yo, trampoline, Escalator ou Thermos – sont ainsi devenues des noms génériques que n'importe quel industriel est en droit de réutiliser, du fait de la généralisation de leur usage. Pour protéger leurs marques, les entreprises prennent bien soin de les faire toujours suivre du symbole idoine, comme dans « WALKMAN® » par exemple, propriété de Sony.

Choix du type de marque

Un fabricant donné peut choisir entre quatre options de cautionnement possibles. Son produit peut être lancé sous sa propre marque (*marque de fabricant*, ou marque nationale), à l'instar de Danone ou de Nestlé. Mais il arrive aussi que la totalité ou une partie de la production soit revendue sous une *marque de distributeur*, comme Carrefour ou Décathlon.

Certaine entreprises préfèrent créer leurs marques bien à elles, d'autres favorisent la signature de *licences* avec des sous-traitants ou des partenaires. Enfin, deux fabricants peuvent décider d'unir leurs forces et d'appliquer une stratégie de *co-marquage* (ou *co-branding*), en apposant deux marques sur le même produit.

Marque de distributeur (MDD)
Marque créée ou détenue par le revendeur d'un produit ou d'un service.

Marques de fabricants ou marques de distributeurs ? Les marques de fabricants ont longtemps dominé le marché. Mais, ces dernières années, sous l'impulsion d'un nombre croissant de détaillants et de grossistes, les **marques de distributeurs** se sont multipliées. Dans beaucoup de secteurs, elles incarnent à l'heure actuelle une concurrence de plus en plus sérieuse et menaçante pour les marques nationales.

De très nombreux distributeurs possèdent aujourd'hui leurs propres marques. Ces marques sont parfois positionnées en bas de l'échelle de prix, mais elles peuvent également avoir un positionnement milieu, voire haut de gamme. Certaines sont généralistes, d'autres ne concernent qu'un type de produits particulier. Certaines portent le nom de l'enseigne, d'autres sont plus discrètes, et les consommateurs ne savent parfois même pas qu'il s'agit d'une marque de distributeur.

Carrefour commercialise TeX, Reflets de France, Carrefour Bio. Monoprix a lancé les marques Monoprix Gourmet ou Monoprix Bien Vivre, et exploite depuis longtemps les marques Country, Miss Helen ou Bout'chou. Leclerc vend des produits sous la marque Repère.

Dans cette « guerre des marques » que se livrent fabricants et distributeurs, ces derniers disposent de nombreux atouts. Ils contrôlent les stocks, la mise en place des produits, les prix pratiqués et le contenu des prospectus publicitaires. La plupart d'entre eux réclament en outre aux fabricants des *frais de référencement* et négocient chaque année plus de marges arrière.

Les marques de distributeurs assurent une marge plus confortable au revendeur et lui procurent des produits exclusifs introuvables chez la concurrence, favorisant un accroissement de la fréquentation et une plus grande fidélité de la clientèle. Les détaillants vendent en général leurs marques moins cher que celles des fabricants et séduisent de la sorte les acheteurs les plus économes, notamment en période de crise. Beaucoup de clients sont en outre convaincus que les marques de distributeurs sortent le plus souvent des mêmes usines.

Pour repousser la menace, les responsables des marques leaders doivent investir dans la recherche et le développement afin de créer de nouveaux produits, d'ajouter de nouvelles fonctionnalités à leurs produits existants et d'en améliorer sans cesse la qualité. Ils doivent aussi élaborer des campagnes publicitaires percutantes, en vue de maintenir une notoriété élevée pour leurs marques et de conserver la préférence des clients, en communiquant leurs bénéfices. Il leur faut trouver enfin le moyen de nouer des « partenariats » avec les grandes enseignes, de manière à générer des économies sur le plan de la distribution et à accroître conjointement leurs performances.

Licence La création d'une nouvelle marque peut prendre des années et nécessiter des investissements de dizaines de millions d'euros. Pour valoriser les investissements ainsi consentis, il peut être intéressant pour les entreprises de concéder des licences d'exploitation de leur marque, contre versement de royalties. Des entreprises peuvent ainsi utiliser sous licence les noms et les symboles créés par d'autres, que ce soit les patronymes de célébrités bien connues ou encore les personnages issus de films et de livres à succès. Sous réserve d'en payer le prix, il est ainsi possible d'utiliser immédiatement un nom de marque qui a déjà fait ses preuves.

Les licences de noms ou de personnages ont connu ces dernières années une progression fulgurante. Aux États-Unis et au Canada, les ventes annuelles des produits sous licence sont passées de 4 milliards de dollars seulement en 1977 à 55 milliards en 1987, pour atteindre aujourd'hui plus de 105 milliards de dollars. Les accords de licence constituent pour nombre d'entreprises une activité particulièrement rentable.

Chez Warner, les personnages des dessins animés *Looney Tunes* – Bugs Bunny, Daffy Duck, et une centaine d'autres – font ainsi partie des licences les plus recherchées au monde. La firme en a accordé plus de 225, qui génèrent au total 6 milliards de dollars de ventes.

Dans les jeux vidéo, les meilleures ventes se font sous des licences de championnat sportif (FIFA, NBA), de personnages de film ou de dessins animés.

▶ Le lancement du film de Luc Besson, *Arthur et les Minimoys*, le 13 décembre 2006 a été précédé de la commercialisation des produits dérivés. Le film totalise 65 contrats de licence, dont une cinquantaine en France, allant du réseau de BNP Paribas pour des visuels publicitaires aux extraits de films en téléchargement sur Orange, en passant par McDonald's, les céréales, les purées et les bonbons Nestlé, les fromages La Vache qui Rit, les bouteilles de sirop Teisseire, et… 650 produits chez le distributeur de jouets La Grande Récré[12] ! ◀

Co-marquage
Association entre deux ou plusieurs marques, qui apposent leurs noms sur un produit, sur son packaging ou sur son étiquette.

Co-marquage Le **co-marquage** (*co-branding* en anglais) suppose une coopération entre les marques partenaires dans la conception du produit, soit sur les caractéristiques, soit sur le design du produit ou son identité visuelle[14]. Les deux marques peuvent appartenir à un même groupe (cas de Findus et Sveltesse) ou à des entreprises différentes (Nespresso et Krups). Le co-marquage a vécu ces dernières années un véritable essor. Dim et Lycra, Twingo et Kenzo, Häagen-Dazs et Bailey's, Philips et NIVEA en fournissent quelques exemples. Le plus souvent, l'une des deux firmes exploite sous licence la marque de l'autre et l'utilise conjointement à la sienne[15].

Le co-marquage se distingue de deux techniques proches :

- le développement partagé d'un nouveau produit, où les deux partenaires conçoivent un produit en commun, mais qui n'est signé que d'une marque, une des marques partenaires, ou une marque nouvelle (cas de Mercedes et Swatch pour la Smart) ;
- la communication conjointe, sous forme de publicité ou d'action promotionnelle, par exemple lorsqu'une marque recommande une marque d'un produit complémentaire (Ariel/Whirlpool), ou lorsque deux produits sont vendus conjointement (Coca-Cola/Bacardi), sans donner lieu au lancement d'un nouveau produit.

Le co-marquage offre de nombreux avantages.

La combinaison des deux marques bénéficiant chacune d'une position établie dans une catégorie distincte permet d'élargir la clientèle potentielle.

▶ Le partenariat entre les marques Ripcurl et Peugeot permet à la marque Peugeot de bénéficier d'une image plus jeune, et à la marque Ripcurl d'être plus visible. ◀

Le co-branding procure aussi l'opportunité d'opérer une extension de marque vers une catégorie qu'il serait difficile d'investir seul.

▶ Philips a lancé en partenariat avec Nivea un rasoir électrique étanche qui diffuse de la crème pour une meilleure hydratation du visage pendant le rasage. Le produit porte le nom des deux marques Philips et Nivea. ◀

Une des clés de la réussite d'un co-marquage est la complémentarité des marques partenaires, et leur équilibre. Elles ne doivent pas être dans une position de concurrence, et l'une ne doit pas « étouffer » l'autre. Enfin, dans une relation de co-branding, chaque partie doit faire confiance à l'autre pour faire fructifier sa marque.

À cet égard, l'apparition du logo « Intel Inside » sur les produits et les publicités des principales marques de micro-ordinateurs semble bien s'être faite au détriment de ces derniers. L'objectif de départ était apparemment d'apporter un plus technologique aux ordinateurs grâce à la caution du premier fabricant mondial de microprocesseurs. Résultat : le PC apparaît comme une simple caisse dont l'intelligence est fournie par un prestataire extérieur, Intel. Les constructeurs ont compris, mais un peu tard, que le co-branding devenait gênant pour eux et certains d'entre eux ont abandonné toute référence à Intel dans leurs publicités.

Le co-marquage présente également d'autres limites. Les relations de ce genre exigent d'ordinaire la signature de contrats et de licences souvent complexes. Les partenaires doivent en outre coordonner avec le plus grand soin leurs campagnes publicitaires, leurs actions de promotion, et plus généralement l'ensemble de leurs efforts marketing.

Stratégies de marque

S'agissant du développement de leurs marques, les entreprises ont le choix entre quatre options. Elles peuvent procéder à une *extension de gamme* (introduire de nouvelles variantes au sein de la même catégorie de produits), opérer une *extension de marque* (lancer des produits appartenant à de nouvelles catégories), appliquer une *stratégie multimarques* (lancer de nouvelles marques dans la même catégorie de produits), ou créer de *nouvelles marques* (en investissant de nouvelles catégories).

Extension de gamme L'**extension de gamme** introduit sous la même marque de nouveaux articles au sein d'une catégorie de produits donnée.

Extension de gamme
Utilisation d'une marque réputée pour introduire de nouveaux articles au sein d'une catégorie de produits donnée, en déclinant notamment les saveurs, les formes, les coloris, les compositions, les tailles ou les contenances.

Lancé à l'origine avec 3 références, Actimel Nature (X6 et X10) et Orange, la gamme comporte en 2009 8 parfums, avec de nouveaux parfums (vanille, fraise, fruits rouges, multifruits) et une référence en 0 % (nature, ananas, fruits rouges). Ceci permet de satisfaire les goûts de différents segments de consommateurs, et également de bénéficier d'une meilleure visibilité en rayon.

Une entreprise pourra trouver là un moyen peu coûteux et assez sûr d'introduire de nouveaux produits. À moins qu'elle ne cherche plutôt à répondre aux désirs de diversité des clients, à mieux exploiter ses capacités de production, ou simplement à occuper davantage de place sur les rayonnages des détaillants. Il ne s'agit pas pour autant d'une opération sans risque. Étendue à l'excès, la marque peut encourir une perte de sens et susciter chez le client un sentiment de confusion.

Il existe un risque supplémentaire, lié au fait que les ventes de l'extension peuvent très bien se développer au détriment des autres articles de la gamme. C'est ce que l'on appelle la *cannibalisation*. Une extension de gamme donne les meilleurs résultats lorsqu'elle grignote les parts de marché de la concurrence, et non lorsqu'elle « cannibalise » les autres références de la gamme.

Extension de marque
Utilisation d'un nom de marque reconnu pour le lancement de produits nouveaux ou modifiés au sein d'une nouvelle catégorie.

Extension de marque L'**extension de marque** désigne l'utilisation d'un nom de marque reconnu pour le lancement de produits nouveaux ou modifiés au sein d'une nouvelle catégorie.

▶ Après avoir construit sa notoriété dans le domaine des stylos à bille, la société BIC a décidé, par exemple, avec des succès divers, de commercialiser des briquets jetables, des planches à voile, des rasoirs et des parfums. ◀

▶ La marque Andros, dont le slogan est « La force du fruit », commercialisait au départ de la confiture, et a progressivement lancé des compotes, des compotes sans sucre, des jus de fruits frais, des sorbets, des yaourts aux fruits et une boisson aux fruits en petite bouteille baptisée Andros Snack (retirée du marché). ◀

L'extension de marque apporte au nouveau produit une notoriété spontanée, et une crédibilité qui peut favoriser son adoption. Elle permet aussi d'économiser le coût très important d'une campagne publicitaire, qui s'avère généralement indispensable pour imposer une nouvelle marque, notamment en grande consommation. Cette stratégie n'est pourtant pas sans risque.

▶ Le premier produit Mr. Propre a été lancé en France en 1966. La gamme s'est progressivement étoffée avec des nouveaux parfums, une gamme « surpuissante », des lingettes et des lingettes grattantes, une gamme « nettoyage et soin » pour les parquets et les sols en céramique, une gomme magique. En revanche, la lessive Mr. Propre lancée en 2004 n'a pas rencontré le succès escompté et a été retirée du marché. Les tests avaient déjà attiré l'attention du responsable de la marque sur le fait que les consommateurs craignaient qu'une lessive Mr. Propre ne soit trop agressive pour le linge, car l'image de Mr. Propre dans les détergents est fortement basée sur l'idée de force. Pour contrer ce problème, le personnage de Mr. Propre sur la lessive a des bras moins musclés. ◀

L'extension peut provoquer la confusion et brouiller l'image de la marque. Si elle échoue, l'attitude des consommateurs à l'égard des autres produits de la marque risque également de se détériorer. Les entreprises tentées par une extension doivent donc bien étudier la compatibilité du nouveau produit avec les connotations véhiculées par la marque.

Certaines entreprises utilisent une stratégie de double marque, avec une marque dite *mère*, qui signe un grand nombre de produits, et une marque *fille*, qui reste cantonnée à une catégorie plus homogène.

▶ C'est par exemple le cas de la marque de biscuits LU, qui signe tous les biscuits du groupe et se décline en nombreuses marques filles, comme Pépito, Prince, Petit écolier, PIM's, Taillefine, Mikado, TUC. Le positionnement de chacune de ces marques filles est travaillé indépendamment, avec une gamme sous chaque marque. Cependant, la marque LU garde un rôle de caution, synonyme de nutrition et de qualité.

Stratégie multimarques Les entreprises introduisent souvent de nouvelles marques au sein d'une même catégorie. Procter & Gamble commercialise de la sorte plusieurs marques différentes dans chacune de ses catégories de produits : Mr. Propre pour les détergents, Pampers pour les couches, Ariel pour les lessives, etc. Cette *stratégie multimarques* lui permet de proposer des caractéristiques distinctes et de répondre à de multiples motivations d'achat. Elle permet aussi d'occuper davantage d'espace chez les détaillants.

Son plus gros inconvénient est que chaque marque risque de n'acquérir qu'une part de marché restreinte, sans qu'aucune devienne vraiment rentable. Au lieu de développer et de rentabiliser un petit nombre de marques, l'entreprise disperse alors ses ressources. Elle doit dans ce cas réduire son portefeuille et mettre en place des procédures de filtrage plus strictes pour le lancement de ses nouvelles marques. Cela est d'autant plus vrai si elle dispose d'un portefeuille de marques important à l'international.

L'encadré 7.1 donne l'exemple d'un changement de nom de marque, celui d'AGF en Allianz.

Nouvelles marques Il peut parfois arriver que la puissance de la marque soit en train de décliner, et qu'il devienne nécessaire d'en créer une nouvelle. L'entreprise peut également estimer qu'il est risqué d'associer sa marque au lancement d'un nouveau produit qui peut ne pas être un succès, et entacher sa réputation. Enfin, une entreprise peut souhaiter investir une nouvelle catégorie et décide pour cela, lorsque aucune des siennes ne lui semble appropriée, de créer une marque inédite.

Carrefour a préféré créer une marque spécifique Ooshop, pour se lancer dans la mise en place d'un cybermarché, alors qu'Auchan a d'emblée cautionné plus explicitement cette nouvelle activité en la dénommant Auchandirect.

Coca-Cola a choisi de créer des marques spécifiques pour les boissons à connotation sportive Aquarius et Powerade, ou la boisson énergétique Burn. L'entreprise a dans le même temps utilisé la marque Coca-Cola pour le lancement de Coca-Cola BlāK, sa boisson aux extraits de café, ou Coca-Cola Zero, sa nouvelle boisson totalement sans sucre.

À l'instar d'une stratégie multimarques, le lancement d'un trop grand nombre de marques peut amener l'entreprise à se disperser. Dans certains secteurs, les acheteurs et les détaillants considèrent déjà qu'il y a trop de marques et qu'elles ont du mal à se différencier les unes des autres. Conscientes du problème, Procter & Gamble, Unilever et bien d'autres appliquent désormais une stratégie de *mégamarque*, qui consiste à abandonner les marques les plus faibles et à concentrer les ressources marketing de l'entreprise sur celles qui seraient susceptibles à terme d'occuper la place de numéro un ou de numéro deux dans leurs catégories respectives.

MARKETING EN ACTIONS 7.1

Comment changer de nom de marque : le cas AGF Allianz

Le 16 septembre 2009, la société d'assurances AGF est devenue Allianz, avec une nouvelle signature « Allianz avec vous de A à Z ». En réalité, il s'agit d'un simple changement de nom de marque, puisque AGF fait partie du groupe Allianz depuis dix ans et est même devenue filiale à 100 % depuis 2007.

Allianz souhaitait donc constituer une plate-forme européenne avec une marque unique, à l'instar de ses deux grands concurrents Axa et Generali. Allianz, aujourd'hui numéro un européen de l'assurance par la capitalisation boursière (35,8 milliards d'euros), désirait être connu sous une même appellation par ses 75 millions de clients dans les 70 pays où il est implanté. Le nom « Allianz » s'impose d'ailleurs déjà à 80 % des activités du groupe, et la filiale française AGF faisait figure d'irréductible.

Or un changement de nom de marque constitue un risque important, notamment lorsque la marque d'origine destinée à disparaître est très ancienne et très ancrée chez les consommateurs, ce qui est le cas de la marque AGF. Fondée en 1818 par Martin d'André sous le nom de « Société anonyme des assurances générales », la compagnie d'assurances avait été nationalisée après la Seconde Guerre mondiale avant de prendre le nom d'« AGF », en 1968, puis d'être privatisée en 1996. Elle était passée sous le contrôle d'Allianz à la fin 1997, aux termes d'une bataille face à l'Italien Generali. Pour les Français, elle fait donc quasiment partie du patrimoine national. Sa notoriété spontanée est d'ailleurs très forte : 22 %, contre à peine 2 % pour Allianz. Les Français se trouvent désormais confrontés à un nom germanique, facile à prononcer, mais aux consonances peu familières.

Face à un tel enjeu, AGF/Allianz a pris un maximum de précautions et a mobilisé des moyens importants : tout d'abord, de nombreuses études ont été menées auprès des clients, puis la décision a été prise de ne pas faire coexister les deux marques comme cela se fait souvent. Il est vrai que les communications publicitaires de la marque AGF portaient depuis quelque temps la mention « une marque du groupe Allianz ». Par ailleurs, la nouvelle signature choisie joue la continuité avec AGF : « Allianz, avec vous de A à Z » rappelle le célèbre slogan « AGF avec vous », très présent dans l'esprit des clients. Une fois le message choisi, l'entreprise a ensuite communiqué à large échelle auprès de trois cibles principales : le grand public, les employés et les clients.

Le jour du changement de nom, une campagne de communication réalisée par l'agence DDB est diffusée en France. Elle a été précédée d'un film, sous forme de bande-annonce, diffusé sur TF1 du 13 au 16 septembre. La campagne comprend également un volet radio et Internet, ainsi que de l'affichage dans les aéroports et dans plus de 700 communes de l'Hexagone. D'immenses bâches ont été installées porte Maillot, dans la capitale, et près du Stade de France, à Saint-Denis, deux points hautement stratégiques de la région parisienne. Le mot d'ordre de la campagne était sur tous les supports : « Au cas où vous auriez manqué un épisode, AGF devient Allianz. »

Pour préparer ses employés, l'assureur a commencé par diffuser les résultats d'enquête auprès des clients afin de les rassurer et de les motiver. Pendant deux ans, le groupe a fait travailler 250 personnes sur les problématiques liées au changement de marque. Puis 200 ambassadeurs ont été chargés d'informer les équipes sur la façon dont l'opération allait être menée. Trois mois plus tard, le groupe a convié ses 11 000 collaborateurs et les 6 000 représentants de la marque à une convention nationale organisée à la Défense.

Les 5 millions de clients d'AGF en France ont reçu en mai 2009 un courrier pour les informer du changement de nom, où il leur était bien expliqué que ce changement ne modifierait ni la nature de leur contrat ni leurs interlocuteurs. Une plate-forme téléphonique destinée à répondre aux éventuelles inquiétudes suscitées par l'événement a été mise en place. 5 000 appels ont été reçus en un mois et demi, ce qui ne représente que 0,01 % des clients.

Pour leur laisser le temps de se familiariser avec la nouvelle appellation, l'assureur avait, en 2008, rebaptisé sa filiale d'*asset management* Allianz Global Investors, puis la banque AGF est devenue Allianz Banque. Il a aussi profité de l'occasion pour lancer deux nouveaux produits, une complémentaire retraite à destination des particuliers (Allianz Retraite Invest4Life) et une assurance multirisque pour les PME et les professions libérales (Allianz Profil Entreprise).

Au-delà des coûts d'achat d'espace, il existe d'autres coûts : en effet, la marque figure sur de nombreux supports physiques et documents de communication. Ainsi, les 2 700 points de vente AGF vont être progressivement relookés. Les 200 premières agences repeintes aux couleurs d'Allianz ont été dévoilées le jour du changement de marque, le 16 septembre 2009. Mais il faudra un an pour que le réseau soit intégralement transformé, le temps de poser 20 000 mètres carrés d'enseignes.

Sources : Hélène Corner, « AGF se fond dans la nébuleuse Allianz », Bfm, 9 septembre 2009 ; Florence Karel, « Allianz, le nouveau nom d'AGF », News assurance.fr, 2 juin 2009 ; Le point.fr, 13 septembre 2009 ; Amélie Cordonnier, « AGF Allianz ou la difficulté de changer de marque », *Capital*, 26 novembre 2009.

P&G possède ainsi 23 marques dont le chiffre d'affaires excède le milliard de dollars. Parmi celles-ci, on trouve notamment Pampers, Always, Pantene, Pringles, Ariel, Oral B, Mach 3, Head & Shoulders, présentes sur le marché français, mais également Tide ou Crest.

3.3 Gestion des marques

La gestion des marques se fait dans le temps. Il faut souvent des années pour construire une notoriété et une image forte auprès de ses clients. Les responsables des grandes marques mondiales dépensent souvent des sommes considérables en publicité, afin de développer leur notoriété et de favoriser la préférence et la fidélité des clients. De telles campagnes publicitaires peuvent certes favoriser l'identification, la connaissance, voire l'adoption des marques. Mais ces dernières se maintiennent avant tout par l'*expérience* qu'elles procurent. De nos jours, les clients apprennent à connaître une marque au travers d'une multitude de contacts et d'échanges : par la publicité, bien sûr, mais aussi par le biais d'une expérience personnelle des produits, du bouche-à-oreille, de la fréquentation des points de vente, d'une interaction directe avec les représentants de la firme, des sites Web, de l'observation des clients de la marque, et ainsi de suite. L'entreprise doit accorder autant d'attention à la gestion de ces points de rencontre qu'à la production de ses messages publicitaires. « La marque est une entité vivante, explique Michael Eisner, ancien P-DG de Disney. Elle s'enrichit ou se dégrade au fil du temps, en fonction de ce qu'on lui fait subir[16]. »

Une image de marque peut cependant être rapidement ternie par des événements qui sont parfois difficilement contrôlables par le marketing, ou même par l'entreprise, comme une rumeur, un scandale financier, une malfaçon des produits, un mauvais traitement de l'entreprise ou de la marque dans la presse, etc.

Cette importance cruciale de la marque pour l'entreprise, et la difficulté à gérer son image, ont plusieurs conséquences :

- Tout d'abord il est nécessaire que l'image de marque soit prise en compte à tous les niveaux de l'entreprise, dans la mesure où tous les salariés, mais également les partenaires, les sous-traitants, les distributeurs véhiculent l'image de la marque. Cela nécessite donc une formation et une prise de conscience de tous les acteurs. De nombreuses entreprises créent aujourd'hui des directions de la marque, à côté des équipes marketing, pour surveiller tout particulièrement ces aspects.
- D'autre part, il convient d'évaluer à intervalles réguliers les forces et les faiblesses des marques[17]. Les entreprises doivent se poser les questions suivantes : notre marque apporte-t-elle toujours mieux que les autres les avantages véritablement recherchés par les consommateurs ? Est-elle correctement positionnée ? Est-elle véritablement perçue comme nous souhaiterions qu'elle le soit ? Il s'agit ainsi de distinguer le positionnement souhaité (l'identité) de la marque, qui est la façon dont l'entreprise définit son positionnement et cherche à la communiquer au travers des différents points de contact, et le positionnement perçu (l'image de la marque), qui est une perception subjective par les consommateurs. Il faut donc contrôler régulièrement qu'il n'y a pas trop de différences entre l'identité et l'image. Certains éléments positifs et différenciants de l'image pourront être intégrés dans l'identité.

Pour définir cette identité de marque et analyser son image, Jean-Noël Kapferer[18], spécialiste français des marques, propose d'analyser la marque selon un prisme comportant six facettes :

- **Le physique** : cela comprend le type de produits de la marque, ses éléments caractéristiques comme un logo, un motif, une couleur. Cela sera par exemple la virgule pour Nike, la couleur orange pour la marque Veuve Clicquot, l'imprimé écossais pour la marque Burberry.
- **La personnalité** : cela comprend les traits de caractère que l'on peut attribuer à la marque, comme si elle était une personne. La marque peut être vue comme dynamique, espiègle, sérieuse, rebelle, honnête…
- **La culture** correspond au pays ou à la culture de référence de la marque, à ses valeurs. La marque Shiseido puise ses valeurs au Japon, la marque Mercedes est marquée par la culture germanique, …
- **La mentalisation** est l'objectif que poursuit le consommateur en consommant cette marque. Il peut souhaiter provoquer en arborant un vêtement Diesel, montrer son statut en portant une Rolex…
- **Le reflet** est le type de consommateur imaginé pour la marque ; Anaïs Anaïs propose un portrait de jeune fille romantique, Gap est pour les consommateurs modernes et décontractés, Adidas pour les sportifs à la recherche de la performance.
- Enfin **la relation** est celle que la marque entretient avec ses consommateurs. Elle peut être complice, ou plus distante.

La figure 7.4 montre le prisme d'identité de la marque Mercedes.

Figure 7.4
Le prisme d'identité de la marque Mercedes

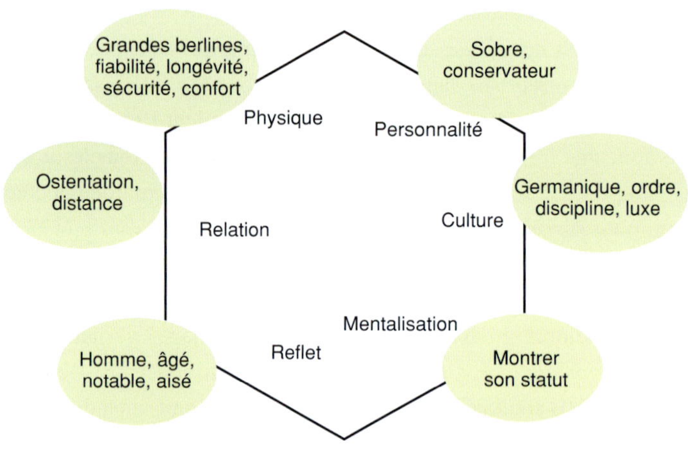

Source : Jean-Noël Kapferer, *Les marques, capital de l'entreprise*, 3e édition, Éditions d'Organisation, 1998.

4. Le marketing des services

Ces dernières années, les services ont connu un développement important. Ils occupent désormais 70 % de l'emploi total et de la valeur ajoutée des économies des pays de l'OCDE, et assurent la quasi-totalité de la croissance des emplois[19].

Les activités de services sont extraordinairement diversifiées. Il y a d'abord le *secteur public* avec ses tribunaux, ses agences pour l'emploi, ses hôpitaux, ses casernes, ses postes et ses écoles. Il y a ensuite le *secteur à but non lucratif*, avec ses associations, ses musées, ses églises, ses organismes d'aide et d'assistance. Enfin, une large part du *secteur privé* se consacre également aux services : compagnies d'assurances, banques, cabinets médicaux et juridiques, agences immobilières, salons de coiffure, compagnies aériennes, hôtels et restaurants, etc.

4.1 Nature et caractéristiques d'un service

Les services présentent quatre caractéristiques majeures qui influencent directement l'élaboration des programmes marketing associés : l'*intangibilité*, l'*indivisibilité*, la *variabilité* et la *périssabilité* (voir figure 7.5).

Intangibilité
Ce qui caractérise les services : il est impossible de les voir, de les goûter, de les toucher, de les entendre ou de les sentir.

L'**intangibilité** se rapporte au fait qu'il est impossible de voir, de goûter, de toucher, d'entendre ou de sentir un service. La cliente qui subit une opération de chirurgie esthétique ne connaît jamais à l'avance le résultat. De même, les passagers d'un avion n'ont rien d'autre en main qu'un ticket, assorti de la promesse de récupérer leurs bagages une fois arrivés à destination. La conséquence importante pour le marketing est que, pour réduire l'incertitude, les consommateurs s'appuient sur les éléments tangibles pour juger de la qualité du service. Ils se rattachent à tout ce qu'ils voient : les locaux, le personnel, l'équipement, l'information, les logos et les prix.

Indivisibilité
L'une des caractéristiques majeures des services : ils sont produits et consommés au même moment, et ne peuvent être dissociés de leur fournisseur, qu'il s'agisse d'un être humain ou d'une machine.

Les prestataires de services s'efforcent donc de favoriser la confiance du client en accroissant la tangibilité du service.

L'encadré 7.2 montre un exemple de marché de services qui a émergé sous une forme tangible, celui des coffrets cadeaux.

Les biens matériels sont d'abord fabriqués, avant d'être stockés puis vendus en vue d'une consommation ultérieure. Les services, eux, sont tout d'abord vendus, avant d'être produits et consommés simultanément. C'est ce qu'on appelle l'**indivisibilité** des services.

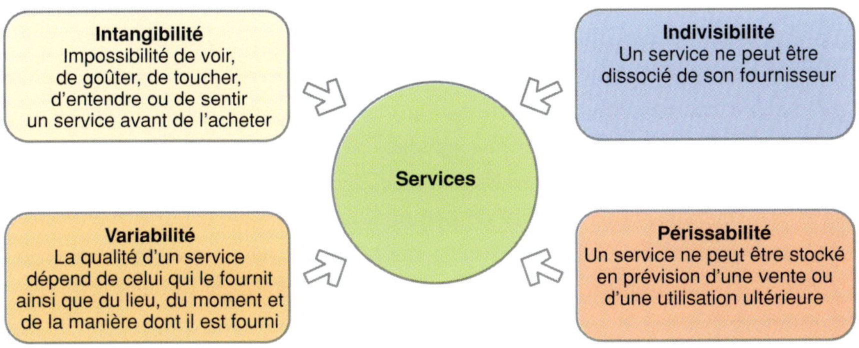

Figure 7.5
Les quatre caractéristiques des services

SFR cherche ici à se différencier sur le marché des " box " d'accès à Internet, grâce à son service d'installation, qui est ici rendu visible dans la communication par les petits personnages toujours prêts à rendre service.

Si un service est délivré par un employé, ce dernier en fait intrinsèquement partie. Ainsi, pour se faire couper les cheveux, il est nécessaire que le client et le coiffeur soient présents simultanément. Du fait de la présence du bénéficiaire pendant la fabrication du service, l'*interaction prestataire-client* constitue un élément clé du marketing des services. Tous deux – prestataire et client – influencent à égalité la délivrance correcte du service.

Variabilité
L'une des caractéristiques majeures des services : leur qualité peut être très variable. Elle dépend à la fois de celui qui les fournit et du lieu, du moment et de la manière dont ils sont fournis.

Périssabilité
L'une des caractéristiques majeures des services : ils ne peuvent en aucun cas être stockés en prévision d'une vente ou d'une utilisation ultérieure.

La **variabilité** a trait au fait que la qualité d'un service dépend aussi bien de celui qui le fournit que du lieu, du moment et de la manière dont il est fourni. Certaines chaînes d'hôtels ont par exemple la réputation d'offrir un meilleur service que d'autres. Pourtant, au sein d'un établissement donné, l'un des réceptionnistes pourra se montrer courtois et efficace, alors que son collègue posté à quelques mètres seulement se révélera déplaisant et d'une lenteur insupportable. Pire encore, la qualité du service fourni par un seul et même employé peut tout à fait varier en fonction de son humeur et de sa forme.

La **périssabilité** désigne le fait que les services ne peuvent en aucun cas être stockés en prévision d'une vente ou d'une utilisation ultérieure. Ainsi, dans le domaine du tourisme, les réservations qui ne sont pas annulées avant une certaine date sont facturées. Lorsque la demande est stable, la périssabilité des services ne pose pas trop de problèmes. Dans le cas contraire, elle engendre de nombreuses difficultés d'infrastructure, comme pour les transports en commun, insuffisants aux heures de pointe et en surnombre le reste du temps. Pour synchroniser l'offre et la demande, les sociétés de services élaborent souvent différentes stratégies, en cherchant soit à adapter la capacité d'offre, soit à « étaler » la demande. Les hôtels et les stations balnéaires affichent des prix plus bas hors saison, afin d'attirer davantage de personnes, tandis que les restaurants embauchent des intérimaires pour le coup de feu du midi.

4.2 Stratégies marketing des sociétés de services

Au même titre que les firmes industrielles, toute bonne société de services utilise le marketing pour acquérir une position solide sur les segments de marché qu'elle a choisi d'attaquer. Les prestataires de services assoient leur position en s'appuyant sur les composantes classiques du mix marketing.

Souvent, étant donné qu'ils diffèrent sensiblement des biens tangibles, les services exigent de nouvelles approches marketing. Dans l'industrie, les produits sont fortement standardisés et peuvent être mis en rayon en attendant que les clients les achètent. Dans le secteur tertiaire, le client et le prestataire doivent *interagir* pour produire le service. La création de valeur nécessite donc un échange efficace entre les deux, échange dont la qualité dépend directement des compétences de l'employé et du soutien dont il bénéficie.

La chaîne service-profit

Les meilleures sociétés de services sont celles qui se préoccupent *à la fois* de leurs clients et de leurs employés. Elles ont assimilé le concept de la *chaîne service-profit*, qui trace un lien entre les profits de la société et la satisfaction des uns et des autres. Cette chaîne comporte cinq maillons[20] :

1. *La qualité interne* : sélection et formation irréprochables du personnel, environnement de travail favorable et soutien sans faille aux employés amenés à côtoyer les clients, débouchant sur…
2. *La satisfaction et la productivité des employés* : une plus grande satisfaction, un dévouement plus marqué et davantage d'application dans le travail, débouchant sur…
3. *Une valeur supérieure du service* : une création de valeur et une prestation de services plus efficaces et plus efficientes, débouchant sur…
4. *Une satisfaction et une fidélité accrues du côté des clients* : le développement d'une clientèle qui reste fidèle, réitère ses achats et conseille l'entreprise à d'autres personnes, débouchant sur…
5. *Des profits confortables et une croissance forte* : l'obtention d'un meilleur niveau de performance.

Pour atteindre ses objectifs de rentabilité et de croissance, la société doit donc prendre soin de ceux qui prennent soin des clients.

En définitive, le marketing des services réclame donc bien davantage qu'un marketing externe classique basé sur les quatre P habituels. Comme le montre la figure 7.6, il convient également de faire intervenir un *marketing interne* et un *marketing interactif*. Le **marketing interne** signifie que les responsables marketing doivent insuffler un esprit d'*équipe* et amener chaque employé à se concentrer sur le client. En réalité, le marketing interne *précède* même le marketing externe.

Marketing interne
Formation et motivation de l'ensemble du personnel de l'entreprise dans l'optique de la satisfaction du client. C'est une composante particulièrement importante du marketing dans le domaine des services.

La qualité du service est également étroitement liée à celle de l'interaction acheteur-vendeur. Dans le marketing des produits, la qualité dépend rarement de la façon dont on

MARKETING EN ACTIONS 7.2

Tangibiliser l'intangible : l'émergence des coffrets cadeaux

Le marché des coffrets cadeaux connaît une véritable explosion depuis le milieu des années 2000, notamment avec le lancement de marques grand public comme Wonderbox et Smartbox.

Principalement destiné au marché du cadeau, le principe est d'offrir un coffret permettant à la personne à qui on l'offre de profiter d'un service au choix auprès d'une liste de prestataires présélectionnés. Le marché des coffrets cadeaux français aurait réalisé entre 200 et 220 millions d'euros pour 2,5 millions d'articles vendus en 2009. Le panier moyen du coffret cadeau se situe à 90 euros. 60 à 65 % des coffrets sont vendus en grandes surfaces et 40 %, sur Internet ou *via* les entreprises.

Le leader européen du coffret cadeau est aujourd'hui Smartbox, qui a réalisé un volume d'affaires de 242 millions d'euros en 2008 sur toute l'Europe et est présent dans plus de 8 300 points de vente en France.

Les offres de « séjours » ont permis au marché de démarrer, mais les gammes ne cessent de s'enrichir, avec des offres « expérience » (aventure, bien-être, cours de cuisine, dégustation de vins, etc.).

Cet engouement peut s'expliquer par plusieurs facteurs :

- Tout d'abord, le coffret cadeau présente des aspects pratiques. Il minimise le risque pour celui qui offre de se tromper, car le choix de services proposé peut être assez large et le délai pour « consommer » le service, long. Les offreurs de coffrets cadeaux cherchent d'ailleurs à faire varier la liste des prestataires, pour ne pas frustrer les consommateurs qui cherchent à réserver et ne trouvent pas de place. La valeur ajoutée vient également de la sélection de ces prestataires, car dans le domaine du service la confiance est la clé et les indices de qualité ne sont pas toujours faciles à identifier. Par ailleurs, il est souvent difficile pour les clients de trouver l'ensemble des prestataires de service sur le même lieu de distribution.
- Ensuite, il permet de « tangibiliser » le service, afin de l'introduire dans le rituel du cadeau. Il est en effet souvent frustrant d'offrir un simple bon. On voit d'ailleurs de plus en plus de coffrets constitués d'un produit tangible à côté de la prestation de service. Il peut s'agir d'un appareil photo pour immortaliser le moment vécu, ou de verres pour matérialiser une offre de dégustation. Ainsi, pour Noël 2008 sont apparus les premiers coffrets cadeaux avec des produits comme une chemise sur mesure, le cinéma à domicile, du thé et du café ou de la photo d'art, etc.
- Enfin, ce développement spectaculaire peut également s'expliquer par la volonté croissante des consommateurs de vivre des expériences inédites et inoubliables. Smartbox a ainsi lancé récemment un coffret « stage de préparation pour la Star Academy », l'émission de TF1, en partenariat avec Universal Music France. L'offre comprend entre autres l'enregistrement d'un single en studio. La gamme inclut aussi des coffrets sensations fortes proposant de sauter à l'élastique, de faire du parapente ou de l'ULM ou de conduire une Ferrari.

Smartbox développe également une offre pour les entreprises, afin de mettre en place leurs opérations : organiser des challenges commerciaux, des *incentives*, des promotions et jeux concours, fidéliser leur clientèle, ou tout simplement remercier leurs clients et collaborateurs. Aujourd'hui, 30 % du volume d'affaires est réalisé sur ce secteur. Smartbox Business Solutions accompagne les PME de l'étude du besoin jusqu'à la mise en place de l'opération, la réalisation des outils de communication (personnalisation du coffret cadeau, plate-forme Internet) et le suivi de la livraison.

Sources : Célia Pénavaire, « Comment Smartbox a révolutionné le marché du chèque-cadeau », lesechos.fr, 17 juillet 2009 ; www.smartbox.com ; www.happybox.fr.

obtient le produit. Dans le domaine des services, elle dépend à la fois du prestataire et de la qualité de sa prestation. Les personnes qui délivrent la prestation et sont en contact avec le client doivent donc savoir comment interagir avec le client. Ces interactions ne sont plus seulement basées sur le face-à-face, mais peuvent également intégrer des contacts par téléphone, par courrier électronique, ou *via* des sites Web, comme dans le cas d'une banque ou d'une compagnie d'assurances.

Aujourd'hui, à mesure que la concurrence et les coûts augmentent, les sociétés de services se trouvent confrontées à un triple défi : celui de la *différenciation par l'innovation ou par l'image*, celui de la *qualité* et celui de la *productivité*.

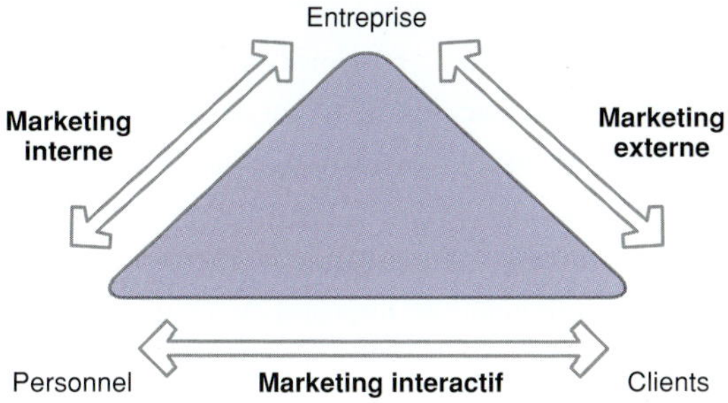

Figure 7.6
Les trois pans du marketing des services

Différenciation

Face à une guerre des prix toujours plus intense, les sociétés de services se plaignent souvent de la difficulté qu'elles ont à différencier leur offre par rapport à celles de la concurrence. Si les clients sont incapables de faire une distinction entre deux prestataires, c'est en effet en fonction du prix qu'ils finissent par trancher.

- **Par l'innovation.** Pour bien différencier la prestation et l'offre de l'entreprise, on peut ajouter des innovations au service rendu. Dans cette optique, certaines compagnies aériennes proposent désormais des services de secrétariat en vol, et les chambres d'hôtels s'équipent de plus en plus d'une prise permettant l'accès à Internet. De nombreuses enseignes de la grande distribution ont ouvert des sites d'achat en ligne avec livraison à domicile, qui suppriment de ce fait la corvée des courses – se rendre au magasin, se garer, faire la queue, transporter les produits, etc.
- **Par l'image.** Une deuxième approche consiste à se différencier par l'image, et une forte identité de marque soutenue par un logo très reconnaissable.

Le groupe hôtelier Accor a entamé en 2007 un repositionnement de son enseigne Sofitel sur le très haut de gamme. Pour rivaliser avec les enseignes de cinq, voire six étoiles, les nouveaux Sofitel revendiquent une *french touch* axée sur le bien-être, le raffinement et la gastronomie, comme le Sofitel du Caire ou celui de Pékin, ouvert en 2007, avec son spa Lancôme et son restaurant Lenôtre. Le logo de l'enseigne a également été revu pour le rendre plus élégant : le « o » de Sofitel évoque un anneau de joaillerie. Accor se donne trois ans pour faire le ménage dans son réseau de 200 hôtels. Certains hôtels ne correspondant plus à la nouvelle image de Sofitel seront cédés. D'autres passeront sous la marque Pullman, relancée pour être positionnée légèrement en dessous de Sofitel[21].

Qualité

Comme pour les produits, la qualité se définit par son niveau et par sa constance. Une des difficultés majeures est que la qualité dans les services est difficile à standardiser. La promesse d'une qualité constante est donc un argument important pour les clients qui souhaitent minimiser le risque, mais elle est également difficile à réaliser. Elle passe par une analyse de la qualité perçue du service par le client, c'est-à-dire de sa satisfaction, et la détermination des facteurs qui concurrent à cette satisfaction. Ces facteurs doivent être traduits en éléments mesurables, afin de pouvoir fixer des objectifs quantitatifs.

Les plus grandes sociétés de services se fixent des normes de qualité très élevées, en essayant de comparer leurs performances à celles des entreprises concurrentes. Un résultat égal à 98 % peut certes paraître excellent, mais si l'on devait s'en satisfaire, UPS perdrait tous les jours 310000 colis[22], n'importe quelle page imprimée contiendrait 10 fautes de frappe, et l'eau du robinet deviendrait impropre à la consommation 7 jours par an.

Contrairement aux industriels, qui peuvent ajuster leurs lignes de fabrication et adapter leurs approvisionnements jusqu'à ce que tout soit parfait, la qualité d'un service demeure toujours variable, soumise aux interactions entre les employés et les clients. Il est impossible d'éliminer à 100 % tous les problèmes. Lorsqu'un problème survient, une compensation juste, en reconnaissant sincèrement l'erreur auprès du client, peut néanmoins permettre de transformer un client mécontent en client satisfait, à un niveau de satisfaction parfois supérieur à celui que l'on aurait obtenu si les choses s'étaient bien déroulées dès le départ. Il convient donc de prendre les mesures nécessaires non seulement pour fournir chaque fois un service optimal, mais aussi pour rectifier le cas échéant les erreurs commises.

Dans ce but, il est important d'*autonomiser* le personnel, en lui donnant l'autorité, la responsabilité et la motivation dont il a besoin pour prendre en compte, étudier et satisfaire les besoins du client.

▶ Dans l'hôtellerie et la restauration de luxe, l'ensemble des collaborateurs se consacre à l'amélioration du service offert aux clients. Alain Ducasse, qui avait remarqué que des clientes de son restaurant ne savaient pas où poser leur sac à main une fois à table, proposa d'ajouter un petit tabouret à côté de la table, puis, plus tard, d'y intégrer une tablette. Au Plaza Athénée à Paris, le portier note systématiquement le numéro d'immatriculation du taxi qui dépose les clients. Cela peut permettre de retrouver rapidement les objets éventuellement oubliés à l'intérieur[23]. ◀

Productivité

Compte tenu de l'augmentation rapide des coûts, les sociétés de services se retrouvent dans l'obligation d'accroître la productivité de leurs prestations. Elles disposent pour cela de plusieurs options. La première vise à renforcer la qualification du personnel, en mettant en place un meilleur recrutement et une formation plus poussée, ainsi qu'un plan de rémunération plus motivant. L'entreprise peut également « industrialiser » ses services, en se dotant de meilleurs équipements et en standardisant la production – c'est la méthode retenue notamment par McDonald's. La dernière option s'appuie sur la maîtrise du progrès technologique, lequel, outre les gains de temps et d'argent qu'il apporte aux firmes industrielles, recèle aussi un potentiel énorme et souvent négligé en matière de services.

▶ Les technologies dites « sans contact » ont permis de traiter plus efficacement les flux de voyageurs à la RATP, avec la mise en place de la carte Navigo. La mise en place de technologies Internet a permis aux titulaires d'un compte courant postal de réaliser depuis leur domicile un certain nombre d'opérations sur leur compte, ce qui permet de désengorger les guichets et de limiter l'envoi de relevés de comptes papier. ◀

Il ne faut toutefois pas chercher à pousser trop loin le souci de productivité, au risque d'entraîner une baisse excessive de la qualité. Si des efforts d'industrialisation ou de réduction des coûts peuvent améliorer l'efficience à court terme de l'entreprise, ils peuvent aussi compromettre à plus long terme son aptitude à innover, à maintenir un bon niveau de prestation ou à répondre aux besoins et aux désirs du consommateur. Ils risquent au bout du compte d'ôter au service la substance même du service.

5. La stratégie de produits, services et marques à l'international

Les entreprises souhaitant se développer à l'international doivent relever des défis tout à fait particuliers. Il leur faut d'abord décider des pays où elles veulent s'implanter et sélectionner les produits et les services qu'elles vont y vendre. Elles doivent trouver ensuite le moyen de standardiser ou d'adapter leur production aux différents marchés.

D'un côté, les entreprises souhaitent standardiser leur offre afin de projeter notamment une image homogène dans le monde entier, mais aussi pour abaisser les coûts de conception, de fabrication et de marketing liés à une trop grande diversité des produits. Dans le domaine industriel, les entreprises vont s'internationaliser sous l'impulsion de leurs clients, qui deviennent eux-mêmes internationaux.

D'un autre côté, les marchés (concurrence, environnement, climat) et les consommateurs (habitudes, coutumes, valeurs) varient fortement en fonction du pays, ce qui oblige en général les entreprises à adapter leur offre aux spécificités locales. Cette nécessité d'adaptation varie fortement selon la catégorie de produits et la cible. Ainsi, dans le domaine alimentaire ou dans celui des vêtements, une forte adaptation est nécessaire. Elle sera moins marquée dans les secteurs technologiques. D'autre part, les consommateurs les plus modestes et les plus âgés diffèrent plus dans leurs goûts que les jeunes des classes aisées, qui forment un segment plus homogène au niveau mondial.

En ce qui concerne l'offre commerciale, plusieurs éléments peuvent être adaptés :

- Le produit lui-même doit s'adapter aux consommateurs, à leurs goûts et à leurs habitudes, mais également aux législations locales.
- Le packaging doit souvent varier d'un pays à l'autre, du fait notamment des problèmes de différences de langue. D'un pays à l'autre, les noms, les étiquettes et les couleurs peuvent poser des problèmes de transposition extrêmement délicats. Il peut aussi s'avérer nécessaire de réétudier le conditionnement afin de prendre en compte les particularités physiques des consommateurs locaux. Au Japon, par exemple, les boissons gazeuses sont vendues dans des bouteilles plus étroites, adaptées aux mains plus petites des Japonais.

  Au final, bien que la standardisation des produits et des emballages puisse présenter quelques avantages, les entreprises n'ont en général pas d'autre choix que d'ajuster leur offre aux besoins spécifiques des différents marchés.

- La marque s'avère souvent la partie la plus facile à standardiser d'un pays à l'autre, même si les disparités de culture et de langue, ainsi que l'historique des marques locales, sont souvent des obstacles importants. Les entreprises cherchent cependant à rationaliser leurs portefeuilles de marques, ce qui explique l'émergence de marques supranationales, voire mondiales.

Lorsqu'elles prévoient de s'internationaliser, les sociétés de services doivent surmonter elles aussi de nombreux obstacles. Certains secteurs bénéficient en l'espèce d'une longue expérience. Les banques commerciales ont ainsi fait partie des premières entreprises à s'engager dans un développement international. Pour répondre aux besoins de change et de crédit de leurs clients nationaux, désireux d'investir à l'étranger, ces établissements furent amenés à offrir leurs services à l'échelle mondiale. Ces dernières années, de nombreuses banques ont fini par être totalement mondialisées.

La Deutsche Bank possède par exemple plus de 12 millions de clients répartis dans 74 pays. À ceux qui souhaiteraient se développer sur l'ensemble du globe, elle propose de lever des fonds non seulement sur la place de Francfort, mais aussi à Zurich, Londres, Paris ou Tokyo[24].

La mondialisation des professions libérales et du secteur des services aux entreprises – comptabilité, conseil en management, publicité, etc. – n'est intervenue quant à elle que très récemment. L'internationalisation de ces firmes n'a fait que suivre en réalité celle de leurs clients. À mesure que ces derniers se mettaient à adopter des stratégies marketing et publicitaires d'envergure mondiale, les agences de communication ont réagi en mondialisant leurs propres activités.

Le commerce de détail compte souvent parmi les dernières activités de services à se tourner vers la mondialisation, mais les groupes français ont été parmi les premiers à s'internationaliser. Le groupe Carrefour est ainsi présent au Brésil depuis 1975 et en Chine depuis 1995. La clientèle asiatique peut désormais acheter des produits américains dans les magasins Carrefour. L'entreprise possède à l'heure actuelle plus de 15 000 points de vente dans 35 pays et occupe le premier rang en Europe et le deuxième dans le monde[25].

La tendance actuelle, propice à un développement mondialisé des entreprises de services, va se prolonger dans les années à venir, en particulier dans les secteurs de la banque, du transport aérien, des télécommunications et des professions libérales.

RETOUR SUR LES CONCEPTS-CLÉS

Un produit représente plus qu'un simple ensemble de caractéristiques tangibles. De nombreuses offres commerciales associent d'ailleurs dans des proportions variables les biens matériels et les services, entre le **pur produit tangible** d'un côté et le **pur service** de l'autre. Chaque produit ou service commercialisé peut être envisagé selon trois niveaux. L'**avantage essentiel** définit ce que le client recherche en priorité pour résoudre son problème. Le **produit réel** assemble autour de ce noyau les caractéristiques, le niveau de qualité, l'aspect, la marque et l'emballage. Le **produit global** intègre en plus les services et les bénéfices offerts en supplément, tels que la garantie, la livraison gratuite, l'installation ou la maintenance.

1. Définir la notion de produit et les principales classifications des produits et des services.

Au sens le plus large, on appelle produit tout ce qui peut être offert, acquis ou consommé sur un marché de manière à satisfaire un besoin ou un désir. La notion de produit ne se limite pas aux seuls biens tangibles. Elle englobe également les services, les événements, les personnes, les endroits, les organisations, les idées, ou bien encore n'importe quelle combinaison de ces différentes entités. Les **services** sont des produits qui offrent à la vente un ensemble d'activités, d'avantages ou de satisfactions par essence intangibles. La banque, l'hôtellerie, le transport aérien, le commerce de détail et les services de dépannage à domicile en fournissent quelques exemples.

Les produits et les services se répartissent en deux grandes classes, en fonction du type de client qui les utilise. Les **produits de grande consommation** – destinés aux clients finaux – se divisent en deux catégories, selon les habitudes d'achat qu'ils impliquent : biens d'achat fréquent et biens durables. Les **produits industriels** – que l'on acquiert en vue d'une transformation ultérieure ou pour alimenter l'activité de son entreprise – rassemblent les matières premières et les composants, les biens d'équipement et enfin les fournitures et les services. D'autres entités – telles que les organisations, les personnes, les endroits ou les idées – peuvent aussi utiliser les techniques et les concepts du marketing.

2. Décrire les décisions que les entreprises sont amenées à prendre à l'égard de leurs produits et de leurs services, de leurs gammes, et de leurs portefeuilles de produits.

Les décisions relatives aux produits individuels concernent les attributs du produit, le choix d'une marque, le packaging et les services annexes. Les **attributs** englobent la qualité, les fonctionnalités, le style et le design du produit. Le **choix de la marque** se rapporte en premier lieu au choix d'un nom et à l'élaboration d'une stratégie de marque. Le **packaging** a des fonctions techniques comme la protection, la conservation, la commodité de transport, mais également des fonctions de communication sur le produit et son positionnement. Les décisions qui s'y rattachent incluent souvent la conception d'un **étiquetage** permettant d'identifier, de décrire et parfois même de promouvoir le produit. Les entreprises développent également des **services annexes** qui améliorent la qualité de la prestation et la satisfaction du client, et leur permettent de se différencier de la concurrence.

Plutôt que des produits isolés, la plupart des entreprises commercialisent des gammes. Une **gamme** désigne un ensemble de produits liés entre eux du fait qu'ils fonctionnent de façon similaire, s'adressent aux mêmes clients ou sont diffusés dans les mêmes types de points de vente. L'**extension** de la gamme consiste à l'allonger vers le bas, vers le haut ou dans les deux sens afin d'occuper un espace laissé vacant qui risquerait d'attirer un nouveau concurrent. La **consolidation**, elle, désigne l'ajout de nouveaux articles dans les limites actuelles de la gamme. L'ensemble des gammes et des articles qu'une entreprise propose à ses clients forme le **portefeuille de produits**. Celui-ci se définit sur la base de quatre caractéristiques essentielles – sa largeur, sa longueur, la profondeur de ses gammes et sa cohérence –, qui sont autant d'outils permettant à l'entreprise de développer sa stratégie de produit.

3. Expliciter l'articulation d'une stratégie de marque – les décisions que l'entreprise doit prendre pour construire et gérer une marque.

Certains analystes considèrent les marques comme la richesse majeure de l'entreprise. Les marques incarnent en effet tout ce que le produit ou le service **signifie** aux yeux des consommateurs. Le **capital marque** est le différentiel de prix qu'un consommateur est prêt à payer pour la marque. Une marque dotée d'un capital-marque élevé représente pour l'entreprise un atout extrêmement précieux. La construction d'une marque implique un certain nombre de décisions en matière de positionnement, de nom, de type de marques et de stratégie de marque. Le **positionnement** le plus efficace s'appuie sur les convictions et les valeurs fondamentales des consommateurs. Le **choix du nom** nécessite d'étudier soigneusement les avantages du produit, le marché cible et les stratégies marketing envisagées. Un industriel donné peut utiliser différents types de marques : il peut lancer une **marque de fabricant** (ou marque nationale), vendre sa production aux revendeurs – qui utiliseront alors une **marque de distributeur** –, signer des **licences** avec des sous-traitants, ou unir ses forces avec un autre fabricant dans le cadre d'une stratégie de **co-marquage**. Il existe également quatre options pour le développement de son portefeuille de marques : l'**extension de gamme**, l'**extension de marque**, la **stratégie multimarques** et l'introduction de **nouvelles marques**.

Les entreprises doivent gérer leurs marques avec le plus grand soin. Il leur faut communiquer en permanence leur positionnement auprès du public, notamment à l'aide de la publicité. Les clients apprennent en effet à les connaître et à les évaluer au travers d'une multitude de contacts et d'interactions, dont certains ne peuvent pas être contrôlés par l'entreprise. Celle-ci doit donc mobiliser l'ensemble de ses collaborateurs pour essayer de faire passer un message clair et homogène sur la marque. À cet effet, certaines entreprises créent des directions spécifiquement chargées de la gestion de la marque. L'image d'une marque peut différer et s'éloigner dans le temps du positionnement souhaité (identité de la marque). C'est pourquoi il est important de réévaluer régulièrement l'image de marque, et éventuellement de redéfinir son identité.

4. Identifier les différentes caractéristiques susceptibles d'affecter le marketing d'un service et les conséquences en termes de marketing.

Les **services** présentent quatre caractéristiques majeures : l'**intangibilité**, l'**indivisibilité**, la **variabilité** et la **périssabilité**. Chacune de ces caractéristiques soulève des problèmes spécifiques et impose certaines exigences en termes de marketing. Les marketeurs cherchent à rendre les services plus tangibles, à accroître la productivité des prestataires (hommes ou machines) – indissociables des services fournis –, à standardiser la qualité pour lutter contre la variabilité, et à homogénéiser la demande et les capacités de production pour réduire la périssabilité.

Les meilleures sociétés de services sont celles qui se préoccupent **à la fois** de leurs clients et de leurs employés. Elles ont assimilé le concept de la chaîne service-profit, qui trace un lien entre les profits de la société et la satisfaction des uns et des autres. Outre un marketing externe classique, le marketing des services fait également intervenir un **marketing interne**, destiné à motiver le personnel. Les entreprises de services cherchent également à développer les compétences des prestataires sur le plan du contact avec le client. Pour réussir, les sociétés de services doivent établir une **différenciation concurrentielle**, offrir une **qualité de prestation** optimale et parvenir à accroître leur **productivité**.

5. Évaluer les enjeux de la politique de produit, de marque et de service à l'international.

La définition d'une offre commerciale à l'international pose des défis tout à fait particuliers aux entreprises, qui sont tiraillées entre la standardisation et l'adaptation de leurs offres aux différents marchés nationaux. Les différents éléments de l'offre, produit, marque, packaging, services, doivent faire l'objet d'une réflexion sur la possibilité de les internationaliser.

Activités

Questions de réflexion et de mise en pratique

1. Dans quel cas peut-il être intéressant de cannibaliser les ventes d'un produit existant ?
2. Que pensez-vous des extensions de marques (fictives) suivantes ?
   – une eau minérale Adidas ;
   – des jus de fruits La Laitière ;
   – des stylos haut de gamme Vuitton.
3. Un club de vacances souhaite développer des séminaires d'entreprise dans ses locaux, en permettant aux participants d'utiliser les installations de loisir et sportives pendant les pauses et les temps libres. Quelles précautions doit-il prendre ? Quels sont les risques ?
4. La marque Bio (aujourd'hui Activia) a été la première à utiliser la couleur verte pour un packaging de yaourts. Quels sont d'après vous les opportunités et les risques d'une telle stratégie ?
5. La fonction marketing dans les services est étroitement liée à la fonction ressources humaines. Sauriez-vous expliquer pourquoi ?
6. Quels sont les risques liés à une extension de gamme « vers le bas », c'est-à-dire au lancement de produits positionnés moins chers mais vendus sous la même marque ?
7. L'Oréal s'est associé il y a quelques années à Philips pour commercialiser une crème minceur avec un appareil de « palper-rouler » destiné à réduire la cellulite. Quels sont les avantages et les risques d'une telle stratégie ?
8. Quels sont les indicateurs et les informations à collecter avant de supprimer une référence dans une gamme de produits ?
9. Les marques de services portent souvent le nom de l'entreprise. Pour quelles raisons, selon vous ?
10. Pourquoi est-il si important pour une entreprise de posséder des marques mondiales ? Quels sont les obstacles pour parvenir à une telle situation ?

Étude de cas : Michel et Augustin, les trublions du goût

La marque Michel et Augustin a été créée en 2005 par Michel de Rovira et Augustin Paluel-Marmont, deux amis d'enfance, diplômés d'école de commerce, qui aiment la bonne bouffe et les recettes de grand-mère. Ils ont démarré leur aventure dans une boulangerie du 18e arrondissement, à Paris, en fabriquant des sablés « ronds et bons ». En 2009, ils commercialisent une gamme d'une cinquantaine de références comprenant, outre des sablés, des smoothies, des yaourts à boire et en pots qui se proclament « 100 % vrai » car fabriqués uniquement à partir d'ingrédients naturels, sans conservateurs ni additifs. Leur logo est une vache naïve qui figure sur tous les emballages.
Quatre ans après le lancement, l'entreprise emploie 17 salariés, a 37 copains actionnaires, réalise 8 millions d'euros de chiffre d'affaires et distribue dans 3 000 points de vente, dont de nombreux supermarchés, mais également chez des distributeurs haut de gamme comme la Grande Épicerie de Paris, Lafayette Gourmet, les cafés Bert's ou le prestigieux magasin Colette.
Les deux héros fondateurs de la marque se mettent en scène dans toutes les sphères de la communication, que ce soit sur le packaging des produits, sur les dépliants, sur le site ou dans des vidéos humoristiques et parodiques diffusées sur le Net. La saga de l'entreprise est narrée dans ses moindres détails sur le site.
Ainsi, pour le lancement de leur pot de yaourt de 1 kilogramme (recettes « onctueux nature » et « vanille de Madagascar ») fin 2009, ils sont apparus torse nu et vêtus d'un simple pagne façon peau de vache au rayon frais du Monoprix Saint-Michel (5e arrondissement de Paris). Ce lancement succède à une phase de *teasing* sur leur site Internet, leur blog et leur page Facebook.
La marque cherche à créer tout un univers humoristique, décalé et naïf, mêlé de philanthropie et de joie de vivre.

Dans un prospectus publicitaire, une page est ainsi consacrée à Jean-Paul, un copain qui a fondé une association d'aide aux accidentés de la vie.

L'entreprise a su susciter autour d'elle toute une communauté, avec son vocabulaire spécifique : on parle non pas de dirigeant mais de vizir, on dit non pas l'équipe mais la tribu, non pas l'entreprise mais l'aventure.

Les consommateurs sont bien entendu invités à partager cette aventure : ainsi, ils sont conviés chaque 1er jeudi du mois à La Bananeraie (le siège social, situé à Boulogne), pour venir rencontrer « la tribu », donner leurs idées sur les projets et goûter les produits. Ce que font, depuis quatre ans, environ 200 personnes, qui échangent également des recettes, prennent des photos et demandent des autographes. Il existe un groupe Facebook « Michel et Augustin », ainsi qu'un groupe Twitter, et la communauté partage des vidéos humoristiques sur YouTube ou Dailymotion.

Sources : « Michel et Augustin se mettent à nu pour leurs yaourts », emarketing.fr, 22 octobre 2009 ; micheletaugustin.fr.

Questions

1. À partir de la description de la marque, construisez le prisme d'identité de la marque Michel et Augustin.
2. À quelles catégories de produits la marque peut-elle selon vous continuer à s'étendre ?

Notes

1. Pour plus d'informations sur le marketing des destinations, voir Philip Kotler, Donald Haider et Irving J. Rein, *Marketing Places*, New York, Free Press, 2002. L'exemple est tiré de Steve Dougherty, « In a Cold Country, the Nights Are Hot », *New York Times*, 19 décembre 2004, sect. 5, p. 1.
2. Définition issue du site www.social-marketing.org/aboutus.html.
3. Citations et définition tirées de Philip Kotler, *Kotler on Marketing*, New York, Free Press, 1999, p. 17 ; et www.asq.org.
4. Voir par exemple Roland T. Rust, Christine Moorman et Peter R. Dickson, « Getting Return on Quality: Revenue Expansion, Cost Reduction, or Both? », *Journal of Marketing*, octobre 2002, pp. 7-24.
5. Source : P. Cap, « Points de vente : Place à l'émotionnel », *Stratégies*, 7 septembre 2006.
6. Sources : ideo.com ; Jean-Pierre Mathieu (dir.), « Design et marketing, fondements et méthodes », L'Harmattan, janvier 2007.
7. Sophie Changeur, « Stratégies de marque et valeur de l'entreprise : une approche financière du capital-marque », *Actes du Congrès de l'AFM*, Saint-Malo, 2004.
8. Voir Jean-Noël Kapferer, *Les marques, capital de l'entreprise*, 3e édition, Éditions d'Organisation, 1998.
9. Voir par exemple Kusum Ailawadi, Donald R. Lehman et Scott A. Neslin, « Revenue Premium as an Outcome Measure of Brand Equity », *Journal of Marketing*, octobre 2003, pp. 1-17.
10. Voir Roland Rust, Katherine Lemon et Valarie Zeithaml, « Return on Marketing: Using Customer Equity to Focus Marketing Strategy », *Journal of Marketing*, janvier 2004, p. 109.
11. Voir Scott Davis, *Brand Asset Management*, 2e éd., San Francisco, Jossey-Bass, 2002. Pour plus de détails sur le positionnement des marques, voir Philip Kotler, Kevin Keller, Bernard Dubois et Delphine Manceau, *Marketing Management*, 12e édition, Pearson Education, 2006, chapitre 10.
12. Source : Véronique Yvernault, « Avec *Arthur et les Minimoys*, Luc Besson aligne les produits dérivés », *LSA*, n° 1978, 01/12/2006.
13. Source : Béatrice Héraud, « Des lancements tous azimuts chez Coty », *Marketing Magazine*, n° 111, 1/03/07.
14. C'est la définition adoptée par Géraldine Michel et Jean-Jack Cegarra, « Co-branding : clarification du concept », *Recherche et applications en marketing*, vol. 16, n° 4, 2001, p. 59.
    Laura Liebeck, « Two Tastes Can Be Better Than One », *Retail Merchandiser*, février 2005, p. 20.
    Wendy Zellner, « Your New Banker? », *Business Week*, 7 février 2005, pp. 28-31.
    Géraldine Michel, « L'extension de marque dans les entreprises : étude et prise de décision », *Décisions Marketing*, n° 34, 79-84, 2004.
15. Laura Liebeck, « Two Tastes Can Be Better Than One », *Retail Merchandiser*, février 2005, p. 20.
16. Stephen Cole, « Value of the Brand », *CA Magazine*, mai 2005, pp. 39-40.
17. Voir Kevin Lane Keller, « The Brand Report Card », *Harvard Business Review*, janvier 2000, pp. 147-157, et *Strategic Brand Management*, pp. 766-767 ; David A. Aaker, « Even Brands Need Spring Cleaning », *Brandweek*, 8 mars 2004, pp. 36-40.
18. Jean-Noël Kapferer, *Les marques, capital de l'entreprise*, 3e édition, Éditions d'Organisation, 1998.
19. Source : OCDE, www.oecd.org.
20. Voir James L. Heskett, W. Earl Sasser Jr. et Leonard A. Schlesinger, *The Service Profit Chain: How Leading Companies Link Profit and Growth to Loyalty, Satisfaction, and Value*, New York, Free Press, 1997, et *The Value Profit Chain: Treat Employees Like Customers and Customers Like Employees*, New York, Free Press, 2003 ; Garry A. Gelade et Stephen Young, « Test of the Service Profit Chain Model in the Retail Banking Sector », *Journal of Occupational and Organizational Psychology*, mars 2005, pp. 1-22.
21. Source : Delphine Masson, « Accor prend goût au luxe », *Stratégies Magazine*, n° 1467.
22. Voir « UPS 4th Quarter Shows 10% Revenue Gain », http://pressroom.ups.com.
23. Source : Michel Phan, « Hôtellerie de luxe : l'innovation par la rencontre », dans *L'art de l'innovation*, coordonné par Nicolas Mottis, Les Echos/ESSEC, L'Harmattan, 2007.
24. Voir www.deutsche-bank.com.
25. *Stores*, janvier 2005, www.stores.org ; www.carrefour.com/english/groupecarrefour/profil.jsp.

Partie 3

Bâtir l'offre marketing

Chapitre 8

AU TERME DE CE CHAPITRE, VOUS SAUREZ

1. Expliquer comment les entreprises découvrent et développent de nouvelles idées de produits.
2. Détailler les étapes du processus de développement d'un nouveau produit.
3. Décrire les différentes phases du cycle de vie d'un produit.
4. Décrire l'évolution des stratégies marketing au cours du cycle de vie d'un produit.

Le développement de nouveaux produits et le cycle de vie

Pour réussir, une entreprise doit savoir développer et gérer de nouveaux produits. Tout au long de son histoire, chaque produit parcourt ce qu'on appelle un cycle de vie – il naît, traverse des phases successives, et finit par mourir, généralement lorsqu'un nouveau produit plus performant, ou plus attractif aux yeux des consommateurs, fait son apparition. Ce cycle de vie implique deux défis majeurs : d'une part, compte tenu du fait que tous les produits entrent un jour ou l'autre dans une phase de déclin, l'entreprise doit être capable d'en développer de nouveaux qui viendront remplacer les produits vieillissants (c'est le défi du *développement de nouveaux produits*). D'autre part, l'entreprise doit être en mesure, à chaque phase du cycle de vie des produits, d'adapter ses stratégies marketing à l'évolution des goûts, des technologies et de la concurrence (c'est le défi de la *gestion du cycle de vie*). La première partie de ce chapitre concernera la conception et le développement des produits nouveaux, tandis que la seconde traitera de leur bonne gestion du début à la fin de leur cycle de vie.

1. La stratégie de développement des nouveaux produits et services

Innovation
Développement de produits originaux, amélioration ou modification de produits existants, et création de nouvelles marques découlant des efforts de R&D menés par l'entreprise.

Étant donné la rapidité avec laquelle les goûts des clients, les technologies et la situation concurrentielle peuvent évoluer, les entreprises se trouvent dans l'obligation de programmer un renouvellement continu de leurs produits et de leurs services. Il existe deux manières de disposer d'un nouveau produit : l'*acquisition* ou l'*innovation*. L'**acquisition** consiste à racheter une autre entreprise, un brevet ou une licence afin de fabriquer un produit créé à l'extérieur. Le processus d'**innovation**, en revanche, vise à tirer profit des travaux menés par les équipes de recherche et développement (R&D) en interne. Le présent chapitre se concentrera entièrement sur cette deuxième option.

Si elle est réellement indispensable, l'innovation peut néanmoins s'avérer très risquée, comme en témoignent les exemples suivants.

▶ Texas Instruments a englouti pas moins de 660 millions de dollars avant de se décider à abandonner le marché de l'informatique domestique. Bic a failli déposer le bilan avant de renoncer définitivement à lancer un parfum sous sa marque. Renault a retiré son modèle de milieu de gamme, au design très innovant, baptisé Avantime et fermé l'usine de Romorantin qui la construisait. Le Club Méditerranée a fermé au bout de deux saisons son village de vacances Oyyo en Tunisie. Coca-Cola, devant l'opposition des consommateurs, a retiré son New Coke, qui avait pourtant fait l'objet d'études approfondies. Danone a retiré en France son yaourt Essensis, destiné à embellir la peau. Mais les montants engagés n'étaient rien en comparaison du spectaculaire fiasco du réseau satellitaire de téléphonie sans fil Iridium, véritable gouffre de 5 milliards de dollars. ▶

Les produits nouveaux continuent d'être soumis à rude épreuve. Les études montrent que plus de 90 % d'entre eux ne survivent pas au-delà de deux ans. En 2005, 34 000 nouveaux biens de consommation ont été introduits sur le marché dans le monde. En France, une enseigne comme Auchan accueille par an de 1 800 à 2 000 nouvelles références. Selon Ipsos-Novaction, trois quarts d'entre eux sont retirés des linéaires la deuxième année, alors que 2 ou 3 ans sont nécessaires pour rentabiliser les investissements. Les produits industriels s'en sortent visiblement un peu mieux, mais connaissent malgré tout un taux d'échec voisin de 30 %[1].

Pourquoi tant de nouveaux produits ne réussissent-ils pas à s'imposer ? Les raisons sont multiples. L'entreprise peut avoir surestimé la taille du marché. Le produit final peut aussi être mal conçu, mal positionné, trop cher, ou souffrir d'un manque de publicité. Il arrive également qu'un haut dirigeant fasse adopter ses idées sans tenir compte des études de marché. Parfois aussi, les coûts de développement se révèlent supérieurs aux prévisions, le produit arrive trop tard sur le marché ou la réaction de la concurrence se montre plus intense qu'on ne s'y attendait.

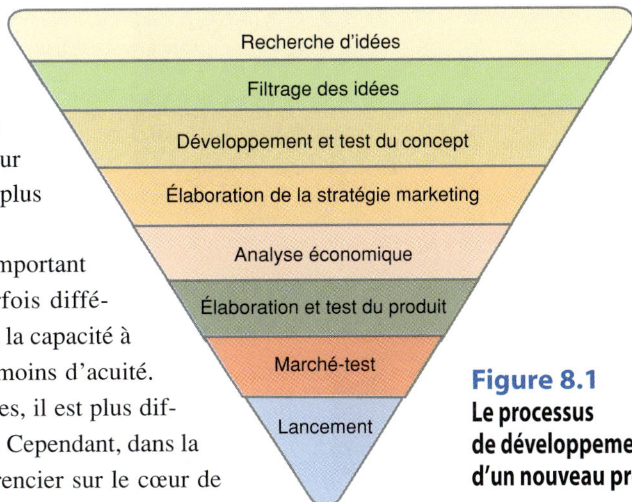

Figure 8.1
Le processus de développement d'un nouveau produit

Le processus d'innovation est également très important dans le domaine des services, avec des enjeux parfois différents : les coûts fixes étant souvent moins importants, la capacité à atteindre un volume de vente minimal se pose avec moins d'acuité. Par ailleurs, les services étant difficilement brevetables, il est plus difficile d'ériger des barrières à l'entrée des concurrents. Cependant, dans la mesure où il est de plus en plus difficile de se différencier sur le cœur de l'offre, l'innovation dans les services complémentaires devient un enjeu toujours plus important.

▶ La Poste cherche ainsi à innover dans le domaine du courrier, où les volumes ont tendance à décroître. Elle a récemment lancé deux services innovants : « mon timbre à moi », permettant aux clients de faire imprimer des timbres personnalisés, et « la lettre recommandée électronique », qui propose aux clients d'envoyer une lettre recommandée par e-mail, La Poste se chargeant de l'impression et de l'envoi en recommandé. ▶

Les entreprises affrontent donc un sérieux dilemme : elles sont obligées de développer de nouveaux produits, mais leurs chances de succès sont extrêmement minces. Pour espérer réussir, elles doivent procéder à une évaluation pertinente des consommateurs, des marchés et de la concurrence, et inventer des produits capables d'apporter un supplément de valeur aux clients. Une planification rigoureuse s'avère également indispensable, de même que la mise en place d'un *processus de développement* rigoureux, mais favorisant la conception et le lancement des produits nouveaux. La figure 8.1 illustre les huit grandes étapes de ce processus.

1.1 Recherche d'idées

Recherche d'idées
Recherche systématique de nouvelles idées de produits.

Le développement de nouveaux produits commence par la **recherche d'idées** de nouveaux produits. Il faut généralement produire un grand nombre d'idées avant de pouvoir en identifier quelques-unes qui valent la peine d'être approfondies.

On peut identifier deux grands types de sources d'idées de nouveaux produits : l'offre (l'entreprise elle-même, les concurrents, les distributeurs, les fournisseurs…) et la demande (les clients).

Philips a toujours développé une stratégie d'innovation par l'offre, avec des produits souvent précurseurs. Ici, la marque propose une lampe qui s'allume progressivement à partir des petites heures du matin, pour un réveil naturel et en douceur, en cohérence avec sa nouvelle signature « Sense & simplicity ».

L'innovation par l'offre

En exploitant ses *sources internes*, la société peut faire naître de nouvelles idées de produits grâce aux découvertes de ses services de R&D. Il est cependant parfois nécessaire, en amont, d'orienter les efforts de la R&D dans une direction particulière, qui parait intéressante en termes de conception de nouveaux produits. L'entreprise peut également mettre à contribution ses cadres, ses scientifiques, ses ingénieurs, ses équipes de fabrication et sa force de vente. Il est alors nécessaire de motiver les différents collaborateurs à avoir de nouvelles idées, mais également à les communiquer au marketing.

Certaines entreprises ont élaboré d'excellents programmes d'« intrapreneuriat », qui encouragent les employés à imaginer et à développer de nouvelles idées de produits. Chez 3M, par exemple, la célèbre « règle des 15 % » permet aux salariés de consacrer 15 % de leur temps de travail à des projets personnels, même s'ils ne profitent pas directement à l'entreprise. Sur un principe similaire, le programme IDEA mis en place chez Texas Instruments attribue des fonds aux employés qui souhaitent explorer leurs propres idées. C'est également le cas chez Google, comme le montre l'encadré 8.1.

Les *concurrents* représentent eux aussi une source d'idées intéressantes. Les entreprises surveillent leurs publicités afin de se tenir au courant des dernières innovations.

MARKETING EN ACTIONS 8.1

Le rythme d'innovation effréné de Google

L'innovation en continu chez Google

Depuis sa création en Californie, le 4 septembre 1998, par deux étudiants de Stanford, Larry Page (24 ans) et Sergey Brin (23 ans), Google n'a cessé de lancer des innovations à un rythme effréné. La vocation de l'entreprise a été dès sa création « d'organiser les informations sur Internet ».

La première année, *PC Magazine* écrit que Google « a le don étrange de renvoyer des résultats très pertinents » et le désigne comme le meilleur moteur de recherche parmi les cent premiers sites web de 1998.

En 2001, Google lance Recherche d'images, mettant à disposition 250 millions d'images sur Internet.

En 2002 est lancé un ensemble d'applications permettant aux développeurs d'effectuer des recherches sur plus de 2 milliards de documents web et de programmer dans leur environnement préféré (Java, Perl et Visual Studio).

En 2003, Google lance Google Actualités, qui dispose de 4 000 sources d'informations, mais également Google Print (qui deviendra par la suite Google Recherche de livres), en indexant de petits extraits de livres pour les afficher dans les résultats de recherche. En 2003, l'effectif de Google en est à 1 628 personnes.

En 2004 est lancé orkut, un des premiers réseaux sociaux. Google Local propose quant à lui un annuaire pertinent des entreprises locales, ainsi que leurs coordonnées et une carte.

Le 1er avril 2004 est lancée la messagerie Gmail et, un peu plus tard, Google Desktop Search, qui permet aux utilisateurs de rechercher des fichiers et des documents sur leur disque dur à l'aide de la technologie Google.

En octobre est présentée la version bêta de Google Scholar, un service gratuit qui permet aux internautes d'effectuer des recherches portant sur des ouvrages universitaires tels que des documents revus par des comités de lecture, des thèses, des livres, des prépublications, des mémoires et des rapports techniques.

En 2005, Google Maps est mis en ligne. En mars de la même année, Google rachète Urchin, une société offrant des services d'analyse web, dont la technologie sera à la base du principe de Google Analytics. Toujours en 2005, Google propose la page d'accueil personnalisée qui deviendra iGoogle et permet aux internautes de personnaliser leur page d'accueil Google à l'aide des modules de contenu souhaités. Un peu plus tard est lancé Google Mobile, spécialement conçu pour afficher les résultats de recherche sur les téléphones portables. Quelques semaines plus tard, le service de cartographie à base d'images satellite Google Earth, proposant des plans en 3D, est lancé. La même année, l'entreprise propose encore Google Talk, une application Windows téléchargeable qui permet aux utilisateurs de Gmail de communiquer rapidement, facilement et gratuitement avec leurs amis par messagerie instantanée grâce à un micro et à un haut-parleur, sans utiliser de téléphone, puis Google Analytics, afin de mesurer l'impact des sites web et des campagnes publicitaires.

En 2006, Google Actualités pour mobile est lancé, puis Google Agenda, une application complète disposant de fonctionnalités de partage et de création de groupe. Google Maps devient disponible en France, en Allemagne, en Italie et en Espagne. Google Trends, qui permet de voir la popularité des recherches sur une période donnée, voit le jour. Google Apps pour Votre Domaine, une suite d'applications incluant Gmail et Google Agenda, est publié à destination des entreprises de toutes tailles. Google Recherche de livres permet de télécharger gratuitement des livres au format PDF dans le domaine public, tandis que le module de Recherche de brevets, disponible aux États-Unis, indexe plus de 7 millions de brevets remontant jusqu'en 1790.

2007 voit le lancement de Google Apps Édition Premier, proposant aux entreprises un hébergement en ligne, tandis que Google Hot Trends permet de savoir ce que les internautes recherchent à un moment donné. En mai 2007, l'affichage Street View est disponible sur Google Maps pour 5 villes des États-Unis : New York, San Francisco, Las Vegas, Miami et Denver. En juin 2007, Google Maps obtient une place de choix sur le premier iPhone d'Apple. La nouvelle fonction Sky, qui permet aux utilisateurs de Google Earth de voyager virtuellement dans les galaxies grâce aux images de constellations, apparaît la même année. Google annonce également en 2007 la naissance d'Android, première plate-forme pour appareils mobiles.

Début 2008, Google lance, à l'attention des utilisateurs effectuant des recherches en hébreu, arabe et autres langues s'écrivant de droite à gauche, une fonction visant à simplifier les recherches en détectant la direction d'une requête. La même année est lancé Google Sites, application issue du rachat de JotSpot grâce à laquelle les internautes peuvent créer des sites web collaboratifs en intégrant des vidéos, des documents et des agendas, tout comme la première application pour iPhone téléchargeable, avec la fonctionnalité de détection de la position géographique de l'utilisateur ainsi que la suggestion de mots accélérant la recherche sur mobile. Le 2 septembre 2008, Google Chrome, le nouveau navigateur open-source, devient officiellement disponible.

En 2009, Google annonce le lancement de son futur produit phare : Google Wave. Il s'agit d'un service qui permettra de centraliser en un seul endroit toutes les formes de communication possibles : e-mail, document collaboratif, messagerie instantanée, etc. Ce service instantané et totalement centralisé pourrait révolutionner les modes actuels de communication sur le Web.

En 2009, Google sort le Chrome OS, un système d'exploitation simplifié conçu uniquement pour optimiser le fonctionnement des applications Internet maison : le moteur de recherche, bien sûr, mais aussi les applications bureautiques utilisables en ligne et encore ses innombrables services (YouTube, Google Maps, etc.).

Ce rythme d'innovation très rapide est rendu possible par plusieurs facteurs :

- **Une organisation qui soutient l'innovation.** Tout d'abord, Google a une image très innovante et offre un cadre de travail très attractif qui lui permet d'être très élitiste dans ses recrutements. Par ailleurs, l'innovation est favorisée à tous les niveaux : chaque ingénieur dispose d'une journée de temps libre pour travailler sur des projets qui ne sont pas forcément liés à leur travail quotidien. Aucun responsable ne peut ainsi refuser à quiconque de démarrer un projet. Les managers doivent d'ailleurs consacrer 2 à 3 heures par semaine pour discuter avec leurs employés de leurs nouvelles idées. Plusieurs fois par an, l'entreprise organise des séances de *brainstorming* auxquelles participent plus d'une centaine d'ingénieurs. Les idées farfelues sont tolérées, voire encouragées, par le top management. Enfin, sur le principe de la « boîte à idées », tout employé peut soumettre un projet au travers d'un système électronique de traitement des idées.
- **Une capacité de remise en cause hors pair.** Même lorsque les nouveaux produits envisagés remettent en cause les revenus générés par les précédents, l'entreprise les soutient.
- **Une vision à très long terme.** Google a ainsi pris des engagements en faveur des technologies vertes. En favorisant le Green IT (efficacité énergétique des ordinateurs), mais bien plus encore. Ainsi, la fondation Google.org, à but lucratif, finance directement des start-up vertes, à la façon d'un investisseur en capital-risque traditionnel, ce que ne pourrait pas faire une fondation classique. Google investit surtout dans la géothermie « avancée », le solaire thermique et l'éolien en haute altitude, parfois en développant lui-même des technologies complémentaires de celles des start-up dans lesquelles il a investi. En y consacrant 20 % de ses ressources « Innovation », 70 % restant dédiées à son activité Internet et 10 %, à ses projets « les plus fous ». « Si dans cinq ans on ne dit pas qu'on s'est trompé trop souvent dans certains projets innovants, c'est qu'on aura été trop conservateurs », déclarent les fondateurs de Google.

Cette stratégie se révèle payante : sur l'ensemble de 2009, le bénéfice net du géant de l'Internet a progressé de 55 %, à 6,52 milliards de dollars, pour des revenus de 23,65 milliards, en hausse de 8 %.

Sources : Google.co.ok, Jean-Philippe Defawe, « Innovation : la méthode Google », moniteur-expert.com, 22 août 2008 ; « Google Wave illustre la puissance du modèle d'innovation de Google », entrepriseglobale.biz, 3 juin 2009 ; Michel Ktitareff, « Google mise sur l'innovation pour contrer ses rivaux », *Les Echos* ; « Le secret de l'innovation chez Google », lexpansion.com, 13 janvier 2006.

Elles achètent ces nouveaux produits, en étudient le fonctionnement, analysent leurs chiffres de ventes, et déterminent ainsi si elles ont intérêt ou non à sortir elles-mêmes un produit concurrent. L'observation des marchés étrangers peut souvent permettre d'identifier une idée prometteuse, non encore développée sur le marché national.

Les *distributeurs* et les *fournisseurs* peuvent également apporter quantité de bonnes idées. En prise directe avec le marché, les revendeurs disposent d'informations de première main sur les demandes des clients et les opportunités de lancement, ainsi que sur les lancements à venir par les concurrents. Les fournisseurs connaissent quant à eux les concepts, les techniques et les matériaux les plus récents, susceptibles d'être utilisés pour le développement d'un nouveau produit, ainsi que les demandes de leurs autres clients.

Les revues, salons et séminaires professionnels, les agences gouvernementales, les consultants industriels, les agences de publicité, les cabinets d'études en marketing, les laboratoires universitaires et privés, sans oublier les inventeurs isolés, constituent autant d'autres sources d'idées possibles.

De nombreuses entreprises *externalisent* désormais une partie de leur effort d'innovation. en achetant parfois des modèles totalement finalisés auprès de sous-traitants asiatiques, qu'elles se contentent de commercialiser sous leur nom[2].

L'innovation par la demande

L'observation et l'écoute des *clients* permettent également de mettre au jour d'excellentes idées de produits. L'entreprise peut analyser les questions et les réclamations des acheteurs, afin d'imaginer des produits nouveaux capables de mieux résoudre leurs problèmes. Les ingénieurs ou la force de vente ont la possibilité de rencontrer et de collaborer avec les clients pour recueillir leurs suggestions et leurs idées. L'entreprise peut aussi mener des enquêtes, organiser des groupes de discussion, observer les clients en situation réelle, ou les inviter au siège afin de connaître leurs besoins et leurs désirs.

Sur le marché du *air care* (ou soin de l'air, c'est-à-dire des produits parfumants pour la maison), la pénétration stagnait autour de 72 % en 1999. En menant une étude auprès des consommateurs, SC Johnson a constaté qu'un pourcentage important de consommateurs n'utilisaient par les produits existants car ils étaient réfractaires à l'odeur. Ces consommateurs, baptisés par l'entreprise les « hygiénistes », souhaitent « détruire les mauvaises odeurs » dans la maison, mais ne veulent pas ajouter un parfum à leur intérieur. Après plusieurs années de recherche, les laboratoires de Johnson sont parvenus à isoler et à mettre au point une nouvelle molécule, le Neutral, qui permet de détruire les odeurs. C'est sous le nom de marque Oust que le lancement du produit a eu lieu, d'abord aux États-Unis, puis en Europe en 2004. Le produit a connu un succès immédiat.

Les consommateurs inventent souvent eux-mêmes de nouveaux produits et de nouveaux modes d'utilisation, dont l'entreprise peut tirer profit en les introduisant officiellement sur le marché. On parle à leur sujet d'utilisateurs leaders[3]. Les utilisateurs leaders sont des experts de la catégorie de produits, qui développent des attentes avant la majorité des autres consommateurs. Ils vont donc parfois détourner l'usage d'un produit ou le modifier, ce qui peut donner des idées de nouveaux produits à l'entreprise.

Certaines entreprises vont jusqu'à fournir à leurs clients les outils et les ressources nécessaires pour concevoir leurs propres produits, utilisant ainsi ces utilisateurs leaders dans la conception des nouveaux produits.

L'éditeur de jeux vidéo Electronic Arts (EA) a remarqué par exemple que ses clients s'amusaient à créer de nouveaux contenus pour ses produits et les mettaient gratuitement à la disposition des autres joueurs. Il a donc commencé à accompagner ses jeux de quelques outils de développement rudimentaires et à transmettre les innovations des clients aux concepteurs, afin d'alimenter la conception de nouveaux logiciels. « Cette communauté de passionnés a exercé une influence considérable sur le design des jeux, souligne un cadre d'Electronic Arts, et contribué largement à leur amélioration[4]. »

Paradoxalement, les idées les plus innovantes ne viennent pas nécessairement des clients eux-mêmes, mais plutôt de l'offre, et des applications imaginées de la technologie. En effet, les consommateurs ne savent pas forcément ce dont ils ont besoin, ou n'imaginent pas les possibilités offertes par la technologie. Ils peuvent en revanche être à l'origine de nombreuses « petites » innovations, souvent appelées innovations incrémentales, ou d'améliorations de produits.

■ Les idées de nouveaux produits chez Lego sont souvent initiées par les consommateurs, comme le train Santa Fe, un modèle qui s'est totalement vendu en moins de deux semaines.

La recherche de nouvelles idées doit se faire de façon systématique et non par à-coups. L'objectif est de générer un flux important d'idées, afin que quelques-unes d'entre elles puissent effectivement être réalisées. Il est donc important de mettre en place un *système de gestion des idées*, afin d'orienter le flux créatif vers un point central où toutes les suggestions seront collectées, examinées et évaluées. L'entreprise peut nommer en outre un directeur de l'innovation, choisi parmi ses cadres les plus respectés. Elle peut aussi ouvrir un numéro vert ou un site Web et encourager tous ses partenaires – employés, fournisseurs, distributeurs, revendeurs – à lui soumettre leurs idées. Elle a enfin la possibilité de constituer un comité interfonctionnel chargé d'émettre un avis sur les diverses propositions reçues, et d'instaurer des programmes de motivation pour récompenser ceux qui fournissent les meilleures idées[5].

1.2 Filtrage des idées

Filtrage
Opération permettant de repérer au plus tôt les bonnes idées et d'éliminer les mauvaises.

La phase initiale du processus de développement vise à produire le plus grand nombre d'idées possible. Les étapes suivantes ont pour but de le *réduire*. La première d'entre elles repose sur une opération de **filtrage**. En effet, les coûts de développement des nouveaux produits augmentent fortement au cours des étapes suivantes, si bien que l'entreprise a intérêt à ne conserver que les idées capables de déboucher sur des produits rentables. Cette tâche est d'autant plus ardue que l'on ne dispose à ce stade que de très peu d'informations. Deux types d'erreur peuvent alors être commises :

- retenir une mauvaise idée, qui générera des coûts et mobilisera des énergies pour être finalement abandonnée ou, pire, être lancée et se solder par un échec ;
- abandonner une bonne idée, qui sera développée par un concurrent avec succès.

Dans ce dernier cas, les coûts ne seront en général jamais évalués, ce qui explique que les entreprises ont tendance à sous-évaluer ce type d'erreur.

Beaucoup d'entreprises ont mis en place des systèmes formalisés pour évaluer et filtrer les nouvelles idées de produits. Le filtrage peut se faire en deux temps, en cherchant tout d'abord à éliminer les idées manifestement impossibles pour des raisons techniques, légales ou éthiques, puis en évaluant les idées restantes sur un certain nombre de critères.

Les questions à se poser à ce stade sont du type : ce produit présente-t-il une réelle utilité pour les consommateurs et pour la société ? Apporte-t-il quelque chose à notre entreprise ? Entre-t-il bien dans le cadre des objectifs et des stratégies de l'entreprise ? Possède-t-on le personnel, les compétences et les ressources nécessaires pour garantir son succès ? Délivre-t-il une valeur client supérieure à celle des produits concurrents ? Est-il facile à promouvoir et à distribuer ? Le marché potentiel est-il suffisamment large ?

L'évaluation de l'idée de nouveau produit à ce stade peut alors se faire en pondérant les critères, ou en définissant des notes éliminatoires.

1.3 Développement et test du concept

Toute idée intéressante doit être traduite sous forme d'un **concept de produit**. À ce stade, il est important de bien saisir la différence entre les notions d'idée et de concept (voir tableau 8.1). L'*idée* constitue, sous l'angle de l'entreprise, une possibilité de produit, dont la commercialisation pourrait être envisagée. Le *concept* offre une version détaillée de cette idée, décrite sous l'angle des bénéfices clients.

Concept de produit
Version détaillée de l'idée de produit, décrite sous l'angle des bénéfices clients.

Élaboration du concept

Une idée vient souvent d'une nouvelle technologie, de l'identification d'une tendance sur un autre marché ou de l'analyse du portefeuille de produits existants de l'entreprise. Chaque idée peut donner lieu à un ou plusieurs concepts, qui doivent résumer l'avantage principal proposé aux consommateurs.

Test du concept

Après l'élaboration du concept vient la phase de **test de concept**. Le concept peut être présenté sous différentes formes : description verbale, dessin montrant à quoi ressemblera le futur produit ou scénario d'utilisation, photo de packaging…

Test de concept
Mise à l'épreuve d'un concept de produit auprès d'un groupe de consommateurs appartenant au marché visé, afin de déterminer s'il est suffisamment attractif.

Plus la présentation est concrète, plus les résultats seront fiables, à condition que le futur produit soit réellement proche du concept testé. Deux logiques peuvent prévaloir lors d'un test de concept.

Dans **une logique d'amélioration du concept**, on aura de préférence recours à une étude qualitative, permettant de recueillir les avis des consommateurs, et de leur laisser la possibilité de réagir librement, et de proposer des améliorations. Ce test peut se faire selon la méthodologie des réunions de groupe.

Cela peut également prendre la forme d'entretiens individuels en B2B où les réunions de groupe sont parfois difficiles à organiser, notamment s'il faut réunir des participants d'entreprises concurrentes.

Tableau 8.1 Idée/concept

Idée	Concept développé	Produit
Hôtel complétant la gamme des enseignes du groupe Accor	Une vraie chambre d'hôtel à 30 euros	Formule 1
Développer des lingettes pour le segment des jeunes enfants	Un produit qui rend vos enfants autonomes pour aller aux toilettes	Kandoo de Pampers
Un produit laitier « santé » pour les seniors	Une tisane lactée relaxante à boire le soir	Mamie Nova Bonne nuit
Une laque destinée uniquement aux coiffeurs	La laque qui permet de coiffer et recoiffer à l'infini	Infinium de L'Oréal Professionnel

Dans **une logique d'évaluation**, il s'agira pour l'entreprise de décider si le concept est suffisamment attractif aux yeux des consommateurs. On privilégiera alors un test quantitatif, idéalement auprès de 200 consommateurs environ. Cela permettra également de comparer les performances de différents concepts, pour décider lequel sera développé par la suite. Plus spécifiquement, les questions porteront sur :

- la clarté du concept ;
- sa crédibilité ;
- son caractère distinctif ;
- les conditions d'utilisation ;
- la fréquence d'achat envisagée ;
- sa valeur perçue, notamment par rapport au prix proposé ;
- l'intention d'achat.

Les résultats du test aideront l'entreprise à sélectionner le concept le plus apprécié. Par exemple, concernant l'intention d'achat, supposons que 10 % des personnes interrogées envisagent un achat certain et 5 % un achat probable. L'entreprise pourra projeter ces chiffres sur l'effectif complet du groupe cible et tenter d'évaluer ainsi le volume de ventes potentiel. L'estimation restera néanmoins approximative, dans la mesure où les intentions ne sont pas toujours suivies d'effet. En réalité ces chiffres sont difficiles à interpréter de manière absolue. Il sera important de les comparer aux tests d'autres concepts, réalisés avec le même type de méthodologie, pour pouvoir interpréter les résultats.

Pour le lancement d'un nouveau bloc désinfectant pour les toilettes, Harpic 2 en 1, Reckitt Benckiser avait formulé le concept de la façon suivante : « Les blocs WC actuels ne sont pas toujours très efficaces pour le nettoyage et le parfumage. De plus, ils sont trop encombrants dans la cuvette et ne durent pas assez longtemps. C'est pourquoi Harpic crée Max, un bloc cuvette nouvelle génération :

- compact et discret, grâce à sa formule innovante, concentrée pour un minimum d'encombrement dans la cuvette ;
- performant, grâce à la séparation du parfum et de la formule nettoyante. Ainsi, le parfum est intense plus longtemps, et l'efficacité nettoyante est importante ;
- dure 4 semaines ;
- jetable : chaque mois vous installez un nouveau bloc dans les toilettes sans avoir à recharger. »

Suivaient la description des parfums et une indication de prix.
Suite au test du concept, celui-ci a été légèrement modifié : on a insisté sur l'esthétique du produit, qui s'avérait importante pour les consommatrices, et augmenté légèrement le prix.

Développement de la stratégie marketing
Élaboration d'une stratégie marketing applicable au lancement d'un nouveau produit basé sur le concept choisi.

1.4 Élaboration de la stratégie marketing

L'étape suivante est le **développement de la stratégie marketing** appropriée en vue du lancement.

L'*énoncé de la stratégie marketing* se décompose en trois parties. La première permet de spécifier le marché visé, le positionnement choisi, ainsi que les objectifs de ventes, de parts de marché et de bénéfices pour les deux ou trois premières années de commercialisation. Pour définir ces éléments, on peut utiliser les résultats du test de concept, qui permet notamment de préciser la cible, en examinant le profil de ceux qui se déclarent le plus intéressés par le concept. La cible peut être caractérisée en termes de catégorie socioprofessionnelle, d'âge, de fréquence d'achat de la catégorie de produit ou de fidélité à la marque.

La cible pour le lancement d'Eveil lumière, le « simulateur d'aube » lancé par Philips en 2006, pouvait être définie ainsi : les hommes et femmes de 25 à 55 ans, actifs, soucieux de leur bien-être, connaissant des problèmes de sommeil, avec un revenu moyen ou supérieur à la moyenne.

Analyse économique
Projection des ventes, des coûts et des bénéfices futurs d'un nouveau produit afin de déterminer si ces chiffres sont conformes aux objectifs de l'entreprise.

Dans un deuxième temps, on peut fixer le prix de vente, le mode de distribution et le budget marketing prévu pour la première année, ainsi que les principaux moyens de communication.

Enfin, la troisième phase consiste à identifier les objectifs de chiffre d'affaires, de parts de marché et de bénéfices à long terme, ainsi que l'évolution prévue du mix marketing.

Le groupe italien Mondadori a lancé en France, en août 2009, *Grazia*, qui se présente comme « un magazine féminin haut de gamme qui casse les codes, un journal de mode, d'actualité et people ». Le premier numéro a 180 pages et est vendu au prix promotionnel de 1 euro. Le budget de lancement est de 8 millions d'euros, pour un objectif de diffusion de 160 000 exemplaires la première année. La cible sont les femmes de 25-45 ans, surtout les trentenaires[6].

Dans cette communication diffusée dans la presse professionnelle, le nouveau magazine féminin Grazia annonce avoir dépassé ses objectifs de vente.

1.5 Analyse économique

Une fois le concept du produit choisi et la stratégie marketing définie, la direction de l'entreprise procède à l'**analyse économique**. Si les chiffres sont conformes aux objectifs de l'entreprise, la mise au point du produit pourra se poursuivre.

Pour estimer les ventes à venir, l'entreprise peut examiner l'évolution passée de certains produits analogues et réaliser des enquêtes d'intention d'achat. En grande consommation, les entreprises ont recours à des sociétés spécialisées, comme BASES ou Ipsos-Novaction en France, qui font des prévisions de volume en fonction d'enquêtes d'intention d'achat, complétées par la comparaison à une base de données de produits similaires. En *b-to-b*, il est plus facile d'identifier les clients potentiels, et éventuellement de les interroger sur leurs intentions d'achat.

Après avoir établi les prévisions de ventes, les dirigeants peuvent évaluer les coûts et les bénéfices envisageables, en faisant la synthèse des coûts de marketing, de R&D, d'exploitation, de comptabilité et de trésorerie. L'entreprise utilise ensuite l'ensemble de ces données pour analyser l'intérêt financier du projet de nouveau produit.

1.6 Élaboration et test du produit

Élaboration du produit
Traduction du concept en un produit concret.

Jusqu'à ce stade, le produit n'existe le plus souvent que sous la forme d'une description écrite, d'un schéma ou, au mieux, d'une maquette ou d'un prototype. Si l'on a franchi avec succès l'étape de l'analyse économique, on passe à l'**élaboration du produit**, qui consiste pour le département R&D ou le bureau d'études à concrétiser le concept en un produit physique. Les bénéfices retenus dans le concept doivent pour cela être traduits dans les fonctionnalités du produit.

■ Gillette utilise des volontaires parmi ses employés pour tester les nouveaux produits de rasage.

L'entité concernée (R&D, bureau d'étude ou laboratoire) réalise et teste une ou plusieurs versions de produits tendant à correspondre au concept retenu. Les objectifs sont multiples : il s'agit de plaire aux consommateurs, mais également de respecter les impératifs de coûts et de délais de fabrication, y compris dans la phase prévue d'industrialisation. En pratique, la mise au point de la version finale du produit peut prendre plusieurs semaines, plusieurs mois, voire plusieurs années, et nécessiter de nombreux allers-retours entre le laboratoire et les tests consommateurs.

Les produits subissent en effet toute une série de tests de deux types principaux :

- Des **tests techniques**, extrêmement rigoureux, de conformité à un cahier des charges, afin de s'assurer qu'ils fonctionnent correctement, qu'ils ne présentent aucun danger, même dans des situations extrêmes d'utilisation. Il s'agit ici d'une évaluation objective.

▶ Dans le centre de R&D de l'équipementier automobile Faurecia, des automates ouvrent des milliers de fois des boîtes à gants de voiture, tandis que d'autres exposent des tableaux de bord à des chaleurs de 50°, afin de tester la résistance des produits conçus dans des conditions extrêmes d'utilisation. ◀

- Des **tests marketing**, afin de vérifier que les produits répondent bien aux attentes des consommateurs. Cette évaluation fait appel aux goûts, nécessairement subjectifs, des consommateurs. En outre, l'évaluation des consommateurs est globale, et il est nécessaire de retraduire cette évaluation en améliorations possibles du produit ou de sa formule, afin de l'optimiser.

▶ Lors du test d'une nouvelle laque chez L'Oréal Professionnel, les différents items examinés sur les qualités de la laque (finesse, fixation, élimination au brossage, etc.) étaient très mal évalués. Une étude qualitative a permis de déterminer que le problème provenait d'une mauvaise évaluation du parfum, qui ne plaisait pas aux coiffeurs testant le produit. Un retravail de la fragrance du produit a permis, sans changement de formule, d'améliorer la perception des consommateurs sur tous les items. ◀

1.7 Marché-test

Marché-test
Étape du processus de développement dans laquelle le produit et le programme marketing associé se voient confrontés aux conditions réelles de l'environnement commercial.

Si le produit franchit avec succès l'épreuve des tests produits et du premier contact avec la clientèle potentielle, il convient ensuite de procéder au **marché-test** ou *test de marché*. Il permet aux responsables marketing à la fois d'optimiser certains éléments du mix, comme le prix, le packaging ou encore le budget publicitaire, et d'affiner les prévisions de ventes, en vue d'une meilleure planification de la production. Selon la méthode utilisée, le marché-test permet de tester tout ou partie du programme marketing envisagé – stratégie de positionnement, publicité, distribution, prix, marque, packaging et budget de lancement.

La nécessité d'entreprendre des marchés-tests varie en fonction de chaque produit. Leur mise en œuvre peut se révéler très coûteuse et laisser aux concurrents le temps de prendre l'avantage. Lorsqu'un produit présente des coûts de développement et de lancement peu élevés, ou que la direction est d'ores et déjà certaine de son succès, elle peut décider de se passer des marchés-tests ou de les réduire au minimum.

Les entreprises qui décident de réaliser des tests de marché ont plusieurs techniques à leur disposition, depuis les marchés tests simulés jusqu'aux véritables marchés tests en environnement réel (voir tableau 8.2). Les critères importants aux yeux de l'entreprise pour décider de faire ou non un test de marché, et pour quelle technique opter, sont le coût de la solution, mais également le temps d'obtention et d'analyse des résultats, et la confidentialité par rapport aux concurrents.

▶ Par exemple, Danone teste début 2010 son nouveau yaourt Densia, destiné à être commercialisé sur le marché français, si les résultats se révèlent concluants. Il s'agit d'un yaourt riche en calcium et vitamine D et destiné principalement aux seniors, notamment les femmes, pour lutter contre l'ostéoporose. Le produit est testé dans les onze hypers et supermarchés de Brive-La-Gaillarde, en Corrèze, qui sont partenaires de TNS Sofres. Cette ville est depuis dix ans utilisée comme « laboratoire grandeur nature », car elle est assez isolée du reste de la région, et ses 65 000 habitants sont jugés représentatifs de la population[7]. ◀

1.8 Lancement

Lancement
Mise sur le marché d'un nouveau produit.

À l'issue des marchés-tests, l'entreprise dispose de suffisamment d'informations pour décider du sort du nouveau produit. Une décision de **lancement** entraîne des dépenses élevées, puisqu'il faudra sans doute construire ou louer une unité de fabrication et engager des dépenses publipromotionnelles. Pour un lancement de produit de grande consommation, les simples frais de référencement en magasin représentent entre 1 et 4 millions d'euros.

Tableau 8.2 Techniques de marchés tests

Type de test de marché	Principaux avantages	Principaux inconvénients	Variables du mix testées	Exemples de sociétés proposant cette technique d'étude en France
Marchés-tests simulés : tests sur planches produits ou dans des rayons reconstitués	Confidentialité (terrain mobile) Mise en œuvre possible au stade du concept	Doivent être complétés par l'utilisation de bases de données	Produit Prix Packaging	BASES, Designor (Ipsos-Novaction)
Magasins expérimentaux : magasins reconstitués, pour servir à des tests	Environnement réaliste	Parfois problème de confidentialité ou de non-renouvellement des répondants	Produit Prix Packaging	IN VIVO
Marchés témoins : panels de magasins dont on étudie les ventes, dans des zones où les foyers reçoivent la télévision par câble et font partie d'un panel de consommateurs	Environnement réaliste Possibilité de tester différentes communications publicitaires	Confidentialité	Produit Prix Packaging Communication	Marketing Scan (GfK/Médiamétrie) Scannel (IRI Secodip)
Marchés-tests : lancement à petite échelle	Environnement réel	Délai Coût	Produit Prix Packaging Communication Mise en rayon	

La stratégie de lancement d'un nouveau produit revêt une grande importance, dans la mesure où il est très difficile pour un produit d'avoir une seconde chance. Les différentes étapes du lancement doivent donc être planifiées avec soin.

L'entreprise doit tout d'abord choisir la *date* du lancement. Cette date doit être fixée en fonction de la saisonnalité du marché, pour bénéficier du pic des ventes. Elle doit également tenir compte des lancements concurrents prévus, pour ne pas se trouver en concurrence directe, et s'efforcer d'arriver première sur le marché. Enfin, il est préférable d'échelonner les lancements de nouveaux produits de l'entreprise, afin de pouvoir mobiliser efficacement les distributeurs et la force de vente.

Il faut ensuite déterminer *où* le produit doit être lancé – au niveau local, sur le marché national, ou directement dans le monde entier. Peu d'entreprises possèdent les ressources et les capacités nécessaires pour envisager dès le départ une distribution nationale voire internationale. Elles adoptent en général une *stratégie d'élargissement progressif*. Les PME, en particulier, choisiront peut-être d'investir une par une les villes ou les régions les plus attractives. Les firmes plus importantes pourront en revanche introduire simultanément leurs nouveaux modèles sur l'ensemble du territoire.

Seules les entreprises qui disposent d'un réseau de distribution international auront la possibilité d'opérer un lancement mondial.

▶ Le récent lancement de la PlayStation 3 était initialement prévu au niveau mondial en novembre 2006. Il a finalement eu lieu le 11 novembre 2006 au Japon, où 80 000 unités ont été mises sur le marché et écoulées en 24 heures. Aux États-Unis, une semaine plus tard, 200 000 unités ont été commercialisées. En Europe, le lancement a été décalé de quatre mois, et le lancement, en mars 2007, s'est fait après les consoles concurrentes, la Wii de Nintendo, et la Xbox de Microsoft. Cela s'est révélé très préjudiciable à Sony, car la période de Noël est traditionnellement une période de fortes ventes. ◀

À partir du moment où la date du lancement est programmée, l'équipe marketing peut réaliser un échéancier des différentes actions à programmer avant le lancement effectif, et notamment celles concernant la distribution et la communication.

▶ Le mercredi 27 janvier 2010, lors d'une conférence de presse à San Francisco, Steve Jobs, le patron d'Apple, a officiellement annoncé le lancement de l'iPad, sa nouvelle tablette numérique. Les rumeurs couraient en réalité depuis un an, et les éditeurs de presse, notamment, étaient mobilisés pour faire des versions de leurs journaux pour le nouvel appareil[8]. ◀

En ce qui concerne les actions de communication, l'entreprise peut choisir une stratégie d'annonce préalable de lancement, c'est-à-dire annoncer le lancement du produit avant sa disponibilité commerciale. Cela peut permettre aux clients de planifier leur achat, dans le cas d'un bien durable comme une voiture par exemple, et peut aussi créer une attente, en faisant monter le bouche-à-oreille entre les consommateurs, et donc faire augmenter les ventes plus rapidement. Cette préannonce peut également avoir un effet d'entraînement sur les fournisseurs de biens complémentaires aux nouveaux produits (accessoires, programmes compatibles, fournitures) et dissuader les concurrents d'entrer sur le marché. Elle peut cependant comporter le risque de favoriser l'imitation et d'entamer la crédibilité de l'entreprise si le lancement n'a pas lieu à la date prévue.

En ce qui concerne la distribution, l'entreprise doit présenter en interne le produit et son argumentation commerciale à la force de vente et aux distributeurs. Il faut également négocier avec ces derniers le référencement du produit dans les rayons.

1.9 Organiser le développement des nouveaux produits

Le processus de développement des nouveaux produits dans l'entreprise fait en général l'objet d'une description formalisée, avec différentes étapes comprenant la rédaction de documents précis. De nombreuses entreprises organisent leur processus de développement sur le modèle des étapes successives proposé dans la figure 8.1, en commençant par la recherche d'idées pour aboutir au lancement.

Les enjeux de l'organisation de ce processus de développement sont multiples : il s'agit de parvenir au lancement de nouveaux produits innovants, de faire baisser les taux d'échecs commerciaux, tout en réduisant les coûts et les délais de développement. Pour atteindre ces objectifs, plusieurs pratiques se sont révélées sources de succès, comme l'approche simultanée dans la conception ou le recours à des équipes plurifonctionnelles.

Développement simultané (ou collaboratif) des produits
Démarche de développement dans laquelle les différents services font se chevaucher les étapes du processus afin de gagner du temps et d'être plus efficaces.

- Dans une approche **simultanée**, les différentes étapes du développement sont menées de concert. Dans une démarche séquentielle, au contraire, chaque service fait en sorte de mener à bien l'étape qui lui est confiée, avant de passer le relais au département suivant en vue de la prochaine étape. Cette progression méthodique, pas à pas, peut favoriser la maîtrise de projets complexes et risqués. Mais sa lenteur peut aussi se révéler dangereuse. Sur des marchés hautement concurrentiels et en constante évolution, elle risque de causer l'échec du produit, de compromettre les ventes et les bénéfices et d'affaiblir la position de l'entreprise. En effet, dans un processus séquentiel, le moindre obstacle peut sérieusement ralentir l'ensemble du projet. Dans une approche simultanée, si l'on rencontre des blocages, l'équipe peut continuer à avancer pendant que les personnes concernées travaillent à leur résolution.

  La démarche simultanée présente cependant certaines limites. Le développement ultrarapide d'un produit peut se révéler plus risqué et plus coûteux qu'une approche séquentielle, plus lente mais plus ordonnée. Souvent, il en résulte aussi, au niveau organisationnel, davantage de tension et de confusion. L'entreprise doit prendre garde en outre que la sortie précipitée d'un produit ne se fasse pas au détriment de sa qualité – l'objectif n'étant pas seulement d'accélérer la conception, mais aussi de l'*améliorer*.

Équipes plurifonctionnelles de développement de nouveaux produits
Démarche de développement dans laquelle plusieurs départements de l'entreprise travaillent en étroite collaboration tout au long du processus de développement du nouveau produit.

- Le recours à des **équipes plurifonctionnelles** suppose de réunir un groupe de personnes issues de multiples départements de l'entreprise, qui s'occupent du nouveau produit du début à la fin. En règle générale, ce genre d'équipe rassemble des personnes du marketing, de la direction financière, de la conception, de la fabrication et du service juridique, du service commercial, des achats, etc. et intègre même parfois certains fournisseurs et sociétés clientes. Cette approche a le mérite de permettre d'anticiper en amont un certain nombre de problèmes qui peuvent donc être résolus en intégrant immédiatement la contrainte dans la conception du produit. Lorsque ces problèmes sont découverts plus tard dans le processus de développement, il peut être extrêmement coûteux de les résoudre. Il est généralement reconnu que la diversité des équipes, mais également leur familiarité et leur degré de coopération, sont des facteurs très importants de réussite du projet de nouveau produit[9].

Pour réussir, il ne suffit donc pas d'imaginer quelques bonnes idées, de les transformer en produits et de trouver des clients. Il faut déployer un processus systématique, orienté vers la découverte de moyens nouveaux permettant d'apporter à l'acheteur une expérience digne d'intérêt, depuis l'éclosion et le filtrage des idées jusqu'à l'élaboration et au lancement d'un produit susceptible de répondre à ses désirs.

Au-delà, le développement réussi d'un nouveau produit exige un investissement total de la part de l'entreprise. Celles qui sont reconnues pour leurs capacités créatives – 3M, Intel ou Nokia – possèdent toutes une culture qui encourage, soutient et valorise l'innovation.

L'encadré 8.1, plus haut dans ce chapitre, montre comment le rythme très rapide d'innovation chez Google a été permis par une culture très créative et une organisation favorable à l'innovation.

2. Les stratégies associées au cycle de vie

Lorsqu'elle lance un nouveau produit, l'entreprise cherche à amortir ses coûts de conception et de lancement sur une durée de vie la plus longue possible, à la mesure des efforts consentis et des risques encourus. Cependant, les responsables marketing savent que tous les produits ne sont pas éternels, même si l'allure et la longueur exactes de leur cycle de vie restent impossibles à prévoir avec précision.

Cycle de vie d'un produit
Progression des ventes et des profits générés par un produit tout au long de son existence. Le cycle de vie comporte cinq phases : développement, lancement, croissance, maturité et déclin.

La figure 8.2 retrace le **cycle de vie** typique d'un produit, en illustrant la progression de ses ventes et des profits générés tout au long de son existence. Ce cycle de vie comporte cinq phases distinctes :

1. La phase de *développement* débute lorsque l'entreprise imagine et conçoit une nouvelle idée de produit. Les ventes sont nulles et les coûts d'investissement s'accumulent.
2. Le *lancement* correspond à une période de faible croissance des ventes, liée à la diffusion progressive du produit sur le marché. Du fait des dépenses engagées, les profits cumulés demeurent inexistants.
3. La *croissance* est caractérisée par une pénétration rapide du produit sur le marché et un accroissement substantiel des bénéfices.
4. La *maturité* marque un ralentissement de la croissance des ventes, consécutif à l'acceptation du produit par la majorité des acheteurs potentiels. Les profits se stabilisent ou commencent à décliner, en raison des investissements marketing de plus en plus importants nécessaires pour soutenir le produit face à la concurrence.
5. Le *déclin* représente la dernière phase du cycle, au cours de laquelle les ventes baissent rapidement et les profits s'amenuisent.

Tous les produits ne suivent pas forcément une courbe identique. Si la forme classique est celle d'une courbe dite « en S » telle que représentée dans la figure 8.2, certains connaissent une croissance très rapide et s'éteignent tout aussi vite ; d'autres bénéficient d'une phase de maturité exceptionnellement longue ; d'autres encore amorcent leur déclin

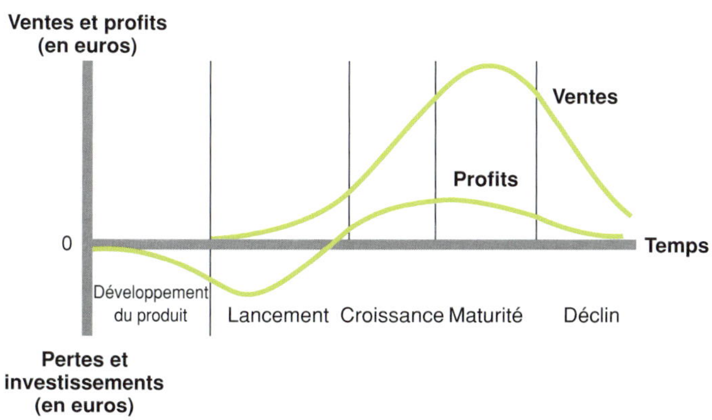

Figure 8.2
Ventes et profits enregistrés tout au long de l'existence d'un produit, de sa conception à sa disparition

puis retrouvent une période de croissance par l'effet de promotions importantes ou d'un repositionnement judicieux.

Le concept du cycle de vie permet d'analyser une *catégorie de produit* (par exemple, les matières grasses), un *type de produit* (les margarines anti-cholestérol) ou un *produit* (Fruit d'Or pro-activ). Il s'applique pour chaque cas d'une façon différente. Les catégories de produits, comme les matières grasses, ou les shampoing par exemple, possèdent le cycle de vie le plus long – nombre d'entre elles se maintiennent très longtemps en phase de maturité. Les types de produits, (comme les petits suisses, ou les shampoing deux en un avec après shampoing, par exemple) en revanche, ont tendance à se rapprocher du cycle « standard ». Quant au produit d'une marque particulière, il peut avoir un cycle de vie très court.

Le marché du yaourt est un marché mature : si les Français en consomment en moyenne 21 kg par an, les ventes régressent en volume et plus encore en valeur (– 0,9 % en 2006). En revanche, les ventes de yaourts au bifidus, type Activia, sont en croissance, et les ventes de yaourts à base de stérols végétaux, positionnés sur la gamme anti-cholestérol, comme Danacol, sont en phase de démarrage, avec une croissance de 20 % par an, et une croissance de 15 % par an prévue d'ici à 2010[10].

Le cycle de vie spécifique d'une marque peut évoluer très rapidement en fonction des offensives et des réactions de la concurrence. Ainsi, bien que la catégorie « lessives » et le type de produit « poudres à laver » jouissent visiblement d'un cycle de vie assez long, celui des marques elles-mêmes de ce marché apparaît souvent beaucoup plus court.

La durée du cycle de vie d'un produit peut également s'expliquer par les phénomènes de tendance. La *tendance* se traduit par l'apparition et le succès sur une période, de produits et services partageant le même style ou la même caractéristique. On peut distinguer différents rythmes de la tendance (voir figure 8.3) :

- Le **long terme** correspond à une tendance sociale de fond (la recherche du bien-être, par exemple, ou le retour à l'authenticité), qui va perdurer pendant des années. Dans le domaine de l'art, la tendance de long terme s'exprime par l'émergence de *styles*, que l'on retrouve dans l'architecture (byzantine, romane, gothique), la musique (classique, jazz, rock) ou encore la peinture (figurative, impressionniste, abstraite). Une fois qu'un style a été inventé, il peut subsister pendant des générations, en restant toujours plus ou moins apprécié.

Figure 8.3
Les rythmes de la tendance : styles, modes et engouements

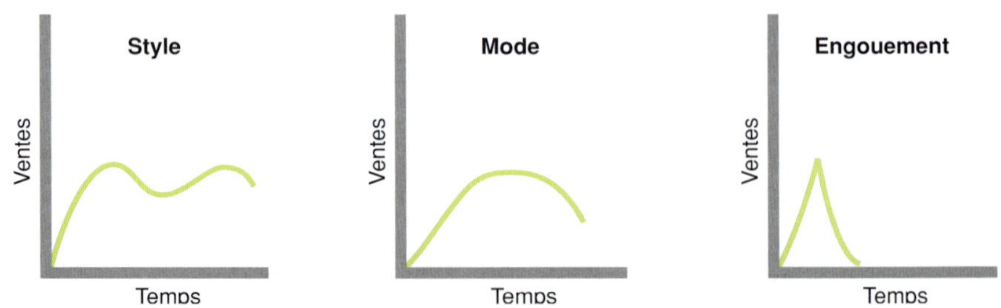

- Le **moyen terme** correspond à ce que l'on appelle communément une *mode*. Cela se traduit par des couleurs (le rose), des matières (le denim) ou des ingrédients (le chocolat), qui sont « dans l'air du temps » et vont influencer différentes catégories de produits, dans les vêtements, les cosmétiques, mais aussi l'ameublement, les arts de la table, la haute technologie… Les modes peuvent s'installer lentement, conserver un certain temps leur popularité, puis décliner progressivement, et générer une tendance inverse, par rejet de la tendance précédente.
- Le **court terme** correspond à un *engouement*, qui peut être déclenché par la sortie d'un film, le comportement d'une personnalité, la communication d'une marque. Il peut provoquer des ventes exceptionnellement élevées d'un produit ou d'une marque sur une courte période, conséquences de l'enthousiasme soudain des consommateurs et de la popularité instantanée d'un produit ou d'une marque[11]. Ainsi, lorsque David Beckham s'est teint les cheveux en blond, les ventes des produits décolorants pour cheveux de L'Oréal ont augmenté de 20 % en Asie. Parmi d'autres exemples d'engouements, on peut citer le Rubik's Cube, les tamagotchis ou la souris Diddl[12].

▶ L'immense succès de la quadrilogie *Twilight*, qui s'est écoulée à 42 millions d'exemplaires dans le monde, démontre l'engouement des jeunes pour les vampires, qui s'est précédemment manifesté par le succès de la saga d'Anne Rice, l'auteur d'*Entretien avec un vampire*, par la série télévisée *Buffy contre les vampires* et le jeu de rôle *La Camarilla*[13]. ◀

▶ Dans le domaine des cosmétiques, on a vu apparaître une série de ce que l'on a appelé les *doctor brands*, au positionnement très scientifique, comme Dr. Brandt Skincare, référencée chez Sephora, ou Dr. Caspari, de la marque Diadermine. ◀

Le concept du cycle de vie offre une structure très utile aux responsables marketing pour décrire le fonctionnement des produits et des marchés. Employé à bon escient, il peut contribuer à l'élaboration de stratégies efficaces applicables à ses différentes phases. Mais qu'il s'agisse d'anticiper les performances d'un produit ou de développer des stratégies marketing, son utilisation n'est pas sans poser certains problèmes pratiques. Les gestionnaires risquent par exemple d'avoir du mal à repérer dans quelle phase se trouve actuellement leur produit ou à détecter précisément le passage d'une phase à l'autre. Ils peuvent aussi éprouver quelques difficultés à identifier les facteurs qui influencent l'évolution du produit à travers les différentes phases de son cycle de vie. Il n'est pas très facile, concrètement, de prévoir pour chaque stade le niveau des ventes, le temps qui s'écoulera avant la prochaine étape ou l'allure de la courbe. L'utilisation du concept dans une optique stratégique peut aussi se révéler problématique dans

Les marques doivent sans cesse renouveler leurs gammes, afin de remplacer les produits qui arrivent en fin de cycle de vie. Pour le lancement de son nouveau modèle, Peugeot montre ici l'évolution parcourue en quelques décennies en termes de design.

le sens où la stratégie marketing constitue à la fois une cause et une conséquence du cycle de vie. La situation ponctuelle d'un produit suggère une stratégie adaptée, dont le résultat affecte les performances du produit dans les phases ultérieures du cycle.

Les responsables marketing doivent ainsi se garder d'imposer aveuglement à leurs produits la chronologie classique d'un cycle de vie. Souvent, il leur faut au contraire transgresser les « règles » et positionner leurs produits de façon inattendue, par exemple en ayant une optique de relancement en phase de maturité pour replacer les produits dans une phase de croissance.

Ainsi, en 2009, la marque Nuxe, numéro 2 du marché des soins anti-âge et présente sur le segment depuis 2004, a choisi de relancer sa gamme Aroma-Vaillance, destinée aux 45-50 ans. Pour ce faire, deux formules déjà existantes ont été améliorées par l'apport de nouveaux actifs (5 brevets), et la gamme a été complétée par une petite innovation, un stylo applicateur « roll-on » à effet tenseur immédiat. Les senteurs et les packagings ont également été modifiés. Un nouveau visuel avec Sophie Duez a été utilisé. Ce relancement a permis à Nuxe de devenir le numéro 1 sur le marché, en gagnant plus de 1 % de part de marché, sur un segment stratégique.[14]

Voyons à présent les stratégies associées à chacune des phases.

Phase de lancement
Phase du cycle de vie dans laquelle le produit se trouve mis sur le marché et devient disponible à l'achat.

2.1 Phase de lancement

La **phase de lancement** débute avec la mise sur le marché du nouveau produit. Ce démarrage demande un certain temps, et la croissance des ventes a tendance à être assez lente. Des produits aussi répandus aujourd'hui que le café soluble ou les plats surgelés ont stagné pendant des années avant que la situation ne s'améliore.

Au cours de cette phase, comparativement aux autres, la faiblesse des ventes et les coûts élevés de distribution et de promotion se traduisent par des profits minimes, voire négatifs. Il faut beaucoup d'argent pour séduire les distributeurs et constituer leurs stocks. Les dépenses promotionnelles sont à leur plus haut et visent à informer les consommateurs et à les inciter à essayer le produit. À ce stade, le marché n'est généralement pas encore prêt à accueillir les éventuels perfectionnements applicables au produit, si bien que l'entreprise et ses rares concurrents se contentent d'en produire une version de base. L'effort de vente se focalise sur les clients qui sont le plus disposés à acheter.

Toute entreprise, en particulier si elle occupe une position de *pionnier*, doit choisir une stratégie de lancement cohérente avec le positionnement envisagé. Elle doit garder à l'esprit que la stratégie initiale ne représente que la première étape dans un plan marketing plus vaste, englobant le cycle de vie complet du produit. Une entreprise pionnière peut parfois avoir intérêt à stimuler la concurrence, en fixant par exemple un prix suffisamment élevé au départ, ou en adoptant un standard technique universel, afin de permettre au marché de se développer. En effet, il est parfois nécessaire d'unir les actions de communication et la crédibilité de plusieurs marques pour « faire décoller » un marché. Chaque acteur pourra ensuite prendre une part de ce marché en se positionnant de façon différente.

MARKETING EN ACTIONS 8.2

Le lancement d'un nouveau système de rasage chez Philips : un dispositif à 360°

À l'automne 2007, Philips lance en France un nouveau système de rasage hydratant, le « Cool Skin », en partenariat avec Nivea. L'ensemble est composé d'un rasoir qui diffuse pendant le rasage une crème hydratante Nivea. Le positionnement est très technologique et la cible, jeune : il s'agit des jeunes de 20 à 25 ans, branchés et fréquentant activement les différents media. Les enjeux du lancement sont importants, il s'agit de faire passer un message assez complexe, sur un sujet qui n'apparaît pas très « cool » pour cette cible. Philips adopte donc une stratégie « 360° », en investissant tous les media que fréquentent ces jeunes et en jouant sur le décalage et la surprise.

Dans un premier temps, Philips adresse un courrier énigmatique à 29 blogueurs influents. Chacun des colis contient un boulon et une vis personnalisés selon le style éditorial du blog, ainsi qu'un fascicule de collection provenant d'une maison d'édition fictive, les éditions DelAlto. Le but du jeu était de « construire soi-même son robot avec rasoir intégré », avec renvoi sur l'énigmatique site www.editionsdelalto.fr. Sur le site figuraient une vidéo et une bannière avec un compte à rebours.

Quelques jours plus tard, la révélation arrivait sous la forme du rasoir lui-même et d'un courriel renvoyant au site Robotskin.com, qui proposait une mini-série vidéo, un envoi de vidéo personnalisée et un lien vers philips.fr/feeldifferent.

Le caractère humoristique du message ainsi que sa personnalisation, alliés à un effet d'attente – puisque le premier message était non signé –, attisent la curiosité des blogueurs, ce qui permet de déclencher un effet viral sur le Web. En effet, l'opération a suscité 33 billets, 130 commentaires et 220 000 visiteurs uniques sur les blogs concernés, ce qui est considéré comme un bon résultat par Philips.

Le dispositif sur Internet était complété par une rubrique beaucoup plus explicative sur le système de rasage sur le site Philips.fr, ainsi que par une campagne massive de bannières. À côté des bannières sur des sites classiques comme l'équipe.fr, msn, ou AOL musique, Philips a également développé un partenariat avec massive online pour faire apparaître des panneaux publicitaires dans les décors des derniers jeux vidéo en ligne sortis.

■ Les marques Philips et Nivea se sont associées pour concevoir un nouveau système de rasage révolutionnaire principalement ciblé sur les jeunes, baptisé « Cool Skin », et diffusant de la crème Nivea pour une meilleure douceur.

Une campagne d'e-mailing a également été lancée auprès de 310 000 contacts. Elle permettait à la fois de découvrir l'univers robotskin, de piéger un ami, puis de découvrir le nouveau système de rasage hydratant et de gagner des lots (pour un total de 12 millions d'euros). Le site comprenait également des boutons permettant l'achat direct du produit sur des sites marchands partenaires (Darty, Boulanger, LaRedoute online). Enfin, elle offrait une invitation à rejoindre les bus Philips dans sa ville.

En effet, un bus Philips a sillonné 22 villes en France, avec pour objectif de présenter aux 18-24 ans le nouveau système de rasage et de le leur faire essayer. À cette occasion, des codes étaient distribués pour pouvoir jouer sur le site.

Cette tournée a été annoncée à la radio grâce à un partenariat avec les antennes locales NRJ. Des spots étaient diffusés et les animateurs soulignaient pendant leurs émissions la présence du bus dans leur ville et parlaient du produit.

Une campagne presse a également été diffusée sur une grande variété de magazines lus par les 25-35 ans, en deux vagues, en septembre et en octobre. Elle a permis quatre répétitions en moyenne sur 75 % des 20-25 ans.

Enfin, une campagne télé a démarré dès le 30 septembre, avec une diffusion de spots télévisés sur les plus grandes chaînes grand public. Le 30 septembre, jour du lancement officiel de la campagne, des spots de 10 secondes de *teasing* ont été diffusés toute la journée puis, à 20 h 50, le spot format long de 60 secondes a révélé le message. Pendant 3 semaines, le spot format classique (20 ou 30 secondes) a ensuite été diffusé.

Enfin, la campagne a également été relayée en magasin, avec des présentoirs, des têtes de gondole et des « stops rayon ».

L'ensemble de ce dispositif a permis de toucher la cible sur tous les media fréquentés, en ligne et hors ligne, et d'aller à sa rencontre *via* la tournée « bus ». Son efficacité a également reposé sur les renvois entre les différents media : Internet vers media classiques, media classiques vers la tournée, tournée vers Internet.

Source : Philips[15], « Philips Cool Skin rase pas les blogueurs », *Stratégies*, 13 septembre 2007.

Ainsi, Actimel a été le pionnier en France sur le marché de la santé active à boire. Il demeure dix ans après le leader incontesté de cette catégorie. Être le pionnier lui a permis d'être identifié à la catégorie de produit, de fixer un prix de référence élevé soutenant son positionnement médical. Cela lui a également permis de crédibiliser le positionnement santé de la marque Danone.

Phase de croissance
Phase du cycle de vie pendant laquelle les ventes du produit connaissent une progression rapide.

2.2 Phase de croissance

Si le nouveau produit satisfait le marché, il entame alors une **phase de croissance** au cours de laquelle les ventes vont rapidement progresser. Les premiers clients continuent de l'acheter et les plus récents commencent à suivre leur exemple, surtout en cas de bouche-à-oreille favorable. Attirés par cette opportunité, des concurrents cherchent à entrer sur le marché. Ils ajoutent de nouvelles caractéristiques au produit et le marché se développe. L'intensification de la concurrence a pour conséquence de multiplier les débouchés et d'accroître les ventes. Dans cette phase, les prix ne baissent que très légèrement, voire pas du tout. Les entreprises maintiennent leurs dépenses promotionnelles au même niveau, ou les augmentent un peu. La construction du marché reste l'objectif prioritaire, mais il faut aussi désormais tenir compte de la concurrence.

En phase de croissance, à mesure que les coûts de promotion se trouvent répartis sur un volume plus important et que les coûts de fabrication par unité chutent, les profits augmentent. L'entreprise utilise différentes stratégies pour soutenir la croissance du marché aussi longtemps que possible. Elle améliore la qualité du produit et introduit de nouvelles caractéristiques et de nouvelles variantes. Elle s'attaque à de nouveaux segments et explore de nouveaux circuits de distribution. Elle transfère une partie de son effort publicitaire, axé jusque-là sur la quête de notoriété, afin de développer une préférence pour la marque et d'inciter à l'achat et au réachat. Dans le même temps, elle abaisse les prix afin d'attirer davantage de clients.

Pendant la phase de croissance, l'entreprise se trouve confrontée à un dilemme entre parts de marché et bénéfices. En consacrant beaucoup d'argent à l'amélioration, à la promotion et à la distribution du produit, elle peut acquérir une position dominante. Ce faisant, elle limite en revanche ses profits immédiats, avec l'espoir de se rattraper au cours de la phase suivante.

Phase de maturité
Phase du cycle de vie d'un produit pendant laquelle la croissance des ventes se stabilise ou commence à ralentir.

2.3 Phase de maturité

Tout produit connaît une période où le rythme de ses ventes commence à ralentir : il entre alors en **phase de maturité**. Cette phase dure en principe plus longtemps que les précédentes et pose, en termes de marketing, des problèmes particulièrement délicats. La plupart des produits disponibles sur le marché se situent en fait dans leur phase de maturité, et l'essentiel du management marketing concerne par conséquent la gestion de produits « mûrs ».

Le ralentissement du taux de croissance a pour effet d'engendrer une surcapacité qui avive la concurrence. Les fabricants accordent des rabais de plus en plus importants, renforcent leur publicité, intensifient la promotion et augmentent leurs budgets de R&D afin d'améliorer le produit. Toutes ces mesures se traduisent par une érosion des profits.

Les concurrents les plus faibles disparaissent peu à peu et le secteur finit par se restreindre aux entreprises les mieux établies.

Même si beaucoup de produits, arrivés en phase de maturité, donnent l'impression de demeurer très longtemps inchangés, ceux qui s'en sortent le mieux continuent en fait d'évoluer pour répondre aux nouveaux besoins des consommateurs. Les responsables marketing ne doivent pas se contenter de se laisser porter par la vague ou de protéger leurs produits. L'attaque reste toujours la meilleure des défenses, et il est donc préférable d'essayer de développer le marché, et de modifier le produit et le mix marketing.

Pour développer le marché, l'entreprise peut avoir différents types de stratégie.

Elle peut essayer d'augmenter le *nombre d'utilisateurs* du produit, en accroissant la pénétration et en ciblant de *nouveaux segments*. Elle peut aussi s'attacher à augmenter le *taux d'utilisation*, par exemple en proposant de nouvelles occasions de consommation et en maintenant la présence à l'esprit de la marque.

La politique de communication d'Eurostar, le train à grande vitesse Paris-Londres, s'est d'abord axée sur la découverte de Londres, de nombreux Français n'ayant à cette époque jamais visité la capitale du Royaume-Uni. Elle s'est progressivement réorientée vers la promotion des différents événements qui rythment l'année, comme Noël, les soldes, le carnaval de Notting Hill, etc., afin de fournir des occasions aux voyageurs de retourner périodiquement à Londres.

Fauchon, la marque de produits alimentaires de luxe, dont le magasin emblématique est situé place de la Madeleine à Paris, bâtit en partie sa légitimité sur la pérennité de sa marque, tout en innovant : ici en célébrant son 120e anniversaire et en annonçant les plats à emporter.

L'entreprise peut également tenter de *modifier le produit* – autrement dit, d'en changer certains aspects afin de séduire de nouveaux clients et d'en stimuler l'utilisation. Il pourra s'agir notamment d'améliorer la qualité ou les performances du produit : sa durabilité, sa fiabilité, sa vitesse, son goût. Ou encore de retravailler le style afin d'accroître son attractivité : les constructeurs automobiles procèdent ainsi à des retouches régulières pour attirer les clients sensibles au renouvellement de leurs gammes. Les firmes qui commercialisent des produits alimentaires et ménagers introduisent quant à elles des parfums, des coloris, des ingrédients ou des packagings nouveaux en vue de revitaliser les achats. Enfin, il est aussi possible d'ajouter de nouvelles caractéristiques permettant d'augmenter l'utilité, la sûreté ou la praticité du produit.

Pour finir, l'entreprise peut chercher à *modifier le mix marketing* – en d'autres termes, à développer les ventes en changeant un ou plusieurs éléments du mix. Elle peut notamment baisser le prix, de manière à séduire de nouveaux utilisateurs ainsi que la clientèle des concurrents. Elle peut mettre en œuvre une meilleure campagne de publicité ou organiser une promotion plus agressive des ventes – remises, offres spéciales, concours, primes, etc. En complément de ces actions, l'entreprise peut également investir des circuits commerciaux plus larges en s'appuyant sur de nouveaux canaux de distribution, si tant est que ces circuits puissent générer de la croissance. En dernier lieu, elle peut aussi fournir aux acheteurs des services complémentaires nouveaux ou de meilleure qualité.

2.4 Phase de déclin

Phase de déclin
Phase du cycle de vie dans laquelle les ventes du produit se mettent à décliner.

Les ventes de la plupart des produits finissent tôt ou tard par décroître. Cette baisse peut être lente, comme dans le cas de l'eau de Cologne ou de la chicorée, ou plus rapide, comme pour les cassettes audio ou VHS. Les ventes peuvent très bien retomber à zéro ou plonger pendant de longues années à un niveau très bas. C'est ce qu'on appelle la **phase de déclin**.

Plusieurs raisons expliquent cette chute des ventes : les progrès technologiques, l'évolution des goûts de la clientèle ou bien encore l'intensification de la concurrence. À mesure que les ventes et les bénéfices diminuent, certaines entreprises se retirent du marché. Celles qui restent ont tendance à restreindre leur gamme. Elles abandonnent les segments trop étroits et les circuits marginaux, ou réduisent à nouveau les prix ainsi que les budgets promotionnels.

Poursuivre la vente d'un produit en déclin peut coûter très cher, et pas seulement en termes de profits. Il existe en effet quantité de coûts cachés. Un produit défaillant risque fort d'accaparer les dirigeants de façon disproportionnée. Il nécessite en outre de fréquents réajustements sur le plan des prix et des stocks, et réclame un effort publicitaire et commercial qui serait bien mieux employé à améliorer la rentabilité des produits en phase de croissance. Sa réputation chancelante peut aussi provoquer la méfiance du consommateur à l'égard de l'entreprise et de ses autres produits. Mais le coût le plus élevé se rapporte sans doute aux perspectives d'avenir, dans la mesure où un tel produit retarde la recherche de substituts, déséquilibre l'assortiment, affecte les profits et affaiblit la position de l'entreprise.

■ La marque Cadum, rachetée en 2003 à Colgate par deux entrepreneurs, capitalise sur les éléments qui ont fait sa célébrité, la douceur des produits et le symbole du bébé.

Pour toutes ces raisons, les fabricants doivent être très attentifs au vieillissement de leurs produits. Il leur faut repérer ceux qui entrent en phase de déclin, en surveillant régulièrement l'évolution des chiffres de ventes, des parts de marché, des coûts et des profits. La direction doit alors décider s'il convient de maintenir ces différents produits, de « récolter » (autrement dit d'en retirer au plus vite un profit maximal) ou de les abandonner.

L'entreprise peut choisir de *maintenir* sa marque sans procéder à aucun changement, dans l'espoir que ses concurrents abandonnent la partie. Procter & Gamble a réalisé de la sorte d'importants bénéfices en continuant d'occuper le secteur déclinant des lessives liquides pendant que d'autres quittaient le marché. On peut aussi envisager de repositionner ou de revigorer la marque pour essayer de la placer à nouveau en phase de croissance.

Si elle choisit de *récolter*, l'entreprise limite au minimum l'ensemble de ses coûts (bâtiments et équipements, entretien, R&D, publicité, force de vente) afin de soutenir les ventes. Si la manœuvre fonctionne, les profits à court terme s'en trouvent augmentés.

Tableau 8.3 Cycle de vie des produits – caractéristiques, objectifs marketing et stratégies

Caractéristiques	Lancement	Croissance	Maturité	Déclin
Ventes	Faibles	En progression rapide	À leur plus haut	En baisse
Coût unitaire de production	Élevé	Moyen	Faible	Faible
Profits	Négatifs	En hausse	Élevés	En baisse
Clientèle	Innovateurs	Adopteurs précoces	Marché de masse	Retardataires
Concurrents	Peu nombreux	En nombre croissant	Stables, disparition des plus faibles	De moins en moins nombreux
Objectifs marketing				
	Bâtir la notoriété et favoriser l'essai du produit	Maximiser la part de marché	Maximiser les profits tout en défendant la part de marché	Réduire les dépenses et récolter
Stratégies				
Produit	Commercialisation d'un produit de base	Extension de la gamme et des services	Diversification de la marque et des modèles	Retrait progressif des produits défaillants
Prix	Prix de revient majoré	Prix de pénétration	Prix concurrentiel	Prix réduit
Distribution	Sélective	Intensive	Encore plus intensive	Sélective : abandon des points de vente non rentables
Publicité	Quête de notoriété auprès des adopteurs précoces (clients et revendeurs)	Développement de la notoriété et de l'intérêt pour le produit sur le marché de masse	Mise en avant des spécificités et des avantages de la marque	Retour au niveau strictement nécessaire pour conserver les clients les plus fidèles
Promotion	Intensive, afin d'encourager l'essai du produit	Réduite, afin de profiter du haut niveau de demande	Accrue, pour stimuler le changement de marque	Réduite au minimum

Source : Philip Kotler, Kevin Keller, Bernard Dubois et Delphine Manceau, *Marketing Management*, 13e édition, Pearson Education, 2009.

Si la direction choisit d'*abandonner* les produits en déclin, elle peut soit les revendre à d'autres firmes, soit les liquider purement et simplement à leur valeur résiduelle.

La marque Cadum (dont le nom vient de l'huile de cade), créée en 1907, est devenue extrêmement célèbre en France ; elle est à l'origine de l'expression très populaire « bébé Cadum », du fait de l'utilisation de l'image d'un bébé rose et joufflu dans ses publicités. En 1952, Colgate, Palmolive et Cadum fusionnent. La marque Cadum est gérée pendant cinquante ans par Colgate et ne fait plus l'objet d'investissements importants dans les dernières années. Elle est revendue en 2003 à deux entrepreneurs indépendants, qui tablent sur son image presque centenaire et une forte notoriété assistée. Ils relancent en 2006 le concours du Bébé Cadum, institué en 1924 par la marque. Malgré un budget de communication limité au départ, la marque recommence à être référencée dans les grandes et moyennes surfaces. De nouvelles références ont été introduites, permettant de renouer avec la croissance.

Le tableau 8.3 résume les caractéristiques essentielles de chaque phase du cycle de vie des produits. Il détaille également les objectifs et les stratégies marketing qui s'y rapportent[16].

RETOUR SUR LES CONCEPTS-CLÉS

Les produits d'une entreprise ont une durée de vie limitée et doivent être régulièrement remplacés. Mais l'innovation étant aussi risquée que salutaire, les produits nouveaux ne rencontrent pas forcément le succès. La clé de la réussite réside dans un investissement absolu de l'entreprise, une planification rigoureuse et l'adoption d'un processus systématique de **développement des nouveaux produits**.

1. Expliquer comment les entreprises découvrent et développent de nouvelles idées de produits.

Différentes sources permettent aux entreprises de découvrir et de développer de nouvelles idées de produits. Nombre de ces idées proviennent de **sources internes** : l'entreprise peut mener un effort de R&D, mettre ses employés à contribution ou encore organiser des séances de brainstorming lors des réunions de direction. D'autres idées émanent de **sources externes** : en effectuant des enquêtes, en constituant des groupes de discussion et en analysant les questions et les réclamations des **clients**, l'entreprise peut faire éclore de nouvelles idées susceptibles de répondre à leurs besoins spécifiques. Elle examine aussi les offres concurrentes, inspecte et démonte les nouveaux produits, mesure leurs performances, et décide alors s'il convient de lancer un produit similaire ou plus abouti. Les **distributeurs** et les **fournisseurs**, en prise directe avec le marché, disposent quant à eux d'informations de première main sur les demandes des clients et les opportunités de lancement.

2. Détailler les étapes du processus de développement d'un nouveau produit.

Le processus de développement d'un nouveau produit comporte huit étapes. Tout commence par la **recherche d'idées**. Vient ensuite l'étape du **filtrage**, qui permet d'en réduire le nombre en fonction de certains critères propres à l'entreprise. Les idées retenues servent alors à l'**élaboration d'un concept**, version détaillée placée sous l'angle des bénéfices clients. À l'étape suivante, on **teste** le concept auprès d'un groupe de consommateurs appartenant au marché cible, afin de vérifier s'il les séduit suffisamment. Une fois le concept validé, il faut **élaborer une stratégie marketing** appropriée en vue du lancement. L'**analyse économique** consiste ensuite à prévoir les ventes, les coûts et les bénéfices futurs du produit, afin de déterminer si ces chiffres sont conformes aux objectifs de l'entreprise. Si cette analyse s'avère concluante, on passe à l'**élaboration du produit**, avant de mettre éventuellement en œuvre un **test de marché** et de procéder au **lancement**.

3. Décrire les différentes phases du cycle de vie d'un produit.

Chaque produit possède un **cycle de vie** marqué par un ensemble de problèmes et d'opportunités qui évoluent au fil du temps. Les ventes d'un produit suivent classiquement une courbe en S divisée en cinq phases. Le cycle débute par une **phase de développement**, correspondant à la découverte et à l'élaboration d'une nouvelle idée de produit. La **phase de lancement** se caractérise par une lente augmentation des ventes et de faibles profits, conséquences de la diffusion progressive du produit sur le marché. En cas de succès, le produit entre alors dans une **phase de croissance**, qui se traduit par une augmentation rapide des ventes et des profits. Vient ensuite la **phase de maturité**, au cours de laquelle la croissance des ventes commence à ralentir et où l'on assiste à une stabilisation des profits. Enfin, le produit entame une **phase de déclin** qui voit les ventes s'effondrer et les bénéfices s'amenuiser.

4. Décrire l'évolution des stratégies marketing au cours du cycle de vie d'un produit.

En **phase de lancement**, l'entreprise doit appliquer une stratégie cohérente avec le positionnement envisagé. Il lui faut investir beaucoup pour à la fois se faire référencer auprès des distributeurs, informer les consommateurs et les inciter à essayer le produit. Pendant la **phase de croissance**, l'entreprise continue d'aviser les consommateurs et les distributeurs potentiels. Elle cherche en outre à conserver son avance sur les concurrents et à soutenir la croissance rapide du marché. Plusieurs options sont possibles : améliorer la qualité du produit, introduire de nouvelles caractéristiques et de nouvelles variantes, s'attaquer à de nouveaux segments, explorer d'autres circuits de distribution, transférer une partie de l'effort publicitaire – axé jusque-là sur la quête de notoriété – dans une optique de persuasion et d'incitation à l'achat, ou encore baisser les prix afin d'attirer davantage de clients. En **phase de maturité**, l'entreprise continue d'investir et songe à modifier le marché, le produit ou le mix marketing. En **développant le marché**, elle s'efforce d'accroître le nombre d'utilisateurs. Lorsqu'elle **modifie le produit**, elle s'emploie à en améliorer certains aspects – qualités, caractéristiques ou style, par exemple – afin de séduire de nouveaux clients ou de stimuler son utilisation. Enfin, si elle **modifie le mix marketing**, c'est pour développer les ventes en ajustant un ou plusieurs éléments du mix. Dès l'instant où l'entreprise se rend compte qu'un produit est entré en **phase de déclin**, elle doit décider s'il vaut mieux **maintenir** la marque sans procéder à aucun changement, dans l'espoir que les concurrents abandonnent la partie ; **récolter** – limiter au minimum l'ensemble des coûts et tâcher de soutenir les ventes –, ou bien **abandonner** le produit, soit en le revendant à une autre firme, soit en le liquidant purement et simplement à sa valeur résiduelle.

Activités

Questions de réflexion et de mise en pratique

1. Danone a lancé il y a quelques années de la pâte à croissant en boîte, pour faire cuire des croissants chez soi. Lors du lancement de ce nouveau produit en alimentaire, on a constaté un fort taux d'essai du produit, mais un taux de réachat très faible. Quelles peuvent en être les causes ? Comment y remédier ?
2. Lors du lancement d'un nouveau produit, faut-il tout d'abord communiquer directement aux consommateurs potentiels (*via* la publicité, le marketing direct) ou travailler sur le référencement en magasin ?
3. Peut-on lancer un nouveau produit dans un marché en déclin ? Pouvez-vous en donner des exemples ? Quels sont alors les avantages et les inconvénients ?
4. Lors du lancement des lingettes dépoussiérantes Swiffer en France, pourquoi Procter & Gamble a-t-il négocié avec les distributeurs le référencement de ce nouveau produit dans le rayon des produits ménagers (plutôt que dans le rayon « brosserie » où se trouvent les brosses et balais), ou en complément de celui-ci ?
5. L'APS, un standard de photo argentique de haute qualité, mis au point en partenariat avec tous les grands acteurs du marché de la photo (Kodak, Fujifilm, Nikon, Minolta et Canon), a été lancé en 1996 en France. En 2001, Minolta annonce l'arrêt de ses développements de boîtiers APS, suivi bientôt par l'ensemble des partenaires. Comment peut-on expliquer un cycle de vie aussi court pour cette nouvelle technologie ?
6. Un processus de conception de nouveau produit, avec de nombreuses étapes de validation, est-il toujours un avantage pour innover ? Pourquoi ?
7. Connaissez-vous des produits en déclin qui ont pu être relancés ? De quelle façon ?
8. Pourquoi est-il selon vous difficile de tester des innovations radicales ?
9. Faire recommander un produit nouveau par une personnalité connue est-il une bonne stratégie de lancement ? À quelles conditions ?
10. Les fournisseurs d'accès Internet en France commencent à entrer dans une phase de guerre de prix. Pourquoi ? Comment en sortir ?

Étude de cas : Le lancement de MICHELIN Pilot Road 2

Début 2006, un nouveau pneu révolutionnaire, MICHELIN Pilot Road 2, issu de la technologie employée par Michelin en MotoGP, est prêt à être lancé sur le marché européen.

Le marché et le segment

MICHELIN Pilot Road 2 est positionné sur le segment Sport-Touring Radial ; ce sont des pneus routiers destinés à une utilisation routière « tranquille » sur de longs trajets ou quotidiennement (trajet domicile-lieu de travail). Ce segment connaît une croissance de + 9 % par an en moyenne en volume, et de + 10 % par an en moyenne en valeur. Un train complet de pneus (avant et arrière) de cette catégorie est vendu aux alentours de 255 à 270 euros. La pression concurrentielle sur les prix est en train de s'intensifier. En particulier, les manufacturiers de pneus déploient « des secondes offres ». Ce sont des produits d'ancienne génération plus attractifs en prix (20 à 30 % moins chers) mais qui n'intègrent pas les dernières innovations technologiques.

Les deux pays principaux sont la France et l'Allemagne, qui représentent près de 50 % des ventes de pneus moto Sport-Touring Radial sur l'ensemble des pays d'Europe.

La concurrence

Selon les meilleures estimations 2006 de Michelin, Michelin est le numéro 2 en Europe sur le marché du pneu moto et le numéro 3 sur le segment Sport-Touring Radial. Ses concurrents sur le marché du pneu moto sont les suivants :

1. **Groupe Pirelli/Metzeler.** Numéro 1 en Europe avec deux marques et numéro 2 sur le segment Sport-Touring

Radial grâce à la marque Metzeler (pneu Roadtec Z6), il est très agressif en prix et utilise des moyens de communication très importants, notamment en compétition.

2. **Bridgestone.** Numéro 3 en Europe et numéro 1 sur le segment Sport-Touring Radial, il est notamment très fort au Royaume-Uni, en Allemagne et en France.
3. **Dunlop.** Numéro 4 en Europe, c'est lui qui a la politique de prix la plus agressive.

Le produit

Le Centre de technologies Michelin a développé pour le MotoGP la technologie bi-gomme MICHELIN 2CT (Two Compound Technology), qui juxtapose des gommes tendres sur les bords et une bande résistante au milieu. Elle a été testée en MotoGP par les meilleurs pilotes du monde. La technologie 2CT permet de découpler les performances du pneu. La gomme plus résistante au centre améliore la longévité, la gomme plus tendre sur les bords procure une adhérence et une sécurité inégalées en virage. MICHELIN Pilot Road 2 utilise cette technologie et permet à la fois une excellente adhérence et une grande longévité du pneu, ce qui représente donc un progrès important pour les utilisateurs.

Les tests internes Michelin montrent une supériorité de MICHELIN Pilot Road 2 par rapport à ses concurrents existant sur le segment Sport-Touring Radial, qui sont le Bridgestone BT-020, le Metzeler Roadtec Z6, le Dunlop D220 ST, le Pirelli Diablo Strada et le Continental Road Attack.

Un lancement concurrent est prévu fin 2006, le Bridgestone BT-021.

La marque MICHELIN en moto

La ligne Produit 2 Roues de Michelin ne commercialise qu'une seule marque : la marque MICHELIN. C'est la marque premium du groupe, avec un positionnement prix élevé par rapport à la moyenne du marché. Le positionnement de la marque MICHELIN en moto est le suivant : « L'innovation technologique qui fait ses preuves en compétition au service des consommateurs. » C'est une marque qui se veut passionnée, proche, innovante, et indépendante d'esprit. Cette plate-forme est appliquée depuis 2003 dans tout le mix de communication : media, hors-media, relations presse, notamment.

Le comportement d'achat des motards

De façon générale, les motards sont plutôt des hommes (55 % des motards sont des hommes actifs de 25 à 44 ans), qui roulent à moto pour le plaisir et ont le sentiment de faire partie d'une tribu. Ils s'intéressent à la compétition, et principalement au MotoGP. Ils recherchent beaucoup d'informations avant l'achat :

- Un motard sur deux utilise Internet pour rechercher des informations sur l'univers de la moto.
- Un motard sur quatre consulte les sites des manufacturiers de pneus.
- Huit motards sur dix lisent la presse spécialisée moto.

Leurs critères d'achat sont, dans l'ordre d'importance, la sécurité (tenue de route), le plaisir de conduite et le coût. Le respect de l'environnement n'est pas encore un critère très développé en moto.

Sur le segment Sport-Touring Radial, la cible marketing peut être décrite de la façon suivante :

- Hommes actifs 25-44 ans.
- Motards possédant une moto Sport-GT ou Roadster. Ils aiment tester les limites de leur moto et sont capables de conseiller leurs amis (leaders d'opinion). Ils font de la

Dans sa nouvelle campagne de communication mondiale, Michelin s'appuie sur la force de sa marque, dont le symbole est internationalement connu, pour communiquer sur les différents avantages de ses pneus.

moto pour le plaisir et roulent plus que la moyenne des motards. Ils s'informent encore plus sur les pneus que la moyenne des motards.
- Un motard de ce segment sur deux consulte les sites des manufacturiers de pneus.
- Neuf motards de ce segment sur dix déclarent regarder les résultats des tests ou essais pneumatiques dans les magazines spécialisés moto.
- Quatre sur dix déclarent même : « Je recherche une marque qui obtient de bons résultats dans les tests comparatifs. »

La distribution

Tous les manufacturiers utilisent les mêmes réseaux de distribution et sont présents sur les mêmes points de vente, ce qui rend l'intensité concurrentielle très forte. Ils vendent *via* des grossistes pour la moitié de leur chiffre d'affaires, et cette proportion est en croissance. En ce qui concerne les détaillants, les négociants spécialistes de pneus (type Euromaster) et les concessionnaires moto concentrent la majeure partie des ventes au client final (*sell-out*). Globalement, le secteur de la distribution des pneus moto est de plus en plus concentré.

Le rôle de la compétition et la présence de Michelin

Il existe de nombreuses compétitions moto, soit sur circuit, soit sur route. La plus suivie, avec une audience mondiale, est le MotoGP. Créé en 1949, il est géré par DORNA et régi par la Fédération internationale de motocyclisme, avec un changement de règlement en 2007. Dix-huit grands prix sont organisés de mars à novembre dans 16 pays sur 5 continents. L'audience moyenne par Grand Prix est de 311 millions, avec une audience cumulée de 5 290 millions de téléspectateurs, ce qui représente 75 % des 14-35 ans. Les Grands Prix sont retransmis dans la quasi-totalité des pays du monde.
Michelin a remporté 26 titres dans la catégorie reine (GP500 puis MotoGP) depuis 1973.

Questions :

1. Quelle stratégie de lancement adopter pour ce nouveau produit ?
2. Quelle cible, quels moyens de communication privilégier ?

Notes

1. Sources : Alison Stein Wellner, « The New Science of Focus Groups », *American Demographics*, mars 2003, p. 30 ; Kevin J. Clancy et Peter C. Krieg, « Surviving Innovation », *Marketing Management*, mars-avril 2003, pp. 14-20 ; « Market Research: So What's the Big Idea? », *Marketing Week*, 11 mars 2004, p. 37 ; Deborah Ball *et al.*, « Just What You Need! », *Wall Street Journal*, 28 octobre 2004, p. B1., et ipsos-ideas.com, Estimating the Market Potential for New and Innovative Products.
2. Voir Pete Engardio et Bruce Einhorn, « Outsourcing Innovation », *BusinessWeek*, 21 mars 2005, pp. 84-94.
3. Voir E. von Hippel, J. Churchill et M. Sonnack, « Breakthrough Product and Services With Lead User Research », Oxford University Press ; A. Beji-Bécheur, « Une démarche pour identifier les lead-users au sein de l'entreprise », *Actes du Congrès de l'Association Française de Marketing,* Nancy, 2005 ; A. Beji-Becheur et M. Gollety, « Lead user et leader d'opinion : deux cibles majeures au service de l'innovation », *Décisions Marketing*, n° 48, 2007.
4. *Ibid.*, p. 75.
5. Voir Philip Kotler, *Kotler on Marketing*, New York, The Free Press, 1999, pp. 43-44 ; Judy Lamont, « Idea Management: Everyone's an Innovator », *KM World*, novembre-décembre 2004, pp. 14-16.
6. Xavier Ternisien, « Le lancement de *Grazia* bouscule le marché des hebdomadaires féminins », *Le Monde*, 29 août 2009.
7. Keren Lentschner, « Danone teste son nouveau yaourt à Brive », *Le Figaro*, 27 janvier 2010.
8. Cécile Barbière, « L'ardoise magique va-t-elle sauver la presse ? », *Stratégies*, 28 janvier 2010.
9. David Gotteland, Christophe Haon, Marinella Fornerino, « Composer une équipe de développement de produit nouveau : la diversité professionnelle ne suffit pas », *Actes du Congrès de l'Association Française du Marketing*, Nancy, 2005. Voir aussi David Gotteland et Christophe Haon, *Développer un nouveau produit*, Pearson Education, 2005.
10. Emmanuel Botta, « Innover pour retrouver la saveur de la croissance », LSA, 1er février 2007.
11. Source : Bryan Lilly et Tammy R. Nelson, « Fads: Segmenting the Fad-Buyer Market », *Journal of Consumer Marketing*, vol. 20, n° 3, 2003, pp. 252-265.
12. Voir « Scooter Fad Fades, as Warehouses Fill and Profits Fall », *Wall Street Journal*, 14 juin 2001, p. B4 ; Katya Kazakina, « Toy Story: Yo-Yos Make a Big Splash », *Wall Street Journal*, 11 avril 2003, p. W10 ; Robert Johnson, « A Fad's Father Seeks a Sequel », *New York Times*, 30 mai 2004, p. 3.2.
13. « Twilight : les raisons d'un succès », lefigaro.fr, 9 février 2009.
14. Fatima Hazene, CB News, www.cbnews.fr.
15. L'auteur remercie Mathieu Parisot, Philips France, pour les données fournies.
16. Pour une analyse plus complète des différentes stratégies tout au long du cycle de vie du produit, voir Philip Kotler, Kevin Keller, Bernard Dubois et Delphine Manceau, *Marketing Management*, 12e édition, Pearson Education, 2006, pp. 370-386.

Partie 3

Bâtir l'offre marketing

Chapitre 9

AU TERME DE CE CHAPITRE, VOUS SAUREZ

1. **Bien comprendre la notion de valeur perçue par le client et les différents coûts de l'entreprise, pour mieux fixer les prix.**
2. **Identifier les autres grands facteurs internes et externes susceptibles d'influencer les décisions relatives aux prix.**
3. **Décrire les principales stratégies que l'on peut mettre en œuvre pour fixer le prix des produits nouveaux, qu'ils soient innovants ou non.**
4. **Expliquer comment élaborer une gamme de prix susceptible d'optimiser les bénéfices.**
5. **Tenir compte des différents types de clients et des différents contextes géographiques et temporels pour ajuster les prix.**
6. **Analyser les initiatives et les réactions en matière de modification des prix.**

La fixation des prix : comprendre et capter la valeur client

De nos jours, les clients semblent globalement de plus en plus sensibles à l'élément prix.

En 1998, 41 % des Français se déclaraient avant tout sensibles au prix des produits, et ils étaient 51 % en 2005. Paradoxalement, cependant, le prix n'agit que de manière souvent indirecte, car la majorité des consommateurs ne regarde pas le prix en rayon, mais l'intègre en amont dans le choix du point de vente ou le choix de la marque[1].

Ce constat place beaucoup d'entreprises dans une situation délicate. En effet, baisser les prix n'est souvent pas la meilleure des solutions. Les profits sont sacrifiés, et les divers acteurs du marché se livrent dès lors une lutte sans merci. Les entreprises ont plutôt intérêt à augmenter la valeur qu'à baisser les prix. Il faut pour cela convaincre les clients qu'un tarif plus élevé se justifie par la valeur supérieure que leur procure le produit. La plus grande difficulté consiste à trouver le prix qui permettra à l'entreprise de réaliser un profit raisonnable en captant la valeur client ainsi créée.

Prix
Ensemble des sacrifices (monétaires et non monétaires) faits par un client pour bénéficier des avantages liés à la possession ou à l'utilisation d'un produit ou d'un service.

1. Qu'est-ce qu'un prix ?

Dans son acception la plus étroite, le **prix** désigne la somme d'argent réclamée en échange d'un produit ou d'un service. Plus largement, il représente l'ensemble des sacrifices faits par un client pour bénéficier des avantages liés à la possession ou à l'utilisation du produit ou du service en question.

Ces sacrifices peuvent par exemple être du temps – de transport, de recherche –, une prise de risque plus élevée… Si l'on ne prend pas en compte l'ensemble de ces sacrifices, il est difficile de comprendre les disparités de prix qui peuvent exister sur un marché, pour des produits similaires, ou même strictement identiques.

Les comparateurs de prix sur Internet ont connu un développement spectaculaire en France depuis le lancement du premier d'entre eux, Kelkoo, en 1999. Le leader en termes d'audience est en janvier 2009 LeGuide.com, avec 5,7 millions de visiteurs uniques par mois, suivi par Ciao.fr, 5,1, et Kelkoo, 4,1. Ces comparateurs mettent en évidence les différences de prix entre les différents sites marchands, et ont eu tendance dans un premier temps à focaliser les consommateurs sur le prix dans leur choix. Cependant, ils intègrent de plus en plus de services à valeur ajoutée, comme les avis des consommateurs[2].

Si d'autres facteurs non tarifaires, comme la marque, ont acquis une importance croissante, le prix demeure malgré tout l'un des éléments essentiels qui conditionnent la part de marché, mais aussi la rentabilité d'une entreprise.

Le prix occupe une place particulière dans le mix marketing, car il possède des caractéristiques très particulières :

- c'est la seule variable du mix marketing qui puisse apporter un revenu ; toutes les autres représentent des coûts ;
- c'est aussi l'une des plus flexibles. Contrairement aux caractéristiques du produit ou aux circuits de distribution, les prix peuvent être modifiés très rapidement ;
- ils constituent dans le même temps le problème numéro un de nombreux responsables marketing, et beaucoup d'entreprises les manipulent assez mal. Le choix d'un prix fondé sur les coûts et non sur la valeur perçue par le client fait partie des erreurs les plus courantes.

Le site eBay propose plusieurs formats d'achat/vente ou systèmes de fixation de prix : le format enchères, mais également le format prix fixe (ou achat immédiat) depuis 2004 et le format petites annonces (prix à négocier directement entre le vendeur et l'acheteur) depuis 2006, ce qui permet aux clients d'avoir plusieurs approches du prix des produits mis en vente.

Le paradoxe du prix est donc qu'il représente un élément central aux yeux des clients, et une variable clé du profit des entreprises, mais fait souvent l'objet d'une attention réduite de la part des responsables marketing. Certains managers considèrent la fixation des prix comme un véritable casse-tête, et préfèrent se concentrer sur le reste ; d'autres pensent qu'ils n'ont qu'une marge de manœuvre réduite par rapport à la concurrence.

Dans les PME, la fixation des prix incombe souvent à la direction générale, plus qu'au département marketing ou au service commercial. Pour les grandes sociétés, ce sont généralement les directeurs de divisions ou les responsables de gammes qui s'en occupent. Sur les marchés industriels, la force de vente peut être autorisée – dans certaines limites – à négocier les prix avec les clients. Dans ce cas-là, la direction générale définit néanmoins les objectifs et les politiques tarifaires, et se réserve le droit de valider ou pas les prix proposés.

Enfin, dans certains secteurs d'activité, les entreprises possèdent un service spécialement chargé de déterminer le prix optimal, ou d'aider quelqu'un d'autre à le calculer, et qui se trouve placé sous l'autorité du département marketing ou de la direction générale.

2. Les facteurs à prendre en compte pour fixer le prix d'un produit

Le prix fixé par l'entreprise doit se situer entre le coût de production et la valeur du produit aux yeux du client (figure 9.1).

- En effet, d'un côté, la *valeur du produit,* telle qu'elle est perçue par le client, détermine le plafond à ne pas dépasser. Si le client estime que le prix demandé excède la valeur du produit, il refusera de l'acheter.
- D'autre part, les *coûts inhérents à ce même produit* définissent quant à eux le prix plancher. Si l'entreprise se place en dessous, ses bénéfices vont s'éroder.

Au moment de choisir un prix, l'entreprise devra évaluer ces deux niveaux, et également prendre en compte les *prix de la concurrence*. Le prix choisi devra également se fonder sur le positionnement du produit et sa place dans la stratégie, la nature du marché et de la demande.

Figure 9.1
Les facteurs qui influencent la fixation des prix

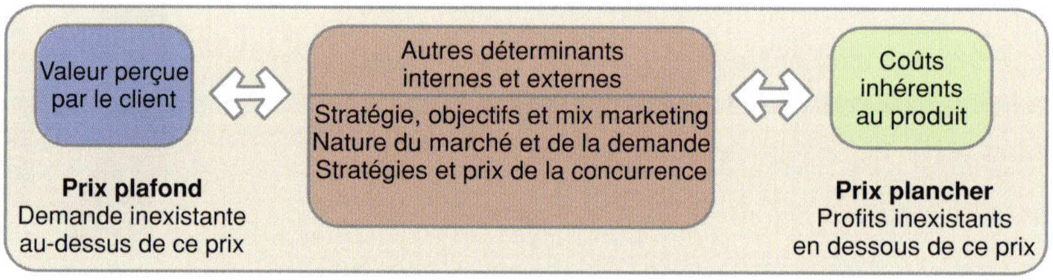

2.1 Valeur perçue par le client – le prix à la valeur

Lorsqu'un acheteur acquiert un produit, il échange une valeur (le prix) contre une autre valeur (les avantages liés à la possession ou à l'utilisation du produit). Une tarification efficace, centrée sur le client, nécessite donc de bien comprendre la valeur que l'acheteur accorde aux divers avantages procurés par le produit, et de fixer un prix qui traduise cette valeur.

Prix à la valeur
Fixation du prix en fonction de la valeur du produit perçue par le client.

Le **prix à la valeur** se définit en fonction de la valeur du produit perçue par le client, et non du coût qu'il représente pour le vendeur. Ce qui signifie qu'il est impossible de dissocier d'une part la conception du produit et de son mix marketing, et d'autre part la fixation du prix. Ce dernier doit être étudié en parallèle avec les autres variables du mix marketing, et non à la fin du processus.

La figure 9.2 oppose le prix à la valeur et le prix fondé sur le coût. Ce dernier est axé sur le produit. L'entreprise conçoit ce qu'elle estime être un bon produit, fait le total des coûts engagés et fixe un prix qui couvre ces coûts et lui permet de dégager une marge bénéficiaire. Les actions marketing visent alors à persuader les clients que la disponibilité d'un produit de cette valeur à ce prix-là justifie bien son achat. Si le prix s'avère trop élevé, l'entreprise devra se résigner à réduire sa marge ou s'accommoder

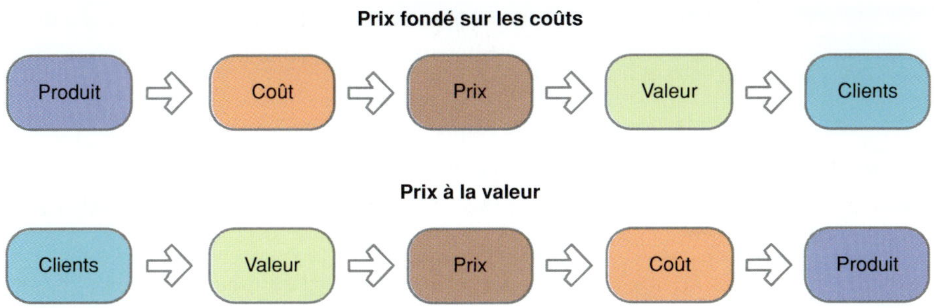

Figure 9.2
Comparaison entre le prix à la valeur et le prix fondé sur le coût

Source : Thomas T. Nagle et Reed K. Holden, *The Strategy and Tactics of Pricing*, 3e édition, Prentice Hall, 2002, p. 4 ; reproduit avec l'autorisation de Pearson Education, Inc.

d'un volume de ventes plus faible que prévu, entraînant dans les deux cas des bénéfices décevants.

Le prix à la valeur inverse ce processus. L'entreprise se fixe une cible tarifaire sur la base de la valeur du produit perçue par le client. Les cibles de prix et de valeur orientent dès ce moment-là les décisions relatives à la conception du produit et aux coûts que l'on pourra engager. La définition du prix débute donc par l'analyse des besoins et de la perception de valeur du consommateur, qui permet d'établir un prix en accord avec la valeur perçue.

Il faut bien se rendre compte ici que l'adéquation entre la valeur et le prix n'est pas synonyme de prix bas. Les stylos haut de gamme de la marque Montblanc sont ainsi vendus plusieurs centaines d'euros pièce. Un stylo moins cher pourrait sans doute fonctionner tout aussi bien, mais certains consommateurs accordent énormément de valeur aux qualités intangibles d'un « instrument d'écriture raffiné ».

L'entreprise qui souhaite appliquer le prix à la valeur doit donc découvrir également comment les clients évaluent les différentes offres concurrentes. Pour autant, mesurer la valeur que les acheteurs vont attribuer à son produit n'est pas toujours une mince affaire. Il est par exemple relativement simple de calculer le coût des ingrédients utilisés pour la confection d'un plat dans un restaurant. Mais assigner une valeur à d'autres satisfactions telles que la saveur, le cadre, l'accueil, la qualité de la conversation ou le prestige du lieu s'avère beaucoup plus difficile, d'autant que cette valeur varie en fonction des clients et des situations.

L'estimation de la valeur vue par les clients n'est pas chose aisée. En effet, les clients ont du mal à révéler la valeur que le produit représente pour eux, soit parce qu'ils ont du mal à l'estimer en dehors de la décision d'achat elle-même, soit parce qu'ils ont tendance à déclarer un prix plus bas que la réalité. Deux grands types de demande permettent d'estimer le prix maximal que les clients sont prêts à payer, c'est-à-dire la valeur perçue.

- *L'interrogation :* on demande aux clients combien ils seraient prêts à débourser pour l'achat d'un produit de base, et ensuite pour chaque avantage supplémentaire qui se rajouterait à l'offre de départ. La méthode des fuseaux de prix (dite aussi méthode

Adam Stoezel) consiste quant à elle à présenter différents niveaux de prix pour un produit donné, et à poser deux questions :

1. À ce prix, accepteriez-vous d'acheter ce produit, estimant qu'il est de bonne qualité ?
2. À ce prix, ce produit vous paraît-il trop cher pour l'acheter ?

- *L'expérimentation :* l'entreprise peut aussi proposer à l'achat (en environnement réel ou simulé) des produits (ou des concepts de produit) à des niveaux de prix variables. Si le prix proposé dépasse la valeur perçue par le client, les ventes vont en souffrir. S'il est en dessous, le produit se vendra (ou générera des intentions d'achat positives) en revanche très bien. Mais il ne générera pas autant de bénéfices que si son prix correspondait exactement à la valeur perçue.

■ Sur le site quiestlemoinscher.com, Leclerc propose, pour une unité de besoin » donnée, un comparatif des prix constatés pour les marques de premier prix, les marques nationales et les marques de distributeurs, dans 11 grandes enseignes françaises.

À partir d'un prix donné, on peut raisonner de deux façons pour mieux ajuster les prix à la valeur perçue par le consommateur. La première approche consiste à améliorer au maximum le rapport valeur perçue/prix, souvent appelé *rapport qualité/prix*. La seconde consiste à apporter une valeur ajoutée apportant une différenciation importante au produit afin de justifier un prix plus élevé.

Optimisation du rapport qualité/prix

Du fait de l'intensification de la concurrence, les consommateurs ont tendance à comparer systématiquement le rapport valeur/prix des produits offerts sur le marché. En conséquence, les entreprises adoptent de plus en plus une stratégie d'*optimisation du rapport qualité/prix,* qui consiste à offrir au prix le plus juste une combinaison parfaite sur le plan du service et de la qualité.

Très souvent, il a fallu pour cela introduire des versions meilleur marché de certains produits de marque bien établis. Ainsi, dans le domaine du transport, l'émergence des compagnies *low cost* a obligé les entreprises autrefois dominantes sur leur marché à baisser leurs prix, ou à lancer des filiales qui offrent un prix très bas pour un service basique.

▶ La SNCF a lancé des billets Premium, et créé une filiale vendant des billets à tarif réduit, id-TGV. Id-TGV commercialise chaque jour des billets TGV à des prix allant jusqu'à – 40 % par rapport aux prix conventionnels de la SNCF. Ces billets sont commercialisés uniquement par Internet, il n'y a pas de ventes au guichet, ni d'assistance téléphonique, ce qui permet d'économiser sur les frais de distribution. Le service i-TGV est dédié aux voyageurs loisirs qui font des voyages de plus de trois heures en TGV, et ciblent notamment ceux qui se détournent du train pour s'orienter vers les compagnies aériennes de type *low cost*. Ce ne sont pas nécessairement des individus à faible pouvoir d'achat, mais ils sont très attentifs aux prix, car ils sont habitués à comparer les prix sur Internet. Si le trajet est plus long en train qu'en avion, id-TGV propose un choix d'ambiances aux voyageurs (« idZen », « idZinc » ou « idZap »), et une variété de services classiques – bar, restauration –, ou plus originaux, comme les jeux de société, les lecteurs de DVD, des kits « sommeil », ou des animations ponctuelles.

L'encadré 9.1 décrit le développement du groupe Decathlon, qui s'appuie notamment sur l'accessibilité des produits vendus.

Dans la vente au détail, la démarche *« every day low price »*, « le prix bas tous les jours », consiste à baisser le prix de façon permanente, en n'offrant jamais ou quasiment jamais de remises. Cela s'oppose à une démarche fréquemment pratiquée, consistant à fixer des tarifs de base plus élevés, mais à accorder de fréquentes promotions de prix.

Prix à la valeur ajoutée

Pour les entreprises, le défi consiste souvent à échapper à la concurrence tarifaire et à justifier des prix et des marges plus élevés sans perdre de parts de marché. Pour y parvenir, beaucoup de sociétés adoptent une stratégie de **prix à la valeur ajoutée**. Plutôt que de réduire les prix pour se mettre au niveau de la concurrence, elles intègrent des caractéristiques et des services à forte valeur ajoutée, qui leur permettent de différencier leurs offres et de faire mieux accepter ainsi les écarts de prix.

Prix à la valeur ajoutée
Adjonction de caractéristiques et de services à forte valeur ajoutée, afin de différencier l'offre commerciale et de favoriser l'acceptation d'un prix plus élevé que celui de la concurrence.

Lorsqu'une entreprise découvre que ses principaux rivaux offrent un produit similaire au sien pour un prix inférieur, la tentation peut être de chercher à s'aligner pour gagner ou conserver ses parts de marché. Cependant, la diminution des prix peut déboucher sur une véritable guerre, qui risque d'éroder les marges bénéficiaires de l'ensemble des acteurs du marché. Pis encore, les rabais accordés peuvent également déprécier le produit dans l'esprit des clients, et compromettre alors la capacité de l'offreur à maintenir sur le long terme des tarifs rentables.

En général, la meilleure stratégie n'est pas de fixer un prix inférieur, mais au contraire supérieur, et de convaincre la clientèle que le produit le vaut, en concentrant son attention sur la valeur plutôt que sur le prix.

Dans un environnement *business-to-business,* il peut être important de mettre en lumière un prix global d'utilisation du produit, sur sa durée de vie prévisionnelle, en incluant les différents coûts de formation, d'entretien, de maintenance, etc. Un prix d'achat élevé peut ainsi apparaître beaucoup plus acceptable si l'on raisonne sur la valeur créée pour le client.

Plus globalement, il s'agira de mettre en regard du prix non pas le prix des concurrents, mais la valeur créée pour le client. Ainsi, le prix de la première classe en avion sera à comparer avec le coût d'une journée de travail perdue pour un homme d'affaires, le prix d'un diamant à la valeur sentimentale d'une demande en mariage, etc.

2.2 Coûts de l'entreprise et coûts du produit

Alors que les perceptions de la valeur par les clients déterminent le prix plafond, les coûts définissent quant à eux le prix plancher. L'entreprise souhaite fixer un prix qui couvre

MARKETING EN ACTIONS 9.1

Le développement de Decathlon

Trente-trois ans après sa création dans la région de Lille par Michel Leclercq, un cousin de la famille Mulliez (Auchan, Leroy Merlin, etc.), le groupe Decathlon, qui a pris le nom d'Oxylane en 2008, est devenu l'un des leaders mondiaux de l'équipement sportif : 41 000 salariés et 4,9 milliards d'euros de chiffre d'affaires.

Decathlon s'est donné pour mission de permettre au plus grand nombre possible de pratiquer un sport, grâce à une politique de prix très bas. Toute la communication de l'entreprise est d'ailleurs axée sur les prix. Plusieurs éléments permettent de réaliser cet objectif :

- **Une politique de marques propres.** Si le groupe a commencé par commercialiser des marques nationales, il s'est rapidement tourné vers des marques propres. C'est en 1986 que le groupe a commercialisé les premiers produits Decathlon pour combler les lacunes des grandes marques. Près des deux tiers des produits vendus aujourd'hui sont des articles conçus en interne et commercialisés sous des marques propres – des « marques passion », dans le jargon maison. Le groupe en compte une vingtaine : Quechua pour la randonnée, Kipsta pour les sports collectifs, b'Twin pour les vélos, etc. Les différentes marques sont gérées de façon de plus en plus autonome, pour que chacune puisse réaliser les meilleurs produits mondiaux au prix le plus bas possible.
- **La recherche d'économies d'échelle à tous les niveaux.** Decathlon propose partout les mêmes produits, la même présentation, les mêmes critères d'emplacement : l'attrait, l'accessibilité et la visibilité, une zone de clientèle densément peuplée et la présence d'un vaste parking. Les produits, la communication et les tailles de vêtements sont désormais développés par des équipes internationales à l'intention du monde entier, et non plus d'un point de vue purement français.
- **Une information client en temps réel.** Les systèmes de caisses enregistrent ce que les clients achètent. Decathlon peut ainsi voir quelles couleurs et quels produits sont les plus populaires et ajuster la production en fonction de ces préférences. Cette stratégie qui consiste à produire ce que les clients achètent offre de nombreux avantages et permet de réduire les stocks.
- **Une compression de tous les coûts.** Les produits « bleus » sont de plus en plus souvent produits dans des usines appartenant à Decathlon ou en sous-traitance dans des pays à bas salaires comme le Mexique, le Maroc et l'Inde. Leur nombre est rationalisé, et ils doivent être composés d'un nombre aussi grand que possible de composants communs. Les vendeurs doivent être polyvalents, les bâtiments, moins consommateurs d'énergie. Decathlon mise en outre sur un nombre de collaborateurs limité, l'absence de sponsoring de sportifs, et des frais de fonctionnement réduits au strict minimum.

À côté de ces économies, Decathlon investit énormément en R&D. Le centre créatif à Lille conçoit un large éventail de produits qui vont des vélos aux équipements de plongée. Dans les magasins mêmes, les clients peuvent voir des affichettes où certains aspects de la production sont expliqués, ainsi que les tests de qualité qui doivent établir l'innovation et la supériorité des marques maison en termes de sécurité et de bien-être. Les produits maison doivent soutenir la comparaison avec les produits de marque mais sont toujours vendus moins chers que les produits les moins chers des concurrents. L'idée est qu'un consommateur doit pouvoir essayer un nouveau sport sans que cela ne lui coûte trop cher. Ainsi, le matériel de base ne doit pas nécessairement coûter plus de 50 euros. Si le client devient un sportif passionné, il pourra se choisir du matériel plus professionnel par la suite. « De cette manière, les grandes marques ne peuvent plus justifier leurs prix plus élevés, analyse Vincent Desmecht. Elles ne peuvent pas prouver leur plus-value. En outre, compte tenu de leurs coûts de production plus élevés, elles ne peuvent jamais l'emporter sur Decathlon. Comme bon nombre de commerçants qui vendent ces marques sont déficitaires, ces dernières sont confrontées à une structure de distribution affaiblie. Jusqu'en 2009, Decathlon courait après les marques. Mais on voit à présent que ce sont les marques qui courent après Decathlon. »

Sources : Quentin Domart, « Dans les couloirs de... Decathlon », L'Expansion, 1er janvier 2010 ; N. Buyse, « Oxylane Group transfère sa marque Domyos à Marcq-en-Barœul », Les Echos, 27 novembre 2008 ; Hans Hermans, « Le champion du discount. Comment Decathlon bat ses concurrents à plate couture », Bizz, 10 septembre 2009.

l'ensemble des coûts de production, de distribution et de vente, et qui permette une juste rémunération de l'effort fourni et du risque encouru. Un certain nombre de stratégies marketing sont fondées sur une maîtrise des coûts, afin de pouvoir offrir des prix inférieurs à la concurrence.

Les types de coûts

On distingue deux types de coûts. Les **coûts fixes** (ou **frais généraux**) ne varient jamais : quel que soit son volume d'activité, l'entreprise doit payer tous les mois ses loyers, ses charges et ses salaires. Les **coûts variables**, en revanche, dépendent directement du volume de production.

Chaque véhicule qui sort des chaînes de Peugeot implique un certain nombre de coûts, liés notamment aux matières premières, à l'achat des différentes pièces et composants auprès des sous-traitants. Ces coûts sont en général constants pour chaque unité produite, mais sont qualifiés de « variables » parce qu'ils évoluent globalement en fonction du nombre d'unités. Le **coût total** correspond à la somme des coûts fixes et des coûts variables pour un niveau de production donné. Les dirigeants de l'entreprise définiront un prix capable de couvrir au moins l'ensemble de ces coûts.

Ces coûts devront faire l'objet par ailleurs d'une attention soutenue. En effet, si l'entreprise dépense davantage que ses concurrents pour fabriquer et vendre son produit, elle sera obligée de demander un prix supérieur ou d'accepter une baisse de ses bénéfices, et se trouvera donc désavantagée.

Coûts fixes (ou frais généraux)
Coûts qui ne varient pas en fonction du volume d'activité.

Coûts variables
Coûts qui dépendent directement du volume de production.

Coût total
Somme des coûts fixes et des coûts variables pour un niveau de production donné.

Fixer un prix fondé sur les coûts

Le « **coût-plus-marge** » – ajout d'une marge standard au coût du produit – représente la méthode de tarification la plus simple, tant pour les fabricants que pour les distributeurs. En effet, il est plus facile d'évaluer les coûts que la demande. D'autre part, si tous les concurrents appliquent la même règle, les prix sont proches, et on n'arrive pas à une situation de guerre des prix. Enfin, cette règle paraît plus juste aux yeux des acheteurs.

Coût-plus-marge
Méthode de tarification consistant à ajouter une marge standard au coût du produit.

▶ Un magasin d'électroménager achètera un grille-pain à 20 euros auprès du fabricant et le revendra 30 euros, en appliquant par conséquent une majoration de 50 %. La marge brute du détaillant sera de 10 euros. Si les frais d'exploitation de son point de vente s'élèvent à 8 euros par grille-pain vendu, il obtiendra alors une marge bénéficiaire de 2 euros. Le fabricant du grille-pain a probablement utilisé lui aussi cette méthode. Si l'appareil a coûté 16 euros à produire, il a appliqué une marge de 25 % et fixé le prix distributeur à 20 euros. ◀

Une autre approche, également fondée sur les coûts, consiste à utiliser la notion de **point mort** – ou, dans l'une de ses variantes, à se donner un **objectif de bénéfice**. L'entreprise tâche alors de déterminer le prix qui lui permettra d'atteindre l'équilibre ou de générer le bénéfice souhaité. On trace pour ce faire un schéma, indiquant à la fois le coût total et le chiffre d'affaires total escompté en fonction du volume de ventes. La figure 9.3 montre le schéma du point mort associé au cas du grille-pain évoqué ci-dessus.

Prix au point mort (ou avec un objectif de bénéfice)
Méthode de tarification visant à atteindre l'équilibre par rapport aux coûts de fabrication et de commercialisation d'un produit.

Figure 9.3
Schéma du point mort utilisé pour la fixation du prix

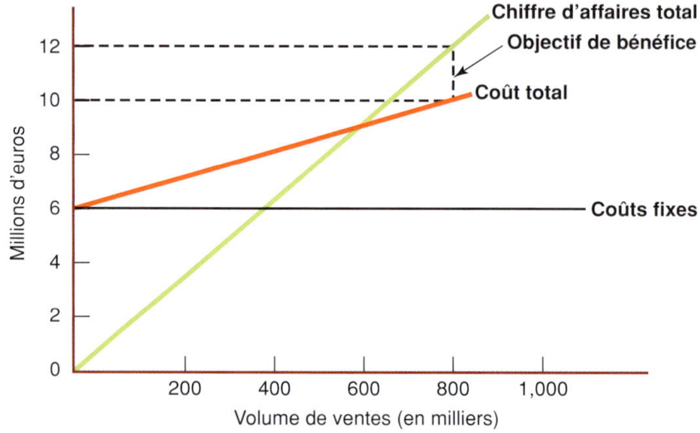

Les coûts fixes s'élèvent à 6 millions d'euros, quel que soit le volume vendu, tandis que les coûts variables sont de 5 euros par unité. On additionne les deux pour obtenir le coût total, qui augmente donc en fonction du volume. La pente du chiffre d'affaires total reflète le prix de vente, c'est-à-dire en l'occurrence 15 euros (revenu de 12 millions d'euros sur 800 000 unités, soit 15 euros par unité).

Avec un prix de 15 euros, l'entreprise doit vendre au moins 600 000 unités pour atteindre le *point mort* – autrement dit, pour que son chiffre d'affaires total compense très exactement ses 9 millions d'euros de coûts. Si elle vise un bénéfice de 2 millions d'euros, elle devra vendre un minimum de 800 000 unités afin de dégager les 12 millions d'euros de chiffre d'affaires nécessaires pour couvrir le total des coûts (10 millions) et du bénéfice souhaité (2 millions). En comparaison, si l'entreprise fixe un prix plus haut – 20 euros, par exemple –, elle n'aura pas besoin d'un volume de ventes aussi important ni pour atteindre l'équilibre, ni pour remplir son objectif de bénéfice. Au final, le point mort se situe donc d'autant plus bas que le prix est élevé.

Le gros problème de ces analyses fondées sur les coûts est qu'elles ne tiennent pas compte de la valeur client et du rapport entre le prix et la demande. La *demande* baisse en effet à mesure que le *prix* augmente, de sorte que le marché risque fort, à partir d'un certain niveau de prix, de ne plus fournir les ventes nécessaires – aussi minimes soient-elles. Supposons par exemple qu'une entreprise doive fixer le prix de son produit à 30 euros pour couvrir l'ensemble de ses coûts et générer le bénéfice voulu. Les études marketing lui montrent hélas qu'une part infime de la clientèle acceptera de payer plus de 25 euros. Dans ce cas-là, il lui faudra impérativement réduire ses coûts, de manière à abaisser le point mort et à pouvoir offrir un prix plus en rapport avec les attentes des consommateurs.

La fourniture d'énergie étant *a priori* un service peu impliquant, l'opérateur alternatif Direct Energie a choisi de se positionner comme le fournisseur offrant le prix le plus bas, en utilisant l'image de l'entraîneur sportif Philippe Lucas, connu pour son pragmatisme.

En conclusion, l'analyse du point mort et la définition d'un objectif de bénéfice peuvent permettre d'établir un prix minimum susceptible de couvrir les coûts et les profits attendus. En utilisant cette méthode, l'entreprise doit donc également envisager l'impact du prix sur le volume de ventes nécessaire à la réalisation de son objectif, et la probabilité d'atteindre ledit volume pour chacun des prix qu'elle pourrait fixer.

2.3 La stratégie de l'entreprise et le positionnement du produit

Une politique de prix peut servir différents objectifs : la survie, l'optimisation du profit, la quête du leadership, ou la conservation et le renforcement des relations avec le client. Plus spécifiquement, une entreprise peut fixer un prix visant à attirer de nouveaux clients ou à retenir de façon rentable la clientèle existante. Elle peut aussi choisir un prix bas pour empêcher la concurrence de s'implanter, ou comparable à celui de ses rivaux afin de stabiliser le marché. Fidéliser les revendeurs, éviter une intervention de l'État ou soutenir les ventes des autres produits d'une gamme fait également partie des intentions possibles. À tous les niveaux, le prix est donc appelé à jouer un rôle important dans la réalisation des objectifs de l'entreprise.

Les décisions qui concernent le prix doivent être coordonnées avec celles portant sur la conception du produit, sa distribution et sa promotion, afin de composer un plan marketing cohérent et efficace. Les décisions associées aux autres variables du mix auront un impact sur le prix. Un positionnement axé sur la qualité et la performance obligera ainsi l'entreprise qui vend un produit à demander un prix supérieur, pour couvrir des coûts sensiblement plus élevés. De leur côté, les revendeurs qui sont censés soutenir et promouvoir les produits d'un fabricant devront peut-être intégrer dans leurs prix des marges plus importantes.

▶ Le joaillier Mauboussin a un positionnement atypique sur son secteur. Il mise sur « l'accessibilité du luxe » en proposant des premiers prix raisonnables et en adressant ses campagnes de publicité au grand public. Pour le directeur général de la marque, le luxe a évolué, « ce sont des choses extraordinaires pour des gens ordinaires », ce qui justifie une politique de prix modérés pour de la haute joaillerie[3]. ◀

Coût cible
Méthode de tarification qui consiste à définir un prix de vente idéal et à élaborer le produit en fonction du coût permettant de l'atteindre.

Les entreprises positionnent souvent leurs produits sous l'angle du prix, et adaptent en conséquence les autres variables du mix marketing. Il s'agit donc d'un facteur de positionnement crucial qui détermine le marché, la concurrence et la conception d'un produit. De nombreuses sociétés appliquent ce type de démarche en utilisant la technique du **coût cible**. Le processus habituel consiste à élaborer d'abord le produit, à calculer son coût et à fixer ensuite le prix. Dans la technique du coût cible (ou *target costing*), on prend les choses à l'envers, en partant d'un prix de vente idéal fondé sur l'évaluation de la valeur perçue par le client et en ciblant le coût qui permettra de l'atteindre.

▶ Dès 1995, la direction de Renault avait annoncé qu'elle travaillait à la conception d'un véhicule destiné aux pays émergents (Europe de l'Est, Afrique, Moyen-Orient, Amérique latine) et dont le prix de vente ne dépasserait pas 5 000 euros ; 360 millions d'euros seulement ont été investis dans la conception de la Logan, menée à bien en vingt-sept mois. Cela a été rendu possible par la réduction du nombre de prototypes, en ayant largement recours aux nouvelles générations de conception assistée par ordinateur, et également par la méthode du *carry over,* où l'on réutilise des sous-ensembles déjà conçus pour d'autres véhicules. Par ailleurs, le véhicule de base a été réduit à sa fonction utilitaire, sans intégration d'équipements « superflus ». Le nombre d'options disponibles est lui aussi réduit. La silhouette du véhicule elle-même est relativement simple, afin de réduire les coûts d'emboutissage des tôles[4]. ◀

D'autres entreprises préfèrent différencier l'offre commerciale, et ne pas se focaliser sur le prix dans la communication publicitaire.

Certains responsables marketing exploitent même cet argument de la *cherté* dans le cadre de leur positionnement.

▶ Les montres Patek Philippe sont parmi les plus chères au monde. La marque annonce sur son site : « Il est difficile de mesurer la valeur d'une Patek Philippe en termes uniquement financiers. La vraie valeur est émotionnelle. » Le slogan de la marque est d'ailleurs : « You never actually own a Patek Philippe. You merely look after it for the next generation. » (« On ne possède jamais vraiment une Patek Philippe, on en a la garde jusqu'à la prochaine génération ».) ◀

Lorsqu'ils fixent leurs prix, les marketeurs doivent donc prendre en compte l'ensemble de la stratégie et du mix marketing.

Le marché et la demande

Comme indiqué plus haut, une bonne tarification nécessite d'abord de bien comprendre comment la valeur perçue par le client conditionne le prix qu'il est prêt à payer. Les acheteurs, qu'ils soient consommateurs ou industriels, mettent en balance le prix du produit ou du service et les avantages liés à son acquisition. Avant d'en fixer le prix, le responsable marketing doit donc faire en sorte d'appréhender l'effet potentiel de ce prix sur la demande. Les paragraphes qui suivent permettront d'étudier plus en détail la relation entre les deux, et d'apprécier ses variations en fonction des différents types de marchés. On abordera ensuite les méthodes permettant de l'analyser.

Fixation des prix sur différents types de marchés La marge de manœuvre que possède une entreprise dans la fixation de ses prix varie en fonction du type de marché. Les économistes en recensent généralement quatre, qui posent chacun un défi particulier.

En situation de *concurrence pure et parfaite*, le marché réunit un grand nombre d'acheteurs et de vendeurs qui s'échangent une marchandise homogène (blé, cuivre ou titres de Bourse, par exemple). Aucun d'entre eux ne peut à lui seul infléchir de façon notable le prix en vigueur. Nul vendeur ne prendra le risque d'exiger un prix plus élevé, car tous les acheteurs iraient s'approvisionner ailleurs au prix couramment pratiqué. Il existe donc un prix de marché, sur lequel la stratégie marketing de l'entreprise ne peut agir.

Dans une situation de *concurrence monopolistique*, le marché se compose d'un grand nombre d'acheteurs et de vendeurs qui pratiquent un large éventail de prix, et non plus un prix de marché unique. L'éventail de prix s'explique par le fait que les vendeurs sont capables d'opérer une différenciation de leurs offres vis-à-vis des acheteurs. Le produit lui-même peut varier sur le plan de la qualité, des caractéristiques ou du style, et les services associés peuvent eux aussi différer. Les acheteurs constatent les différences et demandent à payer un prix adapté. Les vendeurs s'efforcent de développer des offres spécifiques pour chaque segment et, outre le prix, utilisent autant que possible les marques, la publicité et la vente directe pour sortir du lot. Comparativement à une situation oligopolistique, le nombre de concurrents présents sur ce type de marché implique que chacune des entreprises se trouve beaucoup moins affectée par les stratégies de tarification des autres.

Dans le cas d'une *concurrence oligopolistique*, précisément, le marché se limite à un petit nombre de vendeurs extrêmement sensibles aux prix et aux stratégies marketing appliqués par les autres. Le produit peut être homogène (acier, aluminium) ou non (automobiles, ordinateurs). Les vendeurs sont peu nombreux, car il est difficile pour un nouvel acteur de pénétrer le marché. Chacun d'eux surveille la stratégie et les initiatives de ses concurrents. Si une entreprise baisse ses prix de 10 %, les acheteurs vont acheter auprès d'elle. Les autres entreprises devront alors réagir en diminuant également leurs prix ou en améliorant les services.

Dans une situation de *pur monopole*, le marché se compose d'un seul vendeur. Il peut s'agir d'un monopole d'État (La Poste, pour les activités courrier), d'un monopole privé réglementé (un opérateur d'électricité) ou d'un monopole privé de fait, par exemple dans le cadre d'une concession (la société Jean-Claude Decaux est ainsi fréquemment en monopole pour la gestion du mobilier urbain dans les villes de France). La tarification est gérée différemment suivant le cas. Pour un monopole réglementé, l'État contrôle les prix et autorise l'entreprise à fixer des tarifs qui lui permettent de dégager un revenu « honnête et juste ». Dans un monopole non réglementé, le prix est libre et limité uniquement par le marché. Mais on n'applique pas forcément le prix maximal, soit pour ne pas attirer de concurrents, soit pour pénétrer le marché plus vite avec un prix bas, soit par crainte que l'État ne décide d'imposer une réglementation, soit encore pour ne pas restreindre la demande globale.

Courbe de demande
Courbe indiquant le nombre d'unités qui seront écoulées sur une période donnée, en fonction du prix fixé.

Analyse de la courbe de demande Chaque prix que l'entreprise pourrait demander entraîne un niveau de demande différent. La relation entre le prix fixé et la demande qui en résulte définit une courbe représentée sur la figure 9.4. Cette **courbe de demande** indique le nombre d'unités qui seront vendues sur une période donnée, en fonction du prix réclamé. Dans le cas général, la demande est inversement proportionnelle au prix : plus le prix est élevé, plus la demande est faible. Si elle augmente son prix de P_1 à P_2, l'entreprise provoquera donc une baisse de ses ventes. En d'autres termes, si le prix est trop élevé, les consommateurs disposant d'un budget limité, ou accordant le moins de valeur au produit, achèteront probablement moins, ou renonceront totalement à l'achat.

Dans certains cas, la courbe se trouve orientée dans l'autre sens. Cela peut être le cas pour les produits de luxe, où afficher un prix élevé peut être recherché par les consommateurs, par effet de snobisme. Plus fréquemment, on observe que les consommateurs

Figure 9.4
Courbe de demande

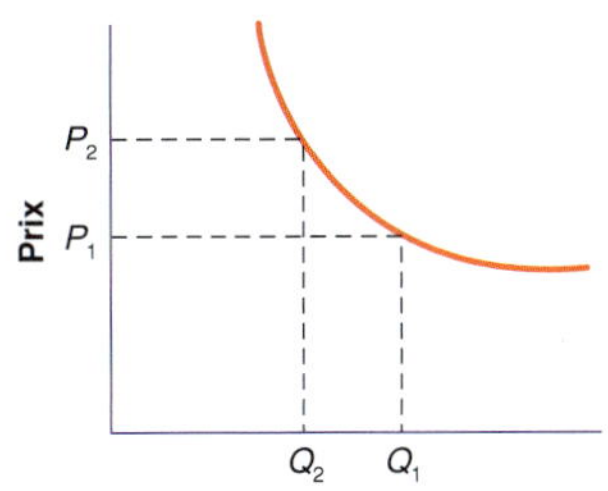

estiment qu'un prix supérieur est synonyme de meilleure qualité. La baisse du prix peut alors entamer la crédibilité du produit.

Le fabricant de guitares Gibson a tenté, il y a quelques années, d'abaisser ses tarifs afin de rivaliser plus efficacement avec Yamaha ou Ibanez, ses concurrents japonais. À sa grande surprise, l'entreprise s'est aperçue que ses instruments ne se vendaient plus aussi bien. « Le rapport prix-demande s'était inversé, observe son P.-D.G. Plus nous étions chers, et plus nous vendions. » Alors que d'autres ont opté pour une fabrication en série plus rapide et moins coûteuse, Gibson promet encore « des guitares assemblées à la main, une par une. Aucun compromis, rien que le meilleur ». Il s'avère que les prix bas n'étaient tout simplement pas compatibles avec « la tradition séculaire de la marque, dont les instruments font figure de référence en matière de créativité et de savoir-faire »[5].

Cet effet a bien entendu une limite dans la mesure où, si l'entreprise fixe un prix trop élevé, la demande finira tout de même par baisser. Il est donc important, pour les entreprises, de prévoir la forme de la courbe de demande. Cette forme est bien sûr liée à la nature du marché et au contexte concurrentiel.

Élasticité-prix
Mesure de la réactivité de la demande aux modifications de prix.

Élasticité de la demande par rapport au prix Les responsables marketing ont donc besoin de connaître l'**élasticité-prix**, c'est-à-dire la réactivité de la demande à un changement de prix. Pour une modification modérée du prix, si la demande varie peu, on dit qu'elle est *inélastique*. Si elle varie beaucoup, on dit qu'elle est *élastique*.

Si la demande est élastique, les vendeurs pourront envisager de baisser les prix, afin d'augmenter les ventes. Cependant, cela n'est valable que si les coûts liés à l'accroissement de la production et à l'augmentation des ventes sont compensés par l'augmentation du chiffre d'affaires.

Les ventes ne croissent pas forcément lorsque l'on baisse les prix, comme l'a découvert la marque de guitare haut de gamme Gibson.

Si la demande est inélastique, l'entreprise peut envisager d'augmenter ses prix, sans impact notable sur les volumes de vente.

Ces dernières années, la montée de la pression concurrentielle (notamment sous l'effet de la dérégulation de certains secteurs) et la possibilité de réaliser des comparaisons instantanées sur Internet ont rendu les consommateurs beaucoup plus sensibles aux prix. Il est donc de plus en plus risqué d'augmenter ses prix sans le justifier par une amélioration des produits et services correspondants.

Les entreprises doivent évaluer précisément la sensibilité de leurs clients et de leurs prospects à l'égard du prix, et découvrir les compromis qu'ils sont prêts à accepter par rapport aux caractéristiques des produits.

Même si la sensibilité au prix est de plus en plus forte, les consommateurs peuvent être prêts à payer des prix élevés pour certains produits qui ont de la valeur à leurs yeux. L'encadré 9.2 donne un exemple de cette sensibilité au prix, avec le déploiement de l'ADSL.

Stratégies et prix de la concurrence

Au moment de fixer ses prix, l'entreprise doit également examiner les coûts, les prix et les offres commerciales de ses concurrents. Les consommateurs jugent en effet de la valeur d'un produit en fonction des prix observés ailleurs pour un produit similaire. Celui qui envisage d'acquérir un appareil photo numérique Sony comparera d'abord la valeur client et le prix du modèle repéré avec la valeur et le prix des modèles équivalents disponibles chez Nikon, Kodak ou Canon.

La stratégie de tarification de l'entreprise peut en outre affecter la nature de la concurrence à laquelle elle fait face. Si Sony adopte une stratégie axée sur des prix élevés et des marges importantes, elle risque d'attirer d'autres compétiteurs. À l'inverse, une stratégie fondée sur des prix bas et des marges réduites permettra peut-être de les dissuader. Sony doit évaluer ses coûts et sa valeur en regard des coûts et de la valeur des concurrents, et utiliser le résultat comme point de départ pour fixer ses prix.

Lorsqu'elle jauge les stratégies de ses rivaux, l'entreprise doit se poser certaines questions et se demander en premier lieu, sur le plan de la valeur client, comment son offre se situe par rapport aux autres. Si les consommateurs estiment que le produit ou le service fourni leur procure une valeur supérieure, l'entreprise pourra demander un prix plus élevé. Inversement, s'ils considèrent qu'il leur apporte une valeur moindre, elle devra revoir ses prétentions ou corriger la perception du client pour justifier le prix.

La deuxième question qu'elle doit se poser porte sur la solidité des concurrents actuels et sur le choix de leurs stratégies de tarification. Si l'entreprise fait face à des concurrents de taille plus modeste qui affichent des prix excessifs en regard de la valeur offerte, elle pourra fixer un prix plus bas afin d'éliminer les plus faibles. Si le marché est dominé par des concurrents plus importants adeptes des prix bas, elle pourra choisir de cibler des niches inexploitées en proposant des produits plus chers, mais à forte valeur ajoutée.

▶ Dans les cosmétiques, plusieurs marques se sont positionnées sur des niches de marché, en fixant des prix plus élevés que les acteurs principaux du marché. C'est par exemple le cas de Doux me, la première marque à afficher le label bio pour des cosmétiques qui ne contiennent ni alcool, ni colorant, ni parfum artificiel, ni matière animale. Elle est distribuée dans des points de vente soigneusement sélectionnés. ◀

Enfin, les clients seront d'autant plus influencés par le prix dans leurs décisions d'achat que les différences entre les produits leur sembleront minimes. Plus la comparaison entre produits sera facile, plus l'accès aux produits concurrents sera aisé, et plus la sensibilité au prix sera forte. Plus les clients recueilleront d'informations sur les produits concurrents, et plus le prix déterminera leur décision d'achat.

MARKETING EN ACTIONS 9.2

Le déploiement de l'ADSL en France : une série d'innovations prix

Le déploiement de l'Internet haut débit en France *via* l'ADSL est allé de pair avec des baisses de prix successives, des augmentations de débit à tarif inchangé, mais également des innovations prix.

C'est en 1999 que la première offre haut débit ADSL voit le jour en France, avec Wanadoo (la filiale Internet de France Télécom), qui lance Netissimo à Paris. C'est la première offre exploitant la technologie ADSL (*Asymmetrical Digital Subscriber Line*), qui permet d'atteindre un débit théorique de 512 Kb/s. Une vitesse jamais vue grâce à laquelle on peut enfin afficher confortablement les pages web. Cette offre est commercialisée à 265 francs par mois (soit près de 40 euros), plus 45 francs pour la location du modem, sans compter l'abonnement au fournisseur d'accès à Internet (FAI).

Dans le même temps, LibertySurf est le premier FAI à proposer des accès illimités alors que la plupart de ses concurrents facturent Internet au temps ou aux données échangées. Grâce à cette innovation, il devient le numéro 3 du marché. En 2000 et 2001, les FAI haut débit se multiplient. Oreka propose le premier forfait 100 % gratuit de 18 heures par mois en échange de l'affichage de bannières de publicité.

Entré sur le marché en 1999, Free commercialise à compter d'octobre 2002 une offre ADSL Free haut débit à 512 Kbit/s, proposant un accès illimité à Internet à 29,99 euros TTC par mois (avec mise à disposition du modem et sans frais d'accès au service). Il s'agit d'une stratégie prix très agressive, 25 % en moyenne moins chère que les offres équivalentes de la concurrence. Ce positionnement à bas prix est également la base du discours publicitaire, avec le slogan « Il a Free, il a tout compris » et l'image de Rodolphe, client connaisseur en technologie et qui met en avant les économies qu'il réalise grâce aux services inclus dans l'offre Freebox. La notion de « box » sera reprise par tous les opérateurs du marché, et le prix de 29,90 restera longtemps le standard.

C'est à un prix identique – et resté depuis inchangé – que Free lancera fin 2003 sa première offre Triple Play (IPTV, VoIP et Internet haut débit), bientôt imité par les autres opérateurs.

Ceci permet au marché de l'Internet haut débit de se développer rapidement. En 2006, le cap des 10 millions d'abonnés est passé, et le marché affiche un dynamisme soutenu avec 11 092 000 abonnés en France en juin 2006. Les accès ADSL comptent désormais pour 94,3 % des accès haut débit en France. Orange, Neuf et Free sont alors les principaux FAI avec près de 82 % de part de marché.

La prochaine innovation, en terme de prix, viendra de Bouygues Telecom. Dans le domaine de la téléphonie mobile, il a plusieurs fois innové en matière de prix, avec l'invention du forfait en 1996, du répondeur gratuit en 1997, le lancement de Spot en mars 2000, une formule qui offre des minutes de communication en échange de publicité durant l'appel, la création du forfait Millennium en novembre 1999, le premier forfait à proposer des appels illimités le week-end, ou encore le forfait Neo, premier forfait illimité vers tous les opérateurs.

Entré tardivement dans le haut débit fixe, en octobre 2008, avec sa BBox, le plus petit des opérateurs mobiles cherche à bouleverser ce marché, avec une offre quadruple play, Ideo, lancée le 25 mai 2009. D'un côté, le triple-play qui reprend l'offre BBox de l'opérateur, à savoir du haut débit, de la voix sur IP illimitée et de la télévision sur IP. De l'autre, quatre forfaits mobiles au choix incluant en illimité les SMS, les e-mails, le Web et la télévision en 3G+. L'accent a été mis sur le prix. La première offre inclut 2 heures de communications et le triple-play pour 44,90 euros par mois pour un engagement de deux ans. « Nous sommes partis du constat que 60 % des foyers français sont équipés de l'Internet et que 80 % disposent d'un téléphone mobile, dont près de la moitié sous la forme d'un abonnement avec un forfait. Des foyers qui paient au moins deux abonnements, explique Frédéric Ruciak, directeur général adjoint du marketing chez Bouygues Telecom. Par rapport à un abonnement classique Internet + téléphonie, c'est une économie moyenne de 384 euros par an. » Par rapport à une solution de forfaits fixe et mobile séparés, l'économie est au minimum de 15 euros par mois, soit 180 euros par an. Cette innovation prix risque donc fort de faire date dans l'histoire de l'accès à Internet et de la téléphonie mobile. C'est aussi une façon pour Bouygues Telecom de couper l'herbe sous le pied de Free, qui n'est pas en mesure de proposer du « quadruple play », n'étant pas encore présent dans la téléphonie mobile.

Sources : « Les tops de l'année 2009... Bouygues Telecom bouscule l'ADSL », *La Tribune,* 24 décembre 2009 ; Stéphane Long, « Bouygues lance aujourd'hui ses forfaits tout-en-un Ideo », *Les Actualités de 01Net*, 25 mai 2009 ; « Télé, Net, fixe et portable tout compris », Ouest France, 18 mai 2009 ; « 10 ans du haut débit – Petite histoire du déploiement de l'ADSL en images », zdnet.fr.

Autres facteurs externes

Lorsqu'elle fixe ses prix, l'entreprise doit par ailleurs examiner un certain nombre d'autres facteurs dépendant de son environnement externe.

Les *conditions économiques* affectent à la fois les coûts de fabrication et la perception du prix et de la valeur des produits chez les clients. En fonction du contexte économique (croissance ou récession), du niveau de l'inflation et des taux d'intérêt, les décisions concernant la fixation des prix peuvent être modifiées.

L'entreprise doit prendre garde, en outre, à l'impact de ses prix sur ses partenaires. Comment les *revendeurs* vont-ils réagir ? Il conviendra de fixer des prix qui leur permettent de dégager un bénéfice correct, qui les incitent à soutenir les produits de cette entreprise par rapport à ceux de la concurrence, et qui les aident à les vendre.

Les *autorités administratives* représentent une autre influence majeure en matière de prix.

Enfin, il faudra peut-être aussi tenir compte de certaines *préoccupations sociales*. Sur le court terme, les objectifs de ventes, de parts de marché et de profits devront parfois être tempérés par des considérations sociétales plus larges, par exemple pour permettre l'accès des produits de première nécessité aux plus pauvres.

Enfin, les questions relatives aux pratiques illégales liées aux prix seront abordées en fin de chapitre.

On a vu que les décisions de tarification étaient soumises à un système de forces très complexe, mettant en jeu les clients, l'entreprise, ses concurrents et son environnement. Pour compliquer encore un peu plus les choses, l'entreprise ne définit pas en réalité un prix unique, mais une *structure de prix* applicable à différents articles au sein de ses gammes, qui peut en outre évoluer au cours du temps et des phases successives de leur cycle de vie.

On étudiera tour à tour les stratégies associées aux prix des *nouveaux produits*. On examinera ensuite les prix au sein d'une *gamme de produits*. Enfin, on présentera *la segmentation par les prix,* selon les clients et les situations, et les stratégies visant à mettre en œuvre les *modifications de prix* et à réagir à celles-ci.

3. Les stratégies de tarification pour les nouveaux produits

Les stratégies de tarification varient selon les phases successives du cycle de vie du produit. La phase de lancement s'avère particulièrement délicate. Les entreprises qui sortent un nouveau produit ont le choix entre deux grandes options : le *prix d'écrémage* et le *prix de pénétration*.

3.1 Prix d'écrémage

Lorsqu'elles inventent un produit nouveau, de nombreuses entreprises lui assignent un prix initial élevé afin d'« écrémer » le marché. Elles s'adressent en premier lieu aux clients les plus intéressés par le produit et les plus solvables, puis baissent progressivement le prix pour élargir le marché.

Prix d'écrémage
Prix élevé fixé pour un produit nouveau, afin de cibler dans un premier temps les clients les plus solvables, et d'obtenir une marge unitaire maximale.

Sony exploite fréquemment cette stratégie d'**écrémage**. En 1990, quand la société a lancé sur le marché japonais le premier téléviseur haute définition au monde, ce poste dernier cri (HDTV) coûtait 43 000 dollars. Seuls les clients qui pouvaient se le permettre en ont fait l'acquisition. Mais, au cours des années suivantes, Sony a rapidement baissé ses prix pour attirer de nouveaux acheteurs. En 1993, au Japon, un modèle de 72 cm de diagonale ne coûtait déjà plus que 6 000 dollars environ. Et, en 2001, on pouvait trouver le 102 cm autour de 2 000 dollars – un prix devenu abordable pour une bien plus grande partie de la clientèle. En 2007, un HDTV d'entrée de gamme se négociait en dessous de 1 000 dollars aux États-Unis, et les prix continuent de diminuer. En adoptant cette méthode, Sony a pu accaparer sur les divers segments du marché le revenu maximal qu'elle était en droit d'espérer[6].

L'écrémage n'a de sens que sous certaines conditions. D'abord, il faut que le positionnement du produit soit compatible avec un prix élevé, et qu'un nombre suffisant de clients soient prêts à l'acheter à ce prix. Ensuite, les coûts induits par la production d'un volume restreint doivent permettre de réaliser une marge unitaire suffisante. Enfin, on doit s'assurer que les concurrents ne puissent pas pénétrer trop facilement sur le marché et venir casser les prix.

3.2 Prix de pénétration

Prix de pénétration
Prix bas assigné à un nouveau produit, afin d'attirer un grand nombre d'acheteurs et de conquérir une large part du marché.

Plutôt que de fixer un prix initial élevé afin d'écrémer les divers segments – étroits mais rentables –, certaines entreprises préfèrent appliquer une stratégie de **pénétration**. Elles définissent un prix de lancement suffisamment bas pour *pénétrer* rapidement et en profondeur sur le marché – en d'autres termes, pour séduire le plus vite possible un grand nombre d'acheteurs et conquérir ainsi une large part du marché. L'importance du volume des ventes entraîne une diminution des coûts, qui permet à l'entreprise d'abaisser encore son prix.

Pour que cette stratégie fonctionne, il faut remplir plusieurs conditions. Tout d'abord, si l'on veut qu'un prix bas alimente la croissance, le marché doit présenter une forte sensibilité aux prix. Il faut ensuite que les coûts de production et de distribution puissent baisser à mesure que le volume des ventes augmente. Enfin, la fixation d'un prix bas doit permettre de tenir la concurrence à l'écart, et celui qui s'engage dans une stratégie de pénétration doit faire en sorte de maintenir cette position à moyen terme – dans le cas contraire, l'avantage acquis risquerait en effet de n'être que temporaire.

4. Les stratégies de tarification pour un assortiment de produits

La stratégie de prix d'un produit doit être pensée au sein d'une gamme. L'entreprise cherche à déterminer un ensemble de prix susceptible de lui assurer des profits maximaux sur la totalité de la gamme. La tâche est loin d'être aisée, étant entendu que les divers produits génèrent une demande et des coûts qui dépendent les uns des autres, et qu'ils subissent différents niveaux de concurrence. Le tableau 9.1 résume les cinq cas qu'il est

Tableau 9.1 Stratégies de tarification pour une gamme de produits

Stratégie	Description
Prix de gamme	Définir les écarts de prix entre les différents produits de la gamme
Options	Fixer le prix des accessoires optionnels proposés en complément du produit principal
Produits liés	Fixer le prix des produits nécessaires à l'utilisation du produit principal
Prix par lots	Définir le prix de plusieurs produits vendus ensemble

possible de rencontrer : les *prix de gamme*, les *options*, les *produits liés*, les *sous-produits* et les *prix par lots*.

4.1 Prix de gamme

Il est rare qu'une entreprise ne vende qu'un seul produit.

▶ La gamme de machines à café Senseo de Philips et Maison du Café compte, quelques années après le lancement du système, de nombreuses références. Les prix vont de 69,99 euros pour le prix d'entrée de gamme à 199,99 euros pour le modèle le plus cher, de seconde génération. Les prix varient en fonction des matières, des coloris, des accessoires fournis et des fonctionnalités : possibilité de faire du cappuccino, du café latte, voire du chocolat[7]. ◀

Prix de gamme
Définition des écarts de prix entre les divers produits d'une gamme, sur la base des différences de coûts, des perceptions de la clientèle et des tarifs pratiqués par la concurrence.

Pour fixer des **prix de gamme**, la direction de l'entreprise s'efforce de définir les écarts de prix qu'elle doit ménager entre les divers produits de la gamme, en tenant compte des différences de coûts, des perceptions de la clientèle et des tarifs appliqués par la concurrence. Dans beaucoup de secteurs, les vendeurs s'appuient sur des *niveaux de prix bien établis*, qui constituent des repères pour les consommateurs. Ceux-ci attribuent des niveaux de qualité à chacun des niveaux de prix.

▶ Chez un caviste, il sera important pour chaque grand type de vin (bourgogne, bordeaux, champagne, vins de Loire, etc.) d'avoir des vins à des prix aux alentours de chaque seuil psychologique de prix (10 euros, 15 euros, etc.), afin de pouvoir proposer un produit pour chaque budget que se fixe le consommateur. ◀

4.2 Options

De nombreuses entreprises proposent des accessoires optionnels en complément du produit principal.

Options
Accessoires optionnels proposés en complément du produit principal.

L'achat d'une automobile s'accompagne ainsi d'un très large choix d'**options**, dont le prix vient augmenter celui du modèle de base. Les constructeurs doivent décider quels seront les équipements fournis en série, et ceux qu'il sera possible d'acquérir séparément.

Deux stratégies peuvent prévaloir : la première consiste à avoir un modèle d'entrée de gamme, dont on fait la publicité. Le rôle des vendeurs est alors de démontrer au client la valeur de modèles plus chers, et de les orienter vers l'achat de ces modèles.

Les constructeurs japonais ont plutôt tendance à privilégier la seconde stratégie et à intégrer dans le prix beaucoup d'accessoires utiles proposés par les concurrents en option.

Produits liés
Produits additionnels nécessaires au fonctionnement du produit principal, comme les lames de rasoir ou les pellicules photographiques.

4.3 Produits liés

Certaines entreprises commercialisent aussi des **produits liés**, nécessaires au fonctionnement du produit principal.

Ce sont par exemple les lames de rasoir, les jeux vidéo ou les cartouches d'encre. Le fabricant du produit principal (rasoir, console de jeu ou imprimante) fixe souvent un prix très bas et prélève des marges élevées sur les fournitures.

▶ Gillette propose des rasoirs bon marché, mais se rattrape sur les lames de rechange. Il en va de même pour HP, qui dégage très peu de bénéfices sur ses imprimantes, mais profite d'une marge beaucoup plus confortable sur les cartouches et les consommables. Sony et les autres fabricants de consoles vendent eux aussi leurs appareils à prix plancher, et font l'essentiel de leur bénéfice sur les jeux. ◀

En matière de services, on parle dans ce genre de cas d'une tarification « en deux parties ». Le prix du service comprend alors d'un côté une partie *fixe* et de l'autre un *complément variable*. C'est une stratégie employée notamment par les parcs d'attractions, qui font payer un droit d'entrée augmenté de divers suppléments pour la restauration ou pour certains manèges. Les opérateurs de téléphonie mobile proposent quant à eux des abonnements à prix fixe, et appliquent ensuite un supplément pour les appels hors forfait. L'entreprise engagée dans ce genre de démarche doit définir d'une part le prix du service de base et d'autre part celui du complément, variable en fonction de l'utilisation. Le premier doit être assez bas pour motiver l'usage du service, tandis que le second permettra de dégager les véritables bénéfices. Il faut cependant tenir compte du fait que les consommateurs, de plus en plus confrontés à ce type de stratégies, vont avoir tendance à comparer le prix global d'utilisation d'une solution à la solution concurrente.

Prix par lots
Regroupement de plusieurs produits afin d'offrir un tarif global attractif pour le lot.

4.4 Prix par lots

Certains vendeurs regroupent enfin plusieurs de leurs produits afin d'offrir un tarif global attractif. Ces **prix par lots** sont notamment utilisés dans les restaurants, qui proposent des prix pour des menus comprenant entrée, plat et dessert. Dans le même esprit, les salles de théâtre et de concerts offrent des abonnements à l'année qui reviennent moins cher que l'achat de billets par spectacle.

Les agences de voyages composent, pour leur part, des « packs vacances » incluant le billet d'avion, l'hébergement, les repas et les sorties. Et les constructeurs informatiques livrent parfois avec leurs ordinateurs un lot de programmes et d'accessoires particulièrement avantageux. Cette technique peut favoriser la vente de produits que les clients n'auraient pas acquis séparément, mais le prix total doit être suffisamment bas pour les inciter à l'achat[8].

5. Les stratégies d'ajustement des prix

Les entreprises ajustent généralement leurs prix de base pour s'adapter aux spécificités de la clientèle et à la variabilité des situations. Le tableau 9.2 énumère les sept stratégies d'ajustement possibles : *tarification préférentielle*, *tarification discriminatoire*, *tarification psychologique*, *tarification promotionnelle*, *tarification géographique*, *tarification dynamique* et *tarification internationale*.

5.1 Prix préférentiels

La plupart des entreprises ajustent le prix de base pour récompenser certains comportements du client, tels que le paiement comptant, l'achat en grande quantité ou les achats hors saison. Ces ajustements – *rabais* ou *ristournes* – peuvent prendre de multiples formes.

Rabais
Réduction immédiate du prix pour des achats effectués sur une période donnée.

Dans la catégorie des **rabais**, on trouve :

- les *escomptes*, qui correspondent à une réduction accordée lorsque le client s'acquitte promptement de son achat ;
- les *remises pour quantité,* qui désignent pour leur part des réductions consenties dans le cas d'un volume d'achat important. Elles ont principalement pour but d'inciter l'acheteur à concentrer ses achats sur un seul et même fournisseur.

Les remises fonctionnelles (ou *professionnelles*) sont offertes en échange de la prise en charge d'une activité qui reviendrait normalement au fabricant, comme le stockage ou le transport.

Les soldes ont connu un fort développement ces dernières années. Principalement développés dans l'habillement et les chaussures, ils touchent à présent de très nombreux points de vente et catégories de produits. Leur période est soumise, ville par ville, à autorisation préfectorale.

Tableau 9.2 Stratégies d'ajustement des prix

Stratégie	Description
Prix préférentiels	Réduire le prix pour récompenser certains comportements du client, tels que le paiement comptant ou la promotion du produit
Discrimination par les prix	Ajuster le prix pour tenir compte des différences entre les clients, les produits et les endroits
Prix psychologique	Ajuster le prix en vue d'un effet psychologique
Promotions par les prix	Baisser provisoirement le prix pour augmenter les ventes à court terme
Variations géographiques du prix	Ajuster le prix en fonction de la localisation géographique des clients
Prix dynamique	Ajuster constamment le prix pour répondre aux spécificités et aux besoins particuliers d'une clientèle ou d'une situation donnée
Prix à l'international	Ajuster le prix pour les différents marchés mondiaux

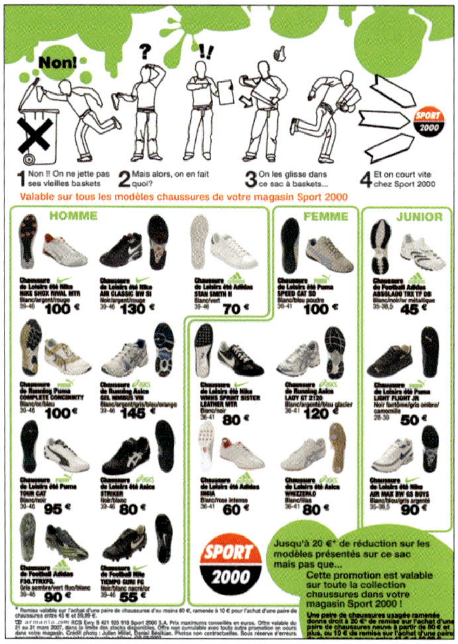

■ Sport 2000 proposait ici sous la forme d'un sac une promotion prix originale, en proposant aux consommateurs la reprise de leur ancienne paire de chaussures.

La part du chiffre d'affaires du commerce de détail réalisée en période de soldes et promotions était de 27,8 % en 2005. Une partie du chiffre d'affaires des soldes se réalise désormais sur Internet, loin de la cohue et des bousculades. 61,5 % des consommateurs déclaraient attendre la période des soldes pour acheter leurs vêtements. Dans l'habillement, 29 % du chiffre d'affaires de 2007 a été réalisé à partir de ventes à prix barrés et, avec la crise, on estime que cette part atteindra 33 % en 2008. Cependant, l'émergence des sites de ventes privées ou des magasins discounts, qui proposent des bonnes affaires toute l'année, contribue à modérer cette attente de la période des soldes, même pour les consommateurs à la recherche de bonnes affaires[9].

Les tarifs saisonniers sont des réductions accordées aux clients qui achètent des marchandises ou des services hors saison. Les clubs de vacances ou les stations de sport d'hiver, de même que les hôtels, y ont largement recours. Ces réductions ont pour objectif de conserver un niveau de chiffre d'affaires stable tout au long de l'année.

Ristournes
Commission versée aux détaillants par les fabricants en échange d'une action de soutien en faveur de leurs produits.

Les **ristournes** constituent un autre type de réductions appliquées au prix catalogue. Les *reprises* et les *avoirs* sont accordés pour le retour d'un ancien article contre l'achat d'un neuf, en particulier dans l'industrie automobile, mais aussi pour d'autres biens durables. Les *ristournes promotionnelles* sont des commissions ou des réductions de prix qui viennent récompenser un détaillant pour le soutien (publicitaire ou autre) apporté au produit.

Discrimination par les prix
Méthode consistant à fixer plusieurs prix différents pour un produit ou un service donné, sans que cela soit justifié par un écart de coût.

5.2 Discrimination par les prix

Les entreprises ajustent souvent leurs prix de base pour tenir compte des différences entre les clients, les produits et les endroits. La **discrimination par les prix** consiste à fixer plusieurs prix pour un produit ou un service donné, sans que cela s'explique par un écart de coût.

Elle peut prendre de multiples formes. La *discrimination entre clients* intervient lorsque tous ne paient pas le même prix pour un produit ou un service identique. Les cinémas possèdent ainsi des tarifs particuliers pour les étudiants, les retraités, les chômeurs, etc. La *discrimination entre produits* se rencontre lorsqu'un fabricant commercialise à différents tarifs des versions légèrement modifiées d'un même article, sans que les écarts de prix soient proportionnels aux coûts marginaux.

Une entreprise peut aussi appliquer plusieurs prix différents en opérant une *discrimination selon l'endroit*, alors même que les coûts demeurent identiques. Les théâtres proposent ainsi des places à différents tarifs en fonction de leur position dans la salle, qui détermine la demande plus ou moins forte de la clientèle.

Enfin, en utilisant une *discrimination fondée sur le temps*, l'entreprise module ses prix selon la saison, le mois, le jour, voire même l'heure d'achat ou d'utilisation. Des services comme la fourniture d'électricité ou la téléphonie voient ainsi leurs tarifs varier en fonction des jours (ouvrables ou fériés) et du moment (heures creuses ou pleines), tandis que les lieux de villégiature offrent des réductions spéciales week-ends.

Dans certains secteurs, la combinaison des discriminations selon le temps, selon le type de client et selon le produit est très sophistiquée, et porte le nom de *yield management* (« gestion du revenu »).

Les compagnies aériennes, par exemple, modifient leurs prix heure par heure – quand ce n'est pas minute par minute – en fonction du nombre de sièges disponibles, de la demande et des tarifs de la concurrence.

Pour qu'une stratégie de tarification discriminatoire soit efficace, diverses conditions doivent être réunies. Il faut d'abord que le marché puisse être segmenté, et que ses différents segments affichent différents niveaux de demande.

Le recours à une discrimination par les prix doit également se faire dans le respect de la législation en vigueur. Et, surtout, les différences de prix doivent refléter des différences réelles sur le plan de la valeur perçue par le client. À défaut, ce dernier risquerait de développer à long terme une insatisfaction à l'égard de l'entreprise. Il serait également tenté de frauder pour bénéficier des tarifs qui lui semblent les plus avantageux. Le coût du contrôle pourrait alors excéder les effets positifs de la discrimination par les prix pour l'entreprise.

5.3 Prix de référence

Les consommateurs peuvent avoir en tête un prix auquel ils se réfèrent lorsqu'ils examinent un produit donné. Ce **prix de référence** peut se former sur la base des prix couramment observés, du souvenir des anciens prix ou de l'évaluation de la situation d'achat. Lorsqu'ils définissent leurs tarifs, les vendeurs peuvent s'en inspirer ou chercher à l'influencer.

Prix de référence
Prix que les acheteurs gardent en tête et auquel ils se réfèrent lorsqu'ils examinent un produit donné.

Une notion complémentaire peut également être celle du « prix juste », qui influe sur le prix de référence.

Une enquête récente du Credoc sur la perception des prix justes pour les consommateurs a montré que la réponse emportant le plus grand nombre de suffrages (40,3 % des répondants) était « le prix qui assure une rémunération satisfaisante aux salariés et permet d'assurer la protection de l'environnement », suivie par « le prix qui assure le meilleur rapport qualité-prix » (37,8 % des réponses). Seuls 4,8 % des personnes interrogées ont répondu « c'est le prix le plus bas possible »[10].

Un fabricant décidera par exemple de placer son produit à proximité d'autres produits plus chers, afin de suggérer un niveau de qualité équivalent.

Dans la plupart des cas, les consommateurs ne possèdent ni les compétences ni les informations nécessaires pour savoir s'ils payent le juste prix. Ils n'ont en général pas le temps, les moyens ou l'envie de repérer plusieurs marques ou plusieurs points de vente, et de comparer les tarifs. Ils se fient plutôt à certains indices, qui leur signalent si le prix est élevé ou s'il est bas. Le fait qu'un produit soit vendu dans un magasin prestigieux peut notamment leur laisser penser qu'il vaut plus que ce qu'il coûte.

Chose intéressante, ces indices sont souvent fournis par les vendeurs eux-mêmes, qui peuvent dans une certaine mesure influencer le prix de référence.

Un détaillant pourra par exemple indiquer le prix conseillé à côté du prix effectivement pratiqué, soulignant de la sorte que le produit était à l'origine beaucoup plus cher. Ou proposer à prix très bas une sélection d'articles familiers dont les clients connaissent le prix normal, afin de sous-entendre que tous ses autres produits bénéficient eux aussi d'excellents tarifs. L'utilisation de tels signaux fait aujourd'hui partie des techniques marketing les plus courantes.

La différenciation perçue du prix des produits peut même se faire sur des écarts très faibles.

Prenons deux chaînes hi-fi, l'une à 300 euros et l'autre à 299,95. Bien que la différence ne représente que 5 centimes, l'effet psychologique ne sera pas forcément aussi faible. Pour certains clients, un prix de 299,95 euros évoquera plutôt « 200 euros et des poussières » que « presque 300 euros ». Bien que l'effet de ces prix légèrement inférieurs aux prix ronds fasse l'objet de controverses, la pratique reste très répandue, ce qui laisse supposer qu'elle est efficace.

Promotion par les prix
Méthode consistant à vendre temporairement les produits en dessous du prix catalogue, afin de provoquer à court terme une augmentation des ventes.

5.4 Promotion par les prix

Une **promotion par les prix** consiste à vendre temporairement les produits en dessous du prix catalogue, afin de susciter chez les clients un sentiment d'urgence et de déclencher l'achat. Elle peut s'appliquer de diverses façons.

Les hyper et supermarchés proposent ainsi des articles *à prix coûtant* pour attirer la clientèle, avec l'espoir qu'elle achète également d'autres produits au prix normal. On parle à ce sujet de *prix d'appel*.

Les fabricants proposent quelquefois des *réductions immédiates* à durée limitée, directement sur le packaging du produit, sur le point de vente, ou que le client reçoit directement chez lui. La promotion par les prix présente néanmoins certains écueils, comme le risque d'imitation, et même de surenchère, par les concurrents. Cela peut inciter les clients à attendre systématiquement la bonne affaire avant de se décider à acheter. Des prix constamment réduits peuvent aussi dévaloriser la marque.

La promotion par les prix peut constituer un outil efficace, voire incontournable, à court terme, pour stimuler les ventes. Mais elle peut aussi s'avérer préjudiciable en cas d'abus.

Selon TNS-Sofrès, la part du chiffre d'affaires des grandes surfaces alimentaires réalisée sous promotion s'est élevée à 17,6 % en 2007 (contre 14,4 % en 2000). 13 % des produits vendus l'étaient en lots virtuels (trois produits pour deux achetés) en 2007, pour seulement 1,4 % en 2004... En vingt ans, le nombre de promotions aurait été multiplié par 40[11].

5.5 Variations géographiques du prix

Toute entreprise doit par ailleurs s'inquiéter des prix qu'elle envisage de pratiquer pour des clients situés dans différentes zones géographiques, voire différents pays, ce qu'on appelle la **variation géographique du prix**. L'entreprise a en effet plusieurs façons de prendre en compte les frais d'acheminement et de livraison vers le client. Il existe en la matière cinq stratégies possibles.

Variation géographique du prix
Fixation des prix en fonction de la localisation géographique de l'acheteur.

La première possibilité consiste à faire payer les coûts de transport depuis l'usine jusqu'au client. Le prix du produit reste le même pour tout le monde, mais chacun verse un supplément différent selon l'endroit où il se trouve. On parle alors de *prix franco de port*, signifiant que le prix de la marchandise s'entend hors frais de livraison. Le client en devient aussitôt propriétaire et s'acquitte lui-même du transport. L'inconvénient est que les clients les plus éloignés payent beaucoup plus cher.

Au contraire, dans le *prix rendu uniforme,* l'entreprise applique le même prix total pour toutes les destinations, en calculant des frais de port moyens. Les clients payent donc suivant le cas plus cher ou moins cher qu'avec la méthode précédente. Celui qui réside à proximité préférera sans doute s'adresser à un autre fabricant local pratiquant le franco de port, tandis que l'entreprise aura davantage de chances de séduire la clientèle éloignée. Le système présente d'autres avantages : il est assez simple à gérer, et permet d'annoncer les prix à l'échelon national.

Le *prix par zone* se situe à mi-chemin des deux premières options. L'entreprise définit alors plusieurs zones géographiques, et applique au sein de chacune un prix total unique de plus en plus élevé à mesure que la distance augmente. De cette manière, les clients appartenant à une zone donnée payent tous le même tarif, au risque de déplaire à celui qui se situe un peu plus près qu'un autre et qui se retrouve donc à devoir payer une partie de ses frais de port.

L'entreprise peut également pratiquer la *tarification au point de base*, en sélectionnant telle ou telle ville comme « base » et en calculant le coût du transport depuis celle-ci jusqu'au client, quel que soit l'endroit d'où les produits sont réellement expédiés, ou encore l'*absorption des frais de transport,* en prenant à sa charge tout ou partie du port afin de pénétrer plus facilement une zone géographique particulière.

5.6 Prix internationaux

Les entreprises qui vendent leurs produits dans le monde entier doivent décider des tarifs appliqués dans chacun des pays où elles sont implantées. S'il arrive parfois que l'on fixe un tarif mondial unique – c'est le cas par exemple de Boeing, qui vend ses avions de ligne sensiblement au même prix partout –, la plupart des sociétés ajustent néanmoins leurs tarifs en fonction des coûts et des réalités du marché.

Pour un pays donné, la fixation d'un prix adapté dépend de nombreux facteurs : conditions économiques, âpreté de la concurrence, lois et réglementations locales, ou encore existence d'un réseau de grossistes et de détaillants bien développé. Les perceptions et les préférences des consommateurs peuvent aussi varier d'un pays à l'autre, et justifier le choix d'un prix différent. L'entreprise peut aussi avoir défini des objectifs marketing spécifiques pour chaque marché, qui influencent sa stratégie de tarification. Elle fixera par exemple des prix plus bas dans les pays où elle a affaire à une forte concurrence locale, par exemple de la part d'une marque nationale bien implantée.

Les coûts jouent un rôle non négligeable dans la fixation des prix à l'échelle internationale. Les personnes qui voyagent à l'étranger constatent souvent avec étonnement que des produits relativement abordables chez elles subissent des augmentations extravagantes dans d'autres pays.

Dans certains cas, cette *différence de prix* s'explique par des stratégies de vente ou des conditions de marché différentes. Mais, la plupart du temps, elle résulte simplement de l'addition d'une série de coûts supplémentaires : modifications du produit, frais de transport et assurances, droits de douane et taxes diverses, fluctuations des taux de change, distribution physique.

6. Les modifications de prix

Une fois que sa structure de prix et sa stratégie de tarification auront été définies, l'entreprise va rencontrer maintes occasions de modifier ses tarifs, soit de sa propre initiative, soit en réponse à la concurrence.

6.1 Prendre l'initiative d'une modification de prix

Dans certaines circonstances, l'entreprise pourra juger souhaitable de mettre en œuvre une réduction ou une augmentation des prix. Dans les deux cas, il lui faudra anticiper les réactions éventuelles des clients et des concurrents.

Baisse de prix

Plusieurs facteurs peuvent inciter une société à baisser ses prix – entre autres une *capacité de production excédentaire*, ou bien une *baisse de la part de marché*, due à une intensification de la concurrence. Dans ce genre de situation, l'entreprise a la possibilité d'opérer une baisse de prix afin de stimuler les ventes et d'accroître sa part de marché. Cependant, de telles réductions appliquées dans un secteur en surcapacité risquent fort d'entraîner une guerre des prix, chaque concurrent faisant alors l'impossible pour se maintenir.

La volonté de répercuter des baisses de coûts peut aussi pousser certaines entreprises, désireuses de conquérir une vaste partie du marché, à baisser leurs prix en espérant générer des économies d'échelle. Bausch & Lomb s'est ainsi servi d'une stratégie de prix bas et de coûts réduits très agressive afin d'occuper très tôt une position de leader sur le marché hautement concurrentiel des lentilles de contact souples.

Hausse de prix

Une hausse de prix, dès lors qu'elle est acceptée par le marché, constitue sur le plan des bénéfices un levier particulièrement puissant. Si la marge bénéficiaire de l'entreprise est de 3 %, une augmentation du prix de 1 % fera en effet progresser ses profits de 33 % (en supposant le volume de ventes inchangé).

Il peut arriver qu'une hausse des prix soit justifiée par le fait que l'entreprise n'est plus en mesure de répondre à la demande.

Dans les autres cas, il est particulièrement important de pouvoir justifier la hausse des prix aux yeux des clients, afin de ne pas générer de mécontentement. Une hausse de prix peut être justifiée par la hausse du prix des matières premières (cas du prix du kérosène, invoqué par les compagnies aériennes), par des modifications de taux de change pour les produits importés ou par l'inflation.

L'entreprise peut aussi chercher à rendre moins visibles les augmentations de prix, en réduisant les remises, en rehaussant le montant minimal des commandes ou en changeant la structure de la gamme de prix. Une technique utilisée dans la grande consommation consiste à conserver le prix à l'acte d'achat, mais à réduire le volume du produit, ce qui revient à augmenter le prix au litre ou au kilo.

Elle peut aussi utiliser des composants ou des ingrédients meilleur marché, modifier à la baisse certaines caractéristiques, réduire la durée ou l'amplitude des services attachés à la vente, ou faire payer séparément des éléments qui faisaient jusque-là partie de l'offre commerciale.

Réactions des clients

Les clients n'interprètent pas toujours les modifications de prix de façon claire. Une *baisse* peut signifier à leurs yeux quantité de choses : l'article va être remplacé par un modèle plus récent, il ne se vend pas bien, l'entreprise connaît des difficultés financières, le prix va encore baisser (et il vaut mieux attendre), ou encore la qualité n'est plus aussi bonne.

Une *hausse* du prix – qui, normalement, devrait se traduire par un recul des achats – peut à l'inverse être interprétée de manière positive : l'article est très demandé (et risque de ne plus être disponible si on ne l'achète pas tout de suite), ou il présente une valeur exceptionnelle et son prix va encore augmenter. Cependant, ces stratégies peuvent être très risquées, dans la mesure où elles peuvent être très mal perçues par les consommateurs, qui vont juger que l'entreprise cherche à augmenter sa marge à leur détriment.

Réactions des concurrents

Une entreprise qui envisage de modifier ses prix doit absolument se préoccuper des réactions de ses concurrents. Celles-ci seront d'autant plus vives qu'ils seront moins nombreux, que le produit sera homogène et que les acheteurs seront bien informés.

Au même titre que les clients, les concurrents peuvent interpréter une modification de prix de multiples façons. Ils peuvent par exemple imaginer que l'entreprise essaie de s'approprier le marché, ou bien qu'elle est en difficulté et cherche à accroître ses ventes, ou encore qu'elle espère voir l'ensemble du secteur réduire ses prix pour stimuler la demande globale.

L'entreprise doit tâcher de deviner les réactions probables de chacun. Si tous ses concurrents adoptent le même comportement, l'analyse pourra se réduire à un seul d'entre eux. Si, à l'inverse, leurs comportements divergent – du fait peut-être d'une différence en termes de tailles, de parts de marché ou de stratégies –, une analyse individuelle sera nécessaire.

6.2 Réagir à une modification de prix

Inversement, une entreprise doit aussi se préparer à interpréter les modifications de prix de ses concurrents, et y réagir (figure 9.5). Elle peut décider simplement de maintenir son prix actuel, ainsi que sa marge bénéficiaire. Elle peut aussi conjecturer que sa part de marché ne va pas trop baisser, ou qu'une réduction de son propre prix lui ferait perdre trop d'argent. Elle peut enfin juger qu'il lui faut attendre, avant de réagir, de posséder un peu plus d'informations sur les effets de la modification de prix orchestrée par son concurrent. Si elle attend trop longtemps, celui-ci risque cependant de gagner rapidement des ventes, difficiles à reconquérir par la suite.

Si l'entreprise décide que des mesures effectives peuvent et doivent être mises en œuvre, quatre réactions différentes sont envisageables. Tout d'abord, *réduire son propre prix* afin de s'aligner, si elle estime qu'il existe une forte sensibilité aux prix et qu'elle risque de voir fondre sa part de marché au profit de son concurrent. La baisse de prix entraînera cependant une réduction à court terme de ses bénéfices. Certaines entreprises tentent alors de maintenir leurs marges en réduisant dans le même temps la qualité, les services et la

Figure 9.5
Évaluer les modifications de prix décidées par les concurrents et y réagir

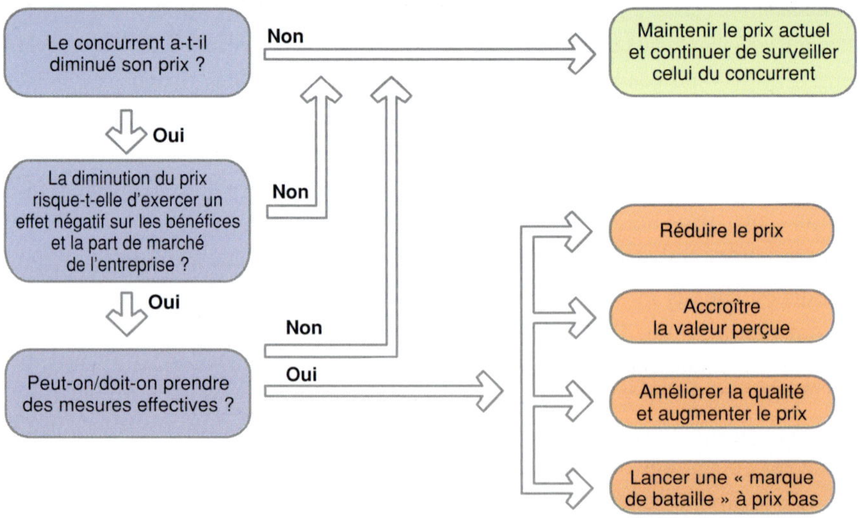

communication marketing, mais ce genre d'attitude finit tôt ou tard par fragiliser leur position. Il est de loin préférable de baisser le prix en essayant de préserver la qualité.

L'entreprise peut aussi maintenir son prix et s'efforcer en revanche d'*accroître la valeur* de son offre, telle qu'elle est perçue par le client. Elle peut notamment améliorer sa communication, en soulignant la valeur supérieure de son produit par rapport à celui, meilleur marché, du concurrent. Il lui en coûtera sans doute moins de maintenir son prix et d'investir pour améliorer la valeur perçue, que de le baisser et de se contenter dans ce cas d'une marge plus faible. L'entreprise a également la possibilité d'*améliorer la qualité et d'augmenter le prix* en parallèle, afin d'inscrire sa marque dans un secteur plus haut de gamme. L'accroissement de la qualité se répercute sur la valeur client, qui à son tour justifie un prix plus élevé. Réciproquement, la hausse du prix assure des marges plus importantes.

L'entreprise dispose enfin d'une quatrième option : *lancer une « marque tactique » à prix bas* – c'est-à-dire ajouter un article moins cher à sa gamme, ou créer une marque distincte peu coûteuse. Si le segment de marché en passe d'être perdu se montre sensible aux prix et ne répond pas à l'argument d'une meilleure qualité, il sera nécessaire d'appliquer cette méthode.

Renault, après avoir hésité à commercialiser la Logan en Europe occidentale, de crainte de cannibaliser les ventes de ses véhicules d'entrée de gamme, a finalement choisi de le faire sous la marque Dacia, estimant que cela ne correspondait pas à l'image de marque Renault.

7. Les contraintes légales en matière de prix

La concurrence tarifaire constitue un élément fondamental de l'économie libérale. Mais, lorsqu'elles fixent leurs prix, les entreprises ne sont généralement pas libres de faire ce qu'elles veulent. De nombreuses lois leur imposent à toutes un code de bonne conduite, et elles doivent en outre tenir compte de certaines préoccupations sociétales beaucoup plus larges.

La figure 9.6 recense les problèmes les plus saillants qui peuvent se poser, liés en particulier à des méthodes potentiellement dommageables, tant sur la partie concurrence (entente sur les prix et prix de prédation) que sur le lien entre prix et circuits de distribution (prix imposé, prix discriminatoire et prix mensonger)[12].

7.1 Prix et concurrence

La législation stipule que les vendeurs doivent fixer leurs prix en dehors de toute concertation avec la concurrence. L'*entente sur les prix* est donc illégale ; les entreprises convaincues de telles pratiques encourent de sévères pénalités.

Figure 9.6
Contraintes légales en termes de prix

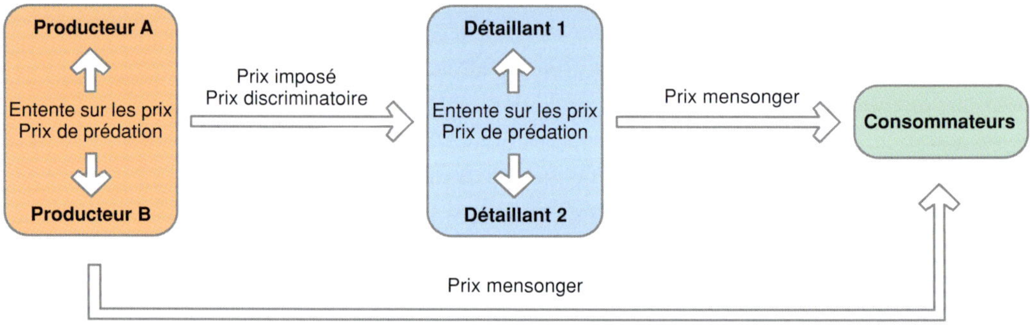

Source : adapté de Dhruv Grewel et Larry D. Compeau, « Pricing and Public Policy: A Research Agenda and Overview of Special Issue », *Journal of Public Policy and Marketing*, printemps 1999, pp. 3-10, figure 1.

Le Conseil de la concurrence a condamné en décembre 2007 cinq fabricants de jouets et trois distributeurs à 37 millions d'euros d'amendes pour entente sur les prix des jouets de Noël. Ces entreprises ont été reconnues coupables non seulement de s'être entendues sur les prix mais d'avoir participé à des actions de surveillance du marché. L'enjeu de la période de Noël étant particulièrement important pour les fabricants de jouets, ils avaient décidé de s'aligner sur les prix de la grande distribution[13].

Les vendeurs n'ont pas non plus le droit d'appliquer un *prix de prédation* – autrement dit, de vendre en dessous du coût, par exemple dans le but d'accroître à long terme leurs bénéfices en éliminant les concurrents. Cette disposition protège les petites entreprises contre les plus grosses, qui pourraient utiliser ce genre de technique, de façon temporaire ou en un lieu donné, en vue de les évincer. Le problème essentiel consiste à déterminer précisément ce qui constitue un comportement de prédation. Vendre en dessous du coût pour liquider un stock excédentaire n'est pas jugé répréhensible ; pratiquer de la sorte pour écraser les concurrents, oui. En fonction du but visé – lequel s'avère parfois très difficile à démontrer –, les mêmes actes pourront donc apparaître ou ne pas apparaître comme abusifs.

7.2 Prix et circuits de distribution

Le principe général est que les vendeurs doivent offrir les mêmes conditions tarifaires à tous les clients, à service offert égal. Chaque détaillant qui commerce avec un fabricant donné est ainsi en droit de bénéficier des mêmes prix que les autres. La discrimination est autorisée, en revanche, si le vendeur peut prouver qu'il supporte des coûts différents en fonction des points de vente, par exemple du fait des volumes de vente, ou si un détaillant lui offre des services supplémentaires, comme la mise en avant de son produit en magasins.

La législation condamne en outre les *prix imposés* : un fabricant ne peut contraindre ses revendeurs à appliquer un prix de détail qu'il leur aurait spécifié. S'il a tout à fait le droit d'indiquer un prix *conseillé*, il ne peut refuser de fournir un détaillant qui souhaiterait fixer son prix de façon indépendante, ni le punir en retardant les livraisons ou en le privant de budget publicitaire.

La *tarification mensongère* apparaît dès l'instant où un vendeur annonce des prix ou des réductions qui induisent le client en erreur, ou qui ne reflètent pas la réalité. Cela peut par exemple s'appliquer lorsqu'un commerçant affiche un prix « normal » artificiellement gonflé pour vendre « en promotion » au tarif pratiqué la veille.

La *transparence des prix* implique quant à elle la mise en œuvre d'une tarification permettant au client de comprendre facilement combien il va payer.

RETOUR SUR LES CONCEPTS-CLÉS

Le **prix** peut être défini comme la somme de toutes les valeurs dont le client se dessaisit pour bénéficier des avantages liés à la possession ou à l'utilisation d'un produit ou d'un service. Les décisions de tarification se trouvent soumises à un système de forces incroyablement complexe, impliquant l'entreprise, ses concurrents et son environnement.

1. Bien comprendre la notion de valeur perçue par le client et les différents coûts de l'entreprise, pour mieux fixer les prix.

Une tarification efficace nécessite en premier lieu de bien comprendre la **valeur qu'un produit apporte au client**, et de définir un prix qui traduise cette valeur. Le prix fixé par l'entreprise se situera quelque part entre deux extrêmes, l'un trop élevé pour susciter la moindre demande et l'autre trop bas pour générer un quelconque profit.

La valeur du produit, telle qu'elle est perçue par le client, détermine le **plafond** à ne pas dépasser. Si le client estime que le prix demandé excède la valeur du produit, il refusera de l'acheter. Les **coûts** rattachés à ce même produit définissent quant à eux le **prix plancher**. Si l'entreprise se place en dessous, elle ne réalisera pas de bénéfices.

Les coûts représentent une considération essentielle dans la fixation des prix. En général, l'entreprise conçoit ce qu'elle estime être un bon produit et fixe un prix qui couvre ses coûts et lui permet de dégager une marge bénéficiaire. Si le prix s'avère trop élevé, l'entreprise doit se résigner à réduire sa marge ou s'accommoder d'un volume de ventes plus faible que prévu, entraînant dans les deux cas des bénéfices décevants. Le prix cible inverse ce processus. L'entreprise se fixe une cible tarifaire en fonction de la valeur du produit perçue par le client. Les cibles de prix et de valeur orientent à ce moment-là les décisions relatives à la conception du produit et aux coûts que l'on peut engager.

2. Identifier les autres grands facteurs internes et externes susceptibles d'influencer les décisions relatives aux prix.

Les autres facteurs **internes** susceptibles d'influencer les décisions de tarification comprennent notamment la stratégie, les objectifs et le mix marketing d'ensemble de l'entreprise. Le prix n'est que l'un des nombreux éléments de la stratégie marketing globale de l'entreprise. Si la cible et le positionnement ont été soigneusement choisis, l'élaboration du mix marketing – incluant le prix – sera plus aisée. Certaines entreprises positionnent leurs produits sous l'angle du prix, et adaptent en conséquence les autres variables du mix marketing. D'autres préfèrent mettre en œuvre un positionnement qui ne se focalise pas sur le prix.

Une politique de prix peut servir différents objectifs : la survie, l'obtention d'un profit maximal, la quête du leadership ou la conservation et le renforcement des relations avec le client. Les décisions qui s'y rapportent doivent être coordonnées avec celles qui concernent la conception du produit, sa distribution et sa promotion, afin de composer un plan marketing cohérent et efficace. Les dirigeants de l'entreprise doivent décider pour cela qui sera chargé, en son sein, de fixer les prix.

Les autres facteurs **externes** englobent quant à eux la nature du marché et de la demande, les stratégies des concurrents, et plusieurs aspects relatifs à l'environnement économique, aux besoins des revendeurs et aux aspects réglementaires. La marge de manœuvre dont dispose l'entreprise en matière de prix varie en fonction du type de marché, et de l'intensité concurrentielle. Si la valeur totale perçue lui semble inférieure au prix demandé, le client refusera d'acheter. L'entreprise doit donc parfaitement assimiler certains concepts tels que la courbe de demande (c'est-à-dire la relation entre le prix et la demande) ou l'élasticité-prix (la sensibilité du client à l'égard du prix).

Les consommateurs comparent enfin le prix du produit à ceux de la concurrence. L'entreprise doit donc aussi s'informer de la valeur client et du prix des offres concurrentes sur le marché.

3. Décrire les principales stratégies que l'on peut mettre en œuvre pour fixer le prix des produits nouveaux, qu'ils soient innovants ou non.

La fixation des prix est un processus dynamique. Les entreprises mettent en place une **structure de prix**, applicable à l'ensemble de leurs produits. Cette structure de prix évolue au fil du temps et subit de multiples ajustements visant à prendre en compte la diversité des acheteurs et des situations. Les stratégies de tarification suivent en général l'évolution du produit à travers les phases successives de son cycle de vie. Dans le cas d'un produit nouveau, l'entreprise peut adopter une **politique d'écrémage** en fixant un prix initialement élevé, afin de cibler en premier lieu les clients les plus intéressés par le produit et les plus solvables, puis de baisser progressivement le prix. Elle peut aussi choisir une **stratégie de pénétration**, en définissant un prix de lancement suffisamment bas pour pénétrer rapidement le marché, et exclure potentiellement les concurrents.

4. Expliquer comment élaborer une gamme de prix susceptible d'optimiser les bénéfices

Quand le produit fait partie d'un assortiment, l'entreprise cherche à déterminer un ensemble de prix susceptible de fournir des profits maximaux sur la totalité de son assortiment. Lorsqu'elle fixe des **prix de gamme**, elle définit des écarts de prix entre les différents produits qu'elle propose. Elle doit aussi fixer le prix des **options** ou des accessoires vendus en complément du produit principal, celui des **produits liés** nécessaires à son fonctionnement, celui des **sous-produits** résultant du processus de fabrication et enfin celui des **lots** de produits commercialisés à prix réduit.

5. Tenir compte des différents types de clients et des différents contextes temporels et géographiques pour ajuster les prix.

Pour s'adapter aux spécificités de la clientèle et à la variabilité des situations, les entreprises mettent en œuvre diverses **stratégies d'ajustement des prix**. La première porte le nom de **tarification préférentielle**, et consiste à accorder des rabais – escomptes, remises pour quantités, remises fonctionnelles, rabais saisonniers – ou des ristournes – reprises, avoirs, ristournes promotionnelles. Avec la **tarification discriminatoire**, l'entreprise fixe plusieurs prix afin de tenir compte des différences entre les clients, les produits, les moments et les endroits. Il arrive aussi qu'elle cherche à dépasser la dimension purement économique du prix. Elle utilise alors la **tarification psychologique** pour mieux véhiculer le positionnement souhaité. Lorsqu'elle applique la **tarification promotionnelle**, l'entreprise offre des remises ou vend temporairement ses produits en dessous du prix catalogue, voire parfois à prix coûtant. Une autre approche consiste à pratiquer la **tarification géographique**, autrement dit à définir les prix qu'on envisage de pratiquer en fonction de la proximité ou de l'éloignement des clients. La **tarification dynamique** implique quant à elle un ajustement continu des prix, destiné à répondre aux spécificités et aux besoins particuliers d'une clientèle ou d'une situation donnée. Enfin, la **tarification internationale** vise à ajuster les prix en fonction des conditions et des attentes des différents marchés mondiaux.

6. Analyser les initiatives et les réactions en matière de modification des prix.

Lorsqu'une entreprise envisage de mettre en œuvre une **modification de prix**, elle doit anticiper les réactions de ses clients et de ses concurrents. Une **baisse** n'a pas les mêmes implications qu'une **hausse**. Les réactions des acheteurs dépendent de la signification qu'ils accordent à la modification de prix, tandis que celles des concurrents résultent d'une politique bien définie ou d'une analyse nouvelle de chaque situation.

Pour réagir à une modification de prix décidée par un concurrent, il existe là aussi une multitude de facteurs à prendre en compte. L'entreprise doit chercher à comprendre les intentions de la partie adverse, ainsi que la durée et l'impact probables de la modification. Dans le cas où une réaction rapide serait souhaitable, elle aura intérêt à planifier d'avance ses réponses aux mouvements possibles de la concurrence. Confrontée à une modification de prix, l'entreprise peut décider de ne rien changer, de réduire son propre prix, d'accroître la valeur perçue de son offre, d'améliorer la qualité et d'augmenter le prix en parallèle, ou de lancer une « marque tactique », positionnée à faible prix.

Lorsqu'elles fixent leurs prix, les entreprises ne sont généralement pas libres de faire ce qu'elles veulent. De nombreuses lois leur imposent un code de bonne conduite. Les contraintes principales concernent le respect de la concurrence (interdiction des ententes et des prix de prédation), mais aussi les relations entre producteurs, distributeurs et clients (interdiction des prix imposés, des prix discriminatoires et des prix mensongers).

Activités

Questions de réflexion et de mise en pratique

1. La loi sur le prix unique du livre, mise en place en 1981 en France à l'initiative du ministre de la Culture et de la Communication de l'époque, Jack Lang, permet à l'éditeur de fixer le prix de vente de ses livres. Le revendeur, libraire ou grande surface ne doit pas faire de réduction supérieure à 5 % de ce prix. Quels étaient d'après vous les objectifs de cette loi ? Quels sont les résultats observables ?
2. Pourquoi le prix d'un billet d'avion est-il moins cher lorsque vous acceptez de passer la nuit de samedi à dimanche sur place ?
3. Pourquoi, lors d'une négociation sur les prix, l'acheteur ne souhaite-t-il pas révéler au vendeur la valeur qu'il attache au produit convoité ?
4. La nécessité faite aux fabricants d'afficher le prix au litre ou le prix au kilo va-t-elle dans le sens d'un renforcement ou d'une atténuation de la concurrence par les prix ?
5. Pourquoi la guerre des prix est-elle plus probable en situation de surproduction ?
6. L'autorisation faite au distributeur de réintégrer les marges arrière dans le seuil de revente à perte a pour objectif de faire baisser les prix de vente au consommateur. À quelle condition pourra-t-on obtenir cet effet ?
7. Pour quelles catégories de produits peut-on avoir un effet négatif de la baisse des prix sur les quantités ?
8. Dans le transport aérien, sur une destination donnée, les prix sont souvent très proches entre deux compagnies aériennes « classiques ». Quelles sont les raisons de cette situation ?
9. Comment sortir d'une situation de guerre des prix sans entente entre les différentes entreprises en concurrence ?
10. Pourquoi oblige-t-on les entreprises proposant un crédit à la consommation à afficher le coût total du crédit ?

Étude de cas : Pampers Simply Dry ou comment fixer le prix d'une offre d'entrée de gamme

La situation du marché des couches

Le marché des couches pour bébé est un marché élevé en valeur, avec un gros chiffre d'affaires. Au-delà de cette importance en termes de chiffre d'affaires, il est également important pour les distributeurs pour deux raisons :

- Ce produit fait partie des quelques rares produits dits « de destination », ce qui signifie que les acheteurs (ici en l'occurrence en majorité des acheteuses) sont prêts à changer de magasin s'ils ne trouvent pas ce qu'ils souhaitent. En effet, il s'agit d'un produit indispensable pour les mamans, très impliquant car il concerne leur bébé (notamment s'il s'agit du premier enfant), et d'un poids élevé dans les dépenses du foyer. Ceci conduit beaucoup de femmes à rechercher systématiquement les produits en promotion, quitte à stocker.
- Les acheteurs de ce produit ont un panier d'achat important : il augmente en moyenne de 50 % lors de la naissance du premier enfant.

C'est également un marché difficile, car il y a renouvellement constant des acheteurs (les enfants grandissent vite !), et un potentiel de marché fixe, lié à la démographie.

Le positionnement de Pampers

Sur ce marché, P&G, avec sa marque Pampers, possède une part de marché considérable (46 %) et ses principaux concurrents sont les marques de distributeurs, qui ont un positionnement prix plus bas. Viennent ensuite des marques nationales comme Huggies (15 %) ou Up&Go (1 %), qui s'adresse à un segment assez restreint des enfants qui marchent et apprennent à devenir propres.

Pampers est positionné sur le milieu/haut de gamme du marché, avec différentes gammes :

- une gamme Premium, avec des références comme « new baby », « active fit » ou « easy up » pour les enfants les plus grands ;
- une gamme « Baby Dry », de milieu de gamme, structurée en fonction du poids du bébé.

Chaque type de couche propose des lingettes sous la même marque. Les mamans clientes de Pampers reconnaissent la qualité Pampers, principalement sur l'absorption, mais également sur le maintien de la couche quand le bébé bouge ou encore sa douceur au contact de la peau du bébé.

À titre indicatif, les prix[14] s'établissent de la façon suivante:

Pour les couches nouveaux-nés

– 27 couches Huggies	5,35 euros
– 28 couches Carrefour	4,95 euros
– 27 couches Baby Dry	4,85 euros

Pour les couches taille 4

– 50 couches Carrefour	11,05 euros
– 82 couches Baby Dry	25 euros
– 50 couches Huggies Natural Fit	14,80 euros
– 100 couches Carrefour Discount	14,98 euros

L'offre Simply Dry

En 2009, P&G décide de lancer une nouvelle offre sur le marché, « Simply Dry », complétée par des lingettes, « Simply Clean ». L'idée est, selon la chef de marque Pampers, « d'offrir la qualité Pampers à un prix abordable. Les couches Simply Dry apportent le même niveau d'absorption que les autres couches Pampers, mais sans miser sur la douceur et l'enveloppe extérieure. Par ailleurs, les lingettes Simply Clean offrent une qualité de la toilette identique ; toutefois, les bienfaits hydratants pour la peau du bébé ne sont pas pris en compte ».

Sources : intervention d'Isabelle Neveu, P&G France ; Camille Harel, « Céline Mueller, chef de marque Pampers : offrir la qualité Pampers à un prix abordable », *LSA*, 9 juillet 2009.

Questions :

1. Comment définir la cible de « Simply Dry » ?
2. Quels sont les opportunités et les risques associés à ce lancement ?
3. À quel prix positionner les produits ?

Notes

1. Source : « Le retour en force du facteur prix », étude Brands 2005 de Millward Brown pour le groupe Kantar. Citée dans *Marketing Magazine*, septembre 2006.
2. Source : Flore Fauconnier, « Comparateurs de prix : les grandes tendances », *Journal du Net*, 3 mars 2009.
3. Source : LeMonde.fr, 3 février 2009, interview d'Alain Nemarq, président de Mauboussin.
4. Source : « Comment Renault a construit la Logan autour de son prix », *L'Usine Nouvelle*, n° 2922, 7 juin 2004.
5. Joshua Rosenbaum, « Guitar Maker Looks for a New Key », *Wall Street Journal*, 11 février 1998, p. B1 ; informations disponibles en ligne sur www.gibson.com.
6. Philip Kotler, Kevin Keller, Bernard Dubois et Delphine Manceau, *Marketing Management*, 12e édition, Pearson Education, 2006, p. 498 ; Cliff Edwards, « HDTV: High-Anxiety Television », *BusinessWeek*, 10 juin 2002, pp. 142-146 ; Eric Taub, « HDTV's Acceptance Picks Up Pace as Prices Drop and Networks Sign On », *New York Times*, 31 mars 2003, p. C1 ; Stephen H. Wildstrom, « Buying the Right HDTV », *BusinessWeek*, 2 février 2004, p. 22.
7. Prix relevés sur le site des 3 Suisses, en janvier 2010.
8. Nagle Thomas et Hogan John, *The Strategy and Tactics of Pricing*, 4e éd., Prentice Hall, 2006, pp. 244-247 ; Stefan Stremersch et Gerard J. Tellis, « Strategic Bundling of Products and Prices: A New Synthesis for Marketing », *Journal of Marketing Research*, janvier 2002, pp. 55-72 ; Chris Janiszewski et Marcus Cunha Jr, « The Influence of Price Discount Framing on the Evaluation of a Product Bundle », *Journal of Marketing Research*, mars 2004, pp. 534-546.
9. Source : *La Tribune*, 28 juin 2006 ; « Les soldes, un rite social qui s'effrite, un impact économique difficile à mesurer », Credoc, février 2006.
10. Source : enquête « prix juste », Credoc, septembre 2008.
11. Source : ILEC, « Le poids des promotions. Le prix prime la quantité », Le Bulletin de l'ILEC, n° 379, mars 2007.
12. Dhruv Grewel et Larry D. Compeau, « Pricing and Public Policy: A Research Agenda and Overview of Special Issue », *Journal of Public Policy and Marketing*, printemps 1999, pp. 3-10 ; Michael V. Marn, Eric V. Roegner et Craig C. Zawada, *The Price Advantage*, John Wiley & Sons, 2004, appendice 2.
13. Source : « Carrefour au centre d'une entente sur le prix des jouets de Noël », lexpansion.com, 20 décembre 2007.
14. Prix relevés le 12 février 2010 sur le site Ooshop.fr.

Partie 4

Diffuser l'offre marketing

Chapitre 10

AU TERME DE CE CHAPITRE, VOUS SAUREZ

1. **Expliquer les fonctions des circuits de distribution et leurs utilisations par les entreprises.**
2. **Montrer comment ces circuits s'organisent et comment leurs acteurs interagissent entre eux.**
3. **Identifier les principaux types de circuits qu'une entreprise peut utiliser.**
4. **Expliquer comment les entreprises sélectionnent, motivent et évaluent les acteurs de leurs circuits.**
5. **Souligner l'importance de la logistique et de la gestion intégrée de la chaîne d'approvisionnement.**

Les réseaux de distribution

La plupart des entreprises sont incapables à elles seules d'apporter de la valeur aux clients. Elles travaillent en étroite collaboration avec d'autres sociétés, au sein d'un réseau de commercialisation.

1. Chaîne d'approvisionnement et réseau de commercialisation

Pour fabriquer un produit ou un service et le mettre à la disposition des acheteurs, il faut établir des relations non seulement avec les clients, mais aussi avec les fournisseurs et les revendeurs appartenant à la *chaîne d'approvisionnement* de l'entreprise. Cette chaîne comprend des partenaires « en amont » et d'autres « en aval ». En amont se trouvent toutes les sociétés qui fournissent les matières premières, les composants, les pièces, les informations, les ressources financières et l'expertise nécessaires à la production. Les responsables marketing se focalisent traditionnellement sur le côté « aval » de la chaîne d'approvisionnement : les *circuits marketing*, ou *circuits de distribution*, orientés vers le client. Les membres du circuit marketing, tels les grossistes ou les détaillants, établissent un lien vital entre l'entreprise et ses clients finaux.

Ces distributeurs peuvent également travailler en parallèle avec d'autres entreprises et faire ainsi partie d'autres chaînes d'approvisionnement. Néanmoins, c'est toujours la conception unique de chacune d'entre elles qui permet de procurer une valeur supérieure aux clients. La réussite d'une entreprise donnée dépend non seulement de ses performances propres, mais aussi de la compétitivité de sa *chaîne d'approvisionnement* et de son circuit marketing par rapport à la concurrence.

La notion de *chaîne d'approvisionnement* est essentiellement axée sur une optique *production/vente*. Elle suggère que la planification marketing devrait prendre comme point de départ les matières premières, les intrants et les capacités industrielles. L'appellation *chaîne de demande* pourrait sembler plus pertinente, dans la mesure où elle traduit une vision du marché fondée sur les besoins des clients, auxquels l'entreprise répond en organisant une chaîne de ressources et d'activités susceptible de créer de la valeur.

Comme énoncé au chapitre 2, le **réseau de commercialisation** réunit l'entreprise, ses fournisseurs, ses distributeurs et ses clients, qui « s'associent » pour améliorer les performances globales du système. Palm, Inc., le fabricant d'ordinateurs de poche qui veut concurrencer l'iPhone, gère une vaste communauté de partenaires qui fournissent et assemblent des composants, des éléments plastiques, des écrans à cristaux liquides ou des accessoires. Son réseau inclut des revendeurs physiques et en ligne, ainsi que des dizaines de milliers de développeurs qui ont créé des milliers d'applications pour le système d'exploitation Palm. Tous ces partenaires doivent travailler ensemble de manière à créer une valeur supérieure pour les clients finaux.

Le présent chapitre se concentre sur les circuits marketing, c'est-à-dire le côté aval du réseau de commercialisation. Il faut toutefois se rappeler qu'il s'agit seulement là d'une partie du réseau. Pour apporter de la valeur aux clients, les entreprises ont autant besoin des fournisseurs que des membres en aval du réseau.

2. Nature et importance d'un circuit marketing

Circuit marketing (ou de distribution)
Ensemble d'organisations interdépendantes qui contribuent à rendre un produit disponible pour le consommateur, ou pour un client industriel.

La plupart des fabricants utilisent des intermédiaires qui se chargent de placer les produits sur le marché. Ils s'efforcent de constituer un **circuit marketing** (ou **circuit de distribution**).

Les décisions relatives à la distribution ont une incidence sur toutes les autres variables marketing. Avant de fixer ses prix, l'entreprise devra savoir si elle compte distribuer par le biais de revendeurs spécialisés, recourir aux grandes enseignes ou pratiquer la vente sur Internet. L'organisation de sa force de vente et de sa communication dépendra de l'effort de persuasion, de formation et de soutien réclamé par les distributeurs. Enfin, le lancement de produits nouveaux se fera en fonction des capacités des membres du circuit.

▶ De nombreuses entreprises ont mis en place des systèmes originaux, et acquis de la sorte un avantage concurrentiel. Celui de FedEx lui a permis de s'emparer du leadership en matière d'envois express. Dell a révolutionné son secteur d'activité en vendant ses ordinateurs directement aux clients, sans passer par les détaillants. Amazon.com a inauguré le commerce des livres, et d'un large éventail d'autres produits, sur Internet. Et Interflora a lancé la vente directe de plantes et de fleurs coupées par téléphone ou depuis son site web. ◀

Les choix de distribution impliquent en général un engagement à long terme de la part de l'entreprise. Des sociétés telles que Ford, IBM ou McDonald's peuvent modifier sans problème leurs publicités, leurs prix ou leurs actions de promotion. Elles peuvent abandonner des produits et en introduire de nouveaux, selon le goût du marché. Mais, lorsqu'elles montent un circuit de distribution et signent avec des franchisés, des revendeurs indépendants ou de grandes enseignes, il devient difficile, du jour au lendemain, de couper les ponts et d'ouvrir à la place des succursales ou des sites web détenus en propre.

2.1 Comment les intermédiaires ajoutent de la valeur

Le recours aux intermédiaires se justifie par leur plus grande efficacité dans l'accomplissement de certaines fonctions. Grâce à leur spécialisation, leurs contacts et leur niveau d'activité, ils offrent au fabricant une expérience que celui-ci ne pourrait acquérir que très progressivement.

La figure 10.1 illustre le type d'économie réalisée et montre pourquoi les intermédiaires réduisent la charge de travail, à la fois pour les producteurs et pour les consommateurs.

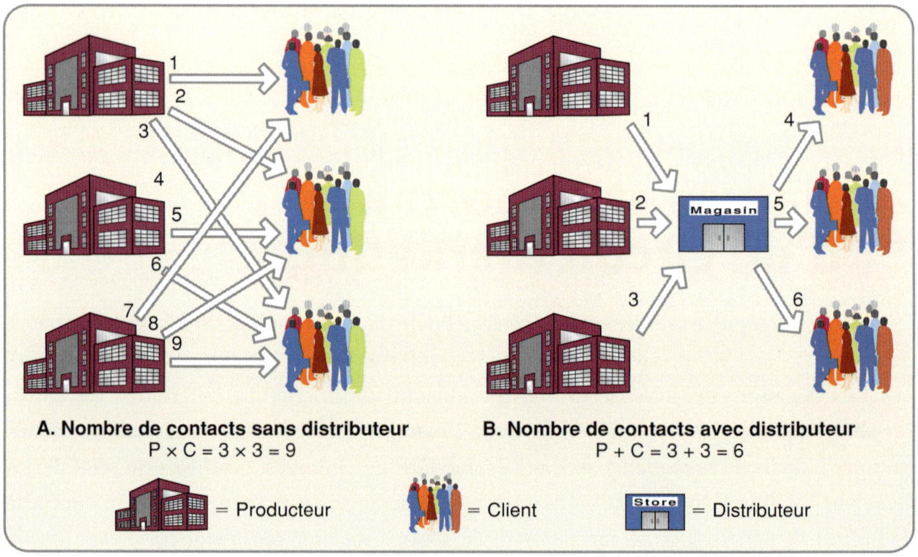

Figure 10.1
Comment un intermédiaire permet de réduire le nombre de transactions

Du point de vue du système économique, le rôle des intermédiaires commerciaux consiste à réagencer les gammes de produits des divers fabricants pour composer un assortiment qui soit cohérent avec les besoins des acheteurs. Chaque jour, Unilever fabrique par exemple des millions de boîtes de Skip, alors que le client ne souhaite en acquérir qu'une ou deux à la fois. Les grands distributeurs – Carrefour, Auchan ou Intermarché – achètent donc ces boîtes par camions entiers et les mettent en rayon. Le client peut alors en prendre une et la déposer dans son Caddie, à côté d'un tube de dentifrice, d'un flacon de shampooing et de tous les autres produits dont il avait besoin ce jour-là. Les intermédiaires jouent par conséquent un rôle important dans l'harmonisation de l'offre et de la demande.

Les circuits de distribution assurent de nombreuses fonctions essentielles, dont certaines contribuent à mener à bien les transactions :

- *information* : collecte et transmission de renseignements sur les acheteurs, les concurrents et les acteurs de l'environnement commercial ;
- *promotion* : élaboration et mise en œuvre de communications persuasives sur les offres ;

- *contact* : recherche des acheteurs potentiels et prise de contact ;
- *adéquation* : adaptation de l'offre aux besoins de l'acheteur, en assumant des tâches telles que la fabrication, le calibrage, l'assemblage ou l'emballage ;
- *négociation* : accord sur le prix et les conditions de l'offre afin d'opérer le transfert de propriété.

D'autres fonctions permettent d'exécuter les transactions conclues :

- *distribution physique* : transport et stockage des biens ;
- *financement* : affectation de ressources pour couvrir les coûts de fonctionnement du circuit ;
- *prise de risque* : responsabilité des risques liés aux différentes opérations de distribution.

La question n'est pas de savoir s'il *faut* ou non remplir ces fonctions (elles doivent l'être, de toute façon), mais de savoir *qui* va les remplir. Si le producteur les prend en charge, ses coûts vont grimper et il devra augmenter ses prix.

2.2 Les niveaux d'un circuit de distribution

Les entreprises peuvent configurer leurs circuits de distribution de différentes manières. Chaque échelon intermédiaire représente l'un des **niveaux du circuit.** Étant donné que le producteur et le consommateur accomplissent tous deux une part du travail, on considère qu'ils font partie intégrante de tous les circuits.

Le *nombre de niveaux* caractérise la *longueur* d'un circuit. La figure 10.2 montre (à gauche) plusieurs circuits de longueurs variables typiques des marchés de consommation. Le premier est qualifié de **circuit direct** : l'entreprise vend directement aux

Niveau d'un circuit
Échelon intermédiaire qui, par son action, rapproche un peu plus l'acheteur final du produit.

Circuit marketing direct
Circuit marketing ne comportant aucun intermédiaire.

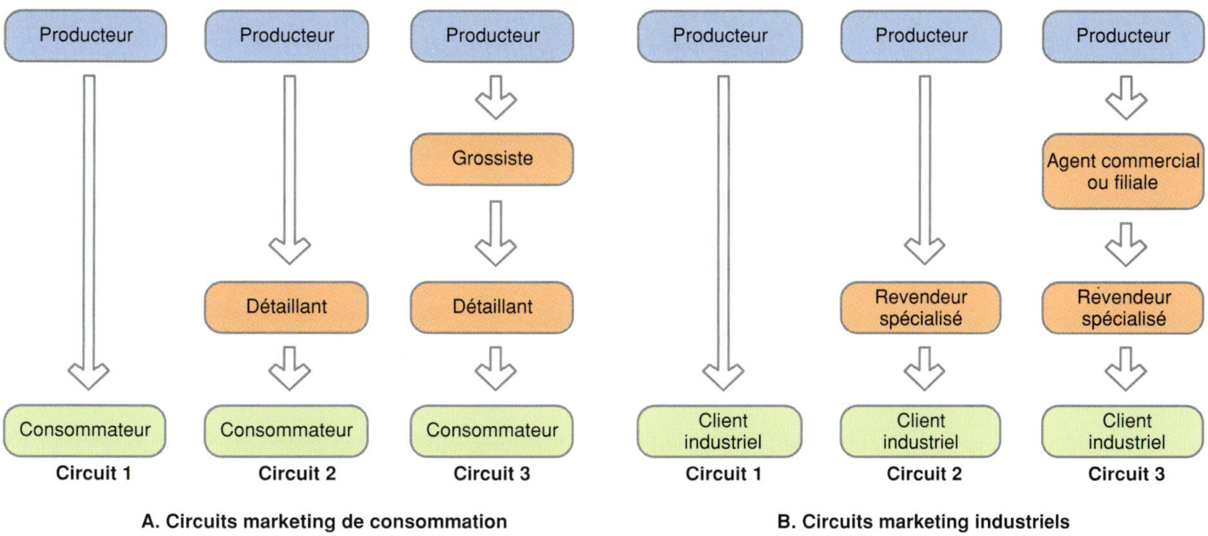

Figure 10.2 Exemples de circuits marketing (marchés de consommation et marchés d'entreprises)

Circuit marketing indirect
Circuit marketing comprenant un ou plusieurs intermédiaires.

consommateurs. C'est le cas d'Aquarelle.com, qui vend fleurs, chocolats et bijoux éphémères par téléphone ou Internet. Les autres circuits sont des **circuits indirects**.

La partie droite de la figure détaille quelques circuits classiques des marchés *B-to-B*. L'entreprise peut utiliser sa propre force de vente, pour commercer en direct avec ses clients, ou faire transiter ses marchandises par le biais de divers intermédiaires. Qu'il s'agisse des marchés de consommation ou des marchés industriels, des circuits plus longs peuvent exister. Ils sont aussi plus rares. Pour le producteur, la multiplication des niveaux entraîne une perte de contrôle et accroît la complexité du circuit. Tous les membres d'un circuit se trouvent reliés qui plus est au travers de différents types de *flux*, parmi lesquels le *flux de marchandise*, le *flux de propriété*, le *flux monétaire*, le *flux d'information* et le *flux promotionnel*. Et ces flux peuvent rendre même les circuits les plus courts extrêmement complexes.

3. Comportement et organisation des circuits de distribution

Les circuits de distribution ne se limitent pas à de simples groupements d'entreprises reliées entre elles par une série de flux. Ce sont des systèmes comportementaux complexes, au sein desquels des individus et des sociétés interagissent en vue de réaliser des objectifs rattachés aux personnes, aux entreprises et au circuit lui-même. Certains systèmes reposent uniquement sur des interactions informelles, impliquant des entreprises peu structurées. D'autres s'appuient au contraire sur des interactions formelles régies par des structures organisationnelles fortes. Ces systèmes ne sont aucunement figés : de nouveaux types d'intermédiaires apparaissent, et des systèmes totalement inédits se développent.

3.1 Comportement des circuits de distribution

Un circuit marketing se compose de plusieurs entreprises qui se sont associées dans leur intérêt commun. Chaque membre du circuit dépend des autres.

▶ Un concessionnaire Renault compte sur le constructeur pour qu'il produise des modèles répondant aux besoins de la clientèle. Le constructeur compte à son tour sur le concessionnaire pour attirer les clients, les convaincre d'acheter des voitures Renault, et assurer les réparations. Chaque concessionnaire Renault dépend également des autres concessionnaires, chargés tous ensemble de générer de bonnes ventes et d'offrir un service qui fasse honneur à la réputation de la marque. ◀

La compétitivité du circuit tout entier, comparé à celui des concurrents, conditionne au bout du compte la réussite individuelle. Un circuit se révèle d'autant plus efficace que ses différents membres assument les tâches qu'ils accomplissent le mieux.

Même s'ils dépendent les uns des autres, les membres d'un circuit font souvent bande à part, avec une vue à court terme et en se préoccupant avant tout de leur propre intérêt. Ils s'opposent fréquemment sur les retombées escomptées. Ces désaccords sur les buts, les rôles et les rétributions constituent alors une source de **conflits**.

Un *conflit horizontal* voit s'affronter des entreprises situées au même niveau du circuit. Imaginons par exemple que des concessionnaires Renault reprochent à d'autres, installés dans la même ville, de leur « prendre » des ventes en pratiquant des tarifs trop bas ou en faisant de la publicité hors de leur secteur.

Les *conflits verticaux*, c'est-à-dire entre différents niveaux d'un même circuit, sont encore plus courants. Les franchisés historiques de McDonald's France ont ainsi reproché à la maison mère de multiplier inconsidérément le nombre de franchises et de réduire mécaniquement la taille des zones de chalandise.

Conflit
Désaccord entre membres d'un circuit marketing, relatif aux buts poursuivis et au rôle de chacun – qui doit faire quoi, et pour quelle sorte de rétribution.

3.2 Systèmes marketing verticaux

Pour que le circuit puisse fonctionner correctement, le rôle de chacun de ses membres doit être précisément défini, et les conflits doivent être soigneusement maîtrisés. Les performances du circuit seront d'autant meilleures qu'il intégrera en son sein une entreprise, une agence ou un mécanisme assurant le leadership et investi du pouvoir d'attribuer les rôles et de gérer les conflits. Les *circuits de distribution traditionnels* ont souvent été privés de ce leadership et de ce pouvoir, avec pour résultat de dramatiques conflits et de médiocres performances. L'un des développements apparus récemment est l'émergence des *systèmes marketing verticaux*, qui règlent le problème. La figure 10.3 compare les deux types d'organisation.

Un **circuit de distribution traditionnel** rassemble un ou plusieurs producteurs, grossistes et détaillants indépendants. Aucun des membres du circuit n'exerce vraiment de contrôle sur les autres, et il n'existe aucune voie officielle permettant d'attribuer les rôles ou de résoudre les conflits.

Un **système marketing vertical (SMV)** réunit à l'inverse des producteurs, des grossistes et des détaillants au sein d'un système centralisé. Un SMV peut se trouver dominé suivant le cas par un producteur, un grossiste ou un détaillant. Il en existe de trois types

Circuit de distribution traditionnel
Circuit composé d'un ou de plusieurs producteurs, grossistes et détaillants indépendants, incarnant chacun une entité commerciale distincte qui cherche à porter ses propres profits à leur maximum, parfois même aux dépens du système tout entier.

Système marketing vertical (SMV)
Structure de circuit dans laquelle les producteurs, les grossistes et les détaillants composent un système centralisé. L'un des membres possède tous les autres, ou travaille sous contrat avec eux, ou encore détient un pouvoir si grand qu'ils sont forcés de collaborer.

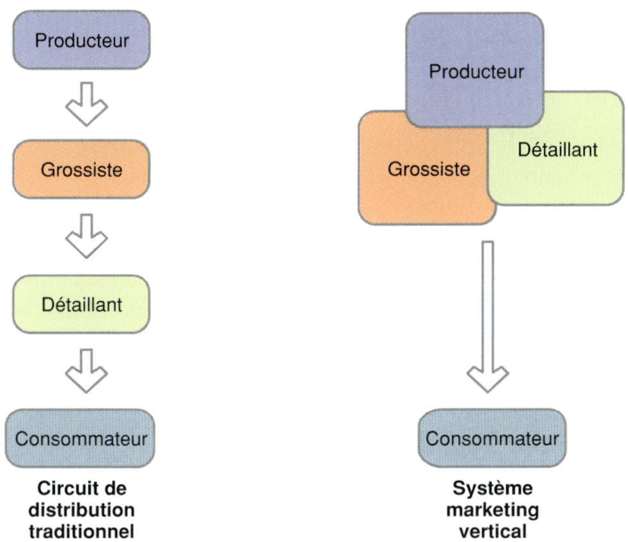

Figure 10.3
Comparaison entre un circuit de distribution traditionnel et un système marketing vertical

– *intégré*, *contractuel* et *contrôlé* –, avec pour chacun une méthode différente d'appliquer le leadership et d'exercer le pouvoir.

SMV intégré
Système marketing vertical dans lequel les niveaux successifs de production et de distribution appartiennent à une seule et même entité, qui impose de la sorte son leadership.

SMV intégré

Dans un **SMV intégré**, la coordination et la gestion des conflits s'effectuent par le biais des canaux organisationnels classiques.

Le lunetier italien Luxottica fabrique de nombreuses marques célèbres – Ray-Ban, Vogue, Anne Klein, Ferragamo ou encore Bulgari –, vendues ensuite par deux des plus grandes chaînes d'optique au monde, LensCrafters et Sunglass Hut, dont il est également propriétaire.

SMV contractuel
Système marketing vertical composé d'entreprises indépendantes situées à différents niveaux de production et de distribution, qui s'associent par contrat pour faire davantage d'économies ou générer plus de ventes.

SMV contractuel

Au sein d'un **SMV contractuel**, la coordination et la gestion des conflits se réalisent par le biais d'accords signés entre les membres.

La **franchise** représente le type de SMV contractuel le plus courant. On évalue à 1 230 le nombre de réseaux actifs en France, pour un chiffre d'affaires annuel total de 48 milliards d'euros (en 2008)[1]. Toutes les activités ou presque ont été franchisées, depuis l'hôtellerie jusqu'aux funérariums, en passant par les chaînes de fast-food, les agences matrimoniales, les services de nettoyage ou les centres de remise en forme.

Franchise
Système marketing vertical contractuel dans lequel plusieurs étapes du processus de production et de distribution sont reliées entre elles sous l'autorité d'un franchiseur.

On distingue trois sortes de franchises : celles qui sont *accordées à un détaillant par un producteur* – Citroën et son réseau de concessionnaires, par exemple –; celles qui sont *accordées à un grossiste par un producteur* – à l'instar de Coca-Cola, qui fournit son concentré à des embouteilleurs (grossistes) et les laisse vendre le produit fini aux détaillants locaux –; et enfin celles qui sont *accordées à un détaillant par une entreprise de service*, et dont on rencontre de nombreux exemples dans la location de véhicules (Hertz, Avis), la restauration (Léon de Bruxelles, Le Sud) et l'hôtellerie (Formule 1, Ibis).

Le simple fait que la plupart des consommateurs soient incapables de faire la différence entre un SMV contractuel et un SMV intégré montre bien à quel point les premiers peuvent rivaliser avec les seconds.

SMV contrôlé
Système marketing vertical dans lequel le leadership s'affirme non pas par la possession ou par les liens contractuels, mais à travers la prédominance de l'un ou de quelques-uns des membres du circuit.

SMV contrôlé

Dans un **SMV contrôlé**, les fabricants d'une marque leader peuvent s'assurer une collaboration fidèle et un soutien sans faille de la part des distributeurs.

Des entreprises comme Procter & Gamble ou Kraft suscitent une coopération étonnante des revendeurs, sur le plan notamment de la publicité, de la gestion du linéaire, des promotions et des prix. Les grandes enseignes – Carrefour, Point.P ou la Fnac – peuvent exercer quant à elles une très forte influence sur les fabricants qui les approvisionnent.

Système marketing horizontal
Système dans lequel deux entreprises situées au même niveau décident de s'associer pour exploiter une nouvelle opportunité commerciale.

3.3 Systèmes marketing horizontaux

Une autre évolution importante en matière de circuits se rapporte au développement des **systèmes marketing horizontaux**. En travaillant ensemble, des entreprises de même niveau dans un circuit peuvent combiner leurs ressources financières, leurs capacités de production ou leurs moyens marketing, et se montrer plus efficaces qu'en faisant cavalier seul.

Les deux entreprises – concurrentes ou non – peuvent former une alliance provisoire ou permanente, ou bien encore créer une filiale commune.

▶ Nestlé a formé une *joint-venture* avec Coca-Cola (Beverage Partners Worldwide) afin de commercialiser ses cafés instantanés, ses thés et ses laits aromatisés dans plus de 40 pays à travers le monde. Coca lui fait profiter d'une solide expérience dans la distribution de boissons, et Nestlé apporte à son partenaire deux marques solidement implantées : Nescafé et Nestea[2]. ◀

3.4 Systèmes de distribution multicircuits

Autrefois, beaucoup d'entreprises avaient pour habitude de ne s'adresser qu'à un seul marché, au travers d'un unique circuit. Aujourd'hui, prenant acte d'une fragmentation accrue et d'une multiplication des possibilités, elles sont de plus en plus nombreuses à adopter un **système de distribution multicircuits** – appelé également *hybride*.

La figure 10.4 illustre l'organisation d'un circuit hybride. Avec les consommateurs du segment 1, le producteur pratique la vente directe par correspondance (catalogues), téléphone ou

■ Intégrer dans un business model la distribution par franchise se révèle performant. Toutes les activités ou presque ont été franchisées, depuis les funérariums jusqu'aux centres de remise en forme, en passant par les chaînes de cuisines équipées.

Système de distribution multicircuits
Système de distribution consistant pour une entreprise à se doter de deux circuits marketing ou plus pour toucher un ou plusieurs segments de clientèle.

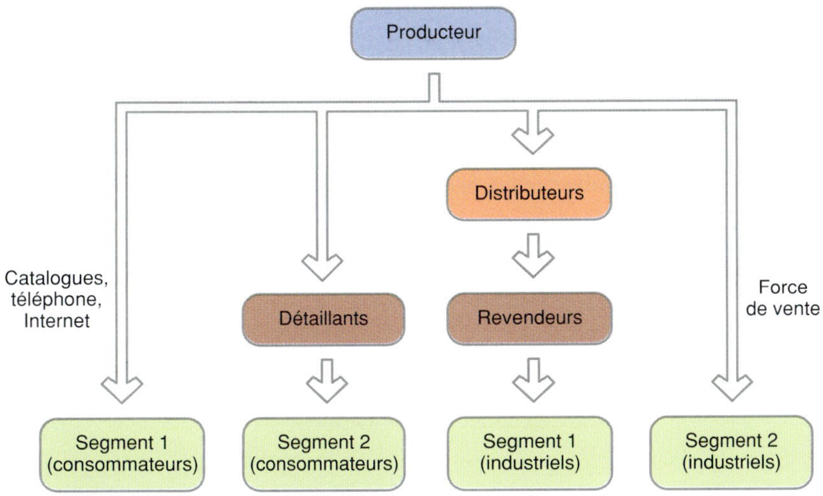

Figure 10.4 Circuit marketing hybride

Internet. Pour ceux du segment 2, il exploite en revanche son réseau de détaillants. Il utilise par ailleurs une voie indirecte avec le segment industriel 1, en passant par des distributeurs et des revendeurs, et utilise sa propre force de vente pour s'adresser à la clientèle professionnelle du segment 2.

De nos jours, la quasi-totalité des grandes entreprises et un grand nombre de petites sociétés utilisent des circuits multiples.

HP utilise ces circuits multiples pour toucher des dizaines de segments et de niches différents, depuis les acheteurs industriels et institutionnels les plus importants jusqu'aux simples particuliers, en passant par les PME. Sa force de vente fournit des équipements et des services informatiques aux grandes et moyennes entreprises, tandis que son réseau de distributeurs et de revendeurs agréés commercialise les ordinateurs, les systèmes et les services de la marque auprès d'une multitude de segments spécialisés. Les particuliers achètent quant à eux leur PC et leur imprimante dans les magasins spécialisés, ou chez n'importe quel grand détaillant. Tous les clients peuvent enfin commander en direct par téléphone ou sur Internet, grâce au site web du fabricant.

Pour les entreprises évoluant sur des marchés complexes et étendus, les systèmes multicircuits offrent de nombreux avantages. Chaque nouveau circuit leur permet d'accroître leurs ventes, d'améliorer la couverture du marché et de saisir l'occasion d'adapter leurs produits et leurs services aux besoins spécifiques des divers segments. Mais les systèmes de ce type sont plus difficiles à maîtriser, et génèrent des conflits à mesure que des circuits supplémentaires viennent se disputer la clientèle. Quand HP s'est lancé dans la vente sur Internet, par exemple, nombre de ses revendeurs se sont élevés contre cette « concurrence déloyale », persuadés que les nouveaux « circuits internes » leur feraient perdre des ventes.

3.5 Changer l'organisation des circuits

Désintermédiation
Suppression, à l'initiative d'un producteur, de l'ensemble des intermédiaires de son circuit de distribution, ou éviction des revendeurs traditionnels au profit d'un nouveau type d'intermédiaires.

Les progrès technologiques, associés à la croissance explosive du marketing direct et du e-commerce, entraînent de profonds bouleversements dans la nature et la conception des circuits de distribution. L'une des principales tendances actuelles s'oriente vers la **désintermédiation** (voir encadré 10.1).

Dans beaucoup de secteurs, les intermédiaires habituels se retrouvent éliminés. Des entreprises telles que Dell vendent en direct aux acheteurs finaux, en court-circuitant totalement les détaillants. Ailleurs, de nouveaux types de revendeurs apparaissent et prennent la place des anciens. Le e-commerce connaît une telle croissance que l'activité des détaillants « physiques » traditionnels se réduit. Les consommateurs peuvent acheter des fleurs chez Interflora, des vêtements chez Gap (gap.com), mais aussi des livres, des DVD, des jouets, des appareils électroniques, et à peu près tout le reste chez Amazon.com – tout cela sans jamais pousser la porte d'un magasin.

MARKETING EN ACTIONS 10.1

La désintermédiation : toujours plus loin…

Le chargement de musique sur des sites tels que VirginMega.fr ou iTunes.com rend potentiellement obsolète la distribution par les disquaires. En effet, nous le constatons depuis quelques années : la musique s'achète de moins en moins chez le disquaire et de plus en plus en ligne. Microsoft, Yahoo!, Sony, la Fnacmusic, Virginmega et même Starbucks – en sirotant un Caramel Macchiato ! – vous permettent de télécharger vos musiques préférées. Ces nouveaux modes de distribution sont au bénéfice du consommateur. Mais ils menacent l'existence des magasins traditionnels de musique. Passant de 24,6 millions d'euros en 2008 à 38,3 millions en 2009, la vente en ligne a encore progressé de 56 % en un an. L'expression à la mode pour décrire ce phénomène est « désintermédiation ». Au sens strict, la désintermédiation désigne l'élimination de certains intermédiaires dans un canal de distribution, c'est-à-dire la suppression de certaines étapes entre la production du produit ou du service et la consommation finale. Par exemple, quand Dell a commencé à vendre des ordinateurs portables directement aux consommateurs, l'entreprise a éliminé les intermédiaires habituels de la chaîne de distribution.

De façon plus générale, la désintermédiation englobe non seulement l'élimination de certains intermédiaires par la vente directe, mais aussi le remplacement de revendeurs traditionnels par de nouveaux types d'intermédiaires. Par exemple, il y a à peine quelques décennies, la vente de musique se faisait essentiellement à travers des magasins indépendants ou des petites chaînes. Nombre de ces magasins ont par la suite été remplacés par des grands magasins spécialistes comme la Fnac ou Virgin. Ces grands magasins ont ensuite à leur tour dû faire face à la concurrence de grandes surfaces comme Carrefour ou Auchan. Wal-Mart est d'ailleurs le plus grand vendeur mondial de CD. Aujourd'hui, la désintermédiation concerne non plus seulement la distribution mais aussi la production. Encore une fois, c'est l'industrie culturelle et/ou de divertissement qui innove. Les majors, les maisons de disques, se font interpeller par de nouvelles idées. MyMajorCompany est un site qui se substitue aux sociétés de production en proposant à tout un chacun de miser (de l'argent) sur un artiste inconnu et de lui produire son premier disque. En France, la fabuleuse aventure de Grégoire, avec son tube « Toi, plus Moi… », financé grâce à ses 347 producteurs, qui ont misé entre 6 020 euros et 10 euros, et vendu à 650 000 exemplaires, a révélé le concept. Il n'y a sans doute pas de quoi réveiller Eddy Barclay, mais ce genre d'idées est dans l'esprit des entrepreneurs créatifs.

■ La désintermédiation ne concerne plus que la distribution. Elle concerne aussi la production. La fabuleuse aventure de Grégoire, de son tube « Toi, plus Moi… » financé, *via* My Major Company, grâce à 347 producteurs et vendu à 650 000 exemplaires a révélé un nouveau concept… qui interpelle les maisons de disques.

Myfab : chic, pas cher… à la demande

Avec beaucoup d'à propos, myfab rénove le concept de souscription et propose au grand public des canapés, des fauteuils, des luminaires, des accessoires de décoration et de literie… chics et pas chers. À l'heure où les distributeurs et les responsables politiques sont sous la pression du pouvoir d'achat, les consommateurs sont, grâce aux nouvelles technologies, en mesure de reprendre du pouvoir. Myfab leur en donne l'occasion. Ce site propose aux internautes des meubles design et de qualité de 50 à 80 % moins chers que le marché. Comme l'explique la vidéo du site (www.myfab.com), les prix englobent uniquement les coûts de production, de logistique et la marge. « Je trouvais les meubles onéreux malgré le fait que les deux tiers de la production soient délocalisés en Asie, raconte

Stéphane Setbon, cofondateur du site. Une enquête terrain m'a permis de constater que les produits étaient dix à quinze fois moins chers en sortie d'usine qu'en prix public. » Dès le départ, l'idée a été de faire dessiner les meubles par des designers européens et de les faire fabriquer par les mêmes usines utilisées par les grandes marques. Sur le marché du meuble de qualité, il fallait toutefois s'assurer que les consommateurs étaient prêts à abandonner la réassurance d'une marque et à attendre 2 à 3 mois avant d'être livrés pour obtenir un prix hypercompétitif. Une rapide enquête sur Facebook réalisée par les fondateurs de myfab les a rassurés sur ce point. Sur 1 000 personnes sondées, 500 étaient prêtes à attendre pour obtenir un prix défiant toute concurrence.

Pour réduire les risques et les coûts de stockage, les fondateurs ont l'idée de se réapproprier le principe de souscription. Au départ, myfab propose aux clients de voter pour leurs préférences parmi une liste de 200 meubles. Ceux qui ont le plus de succès sont mis en vente sur le site pendant une semaine. Ensuite, le nombre exact de meubles commandés est mis en production auprès d'un des 300 partenaires chinois.

Myfab a réussi son pari : depuis le lancement en mars 2008, le site a conquis 100 000 acheteurs et un des produits phares, le pouf Big G, s'est même vendu à 50 000 exemplaires. Le site propose aujourd'hui un catalogue élargi de plus de 600 produits.

Avec une centaine de collaborateurs, myfab est maintenant présent en Allemagne, en Chine et à San Francisco, avec l'objectif de devenir une plateforme de désintermédiation incontournable. « Nous sommes petits, mais le marché potentiel reste immense. À terme, nous proposerons bijoux, accessoires de mode, articles de sport », soulignent les fondateurs. Les défis que ceux-ci s'assignent pour les mois à venir sont d'améliorer la qualité des produits, de réduire les délais de livraison et de simplifier l'achat et le suivi des commandes par les clients. En tout cas, ils ont réussi à lever 5 millions d'euros supplémentaires auprès de leurs bailleurs de fonds historiques (BV Capital et Alven Capital) pour financer leur expansion.

Sources : www.MyMajorCompany.com ; anonyme, « Myfab.com lève 5 millions d'euros », *ecommerceMag*, 15 juin 2009 ; anonyme, « Le marché du disque rechute brutalement en France », *La Tribune*, 16 janvier 2007.

4. La conception d'un circuit de distribution

Lors de la conception d'un système de distribution, les fabricants doivent accepter un compromis entre l'idéal et le réalisable. En règle générale, une jeune entreprise aux ressources limitées s'occupera dans un premier temps de son seul marché local. Son problème ne consistera pas forcément à trouver la meilleure organisation possible pour son circuit, mais plutôt à convaincre un nombre suffisant d'intermédiaires afin qu'ils prennent en charge ses produits.

Sous réserve qu'elle y parvienne, l'entreprise pourra s'attaquer alors à de nouveaux marchés, en passant par les intermédiaires existants. Suivant la taille des segments visés, elle s'adressera directement aux détaillants ou signera des accords avec les distributeurs. Elle accordera peut-être des concessions exclusives sur une partie du territoire, en exploitant ailleurs tous les points de vente disponibles. Elle pourra créer ensuite une boutique en ligne pour vendre en direct aux clients les plus difficiles à atteindre. Les systèmes de distribution évoluent souvent de cette manière-là, en fonction des opportunités commerciales et des conditions économiques.

4.1 Étudier les besoins des clients

Les circuits marketing font partie intégrante du *réseau de production de la valeur client*. Chacun de leurs membres contribue à l'accroissement de cette valeur. Dès lors, la conception d'un circuit marketing nécessite tout d'abord de déterminer ce que les consommateurs en attendent. Souhaitent-ils s'approvisionner près de chez eux, ou sont-ils prêts à se rendre dans des centres plus importants ? Préfèrent-ils acheter en personne, par téléphone, par correspondance, ou via Internet ? Sont-ils intéressés par la richesse de l'assortiment ou favorisent-ils la spécialisation ? Veulent-ils bénéficier d'un maximum de prestations annexes (livraison, crédit, réparation, installation, etc.) ? Plus la livraison sera rapide, l'assortiment étendu, les prestations nombreuses, plus le niveau de service offert par le circuit sera élevé.

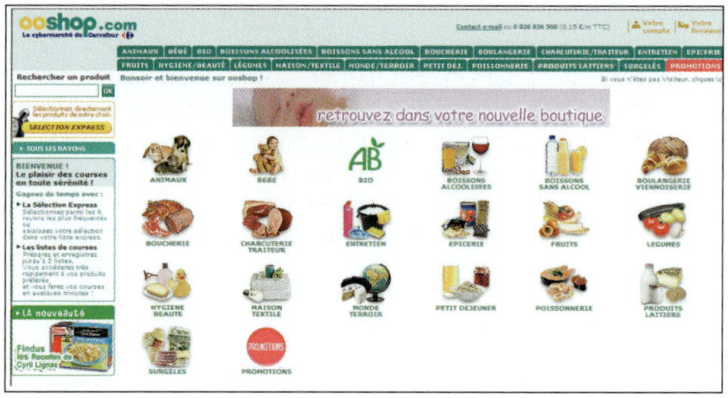

■ Face à la montée du e-commerce, les grands distributeurs ont développé leurs réseaux et leurs « cyberenseignes » mais ils se sont rendu compte que la livraison restait un problème. Ils ont donc développé le concept *drive* de retrait aux abords des magasins.

Mais fournir la livraison la plus rapide, l'assortiment le plus étendu et les prestations les plus nombreuses n'est pas forcément possible, ni même raisonnable. L'entreprise et les membres de son circuit ne possèdent pas toujours les ressources ou les compétences nécessaires, et l'adoption d'un niveau de service supérieur entraîne en outre une augmentation des coûts pour le circuit et du prix pour le client. L'entreprise doit donc mettre en balance les besoins des consommateurs avec, d'une part, les possibilités dont elle dispose et les coûts associés à la satisfaction de ces besoins et, d'autre part, les critères de prix du client. Le succès des magasins *discount* démontre en l'occurrence que les consommateurs sont souvent disposés à accepter un niveau de service plus faible en échange d'un prix inférieur.

4.2 Définir les objectifs du circuit

L'entreprise doit établir ses objectifs de distribution sur la base du niveau de service qu'elle entend apporter au client. Elle identifie en général plusieurs segments aux exigences différentes. Elle doit alors choisir ceux auxquels elle prévoit de s'adresser, et repérer dans chaque cas les meilleurs circuits qu'elle pourrait utiliser pour satisfaire au moindre coût les demandes du client.

La définition des objectifs dépend par ailleurs de la nature de l'entreprise, de ses produits, de ses intermédiaires, de ses concurrents et de son environnement économique. Sa taille et sa situation financière conditionnent notamment les fonctions qu'elle est capable d'assumer et celles qu'elle doit déléguer aux intermédiaires. Les entreprises qui vendent des biens périssables peuvent être contraintes de développer un marketing plus direct, afin d'éviter les retards d'acheminement et de trop nombreuses manipulations.

Enfin, divers facteurs environnementaux tels que la conjoncture économique ou les réglementations en vigueur peuvent influencer les objectifs et la conception d'un circuit. En période de déclin, les producteurs s'efforcent par exemple de réduire au maximum les coûts de distribution, en utilisant des circuits plus courts et en supprimant les services superflus qui augmentent le prix final.

4.3 Identifier les options envisageables

Après avoir défini ses objectifs de distribution, l'entreprise doit identifier les principales options envisageables sur le *type*, le *nombre* et les *responsabilités* des intermédiaires.

Types d'intermédiaires

Il lui faut tout d'abord recenser les grands types d'intermédiaires susceptibles de distribuer ses produits. Supposons qu'un fabricant d'équipements de test ait développé un dispositif audio capable de détecter les liaisons mécaniques défaillantes entre les pièces mobiles d'un appareil. La direction de l'entreprise estime que le produit pourrait trouver un marché dans tous les secteurs où l'on utilise des moteurs électriques, à combustion ou à vapeur. Sa force de vente est très réduite, et le problème consiste donc à nouer des contacts dans ces différents secteurs. Les solutions suivantes peuvent alors émerger :

- *force de vente* : augmenter l'effectif. Déployer des représentants sur l'ensemble du territoire et leur donner pour mission d'approcher tous les prospects situés dans leur zone d'intervention, ou réunir une force de vente distincte pour chaque secteur d'activité. Ou bien encore mettre sur pied une équipe de télévente pour prospecter les petites et moyennes entreprises ;
- *agents exclusifs* : recruter des agents exclusifs – des entreprises indépendantes dont la force de vente s'occupe de distribuer les produits apparentés de plusieurs fabricants – dans différents régions ou secteurs d'activité, afin d'assurer la vente du nouvel équipement de test ;
- *distributeurs industriels* : trouver, dans les différents secteurs d'activité ou régions, des distributeurs qui achèteront et référenceront le nouveau produit. Leur accorder une distribution exclusive, des marges confortables, une formation adéquate et un soutien promotionnel.

Nombre d'intermédiaires

Les entreprises doivent aussi déterminer le nombre d'intermédiaires nécessaires à chaque niveau. Trois stratégies sont possibles : la distribution intensive, la distribution exclusive et la distribution sélective. Les fabricants d'articles de grande consommation recherchent en général une **distribution intensive**. Le dentifrice, les confiseries et autres articles du même ordre sont vendus dans des millions d'endroits différents, de manière à assurer une exposition optimale des marques et à faciliter la tâche au consommateur. Kraft et Coca-Cola, entre autres, distribuent tous leurs produits de cette façon.

Distribution intensive
Stratégie consistant à placer un produit dans un maximum de points de vente.

Distribution exclusive
Stratégie consistant à accorder à un nombre très restreint de revendeurs le droit exclusif de distribuer les produits d'un fabricant dans leur zone de chalandise.

Distribution sélective
Stratégie consistant à utiliser une partie seulement des intermédiaires – plus qu'un seul, mais pas tous – qui se sont montrés intéressés pour distribuer les produits d'un fabricant.

Certains fabricants limitent au contraire volontairement le nombre d'intermédiaires autorisés à vendre leurs produits. La **distribution exclusive** se rencontre fréquemment dans l'automobile de luxe et la mode féminine. Les concessionnaires Ferrari se font ainsi très rares. En leur octroyant l'exclusivité, le constructeur bénéficie d'un effort de vente plus appuyé et conserve un meilleur contrôle sur les prix, les promotions, les offres de financement et les services. La distribution exclusive améliore en outre l'image de marque et autorise des marges plus élevées.

Entre la distribution intensive et la distribution exclusive se glisse la **distribution sélective**. La plupart des fabricants de téléviseurs, de meubles et d'électroménager appliquent cette stratégie. La distribution sélective leur permet de développer de bonnes relations professionnelles avec les membres du circuit, et d'espérer un effort de vente plus vigoureux que la moyenne. Elle leur procure également une bonne couverture du marché, ainsi qu'une meilleure maîtrise de leur réseau, pour un coût inférieur à celui d'une distribution intensive.

Responsabilités des membres du circuit

Les prestations et les devoirs respectifs des différentes parties doivent être clairement établis, en particulier dans le cas des franchises et des exclusivités de distribution.

▶ McDonald's offre à ses franchisés un soutien promotionnel, un système de comptabilité, une formation à la Hamburger University et une assistance en matière de gestion. En échange, les franchisés sont tenus de respecter les normes relatives à l'aspect de l'établissement, de participer aux nouveaux programmes de promotion, de fournir toute information susceptible d'être demandée, et d'acheter les denrées alimentaires spécifiées. ◀

4.4 Évaluer les options envisagées

Le fabricant doit sélectionner le système de distribution qui répond le mieux aux objectifs à long terme de l'entreprise. Il examine pour cela trois critères : le critère économique, celui du contrôle et celui de la souplesse.

Le *critère économique* vise à comparer le chiffre d'affaires, les coûts et la rentabilité probables des différents circuits : combien va-t-il falloir investir, et quel retour peut-on espérer ? L'entreprise doit également prendre en compte le *problème du contrôle*. Utiliser des intermédiaires suppose de leur déléguer une partie de l'action marketing, et certains se montrent plus gourmands que d'autres. Toutes choses égales par ailleurs, l'entreprise préférera conserver au maximum la maîtrise de son réseau. Il lui faudra enfin appliquer le *critère de souplesse*. La mise en place d'un circuit implique souvent un engagement à long terme, mais l'entreprise le souhaitera plutôt souple afin qu'il puisse s'adapter aux évolutions de l'environnement. Pour se maintenir parmi les options possibles, un circuit fondé sur ce type d'engagement devra faire montre d'une supériorité flagrante sur le plan des coûts et du contrôle.

5. La gestion d'un circuit de distribution

Une fois que l'entreprise a choisi pour son circuit la meilleure organisation possible, il lui reste à le mettre en œuvre et à l'administrer. Elle doit sélectionner ses intermédiaires, les motiver, et contrôler au fil du temps l'évolution de leurs performances.

5.1 Sélectionner les intermédiaires

Les producteurs n'ont pas tous la même aptitude à attirer des intermédiaires marketing compétents.

▶ Lorsque au milieu des années 1970, Timex a tenté de placer ses montres bon marché chez les horlogers bijoutiers, ceux-ci n'en ont pas voulu. Le fabricant a été contraint de s'adresser à la grande distribution – ce qui, compte tenu du développement rapide de ce type de points de vente, s'est révélé en fin de compte fort judicieux et préjudiciable aux horlogers. ◀

Au moment de sélectionner ses intermédiaires, le producteur doit déterminer les caractéristiques qui permettent de distinguer les meilleurs d'entre eux. Il jauge l'expérience de chacun, s'intéresse aux autres produits qu'ils distribuent, examine leur croissance et leurs bénéfices passés, mesure leur capacité à coopérer et évalue leur réputation. S'il s'agit d'agences commerciales, il cherche à évaluer le nombre et la nature des autres produits qu'elles vendent, ainsi que la taille et la qualité de leur force de vente. Dans le cas d'un détaillant qui souhaiterait bénéficier d'une distribution exclusive ou sélective, l'entreprise prendra le soin d'examiner sa clientèle, son emplacement et son potentiel de développement.

5.2 Motiver les intermédiaires

Dans le cadre de la gestion de ses circuits, l'entreprise doit convaincre les distributeurs qu'ils pourront mieux réussir en travaillant ensemble au sein d'un système de commercialisation solidaire.

▶ Coca-Cola et Carrefour collaborent pour procurer une valeur supérieure au client. Ils planifient conjointement les objectifs et les stratégies, le niveau des stocks et les campagnes de publicité et de promotion. ◀

De nombreuses entreprises adoptent aujourd'hui des systèmes de gestion de partenariat intégrés exploitant les dernières évolutions technologiques. De la même manière qu'elles emploient des logiciels de gestion de la relation client (CRM) pour les aider à gérer leurs rapports avec les clients les plus importants, elle peuvent désormais utiliser des applications de *gestion des relations partenaires* et de *gestion partagée des approvisionnements* (GPA) pour recruter, former, organiser, administrer, motiver et évaluer leurs relations avec les partenaires du circuit de distribution.

5.3 Évaluer les intermédiaires

Un fabricant se doit de contrôler régulièrement les performances de son réseau, sur des critères tels que les quotas de ventes, le niveau moyen des stocks, les délais de livraison, la prise en charge des marchandises détériorées ou perdues, la coopération publicitaire, la participation aux programmes de formation et les prestations de service rendues au client. Il doit identifier et récompenser les intermédiaires les plus méritants, créateurs de valeur. Ceux qui ne donnent pas satisfaction doivent être aidés ou remplacés.

6. Logistique commerciale et gestion de la chaîne d'approvisionnement

Dans un marché mondialisé, il est parfois plus facile de vendre un produit que de le livrer au client. Les entreprises doivent donc trouver le meilleur moyen de stocker, de manutentionner et de faire transiter leurs produits afin de fournir aux clients le bon assortiment, au bon moment et au bon endroit. L'efficacité de la distribution physique et de la logistique exerce un impact majeur à la fois sur la satisfaction du client et sur les coûts de l'entreprise.

6.1 Nature et importance de la logistique commerciale

La **logistique commerciale** – qu'on appelle aussi **distribution physique** – ne se limite pas à une affaire de camions et d'entrepôts. Elle recouvre bien d'autres aspects dont l'objectif est de livrer le bon produit au bon client, au bon endroit et au bon moment.

Autrefois, on partait généralement du produit stocké dans l'usine et on cherchait le moyen le moins coûteux de l'amener jusqu'au client. Aujourd'hui, les responsables marketing préfèrent se concentrer d'abord sur le client et remonter le fil jusqu'à l'usine, ou même jusqu'aux sources d'approvisionnement. La logistique commerciale englobe non seulement la *distribution aval* (transmettre les produits de l'usine aux revendeurs puis aux clients), mais aussi la *distribution amont* (acheminer produits et matériaux jusqu'à l'usine) et la *distribution inverse* (traiter les produits cassés, refusés ou excédentaires retournés par les clients ou les revendeurs). Elle implique en conséquence la **gestion de la chaîne d'approvisionnement** dans son intégralité, comme le montre la figure 10.5.

Logistique commerciale (distribution physique)
Ensemble des activités associées à la planification, à la mise en œuvre et au contrôle des flux de produits, de services et d'informations depuis leur point d'origine jusqu'à leur lieu d'utilisation, en vue de répondre de manière rentable aux exigences du client.

Gestion de la chaîne d'approvisionnement
Gestion en amont et en aval de l'ensemble des flux valorisés de matériaux, de produits et d'informations mettant en jeu les fournisseurs, l'entreprise, les revendeurs et les consommateurs finaux.

La tâche du responsable logistique consiste à coordonner les différentes activités des fournisseurs, des acheteurs, des responsables marketing, des membres du circuit de distribution et des clients : prévision, information, achat, organisation de la production, traitement des commandes, gestion des stocks, entreposage et planification du transport.

Aujourd'hui, plusieurs raisons justifient que les entreprises mettent l'accent sur la logistique. En travaillant à son amélioration, susceptible d'apporter aux clients un meilleur service ou des prix plus bas, elles se donnent tout d'abord la possibilité d'acquérir un avantage concurrentiel appréciable. Cette amélioration peut également générer de considérables économies, tant pour elles que pour leurs clients. L'expédition et le transport totalisent en effet à eux seuls jusqu'à 20 % du prix moyen d'un produit, bien plus que la publicité ou que la plupart des autres coûts marketing.

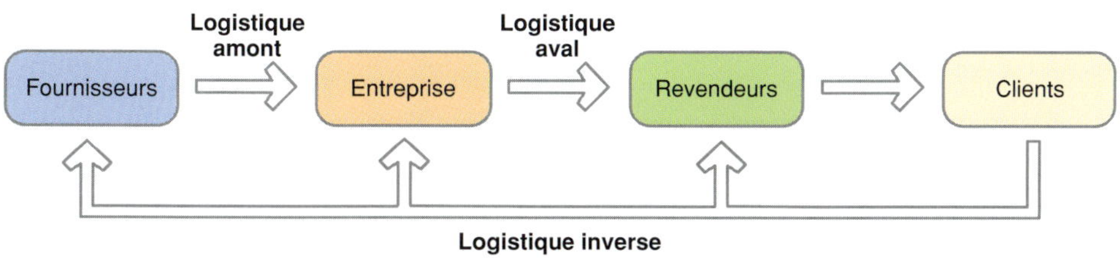

Figure 10.5
Gestion de la chaîne d'approvisionnement

Ford compte en permanence 500 millions de tonnes de produits en transit – véhicules finis, éléments d'assemblage, pièces de rechange –, qui se traduisent par une facture logistique annuelle de quelque 4 milliards de dollars[3]. Évacuer une fraction même infime de ces coûts peut permettre à l'entreprise de dégager des gains substantiels.

6.2 Objectifs du système logistique

L'objectif de la logistique commerciale doit consister à *viser* un niveau de service donné, en dépensant le moins possible. Il faut avant toute chose mesurer l'importance respective des différentes prestations aux yeux des clients, et définir pour chaque segment le niveau de service attendu. Le but n'est finalement pas de porter au maximum le chiffre d'affaires, mais les *bénéfices*. En conséquence, l'entreprise doit mettre en balance les avantages liés à la mise en place d'un niveau de service supérieur et les coûts qu'il engendre. Certaines sociétés fournissent des prestations moins étendues que leurs concurrents, pour un prix plus faible. D'autres au contraire soignent le service au maximum et appliquent des tarifs plus élevés.

6.3 Principales fonctions logistiques

Une fois qu'elle a établi ses objectifs logistiques, l'entreprise peut s'atteler à l'élaboration d'un système qui lui permettra de les réaliser au moindre coût. Les principales fonctions d'un tel système se rapportent à l'*entreposage*, à la *gestion des stocks*, au *transport* (qui ne sera pas abordé ici) et à la *gestion de l'information.*

Entreposage

Les cycles de production et de consommation étant rarement en phase, la plupart des entreprises sont obligées d'entreposer leur marchandise en attendant de l'écouler. Tous les fabricants de tondeuses font ainsi tourner leurs usines à longueur d'année, et stockent leurs produits en prévision de la grosse période de vente printemps-été. La fonction d'entreposage aplanit les fluctuations relatives aux quantités nécessaires ; elle garantit la disponibilité des produits au moment où les clients sont prêts à les acheter.

Centre de distribution
Vaste entrepôt automatisé conçu pour réceptionner les marchandises en provenance de divers fournisseurs, enregistrer les commandes, les traiter sur place et livrer les produits aux clients aussi rapidement que possible.

L'entreprise doit décider du *nombre*, du *type* et de la *localisation* de ses entrepôts. Elle peut choisir d'utiliser des *entrepôts de stockage*, ou bien des **centres de distribution**. Les premiers servent, comme leur nom l'indique, à stocker la marchandise pour une durée plus ou moins longue.

Comme tout ou presque, l'entreposage a vécu ces dernières années une évolution technologique radicale. Les vieux hangars cèdent peu à peu la place à de nouveaux *entrepôts automatisés* de plain-pied, équipés de systèmes informatiques dernier cri nécessitant moins de main-d'œuvre. Les ordinateurs analysent les commandes par le biais d'un lecteur optique et manœuvrent eux-mêmes les chariots élévateurs, les monte-charges ou les robots pour aller chercher les produits, les déplacer jusqu'aux quais de chargement et éditer les factures.

Gestion des stocks

Grâce à l'utilisation de systèmes *juste-à-temps*, de nombreuses entreprises ont pu réduire leurs stocks et les coûts afférents dans des proportions considérables. Les producteurs et les détaillants ne conservent plus dans ce cas-là qu'une très faible réserve de pièces ou de marchandises, souvent à peine assez pour tenir quelques jours.

Champion de cette méthode, Dell se limite par exemple à 3 ou 4 jours de stock, alors que la concurrence en prévoit jusqu'à 40, voire 60[4]. L'entreprise se fait approvisionner au moment précis où elle en a besoin, et n'a plus à entreposer ses produits dans l'attente de leur utilisation.

Dans un avenir assez proche, l'automatisation complète pourrait devenir une réalité. On a parlé au chapitre 3 de la technologie RFID, ces radio-étiquettes incorporées aux produits ou à leurs emballages et munies d'un petit émetteur. En généralisant leur utilisation, il sera possible de mettre en place une chaîne d'approvisionnement « intelligente » et entièrement automatisée. Les entreprises sauront ainsi à tout moment où se trouve exactement tel ou tel produit. Des « rayonnages intelligents » les avertiront non seulement de renouveler leurs commandes, mais appelleront même automatiquement les fournisseurs. Ces nouveaux et fascinants outils technologiques devraient à court terme révolutionner de fond en comble l'univers de la distribution. Dès aujourd'hui, beaucoup de grandes entreprises – Procter & Gamble, IBM… – investissent d'ailleurs massivement en faveur des RFID.

Casino teste l'utilisation des puces RFID sur un de ses marchés de niche, la vente de bijoux dans les Boutiques Or de ses 80 hypermarchés. Après « […] quelques mois d'utilisation, les résultats sont conformes à nos attentes, déclare Georges Petit-Renaud, directeur d'un des premiers hypers équipés. Nous avons amélioré la productivité de l'inventaire hebdomadaire du colis de réassort. Le temps dégagé permet aux vendeuses de se consacrer à la vente et au conseil client dans l'ensemble du rayon bijoux-textile… Dès le soir de réception, le réassort est en place et le rayon, complet. Avant, il fallait patienter un jour et demi ». Une responsable de Boutique Or explique : « Désormais, l'inventaire complet du colis de 160 pièces ne me prend plus qu'un quart d'heure en moyenne, contre trois heures auparavant… Avant, je devais saisir manuellement le code et le prix de chaque article. Maintenant, il me suffit de balayer le contenu du carton avec une douchette reliée à un terminal mobile [un PDA, NDLR]. Toutes les données sont extraites automatiquement et enregistrées dans notre système informatique[5]. »

Gestion de l'information logistique

Dans une entreprise, la gestion de la chaîne d'approvisionnement repose en grande partie sur l'information. Les partenaires se concertent régulièrement pour échanger leurs connaissances et prendre ensemble de meilleures décisions. D'un point de vue logistique, les flux d'informations – commandes des clients, facturation, niveaux des stocks, et même données personnelles – sont étroitement liés aux performances du circuit. L'entreprise cherche donc à lui adjoindre un processus simple, accessible, rapide et précis permettant de recueillir, de traiter et de partager ces informations.

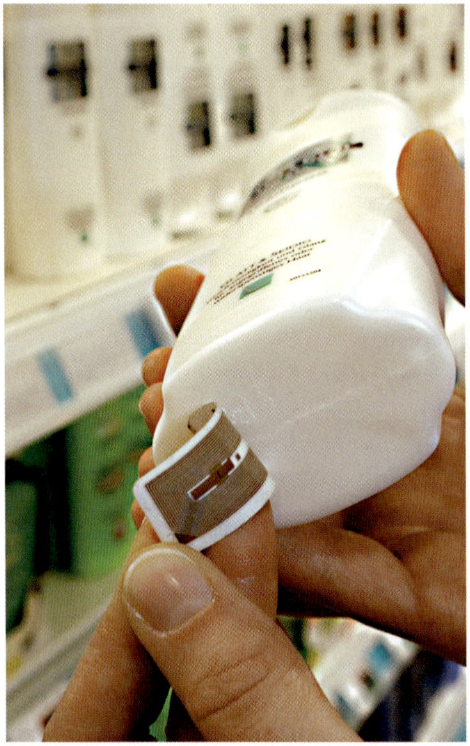

■ Dans un futur proche, des technologies telle que la RFID rendront les chaînes d'approvisionnement, qui comptent pour 75 % des coûts du produit, entièrement automatiques et interactives.

L'échange et la gestion de l'information peuvent se faire par courrier, par téléphone, au travers de la force de vente, ou par l'intermédiaire d'un *échange de données informatisées* (EDI) – soit sous sa forme classique, soit via Internet.

▶ Casino et Procter & Gamble ont divisé par dix le coût du traitement de leurs factures en développant un système EDI commun. De même, Leroy Merlin traite en EDI 85 % de ses articles. ◀

Dans certains cas, on demandera en fait aux fournisseurs eux-mêmes de générer les commandes et d'organiser les livraisons pour leurs clients. Beaucoup de grandes enseignes travaillent en étroite collaboration avec leurs fournisseurs les plus importants, tels que Procter & Gamble ou Black & Decker, afin de mettre en place des systèmes de *gestion partagée des approvisionnements* (GPA) ou de *réapprovisionnement en continu*. Le GPA permet d'échanger en temps réel les données relatives aux chiffres de ventes et au niveau des stocks, le fournisseur prenant alors en charge la gestion complète du réapprovisionnement. Certains détaillants vont même jusqu'à lui faire assumer les coûts de stockage et de livraison.

Gestion intégrée de la logistique

De nos jours, un nombre croissant d'entreprises prennent conscience que la fourniture d'un meilleur service client et la réduction des coûts de distribution passent nécessairement par la mise en œuvre d'un véritable *travail d'équipe*, non seulement en leur sein, mais aussi parmi toutes les organisations impliquées dans le circuit marketing. Elles adoptent de ce fait le concept d'une **gestion intégrée de la logistique**.

Gestion intégrée de la logistique
Concept logistique qui souligne l'importance du travail d'équipe, au sein de l'entreprise et parmi toutes les organisations membres du circuit marketing, permettant d'améliorer au maximum les performances du système de distribution tout entier.

Équipes interfonctionnelles au sein de l'entreprise

L'objectif d'une gestion intégrée de la chaîne d'approvisionnement consiste à harmoniser l'ensemble des décisions logistiques de l'entreprise. Le rapprochement peut s'effectuer de plusieurs façons. Certaines entreprises ont formé par exemple des commissions permanentes, réunissant les managers en charge des différentes activités afférentes à la distribution physique. Il est aussi possible de créer des postes d'administrateurs de la chaîne d'approvisionnement, avec pour mission d'unifier les activités logistiques des divers domaines fonctionnels. Procter & Gamble a nommé ainsi des responsables de l'approvisionnement, qui s'occupent de gérer l'ensemble des activités de la chaîne pour chacune de ses catégories de produits. De nombreuses entreprises ont un directeur adjoint responsable de la logistique, nanti d'une autorité interfonctionnelle. La chose à retenir, c'est que l'entreprise doit coordonner ses activités logistiques et marketing afin d'accroître la satisfaction du marché pour un coût raisonnable.

MARKETING EN ACTIONS 10.2

Zara : la mode chic et rapide

Zara n'arrête pas de surfer sur la vague du succès et de la mode. Cette entreprise vend des vêtements de style qui ressemblent aux grands noms du secteur… mais à un prix modéré. Elle est le prototype même de l'entreprise de mode qui identifie et répond rapidement aux dernières tendances apparues sur les marchés. Alors que ses concurrents sont encore en train de travailler sur le patron d'un modèle, Zara a déjà mis la dernière mode en rayon et se concentre sur les challenges suivants.

Auprès de sa clientèle, il est devenu une sorte de culte. Pendant la récente crise économique, même les clients du luxe sont accourus dans les boutiques pour acheter le style Zara.

Grâce à la croissance de Zara, les ventes, les profits et le nombre de magasins de sa maison mère, l'espagnole Inditex, ont plus que quadruplé depuis 2000. Malgré une économie chancelante, les ventes d'Inditex ont évolué de 10 % en 2008 et encore de 8 % au dernier trimestre 2009. Par comparaison, les ventes de Gap ont fait la culbute d'au moins 10 %. Zara est donc devenu le leader mondial du secteur. Ses 4 264 magasins répartis dans 73 pays ont vendu pour plus de 10 milliards d'euros. Inditex prévoit d'ouvrir 450 nouveaux magasins en 2010, soit neuf fois plus que Gap.

Clairement, il semble que Zara vende les produits en phase avec les besoins des clients. Il est cependant impressionnant de constater que ce succès ne vient pas uniquement de l'adéquation entre la demande et l'offre. Il y a beaucoup plus important que le produit ; le succès vient de la façon dont Zara livre ce que les clients attendent ardemment, de la rapidité avec laquelle il le fait. Il délivre « la mode » à grande vitesse, en contrôlant, au travers d'un système d'intégration verticale, toute la chaîne de création de valeur, du design à la réalisation et à la présentation en magasins qu'il possède et gère en propre. Le système d'approvisionnement complètement intégré rend Zara plus rapide, plus flexible, le tout avec moins de risques sur les invendus que ses concurrents internationaux tels Gap, Benetton et H&M. Zara est capable de passer du concept d'un vêtement à sa mise en rayons en 2 semaines alors que les concurrents prennent 6 mois ou plus. Et le prix de vente moyen peu élevé positionne Zara comme le milieu de gamme chic au prix les plus bas du marché sur ce segment.

Tout le processus commence avec l'identification de ce que veut le consommateur. Les directeurs de magasins et les responsables de zone jouent un rôle de chasseurs de tendances. Ils parcourent les rayons des magasins armés de PDA et rapportent en temps réel « ce qui se vend et ce qui ne se vend pas ». Ils discutent avec les consommateurs pour comprendre ce qu'ils cherchent mais ne trouvent pas encore. En parallèle, les équipes de Zara parcourent les défilés de mode à Paris et les concerts à Tokyo, à la recherche de jeunes qui portent quelque chose de nouveau ou de différent. Sans attendre, elles renseignent le siège, en Espagne, sur ce qu'elles ont vu et entendu. Sur la base de l'ensemble de ces informations, les 300 designers dessinent un flot prolifique de vêtements avec de nouvelles lignes et de nouveaux coloris.

Dès que les designers ont terminé leur travail, la production commence. Plutôt que s'appuyer sur une myriade de fournisseurs lents dispersés en Asie, comme le font la plupart des concurrents, Zara produit lui-même 50 % de ces vêtements. Le reste est fabriqué rapidement et de façon efficiente par des fournisseurs ayant des sites peu éloignés, en Espagne, au Maroc ou autour du bassin méditerranéen.

Les nouvelles collections sont ensuite envoyées au centre logistique hypermoderne de Zara, qui les redistribue immédiatement vers tous les magasins du monde, sans les stocker ni les inventorier. Ce centre logistique hautement automatisé peut trier, mettre en paquet, marquer et envoyer plus de 80 000 articles à l'heure. Pour les commandes en provenance des magasins, la rapidité est aussi de mise. Les commandes transmises en fin de matinée d'un magasin n'importe où dans le monde sont empaquetées en début d'après-midi en Espagne et envoyées le jour même. Les articles sont 24 heures plus tard dans les magasins européens et 48 heures plus tard dans les réseaux américains ou asiatiques. La rapidité est définitivement la marque de fabrique de Zara.

Les magasins Zara reçoivent de petites quantités de nouveaux articles deux ou trois fois par semaine, au contraire des concurrents, qui se basent sur des approvisionnements volumineux quatre ou six fois par an. Cette organisation lui permet d'introduire constamment de la nouveauté dans ses magasins : 30 000 nouveaux articles en 2009 contre 10 000 pour les compétiteurs. Un article dont les ventes ont été un succès n'est jamais reproduit à l'identique ; une poche est ajoutée, les manches sont allongées, le col est modifié… Ce flot continu de nouveautés en petites quantités donne à Zara l'opportunité de vendre continuellement des articles « dans le coup » et alimente le trafic en magasin. Les clients de Zara visitent ses magasins en moyenne dix-sept fois par an contre cinq dans les magasins concurrents. Le roulement rapide de marchandises en petites quantités réduit aussi le volume d'articles « dépassés » et ceux en promotion. En outre, parce que Zara produit ce que les consommateurs veulent tout de suite ou qu'ils portent déjà, ses designers n'ont pas à deviner ce que sera la mode dans 6 mois. Cette obsession du « zéro stock » est une des grandes leçons qu'Amancio Ortega Gaona, le fondateur de Zara, a intégrée dès ses débuts lorsqu'il vendait des imitations de robes de chambre de luxe à La Corogne.

En résumé, le processus efficacement intégré du design à la distribution donne à Zara un avantage compétitif incomparable. Le système extrêmement puissant lui permet de sortir des articles tendance quand les consommateurs les veulent et parfois juste avant. Amancio Ortega Gaona est sans aucun doute un des initiateurs des liens étroits entre le marketing moderne et la logistique.

Récemment, Zara a réussi à profiter d'une des plus fortes tendances de l'été, en concevant et en vendant tout un stock de robes en seulement 4 semaines. Le mouvement a été lancé lorsque les « chasseurs » de mode ont repéré que les œillets blancs en coton avec de minuscules trous allaient être très tendance. Ils ont fait passer l'information en Espagne. Une rapide enquête téléphonique auprès des responsables de magasins a confirmé l'opportunité. Les designers se sont mis au travail et ont réalisé des patrons électroniques qui ont été directement envoyés en usine, où se trouvent des milliers de rouleaux de tissus blancs prêts à être teints. Les œillets blancs ont été intégrés à une robe cintrée avec un col en « V » d'inspiration années 1960, style Jackie Kennedy. Le tout a été finalisé en 1 semaine. Les robes à 99 euros ont été envoyées au centre logistique et ensuite partout dans le monde, où elles se sont retrouvées dans les présentoirs seulement 2 jours plus tard.

Sources : Armand Chauvel, « Zara, l'inventeur de la mode zéro stock », *LSA*, 21 janvier 2010 ; Jean-Baptiste Duval, « Plongée dans les coulisses de Zara », *LSA*, 11 décembre 2008 ; Cecilie Rohwedder, « Zara Grows as Retail Rivals Struggle », *Wall Street Journal*, 26 mars 2009 ; Cecilie Rohwedder, « Turbocharged Supply Chain May Speed Zara Past Gap as Top Clothing Retailer » *The Globe and Mail*, 26 mars 2009 ; www.inditex.com/en/press/information/press_kit, octobre 2009.

Bâtir des partenariats logistiques

Les entreprises ne peuvent se contenter d'améliorer leur seule logistique. Elles doivent aussi collaborer avec leurs partenaires, de manière à relever la qualité de la distribution sur l'ensemble du circuit. Les acteurs de la distribution sont unis les uns aux autres dans l'optique d'une création de valeur et d'une bonne relation avec le client. Le système de distribution d'une entreprise est aussi le système d'approvisionnement d'une autre. Ainsi, pour que Leclerc puisse proposer les prix de détail les plus bas, il faut impérativement que sa chaîne d'approvisionnement, composée de plusieurs milliers de fournisseurs, de transporteurs, d'entrepôts et de prestataires de services, opère avec le maximum d'efficacité.

Les entreprises les mieux avisées coordonnent leurs stratégies logistiques et bâtissent de solides partenariats avec leurs fournisseurs et leurs clients, afin d'améliorer le service et de réduire les coûts du circuit. Nombre d'entre elles ont formé des *équipes interfonctionnelles et interentreprises*.

▶ Procter & Gamble possède une équipe de plus de 200 personnes installée près du siège de Wal-Mart. Les employés des deux sociétés travaillent main dans la main et s'efforcent d'abaisser ensemble les coûts de leur système de distribution, pour le plus grand profit de chacune, mais aussi des clients finaux. ◀

D'autres entreprises unissent leurs efforts par le biais de *projets partagés*.

▶ Home Depot autorise ses fournisseurs les plus importants à utiliser ses magasins comme espace de test pour leurs nouveaux programmes de merchandising[6]. Ils se rendent dans les points de vente de l'enseigne, et regardent si leurs produits se vendent bien et comment les clients les abordent. Ils élaborent alors des programmes taillés sur mesure pour Home Depot et sa clientèle. ◀

Prestataires de services logistiques

La plupart des grandes compagnies trouvent leur bonheur dans la fabrication et la vente de leurs produits. Mais beaucoup détestent accomplir les tâches ingrates liées à la logistique : emballer, charger, décharger, trier, stocker, recharger, transporter, dédouaner et suivre les produits, toutes ces opérations qui permettent pourtant d'alimenter leurs usines et de fournir la clientèle. Elles les ont tellement en horreur qu'un nombre croissant d'entre elles sous-traitent à présent tout ou partie de leur activité logistique auprès de **prestataires de services** (*third-party logistics providers* ou **3PL**).

Prestataire de services logistiques (3PL)
Prestataire indépendant qui assure tout ou partie des fonctions nécessaires à la mise sur le marché des produits de son donneur d'ordre.

Ces « 3PL » – des entreprises telles que UPS Supply Chain Services ou FedEx Logistics – aident leurs donneurs d'ordre à resserrer les chaînes d'approvisionnement surchargées, à tailler dans les stocks et à livrer les produits au consommateur d'une manière plus fiable et plus rapide. Chez UPS, l'unité Supply Chain Services propose ainsi toute une gamme de services, depuis le contrôle des stocks, l'entreposage et la gestion du transport jusqu'à la garantie de la satisfaction client.

Plusieurs raisons peuvent expliquer le recours à ces services. D'une part, étant donné que leur métier de base consiste à mettre les produits sur le marché, ces prestataires s'en acquittent souvent avec davantage d'efficacité et pour un coût moindre. De ce fait, la sous-traitance permet généralement de réaliser entre 15 et 30 % d'économies. D'autre part, ces sociétés maîtrisent à la perfection la complexité croissante de l'environnement logistique, ce qui peut s'avérer extrêmement utile lorsqu'une entreprise cherche à se développer à l'international. Les fabricants qui distribuent leurs produits dans les pays de l'Union européenne se heurtent par exemple à un arsenal juridique impressionnant, avec de multiples restrictions sur les normes d'emballage, la taille et le poids des camions, le bruit et les émissions polluantes. En sous-traitant leur logistique, ces entreprises peuvent jouir d'un système de distribution paneuropéen totalement opérationnel, sans avoir à supporter les coûts, les retards et les risques associés à la mise en place de leur propre système.

La distribution et la logistique varient énormément d'un pays à l'autre, comme le suggère cette photo prise dans les rues de Pékin.

RETOUR SUR LES CONCEPTS-CLÉS

Les décisions relatives aux circuits de distribution comptent parmi les plus importantes qu'une entreprise puisse être amenée à prendre. Elles ont une incidence directe sur toutes les autres variables marketing, et doivent donc être élaborées avec le plus grand soin, en envisageant autant les évolutions probables de l'environnement économique que la situation présente.

1. Expliquer les fonctions des circuits de distribution et leurs utilisations par les entreprises.

La plupart des fabricants utilisent des intermédiaires qui se chargent de placer leurs produits sur le marché. Ils s'efforcent de constituer un **circuit marketing** (ou **circuit de distribution**), un ensemble d'organisations interdépendantes qui contribuent à rendre un produit disponible pour le consommateur, ou pour un client industriel. Grâce à leur spécialisation, leurs contacts et leur activité, ces intermédiaires offrent au fabricant une expérience que celui-ci ne pourrait acquérir que très progressivement.

Les circuits marketing remplissent de nombreuses fonctions essentielles. Certaines permettent de **mener à bien** les transactions en collectant et en transmettant les **informations** nécessaires pour planifier et faciliter les échanges ; en élaborant et en mettant en œuvre une **communication** convaincante ; en créant le **contact** – recherche des acheteurs potentiels et instauration d'un échange – ; en assurant l'**adéquation** de l'offre aux besoins de l'acheteur ; et enfin en dégageant par la **négociation** un accord sur le prix et les conditions de l'offre, afin que le transfert de propriété puisse s'opérer. D'autres fonctions permettent d'**exécuter** les transactions conclues en prenant en charge la **distribution physique** – transport et stockage des biens – ; le **financement** – affectation de ressources pour couvrir les coûts de fonctionnement du circuit – ; et la **prise de risque** – responsabilité des risques liés aux différentes opérations de distribution.

2. Montrer comment ces circuits s'organisent et comment leurs acteurs interagissent.

Dans l'idéal, étant donné que la réussite de chaque membre dépend du bon fonctionnement global du circuit, les entreprises qui le composent devraient s'efforcer de travailler en harmonie, de comprendre et d'accepter leurs rôles respectifs, de coordonner leurs actions et de coopérer pour atteindre les objectifs d'ensemble du circuit. Cette coopération leur permettrait d'appréhender, de servir et de satisfaire plus efficacement le marché visé. Dans une grande entreprise, l'organisation formelle définit les rôles et structure le leadership. Dans un circuit de distribution composé de plusieurs sociétés indépendantes, leadership et pouvoir restent en revanche difficiles à cerner. Les circuits traditionnels ont présenté sur ce plan-là d'importantes lacunes. Ces dernières années, de nouveaux types d'organisation sont apparus, proposant un leadership mieux affirmé et des performances accrues.

3. Identifier les principaux types de circuits qu'une entreprise peut utiliser.

Les circuits marketing connaissent des évolutions permanentes, et parfois spectaculaires. Trois des principales tendances actuelles concernent le développement des **systèmes marketing verticaux**, **horizontaux** et **multicircuits**. Elles influencent la coopération, les conflits et la concurrence. La **conception d'un circuit** commence par l'évaluation des besoins du client et des objectifs et contraintes de l'entreprise. Celle-ci détermine alors les principales options envisageables, sur le plan du **type**, du **nombre** et des **responsabilités** des intermédiaires. Chaque option doit être appréciée en fonction de trois critères : le critère économique, celui du contrôle et celui de la souplesse. La bonne gestion d'un circuit implique de sélectionner des intermédiaires compétents, de les motiver et de contrôler régulièrement leurs performances.

4. Expliquer comment les entreprises sélectionnent et évaluent les acteurs de leurs circuits.

Au moment de sélectionner ses intermédiaires, le producteur doit déterminer les compétences de chacun et choisir ceux qui correspondent le mieux à ses objectifs de distribution. Une fois sélectionnés, les membres du circuit doivent être motivés en permanence, afin de donner le meilleur d'eux-mêmes. L'entreprise ne doit pas se contenter de distribuer ses produits **par le biais** des intermédiaires ; elle doit aussi les leur **vendre**. Elle s'efforce d'établir avec eux des rapports solides et durables. Il se crée de la sorte un système marketing qui répond à la fois aux besoins du fabricant **et** à ceux de ses partenaires. L'entreprise doit aussi confronter régulièrement les performances des membres du circuit aux normes qu'elle a fixées, récompenser les plus méritants et aider ou remplacer les plus faibles.

5. Souligner l'importance de la logistique et de la gestion intégrée de l'approvisionnement.

De même qu'elles adhèrent de plus en plus aux concepts du marketing, les entreprises accordent une attention croissante à la **logistique commerciale** (appelée aussi **distribution physique**). Il s'agit là d'un domaine qui offre un potentiel d'économies non négligeable et l'opportunité d'améliorer sensiblement la satisfaction client. La logistique commerciale recouvre non seulement la **distribution aval,** mais aussi la **distribution amont** et la **distribution inverse**. Elle implique en conséquence la **gestion de la chaîne d'approvisionnement** dans son intégralité – c'est-à-dire la gestion de l'ensemble des flux valorisés qui mettent en jeu les fournisseurs, l'entreprise, les revendeurs et les utilisateurs finaux. Aucun système logistique n'est capable à la fois de maximiser le service fourni à la clientèle et de minimiser son coût. L'objectif doit donc consister plutôt à **viser** un niveau de service donné, en dépensant le moins possible. Le **traitement des commandes**, l'**entreposage**, la **gestion des stocks** et le **transport** constituent les principales fonctions logistiques.

Le concept de la **gestion intégrée de la logistique** prend acte du fait que l'amélioration de la logistique passe par la mise en œuvre d'un véritable travail d'équipe, fondé sur des relations étroites entre les différents domaines fonctionnels de l'entreprise et entre les diverses organisations qui composent la chaîne d'approvisionnement. Les entreprises peuvent opérer ce genre de rapprochement en assemblant des équipes logistiques interfonctionnelles, en créant des postes de responsables de l'approvisionnement intégré et en nommant des directeurs adjoints en charge de la logistique, nantis d'une autorité interfonctionnelle. Les partenariats mis en place peuvent prendre la forme d'équipes interentreprises, de projets partagés ou de systèmes d'échange d'informations. Pour réduire leurs coûts, gagner en efficience et accéder de façon plus rapide et plus efficace aux marchés mondiaux, certaines sociétés sous-traitent aujourd'hui leurs fonctions logistiques auprès de prestataires (3PL).

Activités

Questions de réflexion et de mise en pratique

1. Expliquez les différences entre un circuit de distribution direct et un circuit indirect. Expliquez le rôle de chacun des acteurs pour ces deux circuits. Donnez des exemples d'entreprises pour chacun des acteurs.
2. Qu'est-ce qu'un système marketing horizontal ? En quoi cela crée-t-il de la valeur pour les entreprises impliquées ? Comment cela génère-t-il des bénéfices pour le consommateur final ?
3. Qu'est-ce qu'un conflit horizontal et un conflit vertical ? Donnez un exemple pour chacun d'eux.
4. Définissez la désintermédiation. Citez trois secteurs pour lesquels des changements dans le circuit de distribution ont entraîné de la désintermédiation.
5. Avec la montée en puissance et la généralisation de la désintermédiation, que peuvent faire les distributeurs physiques (par exemple les disquaires) pour recréer de la valeur pour les consommateurs ?
6. Pourquoi le brasseur belge InBev (Stella Artois, Beck's…) développe-t-il les franchises « Café Leffe » ? Quelles sont les vertus de la franchise pour un producteur tel que celui-là ?
7. Depuis 2004, quasiment toutes les grandes enseignes de la grande distribution ont développé la vente par Internet. Ces dernières années, elles ont complété le dispositif en développant le concept *drive* ou retrait de la commande dans un espace dédié aux alentours des magasins. Quelles en sont les raisons ? Selon vous, quels paramètres faut-il observer pour vérifier si c'est rentable ? Pensez-vous que ce soit rentable ?
8. L'attrait de plus en plus marqué pour la nourriture « bio » est-il susceptible de faire apparaître des phénomènes de désintermédiation dans la chaîne allant du fermier au consommateur ? Si oui, comment pourraient être gérés la distribution physique, les flux financiers et les prises de risque généralement assumés par la grande distribution ?
9. Donnez cinq exemples de décisions qu'une entreprise peut prendre au niveau de l'organisation et de la structure de sa distribution pour réduire son empreinte écologique.

Étude de cas : Les chercheurs au secours des moines trappistes

Brasser de la bière est un art autant qu'une science. Surtout lorsqu'il s'agit de bières trappistes (qui font partie des bières dites spéciales sur le marché belge) brassées par des moines selon des recettes séculaires. Une des chercheuses les plus en pointe dans le domaine brassicole, le professeur Sonia Collin, de l'université catholique de Louvain, dans la belle province du Brabant wallon, en Belgique, est sur le point de trouver le moyen de prolonger les propriétés organoleptiques de ces bières hautement périssables.

La pasteurisation permet à des géants comme Heineken de vendre partout dans le monde leur *pils* (un type de bière blonde dont fait partie par exemple la « 1664 » et connue dans les pays anglo-saxons sous le nom de *lager*), mais les connaisseurs préfèrent les bières « spéciales », plus fortes, moins filtrées, plus typées. Cependant, celles-ci voyagent mal ; le temps et la lumière sont leurs pires ennemis. Le goût de ces bières fortes n'est en effet stable que pendant 3 mois. C'est pourquoi elles sont encore restreintes aux marchés locaux.

Si le professeur Collin arrive à prolonger le cycle de vie des bières « spéciales », les brasseurs pourront transporter et vendre leurs breuvages dans des contrées lointaines. Espérant développer les exportations, le gouvernement fédéral belge a investi 1,25 million d'euros dans les recherches du professeur Collin. Son laboratoire possède un dispositif révolutionnaire « testeur de goût » qui permet d'identifier les composants chimiques d'un échantillon de bière. Ce dispositif a amené les chercheurs à recommander l'utilisation d'aliments organiques, de réduire l'oxygène présent dans le breuvage pendant le brassage, de diminuer la durée du processus de fabrication à haute température. Ces recommandations vont-elles durablement prolonger le cycle de vie des bières ? Il est trop tôt pour le savoir.

Questions

1. Décrivez les circuits de distribution pour une bière trappiste depuis la Belgique, ou plus précisément depuis l'abbaye de Chimay, jusqu'à votre ville. Combien de niveaux de distribution seront impliqués ?
2. Si les chercheurs ne trouvent pas le moyen de prolonger suffisamment la durée de vie des bières spéciales, quelles sont les options qui s'offrent aux brasseurs belges qui souhaitent investir le marché nord-américain ?

Notes

1. Franchise Expo 2007 : Dossier de presse.
2. www.mind-advertising.com/ch/nestea_ch.htm, www.nestle.com/Our_Brands/Breakfast_Cereals/Overview/BreakfastCereals.htm.
3. Neil Shister, « Redesigned Supply Chain Positions Ford for Global Competition », *World Trade,* mai 2005, pp. 20-26.
4. « Adding a Day to Dell », *Traffic World*, 21 février 2005, p. 1 ; William Hoffman, « Dell Ramps Up RFID », *Traffic World*, 18 avril 2005, p. 1.
5. Florent Maillet, « Les ondes radio simplifient l'inventaire bijoux de Casino », *LSA*, 3 décembre 2009.

6. Le merchandising est l'ensemble des techniques marchandes permettant de présenter dans les meilleures conditions matérielles et psychologiques possibles le produit ou le service à vendre à l'acheteur potentiel.

Partie 4

Diffuser l'offre marketing

Chapitre 11

AU TERME DE CE CHAPITRE, VOUS SAUREZ

1. **Expliquer le rôle des détaillants et des grossistes dans le circuit de distribution.**
2. **Décrire les principaux types de détaillants et donner des exemples pour chacun.**
3. **Identifier les principaux types de grossistes et en citer des exemples.**
4. **Expliquer les décisions marketing auxquelles les grossistes et les détaillants sont confrontés.**

Le commerce de gros et le commerce de détail

Le présent chapitre traite la question du commerce de *détail* et du commerce de *gros*. Un univers qui connaît aujourd'hui des évolutions très rapides. Dans la première partie, la nature et l'importance de la vente au détail, les principaux types de détaillants (avec ou sans magasins) et leurs perspectives d'avenir sont évoquées. Dans la seconde partie, ces mêmes sujets sont abordés du point de vue des grossistes.

1. Le commerce de détail

Commerce de détail
Ensemble des activités associées à la vente directe de produits et de services aux consommateurs finaux, en vue d'un usage personnel et non professionnel.

Détaillant
Société dont le chiffre d'affaires provient *essentiellement* de la vente au détail.

Nous savons tous que Carrefour, Leroy Merlin et SPORT 2000 sont des détaillants, mais cette désignation s'applique tout aussi bien au site Amazon.com, à l'hôtel Ibis du coin ou au médecin qui reçoit ses patients. Le **commerce de détail** est pratiqué par de nombreuses entreprises – y compris certains fabricants et certains grossistes –, il concerne avant tout les **détaillants**.

Bien qu'en France le commerce de détail se réalise en majeure partie par le biais de boutiques (93 %), la *vente sans magasin* a connu ces dernières années une croissance beaucoup plus forte. Elle englobe le publipostage, les catalogues de VPC (2 %), le téléphone, Internet, le téléachat, les visites à domicile ou au bureau, le porte à porte, les distributeurs automatiques (2 %), les marché (3 %) et plusieurs autres méthodes de vente directe qui seront abordés plus en détail au chapitre 13. Nous nous concentrerons dans ce chapitre sur la vente en magasin.

1.1 Les différents types de détaillants

Les magasins de détail présentent toutes les formes et toutes les tailles imaginables, et de nouveaux types d'établissements ne cessent d'apparaître. Le tableau 11.1 dresse néanmoins la liste des principaux types de commerces existants (qui seront traités dans la suite du chapitre) et la figure 11.1 illustre le poids relatif des familles d'acteurs généralistes dans le système distributif français. Plusieurs critères de classement peuvent être utilisés, parmi lesquels l'*étendue du service* qu'ils offrent, la largeur et la profondeur de leurs *gammes de produits*, les *prix* qu'ils pratiquent, et la façon dont ils sont *organisés*.

Tableau 11.1 Les principaux types de détaillants

Magasins spécialisés : Proposent une gamme de produits étroite mais un assortiment profond – magasins d'habillement, d'articles de sport ou de meubles, fleuristes, librairies, etc. Un magasin de vêtements sera dit *à gamme unique* ou bien *à gamme limitée* s'il se borne à la mode masculine, tandis qu'un chemisier sur mesure sera qualifié de *superspécialiste*. Exemples : Gap, Attractive, Zara.

Grands magasins : Proposent plusieurs gammes de produits – centrées le plus souvent sur l'habillement, l'ameublement et les appareils ménagers – gérées chacune comme un rayon autonome par des acheteurs ou des marchandiseurs spécialisés. Exemples : Les Galeries Lafayette.

Supermarchés : Magasins en libre-service relativement spacieux, à coûts et marges faibles, caractérisés par un volume de ventes important et conçus pour couvrir tous les besoins du consommateur en matière d'alimentation et de produits ménagers Exemples : Casino, Champion, Match…

Commerces de proximité : Magasins de taille relativement modeste installés à proximité des zones résidentielles, ouverts sept jours sur sept et tard le soir, et qui proposent une gamme de produits restreinte composée d'articles de consommation courante à forte rotation, avec des prix légèrement plus élevés que la moyenne. Exemples : 8 à Huit, Franprix, Ecofrais.

Discounters et grandes surfaces : Proposent une marchandise standard affichée moins cher qu'ailleurs, avec des marges réduites compensées par des volumes de ventes importants. Exemples : E. Leclerc (généralistes) ; Mr.Bricolage (spécialisés).

Hard discount : Propose une marchandise vendue en dessous du prix de détail généralement pratiqué. On regroupe sous cette dénomination les *magasins d'usines*, gérés en propre par les fabricants (exemple : Adidas et Quai des Marques) ; les *superdiscounter indépendants* contrôlés par des entrepreneurs ou, indirectement, par de grandes enseignes (exemple : Aldi) ; et les *clubs de gros*, qui réclament des frais d'adhésion et proposent à leurs membres une sélection d'articles de marques, notamment dans l'alimentaire, l'électroménager et l'habillement, vendus à prix ultra-réduits. Exemples : Métro, Makro.

Superstores : Magasins de très grande taille essentiellement développés en Amérique du nord. Ils visent à répondre à l'ensemble des besoins alimentaires et non alimentaires du consommateur. Ils regroupent les *discounters spécialisés*, qui proposent un assortiment très profond dans une catégorie de produits donnée et disposent de vendeurs compétents ; les *supercentres*, à la fois supermarchés et discounters (exemples : Wal-Mart Supercenters, SuperTarget); et les *hypermarchés*, dont la superficie peut atteindre 20 000 mètres carrés et qui mélangent supermarché, commerce discount et magasin-entrepôt.

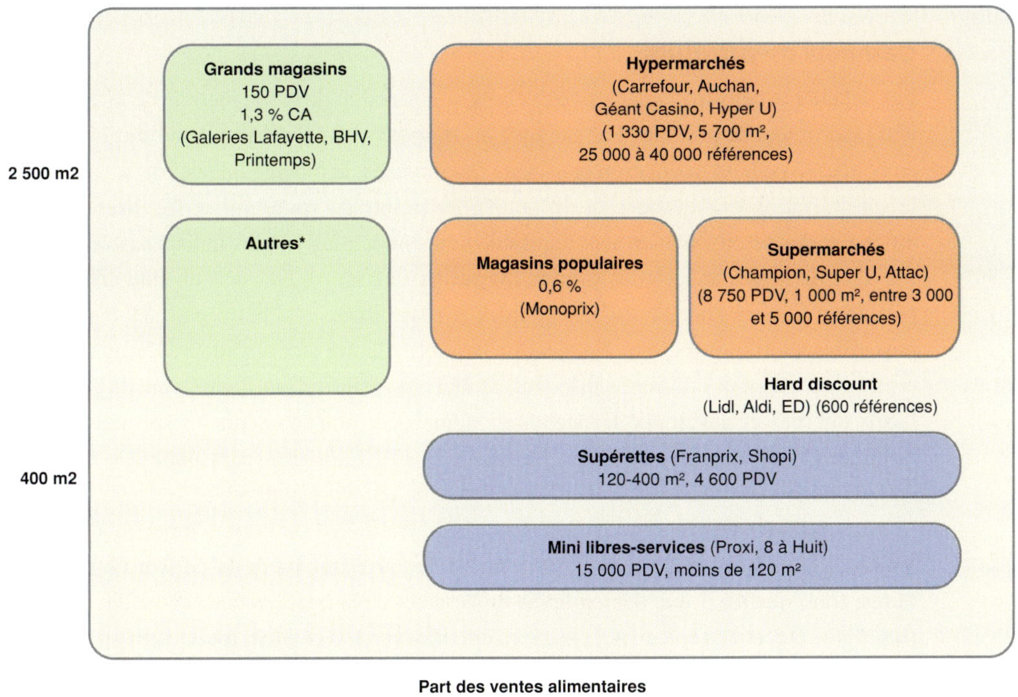

Figure 11.1 Système distributif français : les généralistes

* Autres magasins non alimentaires, non spécialisés (indépendants, cafés tabac, ventes directes de producteurs…).

Source : Fédération du Commerce, 2005.

■ L'enseigne Carrefour s'est historiquement développée en France et est aujourd'hui le deuxième distributeur mondial avec un chiffre d'affaires de 93 milliards d'euros contre 291 milliards d'euros pour le n° 1 : Wall-Mart[1].

Étendue du service

Tous les produits n'exigent pas les mêmes prestations, et les attentes des clients varient également. Dans le commerce de détail, trois niveaux de service peuvent être appliqués : libre-service, service limité et service complet.

Les *détaillants en libre-service* s'adressent à des clients qui souhaitent chercher, comparer et choisir eux-mêmes leurs produits afin de payer moins cher. Le libre-service (LS) constitue la règle en matière de vente discount. Il est aussi particulièrement utilisé pour les biens de consommation courante et les produits de marques nationales à rotation rapide (dans les super et hypermarchés par exemple).

Les *détaillants à service limité*, tels qu'Ikea ou la Fnac, distribuent des produits plus sophistiqués et assistent davantage le client, en lui fournissant les informations dont il a besoin. Leurs coûts d'exploitation, plus élevés, se répercutent sur les prix.

Chez les *détaillants à service complet* – boutiques spécialisées ou grands magasins de prestige, notamment –, les vendeurs assistent le client à chaque étape du processus d'achat. Ces commerces proposent généralement des produits qui sortent de l'ordinaire, et pour lesquels l'acheteur demande à se faire servir. Ils fournissent des prestations plus étendues, entraînant des coûts d'exploitation bien supérieurs et des tarifs à l'avenant.

Gammes de produits

Les détaillants peuvent également être classés en fonction de la longueur et de la largeur de leur assortiment de produits. Par exemple les **magasins spécialisés** ont aujourd'hui le vent en poupe. Avec la segmentation croissante des marchés, le ciblage intensif de la clientèle et la spécialisation grandissante des produits, les points de vente qui se focalisent sur des articles et des segments bien spécifiques deviennent de plus en plus indispensables.

Magasin spécialisé
Détaillant qui propose une gamme de produits très étroite mais un assortiment très profond.

Grand magasin
Détaillant qui propose de très nombreuses gammes de produits – centrées le plus souvent sur l'habillement, l'ameublement et les appareils ménagers –, gérées chacune comme un rayon autonome par des acheteurs ou des marchandiseurs spécialisés.

Ces dernières années, les **grands magasins** se sont trouvés pris en étau entre d'une part des magasins spécialisés plus souples et plus ciblés, et d'autre part des discounters plus efficaces et moins chers. En réaction, nombre d'entre eux ont adopté l'usage des prix promotionnels pour contrer le discount, tandis que d'autres ont donné plus de place aux labels internes et développé les stands monomarques pour contenir les spécialistes. Des enseignes haut de gamme telles que Les Galeries Lafayette parviennent à tirer leur épingle du jeu en mettant en avant l'excellence de leurs prestations.

Les **supermarchés** sont les détaillants qui bénéficient de la plus forte fréquentation. Aujourd'hui, ils font face néanmoins à une croissance très modeste de leur chiffre d'affaires, conséquence d'une démographie en berne et de la concurrence accrue des discounters, d'un côté, et des épiceries fines de l'autre. Ils ont subi de plein fouet l'évolution rapide des habitudes de vie, avec notamment de plus en plus de repas pris à l'extérieur.

La majorité d'entre eux cherchent à réaménager leur surface de vente, afin de séduire davantage de clients. Luttant pour leur « part d'estomac », les établissements les plus vastes jouent la carte du haut de gamme, en proposant un cadre plus agréable et des produits de meilleure qualité. D'autres s'efforcent plutôt de réduire les coûts, d'accroître la rentabilité et de baisser les prix pour rivaliser plus efficacement avec les discounters. Par ailleurs, 70 % des Français sont désormais connectés à Internet contre 64 % en 2007[2], et les ventes sur Internet progressent significativement de près de 25 % chaque année (26 % en 2009).

En 2008, on comptait 27 000 **commerces de proximité** en France, pour un chiffre d'affaires cumulé de 35 milliards d'euros, ce qui correspond à 23 % du chiffre d'affaires de la distribution[3].

Au début des années 2000, les commerces de proximité ont vu leur clientèle principale – celle des jeunes – se réduire comme peau de chagrin, et se sont retrouvés en surcapacité. De nombreuses chaînes ont donc commencé à revoir la conception de leurs magasins afin d'attirer la clientèle féminine. Elles tentent d'effacer leur image de « dépanneur », où les hommes viennent acheter bières, cigarettes et journaux, et vendent à la place des aliments frais et des plats préparés dans un cadre plus propre et de meilleur goût.

Certains détaillants proposent enfin non pas une gamme de produits mais une gamme de services. C'est le cas notamment des hôtels, des banques, des compagnies aériennes, des universités, des hôpitaux, des cinémas, des clubs de tennis, des bowlings, des restaurants, des services de dépannage, des salons de coiffure et des pressings. Dans l'économie moderne, la vente de services croît aujourd'hui plus vite que la vente de produits. Les aménagements entrepris par les commerces de proximité se sont révélés gagnants puisque, depuis 2005, le chiffre d'affaires du segment a progressé de 21 %[4].

Prix

Les détaillants peuvent également être classés en fonction des prix qu'ils pratiquent (voir tableau 11.1). La plupart d'entre eux appliquent des tarifs « normaux » et vendent des produits et des services de qualité honorable. D'autres proposent des biens et des services de qualité supérieure, tarifés en conséquence. Les détaillants qui affichent des prix plus bas que la moyenne appartiennent quant à eux à la catégorie des discounters et du hard discount.

Discounters Les premiers **discounters** réduisaient leurs dépenses en limitant le service et en exploitant des locaux à loyer modéré semblables à des entrepôts, situés dans des quartiers très passants. Les discounters actuels ont amélioré le cadre d'accueil et développé les services, mais parviennent à maintenir les prix en rationalisant au maximum leur activité. En période de crise, la grande distribution a un gros travail de reconquête à opérer. En effet, les consommateurs n'ont plus confiance en elle pour offrir le juste prix. Les Français la considèrent responsable de la crise (71 %) autant que de la hausse des prix (41 %). Les discours des enseignes sur la défense du pouvoir d'achat n'ont pas trouvé de crédibilité[5].

Hard discount Tandis que les principales enseignes discount montaient en gamme, une nouvelle vague de **superdiscounters** a déferlé pour venir occuper le créneau des prix ultra-réduits, rendus possibles par des volumes d'achat massifs. Ils investissent tous les

Supermarché
Magasin en libre-service relativement spacieux, à coûts et marges faibles, caractérisé par un volume de ventes important et proposant un large éventail de produits alimentaires et ménagers.

Commerce de proximité
Magasin de taille modeste installé à proximité d'une zone résidentielle, ouvert sept jours sur sept et tard le soir, et qui propose une gamme de produits restreinte composée d'articles de consommation courante à forte rotation.

Discounter spécialisé
Gigantesque magasin spécialisé qui propose une gamme de produits spécifique avec un assortiment extrêmement profond, et possède une force de vente très compétente.

Discounter
Détaillant qui propose une marchandise standard vendue moins cher qu'ailleurs, et compense ses faibles marges par un volume de ventes plus important.

Hard discount
Détaillant qui achète en dessous du prix de gros et vend en dessous du prix de détail généralement pratiqué. Regroupe les magasins d'usines, les hard discounters indépendants et les clubs de gros.

Hard discount indépendant
Hard discounter contrôlé par un entrepreneur ou géré indirectement par une grande enseigne.

Magasin d'usines
Superdiscounter détenu en propre par un fabricant, et qui ne propose normalement que des invendus, des fins de séries ou des articles de second choix.

Club de gros
Hard discounter qui propose, contre paiement d'une adhésion annuelle, une sélection d'articles de marques (dans l'alimentaire, l'électroménager et l'habillement), ainsi qu'un mélange hétéroclite d'autres produits à prix très réduits.

secteurs, depuis l'alimentaire, l'habillement et l'électronique grand public jusqu'aux services bancaires de base et les opérations de courtage.

Il existe trois grands types de hard discounters : les *indépendants*, les *magasins d'usines* et les *clubs de gros*. Les **hard discounters indépendants** sont, suivant le cas, contrôlés par des entrepreneurs ou gérés indirectement par de grandes enseignes. Les seconds sont majoritaires. Ce sont par exemple les magasins Brico Dépôt, Aldi et Leader Price.

Les **magasins d'usines** – détenus en propre par des firmes telles qu'adidas, Aigle ou Carven – se regroupent souvent au sein de véritables centres commerciaux, qui proposent un large éventail d'articles vendus jusqu'à 50 % en dessous du prix catalogue.

Ces centres constituent aujourd'hui l'un des principaux vecteurs de croissance du commerce de détail. Ils s'orientent de plus en plus vers le haut de gamme, et vont même jusqu'à supprimer de leur nom le terme d'« usine ». Entre eux et les autres détaillants plus traditionnels, l'écart se réduit de jour en jour – tout comme d'ailleurs les remises accordées. Des marques telles que Polo, Ralph Lauren, Giorgio Armani, Gucci ou Versace s'y trouvent aujourd'hui représentées, provoquant de vives protestations de la part des grands magasins. Avec leurs coûts beaucoup plus élevés, ces derniers n'ont en effet aucune chance de pouvoir rivaliser. Les fabricants rétorquent qu'ils se contentent d'écouler par ce biais les collections de l'année passée ou des articles de second choix, et non pas les nouveautés qui leur demeurent réservées.

Les **clubs de gros** – Métro et Makro par exemple – exploitent d'immenses locaux de type hangar, exposés à tous les vents, et ne s'embarrassent d'aucun service. Le client doit lui-même amener jusqu'aux caisses les meubles, le gros électroménager et tous les articles imposants qu'il souhaite acquérir. Ces clubs n'offrent pas de livraison à domicile et refusent souvent les paiements par carte. Ils proposent en contrepartie des prix ultra-réduits et de bonnes affaires ponctuelles sur certains produits de marques sélectionnés.

■ Le concept de club de gros est développé de part le monde, comme le suggère cette photo prise en Malaisie dans un Makro.

Ces détaillants ne séduisent pas seulement les consommateurs à revenus modestes, qui cherchent à obtenir le meilleur prix en allant à l'essentiel, mais aussi toutes sortes de clients intéressés par le très large éventail proposé, des denrées de première nécessité aux produits les plus superflus.

Pour freiner l'avancée du hard discount, les distributeurs ne manquent ni de créativité ni de moyens. Assortiments réduits, offre en vrac, prix discount et nouvelles enseignes sont autant d'expérimentations menées…

Depuis 1999, pas moins de 12 nouveaux concepts ont pris place dans le « paysage distributif français », tous peu ou prou d'inspiration discount. « Nous assistons à une mutation des modèles traditionnels », explique Catherine Dujardin, responsable des études sectorielles pour l'IFLS. C'est bien pour freiner le transfert de leur clientèle vers Leader Price et consorts que les puissantes enseignes ont lancé de nouveaux concepts tels que Les Halles d'Auchan, Au Marché Vrac, Géant Discount…

Les répliques de la grande distribution au rouleau compresseur du hard discount des années 2005-2006 ont mis à mal les discounters en venant chasser sur leur terrain : le prix (voir encadré 11.1).

MARKETING EN ACTIONS 11.1

Le « hard discount » : un business model à revisiter

Qu'est-ce que le hard discount ?

Le business model du HD – éprouvé en Allemagne depuis une cinquantaine d'années – repose sur le principe de vente à prix bas avec du personnel et un assortiment réduits (600 à 1 500 références contre au minimum 3 000 et 23 000 références respectivement pour les supermarchés et les hypermarchés). Le HD se caractérise aussi par des surfaces moyennes (400 à 800 m² contre 400 à 2 500 m² pour les super et plus de 2 500 m² pour les hyper). Les leaders en parts de marché de ce sous-secteur sont Lidl (4,9 % en valeur), Leader Price (3 %), Aldi (2,6 %) et Ed (2,4 %) [2009].

Un outsider performant jusqu'en 2005

Le HD s'est implanté en France il y a une vingtaine d'années (1988 : implantation des enseignes allemandes Lidl et Aldi) et, depuis lors, son évolution a été forte et constante, cela jusqu'en 2005. Ainsi, le nombre de magasins HD a été multiplié par douze, pour dépasser les 4 000 magasins ces dernières années. En 2004, le taux de pénétration du HD était de 66,8 % (+ 11,5 points par rapport à 2000), et sa part de marché en valeur était de 13 %. Le HD était encore considéré il y a deux ans comme le champion de la distribution, et un avenir glorieux lui était promis ; ainsi les experts lui prédisaient-ils en 2008 une part de marché de 25 % pour 2012 ; le tableau est en 2009 moins éclatant : le HD, après avoir atteint les 14,3 % de parts de marché, ne cesse de reculer ! Comment expliquer cette erreur d'interprétation, ce revirement ? Quelles sont les tendances actuelles ? Quelles sont les perspectives d'avenir pour le HD ?

Pourquoi ce recul ?

Force est de constater que la croissance du HD a connu un coup d'arrêt. Plusieurs facteurs conjoncturels – la crise en fait partie – contribuent à expliquer ce recul. La crise a ébranlé tout le secteur de la distribution ; la confiance du consommateur tout comme son pouvoir d'achat ont subi de sérieux assauts. Premier étonnement, cependant, le HD, avec ses prix compétitifs, aurait logiquement dû résister le mieux ; et, pourtant, les ventes en hard discount sont en recul de 2 % en 2009, quand le reste du secteur tire son épingle du jeu. Il semblerait en effet que la crise ait entraîné des modifications durables du comportement d'achat. Selon une étude Panel on the Web & JPL Consulting (2009), le consommateur entend restreindre ses achats, donc « moins consommer », et un glissement est souvent opéré vers un « mieux consommer », voire un « consommer vert » ; c'est-à-dire limiter le gaspillage, le superflu, mais encore consommer des produits de meilleure qualité. Ce mouvement se combine avec l'avènement d'une « conscience bio », du développement durable. Or un soupçon pèse toujours sur la qualité des produits discountés et est l'un des principaux freins à l'achat en hard discount.

Toujours est-il que le mouvement s'était amorcé avant la crise, qui n'a fait que catalyser une tendance. Le HD se ressent également de la contre-offensive des distributeurs classiques. Si les hyper et les super ont souffert de l'avènement du HD, ils se sont ressaisis et ont adapté leurs *business models*. On a ainsi pu voir un foisonnement de nouveaux concepts brouillant les pistes, rendant floues les frontières avec le HD, comme Carrefour Discount, lancé en mai 2009 ou bien Simply Market dont l'objectif annoncé sur son site est de proposer des courses « faciles, rapides avec des prix bas permanents, une offre équilibrée entre marques nationales, marques de distributeur et produits premier prix, dans une atmosphère chaleureuse et soignée », alternative à l'hyper comme au HD. Les hyper et super ont opéré un travail de renforcement de leurs marques propres, ont mis en place des rayons discounts en libre-service au sein même de leur structure, ont renforcé leur communication sur les prix bas. Parallèlement, les discounters se sont pour la plupart ouverts aux marques nationales : fin 2008, ces dernières pesaient pour 10 % de leur CA. De par ce nivellement de l'offre, il va falloir engager une différentiation sur bien d'autres critères que sur les prix. Dans une récente étude de l'association Familles rurales, son président, Thierry Damien, a même jeté un pavé dans la mare ; à paniers de produits premiers prix équivalents, le panier d'un hypermarché coûterait 4 % moins cher que celui du HD !

L'offre existante. Quelles perspectives pour le HD ? Quel visage pour la grande distribution de demain ?

Les nouvelles enseignes ont donc fait florès : les hyper et super se sont diversifiés et ont pour la plupart décliné leur offre de magasin à prix cassés en misant sur la proximité avec le client. « Les grands acteurs du top 100 sont en plein reformatage, résume Olivier Vialle, expert en distribution chez Price Waterhouse Coopers. On constate une forte volonté d'expérimentation et de renouvellement. » Le HD se heurte au risque d'une certaine « dilution » de son concept s'il ne s'adapte pas.

La tendance actuelle est donc au rapprochement avec le client ; il s'agit de rompre avec les structures impersonnelles, de lui éviter de perdre son temps. D'où la mise en place de Leclerc Drive ou encore Auchan Drive, par exemple. Carrefour City, Intermarché Express, Monop' Store ou encore Daily Monop', enseignes de taille moyenne, à taille humaine, jouent tous la carte de la proximité urbaine et de la diversification des services. Monop' Store, par exemple – lancé en avril 2009 –, propose non seulement de l'alimentation et du prêt-à-porter, mais encore de la presse et un restaurant.

Cependant, le tour d'horizon ne serait pas complet sans mentionner les deux projets d'Auchan, qui nage à contre-courant et fait contre tous le pari de la taille. Ainsi, Auchan est en train de rénover et d'agrandir son deuxième plus grand hyper, à Vélizy, qui fera 3 500 m² pour plus de 205 000 références. De plus, Auchan va inaugurer le plus grand magasin de hard discount de France : Priba. Contrairement au HD classique, Priba disposera de nombreux produits de grandes marques – il peut se le permettre, il serait de l'ordre de dix fois plus grand qu'un Aldi ou un Lidl – mais proposera plus de produits premiers prix ou de MDD qu'un Auchan normal, et un espace important dédié au « vrac ».

Faudra-t-il attendre la sortie de la crise pour que la grande distribution redéveloppe ses marges ainsi que ses services et abandonne le positionnement « prix » au HD ? Le HD devra-t-il s'adapter et encore plus serrer ses coûts ?

Sources : Olivier Costil, « La crise pousse à l'innovation », 27 août 2009 ; Ivan Letessier, « Auchan inaugure le premier hypermarché hard discount », *Le Figaro*, 7 janvier 2010 ; Jean-Noël Caussil et Florence Bray, « Les tendances incontournables du commerce de demain », *LSA*, 17 décembre 2009 ; Jérôme Parigi, « Les parts de marché des distributeurs alimentaires en novembre », *LSA*, 17 décembre 2009.

Type d'organisation

Chaînes de magasins
Deux ou plusieurs points de vente détenus et gérés en commun, qui centralisent leurs achats et leur marchandisage et proposent des gammes de produits similaires.

Bien que de nombreux magasins de détail soient gérés de façon autonome, d'autres s'associent en revanche au sein d'une organisation commune. Les principaux types d'organisations – *chaînes succursalistes*, *chaînes volontaires* et *coopératives de détaillants*, *franchisage*, et *conglomérats marchands* – sont décrits dans le tableau 11.2.

Comparées aux détaillants indépendants, Les **chaînes de magasins** présentent de multiples avantages. Leur taille leur permet d'une part d'acheter en grandes quantités et de profiter ainsi de meilleurs tarifs. Elles peuvent aussi recruter des spécialistes chargés de la fixation des prix, de la promotion, du marchandisage, de la gestion des stocks et des prévisions de ventes.

L'énorme succès des chaînes à succursales multiples a incité de nombreux indépendants à se réunir au sein d'associations contractuelles. Il en existe de deux types : la *chaîne volontaire* déjà évoquée au chapitre 10, qui rassemble des magasins indépendants sous la houlette d'un ou de plusieurs grossistes (exemple SPAR et Catena), et la *coopérative de détaillants*, groupe de détaillants indépendants qui centralisent leurs achats et mènent des efforts de promotion conjoints (Conforama, Intermarché, But). Ces associations permettent à leurs membres de réaliser les économies dont ils ont besoin pour rivaliser avec les prix des chaînes succursalistes.

Tableau 11.2 Les principaux types d'organisations dans le commerce de détail

Type	Description	Exemples
Le commerce intégré	Forme de commerce selon laquelle les fonctions de gros et de détail sont remplies par une seule organisation qui intervient directement entre le producteur et le consommateur	Les Galeries Lafayette, BHV, Le Bon Marché et La Samaritaine, Monoprix, Casino, Marionnaud
Le commerce indépendant	Forme de commerce dans laquelle les fonctions de gros et de détail sont dissociées et remplies par des entreprises différentes	Labège 2, Val d'Europe, Vélizy 2, Les Quatre Temps, Les 3 Fontaines…
Le commerce associé	Forme de commerce intermédiaire entre le commerce intégré et le commerce indépendant. Se compose d'entreprises qui coordonnent, sans cependant les fondre complètement au sein d'une même organisation, les fonctions de détails et de gros.	Intermarché, Super U, Conforama (coopératives de détaillants), SPAR, Catena (chaînes volontaires), La Mie Câline, McDonald's, Rodier (franchises)…

La **franchise** constitue une autre forme d'organisation contractuelle, dont la principale différence est qu'elle s'appuie normalement sur un produit, un service ou une méthode de vente spécifique, sur une raison sociale ou un brevet, ou sur une clientèle développée par le franchiseur. Le franchisage occupe aujourd'hui une place prépondérante dans la restauration rapide, la coiffure, la location automobile, l'hôtellerie, le voyage, l'immobilier et des dizaines d'autres secteurs. Mais il répond en fait à la quasi-totalité des besoins.

Franchise
Association contractuelle entre un fabricant, un grossiste ou un prestataire de services (le franchiseur) et divers entrepreneurs indépendants (franchisés) qui acquièrent le droit de détenir et de gérer une ou plusieurs unités du réseau.

Les franchisés représentent aujourd'hui un chiffre d'affaires qui avoisine les 120 milliards d'euros en France[6]. Il est devenu impossible de se balader en ville ou de traverser une zone périurbaine sans croiser un McDonald's, une boutique Häagen-Dazs ou un hôtel Ibis.

▶ L'une des franchises les plus connues et les plus florissantes – McDonald's – possède à l'heure actuelle quelques 32 000 établissements répartis dans 117 pays. Elle sert près de 60 millions de clients par jour et réalise un chiffre d'affaires annuel global supérieur à 31 milliards de dollars. Plus de 70 % des restaurants McDonald's à travers le monde sont détenus et dirigés par des franchisés[7]. ◀

1.2 Décisions marketing d'un détaillant

Les détaillants sont toujours en quête de nouvelles stratégies marketing susceptibles d'attirer et de fidéliser les clients. Ils les séduisaient autrefois par des assortiments uniques et des prestations plus complètes ou de meilleure qualité. Mais aujourd'hui, leurs offres commerciales se ressemblent de plus en plus. Les marques nationales, à la recherche de volumes de ventes toujours plus importants, ont fini par placer leurs produits un peu partout. On ne les trouve plus seulement dans les grands magasins, mais aussi chez les discounters ou le hard discount, ainsi que sur le Web. De ce fait même, les détaillants ont à présent beaucoup plus de mal à proposer une marchandise spécifique.

La différenciation par rapport aux services s'est également érodée. Les grandes enseignes les ont souvent réduits, tandis que les discounters ont enrichi leurs prestations. Les clients se sont aguerris et font davantage attention au prix. Ils ne voient aucune raison de payer plus cher pour la même marque, surtout lorsque l'écart en termes de services ne cesse de s'amenuiser. Pour toutes ces raisons, de nombreux détaillants commencent aujourd'hui à repenser leur stratégie marketing.

Comme le montre la figure 11.2, les principaux choix qu'ils doivent opérer concernent le *marché cible*, le *positionnement*, l'*assortiment de produits et de services*, le *prix*, la *communication* et la *distribution*.

Figure 11.2
Décisions marketing du détaillant

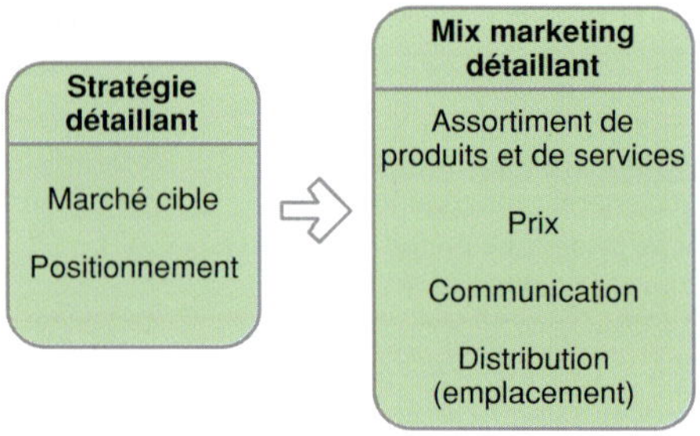

Marché cible et positionnement

Les détaillants doivent d'abord définir leur marché cible et la façon dont ils vont se positionner sur ce marché. Faut-il se concentrer sur une clientèle haut de gamme, bas de gamme ou intermédiaire ? La clientèle visée privilégie-t-elle la diversité, la profondeur de l'assortiment, la commodité ou les prix bas ? Tant qu'il n'a pas cerné et profilé son marché, le commerçant ne peut prendre aucune décision cohérente sur le plan de l'assortiment, des services, des prix, de la publicité, de l'aménagement intérieur de son point de vente, ou de toute autre variable censée venir appuyer son positionnement.

▶ Les détaillants qui prospèrent ont caractérisé leur marché de façon précise et adopté une position forte. Leclerc se positionne ainsi très nettement sur les prix bas. Dans un sondage de 2006, 96 % des clients de Leclerc interrogés se disaient déjà satisfaits des prix pratiqués par l'enseigne. Et, maintenant, en plein marasme économique, alors que la grande distribution fait grise mine, l'enseigne affiche encore une croissance de plus de 5 % (hors carburant) à 29,4 milliards d'euros[8]. ◀

Assortiment de produits et services

Sur le plan des produits, les détaillants doivent examiner trois grandes variables : l'*assortiment*, le *mix de services* et l'*ambiance du magasin*.

L'*assortiment de produits* doit permettre au détaillant de se différencier tout en répondant aux attentes de sa clientèle cible. L'une des stratégies envisageables consiste à proposer une marchandise qui n'est disponible nulle part ailleurs – ses propres marques, par exemple, ou des marques nationales sur lesquelles il détient une exclusivité. Champion (devenu Carrefour Market en 2008) et Carrefour distribuent ainsi la marque Reflets de France. Une autre stratégie sera d'organiser des animations marchandes de grande envergure – à l'instar de Carrefour à l'occasion des Coupes du Monde

(2002, 2006, 2010) et Championnats d'Europe de Football (2000, 2004, 2008). Le détaillant peut aussi chercher à créer la surprise, comme lorsque Cora met en vente, pour une durée extrêmement limitée – par exemple : 1 jour –, des biens d'équipement à prix incroyablement bas.

Le *mix de services* constitue lui aussi un moyen de différenciation. Certains détaillants invitent notamment leurs clients à poser des questions ou à consulter les conseillers de vente, en personne, par téléphone ou par clavier interposé. Leroy Merlin offre pour sa part toute une gamme de services aux bricoleurs, du stage d'initiation à la carte de crédit.

L'*ambiance du magasin* représente une arme supplémentaire dans l'arsenal du détaillant. Chaque point de vente est agencé d'une manière particulière, qui facilite plus ou moins la circulation du client. Chacun procure une sensation différente : celui-ci paraîtra surchargé, celui-là plus agréable, ce troisième luxueux et un autre encore lugubre. Le détaillant doit donc créer une atmosphère adaptée au marché visé, et incitant à l'achat. Ainsi le peu d'espace entre les rayons contribue à donner l'impression aux consommateurs du hard discount que l'agencement du magasin est élémentaire et donc que les prix sont vraiment plus bas que chez d'autres distributeurs.

Certains pratiquent aussi le « commerce expérientiel ». Classiquement, à la Fnac ou chez Virgin, le client peut écouter le disque qu'il pense acheter. Dans le secteur de la beauté, les bornes L'Oréal permettent de tester sa peau et de trouver le produit adéquat. Aux États-Unis, la démarche expérientielle est plus poussée et plus répandue. Chez REI, les consommateurs peuvent essayer les équipements d'escalade sur un énorme mur installé dans le magasin, ou tester les imperméables Gore-Tex en se plaçant sous une averse simulée. Chez Lifestyles Spa à Van Nuys, en Californie, les clients sont invités à venir en maillot de bain et à essayer les Jacuzzis « en situation réelle ».

Ces pratiques d'outre-Atlantique ont fait des émules en Europe. Par exemple, au Megastore Globetrotter de Cologne, les consommateurs peuvent plonger dans un bassin de 4,30 m pour tester les canoës et le matériel de plongée. Il y a également une chambre froide pour tester les sacs de couchage et une grotte pour mettre à l'épreuve les anoraks. « L'objectif est de permettre aux clients de toucher les produits pour qu'ils trouvent celui qui leur correspond le mieux en termes d'usage, de fonctionnalité et d'ergonomie », précise Laurent Perret, le directeur général de Dia Mart in Situ, une agence de merchandising[9].

Pour ses magasins de montagne, le distributeur alimentaire Sherpa, donne une atmosphère « boisée » à ses aménagements intérieurs. Ceci afin de se différencier des concurrents mais aussi de ses implémentations en plaine. Les magasins déjà aménagés ont vu leur chiffre d'affaire évoluer de 8 %.

Tout ceci confirme bien que les magasins de détail offrent beaucoup plus que de simples assortiments de produits. Ce sont des environnements complets, qui font vivre une expérience particulière aux acheteurs. Dès lors, l'ambiance d'un magasin représente pour le détaillant un formidable outil, qui lui permet de se différencier des concurrents et de la vente en ligne, mais aussi de soutenir des actions ponctuelles. Par exemple un environnement olfactif peut promouvoir des produits commercialisés à des moments particuliers de l'année.

Midis, une agence de marketing sensoriel, est ainsi intervenue dans un hypermarché pour soutenir les ventes de chocolats en période de Pâques. « Nous avons diffusé une odeur de chocolat dans l'allée centrale où se trouvaient les produits théâtralisés, précise Vincent Pujo, directeur marketing de Midis. Notre solution a permis d'augmenter les ventes de 15 % à 20 %[10]. »

Prix

La politique de prix d'un détaillant doit être en adéquation avec son marché cible et son positionnement, avec son assortiment de produits et ses prestations de services, et avec l'intensité de la concurrence. Tous les détaillants rêvent de marges élevées et de volume de ventes importants, mais les deux vont rarement de pair. La plupart d'entre eux recherchent donc *soit* des marges élevées sur des volumes faibles (l'immense majorité des magasins spécialisés), *soit* des marges faibles sur des volumes plus conséquents (grande distribution et discounters).

La boutique Bijan, située sur Rodeo Drive à Beverly Hills, propose ainsi « les vêtements pour hommes les plus chers au monde » – avec, par exemple, des cravates en soie à 375 dollars ou des vestes en peau d'autruche à 19 000 dollars. Sa politique de vente, « sur rendez-vous uniquement », vise à mettre plus à leur aise ses richissimes clients. M. Bijan explique : « Lorsqu'un monsieur s'apprête à dépenser 400 000 dollars d'un coup, ne pensez-vous pas qu'il mérite à juste titre toute mon attention ? [11] »

Les détaillants doivent aussi décider s'ils souhaitent appliquer des promotions, et si oui dans quelle mesure. Certains n'en proposent jamais, et préfèrent se battre sur les

La chaîne Nature & Découvertes prolonge l'expérience « Nature & Découvertes » en organisant des colloques ou des activités naturalistes et pédagogiques en dehors de ses magasins.

produits et les services que sur les prix. Il est difficile ainsi d'imaginer une offre « deux pour le prix d'un » chez Bijan.

D'autres utilisent une tarification « yoyo » – ils appliquent au quotidien des prix plus élevés, associés à de fréquentes remises qui permettent d'accroître la fréquentation, de liquider les invendus, de développer l'image d'un magasin bon marché, ou d'attirer les clients pour qu'ils viennent acheter d'autres produits au prix fort. D'autres encore – tel que Brico Dépôt – ont mis en place une stratégie de « prix bas tous les jours » (*everyday low pricing* ou *EDLP* en anglais), caractérisée par la recherche constante du meilleur tarif et la quasi-absence de promotions ou de remises. Aucune option n'est plus judicieuse qu'une autre : tout dépend en fait de la stratégie marketing du détaillant et de la politique menée par ses concurrents.

Communication

Pour s'adresser aux clients, les détaillants peuvent exploiter tous les outils de communication disponibles – la publicité, la vente personnelle, la promotion des ventes, les relations publiques ou le marketing direct. Ils communiquent par le biais des journaux et des magazines, à la radio et à la télévision, ou encore par Internet.

Certains considèrent à juste titre les milliers de mètres carrés de vitrine de leur réseau comme des supports publicitaires ; c'est typiquement le cas des banques. Zara joue aussi cette carte, mais dans ce cas pour générer du trafic. Les vitrines de Zara suivent le rythme des collections et sont changées chaque mois. L'aménagement des étalages est réalisé par des designers au siège social de La Corogne, en Espagne, et mis en place dans les 4 300 magasins de l'enseigne. Une équipe dédiée de 200 personnes s'occupe de la mise en place et même les directeurs de magasin ne sont pas autorisés à les modifier. Au final, Zara dépense en publicité moins de 0,3 % de son chiffre d'affaires alors que ses concurrents, Gap, H&M, Benetton… dépensent en moyenne 3 %. Ce qui correspond à une économie de 270 millions d'euros pour Zara[12].

Distribution

On se plaît à dire qu'il existe dans le commerce de détail trois facteurs de réussite essentiels : l'*emplacement*, l'*emplacement* et l'*emplacement* ! Le choix du lieu de vente s'avère en effet capital : il faut qu'il soit accessible à la clientèle visée, et cohérent avec le positionnement du vendeur. On comprend dans l'exemple de Zara ci-dessus que le choix des emplacements de ses magasins est essentiel. Ce n'est pas un hasard non plus si adidas a déplacé son très beau magasin de la rue de Rivoli, à Paris, vers un endroit encore plus prestigieux, sur les Champs-Élysées.

Centre commercial
Ensemble de boutiques organisées, développées, détenues et gérées par une même enseigne globale.

Les *centres commerciaux régionaux*, qui rassemblent de 40 à plus de 200 magasins (Labège 2, Les 3 Fontaines, Vélizy 2, Les Quatre Temps…) sont les plus grands et les plus spectaculaires de tous. Ils ressemblent à des mini-centres-villes et possèdent une zone de chalandise très étendue. On en dénombre environ 600 en France. Un *centre commercial local* compte pour sa part entre 15 et 40 commerces, avec en général une succursale d'un grand magasin ou d'une enseigne populaire, un supermarché, des détaillants spécialisés, des cabinets de médecins et parfois un établissement bancaire. Les *centres commerciaux de quartiers* sont les plus nombreux et comptent habituellement de 5 à 15 boutiques. Situés à proximité des zones résidentielles, ils séduisent par leur côté pratique. On y trouve d'ordinaire un supermarché, parfois un magasin discount, et plusieurs commerces de services – pressing, laverie automatique, droguerie, vidéoclub, coiffeur ou institut de beauté, quincaillerie, etc.

1.3 L'avenir du commerce de détail

Les détaillants mènent leur activité au sein d'un environnement impitoyable et en perpétuel changement, qui présente autant de menaces que d'opportunités. Leur secteur souffre notamment d'une surcapacité chronique, entraînant une lutte acharnée pour conquérir le porte-monnaie du client. Les caractéristiques démographiques, les styles de vie et les habitudes d'achat évoluent très rapidement, au même titre que les techniques de vente. Pour réussir, les détaillants doivent donc cibler avec soin les meilleurs segments et se positionner avec force. Pour planifier et mettre en œuvre une stratégie compétitive, ils doivent prendre en compte les développements exposés ci-après :

Nouvelles formes de vente et raccourcissement des cycles de vie

De nouvelles formes de vente continuent d'apparaître, afin de répondre aux nouvelles situations et aux nouveaux besoins des clients. Mais leur cycle de vie ne cesse de raccourcir. Les grands magasins ont mis près d'un siècle pour atteindre leur phase de maturité ; il n'en aura pas fallu plus de dix pour d'autres types de commerces plus récents comme les magasins d'entrepôts, par exemple. Dans un environnement pareil, des positions apparemment solides peuvent très vite s'effondrer.

Wheel-of-retailing
Concept qui stipule que les nouveaux types de détaillants démarrent généralement avec des marges faibles, des prix bas et une image modeste, évoluent ensuite vers des prix plus élevés et des prestations plus coûteuses, et finissent par ressembler à terme aux points de vente traditionnels qu'ils ont remplacés.

Dans le commerce de détail, de nombreuses innovations s'expliquent en partie par un concept circulaire qui porte le nom anglais de **wheel-of-retailing**[13]. En vertu de ce concept, les nouveaux types de détaillants démarrent généralement avec des marges faibles, des prix bas et une image modeste. Ils concurrencent les enseignes établies, qui ont laissé leurs coûts et leurs marges s'envoler. La réussite aidant, les nouveaux venus sont incités à améliorer leurs infrastructures et à offrir davantage de services. Leurs coûts commencent donc eux aussi à grimper, ce qui les oblige à augmenter les prix. À terme, ces nouveaux points de vente finissent par ressembler à ceux qu'ils ont remplacés. Le cycle se répète alors avec une nouvelle vague de détaillants, qui présentent à leur tour des coûts et des prix plus faibles. Le concept de wheel-of-retailing permet d'éclairer le succès initial et les problèmes ultérieurs des grands magasins, des supermarchés, des discounters, des hard discounters, ainsi que la réussite relativement récente de la vente en ligne.

Développement de la vente sans magasin

La plupart des gens effectuent encore la majorité de leurs achats « à l'ancienne » : ils se rendent dans un magasin, vont chercher ce qu'ils veulent, font patiemment la queue pour passer en caisse, et ramènent les produits à la maison. Mais les consommateurs disposent aujourd'hui d'une large panoplie d'alternatives, avec entre autres la VPC, le téléachat, ou encore la vente par téléphone ou sur Internet. Les consommateurs innovateurs évitent de plus en plus les foules harassantes des centres commerciaux, et préfèrent commander depuis chez eux. La plupart des enseignes exploitent désormais des circuits de vente directs, et la vente en ligne concerne en réalité beaucoup plus les entreprises « brique et clic » (par exemple : Décathlon) que les sociétés « pur clic » (par exemple : Banque Directe).

La vente en ligne se porte aujourd'hui très bien et ne cesse de gagner du terrain. Grâce à l'arrivée de sites web plus faciles à utiliser, à l'amélioration des prestations et à la sophistication croissante des technologies de recherche, avec la généralisation de l'ADSL et le taux d'équipement croissant, l'e-commerce connaît un véritable essor. Il sert même de locomotive à l'ensemble du secteur. En effet, l'e-commerce se porte bien en France : si le secteur reste deux fois moins important qu'au Royaume-Uni, la croissance des ventes a atteint 26 % en 2009 pour un chiffre d'affaires de 25 milliards contre 12 milliards en 2006 et 200 millions en 1999, selon les estimations de la Fédération de l'e-commerce et de la vente à distance (Fevad).

On s'attend néanmoins à ce que la croissance de l'e-commerce profite avant tout aux détaillants multicircuits – ces entreprises « brique et clic », capables de faire la jonction entre le virtuel et le réel.

Fnac éveil & jeux, le spécialiste en jeux, jouets, livres, disques, vidéos et CD-Rom du pôle jeunesse de la Fnac, joue la stratégie multi-canal et la convergence de l'assortiment entre ses 43 boutiques, la vente sur catalogue et son site web. La vente en magasin représente 45 % du chiffre d'affaires, le catalogue la moitié et la vente en ligne compte pour 80 % de la vente à distance[14]. Pour le directeur général de Fnac éveil & jeux, le Web n'éliminera jamais le catalogue et les magasins. Pour cet expert, « le catalogue permet au client de faire du lèche-vitrines sans quitter son fauteuil; le site Web, doté d'un moteur de recherche puissant, lui permet de trouver le produit dont il a besoin à un instant t et les magasins sont déterminants en période de fêtes où l'essentiel du chiffre d'affaires est réalisé[15]. »

Convergence

De nos jours, les détaillants entrent en concurrence avec une variété croissante de compétiteurs et s'adressent de plus en plus aux mêmes clients, en leur proposant les mêmes produits aux mêmes prix. On peut par exemple acheter un livre à la librairie du coin, mais aussi dans une grande surface comme Auchan, une chaîne spécialisée comme la Fnac, ou sur un site Web comme Amazon.com. Pour les appareils de marques, les grands magasins, les discounters, les magasins d'équipement, les superdiscounters, les grandes surfaces spécialisées ainsi qu'une pléthore de sites Web se disputent tous les mêmes clients. Si l'on ne trouve pas le micro-ondes voulu chez Darty, il suffit de traverser la rue pour en découvrir un moins cher chez Auchan – ou de le commander en ligne.

Cette tendance au rapprochement des consommateurs, des produits, des prix et des détaillants porte le nom de *convergence*. Elle entraîne une concurrence accrue et complique la différenciation des offres commerciales. La compétition entre chaînes succursalistes et petits commerçants indépendants est devenue à cet égard particulièrement féroce. Du fait de leur puissance d'achat et de leurs volumes de ventes, les chaînes profitent de meilleurs tarifs et se contentent sans problème de marges plus faibles. Dès lors, l'arrivée d'un superstore peut très vite mettre sur la touche les indépendants situés à proximité.

L'essor des méga-détaillants

L'ascension des géants de la distribution et des superstores spécialisés, la constitution de systèmes marketing verticaux et la multiplication des fusions et acquisitions ont entraîné l'apparition d'un noyau de méga-détaillants surpuissants. Bénéficiant d'un réseau informationnel et d'un pouvoir d'achat supérieurs, ces mastodontes peuvent offrir une meilleure sélection de produits, proposer d'excellents services et permettre aux consommateurs de réaliser de substantielles économies. Ils deviennent par suite de plus en plus gros, dans la mesure où ils anéantissent peu à peu leurs concurrents plus petits et moins bien armés.

Les méga-détaillants modifient en outre l'équilibre des forces entre vendeurs et producteurs. Une poignée d'entre eux contrôlent désormais l'accès à une clientèle énorme, ce qui leur donne la haute main lors des négociations avec les fabricants. 51 % des ventes de Decathlon sont réalisées en France et pourtant, l'enseigne nordiste a un chiffre d'affaires deux fois supérieur à celui de Puma Monde[16].

L'importance croissante de la technologie

En tant qu'outils de compétitivité, les nouvelles technologies sont en train de revêtir une importance cruciale. Les détaillants à la pointe du progrès utilisent des systèmes informatiques dernier cri pour affiner leurs prévisions, contrôler les coûts de stockage, passer commande aux fournisseurs par voie électronique, échanger des informations entre magasins, et mieux vendre les produits aux consommateurs. Ils mettent en place des caisses à lecture optique, un traitement en ligne des transactions, l'échange des données informatisé, des chaînes de télévision internes et des systèmes de manutention améliorés.

L'une des avancées technologiques les plus saisissantes concerne peut-être la façon dont les détaillants modernes établissent le contact avec les clients. Ils sont aujourd'hui très nombreux à utiliser au quotidien des kiosques à écrans tactiles, des cartes de fidélité, des étiquettes et des panonceaux de rayons électroniques, des scanners de poche individuels, des dispositifs d'auto-lecture et des affichages en réalité virtuelle. Une des mises en œuvre les plus saisissantes de ces nouvelles possibilités sont celles mises en place par adidas dans son magasin des Champs-Élysées.

Les magasins deviennent des espaces de convivialité et des lieux de sortie

Avec le développement de la désintermédiation (voir encadré 5.2), l'automatisation des services (chez 5àSec, c'est un robot qui vous rend votre chemise fraîchement lavée) et la disparition de 76 % des petites épiceries de quartier, l'échange commercial joue moins sa fonction d'activateur de lien social qu'auparavant. Dès lors, on assiste à la résurgence d'un type d'établissement qui, nonobstant le produit ou le service qu'il offre, représente également un endroit où les gens peuvent se retrouver. Les cafés, les salons de thé, les bars, les librairies, les grandes surfaces spécialisées, les aires de jeux et les supermarchés

MARKETING EN ACTIONS 11.2

Bornes de paiement et paiement sans contact, ou comment la technologie transforme l'acte de vente

Depuis quelques années, les bornes interactives de paiement ont fait leur apparition sur la scène française. La grande distribution a fait partie des pionniers ; ainsi Casino a-t-il installé des caisses automatiques depuis 2005. Dans une perspective européenne d'adhésion à cette innovation, la France fait partie du peloton de tête, les plus avancés en la matière étant le Royaume-Uni, l'Irlande et le Benelux, les plus timorés étant plutôt l'Allemagne et les pays scandinaves. Il aura fallu quelques années pour que sautent les freins à l'adoption de ces innovations en France ; les magasins y rechignaient par peur de désorganiser le processus de paiement, de voir les clients mécontents de « faire le travail des caissières » à leur place et reculaient devant l'investissement représenté, les salariés ayant quant à eux peur pour leurs salaires.

Aujourd'hui que cet automate est déployé dans la plupart des grandes et moyennes surfaces – Casino, Auchan, Carrefour, Simply Market, Intermarché, Système U –, ses qualités sont vantées. Pour l'employeur, tout d'abord, la borne de paiement permet des économies de salaires importantes puisque tout est automatisé, il suffit d'un référent pour quatre bornes. De plus, le gain d'espace est substantiel ; sur l'espace d'une caisse traditionnelle peuvent être installées plus de deux caisses automatiques. Par ailleurs, avec un ROI de 18 mois à 3 ans, l'investissement est intéressant. Le système permet en outre de réduire les files d'attente en caisse de 25 à 30 %. Le consommateur est certes moins rapide à scanner ses produits qu'un professionnel mais, psychologiquement, le temps qu'il « perd » à scanner ses produits n'est pas perçu comme tel par l'intéressé. Ces innovations technologiques ont permis de faire évoluer l'acte de vente et les concepts des magasins. Ainsi l'une des enseignes dernières nées d'Auchan, Simply Market, s'appuie-t-elle sur ces technologies pour réduire à 5 minutes le temps d'encaissement. Pour ce faire, Simply Market propose quatre alternatives : la caisse traditionnelle, la borne interactive, le comptoir à l'anglaise, le self-scanning (le client scanne lui-même ses articles dans les rayons, ce qui permet de tenir un budget plus facilement. Cette méthode est couramment utilisée par Delhaize en Belgique depuis 1998 déjà).

Le temps de latence précédant l'adoption d'innovations rend la question du *timing* de leur mise en œuvre délicate… Au moment où nos grandes surfaces s'équipent de bornes – technologie vieille de dix ans – se développe en parallèle un certain nombre de technologies visant à introduire le paiement sans contact, par le biais de PDA ou de portables NFC (échanges de données sans fil à courte distance). Dans quelle mesure se font-elles doubler ?

Le paiement par terminal est déjà opérationnel dans les Apple Stores, par exemple ; les vendeurs « volants » disposent de terminaux « easypay » sur iPod touch permettant de lire les cartes bleues, de scanner les codes-barres, de réaliser les transactions, de recevoir la signature du client. Les caisses disparaissent, l'aspect du magasin et l'expérience du consommateur changent radicalement.

Sont également opérationnels les paiements par portable NFC ; sur le réseau de transport en commun de Nice, Veolia Transport a déployé en pilote le système B-Pass. Avec ce système, le portable se substitue au titre de transport et offre une gamme de services annexes : achat à distance de tickets et d'abonnements, horaires de passages en temps réel ; ces portables intégrant également la technologie flashcode, ils peuvent lire des codes-barres aux stations de bus donnant accès à des contenus culturels et ludiques. Là encore, la pratique du client se voit transformée.

Parallèlement à ces projets, le paiement biométrique est à l'étude. Les systèmes de micropaiements personnes à personnes par le biais d'un portable sont déjà répandus en Belgique, par exemple, avec le système Pay2me.

L'impact de l'adoption de ces technologies excède largement le domaine du paiement. Il s'agit de transformer l'acte de vente en une expérience-client, en un moment très ludique, ce qui contribue fortement à la fidélisation du client. Certaines entreprises en jouent bien qui, comme Lego, ont installé – le temps d'opérations marketing – des bornes permettant de découvrir le contenu des boîtes dans ses rayons ou qui, comme IBM, permettent d'essayer virtuellement les vêtements de votre choix sur des avatars à vos mesures.

Sources : Florent Maillett, « Cinq moyens pour faire mieux et moins cher en matière d'équipements », *LSA*, 5 novembre 2009 ; Laure Cailloce, « 2009, l'année des caisses automatiques », *LSA*, 26 février 2009 ; Laure Cailloce, « Les caisses automatiques ne remplaceront pas toutes les interactions humaines », *LSA*, 29 mai 2008 ; Laure Cailloce, « Le magasin de demain, c'est déjà aujourd'hui », *LSA*, 14 février 2008.

biologiques en font notamment partie. Les librairies, par exemple, peuvent aujourd'hui assurer tout à la fois les fonctions de bibliothèque, de salle de séjour et de débit de boissons. Mais l'inverse se développe aussi. Si l'on se rend dans un Starbucks quelconque en début de soirée, on a ainsi de fortes chances d'y croiser un groupe de lycéens en train de faire leurs devoirs attablés devant un verre. À quelques pas de là, des retraités auront pris place dans des fauteuils moelleux, un guide de voyage ou un livre de jardinage sur les genoux, pendant que des parents occuperont leurs enfants en leur lisant une histoire. Au final, l'enseigne Starbucks vend donc bien plus que du café : elle offre surtout bien-être, détente et convivialité.

2. Le commerce de gros

Commerce de gros
Ensemble des activités associées à la vente de biens et de services destinés à être revendus ou utilisés à des fins professionnelles.

Grossiste
Société dont le chiffre d'affaires provient *essentiellement* de la vente en gros.

Les grossistes se fournissent principalement auprès des fabricants et vendent en majeure partie aux détaillants, aux clients industriels et à d'autres grossistes.

Mais pourquoi donc utilise-t-on des grossistes ? Pourquoi les producteurs ne vendent-ils pas directement leur marchandise aux détaillants ou aux consommateurs ? Pour la bonne et simple raison que les grossistes assuraient jusqu'à présent une ou plusieurs des fonctions suivantes, créatrices de valeur et difficilement prises en charge par d'autres :

- *Vente et promotion* : La force de vente du grossiste permet aux fabricants de toucher un grand nombre de petits clients au moindre coût.
- *Achat et création d'assortiments* : Le grossiste peut sélectionner les articles, construire les assortiments adaptés aux besoins de ses clients, et faciliter ainsi la tâche du consommateur.
- *Dévracage* : En achetant par chargements entiers et en dévraquant (en divisant les lots en quantités plus petites), le grossiste fait économiser de l'argent à ses clients.
- *Entreposage* : Le grossiste prend en main la gestion des stocks, et réduit donc d'autant les coûts et les risques encourus à la fois par les fournisseurs et par ses clients.
- *Transport* : Le grossiste peut livrer plus vite ses acheteurs, géographiquement plus proches de lui que des producteurs.
- *Financement* : Le grossiste fait crédit à ses clients, et soigne la trésorerie de ses fournisseurs en anticipant ses commandes et en payant ses factures en temps et en heure.
- *Prise de risque* : Le grossiste prend sur lui les coûts liés au vol, à la casse, à la dégradation et à l'obsolescence des produits.
- *Information sur le marché* : Le grossiste informe les fournisseurs et les clients sur l'état de la concurrence, le lancement de nouveaux produits et l'évolution des prix.
- *Services et conseils de gestion* : Le grossiste aide souvent les détaillants à former leurs vendeurs, à améliorer l'affichage et l'aménagement de leurs points de vente, et à mettre en place des systèmes d'inventaire et de gestion des stocks.

On sait maintenant qu'avec le développement de la désintermédiation, certains opérateurs peuvent prendre en charge certains rôles traditionnellement dévolus aux grossistes.

Par exemple, le recours aux nouvelles technologies permet à un producteur de toucher relativement facilement un grand nombre de clients potentiels, comme le faisaient habituellement les grossistes. Les nouvelles technologies permettent aussi aux producteurs de réduire le risque. Seul ce qui est commandé est produit (par exemple Dell). Dès lors, la gestion du risque par un grossiste procure donc moins de valeur ajoutée.

2.1 Les différents types de grossistes

Il existe trois grands types de grossistes : les *grossistes-marchands*, les *agents et courtiers*, et les *succursales et agences de fabricants*. Les **grossistes-marchands** sont les plus nombreux, et représentent environ 50 % de la profession. Ils se divisent en deux catégories principales : les grossistes à service complet et les grossistes à service limité. Les premiers offrent une panoplie complète de prestations, tandis que les autres proposent à leurs fournisseurs et à leurs clients un éventail plus restreint, assurant des fonctions diverses et variées au sein du circuit de distribution.

Les *agents et courtiers* se distinguent des grossistes-marchands par deux aspects essentiels : ils ne prennent pas possession des biens, et ne remplissent qu'un très petit nombre de fonctions. Généralement, ils se spécialisent en revanche sur une gamme de produits ou un type de clients donné. Les **courtiers** mettent en présence les acheteurs et les vendeurs et les assistent dans leurs négociations. Les **agents** représentent de façon plus permanente des acheteurs ou des vendeurs précis. Parmi eux, les *agents de fabricants* (aussi appelés représentants de fabricants) sont ceux que l'on rencontre le plus souvent. Vendeurs et acheteurs peuvent aussi pratiquer le commerce de gros par le biais des **succursales et agences de fabricants**, plutôt qu'au travers de grossistes indépendants.

Grossiste-marchand
Intermédiaire indépendant qui prend possession des marchandises qu'il revend.

Courtier
Grossiste qui ne prend pas possession des marchandises, et dont la fonction consiste à rapprocher les acheteurs des vendeurs et à les assister dans leurs négociations.

Agent
Grossiste qui représente des acheteurs ou des vendeurs de façon plus ou moins permanente, ne remplit qu'un nombre restreint de fonctions, et ne prend pas possession des marchandises.

Succursales et agences de fabricants
Commerce de gros orchestré par les vendeurs et les acheteurs eux-mêmes, plutôt qu'au travers de grossistes indépendants.

2.2 Décisions marketing d'un grossiste

Les grossistes font face de nos jours à une concurrence de plus en plus pressante, à des clients plus exigeants, à de nouvelles innovations technologiques, et à la multiplication des projets d'e-procurement (voir chapitre 5) de vente directe mis en œuvre par les grands acheteurs – industriels, institutionnels et détaillants. Ils ont dû par conséquent aborder d'un œil neuf la question de la stratégie marketing. Au même titre que les détaillants, les décisions qu'ils ont à prendre concernent le *marché cible*, le *positionnement* et le *mix marketing* – assortiment de produits et services, prix, communication et distribution (voir figure 11.3).

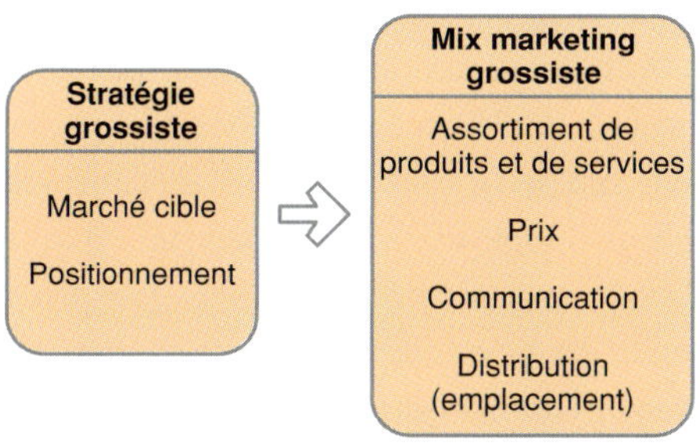

Figure 11.3
Décisions marketing du grossiste

Marché cible et positionnement

À l'instar des détaillants, les grossistes doivent définir leur marché cible et adopter un positionnement efficace. Il leur est impossible en effet de s'adresser à tout le monde. Leur choix peut s'appuyer sur la taille des clients (seulement les grandes enseignes), le type de clients (commerces de proximité uniquement), les besoins en termes de service (les clients qui demandent à bénéficier d'un crédit), ou d'autres facteurs. Au sein du groupe cible, il peuvent ensuite identifier les clients les plus rentables, leur proposer des offres plus percutantes, et nouer avec eux de meilleures relations – fournir des systèmes de réassortiment automatique, mettre en place des dispositifs de formation et de conseil en gestion, voire même parrainer une chaîne volontaire.

Mix marketing

Tout comme les détaillants, les grossistes doivent se préoccuper de l'assortiment, des prix, de la communication et de la distribution. Leur offre commerciale correspond à l'assortiment des *produits et services* qu'ils proposent. Les grossistes subissent en l'occurrence d'énormes pressions, qui les incitent à distribuer des gammes complètes et à stocker suffisamment pour assurer une livraison immédiate. Mais cette option peut s'avérer préjudiciable sur le plan des profits. Aujourd'hui, ils ont donc plutôt tendance à réduire le nombre de gammes dont ils s'occupent, et à ne conserver que les plus rentables. Les grossistes passent également en revue les services qui comptent le plus pour établir des relations solides avec leurs clients, et ceux qui doivent être abandonnés ou fournis contre paiement.

Le *prix* représente lui aussi une variable cruciale. Les grossistes appliquent généralement une marge standard exprimée en pourcentage – 20 %, par exemple. Leurs dépenses peuvent amputer cette marge brute jusqu'à hauteur de 17 %, et ne laisser dès lors qu'une marge bénéficiaire de 3 % – qui très souvent atteint même péniblement les 2 % sur l'alimentaire. À l'heure actuelle, les grossistes expérimentent en la matière de nouvelles approches. Ils abandonnent leurs marges sur certaines gammes de produits afin de séduire de nouveaux clients particulièrement importants, ou demandent des réductions spéciales à leurs fournisseurs contre la promesse d'un accroissement des ventes.

Bien que la *communication* puisse conditionner leur réussite, la plupart des grossistes n'y prêtent guère attention. Les opérations de publicité, de promotion des ventes, de vente personnelle et de relations publiques demeurent erratiques et ne font en général l'objet d'aucune planification sérieuse. Beaucoup d'entre eux vivent encore dans le passé – ils continuent d'envisager leur activité comme un simple dialogue entre un vendeur et un client, et non comme un effort d'équipe visant à attirer, développer et servir de grands comptes.

La *distribution* revêt enfin une importance capitale. Les grossistes doivent choisir avec le plus grand soin l'endroit où ils vont s'implanter, l'emplacement de leurs installations et le logement de leur site Web. Ils s'installent généralement dans des secteurs à loyers modérés et à faible taux d'imposition, et ont tendance à investir le moins possible dans leurs bâtiments et dans leurs équipements. Depuis quelques années, certains grossistes aux idées plus modernes réagissent néanmoins à l'augmentation des coûts en injectant davantage d'argent dans l'automatisation des entrepôts et les systèmes d'achat en ligne. Les commandes des détaillants parviennent directement aux ordinateurs du grossiste ; les articles demandés sont alors prélevés par des dispositifs mécaniques puis transportés automatiquement jusqu'à la plate-forme d'expédition.

Tendances du commerce de gros

Le commerce de gros reste sujet à l'une des tendances les plus persistantes de la décennie passée : une résistance farouche à l'augmentation des prix et l'élimination des fournisseurs dont la création de valeur ne tiendrait compte ni des coûts, ni de la qualité. Les meilleurs grossistes recherchent en permanence de nouveaux moyens de répondre aux besoins changeants de leurs partenaires. Ils comprennent parfaitement qu'à long terme, leur raison d'être consiste à apporter de la valeur en améliorant les performances et l'efficacité du circuit marketing tout entier.

Les développements opérés par les grossistes dans le domaine des produits pharmaceutiques, des soins de beauté et des fournitures médicales, illustrent fort bien cette attitude progressiste. Pour assurer leur survie, ils doivent rester plus rentables que les succursales des fabricants. Les plus à la pointe ont donc créé des entrepôts automatisés très performants, établi des connexions informatiques directes avec les laboratoires, et mis en place à destination des clients des systèmes de gestion en ligne des approvisionnements et des produits à recevoir. Ils offrent aux pharmaciens un large éventail de ressources Internet, avec notamment la possibilité d'effectuer des recherches sur catalogue ou de suivre leurs commandes en temps réel. Ils fournissent également des solutions innovantes, comme des distributeurs automatiques qui permettent aux détaillants de réduire leurs coûts et d'améliorer la délivrance des produits.

La distinction entre les détaillants et les grossistes les plus imposants continue par ailleurs de s'estomper. Les premiers adoptent souvent le format des clubs de gros ou des hypermarchés, qui assurent de nombreuses fonctions dévolues en principe aux grossistes. Inversement, beaucoup de grossistes se lancent à leur tour dans la vente au détail. Les grossistes vont développer davantage encore les services qu'ils fournissent aux détaillants – fixation des prix, coopération publicitaire, études marketing et rapports de gestion, comptabilité, transactions en ligne, etc. L'augmentation des coûts, d'une part, et l'exigence de prestations toujours plus complètes d'autre part, orienteront leurs profits à la baisse. Les grossistes qui ne parviendront pas à produire de façon rentable la valeur demandée par les clients resteront dès lors sur le bord de la route.

RETOUR SUR LES CONCEPTS-CLÉS

Bien que la vente au détail se réalise en majeure partie par le biais de boutiques, la vente sans magasin a connu ces dernières années une croissance rapide. Même si beaucoup de points de vente sont gérés de façon autonome, ils s'associent de plus en plus sous forme de chaînes ou d'organisations contractuelles. Les grossistes ont eux aussi vécu les évolutions récentes de leur environnement professionnel, avec notamment une concurrence sans cesse plus pressante, des clients de plus en plus exigeants, de nouvelles innovations technologiques et une multiplication des projets d'e-procurement mis en œuvre par les grands acheteurs – industriels, institutionnels et détaillants.

1. Expliquer le rôle des détaillants et des grossistes dans le circuit de distribution.

Le commerce de détail et le commerce de gros mettent en présence de nombreuses organisations qui se chargent de transférer les biens et les services de leur lieu de production jusqu'au lieu d'utilisation. Le **commerce de détail** recouvre l'ensemble des activités associées à la vente directe de produits et de services aux consommateurs finaux, en vue d'un usage personnel et non professionnel. Le **commerce de gros** englobe à l'inverse toutes les activités associées à la vente de biens et de services destinés à être revendus ou utilisés à des fins professionnelles. Les grossistes assurent de multiples fonctions, parmi lesquelles la vente et la promotion, l'achat et la création d'assortiments, le dévracage, l'entreposage, le transport, le financement, la prise de risque, la diffusion d'informations sur les marchés, et la fourniture de services et de conseils de gestion.

2. Décrire les principaux types de détaillants et donner des exemples pour chacun.

Il existe deux grandes catégories de détaillants : ceux qui vendent **en magasin** et ceux qui pratiquent la vente **sans magasin**. Bien que la plupart des produits s'écoulent encore par le biais de boutiques en dur, la vente sans magasin a connu ces dernières années une croissance beaucoup plus forte. La première catégorie de détaillants se subdivise ensuite en fonction de l'**étendue du service** qu'ils offrent (libre-service, service limité ou service complet), de la largeur et de la profondeur de leurs **gammes de produits** (spécialistes, grands magasins, supermarchés, commerces de proximité, superstores ou sociétés de services), des **prix** qu'ils appliquent (discounters et superdiscounters), et de la façon dont ils sont **organisés** (chaînes succursalistes, chaînes volontaires et coopératives de détaillants, franchises ou conglomérats marchands).

3. Identifier les principaux types de grossistes et en citer des exemples.

Il existe trois grands types de grossistes. Les **grossistes-marchands** sont les plus nombreux. Ils prennent possession des marchandises qu'ils distribuent et se divisent en **grossistes à service complet** (marchands en gros, distributeurs industriels) et **grossistes à service limité** (grossistes « cash-and-carry », grossistes collecteurs, intermédiaires de gros, gestionnaires de rayons, coopératives de producteurs et grossistes par correspondance). La deuxième catégorie est celle des **courtiers et agents**, qui ne prennent pas possession des marchandises mais s'occupent de faciliter l'achat et la vente, contre paiement d'une commission. Enfin, vendeurs et acheteurs peuvent aussi pratiquer le commerce de gros par le biais des **succursales et agences de fabricants**, afin de court-circuiter les grossistes traditionnels.

4. Expliquer les décisions marketing auxquelles les grossistes et les détaillants sont confrontés.

Chaque détaillant doit prendre des décisions par rapport à son marché cible et à son positionnement, à son assortiment de produits et aux prestations fournies, aux prix, à la promotion et à la distribution. Il lui faut définir avec soin le marché auquel il souhaite s'adresser, et adopter un positionnement fort.

Activités

Questions de réflexion et de mise en pratique

1. Décrivez les fonctions essentielles des grossistes et des détaillants. En quoi cela a-t-il un impact sur les relations entre producteur et consommateur final ?
2. Quelles sont celles qui pourraient créer plus de valeur si elles étaient prises en charge par un acteur en ligne ?
3. Quels sont pour les consommateurs les bénéfices et les inconvénients des formats suivants : grand magasin, hypermarché et supermarché ?
4. Quels sont pour les directeurs de boutiques Zara les bénéfices d'une logistique « zéro stock » ? Pourquoi cela entraîne-t-il plus de trafic dans les magasins ? Ce modèle est-il transposable aux grands magasins, hypermarchés et supermarchés ? Pourquoi ?
5. Comment expliquer le succès du hard discount et plus récemment des nouveaux concepts développés par les grandes enseignes ?
6. Comment expliquer que l'installation des caisses automatiques et autres bornes soit à ses balbutiements dans la distribution française alors que dans les pays voisins (Royaume-Uni, Belgique, Pays-Bas…) ces systèmes sont en place depuis plus de dix ans ?
7. Réalisez une segmentation de l'offre pour les magasins de proximité. Quels sont les leviers marketing utilisés par les enseignes ? Comment sont-ils concrètement mis en place ?
8. Qu'est-ce que le concept de *wheel-of-retailing* ? Est-ce qu'il s'applique au commerce en ligne ? Expliquez.
9. La vente à distance évolue constamment (téléshopping, Internet, commande sur catalogue…). Quels sont les leviers marketing que les détaillants doivent activer pour continuer à apporter de la valeur ? Choisissez un secteur d'activité et proposez des adaptations concrètes.
10. Expliquez pourquoi le concept « drive » développé par tous les distributeurs n'est pas « pérennisé ». Croyez-vous plus aux « drive » accolés aux magasins existants ou aux « drive » en sites propres ? Pourquoi ?

Étude de cas : Des MDD bientôt sur Amazon.fr ?

Amazon.com a révolutionné le commerce de détail et atteint aujourd'hui un chiffre d'affaires annuel de 14 milliards d'euros. Amazon.com décompte plus de 600 millions de visiteurs sur l'ensemble de ses sites répartis de par le monde. Cela n'a pas toujours été aussi probant. Lancée en 1994 et positionnée comme un libraire en ligne, la société n'a pas dégagé de bénéfice avant 2001. La stratégie de croissance lente d'Amazon s'est révélée gagnante. Au contraire de très nombreuses « .com » qui ont eu des trajectoires de météorite, Amazon a survécu à l'éclatement de la « bulle Internet ». Elle a toujours innové, entre autres en proposant à ses clients d'évaluer les produits offerts afin d'aider les autres consommateurs dans leur choix.

Son savoir-faire se développant, Amazon s'est aussi positionnée comme opérateur de sites web pour d'autres marques, Lacoste par exemple, et s'est ouverte à d'autres catégories de produits que le livre. Aujourd'hui, Amazon vend des milliers de produits dans des catégories aussi différentes que librairie, musique et DVD, photo, image et son, informatique, beauté, hygiène, santé, chaussures et bijouteries, cuisine et maison, etc.

Questions :

1. Cherchez sur Amazon.com un produit qui vous intéresse dans la catégorie « Ameublement et décoration ». Pour un même produit, combien de marques sont-elles présentées ? Amazon aurait-elle intérêt à proposer des produits sous sa propre marque, comme le font les distributeurs classiques ?

Pourquoi ? Amazon est-elle un concurrent sérieux pour MyFab.com ? Expliquez.

2. Dans la catégorie jeux et consoles, cherchez un jeu qui vous intéresse. Est-ce que les évaluations par les autres consommateurs vous influencent ? Est-ce que la rubrique « commentaires sur les commentaires des clients » vous est réellement utile ? Pourquoi Amazon a-t-elle développé cette rubrique ? Quel est son intérêt ?

Notes

1. Frédéric Bianchi, « La distribution française progresse dans le gotha mondial », *LSA*, 11 janvier 2010.
2. François Deschamps, « Les nouvelles technologies attirent de plus en plus les Français », *Marketing magazine*, 1er décembre 2008.
3. Anonyme, « LIFLS passe la proximité au crible », *Points de vente*, 6 avril 2009.
4. Ibidem.
5. Anonyme, « L'émergence de l'achat malin », emarketing, 25 juin 2009.
6. David Bayot, « La franchise paie toujours », *Points de vente*, 9 mars 2009.
7. « McDonald's Reports May Global Comparable Sales », http://money.cnn.com.
8. Jean-Noël Caussil, « Leclerc fait mieux que la concurrence en 2009 », *LSA*, 28 janvier 2010.
9. Fédéric Bianchi, « Mieux associer les clients », *LSA*, 19 décembre 2009.
10. Armindo Dias, « Une note de personnalisation », *Points de Vente*, 28/11/06.
11. Andrea Bermudez, « Bijan Dresses the Wealthy for Success », *Apparel News.Net*, 1er décembre 2000 ; Mimi Avins, « FASHION; More is More; Over-the-top Isn't High Enough for Bijan, Whose Boutique Embraces Excess », *Los Angeles Times*, 5 janvier 2003, p. E.1 ; www.bijan.com/boutique.
12. Armand Chauvel, « Zara, l'inventeur de la mode zéro stock », *LSA*, 21 janvier 2010.
13. Stephen Brown, « The Wheel of Retailing: Past and Future », *Journal of Retailing*, été 1990, pp. 143-147 ; Stephen Brown, « Variations on a Marketing Enigma: The Wheel of Retailing Theory », *Journal of Marketing Management*, vol. 7, n° 2, 1991, pp. 131-155 ; Don E. Schultz, « Another Turn of the Wheel », *Marketing Management*, mars-avril 2002, pp. 8-9.
14. Camille George, « Fnac Éveil & Jeux mise sur la relation client », *Points de vente*, 9 mars 2009.
15. Stéfanie Moge-Masson, « Catalogue et site Web, les alliés des magasins », *Action VAD*, 01/04/2004.
16. Christelle Magaud, « Decathlon assure son titre de champion », *Points de vente*, 20 avril 2009 ; www.ppr.com

Partie 4

Diffuser l'offre marketing

Chapitre 12

AU TERME DE CE CHAPITRE, VOUS SAUREZ

1. **Décrire les étapes d'un plan de communication marketing intégré.**
2. **Définir les cinq outils promotionnels et détailler les leviers à activer dans le mix de communication.**
3. **Indiquer les principales décisions à prendre lors de l'élaboration d'une campagne publicitaire.**
4. **Expliquer comment les campagnes promotionnelles sont élaborées et mises en œuvre.**
5. **Expliquer comment les entreprises utilisent les relations publiques pour communiquer de façon ciblée.**

La publicité et les relations publiques

Il ne suffit pas de rendre disponible un bon produit à un prix attractif pour créer une relation positive et rentable avec les clients ciblés. Les entreprises doivent également communiquer la valeur de leur offre auprès des consommateurs. Toute la communication doit être planifiée et s'intégrer dans un programme de communication marketing cohérent.

1. Le mix de communication

Le **mix de communication** d'une entreprise désigne l'utilisation combinée de plusieurs modes de communication. Chaque mode de communication utilise des outils spécifiques. La **publicité**, par exemple, peut être diffusée par la radio ou la télévision, être imprimée, affichée, apparaître sur Internet, etc. La **vente** s'effectue par le biais de démonstrations, de programmes d'incitation ou à l'occasion de foires et de salons commerciaux. La **promotion des ventes** regroupe les remises de prix, les bons de réduction, les animations et les présentations. Les **relations publiques** désignent les communiqués de presse, les événements exceptionnels et les pages Web. Enfin, le marketing direct englobe les catalogues, le télémarketing, la vente par catalogue ou sur Internet.

Mix de communication
Mix spécifique de publicité, de vente, de promotion des ventes, de relations publiques et de marketing direct qu'une entreprise utilise pour communiquer de façon persuasive, créer de la valeur aux yeux du consommateur et établir une relation client.

Publicité
Toute forme payante de présentation non individualisée d'idées, de biens et de services dans les médias.

Vente
Présentation individualisée effectuée par la force de vente de l'entreprise afin de réaliser des ventes et de créer une relation client.

Promotion des ventes
Tout stimulant à court terme destiné à encourager l'achat d'un produit ou d'un service.

Relations publiques
Tout programme ayant pour but d'améliorer l'image d'une entreprise auprès de ses différents interlocuteurs, de créer une bonne image de l'entreprise et de gérer les rumeurs et les événements qui lui sont défavorables. En même temps, les supports de communication vont au-delà de ces outils promotionnels : les caractéristiques d'un produit, son style, son prix, son emballage…, représentent autant de signaux émis par l'entreprise. Bien que le mix de communication soit la première activité de communication de l'entreprise, tous les éléments du mix marketing (promotion, produit, prix, distribution) doivent être activés afin que l'impact global soit optimal.

2. Les communications marketing intégrées

Au cours des dernières décennies, les marketeurs ont développé et perfectionné leur utilisation des médias et de la communication de masse. Les grandes entreprises investissent régulièrement des millions voire des milliards d'euros dans la télévision, les magazines et les autres moyens de communication de masse afin d'atteindre des dizaines de millions de consommateurs en une seule publicité. Cependant, les responsables marketing doivent désormais faire face à une situation nouvelle qui leur permet de cibler beaucoup plus leurs messages et d'impliquer les consommateurs dans le processus de création publicitaire.

2.1 Le nouveau paysage des communications marketing

Deux facteurs principaux ont modifié le paysage des communications marketing. Tout d'abord, les marchés de grande consommation devenant de plus en plus fragmentés, les marketeurs abandonnent peu à peu le marketing de masse. Ils développent de plus en plus des programmes marketing destinés à établir des relations clients plus étroites dans des marchés plus restreints. En second lieu, les avancées technologiques ont accéléré ce mouvement vers un marketing segmenté. Grâce aux technologies de communication actuelles, les responsables marketing peuvent amasser des informations détaillées sur les consommateurs et suivre de près leurs besoins ainsi que leurs opinions vis-à-vis des produits ou des marques.

Ces progrès de la communication modifient également radicalement la façon dont les entreprises et les consommateurs communiquent les uns avec les autres. L'âge numérique a entraîné l'apparition de nouveaux outils d'information et de communication, comme Internet, les téléphones portables, les consoles de jeu, les notebooks, la télévision par satellite ou par câble et les magnétoscopes numériques, qui offrent aux entreprises de nouveaux outils pour interagir avec les consommateurs et faire converger leurs messages. Ces outils permettent en retour aux consommateurs de mieux contrôler la nature et la façon dont ils reçoivent et envoient des messages.

2.2 La modification du modèle de communication marketing

Cette évolution du marketing et l'amélioration des techniques de communication ont un énorme impact sur les communications marketing. Comme lors de l'avènement du marketing de masse, qui entraîna en son temps l'apparition de tout un ensemble de mass médias, on assiste aujourd'hui à l'apparition d'un nouveau modèle de communication marketing. Bien que la télévision, les magazines et les autres mass media restent très importants, leur prédominance s'érode.

Les publicitaires utilisent maintenant des médias plus spécialisés pour cibler très précisément de petits segments de consommateurs en leur délivrant des messages personnalisés. Ces nouveaux médias vont des magazines spécialisés aux chaînes de télévision sur le câble en passant par les catalogues en ligne et les SMS ou autres textos. La publicité fait également son apparition sous différentes formes dans certains programmes de télévision et certains jeux vidéo. Bref, les entreprises délaissent la communication de masse pour une communication ciblée et alternative.

Certains experts prédisent même la fin complète des moyens de communication de masse. Ils pensent que les marketeurs abandonneront progressivement les médias traditionnels au profit des nouvelles et prometteuses technologies numériques, qu'il s'agisse de communiquer sur des sites Web, par e-mail, sur les téléphones portables ou en offrant de la vidéo à la demande (VOD)… Pour la première fois en septembre 2009, en Grande-Bretagne les budgets publicitaires sur le Net ont dépassé les investissements en télévision. D'après le président de *Digitas*, Stéphane Amis, cela se présentera également dans un avenir relativement proche en France : « Le but ultime est d'atteindre et d'avoir une conversation avec de petits groupes de clients qui ne consomment pas ce qui leur est proposé mais plutôt ce qu'ils veulent. »

Comme le coût des mass médias augmente, que les audiences diminuent, et que de plus en plus de téléspectateurs utilisent des enregistreurs numériques (comme TiVo) qui leur permettent d'échapper aux publicités, les plus sceptiques des experts prédisent la fin de la publicité à la télévision dans son format classique (le spot publicitaire de 30 secondes). Ils notent que de nombreux commanditaires consacrent maintenant leur budget publicitaire à des médias plus ciblés, plus interactifs, plus rentables et plus impliquants, tel le marketing sportif. Un observateur remarque ainsi que le principe de fonctionnement de l'industrie publicitaire était auparavant très simple : « On voit la publicité, on va dans un magasin et on achète le produit. Dorénavant, il faut utiliser des moyens moins conventionnels (sur leur téléphone portable, en ligne, sur leur tasse de café, sur une borne interactive dans un magasin, sur un blog) pour atteindre les consommateurs. »

D'autres observateurs, en revanche, pensent que l'évolution du modèle de communication marketing est moins radicale et plus progressive. Ils constatent que les plus grandes entreprises consacrent toujours la majeure partie de leurs budgets publicitaires aux grandes chaînes de télévision et aux autres mass médias, et que la situation n'a guère de chances d'évoluer rapidement. Procter & Gamble, par exemple, une des entreprises les plus présentes dans les médias digitaux, continue à investir 95 % de ses budgets publicitaires dans les mass médias[1]. En fait, même en période de crise, le montant global des dépenses publicitaires à la télévision a augmenté en 2009 de + 11,3 % par rapport à 2008 alors que l'ensemble du marché publicitaire n'a évolué que de 1,4 %[2]. Un expert en publicité explique : « Les téléspectateurs restent une cible convoitée car, même si les audiences diminuent, elles représentent le dernier vestige des mass médias, "le dernier moment où plusieurs êtres humains se regroupent dans le salon". » Le nouveau modèle de communication marketing désigne plutôt la coexistence des mass médias et des nouveaux médias, plus excitants, plus ciblés et plus interactifs. Contrairement aux entreprises, les consommateurs ne distinguent pas chacun de ces outils de communication. Selon un expert en communication marketing : « La plupart [des consommateurs] ne rangent pas les médias dans différents compartiments. Ils ne pensent pas : "Puisque je vais surfer sur Internet, je vais brûler ma télévision, jeter ma radio, résilier tous mes abonnements aux journaux, débrancher mon téléphone et ne plus envoyer de courrier par la poste" ». Les consommateurs ne réfléchissent pas ainsi et les responsables marketing ne le devraient pas non plus.

Ils devraient essentiellement se focaliser sur le meilleur mix média qui délivre le mieux le message de la marque et qui permet aux consommateurs de vivre l'expérience de marque la plus mémorable.

2.3 Le besoin de communications marketing intégrées

L'augmentation du nombre de médias et de moyens de communication pose un problème aux responsables marketing. En effet, les consommateurs sont littéralement bombardés de messages commerciaux en provenance d'un large éventail de sources. Pour ces consommateurs, tous les messages et toutes les actions promotionnels font partie d'un même discours sur l'entreprise.

Or les entreprises intègrent rarement dans leur réflexion tous les canaux de communication, à tel point que les messages transmis aux clients forment un mélange incongru et parfois contradictoire. Pour un même produit, la publicité dans les mass médias, la promotion sur son prix et son emballage peuvent tous envoyer un message différent en même temps. Sans compter que les panneaux publicitaires peuvent affirmer quelque chose de totalement différent et le site Web de l'entreprise être en contradiction avec tout le reste.

Le problème tient au fait que tous ces messages proviennent de différents services de l'entreprise. Les messages publicitaires sont conçus par le service publicitaire de l'entreprise ou confiés à une agence spécialisée, la communication sur les ventes est développée par le service des ventes, d'autres spécialistes ont la charge des relations publiques, de l'organisation des événements promotionnels, du marketing en ligne, etc.

En utilisant des célébrités tel Zinedine Zidane, les annonceurs peuvent plus facilement rendre palpable la cohérence des messages qu'ils diffusent sur l'ensemble des canaux de communication exploités (voir www.generali-avenir.com).

De nos jours, de plus en plus d'entreprises adoptent le concept de **communication marketing intégrée**.

La communication marketing intégrée prend en compte tous les contacts entre le consommateur et l'entreprise ou ses marques. Chaque *contact* délivre un message, favorable, défavorable ou neutre. L'entreprise souhaite bien sûr délivrer un message cohérent et positif à chaque occasion. La communication marketing intégrée consiste en l'élaboration d'une stratégie de communication globale qui vise à créer de solides relations clients en montrant aux consommateurs que l'entreprise et ses produits les aident à satisfaire leurs besoins.

Communication marketing intégrée
Concept selon lequel une entreprise intègre avec soin ses nombreux canaux de communication afin de délivrer un message clair, cohérent et attractif sur elle-même et sur ses produits.

Tous les messages que l'entreprise véhicule sont alors liés. Dès lors, ils ont tous le même aspect et véhiculent tous la même idée.

▶ Les publicités pour les véhicules Jeep dans les journaux et à la télévision visent à construire la préférence du consommateur pour cette marque. Mais elles indiquent également l'adresse du site Web de l'entreprise, qui, lui, contient des informations plus techniques et moins « publicitaires ». Le site aide les acheteurs les plus exigeants à choisir un modèle, à connaître son prix, à trouver un concessionnaire en ligne et à en savoir plus sur le concept du slogan publicitaire. Chez le concessionnaire Jeep, les vendeurs communiquent toujours le même message pendant que le client fait le tour du véhicule ou l'essaie sur la route.

En utilisant des célébrités comme Nicole Kidman, les annonceurs peuvent plus facilement rendre palpable la cohérence des messages qu'ils diffusent sur l'ensemble des canaux de communication exploités (voir schweppes.fr). Dans la vidéo de cette publicité, Nicole Kidman joue avec l'acteur et mannequin indien Arjun Rampal ainsi qu'avec Rubina Ali (*Slumdog Millionnaire*). Sur le site, avec un positionnement « festival de Cannes », une version longue de la publicité est accessible ; ainsi que des images sur les coulisses du tournage et des jeux. Un joli buzz qui surfe sur le phénomène Bollywood.

Auparavant, il n'existait pas de responsable ou de service chargé de réfléchir aux rôles des différents outils de promotion. Dorénavant, pour réussir la mise en œuvre de leur communication marketing intégrée, certaines entreprises nomment un directeur des communications marketing. Celui-ci est alors responsable de toutes les activités de communication de l'entreprise, ce qui permet au message d'avoir une plus grande cohérence et un meilleur impact. La responsabilité étant placée entre les mains d'une personne en particulier, l'image de la compagnie véhiculée par ses différentes activités est plus homogène.

La communication marketing intégrée implique de définir l'audience à laquelle on s'adresse et d'élaborer un programme promotionnel parfaitement coordonné pour obtenir la réponse désirée. Trop souvent, les responsables marketing cherchent avant tout à créer l'image, à développer des préférences en faveur de leur marque ou à la rendre immédiatement reconnaissable. Les responsables marketing doivent considérer que la communication marketing aide à *gérer la relation client dans la durée*. Comme les consommateurs varient, l'élaboration des programmes de communication doit tenir compte de chaque segment, niche ou même individu à qui l'on s'adresse.

3. L'élaboration globale du mix de communication

L'intégration des communications marketing signifie que l'entreprise doit intégrer et coordonner tous les outils de promotion dans un *mix de communication* (voir figure 12.1).

Mais comment l'entreprise détermine-t-elle quels outils promotionnels elle doit utiliser ? La conception d'un mix de communication varie énormément entre les entreprises d'un même secteur d'activités. Hewlett-Packard destine principalement sa publicité et ses promotions à ses détaillants, tandis que Dell utilise plus le marketing direct. Nous allons à présent voir les facteurs qui influencent le choix des outils promotionnels par le responsable marketing.

3.1 La nature de chaque outil promotionnel

Chaque outil promotionnel a des caractéristiques et un coût qui lui sont propres et que les responsables marketing doivent connaître pour élaborer le mix de communication.

Figure 12.1
Les communications marketing intégrées

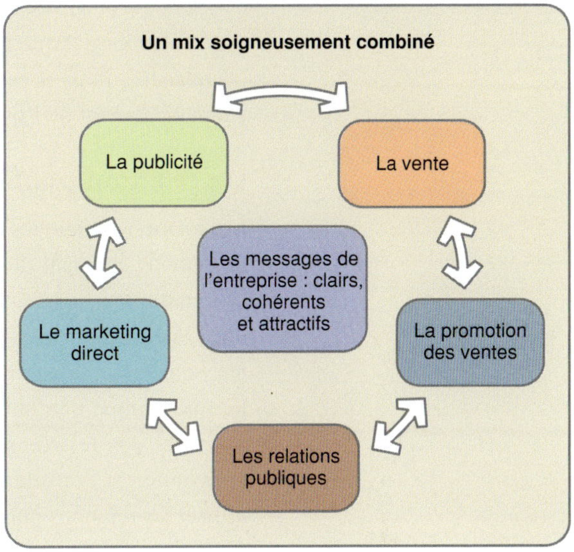

La publicité

La publicité permet d'atteindre de grandes quantités d'acheteurs très dispersés sur le plan géographique, pour un coût modique par rapport à l'importance de l'exposition. Environ 153 millions d'Américains ont regardé tout ou partie du dernier Super Bowl, 22 millions de Français la finale de la Coupe du Monde de football, et régulièrement entre 9 et 11 millions suivent le journal télévisé de TF1. La télévision permet également de répéter plusieurs fois le même message. Pour les entreprises qui souhaitent atteindre une audience de masse, la télévision est encore incontournable.

Au-delà de l'audience atteinte, les publicités à grande échelle représentent également un bon indicateur de la taille, de la popularité et de la réussite de l'annonceur. En raison de la nature même de la publicité, les consommateurs ont également tendance à considérer un produit vanté par une publicité comme plus crédible qu'un produit qui ne l'est pas. La publicité est par nature expressive et permet donc de mettre en scène un produit en utilisant des couleurs, des sons, des images, etc. Elle est utilisée pour donner à une marque une image à long terme (c'est le cas des publicités de Coca-Cola) mais aussi pour soutenir le trafic chez un distributeur.

Mais la publicité a aussi ses inconvénients. Bien qu'elle touche rapidement un large public, elle reste impersonnelle et ne peut pas être aussi persuasive que les vendeurs de l'entreprise. Dans la plupart des cas, la communication publicitaire se résume à un monologue de l'entreprise auprès du public, si bien que les consommateurs peuvent ne pas se sentir concernés ou ne pas réagir. En outre, la publicité peut être très onéreuse. Même si l'utilisation des journaux ou de la radio ne nécessite pas obligatoirement des budgets très importants, il n'en va pas de même pour la publicité à la télévision.

La vente

La vente est l'outil le plus efficace pour influencer les préférences, les convictions et les actions des acheteurs. L'activité de vente suppose un contact direct et réciproque entre plusieurs personnes. Chaque partie peut observer de près les caractéristiques et les besoins de l'autre et s'adapter en conséquence. La vente permet également d'établir toutes sortes de relations clients, du simple contact commercial à une profonde amitié personnelle. Un vendeur efficace garde en mémoire les intérêts du consommateur afin d'établir une relation à long terme. Enfin, l'activité de vente engage l'acheteur à écouter et à réagir aux propos qui lui sont tenus, dans la mesure où il se trouve face à un vendeur qui consacre du temps à essayer de le convaincre.

Ces avantages ont cependant un coût. Pour être efficace, la vente exige une implication à plus long terme que la publicité : une campagne publicitaire peut être interrompue ou relancée, mais il est plus difficile de modifier l'importance de la force de vente. Il s'agit également de l'outil promotionnel le plus onéreux pour l'entreprise.

Les relations publiques

Les relations publiques ont un haut niveau de crédibilité. La présentation sous forme d'informations émanant des journalistes, le parrainage ou l'organisation d'événements offre une crédibilité bien supérieure à celle d'un message publicitaire. Les relations publiques ont également la capacité de toucher de nombreux prospects qui, habituellement, évitent les vendeurs et la publicité, car le message apparaît sous la forme d'une « nouvelle » plutôt que comme une information visant à vendre un produit. Tout comme la publicité, le potentiel des relations publiques à présenter un produit ou une entreprise de façon attrayante est considérable (voir encadré 12.2). Les marketeurs ont tendance à sous-utiliser les relations publiques. Pourtant une campagne de relations publiques bien conçue utilisée conjointement aux autres éléments du mix de communication peut être à la fois très efficace et économique.

Le marketing direct

Le marketing direct recouvre lui aussi de nombreux outils (mailing, marketing téléphonique, e-mails, SMS, etc.) qui partagent tous quatre caractéristiques. Le marketing direct est *sélectif* et *personnalisé* ; le message s'adresse et est adapté à une personne en particulier. Il est *immédiat* ; les messages peuvent être préparés très rapidement. Il est *interactif* ; il permet le dialogue entre l'équipe marketing et le consommateur, et les messages peuvent être ajustés en fonction des réponses du consommateur. Le marketing direct est parfaitement adapté pour s'adresser à un segment très ciblé et pour établir des relations de personne à personne.

3.2 Les stratégies de mix de communication

Approche push
Stratégie de promotion utilisant la force de vente et la promotion des ventes pour apporter le produit au consommateur via les canaux marketing.

Approche pull
Stratégie de promotion utilisant la publicité et la promotion directe pour créer une demande du consommateur auprès des canaux marketing.

Les responsables marketing peuvent adopter deux stratégies promotionnelles de base : l'*approche push* et l'*approche pull* (voir figure 12.2). L'importance accordée aux différents outils promotionnels varie selon la stratégie adoptée. Dans l'**approche push**, le producteur dirige ses activités marketing (en priorité la vente et la promotion des ventes) vers ses canaux afin qu'ils délivrent le produit au consommateur et qu'ils en assurent la promotion.

Dans une **approche pull**, le producteur dirige ses activités marketing (en priorité la publicité et la promotion directe) vers les consommateurs finaux. Si l'approche pull est efficace, les consommateurs demandent le produit aux canaux de distribution, qui répercutent ensuite cette demande auprès du producteur. L'approche pull se base donc sur la demande du consommateur.

Figure 12.2
L'approche push et l'approche pull

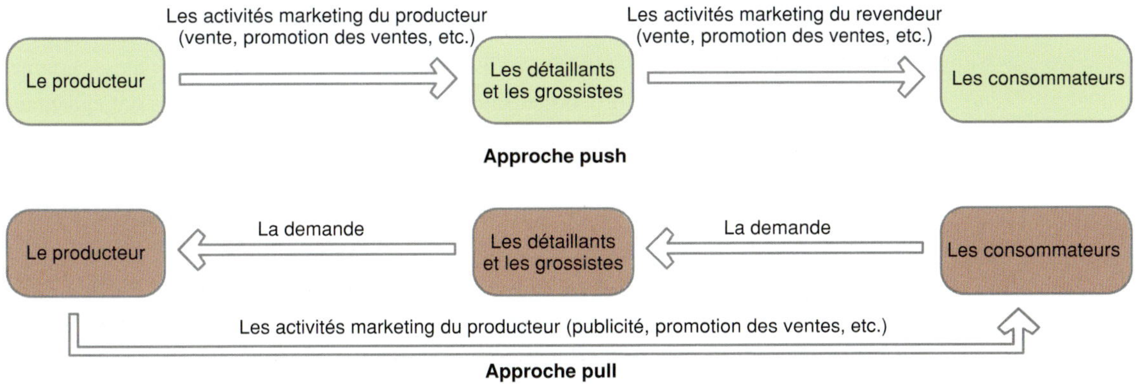

La plupart des grandes entreprises utilisent les deux stratégies. La société Kraft utilise ainsi la publicité de masse et la promotion auprès du consommateur mais aussi la vente et la promotion des ventes auprès de ses canaux marketing. On note tout de même qu'au cours des dernières années les producteurs de biens à la consommation ont réduit l'importance de l'approche pull au profit de l'approche push. Pour certains, ce changement indique que les entreprises cherchent dorénavant à réaliser des ventes à court terme plutôt que d'élaborer la rentabilité de leurs marques à long terme. Cette tendance s'est très fortement accentuée durant la dernière crise économique.

Les entreprises considèrent de nombreux critères pour concevoir leurs stratégies de mix de communication, et notamment le *couple produit/marché et le cycle de vie du produit*. Chaque outil promotionnel n'a pas la même importance si la promotion vise le marché de grande consommation ou le marché d'entreprise. Les entreprises qui vendent directement aux consommateurs (B to C) utilisent plutôt l'approche pull. Elles répartissent leur budget de promotion dans la publicité, la promotion des ventes, la vente et les relations publiques (par ordre décroissant). En B to B, les entreprises adoptent généralement une approche push. La communication passe avant tout par la force de vente, puis par la promotion, la publicité et enfin par les relations publiques. La vente est plus utilisée lorsque les produits sont complexes, coûteux et présentent des risques, et que les entreprises sont puissantes et peu nombreuses.

Nous avons expliqué le concept de communication marketing intégrée et montré les facteurs que les entreprises doivent prendre en compte lorsqu'elles conçoivent leur mix de communication. Nous allons ci-après traiter plus en détail la publicité, la promotion des ventes et les relations publiques. Les ventes et le marketing direct seront respectivement abordés aux chapitres 13 et 14.

4. La publicité

On estime à plus de 438 milliards d'euros le budget publicitaire mondial, dont 25,2 milliards pour la France[3]. Procter & Gamble, le plus grand annonceur au monde, a dépensé en 2008 plus de 6,2 milliards.

Bien qu'elle soit principalement utilisée par les entreprises commerciales, certaines associations à but non lucratif et organisations professionnelles ou sociales ont également recours à la publicité pour vanter leur cause auprès de différentes audiences. La publicité représente en effet un bon moyen d'informer et de persuader, que le but soit de vendre du Coca-Cola dans le monde entier ou de sensibiliser les citoyens d'un pays émergent à utiliser des moyens contraceptifs.

Le management doit prendre quatre décisions importantes lors de l'élaboration du programme publicitaire : *définir les objectifs publicitaires, déterminer le budget, programmer la campagne* (choix du *message* et des *médias*) et *mesurer son efficacité* (voir figure 12.3).

Objectif publicitaire
Tâche de communication spécifique qui doit être accomplie sur une audience ciblée durant une certaine durée.

4.1 La gestion des objectifs publicitaires

La première étape consiste à définir les **objectifs publicitaires**. Le rôle que la publicité doit occuper s'inscrit dans la politique marketing globale de l'entreprise, qui décrit la cible, le positionnement et le mix marketing.

D'une façon générale, une action publicitaire a pour objet d'informer, de persuader ou de rappeler. Le tableau 12.1 contient des exemples de chacun de ces objectifs.

■ Le mensuel *Têtu*, essentiellement destiné à un lectorat homosexuel, a lancé un concours d'affiches pour soutenir son engagement pour la lutte contre le Sida. Outre les kiosques, les affiches gagnantes du concours sont visibles dans toute la France chez des marchands de journaux et en devanture de pharmacies. Par ailleurs, dans différents formats, les plus belles affiches sont également visibles via des réseaux d'affichage partenaires.

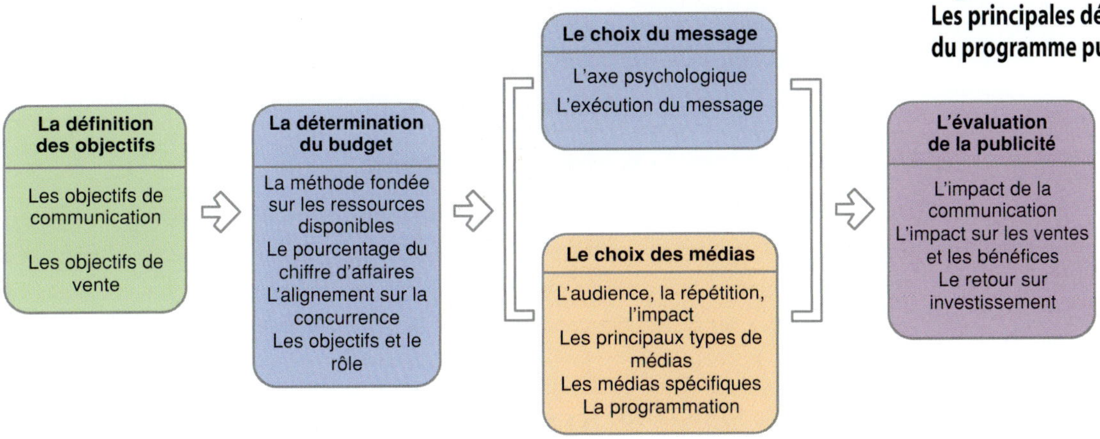

Figure 12.3
Les principales décisions du programme publicitaire

La *publicité informative* est surtout utile au début du cycle de vie d'un produit, lorsqu'il s'agit d'établir la demande primaire. Ainsi, les premiers fabricants d'enregistreurs DVD ont dû d'abord présenter les avantages de ce produit (qualité de l'image et simplicité d'utilisation). La *publicité persuasive* devient de plus en plus importante au fur et à mesure que la concurrence s'intensifie, lorsqu'il s'agit de favoriser la demande sélective pour une marque particulière. Une fois le lecteur DVD devenu un produit courant, Sony a essayé de persuader les consommateurs que *ses* modèles offraient le meilleur rapport qualité/prix.

La publicité persuasive peut parfois prendre la forme d'une *publicité comparative*, et indiquer, sous certaines conditions, les points de supériorité sur la concurrence. La publicité comparative est si réglementée en France qu'elle est peu utilisée.

Tableau 12.1 Objectifs publicitaires possibles

Publicité informative	
Présenter un nouveau produit	Décrire les services disponibles
Suggérer de nouvelles utilisations du produit	Corriger les fausses impressions
Informer d'un changement du prix	Rassurer le consommateur
Expliquer le fonctionnement du produit	Bâtir l'image de l'entreprise
Publicité persuasive	
Construire la préférence de marque	Persuader le consommateur d'acheter maintenant
Favoriser le changement en faveur de la marque Modifier la perception du produit	Persuader le consommateur de recevoir un appel de vente
Publicité de rappel	
Développer et entretenir la relation clients	Rappeler au consommateur où acheter le produit
Rappeler au consommateur que le produit peut lui être utile dans un avenir proche	Maintenir le produit à l'esprit du consommateur hors saison

La *publicité de rappel* se pratique surtout en phase de maturité, lorsqu'il s'agit d'entretenir la relation clients et la demande et d'aider les consommateurs à penser au produit. Coca-Cola n'a guère besoin d'informer ou de persuader les consommateurs, si bien que ses publicités sont plutôt conçues pour rappeler la marque à la mémoire du marché.

4.2 Déterminer le budget publicitaire

Une fois les objectifs fixés, l'entreprise doit déterminer le *budget publicitaire* de chaque produit. Quelle que soit la méthode utilisée, il n'est pas toujours simple de déterminer le budget publicitaire. Nous allons aborder ici quatre des méthodes les plus courantes : la *méthode fondée sur les ressources disponibles*, le *pourcentage du chiffre d'affaires*, l'*alignement sur la concurrence* et la *méthode fondée sur les objectifs et les moyens*.

La méthode fondée sur les ressources disponibles
Les entreprises déterminent leur budget de communication en fonction des ressources qu'elles estiment pouvoir y consacrer.

La méthode fondée sur les ressources disponibles

Les petites entreprises adoptent souvent **la méthode fondée sur les ressources disponibles**, estimant qu'elles ne peuvent pas dépenser plus en publicité que ce qu'elles possèdent. Elles évaluent leurs revenus globaux, déduisent le coût des dépenses, puis consacrent une certaine partie des fonds restants à la publicité. Établir un budget de cette façon revient à éluder complètement les effets de la publicité sur les ventes. Une telle approche, réitérée chaque année, empêche tout plan de développement marketing à long terme.

Le pourcentage du chiffre d'affaires
Les entreprises déterminent leur budget de communication selon un pourcentage préétabli de leur chiffre d'affaires ou fixent un pourcentage sur le prix de vente de chaque produit.

Le pourcentage du chiffre d'affaires

La méthode du **pourcentage du chiffre d'affaires** présente l'avantage d'être simple et de stimuler la réflexion sur la relation entre l'effort de communication, les prix et les ventes. Pourtant, la méthode du pourcentage se justifie mal. Elle aborde en effet le problème à l'envers, en considérant les ventes comme la *cause* et non comme la *conséquence* de la communication, si bien qu'elle privilégie l'état des ressources existantes au détriment des opportunités de développement marketing. Les marques les plus importantes disposent d'un budget plus élevé, que cela se justifie ou non. À l'inverse, l'entreprise consacre un budget moindre aux marques moins importantes ou qui se vendent moins, même si ce sont justement ces marques qui devraient bénéficier d'un plus grand effort promotionnel. En faisant dépendre le budget des fluctuations annuelles, cette méthode empêche également tout programme d'action s'étendant sur plusieurs années. Enfin, elle ne fournit aucun critère logique de fixation du pourcentage, en dehors des activités passées de l'entreprise ou de celles de ses concurrents.

L'alignement sur la concurrence
Les entreprises fixent leur budget de communication selon les pratiques de la concurrence.

L'alignement sur la concurrence

D'autres entreprises utilisent l'**alignement sur la concurrence**. Elles évaluent l'ensemble des dépenses publicitaires des marques de la catégorie et fixent leur budget en fonction de la moyenne constatée. On avance deux arguments à l'appui de cette approche : elle s'inspire de la sagesse collective de la branche, et elle évite toute guerre à coups de budgets de communication. Malheureusement, aucun de ces arguments n'est valide. Il n'y a en effet aucune raison pour que la concurrence dispose de meilleures méthodes pour déterminer le budget promotionnel que l'entreprise elle-même. De plus, chaque entreprise est différente et a des besoins spécifiques. Enfin, rien ne prouve que fixer le budget en fonction de la concurrence empêche les guerres publicitaires.

La méthode fondée sur les objectifs et les moyens

La méthode fondée sur les objectifs et les moyens est l'approche la plus logique pour déterminer le budget, car celui-ci est alors fixé selon ce que l'entreprise souhaite accomplir à travers la promotion. Il s'agit sans doute de la meilleure méthode pour fixer les budgets publicitaires, car elle oblige le responsable marketing à expliciter le rapport entre les dépenses et le résultat de la promotion. Mais cette méthode est également la plus difficile à utiliser. En effet, comment savoir quels moyens permettent d'atteindre les objectifs visés ? Supposons par exemple qu'Allianz souhaite obtenir un taux de notoriété de 90 % dans les trois ans qui suivent le changement de nom des AGF en Allianz. Quels messages publicitaires et quels médias choisir pour cela ? Quel sera le coût de cette campagne ? Les responsables marketing d'Allianz doivent se poser ces questions, quand bien même il est difficile d'y répondre.

La méthode fondée sur les objectifs et les moyens
Les entreprises fixent leur budget de communication en définissant les objectifs spécifiques à atteindre, en identifiant les moyens permettant d'atteindre ces objectifs et en évaluant les coûts de ces moyens. La somme totale de ces coûts constitue le budget prévisionnel.

4.3 Élaborer une stratégie publicitaire

Pour élaborer une stratégie publicitaire, le responsable marketing doit avant tout créer le message publicitaire et sélectionner les *médias* qui le véhiculent. Autrefois, les entreprises considéraient le choix des médias comme secondaire par rapport au choix du message. Des créateurs avaient la charge de créer des messages efficaces, puis un autre service sélectionnait les médias les mieux adaptés pour transmettre ces messages à l'audience visée. Ce mode de fonctionnement entraînait souvent des frictions entre les créatifs et les media-planners.

De nos jours, le plan-media a gagné en importance du fait de la fragmentation des médias, de l'augmentation de leur coût et de l'utilisation de stratégies de communication plus ciblées. Les publicitaires cherchent de plus en plus à faire coïncider le message avec le média qui le transmet. Les campagnes publicitaires de la vodka Absolut sont un parfait exemple de ce lien étroit entre création et choix du média.

▶ Depuis 1979, les créatifs de la marque jouent sur la forme distinctive de la bouteille dans leurs campagnes publicitaires, en déclinant cette idée de différentes façons selon le support utilisé. Ils ont ainsi créé tout un ensemble de publicités spécifiquement destinées aux audiences de chaque média dans lequel elles apparaissent. La publicité « Absolut Bravo », qui montrait une bouteille entourée de roses, était uniquement destinée aux programmes théâtraux, tandis que la publicité « Absolut Merger » n'apparaissait que dans les magazines d'entreprises. Dans les magazines vendus à New York, la publicité « Absolut Manhattan » montrait une vue satellite de Manhattan dans laquelle Central Park avait la forme d'une bouteille d'Absolut. À Londres, les publicités montraient la célèbre porte d'entrée de la résidence du Premier Ministre au 10 Downing Street, la porte ayant là aussi la forme de la bouteille. En février, la publicité « Absolut Love » célébrait la Saint-Valentin en montrant deux bouteilles de Vodka qui s'enlaçaient. Dans certains cas, les créatifs ont même développé des publicités pour des magazines avant même qu'il soit prévu de les utiliser. La publicité « Absolut Centerfold » pour le magazine *Playboy* par exemple montrait une bouteille nue, sans étiquette, accompagnée de ses mensurations. Dans le prolongement de son « placement de produit » dans la série *Sex and The city*, Absolut a même réalisé une fausse vraie publicité (très suggestive) avec un des « petits amis » de la pulpeuse Samantha. Absolut a ainsi créé plus de 1 500 publicités différentes en plus de vingt ans. De nos jours, où les médias sont devenus très onéreux et où les canaux de communication sont très encombrés, Absolut a parfaitement réussi à adapter ses créations aux médias. Les publicités de la marque sont devenues des objets de culte pour certains et Absolut est une des trois marques originales à être entrée au panthéon de la publicité.

■ Les responsables médias d'Absolut Vodka travaillent avec les créatifs des agences de publicité pour adapter les publicités aux supports dans lesquels elles sont diffusées. Par exemple : les programmes de théâtre pour Absolut Bravo et les magazines londoniens pour Absolut London.

L'élaboration du message publicitaire

Quelle que soit l'importance du budget qui lui est consacré, l'influence positive de la publicité sur les ventes dépend de sa capacité à attirer l'attention et à bien communiquer. La qualité du message est primordiale à l'heure où les publicités sont si nombreuses et demandent un investissement si important. En 2010, un foyer français a potentiellement accès à des centaines de chaînes de télévision (contre 3 dans les années 1980), à d'innombrables stations de radio, catalogues, courriers, e-mails, publicités sur Internet ou iPhone et affichages publics. Les experts évaluent entre 1 600 et 5 000 le nombre de messages publicitaires auxquels est exposée une personne chaque jour.

La visibilité de la publicité Si l'omniprésence des publicités gêne certains consommateurs, elle interpelle également les publicitaires. Prenons l'exemple de la publicité à la télévision. En 2010, la diffusion d'un spot publicitaire de 30 secondes sur TF1 un mercredi à 20 heures coûte 47 200 euros à l'annonceur et 78 000 euros à 20 h 30[4]. Cette somme doit être déboursée à chaque passage de la publicité, et elle est même supérieure si la publicité est diffusée avant, pendant ou après un programme populaire comme un match amical de l'équipe de France de football (83 000 euros).

Malgré les prix pratiqués, cette publicité est encadrée d'autres messages publicitaires et d'annonces des programmes de la chaîne. Le nombre impressionnant de publicités à la télévision et dans les autres médias rend le secteur hautement concurrentiel, voire hostile. Selon une étude récente, 65 % des Américains disent « être trop sollicités » par la publicité et deux tiers considèrent la publicité de façon « beaucoup plus négative que quelques années auparavant ». Ils trouvent les marques trop intrusives et se sentent de plus en plus « espionnés »[5].

Récemment encore, les publicitaires pouvaient atteindre aisément les téléspectateurs. Mais les consommateurs ont aujourd'hui à leur disposition un plus grand choix de sources d'information et de divertissements, qu'il s'agisse de télévision par câble et par satellite, d'Internet, de vidéo à la demande (VOD) ou de location de DVD. L'avènement de la technologie numérique a donné aux consommateurs la possibilité de choisir ce qu'ils souhaitent voir. Or, les téléspectateurs choisissent de plus en plus de *ne pas* regarder les publicités. Une étude récente a découvert que plus de la moitié des téléspectateurs changeaient de chaîne à chaque interruption publicitaire.

Le problème devient encore plus épineux avec l'apparition des systèmes d'enregistrement sur disque dur, comme TiVo. Environ 40 % des foyers américains devraient disposer de cette technologie. Une agence de publicité considère que « le nombre de personnes utilisant [ces enregistreurs] pour éviter la publicité sera bientôt si important que les annonceurs se détourneront totalement de la télévision ». De même, le nombre de consommateurs de vidéo à la demande devrait quadrupler dans les cinq prochaines années. Ils pourront alors regarder des programmes quand ils le voudront, en une plusieurs fois, avec ou sans publicité.

Les publicitaires ne peuvent donc plus utiliser les mêmes recettes pour attirer et influencer les consommateurs par le biais des médias traditionnels. Les messages doivent être mieux planifiés, plus inventifs, plus amusants et plus gratifiants, ne serait-ce que pour attirer et conserver l'attention des consommateurs. Selon un publicitaire, « une publicité a entre une et trois secondes pour sortir du lot et attirer le téléspectateur, sinon elle disparaît ». Un de ses collègues considère, lui, que « les fondamentaux marketing comme l'interruption ou la rupture ne fonctionnent plus. Vous devez proposer un contenu qui soit suffisamment intéressant, utile et distrayant pour inviter les consommateurs [à le considérer] ». En fait, de nombreux marketeurs adoptent maintenant une approche qui mélange la publicité et le divertissement pour améliorer la visibilité de leurs messages et atteindre les consommateurs.

L'axe psychologique La première étape pour concevoir un message publicitaire efficace consiste à planifier l'*axe psychologique*, autrement dit à décider quel message doit être transmis aux consommateurs. Le rôle de la publicité est d'amener les consommateurs à considérer un produit ou une entreprise d'une certaine façon. Les individus ne réagissent que s'ils estiment que leur action leur apportera un bénéfice. La conception du message commence donc par l'identification des *avantages* qui peuvent être utilisés comme autant d'incitations. En théorie, le message publicitaire découle directement du positionnement global de l'entreprise et des stratégies qu'elle utilise pour apporter de la valeur à ses clients.

La *copy-stratégie* esquisse essentiellement les avantages et le positionnement sur lesquels l'annonceur souhaite mettre l'accent. Le publicitaire doit ensuite élaborer un *concept créatif*, autrement dit trouver l'idée qui permettra de transmettre ce message et de le distinguer des autres. C'est cette étape qui fait d'un simple message une grande campagne publicitaire. Généralement, des concepteurs-rédacteurs et des directeurs artistiques sont alors chargés de créer de nombreux concepts, dans l'espoir de voir émerger la bonne idée. Il peut s'agir d'une image, d'un slogan ou d'un mélange des deux.

Le concept créatif guide ensuite le choix des incitations spécifiques à employer dans la campagne publicitaire. Ces *incitations publicitaires* doivent d'abord *avoir du sens* et mettre en avant ce qui rend le produit désirable ou intéressant. Elles doivent ensuite être *crédibles*; le consommateur doit croire que le produit ou le service lui apportera les avantages décrits. Les incitations doivent également être distinctives et dire en quoi le produit est meilleur que celui des marques concurrentes. Ainsi, si le principal avantage d'une montre-bracelet est de donner l'heure avec précision, rares sont pourtant les publicités qui le mentionnent. Les publicitaires préfèrent mettre l'accent sur ce qui distingue chaque produit en particulier. Depuis des années, Timex se présente comme la montre bon marché, Swatch comme la montre de style et à la mode, pendant que Rolex insiste sur le luxe et le statut social de ses clients.

L'exécution du message Le publicitaire doit ensuite convertir l'idée générale en termes qui attirent l'attention et soulèvent l'intérêt du marché visé. L'équipe créative doit trouver le style, le ton, les mots et le format de l'annonce les mieux adaptés. En ce qui concerne le *style d'exécution*, de nombreuses approches sont possibles :

- *Tranche de vie.* On montre une ou plusieurs personnes utilisant le produit. Par exemple, quatre jeunes automobilistes discutent de la sérénité offerte par : MMA, zéro blabla.
- *Style de vie.* On s'efforce de montrer en quoi le produit s'intègre à un style. Par exemple, une publicité pour les VTT Mongoose dans laquelle un cycliste traverse un paysage escarpé mais splendide se termine par le slogan : « Il existe des endroits si magnifiques que vous aimeriez en parler au monde entier. Ne le faites pas. »
- *La fantaisie.* On crée un univers imaginaire autour du produit. Par exemple, dans un décor de course-poursuite à l'américaine, 3 jeunes femmes « classe », masquées, aussi intrépides que jolies, se jouent de la police pour profiter de leur forfait et festoyer grâce à leur butin, des boîtes de Bordeau Chesnel ; en affichant un jouissif « nous n'avons pas les mêmes valeurs ».
- *L'image ou l'ambiance.* Le produit est placé dans un contexte de beauté, d'affection, de sérénité ou de luxe. La publicité suggère alors plus qu'elle n'affirme. Les publicités Givenchy mettent en images et en musique un sentiment d'évasion et de liberté… de la femme.
- *Le slogan musical.* On associe au produit quelques notes, parfois une courte chanson. La publicité Evian construite autour de la chanson « We Will Rock You » est restée célèbre dans le monde entier.

- *Le personnage symbole*. Le produit est personnifié par un personnage imaginaire (Tony, le tigre des céréales Kellogg's) ou réel (le cow-boy Marlboro).
- *L'expertise technique*. On met l'accent sur le soin avec lequel les ingrédients sont choisis ou la fabrication élaborée. Les cafés Maxwell mettent ainsi en scène un des acheteurs sélectionnant les grains de café auprès des producteurs.
- *La preuve scientifique*. On montre des tests, si possible commentés par un personnage en blouse blanche. Depuis des années, Le Chat utilise cette technique pour convaincre les consommateurs que sa poudre à lessiver combat mieux les taches que ne le font ses concurrents.
- *Le témoignage*. Des personnes connues, respectées, ou bien auxquelles on pourrait s'identifier, apportent leur caution au produit. Par exemple, une publicité montre comment le double champion olympique de canoë-kayak, Tony Estanguet, se ressource en utilisant du gel douche Mennen Sport.

Il faut ensuite choisir un *ton*. Celui de Procter & Gamble est positif, démonstratif, fondé sur des arguments qui acheminent vers une conclusion logique. P&G évite généralement toute connotation humoristique qui pourrait détourner l'attention. À l'inverse, de plus en plus de publicitaires utilisent l'humour pour attirer l'attention. Cette tendance humoristique se retrouve dans presque toutes les publicités, *a fortiori* lorsqu'il s'agit de prendre un peu de distance avec la crise économique. Au plus fort de la récession, c'est typiquement le parti pris choisi par Volkswagen pour promouvoir sa Polo avec sa publicité décalée : « Du neuf au prix de l'occasion. »

Les *mots* doivent être simples, accrocheurs et facilement mémorisables. Une BMW n'est pas simplement « une voiture bien conçue », elle apporte plutôt « le plaisir de conduire ». Une glace Häagen-Dazs n'est pas juste « une bonne crème glacée de luxe » mais propose « la passion du contact, la perfection dans une coupe, l'été dans une cuillère ; un moment de perfection ».

Enfin, le *format* a une profonde incidence à la fois sur l'impact commercial et sur les coûts. Un réaménagement mineur dans une annonce peut, en effet, accroître sensiblement son pouvoir d'attention. Dans une publicité imprimée, l'*illustration* est la première chose que l'on remarque ; l'image doit donc être suffisamment forte pour attirer l'attention. Le *slogan*, ensuite, doit inciter les personnes visées à lire le texte. Ce *texte* doit être simple mais accrocheur et convaincant. En outre, ces trois éléments doivent présenter *ensemble* les avantages du produit.

En illustrant toute la beauté de l'imaginaire, Microsoft milite pour que les voyages virtuels se fassent en toute sécurité. En ce sens, Microsoft œuvre pour le développement global du marché.

La publicité participative Le président de l'agence interactive Duke, Matthieu de Lesseux, pense que de nombreuses entreprises ont intégré que « nous sommes passés d'un marketing d'interruption à un marketing de permission (interaction) pour arriver

MARKETING EN ACTIONS 12.1

George, what else ?

La troisième campagne Nespresso, orchestrée en 2008 et signée par McCann Erickson, Paris, a été primée aux 16e Effie Awards et reçoit le Grand Prix 2009. Est ainsi récompensée l'efficacité d'une campagne attendue au tournant, dont le pari a été gagné grâce au marketing participatif.

Un mot d'ordre : « Que feriez-vous si vous étiez George ? »

La campagne pour laquelle Nespresso a déboursé 14,8 millions d'euros s'est déroulée en plusieurs temps. Cinq films mettant en scène le très plébiscité George Clooney – désormais icône de la marque – et John Malkovitch ont été réalisés. Nespresso a sollicité en avant-première les membres de son club par mailing privé intitulé « En coulisse avec Nespresso et George Clooney », leur demandant de choisir le film qui passerait à la télévision et au cinéma le mois suivant. Puis, pendant près de trois mois, Nespresso a mis à contribution l'ensemble des internautes par le biais de son site Internet pour leur faire choisir la fin du film, et ce parmi trois possibilités. George, assommé par un piano en sortant de la boutique Nespresso, arrive au paradis un sac à la main… Il est accueilli par un homme en blanc – John Malkovitch – qui lui offre la vie contre la machine Nespresso que George vient d'acquérir. « Si vous étiez George, tenteriez-vous de négocier avec l'homme en blanc ? Lui céderiez-vous votre machine à café ? Ou garderiez-vous la machine à café ? »

Les enjeux de la campagne

L'enjeu était multiple pour Nespresso : il s'agissait d'abord de conforter sa position de leader – Nespresso bénéficie d'une image forte, au positionnement prémium marqué – en surpassant ses succès précédents mais sans lasser ses consommateurs déjà membres ! En effet, Nespresso mise sur ses relations avec le consommateur et favorise les contacts directs. Le « Club Members » en est un exemple significatif, qui traite ses membres comme des VIP avec des mailings personnalisés, des offres exclusives, des séries limitées, des envois de magazines luxueux, une livraison de produits garantie en deux jours, etc. Est membre de ce club tout acheteur privé de machine à café. Et Thérèse Aldebert (de Nespresso) d'affirmer que « l'objectif [de l'opération] était de remercier [leurs] membres pour leur fidélité ». La fidélisation du client est vitale pour Nespresso puisque ce dernier – par cooptation – est à l'origine du recrutement de nouveaux clients : « Un membre sur deux vient du parrainage d'un autre », déclare J. Guilbert, DG de McCann Paris. Un mot d'ordre, donc : surprendre l'ensemble des consommateurs.

Un pari réussi !

Ce troisième opus a été un succès et a suscité l'adhésion massive des consommateurs déjà membres comme des internautes. Le site Nespresso a été visité par plus de 520 000 personnes, dont près de la moitié se sont exprimées en faveur de l'une ou l'autre chute pour le clip télévisé. Le site a été relayé et conseillé à des tiers par 125 000 d'entre elles. Nespresso a gagné plus de 7 points de notoriété spontanée, et en trois mois son club a gagné 8 % de membres – il est vrai que le *timing* de la campagne était particulièrement bien choisi puisqu'elle précédait Noël. La campagne a évidemment été servie par la notoriété de George Clooney, mais encore par une organisation et un timing nécessaires au succès d'une opération de marketing participatif.

Nespresso a su contourner les écueils de l'outil marketing participatif

Ce succès n'est pas dû au hasard ! Nespresso, servi par son expérience, n'en est pas à son coup d'essai en termes de marketing direct – déjà, en 2008, les membres du club avaient été sollicités pour participer en tant que figurants à un spot publicitaire avec George Clooney. La campagne 2010 n'aurait pas suscité le même engouement sans un encadrement averti. En effet, l'un des écueils du marketing participatif est d'offrir une marge de manœuvre trop importante au public à qui on offre les commandes. Les risques de dérive sont non négligeables : Chevrolet s'y était laissé prendre qui avait proposé aux internautes de « doubler » le spot publicitaire avec leurs propres mots et s'était fait submerger par les spots ironiques dénonçant notamment le caractère polluant de ses 4 X 4. Par ailleurs, un échantillon d'internautes n'est pas nécessairement représentatif des réelles préférences des consommateurs. La campagne Nespresso a été particulièrement habile : l'internaute n'était pas tant sollicité pour élaborer le produit, construire la campagne que pour choisir entre des items, items dont l'agence s'était assurée qu'ils contenaient tous les prérequis nécessaires au succès de l'opération et à la cohérence des messages. Ainsi le volet participatif n'était-il qu'une déclinaison supplémentaire de l'effet de *teasing* entretenu et maîtrisé par Nespresso ; aussi, après avoir sollicité très « confidentiellement » les membres de son club, les 130 000 fans Facebook de Nespresso – informés, « confidentiellement » toujours, par le biais de Twitter (page lancée en mars 2009, 1 400 suiveurs) – ont profité en avant-première du dévoilement du spot publicitaire avec la fin plébiscitée. Forte de son utilisation et de sa maîtrise des outils informatiques de la génération web 2.0, Nespresso est passé à l'ère communautaire et joue parfaitement la carte de la proximité, de la relation personnelle avec le consommateur, s'assurant durablement son avance sur ses – nombreux – concurrents Senseo (Philips), Dolce Gusto (Nescafé) ou encore Modo Mio (Lavazza).

Sources : Virginie Baucomont, « Nespresso 2009 », http://visionary.wordpress.com/2007/03/13/nespresso-la-marque-qui-donne-l%E2%80%99exemple/ ; Emmanuelle Kalfon, « Dans les coulisses de Nespresso avec George », *Marketing Direct*, 1er janvier 2008.

aujourd'hui à un marketing de participation »[6]. En prenant avantage des avancées technologiques, de nombreuses sociétés sollicitent la participation des consommateurs afin qu'ils leur soumettent des idées créatives. Pour ce faire, elles scrutent des sites de vidéos existants, ou développent leurs propres espaces dédiés, ou encore sponsorisent des concours de réalisation publicitaire.

Quelquefois, les annonceurs capitalisent sur des vidéos qui existent déjà sur YouTube, MySpace, Yahoo! ou Google. Par exemple, une des vidéos les plus vues sur le Net il y a quelques années montrait deux hommes en train de mélanger dans une espèce de laboratoire du DietCoke avec des Mentos. Le résultat donnait une improbable et explosive « fontaine » de soda. Cette vidéo spontanée a généré un buzz énorme pour Coca-Cola. Dans le but de créer encore plus de résonance médiatique, Coca-Cola a recruté les deux réalisateurs amateurs de ce film, un avocat et un jongleur, ceci afin de créer une nouvelle publicité et de les y faire jouer[7].

Bien d'autres marques développent leur site web où elles invitent les consommateurs à déposer leurs idées publicitaires et leurs vidéos.

Fin 2009, La Vache qui rit a lancé son concours « Pubtoimême » en invitant les internautes de sa jeune cible à créer leur propre spot de publicité autour du mythique bovin hilare. Le vainqueur a vu son film diffusé sur le site Internet de la marque et remporta un voyage au Maroc, où il visita une usine La Vache qui rit. Par ailleurs, sur son site (www.lavachequirit.com), la marque propose aux plus jeunes de réaliser des e-cartes personnalisées dans lesquelles il y a deux vedettes : le consommateur et la Vache qui rit.

À la fin de l'été 2009, avec beaucoup d'audace, Numéricable a confié sa campagne de publicité à ses clients. En juillet de la même année, Numéricable avait fait face à une vague profonde et sans précédent d'insatisfaction de ses clients. Après avoir traité les problèmes à la base de ces insatisfactions, Numéricable a constaté un meilleur niveau de satisfaction d'une part croissante de ses clients. Le diffuseur « triple play » a donc décidé de donner la parole à ses clients, pour une authentique « publicité 2.0 » destinée à la télévision. Après la tornade de l'été, quoi de plus convaincant que la parole de ses pairs. Numéricable a donc fait appel aux témoignages de ses abonnés pour contribuer à la réalisation de sa campagne en les invitant à s'exprimer en vidéo *via* sa propre plate-forme communautaire, Numerispace. L'objectif était de conquérir de nouveaux abonnés et de démontrer que Numéricable était désormais centré sur l'écoute et l'innovation.

Numéricable a contacté par e-mail ses abonnés en les invitant à filmer leur témoignage en faveur de leur opérateur. Les trois spots gagnants ont été filmés avec le réalisateur Olivier Bennoun dans un style de série baptisée « 20 secondes pour convaincre » (avec la bande-son de *Justice* !). Ils ont été diffusés à la télévision et le client dont le témoignage a déclenché le plus d'abonnements a été pourvu de 20 000 euros de matériel électronique.

Toutes les publicités générées par les consommateurs ne sont pas des succès. En fait, il peut se révéler périlleux de donner aux consommateurs trop de liberté. Lorsque Chevrolet a proposé aux consommateurs de trouver le slogan pour un spot publicitaire dédié à son dernier SUV, la société s'est retrouvée avec des contre-publicités bien senties critiquant la pollution du véhicule, son hyperconsommation et ses coûts d'entretien démesurés. Il faut donc être prudent et subtil lorsqu'on invite les consommateurs à participer au processus créatif.

Utilisée avec doigté, la création publicitaire par les consommateurs peut produire de beaux bénéfices. Premièrement, avec un budget réduit, une entreprise peut collecter de nouvelles idées ainsi que de l'information sur ce que la marque représente en terme d'expérience pour les consommateurs. En second lieu, cela peut élever le niveau d'implication des consommateurs et les transformer en ambassadeurs de la marque. Comme le dit un responsable marketing, « engagez un consommateur satisfait dans un dialogue au sujet d'un produit et donnez-lui un forum pour exprimer ses aspirations créatrices pour ce produit, et vous aurez un avocat de la marque qui parle avec le cœur »[8].

Le choix des médias et des supports

Il faut d'abord déterminer la *couverture*, la *fréquence* et l'*impact* désirés, ensuite choisir les *types de médias* et de *supports*, et enfin arrêter la *programmation*.

La couverture, la fréquence et l'impact Choisir des médias revient à sélectionner la meilleure manière d'obtenir le nombre d'expositions désirées auprès de la cible. La *couverture* correspond au *pourcentage* d'individus exposés au message au cours de la campagne pendant une certaine durée. Le publicitaire peut ainsi chercher à atteindre 70 % du marché visé durant les trois premiers mois de la campagne. La *fréquence* est le nombre de *fois* qu'un individu est, en moyenne, exposé au message. Par exemple, le publicitaire peut vouloir une fréquence d'exposition égale à trois.

Le publicitaire doit également décider de l'*impact médiatique*, autrement dit de la *valeur qualitative* d'un message dans un support donné. Pour des produits qui nécessitent une démonstration, un spot à la télévision peut avoir plus d'impact qu'un message radiophonique car la télévision utilise à la fois l'image et le son. Le même message aura plus de crédibilité dans un magazine comme *Le Point* que dans *Salut les copains*. En règle générale, l'importance du budget publicitaire dépend des objectifs à atteindre en termes de couverture, de fréquence et d'impact.

Le choix entre les grands médias Étant donné ses objectifs de couverture, de fréquence et d'impact, le média-planner cherche à sélectionner les médias les plus adéquats. Les grands médias sont la presse quotidienne, la télévision, le cinéma, la radio, les magazines, l'affichage et Internet (voir tableau 12.2). Chacun d'entre eux présente des avantages et des inconvénients dont le média-planner doit tenir compte. Il doit en effet considérer l'impact de chaque média, son efficacité à transmettre le message et son coût.

Les campagnes nationales ont longtemps privilégié la télévision et les magazines et négligé les autres supports. Mais, comme nous l'avons vu au début de ce chapitre, il semble que la situation évolue. En raison du coût grandissant et de la baisse des audiences des mass media, de nombreux publicitaires cherchent de nouvelles méthodes pour atteindre les consommateurs, notamment en se tournant vers les technologies numériques et les médias plus spécialisés, plus ciblés, plus interactifs, plus participatifs, moins onéreux et plus efficaces.

Tableau 12.2 Le profil des grands médias

Presse quotidienne	Flexibilité, longue durée de vie des messages, bonne couverture locale, prestige, crédibilité	Courte durée de vie des messages, qualité de reproduction médiocre, audience secondaire réduite
Télévision	Bonne qualité de reproduction, coût faible par passage, combine l'image, le son et le mouvement, bonne attention	Coût absolu élevé, saturation, exposition passagère, faible sélectivité de l'audience
Cinéma	Excellente qualité de reproduction. Bonne condition de réception. Grande sélectivité	Faible pénétration. Distribution lente des contacts. Long délais d'achat. Coût élevé
Radio	Sélectivité géographique et démographique, coût faible	Uniquement audio, exposition passagère, attention réduite, audiences fragmentées
Presse magazine	Sélectivité géographique et démographique, crédibilité et prestige, bonne qualité de reproduction, longue durée de vie et bonne circulation des messages	Longs délais d'achat, coût élevé, pas de garantie d'emplacement
Affichage	Flexibilité, bonne fréquence et couverture, coût réduit, concurrence faible, sélectivité de l'emplacement	Audience réduite, créativité limitée
Internet	Grande sélectivité, coût réduit, immédiateté, possibilités interactives	Pénétration de plus en plus forte, impact grandissant, contrôle limité de la couverture

La télévision par câble ou par satellite, par exemple, est en pleine croissance. Ces systèmes permettent l'apparition de chaînes entièrement consacrées aux sports, aux actualités, à la cuisine, aux arts, à la maison, au jardinage, aux voyages, à l'histoire, à la finance. Le « digital switch » de 2012 va encore multiplier les possibilités. L'ensemble des chaînes européennes de la TNT sera disponible pour tous les Européens. Du côté américain les câblo-opérateurs testent des systèmes de diffusion de publicités individualisées grâce auxquelles les publicités concernant les aliments pour animaux ne seraient diffusées qu'aux seuls possesseurs d'animaux de compagnie. Cette diffusion ciblée permet aux publicitaires de viser avec plus de précision les segments particuliers de chaque marché, ce qui leur était impossible par les moyens de diffusion grand public. Mais les publicitaires, soucieux de trouver des méthodes moins coûteuses et plus ciblées pour atteindre le consommateur, exploitent déjà abondamment d'autres médias « alternatifs » que la télévision par câble ou par satellite.

À l'heure de choisir les médias, les publicitaires doivent également tenir compte de l'augmentation du nombre de personnes qui ne se contentent pas de regarder, écouter ou lire un seul support à la fois. Selon une étude récente, trois quarts des téléspectateurs regardent la télévision en lisant le journal. Toujours selon cette étude, 70 % des personnes interrogées admettent, à un moment ou à un autre, utiliser plusieurs médias en même temps. En outre, cette tendance est encore plus prononcée chez les plus jeunes et devrait donc encore augmenter dans le futur. Près d'un tiers des enfants âgés de 8 à 18 ans disent téléphoner, surfer ou discuter sur le Web, regarder la télévision ou écouter de la musique tout en faisant leurs devoirs scolaires. Les média-planners doivent donc tenir compte de ces interactions pour choisir quels médias utiliser.

Le choix des supports Une fois les médias choisis, il faut sélectionner les *supports* qui véhiculeront le message. L'émission « La ferme des célébrités » ou le Journal du soir sur TF1 sont deux supports télévisuels différents ; des magazines comme *L'Express*, *Entrevue* ou *5 Majeur* s'adressent également à des cibles très différentes.

Les média-planners doivent calculer le coût que chaque support demande pour atteindre 1 000 personnes. Sachant qu'une publicité en quadrichromie et sur une pleine page dans *Paris Match* coûte par exemple 33 600 euros (HT) et que ce magazine a un lectorat de 4,2 millions de personnes en France, chaque groupe de 1 000 personnes touchées représente un coût de 8 euros. La même publicité dans *Elle* ne coûte que 27 500 euros, mais l'audience globale n'est alors que de 2,2 millions de personnes, si bien que le coût s'élève à 12 euros pour 1 000 personnes. Le média-planner classe les supports envisagés en fonction de leur coût par mille et passe ses annonces dans ceux qui, à impact égal, ont le coût le plus faible. Il doit également considérer le coût que représente la production de plusieurs publicités pour les différents médias.

Rien de tel qu'utiliser le pouvoir évocateur des médias. La campagne de la Fondation Abbé Pierre est un des exemples du genre particulièrement réussis. Avec talent, la Fondation Abbé Pierre, utilise le pouvoir évocateur des surfaces des supports publicitaires (meuble urbain, affichage 3 x 4 m, place de parking...) pour élever l'implication du grand public par rapport aux conditions de vie de gens en détresse.

Au-delà du coût, le média-planner doit également tenir compte de l'efficacité des différents supports et évaluer leur *affinité avec la cible*. Pour une publicité de couches pour bébés, le magazine *Parents* aura une valeur d'impact beaucoup plus élevée que *Marie-France*. Il faut ensuite considérer l'*attention de l'audience* : les lecteurs de Vogue, par exemple, prêtent généralement plus d'attention aux publicités que les lecteurs de *Métro*. Enfin, le média-planner doit connaître la *qualité éditoriale* du support ; une publicité dans *Le Monde* ou *Les Echos* sera perçue comme beaucoup plus crédible et prestigieuse que dans *L'Impartial*.

La programmation de la campagne Une autre décision publicitaire importante concerne la programmation de la campagne dans le temps. Supposons que la demande d'un produit soit très forte en décembre et faible en mars. L'entreprise peut alors moduler ses dépenses publicitaires en concordance avec les ventes, en opposition avec elles, ou les maintenir constantes tout au long de l'année. Une majorité d'entreprises préfère la première solution. C'est le cas d'Europ Assistance qui diffuse essentiellement ses publicités avant les principales périodes de vacances et donc de voyages. Certains marketeurs font même *uniquement* de la publicité à certaines périodes, comme Clairefontaine, qui n'assure la promotion de ses cahiers qu'en prévision de la rentrée scolaire.

Enfin, le publicitaire doit choisir comment répartir les contacts publicitaires. La *dispersion continue* signifie que les publicités seront diffusées de manière régulière dans une période donnée. La *concentration dans le temps* est au contraire une programmation irrégulière sur une période donnée. Par la concentration dans le temps, les publicitaires souhaitent donner au produit une notoriété suffisante pour qu'elle dure jusqu'à la prochaine campagne. Pour les défenseurs de cette approche, l'impact est le même qu'avec la dispersion continue, mais le coût est inférieur. Par contre, certains professionnels estiment que la concentration dans le temps permet bien d'établir la notoriété d'un produit, mais pas de communiquer en profondeur.

■ M&Ms utilise les rythmes et les rites des grands rendez-vous familiaux et festifs, tels que les naissances, les mariages, la Saint-Valentin...., pour accroître sa créativité et sa présence publicitaire.

4.4 La mesure de l'efficacité publicitaire et du retour sur investissement

Les entreprises se préoccupent de plus en plus de mesurer l'efficacité de leurs investissements publicitaires. Les cadres supérieurs demandent quel est le retour de l'investissement publicitaire pour l'entreprise et veulent savoir s'ils dépensent la somme juste ou non. Selon une étude la mesure de l'efficacité publicitaire est devenue une priorité. 61,5 % des personnes interrogées considèrent qu'il est important de définir et de mesurer l'efficacité comptable de la publicité afin de pouvoir agir en conséquence.

Les publicitaires doivent périodiquement évaluer deux types de résultats : la valeur de la communication et son impact sur les ventes. Mesurer *la valeur de communication* d'une publicité permet d'apprécier si le message est bien communiqué. Les publicités peuvent être testées avant ou après leur diffusion. Avant la diffusion, le publicitaire peut interviewer des consommateurs, leur demander ce qu'ils pensent de la publicité, constater s'ils retiennent le message et observer les changements d'attitude que celui-ci provoque. Après la diffusion, le publicitaire peut mesurer l'impact de la publicité sur les consommateurs en termes de notoriété, de reconnaissance et de préférences. Ces évaluations sur la valeur de la communication peuvent être réalisées non seulement pour des publicités individuelles mais également pour des campagnes entières.

Ces tests permettent aux agences de mesurer avec une assez grande précision la valeur de communication des publicités. En revanche, *l'impact sur les ventes et les bénéfices* est beaucoup plus difficile à mesurer. Comment savoir quel est l'impact sur les ventes d'une campagne qui a augmenté la reconnaissance de la marque de 20 % et la préférence pour la marque de 10 % ? Les ventes dépendent en effet de très nombreux autres facteurs tels que le produit, le prix et la distribution. On sait aussi aujourd'hui que pour sept achats sur dix le choix s'opère au moment de l'achat.

On mesure l'impact de la publicité sur les ventes en comparant les ventes passées de l'entreprise et les budgets publicitaires correspondants ou en utilisant des données expérimentales. L'expérimentation consiste à choisir un certain nombre de marchés comparables dans lesquels on fait varier pendant un certain temps les dépenses publicitaires et à comparer les résultats obtenus. Des expérimentations plus complexes peuvent également permettre de comparer les différences entre plusieurs publicités et plusieurs médias.

Cependant, la mesure de l'efficacité de la publicité reste une science inexacte en raison du trop grand nombre de facteurs contrôlables ou non qui jouent un rôle. En dépit de l'importance accrue que les agences accordent à cette question, seuls 19 % des managers interrogés se sont déclarés satisfaits des méthodes de mesure utilisées. Lorsqu'on leur a demandé s'ils pouvaient prévoir l'impact sur les ventes d'une baisse de 10 % du budget publicitaire, 63 % ont répondu non.

4.5 Considérations supplémentaires sur la publicité

Lorsqu'elle élabore ses stratégies et ses programmes publicitaires, l'entreprise doit considérer deux questions supplémentaires. Elle doit tout d'abord définir qui effectuera les tâches publicitaires et ensuite adapter ses stratégies et ses programmes publicitaires à la complexité des marchés internationaux.

L'organisation publicitaire dans l'entreprise

Les entreprises adoptent différentes méthodes de gestion de la publicité. Dans les petites entreprises, la publicité peut être gérée par une personne du département des ventes. Les grandes entreprises disposent d'un département publicitaire dont le rôle consiste à définir le budget publicitaire, à collaborer avec l'agence de publicité et à gérer toute la publicité qui n'est pas confiée à cette agence extérieure.

Agence de publicité
Organisme indépendant, composé de spécialistes chargés, pour le compte des annonceurs, de la conception, de l'exécution et du contrôle des programmes publicitaires.

Les **agences de publicité** emploient des spécialistes qui sont plus aptes à effectuer les tâches publicitaires que les collaborateurs de l'entreprise. Ces agences apportent également un point de vue extérieur aux problèmes de l'entreprise, ainsi que leur expérience acquise en travaillant pour différents clients et dans différents contextes. C'est pourquoi même les entreprises qui possèdent un département publicitaire utilisent ces agences.

Au cours de ces dernières années, de nombreuses agences ont absorbé d'autres agences pour créer d'énormes holdings publicitaires. Le plus grand de ces groupes, WPP, se compose de plusieurs agences de publicité, de relations publiques et de promotion. L'addition des revenus de toutes ces composantes dans le monde entier s'élève à 13,6 milliards de dollars[9].

Les décisions publicitaires internationales

Les publicitaires chargés des campagnes internationales doivent faire face à de nombreuses questions complexes et différentes de celles rencontrées sur les marchés nationaux. Ils doivent d'abord définir à quel point adapter la publicité aux caractéristiques spécifiques des différents marchés. Certains annonceurs utilisent des campagnes publicitaires mondiales très standardisées qui sont aussi efficaces à Bangkok qu'à Baltimore. Jeep s'est ainsi créé une image de solidité et de fiabilité ; Coca-Cola et Sprite utilisent les mêmes axes psychologiques standard pour atteindre les jeunes dans le monde ; à l'exception de différences mineures, les publicités pour les rasoirs Gillette sont quasiment identiques dans tous les pays.

La standardisation présente de nombreux avantages : les coûts publicitaires sont réduits, la coordination publicitaire globale est meilleure et, dans un monde qui se globalise, l'image de la marque reste cohérente partout. Mais elle a également des inconvénients : elle ignore les différences culturelles, démographiques et économiques entre les différents marchés locaux. Par conséquent, la plupart des publicitaires adoptent une vue globale mais agissent au plan local. Ils élaborent des *stratégies* publicitaires globales afin de rendre leurs activités plus efficaces et plus cohérentes dans le monde entier. Puis ils adaptent leurs *programmes* publicitaires aux besoins et aux attentes des consommateurs locaux.

Coca-Cola dispose ainsi de plusieurs publicités différentes qui peuvent être utilisées ou adaptées à plusieurs marchés. Certaines ne nécessitent que des modifications mineures, comme la langue, pour être utilisées dans plusieurs pays. Les managers locaux ont alors la charge de décider quelles publicités sont les mieux adaptées à chaque marché en particulier.

La publicité de Gillette pour les rasoirs Venus destinés aux femmes est standardisée au niveau mondial. Seules des modifications mineures sont faites pour s'adapter aux marchés locaux.

En outre, les coûts publicitaires et les possibilités qu'offrent les médias varient énormément d'un pays à l'autre. La législation sur les pratiques publicitaires est également très différente selon les pays. Il est par exemple interdit de promouvoir ou de vendre de l'alcool dans les pays musulmans. Des pays comme la Norvège ou la Suède interdisent les publicités sur les aliments à l'heure des programmes destinés aux enfants, ce qui pousse McDonald's à se présenter en Suède comme un restaurant familial. La publicité comparative, très courante aux États-Unis ou au Canada, est moins fréquente au Royaume-Uni, légalement très contraignante en France, impensable au Japon et illégale en Inde ou au Brésil.

La Chine censure de façon très stricte les publicités à la télévision ou à la radio. Il est par exemple interdit d'employer les termes « le meilleur », de « contredire les coutumes sociales » ou de présenter les femmes « d'une manière indécente ». Afin d'éviter les sanctions, McDonald's a récemment dû s'excuser publiquement pour une publicité dans laquelle un consommateur suppliait qu'on lui accorde une remise.

5. Les relations publiques

Un autre outil majeur de la communication est constitué des **relations publiques** (RP). Leur objectif est de bâtir de bonnes relations entre l'entreprise et ses divers publics en obtenant une publicité favorable, en construisant une image institutionnelle positive, en contrôlant et en réduisant l'impact de rumeurs ou d'événements néfastes. Le terme relations publiques englobe les activités suivantes :

- Les *relations presse* visent à faire passer des informations dans les médias sous un angle positif afin d'attirer l'attention sur une personne, un produit ou un service.
- La *publicité rédactionnelle* consiste à obtenir de l'espace rédactionnel dans les médias.
- La *communication institutionnelle* rassemble toutes les actions internes et externes centrées sur l'institution (entreprise, association, etc.).
- Le *lobbying* défend les intérêts de l'institution auprès des pouvoirs publics et des élus.
- Les *relations avec les investisseurs* désignent les relations avec les actionnaires et les autres partenaires financiers.
- Le *développement* regroupe toutes les relations avec les donateurs ou les membres des associations à but non lucratif pour obtenir ou proposer un soutien financier.

Il n'y a pas longtemps, les relations publiques (RP) étaient considérées comme le parent pauvre du marketing car leurs utilisations étaient peu connectées aux objectifs du marketing. Cette perception évolue très rapidement et de très nombreux responsables marketing reconnaissent aujourd'hui la puissance des RP dans la gestion de la marque et l'atteinte des objectifs marketing.

Les relations publiques peuvent servir à promouvoir des produits, des personnes, des idées, des activités, des organisations et même des États. Les entreprises les utilisent pour établir de bonnes relations avec les consommateurs, les investisseurs, les médias et les communautés. Les relations publiques ont par exemple été utilisées par le secteur

MARKETING EN ACTIONS 12.2

Le Super Bowl : parce qu'il le vaut bien ?

Le Super Bowl est le summum de tous les événements publicitaires. Chaque année, les plus grandes marques mondiales révèlent leurs nouvelles et plus belles publicités à l'audience colossale de la finale du championnat de football américain (NFL). Mais c'est loin d'être gratuit. En 2010, les annonceurs ont déboursé 3 millions de dollars pour 30 secondes de publicité – ce qui revient à 100 000 dollars la seconde. Ceci correspond uniquement au prix de la diffusion ! À ces chiffres, il faut ajouter les coûts de production, qui sont en moyenne de 2 millions de dollars par publicité. Acheter un seul espace publicitaire lors du Super Bowl est devenu extrêmement onéreux. En 2009, Anheuser-Busch, la branche américaine du brasseur belge InBev, a diffusé sept spots et l'ensemble des marques du groupe PepsiCo (dont Doritos) a dépensé 33 millions de dollars (dont 15 uniquement pour Pepsi).

Chaque année, quand la saison du Super Bowl approche, la question « qui tue » réapparaît : le Super Bowl vaut-il tous ces investissements publicitaires ? Délivre-t-il un réel retour sur investissement (ROI) ? La question est d'autant plus présente en période de crise, où les entreprises contrôlent et calculent le bien-fondé de la moindre dépense. C'est d'autant plus délicat qu'il n'existe aucune réponse toute faite et que l'analyse se révèle assez technique.

Le Super Bowl est une plate-forme de visibilité incroyable. C'est l'événement le plus regardé à la télévision. En 2010, il a même battu le record de la meilleure audience de tous les temps, avec 106,95 millions de téléspectateurs, et détrône par la même occasion le précédent record (de 1983) détenu par la série *Mash*. La rencontre entre les Saints de La Nouvelle-Orléans et les Colts d'Indianapolis a même connu un pic d'audience à 153,4 millions de téléspectateurs. Par comparaison, notre « Ligue des champions » attire aussi des audiences incroyables (109 millions de téléspectateurs pour la finale 2009 Barça contre Manchester United) mais ces audiences sont collectées sur une multitude de chaînes nationales et non par un diffuseur unique (CBS) comme aux États-Unis. Même en France, la retransmission du Super Bowl 2010 a permis à W9 d'atteindre une part d'audience de 6,9 % alors que la part d'audience moyenne de cette chaîne de la TNT se situe entre 2,5 % et 3 %.

Le Super Bowl est un événement d'une puissance médiatique et publicitaire incroyable. Pour beaucoup de téléspectateurs, le show fait par les publicités est aussi important que ce qui se passe sur le terrain de football. En effet, les parts d'audience pendant le match sont semblables à celles durant les longues plages publicitaires (41,6 % vs 41,22 %). Est-ce pour cela que le ROI est assuré ?

Les avis varient très largement. Des annonceurs comme Google, Coca-Cola, Dove, Volkswagen, Audi, Kia… doivent penser que c'est un bon investissement puisqu'ils sont présents même en période de crise. Certains (Unilever) sont même revenus alors qu'ils étaient absents en 2009. Mais d'autres tels Pepsi et Fedex ont quitté l'événement. Après vingt-trois Super Bowl d'affilée, Pepsi a préféré, à la finale du championnat NFL, un programme de CRM digital destiné à créer un dialogue avec les consommateurs. Pepsi a considéré qu'en période de crise dépenser des millions de dollars pour un seul événement pouvait envoyer un mauvais message et a préféré verser un montant de 20 millions de dollars dans un projet social et communautaire baptisé « Refresh » qui soutient des causes charitables. Un site web, Refresh Everything.com, a été lancé le 13 janvier 2010, soit moins d'un mois avant le Super Bowl. Celui-ci a permis aux consommateurs de proposer mais aussi de choisir les projets soutenus par la marque. Il faut toutefois noter que la filiale Doritos de PepsiCo était bel et bien présente à l'édition 2010.

Les experts aussi sont dans l'interrogation. Une enquête menée auprès des membres de l'association américaine du marketing sportif a mis en évidence que 31 % des interrogés recommandent de faire de la publicité durant le Super Bowl mais 41 % partagent l'avis opposé et considèrent que l'investissement n'est pas rentable.

Les arguments des tenants du « non » sont étayés. Selon eux, le coût pour mille contacts (CPM) est 85 % plus cher que celui des programmes prime-time classiques. Ils défendent l'idée que les 3 millions de dollars de chaque spot pourraient être remplacés avantageusement par des actions dans des médias alternatifs tels deux affichages géants sur Time's Square, vus chaque jour de l'année par 1 million de New-Yorkais, ou encore 50 « placements de produit » dans des films, des jeux vidéo ou des émissions de télévision.

Un argument corrélé au précédent concerne la saturation des plages publicitaires pendant le Super Bowl. 50 marques y font leur publicité et la lutte pour gagner l'attention des téléspectateurs est féroce. Chaque publicité concentre le meilleur en talent et en énergie des annonceurs qui essayent de surprendre et de séduire autant les consommateurs que les critiques publicitaires. Beaucoup de professionnels pensent qu'ils peuvent obtenir plus de chaque dollar en investissant dans des supports beaucoup moins saturés de publicités.

Il y a aussi la question de la congruence entre les produits/services présents dans les publicités et l'événement. Le Super Bowl est sans doute un événement publicitaire parfait pour les entreprises vendant de la bière, des snacks, des soft drinks ou des vêtements de sport mais, d'un autre côté, cet événement convient sans doute moins à de nombreuses autres marques. C'est la raison pour laquelle Unilever a remplacé ses publicités pour des produits féminins (en 2008) par celles ciblées sur les hommes (en 2010).

Le Super Bowl a beaucoup à offrir aux annonceurs qui ont des produits congruents avec la nature de l'événement. C'est très certainement en raison de cette congruence que le directeur de la communication des bières Anheuser-Busch déclare : « Il n'y a pas d'autre plate-forme comme le Super Bowl. Il a une valeur communicationnelle incroyable. Quand vous pouvez toucher autant de ménages avec un tel impact en une seule fois, c'est particulièrement efficace. » En termes d'efficacité, une enquête d'un institut d'études a mis en évidence que le retour sur investissement de chaque dollar se situe entre 1,25 et 2,74 dollars et que chaque publicité diffusée pendant le Super Bowl a autant d'impact que 250 spots diffusés lors de programmes standard.

Mais le plus important pour la plupart des annonceurs, comme toujours en marketing sportif, est que la plate-forme soit une porte d'entrée puissante pour un impact encore beaucoup plus fort. Longtemps après la fin de la compétition, les publicités continuent à être commentées, évaluées par les critiques et les consommateurs. Les médias renchérissent en « commentant les commentaires ». Ensuite, les associations professionnelles de marketing et de communication prennent le relais avec la saison des prix publicitaires. Bien conscients de cette dynamique, une fois le match terminé, les annonceurs ne se croisent pas les bras en attendant que l'on parle de leur publicité. Ils mettent sur pied des événements qui gonflent le buzz. Par exemple, Doritos, les célèbres chips triangulaires de maïs, organise chaque année ses « Crash the Super Bowl ». C'est un concours de spots publicitaires réalisés par les consommateurs. Les meilleurs films sont diffusés pendant le Super Bowl et les cinq meilleurs réalisateurs gagnent 25 000 dollars. En 2010, Doritos a reçu 4 064 films et un des cinq spots gagnants de 2009 a été élu meilleure publicité de l'année par *USA Today*. Des jours et des semaines après le Super Bowl, les consommateurs commentaient encore cette publicité. Les utilisateurs de YouTube ont d'ailleurs élu celle-ci numéro 1 des YouTube's Ad Blitz, une section spéciale regroupant les publicités du Super Bowl. Cette publicité a été vue plus de 800 000 fois et plus de 1 200 commentaires ont été déposés sur le site en seulement trois jours. Une seconde publicité issue du concours a également été classée dans les cinq meilleures du classement *USA Today* et aussi de YouTube. C'est le genre de buzz que l'argent ne peut pas acheter… mais qui n'est pas dû au hasard.

La puissance de la plate-forme « Super Bowl » est telle que les annonceurs exploitent tous les leviers. Par exemple, sur le site Cocacolaweb.fr, Coca-Cola France présente et raconte sa pub *hard time* (les Simpsons) diffusée lors de la finale. Coca-Cola en profite aussi pour expliquer ce que représente le Super Bowl aux États-Unis… et parler de gros sous ainsi que de Pepsi.

Mais revenons à la question de départ : le Super Bowl vaut-il vraiment les tarifs publicitaires pratiqués par les diffuseurs ? Même s'il n'y a pas de réponse catégorique, il semble que les marques qui respectent des principes essentiels réussissent à toucher leurs cibles. Ces principes sont les suivants : activer la plate-forme, avant, pendant, après l'événement (par exemple la compétition de vidéos de Doritos) ; raconter une « histoire » légitime et crédible (comme les publicités d'adidas lors des événements sportifs) et différencier sa communication comme on différencie un produit (Skip et le rugby lors de la Coupe du monde de rugby 2007). Toutefois, une grande difficulté demeure : mesurer le retour sur investissement. Un journaliste a un jour écrit : « Tout le temps, toute l'énergie, toute l'angoisse que les marketeurs mettent dans la réalisation de la publicité parfaite pour le Super Bowl n'est qu'une légère brise comparés aux efforts nécessaires pour essayer de prouver son retour sur investissement. » Aujourd'hui, des agences spécialisées travaillent pour développer les outils de mesure adéquats. En France, le leader du marché de la communication par le sport, Havas Sport Entertainment, développe un outil qui a pour objectif de mesurer l'impact auprès des consommateurs des « points de contact », isolément et en synergie, d'un événement publicitaire tel le Super Bowl. L'ère du « tout intuitif » est révolue.

Sources : citations et informations issues de Bruce Horovitz, « $2 Million Average Production Cost + $3 Million Average Cost of a Commercial = Pressure », *USA Today*, 30 janvier 2009 ; Claire Atkinson, « Measuring Bowl ROI? Good Luck », *Advertising Age*, 29 janvier 2007 ; Jack Neff, « P&G, Unilever Sit Out the Super Bowl », *Advertising Age*, 29 janvier 2007 ; Suzanne Vranica, « Tough Times Complicate Case for Buying Super Bowl Ads », *Wall Street Journal*, 11 novembre 2008 ; Scott Collins, « Take II: Super Bowl Was Most Watched », *Los Angeles Times*, 4 février 2009 ; Brian Morressey, « YouTube Viewers Crown Doritos SB Champ », *Adweek*, 5 février 2009 ; Paul Thomasch et Ben Kalyman, « Recession Raises Stakes for Super Bowl Advertising », Reuters, 6 janvier 2009 ; Tim Calkins et Derek D. Rucker, « Does a $3M Super Bowl Ad Make Sense In a Recession? », *Advertising Age*, 29 janvier 2009.

agroalimentaire pour raviver l'intérêt des consommateurs envers des produits de consommation courante comme les œufs, les pommes, le lait et les pommes de terre. La ville de New York a redoré son image et attiré des millions de touristes avec sa campagne « I ❤ New York! ». Le 14 février 2010, Claude Lelouch, le réalisateur du mythique *Un homme et une femme*, a filmé des centaines de couples de volontaires s'embrassant sur la plage de Deauville et mimant la plus célèbre scène du film. L'événement a été retransmis au Journal de 20 heures sur TF1. Cela a constitué une très belle publicité pour Deauville. Grâce aux relations publiques, le groupe Areva a réussi à convaincre un nombre important de Français que l'énergie nucléaire était un excellent outil de lutte contre le réchauffement climatique.

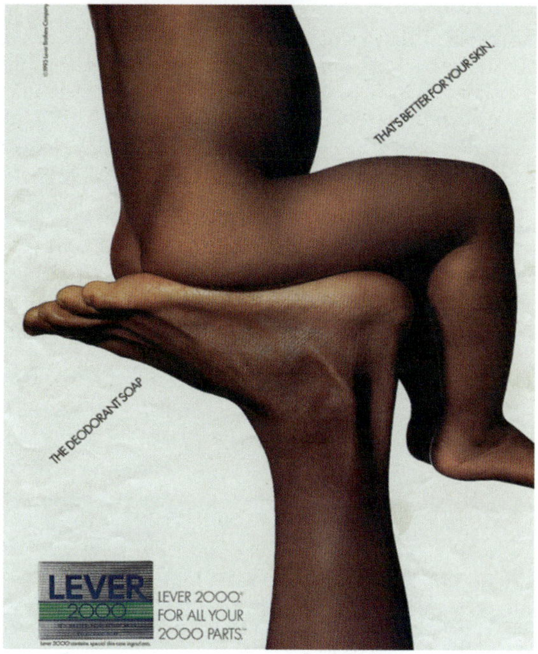

De nombreuses entreprises mixent la communication institutionnelle avec de la communication produit, comme ici la publicité de Lever. Celle-ci met en images les engagements fondamentaux de l'entreprise et les bénéfices client liés à l'usage d'un savon corporel.

Pour faire face au déclin de la consommation du lait, l'industrie laitière a lancé sa célèbre campagne de RP « Got Milk? ».

En 1994, aux États-Unis, la consommation de lait déclinait depuis vingt ans. La perception collective était alors que le lait n'était pas sain, était dépassé, réservé aux enfants et juste bon à consommer avec des biscuits. Pour contrecarrer cette perception négative, l'association représentant l'industrie laitière a lancé une campagne de RP mettant en scène des célébrités abordant une généreuse moustache de lait sur les lèvres. Cette campagne est devenue immédiatement populaire et efficace, puisque la consommation de lait est repartie à la hausse.

Initialement, cette campagne visait les jeunes filles dans la vingtaine, mais elle a ensuite ciblé d'autres segments tels les adolescents, pour qui elle est devenue culte, entre autres grâce à l'improbable implication de Denis Rodman, le mauvais garçon de la NBA. Commençant classiquement par des publicités pour la presse, elle a très vite investi le Net. Un site web (www.whymilk.com) avait pour objectif d'attirer les mères de famille en recherche d'information sur la nourriture saine et adéquate pour leur progéniture. Un autre site (www.bodybymilk.com) ciblait les jeunes et leur permettait de connaître les « petites histoires de coulisses » des dernières publicités « Got Milk? ». La campagne est toujours active et même David Beckham a récemment endossé la « cause du lait ». Son affiche est d'ailleurs sur MySpace dans l'espace dédié à la campagne « Moustache ».

5.1 Le rôle et l'impact des relations publiques

Les relations publiques permettent de développer la notoriété et l'image de l'entreprise pour un coût inférieur à celui de la publicité. En effet, l'entreprise n'achète pas d'espace dans les médias mais finance un groupe de personnes pour véhiculer des informations positives et gérer des événements attractifs. Si l'entreprise réalise des actions intéressantes, elle peut attirer l'attention des médias sans débourser les millions d'euros que la publicité aurait demandés. En outre, cette information sera beaucoup plus crédible qu'une annonce publicitaire car elle est beaucoup plus reliée à des faits réels. Les résultats obtenus peuvent parfois être spectaculaires, comme le montre l'exemple du lancement de la Wii de Nintendo.

▶ En 2006, le leadership de Nintendo sur l'industrie des jeux vidéo est chahuté et l'entreprise nippone n'émerge plus qu'à la troisième place, derrière Sony et Microsoft. Afin de revenir au sommet, Nintendo devait obtenir plus que des bons résultats avec sa dernière innovation, l'étonnante Wii. La télécommande sensible aux mouvements devait permettre à quasiment tout le monde d'accéder au plaisir de jouer, et à Nintendo de cibler aussi bien le cœur de cible des joueurs patentés que les joueurs occasionnels et les non-joueurs, incluant les filles, les femmes et les seniors. Mais, plutôt qu'investir des millions dans des campagnes médias, Nintendo a exploité le penchant naturel de la Wii à faire vivre des expériences nouvelles. Des événements de prélancement ont permis aux analystes du secteur de jouer jusqu'à plus soif avec la Wii. L'entreprise a aussi ciblé sur MySpace des internautes curieux de découvrir « comment ça marche ». Grâce à ce canal, la Wii s'est fait 60 000 « amis ». Nintendo a également lancé un programme d'ambassadeurs, des joueurs mais aussi des mères et des membres de grandes familles comprenant plusieurs générations. Ces ambassadeurs ont joué avec la console en primeur et, *via* des blogs ou le bouche-à-oreille, ils ont diffusé leurs ressentis au sujet du plaisir qu'elle procure.

À minuit, le jour du lancement, Nintendo a organisé des événements à New York et à Los Angeles, où s'étaient rassemblés des milliers de consommateurs. Ces événements ont été largement couverts par des médias et des émissions variés. En trois mois, la campagne de relations publiques de la Wii a touché une audience de plus de 10 millions de personnes. Malgré une enquête révélant que seuls 11 % des consommateurs envisageaient d'acheter la Wii, les ventes ont explosé. Pendant deux ans, les magasins ont été en constant réapprovisionnement et la Wii s'est vendue deux fois plus que la Xbox 360 et trois fois plus que la nouvelle Playstation 3. ◀

5.2 Les principales techniques de relations publiques

Les professionnels des relations publiques disposent de plusieurs moyens d'action. Les *informations* transmises aux journalistes par des communiqués ou des conférences de presse sont parfois imposées par l'actualité, parfois liées à un événement créé pour attirer l'attention des médias. Les *discours* des dirigeants influencent également l'image de leur entreprise et attirent l'attention sur les produits. Les cadres doivent de plus en plus souvent répondre à des interviews dans les médias ou prononcer des discours dans des conférences de presse. Ces événements peuvent aider à améliorer l'image de l'entreprise mais aussi l'endommager. Le *parrainage* d'événements génère également une couverture rédactionnelle, qu'il s'agisse de conférences, de présentations à la presse, de feux d'artifice, de lâchers de ballons, de présentations multimédias ou de programmes d'éducation destinés à atteindre et à intéresser différentes audiences.

Les *publications* incluent les rapports annuels, plaquettes, brochures, lettres d'information, films institutionnels et articles dans les magazines. Les *publications audiovisuelles* comme les films, les diaporamas, les CD audio et vidéo sont également de plus en plus utilisées. Le travail sur des éléments distinctifs de l'apparence de l'entreprise permet de lui donner une identité que le public reconnaît immédiatement. Le logo, le siège social, les cartes de visite, les uniformes du personnel, les véhicules de l'entreprise deviennent autant d'outils marketing lorsqu'ils sont aisément identifiables. Enfin, *les activités de mécénat* peuvent améliorer l'image de l'entreprise auprès du public.

Comme nous l'avons vu au chapitre 5, de nombreux responsables marketing conçoivent également des campagnes de *marketing viral* ou de *stimulation du buzz* pour soulever l'enthousiasme et entraîner un phénomène de bouche-à-oreille qui soit favorable à la marque. Ce sont alors les consommateurs eux-mêmes qui répandent l'information sur un produit ou un service auprès de leur entourage.

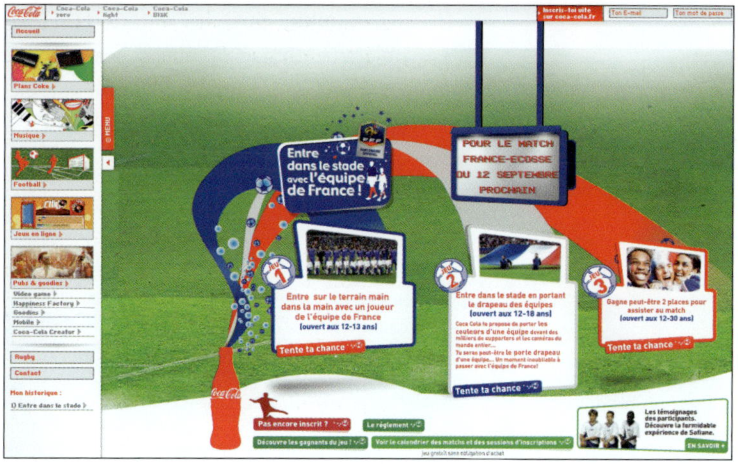

■ Le dispositif très abouti de Coca-Cola autour de l'équipe de France de football lui permet de démontrer son implication sociale, son ancrage en France, sa contribution à la lutte contre l'obésité… à ses cibles préférentielles : les jeunes, les mères de famille, les journalistes et les pouvoirs publics.

▶ adidas a bien compris l'importance de cette technique. Elle a créé un programme marketing spécifique pour motiver des blogueurs chargés de transmettre des messages mobilisateurs à l'occasion de l'ouverture de son magasin des Champs-Élysées. La mission de ces ambassadeurs consistait uniquement à répandre des informations sur l'événement à l'école, par téléphone, sur leurs blogs ou par e-mail. Souvent, ces ambassadeurs ne sont pas rémunérés, sinon en bons de réduction, en échantillons ou en invitations à des événements spéciaux et privilégiés, car ils adorent en général parler des choses qui leur plaisent et sont souvent enthousiastes à l'idée de jouer un rôle important au sein de la marque. ◀

Les sites web des entreprises sont également un important outil de relations publiques. Certains sites peuvent être extrêmement populaires. Le site my.barackobama.com est à ce titre un exemple puissant. Les équipes de Barack Obama ont réussi à motiver les réseaux sociaux entre autres grâce au site web très interactif. À la fin de la campagne, les utilisateurs du site ont créé plus de 2 millions de profils. Ils ont organisé plus de 200 000 événements. Ils ont formé plus de 35 000 groupes d'influence et créé 400 000 blogs, pour au final collecter plus de 30 millions de dollars sur 70 000 pages de *fund-raising*.

Les sites web sont également des outils réactifs parfaits pour gérer des situations de crise.

▶ Ainsi, la société américaine Odwalla a rappelé ses produits après avoir découvert la présence de la bactérie *E. coli* dans plusieurs de ses bouteilles de jus de pomme. En trois heures, l'entreprise a mis en ligne un site web expliquant sa position et informant ses clients sur la situation. Les employés de l'entreprise ont également parcouru les différents forums et newsgroups qui abordaient ce problème et ont posté des liens vers le site d'Odwalla. Comme le note un analyste, « il est plus facile de propager l'information marketing en utilisant l'e-mail, les blogs ou les discussions en ligne. Les relations publiques deviennent un moyen efficace de faire des affaires dans notre monde numérique ». ◀

Comme pour les autres outils de communication, le management doit définir les objectifs, choisir les messages et les supports, mettre en œuvre le programme et évaluer les résultats des relations publiques. Ces dernières doivent être intégrées aux autres activités de communication marketing de l'entreprise dans une logique de synergie et de communication globale.

RETOUR SUR LES CONCEPTS CLÉS

Dans ce chapitre, vous avez appris comment les entreprises utilisent la communication marketing intégrée pour apporter de la valeur au consommateur. Dans le marketing moderne, rendre disponible un bon produit à un prix attractif aux consommateurs ciblés ne suffit pas pour créer une bonne relation client. L'entreprise doit également communiquer de façon claire et persuasive auprès de ses clients actuels et futurs. Pour cela, elle doit utiliser les cinq outils du mix de communication en se basant sur une stratégie de communication marketing intégrée bien conçue.

1. Décrire les étapes d'un plan de communication marketing intégré.

La tendance actuelle à un marketing plus individualisé et les avancées technologiques dans le domaine de l'information et des communications ont eu un impact sur la communication marketing. En utilisant un mix de communication plus riche mais aussi plus fragmenté pour atteindre les différents marchés, les marketeurs courent le risque que leurs messages soient incohérents pour les consommateurs. Afin d'éviter cet écueil, les entreprises adoptent le concept de **communication marketing intégrée**. Cette stratégie globale définit le rôle et l'ampleur accordés aux différentes techniques promotionnelles utilisées. Elle coordonne toutes les activités de promotion et la mise en œuvre des campagnes. Enfin, un directeur des communications marketing est chargé de toutes les activités de communication de l'entreprise afin de garantir la cohérence des messages.

2. Définir les cinq outils promotionnels et détailler les leviers à activer dans le mix de communication.

Le **mix de communication** d'une entreprise, aussi appelé **mix de communication marketing**, désigne l'utilisation combinée de la **publicité**, de la **vente**, de la **promotion des ventes**, des **relations publiques** et du **marketing direct** pour établir des relations clients. La publicité désigne toutes les formes payantes de présentation non individualisée d'idées, de biens et de services dans les médias. La vente désigne la présentation individualisée effectuée par la force de vente de l'entreprise afin de réaliser des ventes et de créer une relation clients. Les entreprises utilisent la promotion des ventes pour stimuler à court terme l'achat d'un produit ou d'un service. Les relations publiques se concentrent sur l'amélioration de l'image de l'entreprise auprès de ses différents interlocuteurs. Enfin, le marketing direct cherche à obtenir une réponse immédiate de certains consommateurs, en particulier à l'aide d'un ou de plusieurs médias. Pour créer un mix de communication intégrée, l'entreprise peut adopter une approche **push**, une approche **pull** ou un mélange des deux. L'utilisation des différents outils promotionnels dépend du type de produit et de marché ainsi que du cycle de vie du produit.

3. Indiquer les principales décisions à prendre lors de l'élaboration d'une campagne publicitaire.

La publicité, l'utilisation payante d'un média par un annonceur pour informer, persuader et rappeler l'existence de ses produits, est un outil promotionnel très efficace qui peut prendre plusieurs formes et s'utiliser de différentes manières. Elle implique que les marketeurs décident des objectifs à atteindre, du budget, du message, du support à employer et qu'ils procèdent ensuite à une évaluation des résultats. Les publicitaires doivent établir des objectifs clairs et décider s'ils souhaitent informer, persuader les clients ou rappeler l'existence d'un produit ou d'un service. Le **budget** publicitaire peut être fixé en fonction des ressources disponibles, des ventes, des pratiques de la concurrence ou des objectifs et des moyens. Le **choix du message** implique de définir un axe psychologique efficace. Le **choix des médias et des supports** concerne l'audience, la répétition et l'impact recherchés. Ces choix doivent être réalisés de façon coordonnée pour que la campagne soit la plus efficace possible. Enfin, l'**évaluation des résultats** désigne la mesure des effets de la communication sur les ventes avant, pendant et après la campagne, et le calcul du retour sur investissement.

4. Expliquer pourquoi le modèle de communication marketing change.

L'évolution du marketing et la digitalisation des techniques de communication ont un énorme impact sur les communications marketing. On assiste aujourd'hui à l'apparition d'un nouveau modèle. Les publicitaires utilisent maintenant des médias plus spécialisés pour cibler très précisément de petits segments de consommateurs en leur délivrant des messages personnalisés. Bref, les entreprises délaissent la communication de masse pour une **communication ciblée et alternative**. Le but ultime est d'atteindre et d'avoir une conversation avec de petits groupes de clients qui consomment non pas ce qui leur est proposé mais plutôt ce qu'ils veulent.

Le modèle historique « voir la publicité, aller dans un magasin, acheter » est obsolète. On est passé d'un marketing d'intrusion (la publicité) à un marketing de permission (l'interaction) avec une approche de collaboration (participation des consommateurs). Dorénavant, il faut utiliser des moyens moins conventionnels pour atteindre les consommateurs.

Certains pensent en revanche que l'évolution du modèle de communication marketing est moins radicale et plus progressive car les plus grandes entreprises consacrent toujours la majeure partie de leurs budgets publicitaires aux grandes chaînes de télévision et aux autres mass médias et que la situation n'a guère de chances d'évoluer rapidement.

Le nouveau modèle de communication marketing désigne peut-être plutôt la coexistence des mass médias et des nouveaux médias, plus excitants, plus ciblés et plus interactifs.

5. Expliquer comment les entreprises utilisent les relations publiques pour communiquer de façon ciblée.

Les **relations publiques** consistent à établir de bonnes relations avec les différentes audiences auxquelles s'adresse l'entreprise. Elles peuvent apparaître sous différentes formes : **relations presse, publicité rédactionnelle, communication institutionnelle, lobbying, relations avec les investisseurs et conseil**. Les relations publiques permettent de développer la notoriété et l'image de l'entreprise pour un coût bien inférieur à celui de la publicité et permettent parfois d'obtenir des résultats spectaculaires. Cependant, malgré ces qualités, les entreprises n'utilisent les relations publiques que de manière limitée ou dispersée. Les techniques de relations publiques sont les **discours**, le **parrainage d'événements**, le **marketing viral**, le **marketing itinérant**, les **publications**, les **publications audiovisuelles**, les **médias d'identité** et les **activités de bienfaisance**. Pour choisir quand et comment utiliser les relations publiques, le management doit définir les objectifs à atteindre, choisir les messages et les supports, mettre en œuvre le programme et ensuite évaluer les résultats de ces activités. Les relations publiques doivent être intégrées aux autres activités promotionnelles dans le plan de communication marketing intégré de l'entreprise.

Activités

Questions de réflexion et de mise en pratique

1. Décrivez les quatre méthodes de définition du budget publicitaire présentées dans ce chapitre. Citez un avantage et un inconvénient pour chacune d'elles. Selon vous, quelle est la meilleure méthode ?
2. Décrivez les cinq outils du mix de communication. Quels sont leurs apports respectifs dans la communication de la valeur de l'offre ?
3. Comment la couverture, la fréquence de contact et l'impact d'un média influencent-ils la notoriété d'une marque ? En termes de notoriété, l'un de ces facteurs est-il plus important que les autres ?
4. Votre entreprise, active exclusivement en B to B, possède une marge brute d'autofinancement confortable. En période de crise, privilégiez-vous une stratégie *pull* ou une stratégie *push* ? Pourquoi ?
5. Quel rôle jouent les relations publiques dans le mix de communication ? En quoi contribuent-elles à la création de valeur d'une marque ?
6. Pour arriver à persuader les consommateurs de la qualité d'une marque ou d'un produit, pourquoi les relations publiques sont-elles plus importantes aujourd'hui qu'il y a dix ans ? En quoi contribuent-elles à la création de valeur d'une marque ?

7. Imaginez un plan promotionnel pour un téléphone portable 4G destiné à des adolescents. Utilisez à la fois la stratégie *push* et la stratégie *pull*. Détaillez les objectifs pour chaque élément du plan.
8. Pourquoi des stratégies de communications basées sur le placement de produit, dans des films, jeux vidéo ou émissions de télévision, ne peuvent-elles pas atteindre les mêmes objectifs que ceux poursuivis par la publicité ? Quels sont ces objectifs ?
9. Repérez les placements de produits dans une émission de télévision prime time que vous regardez régulièrement. Les produits sont-ils en adéquation avec le thème de l'émission ? Avec la cible ? Selon vous, ont-ils un impact sur la préférence de marque de l'audience ?
10. Quels sont les avantages et les inconvénients des publicités dans lesquelles les consommateurs participent au processus créatif ?

Étude de cas : Volkswagen, la crise avant la crise

Début janvier 2008, tous les responsables marketing de Volkswagen sont tétanisés. Le gouvernement français vient d'imposer une nouvelle taxe : le « bonus-malus environnemental ». La gamme de Volkswagen ne présente qu'une seule voiture en dessous des 120 g de CO_2 par kilomètre fatidiques : la Polo. Celle-ci accumule un double inconvénient : elle est en fin de vie et son prix est de 14 000 euros, alors que les voitures de sa catégorie se positionnent autour des 10 000 euros.

Dans les semaines qui suivent la mise en place de la nouvelle réglementation, le marché est tiré vers les petites voitures peu consommatrices ; un segment largement dominé par les voitures françaises (50 %).

Volkswagen est contraint de réagir et lance très vite une Polo série limitée « Concept » à un prix totalement inhabituel, inférieur à 10 000 euros. Deux problèmes subsistent :

- La cible traditionnelle de la Polo est relativement étroite (les femmes CSP+ de plus de 40 ans).
- Lorsque Volkswagen fait une offre alléchante, le public n'y croit pas. Les études montrent que les consommateurs sont persuadés qu'on leur cache quelque chose.

Questions

1. Comment contourner la méfiance endémique des consommateurs ? Quel concept de communication proposer ?
2. Quelles cibles privilégier ?
3. Quels canaux de communication activer ? Classez-les par ordre d'importance et expliquez le pourquoi de ce classement en fonction, entre autres, des cibles que vous avez choisies.
4. Quels critères d'évaluation de votre campagne allez-vous privilégier ? Pourquoi ?

Notes

1. Jack Neff, "'Passion for Digital' Pumps P&G's Spending," *Advertising Age*, 8 juin 2009.
2. Véronique Yvernault, « Investissements publicitaires : une année en deux temps », *LSA*, 27 janvier 2010.
3. Ibidem.
4. Grille tarifaire mars-avril 2010, TF1 Publicité.
5. Christophe Moëc, « Tendance de consommation », *e-marketing*, 26 janvier 2010.
6. Ava Eschwege, « Bientôt, les agences digitales feront la communication et le marketing des marques », *Marketing Magazine*, 1er septembre 2008.
7. Pour cet exemple, voir Wendy Tanaka, « D.I.Y Ads », Red Herring, 29 janvier 2007 sur *www.redherring.com/Home/20955* ; et Brian Boyko, « Feature: The Diet Coke & Mentos Saga of the EepyBirds », 18 mars 2009 sur *www.geeksaresexy.net/2009/03/18/feature-the-diet-coke-mentos-saga-of-the-eepybirds/*.
8. Allision Enright, « Who's in Control? », *Advertising Age*, 28 janvier 2008.
9. Agency Report 2009, *Advertising Age*.

Partie 4

Diffuser l'offre marketing

Chapitre 13

AU TERME DE CE CHAPITRE, VOUS SAUREZ

1. **Expliquer le rôle des vendeurs dans la création de valeur et la relation clients.**
2. **Identifier et décrire les six étapes principales de la gestion de la force de vente.**
3. **Détailler le processus de vente et distinguer le marketing orienté transaction du marketing relationnel.**
4. **Découvrir les outils de la promotion des ventes.**
5. **Montrer comment les campagnes de promotion des ventes sont élaborées et mises en œuvre.**

La vente et la promotion des ventes

Dans ce chapitre, nous examinons deux outils supplémentaires du mix de communication marketing : la *vente* et la *promotion des ventes*. Ces deux techniques impliquent une relation directe avec les consommateurs et visent à leur apporter une valeur individualisée et à créer une relation clients rentable.

1. La vente

Selon le mot de l'auteur de *L'île au trésor*, Robert Louis Stevenson, « tout le monde vit pour vendre ». Nous connaissons tous la force de vente que les organisations commerciales utilisent pour vendre des produits et des services aux consommateurs du monde entier. Mais la force de vente se trouve également dans d'autres organisations. Les universités utilisent des recruteurs pour attirer de nouveaux étudiants, et les partis politiques utilisent leurs membres pour en attirer de nouveaux. Même le service public utilise la force de vente. La Poste, par exemple, utilise sa force de vente pour inciter les entreprises à faire appel à ses services d'envoi rapide. Dans les trois premières sections de ce chapitre, nous étudions le rôle de la vente dans l'entreprise, la gestion de la force de vente et le processus de vente.

1.1 Qu'est-ce que la vente ?

La vente est une des professions les plus anciennes au monde. Les vendeurs sont désignés par différents mots : représentants, ingénieurs commerciaux, animateurs, VRP multicartes, etc. Ils seraient aux alentours du million en France[1].

Il existe de nombreuses idées reçues à propos du métier de vendeur. Le représentant évoque en général l'image d'un beau parleur, ayant la poignée de main facile et toujours une bonne histoire à raconter. Pourtant, les vendeurs sont très éloignés de ces stéréotypes. La plupart ont un niveau d'éducation élevé et sont des professionnels aguerris, qui écoutent leurs clients, tiennent compte de leurs besoins et cherchent à résoudre leurs problèmes. Lorsqu'on est vendeur chez Airbus et qu'on doit s'imposer sur le marché très concurrentiel de l'aéronautique commerciale, il ne suffit pas de sourire et d'avoir du bagout.

Le terme **vendeur** regroupe une grande variété de profils. Il peut aussi bien s'agir du magasinier de l'entreprise qui *prend la commande* derrière son comptoir que d'une personne dont la position exige d'être créatif, d'établir une relation clients pour des produits ou des services aussi variés que des machines-outils, des avions, des assurances ou des conseils en information. Ici, nous nous focalisons sur la partie la plus créative de la vente, et sur la mise en place et le management d'une force de vente efficace.

Vendeur
Individu effectuant au bénéfice d'une entreprise une ou plusieurs des activités suivantes : prospection, communication, fourniture de services ou collecte d'informations.

1.2 Le rôle de la force de vente

La vente désigne la partie du mix de communication marketing où se déroulent les relations de personne à personne (la publicité dans les mass médias désignant essentiellement, à l'inverse, une communication non individualisée et à sens unique auprès des groupes de consommateurs visés). La vente est un échange personnel entre le vendeur et le client, face à face, par téléphone, au cours d'une visioconférence, etc. Cela explique que la vente soit beaucoup plus efficace que la publicité dans les situations de vente les plus complexes. Les vendeurs peuvent sonder les clients afin de mieux connaître leurs problèmes et ainsi adapter leur offre marketing et leur présentation à leurs demandes spécifiques.

■ Les vendeurs ont en général un niveau d'éducation élevé et sont des professionnels aguerris qui écoutent leurs clients, tiennent compte de leurs besoins et cherchent à résoudre leurs problèmes.

Le rôle de la force de vente varie d'une entreprise à l'autre. Certaines entreprises n'emploient aucun représentant (vente de produits en ligne ou sur catalogue, ou par l'intermédiaire de représentants, d'agents de vente ou de personnes spécialement mandatées). Dans la plupart des cas, cependant, la force de vente joue un rôle capital. Lorsque l'entreprise vend surtout aux autres entreprises, comme IBM ou l'agence de communication Havas, la force de vente travaille en relation directe avec les clients.

▶ La force de vente des entreprises qui vendent leurs produits au marché de la grande consommation, comme Procter & Gamble ou adidas, joue un rôle important en coulisses. Elles travaillent avec les grossistes et les détaillants pour obtenir leur soutien et la mise en évidence de la marque, et pour les aider à vendre plus efficacement leurs produits. ◀

Dans de nombreux cas, le vendeur travaille aussi bien pour le producteur que pour le consommateur. Il *incarne l'entreprise auprès des clients*. Il trouve les nouveaux clients, établit les relations avec eux et communique sur les produits et les services de l'entreprise. Il approche les clients, leur présente les produits, répond aux objections, négocie les prix et les conditions de vente et conclut la vente. En outre, la force de vente garantit le suivi auprès du consommateur et mène à bien les études de marché et les travaux d'intelligence marketing.

Parallèlement, le vendeur *représente également les clients* en défendant leurs intérêts au sein de l'entreprise et en gérant les relations entre l'acheteur et le producteur. La force de vente relaie en interne les questions que se posent les clients sur les produits et les agissements de l'entreprise. Elle s'informe sur les besoins des consommateurs en collaborant avec les autres départements, marketing ou non, afin d'offrir une plus grande valeur aux clients. Dans l'optique commerciale traditionnelle, les vendeurs cherchent avant tout à vendre, laissant à d'autres la réflexion stratégique et le souci du profit. Dans l'optique marketing, le vendeur doit prendre en compte la *satisfaction du client* et la *rentabilité de l'entreprise*.

Gestion de la force de vente
Analyse, planification, implémentation et contrôle des activités de la force de vente, ce qui implique de concevoir la stratégie et la structure de la force de vente mais aussi de sélectionner, recruter, former, superviser, récompenser et évaluer les membres qui la composent.

2. La gestion de la force de vente

Les principales décisions de la **gestion de la force de vente** sont présentées dans la figure 13.1. Nous les détaillons par la suite.

2.1 La structure et la stratégie de la force de vente

Les responsables marketing sont confrontés à une série de questions en rapport avec la stratégie et la structure de la force de vente. Quel mode d'organisation adopter ? Quelle doit être la taille de la force de vente ? Les vendeurs doivent-ils travailler seuls ou collaborer en équipe avec d'autres personnes de l'entreprise ? Doivent-ils vendre sur le terrain ou par téléphone ?

Figure 13.1
Gestion de la force de vente : étapes principales

La structure de la force de vente

Une entreprise peut répartir la responsabilité des ventes selon plusieurs méthodes. Si l'entreprise ne vend qu'un produit à des clients homogènes, elle optera pour une *structure par zones géographiques*. En revanche, si de nombreux produits ou marchés sont en jeu, *une organisation par produits* ou *par clients*, voire une combinaison des différentes approches, se justifie.

Structure par zones géographiques
Organisation de la force de vente qui assigne à chaque vendeur une zone géographique précise à l'intérieur de laquelle il vend la gamme complète des produits ou des services de l'entreprise.

La structure par zones géographiques La **structure par zones géographiques** présente de nombreux avantages : elle permet une définition précise des responsabilités ; le représentant se sent motivé pour développer des activités locales et des liens personnels, souvent utiles dans son travail ; les frais de déplacement sont relativement limités, chaque vendeur ne se déplaçant que dans un territoire restreint dont le potentiel commercial est sensiblement égal à celui des autres zones.

La structure par produits La **structure par produits** est primordiale lorsque les produits sont techniquement complexes, hétérogènes ou très nombreux. Cette exigence et le développement de la gestion par chefs de produits ont ainsi conduit de nombreuses entreprises à organiser leur force de vente à partir de leur gamme.

Structure par produits
Organisation de la force de vente dans laquelle les vendeurs se spécialisent dans une partie seulement des produits de l'entreprise.

▶ Kodak utilise par exemple deux forces de vente différentes pour le marché de la grande consommation et pour le marché *business-to-business*. La première gère les produits simples qui sont distribués de façon intensive, tandis que la seconde prend en charge la vente des produits complexes qui nécessitent de solides connaissances techniques. ◀

La structure par produits entraîne une difficulté majeure lorsque de nombreux produits différents sont achetés par les mêmes clients : plusieurs vendeurs d'une entreprise peuvent contacter le même client le même jour, effectuer le même trajet pour rencontrer le même responsable des achats. Les dépenses supplémentaires que cette structure implique doivent naturellement être comparées aux bénéfices tirés d'un meilleur service à la clientèle et d'une présentation plus experte des produits. Par ailleurs, la structure par produits peut également entraîner des problèmes de management. En effet, selon Maël Barraud, président de l'éditeur de progiciels Influe, « quand vous lancez un nouvel article avec une force de vente dédiée, vous y mettez les moyens. De ce fait, vous vous retrouvez avec des vendeurs disposant de ressources importantes qui apparaissent pour des privilégiés aux yeux des autres commerciaux, ce qui, inévitablement, entraîne des jalousies et des aigreurs entre vos différentes équipes[2]. »

La structure par marchés De plus en plus d'entreprises adoptent pour leur force de vente une **structure par marchés ou types de clientèle**. Les clients sont alors classés selon leur *secteur d'activité*, leur *taille*, leur *volume d'achat* ou *l'ancienneté des contacts commerciaux*. De nombreuses entreprises disposent même de forces de vente spéciales pour gérer les besoins des clients les plus importants au cas par cas.

Structure par marchés
Organisation de la force de vente selon laquelle les vendeurs ne se consacrent qu'à certains consommateurs ou secteurs d'activité.

▶ Quand le P-DG d'ICI Paints Déco France a pris ses fonctions, il a réorganisé la force de vente avec « un pôle "bâtiment", pour les grossistes spécialisés dans la vente de produits aux professionnels, un pôle "négoce", dont les produits s'adressent à des distributeurs ciblant un public semi-professionnel d'artisans et de bricoleurs avertis, un pôle "spécialités", pour la vente aux grandes surfaces de bricolage de peintures techniques et d'enduits[3] ». ◀

Une telle structure peut aider une entreprise à établir des relations plus étroites avec ses clients importants.

▶ Il y a douze ans, IBM est ainsi passé d'une structure par produits à une structure par marchés. Auparavant, les différents membres des forces de vente en charge des logiciels, du matériel ou des services pouvaient appeler à tour de rôle le même client, ce qui entraînait une certaine confusion. Ces clients préféraient avoir un seul point de contact pour tous les produits et services qu'IBM leur proposait. Depuis la restructuration de la force de vente d'IBM, la gestion de chaque client important est dévolue à un seul « représentant client », à la tête d'une équipe de représentants. Un de ces représentants définit ainsi son rôle : « Je prends en charge l'intégralité de la relation commerciale. Si le client a un problème, je fais alors appel aux spécialistes et consultants logiciels ou matériels appropriés. » Selon un expert en organisation de la force de vente : « Cette structure place les vendeurs dans la position de conseillers et leur permet d'apporter des solutions globales aux problèmes commerciaux de leurs clients[4]. »

La structure mixte Lorsqu'une entreprise vend une gamme diversifiée de produits à de nombreux types de clients situés dans différents endroits, il arrive qu'elle structure sa force de vente en combinant plusieurs modes d'organisation. Les représentants peuvent être spécialisés par couples zone/produit, zone/client, client/produit ou même par triades zone/produit/client. Par exemple, Black & Decker a organisé sa force de vente par type de détaillant (la distribution spécialisée et les petits détaillants) et par territoire pour chaque client clé (les représentants de zone, les managers de zone ou de région…). Aucune structure en particulier n'est idéale pour toutes les entreprises. Chaque entreprise doit sélectionner la structure de la force de vente qui permet de satisfaire au mieux la demande des consommateurs en fonction de sa stratégie marketing globale.

La taille de la force de vente

La taille de certaines forces de vente peut être très importante. La force de vente représente par exemple un tiers des effectifs du groupe Pernod Ricard et le groupe d'assurances La Mondiale recrute plus de 200 commerciaux par an. La force de vente est un atout parmi les plus productifs, mais aussi les plus coûteux, si bien qu'augmenter sa taille entraîne une augmentation à la fois des ventes et des coûts.

Beaucoup d'entreprises fixent le nombre de vendeurs dont elles ont besoin à partir d'une *analyse de la charge de travail*. Cette approche classe chaque groupe de clients notamment selon leurs volumes d'achat et l'état de leur compte, afin de calculer la charge de travail globale que chaque groupe représente. On obtient le nombre de représentants en divisant le nombre total de visites à faire pour chaque groupe dans l'année par le nombre annuel de visites pouvant être effectuées par un représentant. Par exemple, une entreprise estime qu'il y a 1 000 clients de type A et 2 000 clients de type B sur son marché. Un client de type A doit être visité 36 fois par an, contre 12 fois pour un client de type B. On obtient le nombre de 60 000 visites à effectuer. Si l'on suppose qu'un vendeur fait, en moyenne, 1 000 visites par an, l'entreprise a besoin de 60 représentants à plein temps.

Les autres questions de stratégie et de structure

L'entreprise doit également décider qui sera impliqué dans l'effort de vente et comment les différents vendeurs et représentants travailleront.

Force de vente externe (ou force de vente sur le terrain)
Les commerciaux qui voyagent pour rencontrer les clients sur le terrain.

Force de vente interne
Les représentants qui poursuivent leurs activités depuis leurs bureaux, par téléphone, Internet, ou reçoivent la visite des acheteurs.

Les forces de vente interne et externe L'entreprise peut disposer d'une **force de vente externe**, d'une **force de vente interne** ou encore des deux à la fois. La force de vente interne libère la force de vente externe de certaines de ses activités, ce qui permet à cette dernière de se consacrer plus pleinement aux clients importants et à la prospection.

Ainsi, le *support technique* répond aux questions des clients actuels et potentiels et l'*aide à la vente* prépare le travail des vendeurs sur le terrain, amorce et confirme les prises de contact, suit le bon déroulement des livraisons et répond aux questions des clients lorsque la force de vente externe ne peut pas être jointe.

La force de vente interne ne se contente pas de soutenir la force de vente externe. Le *télémarketing* et la *vente en ligne* permettent d'identifier et de qualifier de nouveaux prospects ou de procéder directement à certaines ventes. Ces deux méthodes sont très efficaces et moins coûteuses pour réaliser des ventes auprès de clients de petite taille et plus difficiles à atteindre. Selon le produit et le client, le télémarketing permet par exemple d'effectuer entre 20 et 33 contacts de vente par jour, alors qu'un commercial de la force de vente externe n'en réalise que 4. En outre, un rendez-vous sur le terrain coûte entre seize et soixante fois plus cher qu'un contact effectué par la force de vente interne[5].

Compte tenu de leur coût limité, de nombreuses PME font du téléphone et du Web leurs principaux outils de vente. Mais les grandes entreprises utilisent également ces méthodes : IBM utilise le télémarketing et la vente en ligne pour ses clients de petite et moyenne importance. Les 1 200 représentants de la force de vente interne d'IBM réalisent 30 % des revenus générés par ces clients[6].

Pour de nombreux produits et de nombreuses situations de vente, la vente par téléphone ou sur le Web peut être aussi efficace que la vente réalisée sur le terrain. Un représentant de la société DuPont note ainsi : « Je suis plus efficace par téléphone. Sur le terrain, si le client n'est pas à son bureau, vous perdez une heure de travail. Au téléphone, vous perdez 15 secondes… Je considère que je suis autant sur le terrain que les autres commerciaux[7]. »

Les commerciaux externes et internes disposent à présent de tout un ensemble d'outils pour interagir et servir les consommateurs. Internet représente par exemple un potentiel énorme aussi bien pour structurer la force de vente que pour mener à bien les opérations de vente.

Équipe de vente
Regroupement de différentes personnes des services de vente, du marketing, des services financiers et techniques, voire des cadres supérieurs pour gérer les comptes clients complexes et importants.

Les équipes de vente Lorsque les produits deviennent complexes, les clients nombreux et exigeants, un seul vendeur ne suffit plus à gérer toutes les demandes. De nombreuses entreprises utilisent alors des **équipes de vente** qui peuvent trouver des solutions et des opportunités de vente que ne pourrait trouver une seule personne. Ces équipes peuvent comprendre des experts de différents services de l'entreprise (vendeurs, marketeurs, techniciens, membres du service après-vente, de la recherche et du développement, des opérations, des finances, etc.). L'équipe de vente joue alors le rôle d'homme-orchestre vis-à-vis du client.

Dans de nombreux cas, la constitution d'équipes de vente reflète également un changement dans l'organisation des achats du côté du consommateur. De nos jours, les vendeurs ont affaire à des équipes d'acheteurs. C'est pourquoi des managers commerciaux dirigent des équipes stratégiques pour les différents comptes. Certaines entreprises, comme IBM, Xerox ou Procter & Gamble, utilisent depuis longtemps des équipes de représentants.

Chez P&G, les commerciaux sont organisés en équipes. Chacune a la charge d'un client important, comme Carrefour, Intermarché, etc. Un responsable du développement des ventes dirige ces équipes composées de plusieurs ingénieurs commerciaux (chacun responsable d'une catégorie spécifique de produits) et de différents spécialistes (stratégie marketing, opérations, systèmes d'information, logistique et finances). Cette organisation a pour but de satisfaire complètement les besoins de chaque client important. P&G n'est plus simplement un fournisseur mais un « partenaire stratégique » qui cherche à développer les affaires des clients, et, par voie de conséquence, celles de P&G.

Chez P&G, un responsable du développement des ventes dirige les équipes composées de plusieurs ingénieurs commerciaux et de différents spécialistes (stratégie marketing, opérations, systèmes d'information, logistique et finances).

2.2 Le recrutement et la sélection des vendeurs

Le choix des représentants est crucial pour la réussite d'une entreprise. L'écart de performances entre un vendeur exceptionnel et un vendeur médiocre est considérable. En règle générale, 30 % des représentants réalisent environ 60 % des ventes. La sélection minutieuse des commerciaux peut donc augmenter considérablement les performances de la force de vente.

Qu'est-ce qui distingue le parfait vendeur des autres ? Le groupe Gallup Management Consulting, une filiale du célèbre institut de sondage Gallup, a mené une étude sur des centaines de milliers de représentants pour tenter de répondre à cette question. Cette étude indique que la capacité à vendre est liée à quatre facteurs : une inépuisable énergie, une grande discipline de travail, la capacité à conclure une vente et, peut-être plus important que tout, la capacité à établir une relation clients[8].

En effet, l'objectif principal du représentant est de conclure des ventes. Pour cela, il doit être très endurant et tenace. Un formateur de représentants établit le parallèle

MARKETING EN ACTIONS 13.1

Le rôle central des forces de vente dans l'organisation des entreprises performantes

Le vendeur est encore souvent associé à l'image d'un beau parleur, ayant la poignée de main facile et toujours prêt à vider le porte-monnaie du consommateur en lui vendant ce dont il n'a pas vraiment besoin. Cette idée n'est plus validée par la réalité des entreprises. Aujourd'hui, au sein de celles-ci, les vendeurs jouent un rôle essentiel dans la construction des relations profitables avec les clients.

Le redressement spectaculaire de Xerox par Anne Mulcahy en est une illustration exemplaire. Anne Mulcahy a pris les rênes de l'entreprise en 2001 à un moment où Xerox était quasiment en faillite. En cinq ans, la nouvelle directrice générale a transformé la société en une entreprise de service de l'ère digitale. Pour ce miracle stratégique et managérial, Anne Mulcahy a été largement saluée par les analystes et les actionnaires. En 2007, la revue *Forbes* la classait comme la treizième femme la plus puissante au monde. En 2008, elle a été élue par ses pairs « directeur général de l'année ». C'est la première fois que cette élection consacre une femme.

Cette réussite professionnelle est exemplaire car elle s'appuie sur l'expérience qu'Anne Mulcahy a développée dans la vente. En effet, elle a commencé chez Xerox comme représentante en 1976. Elle a ensuite monté tous les échelons de la société pour prendre la vice-présidence mondiale des ventes à la fin des années 1990. Comme directeur général, Anne Mulcahy a insufflé une orientation marketing et vente dans la nouvelle organisation de sa société. La transformation a commencé par une attention toute particulière portée à la résolution des problèmes des consommateurs. Le nouveau leader de Xerox était convaincu qu'il est aussi important de comprendre les consommateurs que la technologie : « Ayant passé tant de temps dans la vente, [...] je savais que nous devions garder le consommateur au cœur de nos préoccupations », renchérissait volontiers Anne Mulcahy. Elle avait constaté que dans les dernières années Xerox avait perdu le contact avec son marché.

Pour se remettre en ordre de marche, la société devait se focaliser sur ses clients. Comme le dit Anne Mulcahy, « en période de crise, c'est vraiment ce qui importe. Les ventes vous aident à comprendre ce qui conduit votre secteur et à voir que la relation d'échange avec les clients est essentielle. C'est vrai dans n'importe quelle fonction mais on l'apprend plus en profondeur dans le management des ventes ». Mettre en place la philosophie « le client en premier » a été une des premières actions d'Anne Mulcahy, qu'elle a symbolisée en reprenant la route pour aller rencontrer les clients. Elle est toujours restée en contact direct avec les consommateurs. Aujourd'hui encore, comme membre du comité d'administration de Xerox, elle passe chaque jour une partie de son temps à répondre aux e-mails des clients.

Anne Mulcahy savait que mettre le client au cœur des préoccupations n'était pas que l'affaire des forces de vente ; cela doit être la préoccupation de tous au sein de l'entreprise. Très vite, elle a mis en place un programme de « responsable des ventes du jour » qui imposait chaque jour à un manager de haut niveau de répondre aux appels des clients. Comme « responsable des ventes du jour », le manager avait trois responsabilités : écouter les consommateurs, résoudre leurs problèmes et s'attaquer aux causes des problèmes évoqués. Cela ressemble à un processus de vente et c'est conforme à la philosophie d'Anne Mulcahy, pour qui l'orientation client doit avoir un impact non pas uniquement sur les ventes mais sur toute l'organisation de l'entreprise.

Sources : anonyme, « Anne Mulcahy à la tête de Xerox », *LSA*, 13 septembre 2001 ; Henry Canaday, « Sales Rep to CEO: Anne Mulcahy and the Xerox Revolution », *Selling Power*, novembre/décembre 2008 ; « 2008 Chief Executive of the Year », *Chief Executive*, septembre/octobre 2008 ; Andrea Deckert, « Mulcahy Describes the Keys to Xerox Turnaround », 2 novembre 2007, p. 3 ; « Women CEOs, Xerox », *Financial Times*, 31 décembre 2008 ; et « Anne Mulcahy to Retire as Xerox CEO », *Wireless News*, 27 mai 2009.

suivant : « Ceux qui savent conclure une vente sont de grands athlètes. Ils n'ont pas peur de l'échec et ils n'abandonnent pas tant qu'ils n'ont pas atteint leur but. » Ils ont également une énorme confiance en eux et pensent toujours agir pour le mieux.

Pour recruter de nouveaux commerciaux, l'entreprise doit analyser le travail de vente en lui-même et identifier les caractéristiques de ses meilleurs vendeurs. Après avoir défini les critères auxquels doit répondre le futur vendeur, le département des ressources humaines se met à la recherche de candidats à l'aide de diverses procédures : recommandations, recours à des sociétés spécialisées, petites annonces, recherches sur le Web et contacts avec le milieu étudiant. L'entreprise peut également chercher à engager les meilleurs vendeurs d'autres entreprises. Ces derniers demandent une formation moins importante et sont tout de suite productifs.

2.3 La formation des représentants

Aujourd'hui, dans presque toutes les entreprises, les représentants nouvellement engagés sont appelés à bénéficier d'une formation pouvant durer de quelques semaines à plusieurs mois. En outre, les commerciaux suivent ensuite une formation continue *via* l'organisation de séminaires, de rencontres entre vendeurs, ou se voient dispenser un enseignement à distance par le Web.

Bien que la formation soit onéreuse, elle permet d'améliorer considérablement les résultats de l'entreprise, comme le montre une étude récente : une importante compagnie de télécommunications américaine a offert une formation à ses représentants. Le coût de cette formation a été remboursé en 16 jours, et en 6 mois l'entreprise a connu un retour sur investissement de 812 %.

Les programmes de formation suivent différents buts. Un représentant doit connaître les caractéristiques de ses clients et savoir comment établir des relations avec eux. La formation doit donc lui apprendre à discerner les différents types de clients, leurs besoins, leurs motivations et leurs habitudes d'achat. Le représentant doit également savoir présenter ses produits de manière efficace et connaître son entreprise, ses produits et ses concurrents. Un programme de formation efficace lui enseigne donc les objectifs et le mode d'organisation de l'entreprise, les produits et les marchés visés et les stratégies de ses principaux concurrents.

Les temps ont changé. Les vendeurs aussi. De nos jours, de nombreux commerciaux accèdent aux e-formations de leur entreprise de chez eux, de leur voiture, de leur chambre d'hôtel ou de n'importe quel endroit, avec leur ordinateur ou leur blackberry.

Les directions des ventes économisent de l'argent et du temps en utilisant une multitude d'approches Internet pour former les représentants des ventes.

En ce début de XXIe siècle, les représentants peuvent se connecter à un Extranet comme bon leur semble, et, tandis que des vendeurs fraîchement embauchés peuvent passer des heures à suivre chaque étape d'une session dans l'ordre, les plus anciens se connectent pour un rapide rappel sur un produit spécifique avant une prospection téléphonique. Si les vendeurs passent moins de temps en formation, ils ont plus de temps pour faire ce qu'ils font de mieux : vendre. La plupart des programmes se basent sur des plates-formes web mais, aujourd'hui, les entreprises proposent des contenus utilisables sur PDA, smartphone ou iPod.

De plus en plus d'entreprises développent des techniques e-learning créatives pour rendre les programmes de formation plus efficaces et, parfois, plus divertissants. Par exemple, la division pharmacie de Bayer a travaillé avec une agence spécialisée pour créer un jeu de rôle vidéo afin de préparer ses délégués médicaux à la relance d'un médicament[9]. Il n'est pas courant d'associer de la musique rock ou des graffitis dans les modules de formation ; néanmoins, c'est une tendance émergente. Bayer a développé la « *Rep Race* ou la bataille pour la suprématie des délégués ». La Rep Race a donné aux délégués médicaux de Bayer bien plus de divertissement et de plaisir que les tests à choix multiples qu'elle a remplacés. Le jeu a été créé pour insuffler une nouvelle dynamique à la commercialisation du Betaseron, un médicament contre les scléroses vieux de dix-sept ans. L'objectif était de trouver une façon rafraîchissante d'aider les délégués médicaux à appliquer leurs connaissances sur le Betaseron quand ils sont face à un médecin qui met en cause les bienfaits du médicament. Bayer voulait accroître l'engagement des délégués dans un apprentissage interactif et dans le traitement actif de feedbacks issus de situations réelles. Quand le jeu a été lancé pour la première fois, les délégués y ont joué plus de trente fois. Outre ses vertus éducatives et motivationnelles, Rep Race permet à Bayer de mesurer les performances individuelles et collectives de ses équipes. Au final, selon Bayer, ce jeu a accru la performance des délégués de 20 %.

2.4 Les technologies de l'information et la gestion de la force de vente

Les forces de vente du monde entier utilisent maintenant les nouvelles technologies de l'information et de la communication pour former leurs représentants, pour animer les réunions de vendeurs à distance et pour présenter leurs produits ou services aux clients.

Les NTIC ont bien un impact sur le management des équipes. De nombreuses directions commerciales mettent en place des téléconférences collectives hebdomadaires. Comme les vendeurs peuvent se connecter n'importe où, ils sont plus disponibles pour participer aux réunions et celles-ci s'organisent plus rapidement. « Il est ainsi plus facile d'éviter des erreurs ou de corriger des stratégies en cours d'opérations. En outre, les mêmes informations sont délivrées à tous, en une fois », selon Michel Lecina (Genesys Conferencing). Avantage non négligeable, les visioconférences stimulent à la fois les sens auditif et visuel, elles améliorent ainsi l'appropriation des messages par rapport aux informations strictement audio ou écrites. Les NTIC permettent d'être plus flexible et plus rapide. C'est nécessaire car la généralisation de ces mêmes NTIC a une incidence sur la commercialisation de nouveaux produits. Le nombre de lancements s'accélère. Grâce aux NTIC, « il est heureusement possible de suivre le rythme et d'augmenter la fréquence des messages délivrés aux forces de vente, ce qui permet d'être plus compétitifs », analyse Jean-François Thau, P-DG de Hypcom Technologies, spécialiste des outils de collaboration à distance[10].

Selon Mike Mitchell, le manager e-learning de Cisco, « nos vendeurs se réunissent beaucoup plus en ligne qu'ils l'ont jamais fait en tête à tête. Certains vendeurs qui avaient pour habitude de ne rencontrer d'autres vendeurs ou managers que quelquefois dans le trimestre se réunissent désormais sur Internet presque quotidiennement. Cela leur donne beaucoup de pouvoir puisque cela leur permet d'émettre des propositions sur la mise en place de la stratégie de marketing et vente à chaque étape d'avancement ». « À la différence de l'e-mail, [la visioconférence] apporte un sentiment d'appartenance aux forces de vente, car elle transporte le management sur le lieu de travail du vendeur », confirme Jean-François Thau.

Beaucoup d'entreprises utilisent également les NTIC pour présenter les ventes et gérer l'offre de services. France Télécom, par exemple, utilise la visioconférence pour des raisons commerciales mais également pédagogiques. « Lorsque nous voulons informer nos clients d'une nouveauté et que l'image est indispensable, nous organisons une visioconférence vers des grands comptes ou même des PME, explique le directeur marketing de la branche « service téléconférences ». L'image ajoute une dimension supplémentaire à l'entretien. Elle marque les esprits, ce qui est important lorsqu'un impact "émotionnel" est recherché. » Selon le directeur commercial de NEC International, « lorsque nous en avons fini avec la phase webcam, le client a compris la technologie, les prix et la concurrence, et nous avons une meilleure compréhension de ses besoins »[11]. Effectivement, Internet permet aussi de collecter des informations qui aident à mieux comprendre le client. Par exemple, chez Pixmania, le leader français de la vente de produits électroniques grand public sur Internet, les avis des clients sont recueillis sur le site web : on leur propose d'enregistrer *via* une webcam leurs recommandations sur tel ou tel produit, en lieu et place des commentaires écrits. Avec cette nouvelle fonctionnalité, Pixmania offre davantage d'interactivité et d'opportunités d'échanges.

Les NTIC sont également précieuses quand l'entreprise doit régler un problème urgent avec un client. « Un client vous appelle et se plaint de ne pouvoir faire fonctionner une machine, explique Muriel Prost, directrice marketing de Demorum, prestataire spécialisé dans les services de visioconférence. Vous n'avez pas de commercial disponible à envoyer sur place. Vous pouvez simplement organiser une visioconférence dans les deux heures qui suivent. Il suffit pour cela de réunir le commercial en charge du dossier et un expert technique afin de régler le problème à distance. »

En résumé, les technologies du Web peuvent être extrêmement bénéfiques pour les forces de vente. Elles permettent de faire gagner un temps précieux aux vendeurs, elles les maintiennent près de leur famille, font économiser de l'argent et offrent un nouvel outil de prospection et de gestion de services aux vendeurs[12]. Toutefois, « lorsque l'on s'approche du but, il devient inéluctable de se déplacer pour rencontrer le client en personne. Ce dernier voudra vous jauger en direct avant d'acheter quoi que ce soit de vous. C'est quelque chose qu'on ne peut pas faire par Internet », avertit un consultant de chez Sloane.

2.5 La rémunération des représentants

La mise en place d'une force de vente de haut niveau nécessite que l'entreprise ait une politique de rémunération attractive. La rémunération englobe plusieurs aspects : la partie fixe, la partie variable, les remboursements de frais et les avantages annexes. La partie fixe assure au représentant une certaine stabilité de revenus. La partie variable, qui peut prendre la forme d'une commission sur le chiffre d'affaires, d'une prime ou d'un intéressement aux bénéfices, vise à stimuler et à récompenser un surcroît d'activité.

La direction des ventes doit décider des éléments qui entreront dans le plan de rémunération et de l'importance de chacun d'eux. La rémunération fixe et la rémunération variable donnent naissance à quatre grands systèmes de rétribution de la force de vente ; le fixe, la commission, une combinaison fixe plus bonus ou une combinaison fixe plus commission. Une règle souvent utilisée consiste à évaluer à 60 % la part du fixe et à allouer 40 % aux autres éléments.

Le système de rémunération permet de motiver les représentants tout en contrôlant leurs activités et donc de canaliser leurs efforts vers les activités prioritaires de l'entreprise. Le tableau 13.1 illustre la façon dont le système de rémunération reflète la stratégie marketing globale de l'entreprise. Si l'entreprise cherche à croître et à gagner rapidement des parts de marché, la partie variable de la rémunération doit être plus importante afin d'encourager les représentants qui effectuent le plus de ventes et attirent de nouveaux clients. Par contre, si l'entreprise cherche avant tout à rentabiliser ses comptes clients existants, la partie fixe est la plus importante tandis que la partie variable récompense la fidélité ou la satisfaction du client.

En fait, la partie variable a tendance à s'amenuiser au fil des ans, car cette forme de rémunération incite les représentants à chercher en priorité des résultats à court terme. Si l'on insiste de façon exagérée sur la conclusion de la vente, ils risquent de détériorer les relations clients. C'est pourquoi les plans de rémunération sont de plus en plus souvent conçus pour récompenser les commerciaux qui établissent et développent des relations clients sur le long terme.

Tableau 13.1 La stratégie marketing globale et d'incitation de la force de vente

Objectifs stratégiques	Obtenir rapidement des parts de marché	Consolider sa position sur le marché	Maximiser la rentabilité
Profil idéal du vendeur	Autonomie et capacité à prendre des intiatives	Capacité à résoudre les problèmes	Efficacité et capacité de gestion des relations avec les clients et avec l'équipe de vente
Objectifs des ventes	Gagner de nouveau clients	Fidéliser les clients existants et s'appuyer sur ceux-ci pour en attirer de nouveaux	Exploiter optimalement le mix produit
Politique d'incitation	Récompenser la performance	Récompenser les ventes aux nouveaux comptes et aux comptes existants	Encourager la vente par équipe Récompenser la gestion des comptes et des gammes

Source : Basé sur Sam T. Johnson : « Sales Compensation: In Search of a Better Solution », *Compensation & Benefits Review*, novembre-décembre 1993, pp. 53-60.

2.6 La supervision et la motivation des représentants

L'attribution d'une zone géographique, le choix d'une structure de vente, la rémunération et la formation ne suffisent pas. La plupart des vendeurs ont besoin d'être encouragés et stimulés. Le rôle de la *supervision* est d'aider les représentants à « travailler intelligemment ». La *motivation*, elle, consiste à encourager les vendeurs à « travailler dur » pour atteindre les buts fixés. Si les représentants travaillent intelligemment et avec rigueur, leurs performances sont meilleures, ce qui bénéficie à la fois à l'entreprise et à eux-mêmes.

Figure 13.2
La répartition du temps des vendeurs

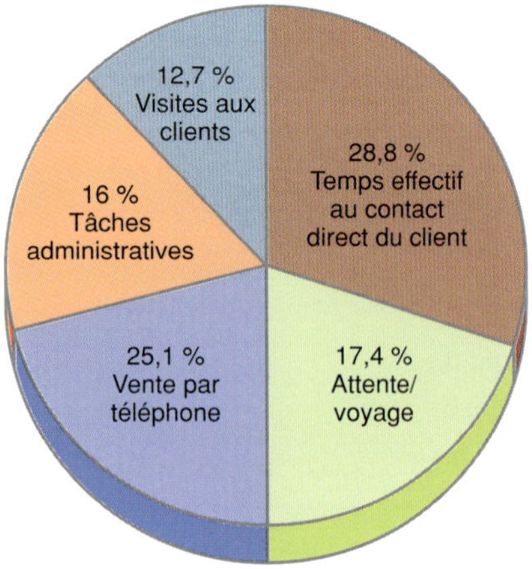

Source : « Comment les vendeurs passent leur temps », *LRP Publications*, 1999.

Il existe différentes manières de superviser les vendeurs. En général, une entreprise aide ses représentants à identifier ses clients et à définir les normes de visite. Elle peut également déterminer le temps que la force de vente doit consacrer à la prospection des nouveaux clients et définir comment doit s'effectuer la gestion du temps. Dans ce cadre, le vendeur prépare un *planning* hebdomadaire, mensuel ou annuel qui indique les visites à la clientèle, actuelle et potentielle, qu'il doit effectuer. En plus du temps consacré à la vente, le représentant doit tenir compte de la durée des voyages, de l'attente, des repas et du temps consacré aux tâches administratives.

La figure 13.2 montre la proportion de ces différentes activités. En moyenne, le temps passé au contact direct du client représente moins de 30 % du temps total. Si ce pourcentage pouvait être de 40 %, cela représenterait une augmentation de 33 % du temps effectivement consacré à la vente. Les entreprises recherchent donc constamment des moyens de gagner du temps, en simplifiant l'enregistrement des commandes, en planifiant plus efficacement les visites aux clients, en informant mieux les clients, et en utilisant le téléphone, l'e-mail ou la téléconférence chaque fois que cela peut éviter au vendeur de se déplacer.

2.7 L'évaluation des représentants et de la force de vente

Nous avons analysé la supervision liée à la préparation du travail des vendeurs. Mais superviser implique aussi de contrôler *a posteriori* les résultats obtenus, et donc de collecter une information régulière sur ces résultats.

La direction des ventes s'informe sur ses vendeurs de multiples façons, les *rapports d'activité* fournis par les représentants eux-mêmes constituant la source de renseignements la plus importante. Ces rapports détaillent les plans marketing hebdomadaires, mensuels, voire annuels des vendeurs. Le vendeur établit également un *rapport de visites* et un rapport de dépenses (qui lui sont partiellement ou totalement remboursées). L'entreprise peut également surveiller les ventes et les revenus du territoire assigné à un représentant. Enfin, la direction des ventes peut collecter d'autres informations par l'observation, par des questionnaires auprès des clients et en interrogeant d'autres vendeurs.

À partir de ces informations, la direction des ventes juge de l'aptitude du vendeur à préparer son programme de travail et à le mettre en œuvre. L'évaluation formelle oblige la direction à élaborer des normes spécifiques et uniformes qui permettent de juger les résultats obtenus. En outre, elle fournit au représentant une appréciation constructive de ses activités, ce qui le motive à être performant.

La direction des ventes doit évaluer les résultats de l'ensemble de la force de vente. Atteint-elle ses objectifs en termes de relation clients, de ventes et de revenus ? Sa collaboration avec les autres services marketing et les autres départements de l'entreprise se déroule-t-elle correctement ? Les dépenses de la force de vente sont-elles conformes à ses résultats ? Comme pour toutes les activités marketing, l'entreprise doit en effet évaluer le *retour sur investissement de la force de vente*.

3. L'acte de vente

Acte de vente
Étapes que le représentant suit pour réaliser une vente, à savoir : la prospection, la préapproche, l'approche, la démonstration, la réponse aux objections, la conclusion et le suivi.

Après avoir vu comment constituer et gérer une force de vente, nous abordons maintenant le processus de vente lui-même. L'**acte de vente** se déroule en plusieurs étapes qui requièrent certaines aptitudes spécifiques. Chaque étape a pour but l'obtention de nouveaux clients et de nouvelles commandes. Pourtant, la plus grande part de l'activité d'un représentant consiste à gérer des comptes clients existants et à établir des *relations clients* sur le long terme. Nous étudierons l'aspect relationnel de l'acte de vente plus loin dans ce chapitre.

3.1 Les étapes de la vente

L'acte de vente se décompose en sept étapes (voir figure 13.3).

La prospection

Prospection
L'étape de l'acte de vente au cours de laquelle le représentant identifie les clients potentiels les plus intéressants.

La **prospection**, autrement dit la recherche de clients potentiels, est la première étape de l'acte de vente. Il est crucial que le représentant filtre les opportunités de façon à se concentrer sur les plus fertiles. Si la force de vente cherche à vendre à tout le monde sans distinction, elle risque de multiplier le nombre de clients onéreux, difficiles à satisfaire et qui ne répondent jamais à aucune proposition. Il n'existe pas de méthode parfaite pour identifier les bons prospects. Seule la formation et l'expérience des vendeurs leur permettent de découvrir quels sont les clients intéressants. Améliorer l'efficacité de la recherche du prospect est la solution la plus rapide pour améliorer les chiffres de ventes.

Le vendeur doit souvent entrer en contact avec de nombreux prospects pour réaliser quelques ventes. Bien que l'entreprise puisse fournir des pistes, l'initiative du vendeur est indispensable. Le meilleur moyen consiste à inciter les clients satisfaits à fournir des noms d'acheteurs potentiels et à solliciter les fournisseurs, les détaillants, les autres vendeurs ou les banquiers. Le vendeur peut également rechercher des prospects sur le Web, par téléphone ou par courrier, voire se présenter à l'improviste chez des clients potentiels.

Le vendeur doit également savoir *qualifier* chaque opportunité, c'est-à-dire savoir distinguer les clients prometteurs des autres. Pour cela, il prend en compte la viabilité financière de chaque prospect, son chiffre d'affaires, ses besoins spécifiques, sa localisation, et il évalue la probabilité d'établir des relations commerciales à long terme avec lui.

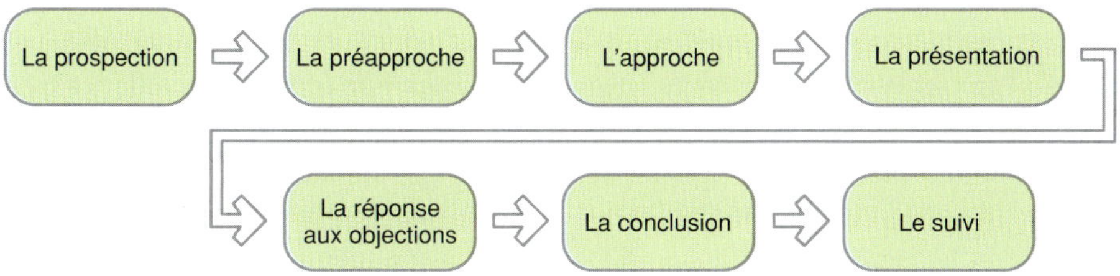

Figure 13.3
Les principales étapes de l'acte de vente

La préapproche

Préapproche
L'étape de l'acte de vente au cours de laquelle le représentant se renseigne autant que possible sur le client potentiel avant d'entrer en contact avec lui.

Avant de contacter le prospect, le vendeur doit acquérir beaucoup d'informations sur l'entreprise cliente (besoins, processus de décision d'achat) et l'acheteur (caractéristiques, style). On appelle cette étape la **préapproche**. Le vendeur consulte les sources officielles, effectue des recherches en ligne ou bien se renseigne auprès de personnes compétentes. Il détermine ensuite son *objectif de visite* (qualifier le prospect, recueillir des informations complémentaires ou bien conclure la vente), décide du mode de contact (visite personnelle, téléphone, e-mail) et du timing (le moment adéquat de la prise de contact en fonction des activités du prospect). Enfin, il commence à imaginer sa stratégie d'approche.

L'approche

Approche
L'étape de l'acte de vente au cours de laquelle le vendeur entre en contact avec le client pour la première fois.

Durant l'**approche**, le vendeur décide de la façon dont il va aborder le client au début de l'entretien de vente. Son aspect, ses premières phrases et ses premières réponses sont importants. L'entrée en matière doit être positive et chaleureuse. Le vendeur peut ensuite poser certaines questions clés de manière à comprendre les besoins de l'acheteur ou lui montrer un échantillon pour attirer son attention. Comme dans toutes les autres étapes de l'acte de vente, le vendeur doit être à l'écoute de son client.

La présentation

Présentation
L'étape de l'acte de vente au cours de laquelle le vendeur présente le produit au client, en mettant en valeur les avantages qu'il en tirera.

Au cours de la phase de **présentation**, l'important est d'expliciter les caractéristiques de l'offre au client, en lui présentant les bénéfices client que le produit lui apporte. Le client souhaite avoir affaire moins à un vendeur agressif, chaleureux ou extraverti qu'à un représentant capable de résoudre ses problèmes. Il préfère les résultats aux promesses. Le vendeur doit être à l'écoute de ses besoins, comprendre ses demandes et lui proposer les produits et les services adaptés.

Cette approche *besoin-satisfaction* demande donc que le vendeur sache écouter et soit capable de résoudre les problèmes de l'acheteur. Un représentant expérimenté décrit ainsi son approche : « Pour moi, la vente consiste à écouter les clients, à découvrir ce qu'ils veulent, à trouver ce que sont leurs problèmes et ensuite à essayer de les résoudre. » Pour un autre vendeur, « écouter est la base de la réussite. Il ne suffit plus d'entretenir de bonnes relations avec un client. Il faut comprendre ses problèmes, ressentir sa souffrance. »

Les acheteurs détestent les vendeurs trop pressants, qui ne sont pas ponctuels, qui ne tiennent pas leurs engagements, qui ont mal préparé leur intervention ou qui sont mal organisés. Les qualités qu'ils apprécient le plus chez un vendeur sont sa capacité d'écoute, son empathie, son honnêteté, sa fiabilité, sa minutie et sa gestion du suivi. Les meilleurs représentants savent vendre, mais aussi et avant tout écouter et établir des relations clients fortes.

La réponse aux objections

Un client est presque toujours amené à faire des objections au cours d'un entretien de vente. Sa résistance peut avoir une origine psychologique ou logique, et ses objections ne sont souvent pas exprimées à voix haute. Lors de l'étape de **réponse aux objections**, il convient de maintenir une approche positive, en demandant à l'acheteur de clarifier ses propos, puis en rejetant le bien-fondé de l'objection ou en en faisant un argument d'achat. La capacité à gérer les objections et à y répondre fait partie intégrante de la capacité de négociation.

Réponse aux objections
L'étape de l'acte de vente au cours de laquelle le vendeur recherche, clarifie et surmonte les objections de l'acheteur.

La conclusion

Le vendeur doit ensuite tenter de conclure la vente. Certains vendeurs ont des difficultés à parvenir à la **conclusion** de la vente ou ne la gèrent pas suffisamment bien, soit par manque de confiance en eux, soit parce qu'ils éprouvent un sentiment de culpabilité à demander au client de passer commande, soit enfin parce qu'ils ne parviennent pas à reconnaître le moment opportun de conclure la vente. Un représentant doit savoir déchiffrer les symptômes qui annoncent le « bon moment » : une attitude de l'acheteur, un commentaire de sa part, une question sur le prix ou les termes du crédit. Les vendeurs habiles utilisent plusieurs techniques de conclusion : demander à l'acheteur de passer sa commande sans tarder; récapituler les points d'accord; offrir son aide pour remplir le bon de commande; demander lequel des deux produits l'acheteur préfère; inviter l'acheteur à décider de questions mineures telles que la couleur ou la taille; ou indiquer ce que le client va perdre s'il ne passe pas sa commande tout de suite. Le vendeur peut également avoir recours à des stimulants de dernière minute : un petit rabais, un supplément de quantité ou bien un cadeau.

Conclusion
L'étape de l'acte de vente au cours de laquelle le vendeur demande au client de passer commande.

Le suivi

Il est nécessaire qu'un vendeur assure le **suivi**. Dès la vente, le représentant doit fournir toute information complémentaire sur les délais de livraison, les conditions de paiement, ou le service après-vente. Il est souvent recommandé de faire une visite de contrôle après réception de la marchandise, de façon à vérifier que tout est en ordre. Une telle visite permet de détecter un éventuel problème, témoigne de l'intérêt que le vendeur porte à son client et rassure ce dernier quant au bien-fondé de sa décision.

Suivi
L'étape de l'acte de vente au cours de laquelle le vendeur suit le client afin de connaître son degré de satisfaction et donc sa probabilité de réachat.

3.2 La vente et la gestion de la relation client

Les principes de vente et de négociation que nous avons décrits plus haut sont fortement *orientés vers la transaction*, car ils portent sur une vente donnée. Cependant, la plupart du temps, l'entreprise ne cherche pas seulement à obtenir une vente, mais à construire une *relation client-fournisseur* à long terme. Elle souhaite démontrer qu'elle peut répondre aux besoins de son client de manière plus satisfaisante que les concurrents. La force de vente joue généralement un rôle très important dans cette optique.

MARKETING EN ACTIONS 13.2

Les champions de la négociation par la valeur

C'est le rôle d'une entreprise, pour assurer sa pérennité, de créer une proposition de valeur convaincante pour le client. Il est ensuite du ressort de la force de vente de construire une relation client rentable sur la base de cette proposition de valeur. Malheureusement, à l'heure de clore un contrat – surtout en période de crise –, les forces de vente préfèrent trop souvent casser les prix plutôt que vendre la valeur ajoutée de ce produit. Il est souvent bien plus facile de gagner une vente en s'alignant sur les bas prix de ses concurrents plutôt qu'en travaillant à convaincre le client que la meilleure qualité de votre produit justifie un prix plus élevé.

Dans leur ouvrage *Value Merchants: Demonstrating and Documenting Superior Value in Business Markets,* les professeurs Anderson, Kumar et Narus définissent deux types de vendeurs : les dilapidateurs de valeur et les champions de la négociation par la valeur. Les dilapidateurs, comme leur nom l'indique, dilapident la valeur en mettant l'accent sur les bas prix sans obtenir grand-chose en retour de la part du client. En revanche, les champions de la valeur mettent l'accent sur la valeur ajoutée pour le client, le rapport qualité-prix. Ils sont conscients de la valeur ajoutée que le produit apporte au client et travaillent à obtenir en retour une valeur qui soit juste pour le client comme pour l'entreprise. Plutôt que se contenter de baisser les prix pour obtenir ou conserver des ventes à court terme, les champions de la valeur démontrent et argumentent la valeur ajoutée pour capter durablement les affaires d'un client.

Comment une entreprise peut-elle faire la différence entre champions et dilapidateurs au sein de sa force de vente ? Un certain nombre de critères différencient les deux types de vendeurs. Le dilapidateur préfère faire rapidement des concessions sur le prix pour clore un deal, quand le champion tiendra les négociations pour obtenir de justes profits par rapport au service qu'il propose. Les dilapidateurs se plaignent auprès de l'entreprise que les prix sont trop hauts et les empêchent de gagner leurs négociations ; les champions, eux, expriment le besoin d'avoir davantage de preuves de la supériorité de leur produit pour pouvoir gagner. Les dilapidateurs concèdent des services gratuitement pour clore un deal, quand les champions utilisent stratégiquement les services à leur disposition pour générer un peu plus d'affaires.

Caractéristiques des champions de la proposition de valeur

Le champion a les caractéristiques suivantes :

- Il tient bon dans les négociations, qu'il fait durer pour obtenir une meilleure rentabilité sur chaque marché selon des critères de valeur pour le consommateur.
- Il ne concède de réduction de prix qu'en échange d'ajustements économisant des coûts sur le produit vendu.
- Au quotidien, il remporte ses marchés à des prix constants.
- Il emploie stratégiquement les services pour générer plus de business.
- Il vend surtout en comparant les coûts et épargnes liés à l'équipement que possède l'entreprise plutôt que par rapport à celui que proposent les concurrents.
- Il explique à l'entreprise qu'elle a besoin de davantage de preuves de la qualité supérieure de ses produits.
- Il pense que la stratégie imaginée par la direction est liée aux valeurs.
- Il fait remonter les retours des clients pour améliorer les services proposés par l'entreprise.
- Il démontre et établit avec des preuves chiffrées la valeur monétaire supérieure de son produit auprès des clients.
- Il se focalise sur les marges brutes et les éléments de profitabilité pour son plan de bonus.

Le challenge pour les responsables des ventes est de transformer les dilapidateurs en champions. La rétribution variable des vendeurs et les incitations ont un rôle important à jouer en la matière. Afin d'encourager les forces de vente à rechercher un retour sur investissement plutôt qu'à simplement casser les prix pour obtenir ou retenir une affaire, les plans de bonus sur les ventes devraient récompenser des résultats profitables sur le long terme. Au-delà d'une politique de bonus centrée sur « la négociation par la valeur », le management doit instaurer des processus de « mise en évidence de la valeur » qui communiquent sur la proposition de valeur de l'entreprise et mesurent la valeur réellement délivrée. Enfin, l'entreprise doit équiper ses forces de vente d'outils spécifiques mettant en valeur les services offerts aux clients. Ces outils doivent comprendre des données actualisées, des indicateurs de performance, des études de cas qui apportent au client autant de preuves de la valeur ajoutée du produit par rapport aux concurrents.

Un certain nombre d'entreprises, telles celles présentées ci-dessous, appliquent la philosophie de « négociation par la valeur » pour transformer leurs forces de vente en avocats de la valeur ajoutée.

Applied Industrial Technologies, un spécialiste des services et de l'approvisionnement industriel, a mis en place un programme qui exige des forces de vente la rédaction de rapports dans lesquels sont notés tous les efforts consentis pour procurer de la valeur au client. Le client doit signer ces rapports de manière à confirmer que le service vanté a réellement été apporté. Depuis sa mise en place, le programme a réussi à prouver qu'Applied a permis à ses clients d'épargner plus de 1 milliard de dollars.

Les forces de vente d'Applied utilisent ce programme au quotidien. Elles utilisent les rapports pour fidéliser le client et mieux se positionner pour les ventes futures. Ce système permet au vendeur de présenter au client des chiffres convaincants du style « l'année passée, les 200 000 dollars de produits que vous avez achetés chez Applied vous ont permis d'épargner plus de 85 000 dollars ». D'après les forces de vente d'Applied, ces commentaires permettent non seulement d'atténuer l'impact des 3 à 4 % de surcoût par rapport à ses concurrents, mais également de conclure une vente quand l'économie est en berne ou qu'un concurrent propose des prix plus bas. Ce programme crée aussi de la valeur pour le client. Il offre aux acheteurs la possibilité de présenter à leurs propres managers des documents montrant la façon dont ils se conforment aux objectifs de réduction des coûts. Le programme aide de la sorte les forces de vente à construire avec les acheteurs une relation durable basée sur des bénéfices mutuels.

L'exemple de Rockwell Automation. Pour faire face à la pression considérable infligée par la grande distribution pour baisser ses prix, un producteur de condiments a en hâte organisé une compétition entre fournisseurs. En préambule, ceux-ci ont été invités à participer à une « conférence d'amélioration continue » sur l'un des sites majeurs de l'entreprise. Les représentants en lice ont eu accès à l'ensemble de l'entreprise pendant une journée. Leur objectif étant de trouver des solutions pour réduire de manière drastique les coûts opérationnels. Policicchio, le représentant de Rockwell, a vite déduit de ses conversations avec le personnel de l'entreprise que le problème majeur était issu des pertes de production et de temps occasionnées par les performances médiocres de pompes sur 32 énormes réservoirs à condiments. Policicchio a collecté les coûts et les données opérationnelles. Il a ensuite introduit ces données dans un logiciel de simulation de Rockwell Automation afin d'identifier les postes où il était nécessaire d'améliorer la productivité des pompes.

Le lendemain, Policicchio et les représentants en lice ont présenté leurs recommandations à la direction. Policicchio a fait la déclaration suivante : « Avec une pompe Rockwell Automation, grâce à l'élimination des temps non productifs, à la réduction des coûts administratifs et à celle des coûts de réparation, votre entreprise va épargner 16 268 dollars par pompe ; si l'on compare avec le dispositif du meilleur de vos concurrents… » Policicchio fut le seul des représentants à prouver, chiffres à l'appui, que sa solution offrait de véritables réductions de coûts. Les autres étaient restés vagues dans leurs promesses d'éventuels bénéfices, et plusieurs avaient même proposé d'économiser en cassant les prix.

La direction de l'entreprise fut si favorablement impressionnée par la proposition de Policicchio que – malgré un coût initial plus élevé – elle se procura immédiatement une pompe Rockwell Automation à l'essai. Lorsqu'elle réalisa que l'épargne réalisée était plus importante encore que prévue, elle passa commande pour les pompes restantes, destinées à être installées lorsque les anciennes seraient totalement amorties. L'approche par la valorisation a non seulement débouché sur une vente initiale mais a également posé les fondations d'une relation durable et profitable avec le client.

Sources : les exemples et grilles de critères sont adaptés des ouvrages de James C. Anderson, Nirmalya Kumar et James A. Narus « Be a Value Merchant », *Sales & Marketing Management,* 6 mai 2008 et « Business Market Value Merchants », *Marketing Management,* mars/avril 2008, pp. 31-42 ; John A. Quelch et Katherine E. Jocz, « How to Market in a Downturn », *Harvard Business Review,* avril 2009.

4. La promotion des ventes

La *promotion des ventes* regroupe un large assortiment d'outils spécifiques : les *bons de réduction*, les *concours*, les *primes*, les *programmes de fidélisation*, etc. Ces outils permettent d'attirer l'attention du consommateur, d'inciter à l'achat, et peuvent être utilisés pour mettre en valeur une offre ou pour relancer des ventes qui ralentissent. La promotion des ventes a le pouvoir de provoquer une réponse immédiate ; alors que la publicité dit « achetez notre produit », la promotion des ventes dit « achetez-le *maintenant* ». L'impact de la promotion des ventes a cependant une durée très courte. Cet outil promotionnel est souvent moins efficace que la publicité ou la vente pour élaborer une préférence pour la marque et des relations client à long terme.

La publicité s'accompagne souvent de la promotion des ventes. La *promotion des ventes* désigne un ensemble de stimulations de la demande d'un produit ou d'un service à court terme. Si la publicité donne une raison d'acheter un produit ou un service, la promotion des ventes incite à l'achat *dans l'instant*.

Elle se présente sous une grande diversité de formes. Il peut s'agir de promotions destinées aux consommateurs : un bon de réduction de 1 euro sur le café Grand'Mère dans un journal dominical, un gaufrier croque-monsieur offert pour le prochain achat supérieur à 75 euros sur le site de WelcomeOffice.com, une sacoche offerte pour l'achat d'un ordinateur portable ou encore une remise de 1 000 euros sur l'achat d'une voiture. Mais il peut également s'agir d'une promotion réseau : une chaîne de magasins obtient une remise de 10 % sur le prix d'achat des outils portables Black & Decker à condition de s'engager à diffuser de la publicité sur cet outillage dans la presse locale.

4.1 La croissance de la promotion des ventes

La promotion des ventes est aujourd'hui utilisée par toutes sortes d'organisations : fabricants, grossistes, détaillants, syndicats professionnels et même organismes à but non lucratif. Elle est destinée aux consommateurs, aux détaillants et aux grossistes ou aux membres de la force de vente. La promotion des ventes représente aujourd'hui près de 74 % des dépenses marketing d'une entreprise qui produit des biens de consommation.

Dans le cadre de la lutte contre le réchauffement climatique, de nombreuses aides publiques sont attribuées aux consommateurs achetant des produits permettant d'économiser l'énergie. De nombreux acteurs économiques, comme les constructeurs automobiles ou les vendeurs de panneaux photovoltaïques, utilisent ces aides comme outils promotionnels.

Un grand nombre de facteurs, à la fois internes et externes à l'entreprise, expliquent la forte croissance de la promotion des ventes, en particulier pour les marchés de grande consommation. Premièrement, l'entreprise demande de plus en plus à ses chefs de produit d'augmenter leurs chiffres de vente et considère la promotion comme un outil marketing ayant un réel impact sur les ventes à court terme. Deuxièmement, les entreprises utilisent de plus en plus la promotion des ventes pour affirmer la spécificité de leurs offres face à la prolifération des marques et à l'intensification des actions de la concurrence. Troisièmement, l'efficacité de la publicité diminue en raison de ses coûts, de la dispersion des médias et des contraintes législatives.

L'utilisation croissante de la promotion des ventes a entraîné un encombrement comparable à celui de la publicité. Les consommateurs accordent de moins en moins d'importance aux promotions. En effet, comme nous l'avons évoqué au chapitre 5, avec la généralisation des nouvelles technologies, les consommateurs attendent des offres plus ciblées, des promotions et des messages personnalisés[13]. Par ailleurs, le choix relatif à sept achats sur dix se fait au moment de l'achat. C'est pourquoi les fabricants cherchent des moyens de se différencier de leurs concurrents en offrant par exemple des réductions plus importantes ou en utilisant des affichages plus percutants sur le point de vente. Pour mettre en place une opération promotionnelle, une entreprise doit tout d'abord définir les objectifs, puis sélectionner les outils les mieux adaptés pour atteindre ces objectifs.

4.2 La définition des objectifs

Les objectifs d'une action promotionnelle peuvent être variés. Les vendeurs peuvent utiliser les *promotions* destinées aux *consommateurs* pour améliorer les ventes à court terme ou pour établir la part de marché d'un produit à long terme. Les objectifs des *promotions réseaux* sont d'inciter les détaillants à essayer de nouveaux produits, à augmenter la taille de leur stock, à promouvoir et à accorder plus d'espace à un produit et enfin à passer des commandes. Quant à la *promotion représentants*, elle a pour objectifs d'obtenir un plus grand soutien de la part des vendeurs à l'égard d'un produit actuel ou de les inciter à s'engager sur un nouveau produit. La promotion des ventes est généralement couplée à d'autres outils promotionnels comme la publicité et la vente. Les promotions destinées aux consommateurs gagnent en efficacité lorsqu'elles sont combinées avec une action publicitaire. La promotion des ventes soutient le processus de vente de l'entreprise.

En règle générale, plutôt que créer une demande à court terme, la promotion des ventes doit aider à renforcer le positionnement du produit et à établir une *relation clients* sur le long terme. Chaque action promotionnelle bien conçue peut à la fois soulever l'enthousiasme à court terme et établir une relation client à long terme. Les responsables marketing recourent de moins en moins aux seules réductions de prix sans lendemain au profit de promotions destinées à établir la rentabilité de la marque, comme le montre la multiplication des offres de fidélité ces dernières années. La plupart des hôtels, des supermarchés et des compagnies aériennes offrent ainsi des récompenses à leurs clients les plus réguliers.

▶ Le groupe Lucien Barrière a lancé la carte Infiniment Barrière, une carte très personnalisée assortie d'invitations à des événements prestigieux, afin d'amener les clients réguliers des casinos Lucien Barrière à passer plus de nuits dans les hôtels de standing du même groupe. Le programme s'est révélé attractif puisque les détenteurs de la carte ont multiplié leurs réservations par trois par rapport aux autres clients. ◀

4.3 Les principales techniques promotionnelles

De nombreuses techniques promotionnelles peuvent être utilisées pour atteindre les objectifs fixés. Nous allons en décrire les principales.

Les techniques utilisées auprès des consommateurs

Les principales techniques destinées aux consommateurs sont les échantillons gratuits, les bons de réduction, les réductions de prix, les cartes de fidélité, les offres de lancement, les récompenses en cas de parrainage, les mises en avant par le biais d'affichages ou de jeux ou concours sur le lieu de vente.

L'*échantillon gratuit*, mis dans les boîtes aux lettres, envoyé par la poste, attaché à un autre produit, distribué en magasin ou partie intégrante d'une publicité, se révèle la méthode la plus efficace, mais la plus coûteuse, pour lancer un nouveau produit ou renouveler l'intérêt pour un produit déjà existant.

Pour établir la reconnaissance de sa marque, le fabricant de bonbons Fisherman's Friend a distribué 250 000 échantillons de son produit au cours de 25 foires, événements sportifs et autres rassemblements qu'elle sponsorisait. Chaque échantillon contenait une invitation à participer à un concours pour gagner une MINI Cooper sur le site web de Fisherman's Friend : il s'agissait de proposer un slogan que la marque s'engageait à utiliser dans sa prochaine campagne publicitaire. Cette promotion a eu un énorme succès, à tel point que les ventes des bonbons Fisherman's Friend ont augmenté de 115 %, ce qui dépassait de 25 % les attentes de l'entreprise. Près de 5 000 personnes ont proposé un slogan pour cette future campagne publicitaire. L'entreprise continue d'utiliser cette technique sur son site web, en proposant aux visiteurs d'inscrire leur nom et celui d'un ami pour recevoir des échantillons gratuits des bonbons Fisherman's Friend par courrier.

Les *bons de réduction* sont des preuves d'achat qui permettent aux consommateurs d'obtenir une remise sur les produits achetés. Ils incitent les consommateurs à tester une nouvelle marque ou stimulent les ventes d'une marque établie.

Les responsables marketing se tournent également vers de nouvelles méthodes pour distribuer les bons de réduction : distribution dans les rayons des supermarchés, impression électronique sur le point de vente, et même systèmes d'envoi de messages. L'envoi de messages sur les téléphones portables contenant des offres de réduction est très utilisé en Europe, en Inde ou au Japon. Par exemple, une pizzeria qui a peu de clients un soir peut proposer trois pizzas pour le prix de deux à tous les étudiants inscrits à son service de messagerie. Certaines entreprises offrent également des bons de réduction sur leur site web ou *via* des services spécialisés en ligne comme Bon-plan-réduction.com ou MyCoupons.com. Grâce à ce type de site, le nombre de bons de réduction distribués en ligne a plus que doublé ces dernières années.

Les *offres de remboursement* sont également des preuves d'achat qui donnent droit à une réduction de prix différée sur présentation d'une ou de plusieurs preuves d'achat. Un fabricant de snowboards a proposé par exemple un remboursement partiel du prix d'achat de ses produits achetés hors saison si, l'hiver suivant, les chutes de neige dans la région étaient inférieures à la moyenne. Ses concurrents n'ont pas été capables de s'aligner sur cette offre qui a connu un grand succès.

La *vente groupée* (ou *vente par lots*) désigne la vente d'un ensemble de plusieurs éléments avec une baisse du prix à l'unité. La réduction est indiquée par le fabricant directement sur l'étiquette ou l'emballage. Il peut s'agir du même produit vendu en plusieurs exemplaires (par exemple deux exemplaires pour le prix d'un) ou de deux produits différents mais proches (une brosse à dents et un tube de dentifrice). La vente groupée est très efficace, et même plus que les bons de réduction, pour stimuler les ventes à court terme.

Les *cadeaux* sont des biens offerts destinés à inciter le client à acheter un autre produit. Il peut s'agir d'un jouet qui accompagne un produit pour enfants ou d'une carte de téléphone fournie pour l'achat d'un DVD.

La marque Kellogg's a par exemple offert tout un ensemble de prix en rapport avec le film *Star Wars III*. Certains paquets de céréales contenaient un sabre-laser, d'autres offraient la possibilité de commander un bol R2-D2. Et si le paquet contenait un ticket de jeu gagnant, le client gagnait alors un jouet permettant de reproduire la voix de Dark Vador.

Une *prime publicitaire* est un article qui accompagne le produit acheté et qui porte le nom de la marque, son logo ou un message publicitaire. Cet article peut être un T-shirt, un stylo, une tasse de café, un calendrier, des boucles d'oreilles, un tapis de souris, une montre, une casquette, etc. Cette technique promotionnelle est très efficace. Une étude récente a montré que 71 % des consommateurs sélectionnés avaient reçu au moins un produit promotionnel au cours des 12 mois précédents. 66 % d'entre eux étaient capables de se souvenir du nom inscrit sur le produit promotionnel, alors que 53,5 % seulement se rappelaient le nom de la marque dans une publicité qu'ils avaient lue la semaine précédente[14].

Les *primes de fidélité* sont des cadeaux offerts aux clients qui utilisent régulièrement les produits ou les services d'une entreprise. Ainsi, les compagnies aériennes accordent souvent, pour chaque kilomètre parcouru sur leurs lignes, des points que les clients peuvent ensuite convertir en vols gratuits. De même, les cartes de fidélité des supermarchés permettent aux consommateurs de bénéficier de remises en caisse.

Les *animations* désignent les affichages et la mise en avant (MEA) d'un produit en tête de gondole, avec utilisation d'hôtesses, démonstration, dégustation, etc., en particulier dans les supermarchés. Comme de nombreux détaillants sont réticents à l'idée de devoir gérer les centaines d'affiches et panneaux qu'ils reçoivent chaque année, les fabricants utilisent des écrans de télévision et proposent de s'occuper de leur installation.

Les *loteries*, les *concours* et les *jeux* sont les diverses formes de jeux par tirage au sort qui promettent aux consommateurs de gagner un voyage, de l'argent ou des biens grâce à l'intervention du hasard et sans obligation d'achat. Pour un *concours*, les consommateurs sont invités à proposer un slogan, à donner un avis ou à émettre une suggestion. Les différentes propositions sont ensuite notées par un jury. Une *loterie* consiste à tirer au sort le nom des consommateurs. Lors d'un *jeu*, le consommateur doit par exemple résoudre une énigme (un indice supplémentaire lui est fourni à chaque achat). Ces techniques demandent de plus grands efforts de la part des vendeurs, qui se voient donc offrir des récompenses selon leurs résultats[15].

Les techniques utilisées auprès de la distribution

Les fabricants dirigent plus leurs promotions vers la distribution (78 % de leur budget) que vers les consommateurs (22 %)[16]. La promotion réseau poursuit quatre objectifs : inciter

■ Dans un marché dominé par l'image de marque des équipementiers, un des trois avantages recherchés par les acheteurs de chaussures de sport est le confort. Fort de la qualité de ses chaussures, adidas amène les consommateurs à se recentrer sur le produit et à être moins focalisés sur l'image. L'offre de remboursement a le double objectif d'attirer l'attention sur l'attribut « confort » et de réduire le frein du prix.

les détaillants à référencer un produit, lui accorder plus d'espace dans leurs rayons, assurer sa promotion publicitaire et le pousser en magasin. L'espace disponible est si réduit dans les magasins que les fabricants doivent souvent offrir aux détaillants et aux grossistes des réductions de prix, des récompenses en cas de bons résultats, des garanties de rachat et des cadeaux publicitaires pour que leurs produits soient mis en rayon et y restent ensuite.

Les fabricants ont recours aux mêmes techniques que pour promouvoir les produits auprès des consommateurs (concours, cartes de fidélité, affichages) mais peuvent également offrir une *réduction* immédiate de leurs prix de vente pendant une période donnée. Ils récompensent également les prestations spécifiques (mise en avant d'un produit, animation promotionnelle).

Les fabricants peuvent offrir des *cadeaux publicitaires* aux détaillants qui achètent une certaine quantité de leurs produits ou qui commandent certains modèles en particulier. Ces cadeaux peuvent aussi être destinés aux vendeurs chargés de promouvoir le produit. Enfin, les fabricants peuvent procurer aux détaillants des *éléments promotionnels* qui comprennent le nom de l'entreprise (stylos, calendriers, agendas, etc.).

4.4 L'élaboration du programme de promotion des ventes

Une fois la technique choisie, il faut prendre plusieurs décisions. D'abord, on définit l'*amplitude* de la stimulation, de manière à trouver un équilibre entre incitation à l'achat et coûts supportés par l'entreprise. Puis on choisit les *conditions de participation*. Ces conditions peuvent être offertes à tous ou seulement à certains groupes.

Les responsables marketing doivent ensuite décider du *support de diffusion* : un bon de réduction de 1 euro doit-il être placé sur l'emballage, à l'intérieur du magasin, diffusé par Internet ou dans une publicité ? Chaque support touche des consommateurs différents et s'accompagne de coûts et d'effets distincts. Les responsables marketing utilisent souvent plusieurs supports à la fois afin de réaliser une campagne promotionnelle globale. Le choix de la *durée de l'opération* est également primordial. Si elle est très inférieure à la fréquence des achats, de nombreux prospects n'auront pas l'occasion d'en profiter ; si elle dure trop longtemps, le consommateur pensera qu'il s'agit d'une offre permanente et ne verra pas l'intérêt d'une réaction immédiate.

Enfin, la dernière décision concerne l'*évaluation* des résultats d'une promotion. De nombreuses entreprises ne parviennent pas à évaluer ces résultats tandis que d'autres ne procèdent qu'à une évaluation superficielle. Pourtant, les responsables marketing doivent mesurer le retour sur investissement des actions promotionnelles, de la même manière que pour leurs autres activités. La méthode d'évaluation la plus courante consiste à comparer les ventes avant, pendant et après la promotion. Les responsables marketing doivent

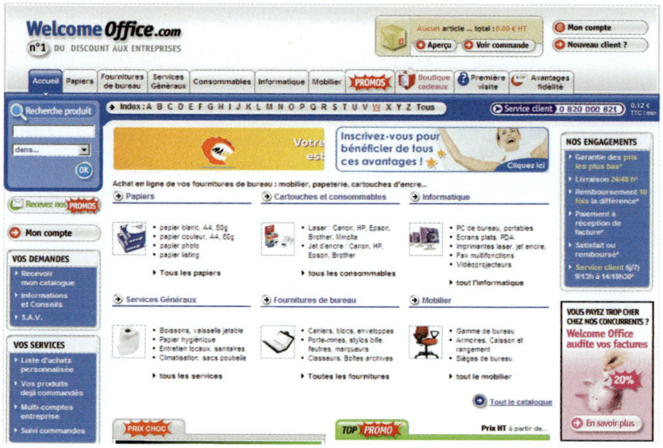

■ WelcomeOffice, le spécialiste online du discount aux entreprises, utilise les mêmes techniques promotionnelles que celles destinées aux particuliers. Chaque événement, telle la Saint-Valentin, constitue une opportunité de promotion pour le responsable des achats.

se poser les questions suivantes : la promotion a-t-elle attiré de nouveaux consommateurs ou augmenté le nombre des achats des clients déjà existants ? L'entreprise peut-elle compter sur ces nouveaux consommateurs et se fonder sur ces chiffres de vente une fois la promotion terminée ? Les relations clients à long terme et l'augmentation des ventes justifient-elles le coût de la promotion ?

RETOUR SUR LES CONCEPTS CLÉS

Ce chapitre est le second consacré aux derniers éléments du mix marketing, à savoir la vente et la promotion des ventes. Dans le chapitre précédent, nous avons étudié la publicité et les relations publiques. Ici, nous avons abordé la vente et la promotion des ventes, soit les deux méthodes les plus convaincantes pour apporter de la valeur au client et établir des relations clients. Pour réaliser un bon chiffre de ventes, une entreprise doit avant tout constituer et gérer une force de vente efficace. La promotion des ventes est également très importante. De nombreuses entreprises se tournent vers la promotion des ventes pour générer rapidement du chiffre d'affaires.

1. Expliquer le rôle des vendeurs dans la création de valeur et la relation clients.

La plupart des entreprises utilisent des représentants et leur assignent un rôle essentiel dans le mix marketing. Dans le commerce business-to-business, les vendeurs sont souvent le seul contact direct avec l'entreprise et donc l'incarnent auprès du client. À l'inverse, les représentants des entreprises dont les produits sont vendus par des intermédiaires ne rencontrent généralement jamais les clients. La force de vente travaille alors en coulisses, traite avec les grossistes et les détaillants afin de gagner leur soutien et les aider à vendre plus efficacement les produits de l'entreprise.

La force de vente, dont l'intérêt premier est le client, doit prendre en compte la **satisfaction du client** et la **rentabilité de l'entreprise**. Elle joue un rôle clé dans le développement et la gestion des **relations clients**.

2. Identifier et décrire les six étapes principales de la gestion de la force de vente.

En raison des coûts élevés de la force de vente, l'entreprise doit concevoir la stratégie et la structure de la force de vente, recruter et sélectionner les représentants, les former, définir le système de rémunération, superviser et évaluer les vendeurs et les performances de la force de vente.

La direction des ventes doit tout d'abord faire des choix sur un certain nombre de points : définir quel **type de structure** sera la mieux adaptée (organisation géographique, par produits, par marchés ou mixte) ; définir la **taille de la force de vente** ; déterminer quelles personnes seront impliquées dans les activités de vente ; enfin, définir la manière dont les différents membres de l'entreprise collaboreront (à l'intérieur et en dehors de la force de vente et des équipes de vente).

Pour recruter de nouveaux commerciaux, l'entreprise doit **analyser le travail** de vente en lui-même et identifier les caractéristiques de ses meilleurs vendeurs pour définir les critères auxquels doit répondre le futur vendeur. Les représentants recrutés suivent ensuite une **formation** qui leur enseigne non seulement l'acte de vente mais aussi l'histoire, les produits et la politique de l'entreprise, ainsi que les caractéristiques du marché et de la concurrence.

Le système de **rémunération** permet de récompenser, de motiver les vendeurs et d'orienter leurs activités. Le système doit être attirant et récompenser les représentants à leur juste valeur. La plupart des vendeurs ont besoin d'être supervisés et stimulés, car ils doivent prendre de nombreuses décisions et surmonter de nombreuses déceptions.

3. Détailler le processus de vente et distinguer le marketing orienté transaction du marketing relationnel.

L'acte de vente comprend sept étapes : la **prospection**, la **préapproche**, l'**approche**, la **démonstration**, la **réponse aux objections**, la **conclusion** et le **suivi**. Ces étapes permettent aux vendeurs de conclure une vente et sont donc **orientées vers la transaction**. Cependant, la manière dont un vendeur traite avec un client doit être guidée par le concept de **marketing relationnel**. La force de vente doit en effet s'intégrer dans l'effort global de l'entreprise visant à développer des relations rentables sur le long terme avec les comptes clés, en leur apportant de la valeur et de la satisfaction.

4. Expliquer comment les nouvelles technologies permettent de gérer, former et élever la performance des forces de vente.

Dans une entreprise, les hommes et les femmes qui composent les forces de vente ne sont pas homogènes en termes d'expérience, de connaissances techniques, de capacités relationnelles et de responsabilités familiales. Grâce aux nouvelles technologies, chacun peut se servir dans le « menu de formation et d'information » proposé par l'entreprise, en fonction de ses besoins, de son agenda et de ses disponibilités. Le développement des modules e-learning autorisent, par leur interactivité, une plus grande appropriation des contenus par les vendeurs. Enfin, les technologies de l'information redonnent du pouvoir aux équipes de vendeurs. En effet, ceux-ci peuvent échanger par vidéoconférence plus souvent qu'ils le faisaient auparavant. Ils peuvent donc générer plus d'idées qui devraient être en phase avec les attentes des acheteurs.

5. Expliquer comment les campagnes promotionnelles sont élaborées et mises en œuvre.

La **promotion des ventes** regroupe tout un ensemble de techniques (bons de réduction, concours…) destinées à stimuler à court terme aussi bien les consommateurs finaux, les entreprises clientes, la distribution, que la force de vente de l'entreprise. Ces dernières années, les budgets accordés à la promotion des ventes ont augmenté plus rapidement que les budgets publicitaires. Une campagne de promotion des ventes demande tout d'abord de définir les objectifs (il s'agit en règle générale d'établir une **relation client**). Le responsable marketing sélectionne et utilise ensuite le programme de promotion à l'aide de différentes techniques auprès des consommateurs (**échantillons, bons de réduction, offres de remboursement, cartes de fidélité**, etc.) et du réseau de distribution (**réductions de prix, récompenses en cas de bons résultats, garanties de rachat**). Là encore, la promotion des ventes doit être coordonnée avec soin aux autres activités promotionnelles de l'entreprise.

Activités

Questions de réflexion et de mise en pratique

1. Selon ce chapitre, les vendeurs servent deux « maîtres ». Qu'est-ce que cela signifie ? Est-ce un bon ou un mauvais principe ?
2. Dans quels cas la vente personnalisée est-elle plus importante que la publicité ?
3. Vous êtes un ingénieur génial et vous avez conçu le sèche-mains hyperpuissant de Dyson que vous destinez essentiellement aux bâtiments publics. Laquelle des trois structures de force de vente évoquées dans ce chapitre allez-vous mettre en place pour commercialiser votre innovation ? Pourquoi ?
4. Pour la rétribution des vendeurs, pourquoi avoir une part variable supérieure à la part fixe peut-il se révéler préjudiciable pour l'entreprise mais aussi pour les vendeurs eux-mêmes ?
5. Quelles sont les différences entre les forces de vente interne et externe ? Comment une entreprise peut-elle tirer profit de leur synergie ?
6. À l'avenir, en B to B, les forces de vente interne vont-elles prendre le pas sur les forces de vente externe ? Expliquez.
7. Pourquoi les budgets de promotion des ventes sont-ils en progression constante ? Citez trois facteurs à l'origine de cette croissance.
8. Citez les principales techniques de promotion des ventes. Comment pouvez-vous adapter ces techniques pour les rendre plus efficaces grâce aux NTIC ?
9. En période de crise, quelles sont les techniques de promotion des ventes à privilégier ? Pourquoi ?
10. Quels sont les dangers de surinvestir dans la promotion des ventes ? Listez les écueils à éviter. Comment les éviter ?

Étude de cas : Starbucks, promotion des ventes en période de crise

Après avoir connu la croissance pendant tant d'années, Starbucks doit apprendre à gérer les difficultés. Les ventes ont chuté ces dernières années tout comme les profits et même le cours de Bourse. Cette contraction des affaires de Starbucks s'explique par la « frugalité » des consommateurs en période de crise. Toutefois, la concurrence sur les prix est sans aucun doute aussi responsable des difficultés de Starbucks. Starbucks a essayé diverses tactiques pour convaincre les consommateurs que ses produits offrent une plus-value importante pour le prix demandé. Elle a fait des efforts constants pour maintenir son image premium et donc pour éviter de réduire ses prix. Pour ce faire, un des leviers majeurs qu'elle a mis en place a été sa carte de fidélité. Le programme propose aux clients fidèles des consommations et des extras gratuits, du temps de connexion Wifi supplémentaire… L'entreprise espère que ce programme va inciter les clients à venir plus souvent et à consommer plus dans ses salons. Par ailleurs, Starbucks espère collecter ainsi plus d'informations sur ses clients et leurs achats et augmenter l'efficacité de ses actions marketing.

Questions

1. En période de crise, le programme de fidélité de Starbucks est-il suffisamment incitatif pour pousser les consommateurs à dépenser plus ? Comment Starbucks pourrait-elle aller plus loin ?
2. Plus généralement, est-ce que les promotions des ventes sont suffisantes pour redresser la situation de Starbucks ? Expliquez. Quelles autres actions pourriez-vous recommander ?

Notes

1. Anne-Françoise Rabaud, « Les commerciaux : esquisse d'un portrait », *Action commerciale*, 01/04/2006.
2. Laurent Bailliard et Isabelle de Chauliac, « Nouveau produit veut-il dire force de vente dédiée ? », *Action commerciale*, 01/02/2007.
3. Caroline Thiévent, « Après la fusion... le développement pour Jean-Rémy Caurette, P-DG d'ICI Paints Déco France », *Action commerciale*, 09/04/2002.
4. Geoffrey Brewer, « Love the Ones You're With », *Sales & Marketing Management*, février 1997, pp. 38-45 ; Erin Stout, « Blue Skies Ahead ? », *Sales & Marketing Management*, mars 2003, pp. 25-29.
5. Roy Chitwood, « The Cost of the Average Sales Call Today Is More Than $400, » *Business Wire*, 28 février 2006.
6. Geoffrey Brewer, « Lou Gerstner Has His Hands Full », Sales & *Marketing Management*, mai 1998, pp. 36-41 ; Michelle Cioci, « Marketing to Small Businesses », *Sales & Marketing Management*, décembre 2000, pp. 94-100.
7. Terry Arnold, « Telemarketing Strategy », *Target Marketing*, janvier 2002, pp. 47-48.
8. Henry Canaday, « Recruiting the Right Stuff », *Selling Power*, avril 2004, pp. 94-96 ; Tom Andel, « How to Cultivate Sales Talent », *Official Board Markets*, avril 23, 2005, pp. 14-16.
9. Sara Donnelly, « Staying in the Game », *Pharmaceutical Executive*, mai 2008 ; Sara Donnelly, « Improving Sales Force Effectiveness: Bayer's Experiment with New Technology », Bayer Healthcare Pharmaceutical, 2008, www.icmrindia.org/casestudies/catalogue/Marketing/MKTG200.htm ; Tanya Lewis, « Concentric », *Medical Marketing and Media*, juillet 2008.
10. Frédéric Thibaud, « Réunions multimédias : contacter ses clients par visioconférence », *Action commerciale*, 25 octobre 2002.
11. Anne Le Mouellic, « Apprenez à travailler avec la visioconférence », *Action commerciale*, 1er février 2006.
12. Laurent Baillard, « Donnez des ailes à votre force de vente », *Action commerciale*, 1er octobre 2009.
13. Florent Maillet, « Nouvelles technologies : ce que veulent les consommateurs », *LSA*, 22 janvier 2010.
14. « Promotional Products – Impact, Exposure, and Influence », sur *www.ppai.org*.
15. Pour plus d'information sur les dispositions légales régissant les actions marketing : Nicole Ferry-Maccario, *Droit du marketing*, Pearson Education, 2005.
16. Anonyme, « Rusty Relations », *Convenience Store News*, 3 août 2005, sur *www.csnews.com*.

Partie 4

Diffuser l'offre marketing

Chapitre 14

AU TERME DE CE CHAPITRE, VOUS SAUREZ

1. **Identifier les champs d'action du marketing direct et ses bénéfices pour les consommateurs et les entreprises.**
2. **Repérer les leviers incontournables du marketing direct.**
3. **Expliquer comment les entreprises ont su profiter d'Internet et des nouvelles technologies de l'information pour bâtir des tactiques de marketing en ligne.**
4. **Décrire comment les entreprises utilisent le marketing en ligne pour créer plus de valeur ajoutée pour leurs consommateurs.**
5. **Positionner le marketing direct et le marketing en ligne par rapport à l'ensemble de la démarche du mix marketing.**

Le marketing direct et le marketing en ligne

1. Le marketing direct

La plupart des approches marketing et promotionnelles que nous avons étudiées au cours des chapitres précédents ont été développées pour le *marketing de masse*. Il s'agit donc souvent de messages standardisés destinés à des audiences importantes et d'offres présentées aux clients à travers des intermédiaires. Cependant, la fragmentation des marchés et la recherche d'une approche personnalisée du client poussent de nombreuses entreprises à adopter le *marketing direct*, soit comme approche marketing principale (c'est le cas d'Amazon.fr ou de Myfab.com), soit en complément des autres approches. Dans cette section, nous abordons la croissance spectaculaire du marketing direct ainsi que ces approches spécifiques.

Marketing direct
Tactique de contacts directs avec un segment précis de consommateurs en vue d'obtenir une réponse immédiate.

Le **marketing direct** se caractérise par l'absence d'intermédiaire entre l'entreprise et le client afin d'obtenir une réaction rapide de sa part. Les responsables marketing communiquent directement avec leurs clients, souvent de personne à personne (marketing *one-to-one*) et de façon interactive. L'utilisation de bases de données détaillées permet d'adapter l'offre et la présentation du produit aux besoins de segments très réduits, voire à chaque acheteur en particulier.

Plus que la notoriété de la marque ou la construction de l'image, le marketing direct cherche avant tout une réponse directe, immédiate et quantifiable de la part du consommateur.

▶ Dell, par exemple, interagit directement avec ses clients par téléphone ou sur son site web afin de concevoir des ordinateurs à la demande qui répondent à leurs besoins particuliers. Les acheteurs commandent directement à Dell, qui livre rapidement les ordinateurs à leur domicile ou à leur bureau. De la même façon, BinckBank.fr, la bourse en ligne low-cost française, interagit avec ses clients par téléphone, par e-mail ou *via* son site pour donner des informations sur les ordres de bourses, les services ou l'état des comptes. ◀

1.1 Le nouveau modèle de marketing direct

Les ancêtres du marketing direct (catalogues d'entreprises, mailing, télémarketing) collectaient les noms des clients et vendaient leurs produits principalement par courrier et par téléphone. Aujourd'hui, la richesse croissante des bases de données et l'émergence de nouveaux médias ont entraîné une transformation radicale du marketing direct.

Dans les chapitres précédents, nous avons vu que le marketing direct était une forme de distribution directe, de circuit marketing sans intermédiaires. Nous avons également vu que le marketing direct s'intégrait dans le mix de communication en tant qu'élément de communication directe avec les clients. En fait, le marketing direct remplit ces deux rôles à la fois.

La plupart des entreprises utilisent encore le marketing direct comme un circuit ou un média complémentaire des autres activités marketing.

▶ Le constructeur automobile Peugeot, qui utilise principalement la publicité dans les mass media et son réseau de concessionnaires, n'utilise le marketing direct qu'en complément de ces circuits, par exemple en ouvrant automatiquement pour ses nouveaux clients un espace personnel « My Peugeot ». Avec cet espace, Peugeot « souhaite simplifier le quotidien automobile de ses clients : gérer l'entretien de leurs véhicules Peugeot, alerter des futures opérations à prévoir, prendre contact avec le point de vente, accéder à des services exclusifs, rester en contact avec la marque, bénéficier d'offres ciblées..., le tout dans un espace personnalisable selon les goûts et les humeurs du client »[1]. ◀

De plus en plus d'entreprises considèrent cependant le marketing direct non plus comme un circuit ou un média de complément, mais comme un modèle commercial complet. Ce nouveau *modèle direct* change la manière dont les entreprises conçoivent leurs relations clients.

Ces entreprises utilisent le marketing direct et les nouveaux médias non plus comme des approches complémentaires mais comme la *seule* approche. Certaines, comme RueDuCommerce, Myfab, Vente-en-or.com, Amazon et eBay, ont débuté leurs activités en n'utilisant que le marketing direct ; d'autres, comme Cisco Systems et Direct Assurance, sont devenues des champions du marketing direct.

1.2 Les avantages et la croissance du marketing direct

Qu'il soit le modèle commercial unique ou qu'il complète un mix marketing intégré plus large, le marketing direct apporte de nombreux avantages au client et au vendeur, ce qui explique sa croissance spectaculaire.

Pour les acheteurs, le marketing direct est pratique, facile à utiliser et discret. À toute heure et sans quitter leur fauteuil, ils peuvent parcourir le catalogue papier ou le site web d'une entreprise. Le marketing direct permet d'avoir accès à une offre large de produits du monde entier. De plus, il est immédiat et interactif : les acheteurs peuvent interagir avec les vendeurs par téléphone ou sur le site web pour obtenir exactement l'information, le produit ou le service qu'ils désirent, puis passer aussitôt commande.

Pour l'entreprise vendeuse, le marketing direct est très efficace pour établir des relations clients. Les bases de données permettent aux responsables marketing de cibler de petits groupes de consommateurs, voire des individus en particulier, et de personnaliser leur offre et la promotion. Le marketing direct peut également être utilisé pour atteindre les prospects exactement au bon moment. En raison de sa nature individualisée et interactive, Internet est un outil du marketing direct particulièrement performant. Le marketing direct permet aussi d'ouvrir aux vendeurs des marchés qu'ils ne pourraient pas atteindre par d'autres circuits. Internet donne ainsi accès aux marchés *internationaux* qui seraient autrement hors de portée.

En raison de ces avantages pour les acheteurs et les vendeurs, le marketing direct a connu une croissance fulgurante. Cela est très fortement tiré par le Net (voir encadré 14.1). En France, les investissements des annonceurs sur la toile ont progressé de 8,2 % à 3,9 milliards pour 2009. Ce qui représente 15,5 % de l'ensemble des investissements publicitaires français (25,2 milliards, en 2009)[2].

Base de données clients
Ensemble organisé de données détaillées sur chaque client ou prospect, y compris des données géographiques, démographiques, psychographiques et comportementales.

1.3 Les bases de données clients et le marketing direct

Un marketing direct efficace nécessite une bonne **base de données clients**. La base de données donne à l'entreprise un « aperçu » du client et de son comportement et représente par conséquent un outil très efficace pour établir des relations clients. Un expert note ainsi : « Le changement le plus important de ces dix dernières années est la connaissance que nous avons de nos clients. D'un point de vue stratégique, la base de données clients constitue l'outil essentiel. L'efficacité d'une entreprise se mesure à ses connaissances[3]. »

De nombreuses entreprises confondent les bases de données clients et les listes de publipostage. Une liste de publipostage n'est rien d'autre qu'un ensemble de noms, d'adresses et de numéros de téléphone, alors qu'une base de données clients contient

MARKETING EN ACTIONS 14.1

Marketing mobile : la nouvelle frontière du marketing direct !

Vous vous trouvez dans un magasin où vous vous renseignez sur les systèmes de navigation GPS portables. Vous hésitez entre deux modèles, le Garmin nüvi 350 et un modèle concurrent un peu moins cher ; mais vous n'êtes pas certain que le magasin vous propose les meilleurs prix. Et puis vous aimeriez avoir les avis d'autres consommateurs sur ces deux marques. Pas de problème, il vous suffit d'**activer votre iPhone**, d'aller sur l'application Amazon.com, qui vous permet de trouver les marques que vous voulez, de **lire les avis** des consommateurs et de **comparer les prix** de systèmes GPS. Dans certains pays, l'application Amazon vous permet même de **prendre en photo le produit** que vous avez devant vous, et les employés d'Amazon s'efforcent de trouver un produit similaire sur leur site. Si, en retour, Amazon.com propose des conditions plus intéressantes, vous pouvez **passer commande directement** par le biais de l'application.

Bienvenue dans le monde merveilleux du marketing mobile. Aujourd'hui, la nouvelle génération de *smart phones* a révolutionné notre façon de vivre comme de consommer. Et à mesure que change notre façon de consommer change également la façon dont les responsables marketing s'adressent à nous.

Une proportion croissante de consommateurs – notamment les plus jeunes – se servent de leur **téléphone portable comme d'un « troisième écran »** pour envoyer des SMS, surfer sur le Web, regarder des films et spectacles téléchargés ou encore gérer leur boîte e-mail. Selon un expert, « le téléphone portable se métamorphose en réservoir de fond, une sorte de couteau suisse digital permettant de remplir chaque minute libre de son propriétaire de jeux, musique, TV en direct ou à la demande, Web *surfing* et… publicité. Pour le président de l'association de Marketing Mobile, « ce n'est qu'une question de temps avant que le portable ne devienne le "premier écran" ». Pour un autre spécialiste du secteur : « Les téléphones mobiles et autres systèmes sans fil sont en train de devenir sans bruit la nouvelle frontière, le **nouvel horizon des responsables marketing**, surtout ceux qui ciblent la génération des 18-34 ans. Les chaînes de télévision harcèlent leurs téléspectateurs pour qu'ils soutiennent par SMS leur personnage de téléréalité préféré. Certains sites tissent les pages de résultats sportifs ou de nouvelles de bandeaux publicitaires pour Lexus ou Sheraton. Quelques entreprises lancent même de petits clips vidéo d'une dizaine de secondes qui sont en train de faire leur chemin sur les téléphones mobiles. **Pour les publicitaires, le jeune public est comme un point de vente.** Les gadgets sans fil sont des accessoires toujours proches, toujours à disposition. Que le téléphone soit attaché à une personne permet aux publicités d'être ciblées. Et les utilisateurs peuvent répondre instantanément aux offres limitées dans le temps. Le téléphone portable est un outil très personnel que vous portez toujours sur vous.

Petits et grands du marketing prennent dorénavant en compte **le marketing mobile dans leurs mix marketing direct**. Le ministère de la Jeunesse et des Sports a développé un site mobile pour diffuser du contenu et de l'information. Pour générer du trafic dans les points de vente, Marionnaud alerte ces consommateurs par SMS de ses offres promotionnelles à l'occasion d'événements spéciaux tels les anniversaires de l'enseigne. Les 6,5 millions de turfistes du PMU peuvent parier en ligne sur leur mobile.

Les services proposés sont **de plus en plus étoffés**. Par exemple, la chaîne d'habillement pour enfant Orchestra propose la dématérialisation de sa carte de fidélité. Lors de son passage en caisse, le client ouvre son application et présente la photo de sa carte avec le code-barres qui est reconnu par un lecteur classique. « En fonction du profil du client, de son historique d'achat et de ses préférences, nous sommes capables de lui proposer un contenu ciblé sur mobile », précise Julien Saumande, le responsable du projet. Orchestra propose aussi une offre de *couponing* inédite. En photographiant un bon de réduction sous forme de code-barres depuis un support papier, le mobinaute est orienté vers l'application marchande et profite de la promotion lors de ses achats. Aux États-Unis, l'application iPhone « Gift Globe » de Target's, le dixième distributeur mondial, vous donne des recommandations fondées sur l'âge et le sexe d'une personne à qui vous voulez faire un cadeau : entrez ces données, secouez votre téléphone et les recommandations de cadeau apparaissent à l'écran. Si vous suivez le lien dans l'application vers le site Target's, vous pouvez même acheter le cadeau ou trouver la boutique la plus proche. L'une des applications les plus abouties est l'Assistant iFood de Kraft, qui propose des recettes faciles à préparer pour les personnes en train de faire leurs courses. Il donne des conseils pour préparer 7 000 repas simples mais bons – si l'on compte trois repas par jour, cela fait plus de vingt ans de recettes. Cet Assistant iFood vous dirigera même vers les magasins les plus proches. Évidemment, la plupart des repas nécessitent l'utilisation d'ingrédients produits par Kraft. L'application a coûté moins de 70 000 euros à créer mais a incité des millions de consommateurs à acheter Kraft, entraînant d'importantes opportunités pour cette société et ses marques. Au Japon et en Corée du Sud, adidas a ajouté des tags à ses produits. Grâce à ces tags lisibles par la majorité des mobiles, les clients peuvent accéder à des informations complémentaires sur le produit, voir d'autres coloris, des produits connexes, etc. Lors du test de ce dispositif, en 2006, 60 000 Coréens ont vu sur leur mobile plus de 2 millions de pages en rapport avec les produits adidas.

Outre le fait de vous inciter à acheter et de vous faciliter le passage à l'acte, d'autres applications mobile proposent des services précieux, des informations utiles et même du divertissement. Après le lancement de son site Internet mobile Sncf.mobi, la SNCF a lancé une application iPhone gratuite destinée aux usagers. Les clients peuvent consulter les horaires des trains au départ et à l'arrivée dans leur gare, directement sur leur mobile. Pour cela, le mobinaute peut se géolocaliser ou bien sélectionner une des centaines de gares proposées par le menu déroulant. Grâce à la programmation d'alertes, le voyageur est informé en temps réel sur son iPhone de tout événement concernant le train choisi (numéro de quai, retard…). Enfin, une carte du quartier est également accessible pour faciliter l'orientation sur place.

Pour ce qui est de se divertir, Audi a mis à disposition le jeu de courses Audi A4 Driving Challenge ; il s'agit de manœuvrer une petite A4 sur différents champs de course en penchant votre téléphone sur la droite ou la gauche. Si l'on en croit Audi, l'application aurait été téléchargée près de trois millions de fois depuis son introduction, entraînant 400 000 visiteurs sur le site Audi A4.

La plupart des consommateurs sont sceptiques quant à recevoir des messages publicitaires sur leur téléphone portable. Mais ils changent généralement d'avis si la publicité procure de la valeur sous forme d'information utile quant à une marque ou une facilité de consommation, un contenu divertissant, des réductions ou des promotions sur leurs produits ou services favoris. La plupart des efforts de marketing mobile ne ciblent que les consommateurs volontaires ou qui ont téléchargé l'application. Dans un espace marketing toujours plus encombré, il est hors de question que les consommateurs s'engagent s'ils n'y voient pas une réelle valeur ajoutée. Le challenge pour les marketeurs : développer des applications utiles et séduisantes qui poussent les consommateurs à télécharger les applications ou à s'inscrire sur les listes de diffusion.

Sources : Joseph De Avila, « Please Hold, My Cell Phone Is Buying a Gift », *Wall Street Journal*, 9 décembre 2008 ; Todd Wasserman, « I'm on the Phone! », *Adweek*, 23 février 2009 ; Alice Z. Cuneo, « Scramble for Content Drives Mobile », *Advertising Age*, 24 octobre 2005 ; Jen Arnoff, « Wising Up to Smart Phones », *News & Observer* (Raleigh), 22 avril 2009 ; Carol Angrisani, « Priced to Cell », *Supermarket News*, 1er juin 2009.

beaucoup plus d'informations. Si les informations concernent un marché de grande consommation, la base de données clients peut contenir des renseignements démographiques (âge, revenu du client, membres de sa famille et anniversaires), psychographiques (activités, centres d'intérêt et opinions) et comportementaux (préférences d'achat, récence du dernier achat, fréquence d'achat, valeur financière des achats précédents [approche RFM]). Pour le commerce *business-to-business* (B to B), le profil du client peut indiquer quels produits et services il a achetés, la quantité et le prix de ces produits, ses contacts clés (et leurs âges, anniversaires, hobbys et plats favoris), les concurrents auxquels il peut s'adresser, l'état des contrats courants, une estimation de ses futures dépenses et une évaluation des forces et des faiblesses de ce compte client.

Certaines de ces bases contiennent énormément de données. Ainsi, chaque clic de souris sur le portail Internet de Yahoo! est enregistré et ajouté à sa base de données, ce qui représente 400 milliards d'octets de données par jour, soit l'équivalent de 800 000 livres. De façon similaire, Wal-mart, le numéro un mondial de la distribution devant Carrefour, collecte et croise des informations chaque jour, pour chaque consommateur, chaque magasin, chaque produit. Cette base de données contient plus de 2,5 megabytes d'informations. Ces bases de données permettent aux entreprises d'identifier des clients intéressants, de découvrir des pistes de vente, de connaître les clients en détail et donc d'adapter avec précision leurs offres commerciales et leurs présentations en fonction des préférences spécifiques des segments ou des individus visés.

C'est bien dans cet esprit que le président de Jaguar France voit l'intérêt des bases de données : « 2 200 voitures [sont] vendues par an en France. Au prix où nous les vendons, nous nous devons d'avoir une connaissance intime de nos interlocuteurs. Grâce à notre base de données constamment enrichie, si nous envoyons un mailing de 15 000 lettres, il s'agira de 15 000 courriers personnalisés. La difficulté réside aujourd'hui dans le fait de pouvoir garder ce rapport de proximité tout en multipliant, à terme, le nombre de voitures vendues en France par sept, ce qui est notre objectif. Les nouvelles technologies nous en donnent les moyens, et c'est la raison pour laquelle nous investissons beaucoup en la matière[4]. »

1.4 Les différentes formes du marketing direct

Les principaux outils du marketing direct sont la vente directe, le télémarketing, le mailing, le marketing par catalogue, le marketing direct par les grands médias, les kiosques interactifs, le marketing en ligne et tous les autres usages marketing des nouvelles technologies digitales (voir figure 14.1).

Le télémarketing

Télémarketing
Utilisation du téléphone pour vendre directement aux clients.

Nous connaissons tous le marketing téléphonique destiné aux particuliers, mais le marketing B to B l'utilise également de façon intensive. Le **télémarketing** B to B représente en effet 60 % de toutes les ventes réalisées par téléphone aux États-Unis.

Les responsables marketing ont recours aux *appels sortants* pour vendre directement aux clients et aux entreprises. Les *appels entrants* désignent les numéros que le client

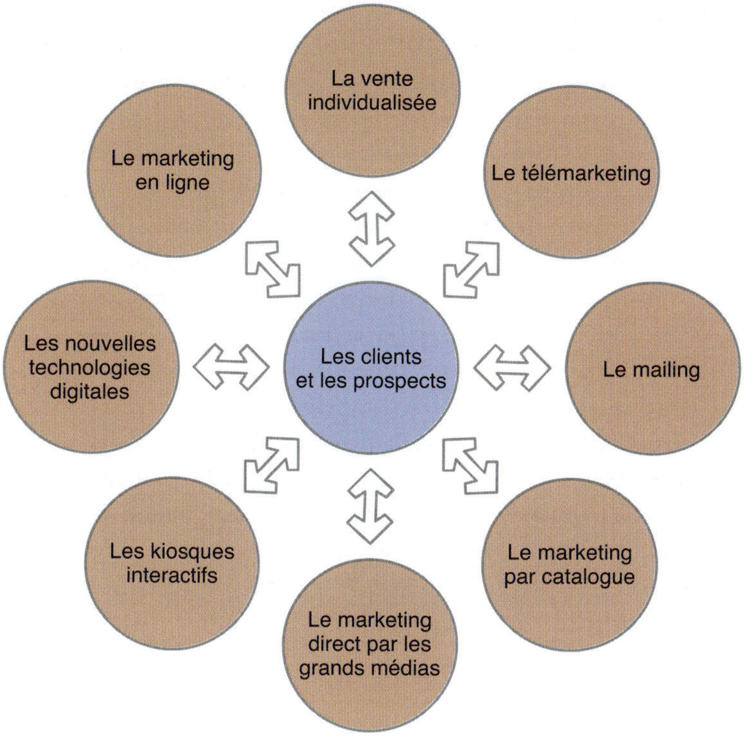

Figure 14.1
Les différentes formes du marketing direct

compose pour contacter l'entreprise après avoir vu une publicité ou reçu un courrier ou un catalogue.

Lorsque la conception et le ciblage sont correctement effectués, le télémarketing présente beaucoup d'avantages, aussi bien au niveau de la facilité d'achat que de la diffusion d'informations sur les produits et les services associés. Depuis peu en France, afin de réduire encore le coût des actions de marketing direct, certaines entreprises font parvenir des messages téléphoniques enregistrés à leurs interlocuteurs. Cela permet de toucher beaucoup plus de monde tout en gardant un taux de conversion rentable. Immanquablement, la multiplication des appels sortants au fil des années est de plus en plus considérée comme une gêne par les consommateurs. En France, ceux-ci peuvent indiquer s'ils ne désirent pas que leur numéro soit diffusé.

Le mailing

Le **mailing** est un outil très largement utilisé, car il permet une grande sélectivité, une personnalisation et une flexibilité maximales en même temps qu'il se prête bien aux opérations de test. Bien que le coût nécessaire pour atteindre 1 000 personnes (coût pour 1 000 ou CPM) soit plus élevé par mailing que par les grands médias comme la télévision ou les magazines, les personnes contactées sont de bien meilleurs prospects. Le mailing est un outil marketing de première importance pour tous types de produits : livres, abonnements aux magazines, assurances, vêtements, aliments, etc. Les associations caritatives, en capitalisant sur l'émotion, utilisent beaucoup le mailing pour collecter des fonds.

Mailing
Envoi d'une offre, d'une annonce, d'un rappel à l'adresse d'une personne en particulier.

Les responsables du mailing recherchent constamment de nouvelles méthodes et approches. Les CD, les DVD et les clés USB sont par exemple de plus en plus utilisés. Une étude récente a montré que le taux de réponse aux offres marketing était de 50 % à 60 % plus important lorsqu'un CD ou un DVD accompagnait le courrier. Utilisé conjointement avec Internet, le CD ou la clé USB offre un moyen pratique de rediriger les clients vers des pages web personnalisées s'adressant à un segment de marché spécifique ou vers une offre promotionnelle en particulier. Longtemps, le mailing n'a désigné que le courrier postal, voire l'utilisation de la télécopie. Cependant, ces dernières années, l'usage de la *messagerie électronique* a gagné en importance. Les courriers électroniques ne sont plus de simples messages textuels mais contiennent des animations, des liens interactifs, des vidéos, des podcasts (ou vodcasts) et des messages audio personnalisés qui permettent d'attirer l'attention du client.

L'e-mail permet de joindre les clients de façon incroyablement plus rapide que la poste. Pourtant, le courrier électronique risque d'être assimilé à du *spamming* (envoi d'e-mails non sollicités) lorsqu'il est envoyé à des personnes que le message n'intéresse absolument pas. Il faut donc cibler avec soin les destinataires de manière à réduire les coûts et à ne pas leur faire perdre leur temps. Les responsables marketing utilisent pour cela des programmes basés sur l'autorisation du consommateur afin de n'envoyer des messages publicitaires qu'aux personnes qui souhaitent en recevoir.

Marketing par catalogue
Catalogues imprimés, électroniques et vidéo envoyés à des clients sélectionnés, disponibles en magasin ou consultables en ligne.

Le marketing par catalogue

Le **marketing par catalogue** a profondément évolué en raison des avancées technologiques et de la recherche d'un marketing plus personnalisé. La définition traditionnelle d'un catalogue comme support imprimé présentant différents produits est aujourd'hui dépassée.

En raison de l'utilisation croissante d'Internet, de plus en plus de catalogues sont publiés sous une forme numérique. De nombreuses entreprises disposent à la fois de catalogues imprimés et de catalogues sur le Web, mais on voit également apparaître des catalogues qui n'existent que sur le Web. Une étude récente a montré que 36 % des achats sur catalogue s'effectuaient en ligne. En revanche, bien qu'Internet fournisse de nouveaux débouchés à la vente par catalogue, les catalogues imprimés restent encore les plus utilisés. Les recherches montrent en effet que beaucoup de commandes en ligne sont effectuées à partir des catalogues imprimés. Les clients qui reçoivent des catalogues papier ont plus tendance à acheter en ligne et dépensent 16 % de plus que les clients qui ne reçoivent pas de catalogue[5].

Le marketing par catalogue a connu une croissance phénoménale au cours des vingt-cinq dernières années. En France, les ventes réalisées sur catalogue représentent 2,3 % du commerce de détail (voir chapitre 11). On distingue les catalogues généraux, comme ceux de La Redoute et des 3 Suisses, des milliers de catalogues spécialisés qui sont apparus ces dernières années, comme celui de Fnac éveil & jeux.

Les catalogues sur Internet présentent un certain nombre d'avantages sur les catalogues papier. Leur coût de production, de fabrication et d'envoi est réduit. Contrairement aux catalogues papier, sur lesquels l'espace est limité, le nombre de marchandises qui peuvent être présentées est quasiment illimité. Ils peuvent également être mis à jour en temps réel : les articles peuvent être ajoutés ou supprimés à la demande et les prix, être ajustés instantanément. Enfin, les catalogues en ligne peuvent contenir des éléments interactifs et des offres promotionnelles (jeux, concours et offres valables durant une période limitée). Par ailleurs, comme sur les catalogues papier, on trouve de tout. Sur Kiria.com, ce sera aussi bien une ampoule de simulateur d'aube à 10,50 euros qu'un Multigym à 4 300 euros.

Mais les catalogues sur Internet ont également des inconvénients. Alors qu'un catalogue papier, en tant qu'objet, attire l'attention (approche *push*), les catalogues web nécessitent un effort marketing (approche *pull*). Il est en effet beaucoup plus difficile d'attirer l'attention de nouveaux clients sur un catalogue en ligne que sur un catalogue papier. Par conséquent, même si les catalogueurs utilisent de plus en plus Internet, ils ne sont pas près d'abandonner le catalogue papier.

Le marketing direct par les grands médias

Le marketing direct par les grands médias
Utilisation des grands médias (presse, radio, télévision…) pour proposer un achat direct.

Le **marketing direct par les grands médias** se présente sous deux formes principales : la télévision interactive et le téléachat.

La *télévision interactive* permet au téléspectateur d'obtenir plus de précisions sur le produit, de commander un catalogue, de prendre rendez-vous avec un représentant ou d'acheter en cliquant sur la télécommande de la télévision. Avec l'essor de la télévision numérique et les 25 millions de décodeurs européens à deux lecteurs, la technologie est totalement personnalisable en fonction des besoins de la marque. « L'idée est d'utiliser la télévision comme un outil permettant de faire du *one-to-one*. La solution présente deux avantages : elle est reliée au média le plus puissant, et elle ne s'arrête pas à la boîte aux lettres, mais va jusqu'au canapé », résume Hervé Sinelle Botinelly, président fondateur de TV-Card[6].

Le *téléachat* (ou *téléshopping*) désigne des programmes ou des chaînes consacrés à la vente de biens ou de services. Certaines chaînes diffusent 24 heures sur 24 et d'autres, telles TF1 avec Téléshopping ou M6 avec M6 Boutique, complètent leurs émissions avec la possibilité d'acheter sur leur site web.

M6 Boutique a constitué différentes synergies : catalogue papier, site Internet, magasins physiques (par exemple des corners chez Carrefour). Elle a réalisé 135 millions d'euros de chiffre d'affaires en 2006 et conçoit en sous-traitance des programmes de téléachat pour d'autres chaînes en France, en Belgique et aux Pays-Bas.

Il existe d'autres formats. La DRTV (de l'anglais *Direct Response TV*) est peu répandue en France mais devient petit à petit plus courante grâce aux chaînes satellitaires ou de la TNT. Elle s'apparente à une publicité télévisuelle de 60 ou 120 secondes, qui présente de façon persuasive un produit et indique aux consommateurs un numéro d'appel gratuit ou l'adresse du site web où effectuer la commande. On trouve également certains programmes de DRTV de 30 minutes, voire plus, entièrement consacrés à un produit spécifique. On appelle ces programmes *« infomercials »* (contraction des termes *information* et *commercial*, qui désigne les spots publicitaires en anglais).

Les *infomercials* sont généralement moins onéreuses à réaliser et à diffuser que les publicités télévisuelles traditionnelles. En outre, les résultats peuvent être facilement mesurés. Contrairement à la plupart des autres types de campagnes publicitaires, les *infomercials* indiquent toujours un numéro d'appel ou une adresse de site web, ce qui facilite l'évaluation de leur impact. Même si elles représentent 35 % du marché mondial de la VAD à la télé, soit 5 à 6 milliards de dollars, ce format a probablement peu d'avenir en France[7].

Les kiosques interactifs

Les kiosques interactifs sont des bornes qui permettent d'effectuer des achats et de se renseigner sur les produits (à la différence des distributeurs, qui vendent des produits directement). On trouve ces bornes dans les hôtels en self-service, dans les cinémas, dans les aéroports et les gares pour réserver un billet ou encore dans des magasins pour commander les produits qui ne sont pas en stock.

Par exemple, Kodak et Fujifilm ont installé des bornes pour permettre aux clients de transférer leurs photographies depuis leurs cartes mémoire, leur téléphone portable ou d'autres appareils numériques, de les modifier et de les imprimer.

Pour relancer le secteur hygiène-beauté en hyper et supermarchés, Nivea cherche à réaffirmer sa présence au moment de l'achat. Face à un consommateur en attente de conseils et de plus en plus sensibilisé aux outils interactifs, la marque met en place des bornes interactives censées l'accompagner dans sa recherche de produit et lui donner accès à un diagnostic personnalisé. « Le but est de développer le volume de ventes en développant la mixité d'achats. Les bornes donneront des astuces et orienteront vers des produits complémentaires pour le maquillage », se félicite un responsable de Beiersdorf. Ces bornes interactives permettent en outre de mener des enquêtes *via* des observations en rayon ; on peut ainsi mesurer les remontées et peaufiner les actions de merchandising[8].

Certaines bornes permettent aux consommateurs de commander des produits qui ne sont pas disponibles en magasin.

Les bornes sont également utilisées pour le marketing *business-to-business*.

Dow Plastics installe des bornes lors des foires et salons pour fournir des renseignements sur ses 700 produits et obtenir par la même occasion des informations sur les clients potentiels. La borne lit en effet les données encodées sur le badge du visiteur, qui peuvent ensuite être imprimées ou faxées. Ce système a permis à l'entreprise d'augmenter ses pistes de vente qualifiées de 400 %[9].

1.5 Les nouvelles technologies digitales du marketing direct

Mobile Marketing ou M-Marketing

Avec plus de 61,5 millions d'abonnés en France, beaucoup de managers voient le mobile comme un outil marketing incontournable. En 2009, la croissance des abonnés a été forte (+ 6 %). Le nombre de SMS a augmenté de 65 % et, en moyenne, chaque utilisateur envoie 109,5 SMS par mois[10]. En général, 20 % des gens utilisent leur portable pour accéder à Internet, et cette proportion devrait atteindre 40 % dans les cinq ans[11].

Les dépenses publicitaires sur mobile devraient au niveau mondial passer de 2,28 milliards d'euros en 2009 à 21,2 milliards d'euros en 2013[12]. Les responsables marketing de tous secteurs, de Coca-Cola à Toyota en passant par les distributeurs ainsi que les boîtes de nuit et les restaurants branchés, ont intégré le mobile dans leur marketing direct.

La promotion par mobile prend des formes très diverses : des signatures de marques auditives en guise de sonnerie, des jeux, du texte informatif ou des promotions, des suggestions d'achats ou de cadeaux… (voir Marketing en actions 14.1).

Comme pour les autres formes de marketing direct, les entreprises doivent utiliser cet outil de façon responsable. « Si vous êtes interrompu toutes les deux minutes par une publicité, personne ne va aimer cela », rappelle un expert en mobile marketing. Une des clés est de ne diffuser que des informations réellement utiles pour le consommateur. Une étude portant sur 32 000 personnes dans le monde a mis en évidence que les gens ont une idée assez précise de ce que les nouvelles technologies peuvent leur apporter : ils veulent des offres plus ciblées, plus personnalisées et incluant des promotions. 61 % dépenseraient plus si ces souhaits étaient réalisés. Plus spécifiquement, 75 % des consommateurs veulent pouvoir utiliser leur portable pour trouver un magasin et 66 %, pour vérifier les stocks avant de se rendre dans celui-ci[13]. On le voit, le mobile marketing a encore de très beaux développements devant lui.

Podcasts (et vodcasts)

Le nom Podcast provient de l'iPod, qui est la référence de la consommation nomade. Avec le podcasting, les consommateurs peuvent télécharger des fichiers audio (podcasts) ou vidéo (vodcasts) vers un iPod, un iPhone ou un autre support nomade et ensuite l'écouter ou le voir n'importe où, n'importe quand. Aujourd'hui, à la demande, on peut télécharger quasiment une liste sans fin de programmes : de votre radio quotidienne à votre événement sportif préféré en passant par les publicités comme « Il a Free, il a tout compris », qui vous rendent perplexes ou hilares.

Il est prévu qu'aux États-Unis, en 2013, l'audience des podcasts sera 6,5 fois plus importante qu'en 2005 et devrait concerner près de 40 millions de personnes. Forcément, cette évolution attire l'attention des responsables marketing. Beaucoup intègrent maintenant des podcasts (et vodcasts) dans leurs programmes de marketing direct sous forme de publicités, de promotions ou d'informations adaptées à ce format. Par exemple, les parcs d'attraction de Disney proposent chaque semaine divers sujets comme des visites dans les coulisses des spectacles, des interviews de réalisateurs, des informations sur les événements à venir et/ou sur les nouvelles attractions… De son côté, Purina, de la division

« Petfood » de Nestlé, met à disposition ses « Petcats » sur l'entraînement ou l'éducation des chiens et des chats. Les consommateurs-propriétaires sont invités à télécharger des contenus qui vont de discussions avec des vétérinaires jusqu'à des « vidéo gags » dont les vedettes sont « votre animal préféré ». En France, la radio Europe 1, dans sa lutte concurrentielle pour les parts d'audience du créneau stratégique de la « Matinale », propose bon nombre de sous-rubriques en podcast (édito économique, journal de 7 h 30…). Les podcasts de Nicolas Canteloup sont ainsi téléchargés plus 4,7 millions de fois par mois. Tous ces podcasts sont donc autant d'opportunités de diffuser la valeur ajoutée d'un contenu ou d'une marque.

1.6 Le marketing direct intégré

Souvent, les activités du marketing direct d'une entreprise sont mal intégrées aux autres activités marketing ou au mix de communication. Il arrive par exemple que le département publicitaire, en collaboration avec une agence de publicité externe, assure la gestion de la publicité, que les spécialistes du marketing direct gèrent le mailing et les catalogues et qu'une entreprise externe développe le site web de l'entreprise.

Marketing direct intégré
Campagnes de marketing direct utilisant plusieurs outils et plusieurs étapes pour améliorer le taux de réponse et les bénéfices.

Le **marketing direct intégré**, qui implique de réaliser une campagne en plusieurs étapes et avec plusieurs médias, est une approche beaucoup plus efficace. En effet, alors que le mailing seul engendre un taux de réponse de 2 %, l'utilisation combinée d'un site web et d'un numéro d'appel gratuit peut augmenter ce taux de 50 %. Et, si l'on ajoute une campagne de télémarketing, ce taux peut augmenter de 500 %, soit obtenir un taux de réponse entre 10 % et 15 %.

2. Le marketing et Internet

Le marketing en ligne
Efforts de l'entreprise pour commercialiser des produits et services et bâtir des relations clients sur Internet.

Internet
Vaste réseau public de réseaux informatiques, qui connecte tous types d'utilisateurs partout dans le monde à un « référentiel d'informations » étonnamment large.

Une grande partie des échanges commerciaux mondiaux s'effectuent aujourd'hui sur les réseaux numériques qui relient les gens et les entreprises. **Internet**, cet immense réseau public de réseaux informatiques, permet à toutes sortes d'utilisateurs dans le monde entier d'accéder à un nombre d'informations étonnamment grand. Pour les consommateurs, le Web a fondamentalement changé les notions de commodité, de rapidité, de prix, de renseignements sur le produit et de service. En conséquence, il offre aux responsables marketing une toute nouvelle façon de créer de la valeur pour les clients et d'établir des relations avec eux.

L'utilisation et l'impact d'Internet continuent de croître régulièrement. En 2009, le taux de pénétration d'Internet auprès des ménages français a atteint 70 %, contre 64 % en 2007[14]. Au niveau mondial, plus de 1,5 milliard de personnes disposent maintenant d'un accès à Internet[15]. Toutes sortes d'entreprises commercent désormais en ligne. Les **entreprises « .com »** existent uniquement sur Internet. Elles regroupent un large éventail d'entreprises : les *e-commerçants* comme Amazon.com et Expedia.com, qui vendent des produits et des services directement aux acheteurs finaux *via* Internet, les *moteurs de recherche* et les *portails* (comme Yahoo!, Google et MSN), les *sites de transaction* (eBay) et les *sites de contenu* (*Le Monde* sur le Web, Eurosport.fr et Lepetitrobert.fr). Après des

Les entreprises « .com »
Les entreprises « .com » opèrent uniquement en ligne sans posséder de point de vente traditionnel.

débuts assez difficiles dans les années 1990, beaucoup d'entreprises « .com » prospèrent sur le marché en ligne.

Le développement d'Internet et le succès des entreprises « .com » ont poussé les producteurs et les détaillants traditionnels à réexaminer la manière dont ils occupaient leurs marchés. Maintenant, presque toutes ces sociétés traditionnelles ont créé leurs systèmes de vente en ligne et leurs canaux de communication pour devenir des entreprises multicanaux, mixant Internet et réseaux physiques. Il est difficile aujourd'hui de trouver une compagnie qui ne soit pas présente sur le Web.

Entreprises multicanaux
Sociétés provenant de l'économie traditionnelle qui ont développé une activité marketing en ligne.

En fait, de nombreuses **entreprises multicanaux** ont maintenant plus de succès en ligne que leurs concurrents actifs uniquement en ligne. Dans un récent classement des 10 sites de vente en ligne les plus importants, huit étaient des détaillants multicanaux[16]. Office Depot, par exemple, possède plus de 1 000 grandes surfaces de fournitures de bureau dans plus de 48 pays qui réalisent 14,5 milliards de dollars de ventes par an. Mais la forte croissance récente d'Office Depot vient non pas de ses canaux traditionnels mais d'Internet.[17]

Ni les détaillants purement traditionnels ni les entreprises existant uniquement en ligne ne peuvent proposer une offre aussi complète que les « quatre moyens faciles de faire du shopping » d'Office Depot (centres d'appel, site web, magasins traditionnels, service après-vente). Les ventes en ligne d'Office Depot ont grimpé en flèche ces dernières années et représentent maintenant 33 % de ses ventes totales. Vendre sur le Web permet à Office Depot d'établir des relations plus personnalisées et plus approfondies avec tous ses clients. De gros clients comme Procter et Gamble, par exemple, peuvent lister les produits de bureau à prix réduit qu'ils approuvent, puis laisser les différents départements de l'entreprise ou même les employés effectuer leur achat en ligne. Cela permet de réduire les coûts de commande, de limiter la paperasserie et d'accélérer le processus d'achat pour les clients. En même temps, cela encourage également les entreprises à utiliser Office Depot en tant que fournisseur unique de matériel de bureau. Les plus petites entreprises aussi trouvent plus facile et efficace de commander en ligne sur un site disponible 24 heures sur 24. Il est important de noter que les activités web d'Office Depot ne concurrencent pas ses ventes en magasin. Au contraire, le site OfficeDepot.com améliore les ventes traditionnelles en aidant les clients à localiser les magasins et à contrôler la disponibilité des articles. En retour, des bornes dans le magasin assurent la promotion du site web. Si les clients ne trouvent pas ce dont ils ont besoin dans les rayons, ils peuvent rapidement le commander sur le Web depuis une borne. Ainsi, Office Depot offre maintenant une gamme complète de points de vente et de modes de livraison – en ligne, par téléphone ou fax et en magasin. Aucun détaillant « .com » ou traditionnel ne peut concurrencer l'offre faite par le modèle multicanal d'Office Depot.

2.1 Les domaines du marketing en ligne

Les quatre grands domaines du marketing en ligne sont présentés à la figure 14.2. Ils comprennent le marketing B to C (de l'entreprise aux particuliers), le marketing B to B (entre entreprises), le marketing C to C (de consommateur à consommateur) et le marketing C to B (du consommateur aux entreprises).

Figure 14.2
Les domaines du marketing en ligne

Le marketing en ligne peut être classé selon son origine et selon sa cible. En tant que consommateurs, nous connaissons mieux le B to C et du C to C, mais le B to B se développe aussi.

	Ciblé sur **les consommateurs**	Ciblé sur **les entreprises**
L'entreprise **est à l'origine**	B to C (entreprise à consommateur)	B to B (entreprise à entreprise)
Le consommateur **est à l'origine**	C to C (consommateur à consommateur)	C to B (consommateur à entreprise)

Le marketing en ligne des entreprises aux particuliers (B to C)
Les entreprises qui vendent des biens et des services en ligne aux consommateurs finaux.

Le marketing B to C (de l'entreprise aux particuliers ou *business-to-consumer*)

Les médias ont prêté le plus d'attention au **marketing en ligne B to C** (de l'entreprise aux particuliers), autrement dit à la vente en ligne de biens et de services au consommateur final. Aujourd'hui, les consommateurs peuvent presque tout acheter en ligne – des vêtements, des accessoires de cuisine, des ordinateurs et des voitures. Et le nombre de consommateurs qui achètent en ligne continue de croître à un rythme significatif, même dans la récente période de récession. Plus de 1 Français sur 3 achète désormais régulièrement en ligne. En 2010, la vente au détail en ligne auprès des consommateurs français a généré 25 milliards d'euros, soit une hausse de 26 % par rapport à l'année précédente, et devrait atteindre 33 milliards en 2011.[18]

Mieux, même, Internet influence maintenant 35 % du total des ventes au détail effectuées en ligne (les ventes effectuées en ligne, mais aussi celles réalisées hors ligne sur la base d'une recherche en ligne). Quelque 81 % des internautes utilisent maintenant Internet pour faire des recherches sur un produit avant son achat. En 2010, l'influence d'Internet devrait atteindre 50 % du total des ventes au détail[19]. Ainsi, les responsables marketing ont recours à des stratégies multicanaux intégrées qui utilisent le Web pour dynamiser les ventes d'autres canaux marketing.

Le processus d'achat et les réponses au marketing des acheteurs sur Internet diffèrent de ceux des consommateurs traditionnels hors connexion. Dans le processus d'échange Internet, les clients initient et contrôlent le contact. Alors que le marketing traditionnel vise un public un peu passif, le marketing en ligne s'adresse en revanche à des personnes qui sélectionnent de façon active les sites web qu'elles visitent, le type d'information marketing qu'elles souhaitent recevoir sur certains produits et les conditions dans lesquelles elles obtiennent ces informations. Le marketing en ligne nécessite donc de nouvelles approches marketing.

▶ Les consommateurs utilisent Internet pour commander un large éventail de biens, qu'il s'agisse de vêtements Gap, de livres ou d'appareils électroniques, etc. sur Amazon.com, d'électroménager de Darty, de prêts hypothécaires sur le site de Cofidis, voire d'obtenir des conseils juridiques sur Juridata.com. ◀

Le marketing B to B (entre entreprises ou *business-to-business*)

Bien que les médias généralistes se soient surtout focalisés sur les sites web B to C, le **marketing en ligne B to B (d'entreprise à entreprise ou business-to-business)** est également florissant. Les responsables marketing business-to-business utilisent les sites web, le courrier électronique, les catalogues de produits en ligne, les réseaux de commerce en ligne et d'autres ressources en ligne pour atteindre de nouveaux clients, satisfaire leurs clients actuels plus efficacement ou acheter de façon plus efficace et à de meilleurs prix.

Le marketing en ligne business-to-business (B to B)
Les entreprises utilisent les sites web B2B, le courrier électronique, les catalogues et les réseaux de vente en ligne ainsi que d'autres ressources en ligne pour atteindre de nouveaux clients, satisfaire plus efficacement leurs clients actuels ou acheter de façon plus efficace et à de meilleurs prix.

▶ La plupart des principaux services marketing B to B permettent maintenant à leurs clients d'obtenir en ligne des informations sur les produits, d'effectuer un achat et de bénéficier de services de soutien en ligne. Les services d'achat des entreprises peuvent par exemple visiter le site web du fournisseur d'équipements réseau et fabricant de logiciels Cisco Systems (www.cisco.com), sélectionner la description détaillée des produits et des services de Cisco, demander des informations sur les offres et les services, assister à des événements et à des séminaires de formation, visionner des vidéos sur un large éventail de sujets, discuter en direct avec des membres du personnel de Cisco et enfin passer commande. Certaines grandes entreprises conduisent presque toutes leurs transactions sur le Web. Cisco Systems prend par exemple plus de 80 % de ses commandes sur Internet. ◀

▶ Au-delà de la simple vente de produits et de services en ligne, les entreprises peuvent utiliser Internet pour établir des relations solides avec leurs clients importants. Dell a par exemple mis en place des sites web personnalisés pour plus de 113 000 clients professionnels et institutionnels dans le monde entier. Le site individualisé Premier.Dell.fr aide les entreprises à gérer plus efficacement toutes les étapes de leur relation à l'entreprise, de l'achat à l'utilisation de leurs ordinateurs Dell. Le site Web Premier.Dell.fr dispose entre autres d'un magasin informatique en ligne personnalisé, d'outils de gestion des achats et de suivi, d'informations techniques spécifiques et de liens vers des pages d'informations utiles sur le site web de Dell. Le site réunit en un seul lieu toutes les informations nécessaires à un client pour faire des affaires avec Dell, et celles-ci sont disponibles 24 heures par jour et 7 jours par semaine. ◀

Le marketing C to C (de consommateur à consommateur)

Marketing en ligne de consommateur à consommateur (C to C)
Échanges en ligne de biens et d'informations entre les consommateurs finaux.

Une grande partie de la communication et du **marketing en ligne de consommateur à consommateur (C to C)** se déroule sur le Web entre les parties intéressées à propos d'une large gamme de produits et de sujets. Dans certains cas, Internet constitue un excellent moyen pour les consommateurs d'acheter et d'échanger des biens ou des informations directement entre eux. Par exemple, les sites de vente aux enchères comme eBay ou de vente de neuf ou d'occasion tel Priceminister offrent des espaces de marché très fréquentés pour exposer et vendre toute sorte de produits, qu'il s'agisse d'œuvres d'art et d'antiquités, de pièces de monnaie ou de timbres, de bijoux ou d'ordinateurs et d'appareils électroniques grand public. Ce sont les Allemands qui achètent le plus les produits d'occasion (72 %) ; bien plus que les Français (47 %). Dans un contexte économique tendu, l'achat d'occasion constitue une nécessité pour 47 % des Européens. Il est d'ailleurs jugé dévalorisant pour

29 % de ceux-ci. Aux extrêmes, 51 % de Portugais se méfient des produits de seconde main et seuls 10 % des Français considèrent l'achat d'occasion comme peu flatteur[20].

Avec la généralisation de l'usage d'Internet et la crise économique récente, accompagnée de son corollaire, la multiplication des produits d'occasion, une nouvelle espèce d'intermédiaire commercial émerge : le conso-vendeur. 39 % des Européens ont déjà revendu des livres, CD, jeux vidéo, etc. et 38 %, une voiture. Suivent ensuite la revente de TV, hi-fi, vidéo, ainsi que le textile. Le phénomène de vente C to C semble bien installé. L'importance de cette « fièvre vendeuse » sur Internet (eBay, Priceminister) est telle qu'il semble que certains particuliers y aient trouvé une source de revenus complémentaires dans la conjoncture économique morose[21].

La communauté en ligne C to C d'eBay compte plus de 81 millions de visiteurs chaque mois (ce qui est supérieur à la population de la Grande-Bretagne, de l'Égypte ou de la Turquie) pour un total de transactions de 44,12 milliards d'euros environ l'année dernière. Chaque jour, le site web de la société propose plus de 113 millions d'articles aux enchères dans plus de 50 000 catégories. Ces sites C to C permettent aux vendeurs de toucher un public beaucoup plus vaste que sur le marché aux puces local ou par le biais d'un journal de petites annonces. Il est intéressant de constater que l'énorme succès d'eBay sur le marché du C to C a attiré plus de 500 000 vendeurs B to C, depuis les petites entreprises qui écoulent ainsi leurs marchandises jusqu'aux grandes sociétés qui liquident leurs stocks excédentaires aux enchères[22].

Blogs
Journaux en ligne où des personnes publient leurs réflexions, généralement sur un sujet bien précis.

Dans d'autres cas, le C to C implique l'échange d'informations sur des forums Internet qui s'adressent à des groupes d'intérêts spécifiques. Ces échanges peuvent être organisés à des fins commerciales ou non. Les **blogs**, ces journaux en ligne où des personnes publient leurs réflexions, généralement sur un sujet bien défini, sont un exemple de ce type d'activité. Les blogs peuvent aborder n'importe quel sujet : la politique, le sport, les haïkus, la réparation automobile ou la dernière série télévisée. Depuis 2002, 133 millions d'entrées ont été « saisies » dans les blogs, et ce dans 81 langues différentes. Actuellement, 47 % des consommateurs en ligne s'y connectent. De tels chiffres expliquent l'influence considérable des blogs, en particulier ceux qui attirent un public important et fidèle[23].

De nombreux responsables marketing utilisent maintenant les blogs comme un moyen d'atteindre les consommateurs de façon très ciblée. Wal-Mart a par exemple créé le réseau ElevenMoms (www.elevenmoms.com), une communauté de mères blogueuses influentes (initialement au nombre de 11, elles sont maintenant 24) qui tenaient déjà des blogs où elles donnaient des idées pour réaliser des économies d'argent. Le blog forme une communauté au sein de laquelle les clients peuvent recevoir des conseils et partager leurs opinions sur des produits économiques et sur les moyens de faire des économies. Le site fournit également une plate-forme pour des programmes de marques comme Huggies Suave ou Pantene.

Beaucoup d'entreprises ont créé leurs propres blogs, comme celui de Wal-Mart, sur lequel les clients et les gestionnaires de marchandises expriment franchement leur avis sur les produits vendus par la chaîne.

Les entreprises peuvent également faire de la publicité sur les blogs existants ou influencer leur contenu. Elles peuvent par exemple encourager les « conversations parrainées » par des blogueurs influents[24].

Dans le cadre de sa campagne « Vivre en haute définition », Panasonic a voulu créer l'événement autour de sa marque lors du récent Consumer Electronics Show (CES) de Las Vegas. Mais, plutôt que compter sur les journalistes spécialisés présents au salon comme cela se pratique habituellement, Panasonic a recruté cinq blogueurs influents, dont Chris Brogan et Steve Garfield, et les a invités au CES à ses frais. L'entreprise a réglé la facture de leur déplacement et de leur accès à l'événement tout en leur fournissant des caméras vidéo numériques et des appareils photo. En contrepartie, les blogueurs ont accepté de partager leurs impressions sur le salon et de présenter les produits Panasonic sous la forme de messages de blogs, de mise à jour sur Twitter et de vidéos sur YouTube. Panasonic n'avait aucun droit de regard sur ce que leurs hôtes écrivaient. Pour maintenir sa crédibilité, elle a gardé ses distances et les blogueurs ont révélé le parrainage de la marque. Pourtant, même si Panasonic ne dicta pas (et ne voulut pas dicter) le contenu des messages des blogueurs, ces « conversations parrainées » ont permis à la marque de profiter du buzz sur Internet. « Lorsque vous donnez [aux blogueurs] de l'équipement qu'ils apprécient, ils vont le glorifier comme n'importe quel autre consommateur, dit un porte-parole de Panasonic. Nous ne faisons pas appel à eux pour qu'ils gagnent des points grâce à leurs messages ou pour créer un effet de complicité. » Panasonic veut juste placer sa marque au centre des conversations.

En tant qu'outil marketing, les blogs présentent certains avantages. Ils peuvent constituer une façon nouvelle originale, personnelle et peu coûteuse de s'immiscer dans les conversations entre consommateurs sur Internet. Toutefois, la blogosphère est encombrée et difficile à contrôler et le blog reste principalement un média C to C. Bien que les entreprises puissent parfois tirer parti des blogs pour s'engager dans des relations client intéressantes, le contrôle reste avant tout dans les mains des consommateurs.

Qu'elles participent activement ou non à la blogosphère, les entreprises ont tout intérêt à tenir compte des blogs, à les observer et à les écouter. Starbucks sponsorise par exemple son propre blog (www.MyStarbucksIdea.com), mais suit également de près les conversations entre consommateurs sur la trentaine de sites tiers en ligne consacrés à la marque. L'entreprise utilise ensuite la connaissance du client qu'il tire de l'ensemble de ces blogs, qu'ils soient tiers ou lui appartiennent, pour ajuster ses programmes marketing.

Pour résumer, le C to C implique que les acheteurs en ligne ne se contentent pas de recevoir de l'information sur les produits mais qu'ils la créent de plus en plus. En conséquence, l'importance sur l'achat de « la parole du Web » rejoint l'importance du « bouche-à-oreille ».

Le marketing du consommateur à l'entreprise (C to B)

Le dernier domaine du marketing en ligne est le **marketing en ligne du consommateur à l'entreprise (C to B)**. Grâce à Internet, les consommateurs d'aujourd'hui trouvent plus facile de communiquer avec les entreprises. La plupart des entreprises invitent désormais

Marketing en ligne du consommateur à l'entreprise (C to B)
Échanges en ligne dans lequel les consommateurs cherchent des vendeurs, en apprennent davantage sur leurs offres et initient le processus d'achat, en définissant même parfois les termes de transaction.

les prospecteurs et les clients à envoyer leurs suggestions et leurs questions *via* les sites web de l'entreprise. En outre, plutôt qu'attendre une invitation, les consommateurs peuvent également rechercher des vendeurs sur le Web, se renseigner sur leurs offres, initier le processus d'achat et laisser des commentaires. En utilisant le Web, les consommateurs peuvent même mener des transactions avec les entreprises plutôt que l'inverse. Les acheteurs potentiels peuvent par exemple utiliser Priceline.com pour faire des offres pour des billets d'avion, des chambres d'hôtel, des voitures de location, des croisières et des forfaits de vacances, laissant ensuite aux vendeurs la décision d'accepter leur offre.

Les consommateurs peuvent également utiliser des sites web comme GetSatisfaction.com, Complaints.com et PlanetFeedback.com pour poser des questions, faire des suggestions, déposer des réclamations ou complimenter les entreprises. GetSatisfaction.com fournit un « service à la clientèle qui donne le pouvoir aux consommateurs » en créant une communauté de services client axés sur l'utilisateur. Le site propose des forums où les clients peuvent discuter des problèmes qu'ils rencontrent avec les produits et les services de 2 500 entreprises, d'Apple à Nike, que l'entreprise participe ou pas. GetSatisfaction.com fournit également des outils grâce auxquels les sociétés peuvent officiellement intégrer GetSatisfaction.com à leur service client. Depuis son lancement en 2007, le site a attiré plus de 1 million de visiteurs différents[25].

2.2 Établir une présence marketing en ligne

D'une manière ou d'une autre, la plupart des entreprises possèdent maintenant un accès en ligne et leurs programmes marketing en ligne suivent l'une des quatre méthodes montrées à la figure 14.3 : création d'un site web, insertion de promotions et de publicités en ligne, création ou participation à des réseaux sociaux en ligne, ou utilisation du courrier électronique.

Créer un site web

Pour la plupart des sociétés, la première étape dans un programme de marketing en ligne consiste à créer un site web. Toutefois, le processus ne se résume pas à la simple création de ce site; les responsables marketing doivent concevoir un site attractif et trouver des moyens pour que les consommateurs se rendent sur le site, le parcourent et y reviennent fréquemment.

Figure 14.3
Mettre en place un marketing en ligne

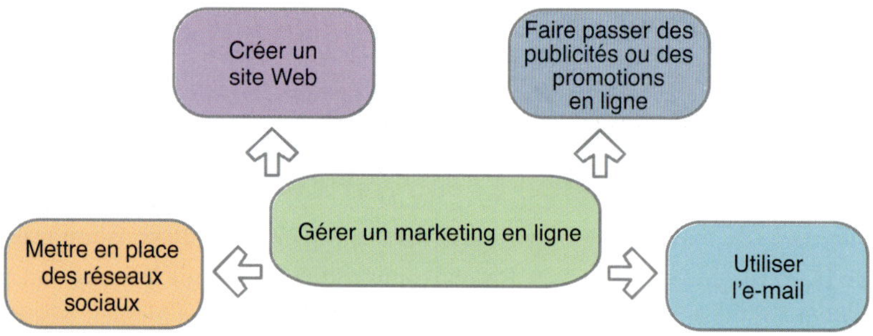

Quant aux types de sites web, les objectifs et le contenu varient considérablement d'un site web à l'autre. Le type de site le plus élémentaire est le **site web d'entreprise (ou de marque)**. Ces sites sont conçus pour présenter l'entreprise aux consommateurs, recueillir les commentaires des clients et compléter les autres canaux de ventes plutôt que pour vendre les produits de l'entreprise directement. Ils offrent généralement une grande variété d'informations et d'autres fonctionnalités destinées à répondre aux questions des clients, à construire des relations clients plus étroites et à générer de l'engouement envers l'entreprise ou la marque.

Site web d'entreprise (ou de marque)
Un site web conçu pour présenter l'entreprise aux consommateurs, recueillir les commentaires des clients et compléter les autres canaux de vente plutôt que pour vendre les produits de l'entreprise directement.

Vous ne pouvez par exemple rien acheter sur le site d'entreprise d'Unilever, mais vous pouvez en apprendre davantage sur les différents produits Skip, regarder les publicités récentes, participer au dernier concours en date et poster des commentaires sur le blog « Pour tout vous dire ». À l'autre extrême, le site web corporate de Michelin sert de vitrine publique mondiale à l'entreprise. Il présente une quantité importante de produits, de services et d'informations sur la société aussi bien aux clients, aux investisseurs, aux journalistes qu'aux employés. C'est à la fois un site B2B et un portail pour les consommateurs. Qu'il s'agisse d'un consommateur américain qui recherche un four à micro-ondes, d'un acheteur commercial indonésien qui se renseigne sur les locomotives écologiques ou d'un investisseur allemand à la recherche d'informations destinées aux actionnaires, « nous devons diriger chaque utilisateur vers sa destination », résume un responsable de l'activité web de General Electric. Il en va de même pour Véolia, dont le site sert de vitrine publique pour la société, en présentant une énorme quantité d'informations à un public très divers.

Site Internet marchand
Un site web qui interagit avec les consommateurs pour les amener à un achat direct ou à d'autres propositions marketing.

D'autres sociétés créent des **sites Internet marchands**. Ceux-ci interagissent avec les consommateurs pour les amener à un achat direct ou à d'autres propositions marketing. Les visiteurs de www.SonyStyle.fr peuvent par exemple effectuer des recherches dans des dizaines de catégories de produits Sony, en apprendre davantage sur des produits en particulier et lire les commentaires d'experts. Ils peuvent également consulter les dernières offres promotionnelles et commander en ligne.

La marque automobile MINI exploite un site Internet marchand, www.MINI.fr. Une fois qu'un client potentiel se rend sur le site, le constructeur automobile ne perd pas de temps à essayer de transformer cette visite en vente puis en relation à long terme. Le site contient un garage rempli d'informations utiles et de fonctionnalités de vente interactives, y compris des descriptions détaillées et amusantes des modèles actuels de MINI, des outils pour la conception de sa propre MINI, des informations sur l'emplacement des concessionnaires et sur les services, et même des outils pour procéder au suivi de votre nouvelle MINI de sa sortie d'usine à sa livraison.
Avant qu'Angela DiFabio n'achète sa MINI Cooper en septembre dernier, elle a passé des heures incalculables sur le site web de l'entreprise, étudiant des dizaines de possibilités avant d'obtenir la combinaison parfaite : un extérieur rouge piment, des rayures blanches sport sur le capot, et un « écusson personnalisé » de rallye sur la grille du radiateur. Lorsque Angela passa commande chez son concessionnaire, le même outil permettant de personnaliser sa voiture – tous les prix et les détails du produit sont indiqués – a été utilisé, ce qui lui a donné le sentiment de parvenir à un accord équitable. « Il a même utilisé le site pour commander ma voiture », dit-elle.

En attendant la réception de sa MINI, Angela se connectait au site web MINI tous les jours et utilisait cette fois l'outil de traçabilité pour suivre sa voiture de l'usine en Grande-Bretagne jusqu'à sa livraison, comme s'il s'agissait d'un colis FedEx coûteux. Le site web ne se contente pas de fournir des informations ou de vendre des produits ou des services, il a un impact sur l'expérience du client : il est amusant, personnalisé et donne le sentiment aux utilisateurs qu'ils font partie d'un clan[26]. ◀

Concevoir des sites web efficaces

La création d'un site web est une chose, convaincre les gens de visiter ce site en est une autre. Pour attirer les visiteurs, les sociétés opèrent une promotion agressive de leurs sites web par le biais d'annonces publicitaires dans les publications papier et à la télévision ainsi qu'en insérant des publicités ou des liens sur d'autres sites. Mais les utilisateurs du Web d'aujourd'hui sont prompts à abandonner rapidement tout site web qui ne les satisfait pas. Il est donc primordial de créer suffisamment de valeur pour que les consommateurs qui viennent sur le site restent et reviennent ensuite. Cela signifie que les entreprises doivent constamment actualiser leurs sites pour que le contenu soit récent, tenu à jour et utile.

Pour certains types de produits, il est facile d'attirer des visiteurs. Les consommateurs qui achètent des voitures neuves, des ordinateurs ou sélectionnent des services financiers sont ouverts à l'information et aux initiatives marketing en provenance des vendeurs. Pour les responsables marketing de produits de faible implication, cependant, attirer les visiteurs sur leur site web peut représenter un défi difficile. Lorsqu'un internaute qui recherche un ordinateur voit une bannière publicitaire annonçant « Le top 10 des PC à moins de 600 euros », il est probable qu'il clique sur cette bannière. Mais quel genre de publicité peut l'inciter à visiter un site comme dentalfloss.com ?

Un des défis clés est de concevoir un site web qui soit attrayant à première vue et assez intéressant pour encourager les visites répétées. De nombreux responsables marketing créent des sites web colorés à l'aspect visuel sophistiqué et qui combinent l'utilisation du texte, du son et d'animations afin de saisir et de retenir l'attention (pour des exemples, voir www.MyMMs.fr ou www.nike.com). Pour attirer de nouveaux visiteurs et les encourager à revenir, une spécialiste du marketing en ligne suggère aux responsables marketing de porter une attention particulière à sept concepts commençant par la lettre C afin de concevoir des sites web efficaces :

- *contexte*, la conception et la configuration du site ;
- *contenu*, le texte, les images, le son et la vidéo que le site web contient ;
- *communauté*, les moyens que le site offre pour permettre la communication d'utilisateur à utilisateur ;
- *customisation*, la capacité du site à s'adapter aux différents utilisateurs ou à permettre aux utilisateurs de personnaliser le site ;
- *communication*, les possibilités que le site offre pour permettre les communications du site à l'utilisateur, de l'utilisateur au site ou les échanges bidirectionnels ;
- *connexion*, le degré de liaison du site à d'autres sites ;
- *commerce*, les capacités du site à permettre les transactions commerciales.

Et pour que les clients reviennent sur le site les entreprises doivent adopter un autre « C » : le changement constant.

Un site web doit au moins être simple d'emploi, d'allure professionnelle, et d'un aspect attirant. En fin de compte, cependant, les sites web doivent aussi être utiles. Quand il s'agit de surfer sur les boutiques en ligne, la plupart des internautes préfèrent le fond à la forme et la fonctionnalité à ce qui brille. Ainsi, les sites web efficaces contiennent des informations détaillées et utiles, des outils interactifs qui aident les acheteurs à trouver et à évaluer les produits qui les intéressent, des liens vers d'autres sites connexes, des offres promotionnelles actualisées, et des fonctions divertissantes qui créent un sentiment d'excitation.

Le maintien d'un site web de qualité est une tâche complexe et continue. La compagnie Walt Disney a par exemple récemment remanié l'en-tête de son site Disney.com pour la deuxième fois en deux ans seulement[27].

Les modifications faites à Disney.com apporteront davantage de vidéos gratuites (y compris des films comme *Le Monde de Nemo*), plus de jeux et des éléments disponibles pour être vus depuis des téléphones cellulaires. Les petites filles (ou les plus grandes) qui créent des avatars de fées dans un monde virtuel appelé Pixie Hollow pourront par exemple utiliser leur téléphone portable pour créer des papillons de compagnie pour leurs fées. Avec ces changements, Disney cherche à positionner son site web plus comme un espace de divertissement et moins comme un lieu de promotion des marchandises Disney. Le site ne demandera plus aux plus jeunes de naviguer dans des catégories comme « Films », « TV » ou « Événements en direct ». Les nouvelles options s'appelleront « Jeux », « Vidéos » et « Personnages » et l'accent sera mis sur la manière de trouver du contenu divertissant immédiatement. Selon un cadre de Disney Online, « il s'agit d'un repositionnement de notre porte d'entrée numérique ». Cette évolution constante reflète le rythme effréné auquel le Web évolue. La refonte du site précédent a vu le nombre de visiteurs différents sur Disney.com augmenter d'environ 40 % pour atteindre près de 30 millions par mois, ce qui le place comme le plus fréquenté des sites web à destination des enfants et du public familial. L'utilisateur moyen passe 45 minutes par visite. Mais l'actualisation du site est un processus continu.

Insérer des publicités et des offres promotionnelles en ligne

Comme les consommateurs passent de plus en plus de temps sur Internet, les entreprises consacrent une plus grande partie de leur budget marketing à la **publicité en ligne** pour construire leur marque ou attirer des visiteurs sur leurs sites web. La publicité en ligne est devenue un media majeur. L'an dernier, alors que l'ensemble des dépenses publicitaires en France avait timidement progressé de 1,4 % par rapport à l'année précédente, les dépenses publicitaires en ligne ont, elles, augmenté de près de 8,2 % pour dépasser 3,9 milliards d'euros.

Publicité en ligne
La publicité qui apparaît lorsque les consommateurs surfent sur le Web, y compris les annonces publicitaires, les liens publicitaires et les petites annonces en ligne, entre autres.

Les formats de publicité en ligne

Les principaux formats de publicité en ligne sont les liens publicitaires, les interstitiels et les annonces classées en ligne. Les interstitiels en ligne peuvent apparaître n'importe où sur l'écran d'un internaute. Généralement, ils se présentent sous la forme de *bannières*

– des banderoles publicitaires situées en haut, en bas, à gauche, à droite ou au centre d'une page web. En parcourant les offres de forfait vacances sur Travelocity.com, une bannière publicitaire d'entreprise proposant une mise à jour gratuite d'une voiture de location s'affiche. En consultant le site web Yahoo! Finances, une bannière clignotante E*TRADE offre un téléphone BlackBerry gratuit pour tout internaute ouvrant un nouveau compte.

Les *interstitiels* sont des publicités en ligne qui s'affichent lors du passage d'une page à une autre sur un site web ou sur la page d'accueil. Sur www.marketwatch.com, par exemple, on verra sans doute une publicité de 10 secondes pour VISA, Verizon, Dell ou un autre sponsor, avant le chargement de la page d'accueil. Les *pop-up* sont des publicités en ligne qui apparaissent soudainement dans une nouvelle fenêtre au-dessus de la fenêtre en cours de visualisation. Le nombre de ces fenêtres publicitaires peut se multiplier à l'infini pour devenir une nuisance majeure. En conséquence, les fournisseurs de services Internet et les navigateurs web ont développé des applications qui permettent aux utilisateurs de bloquer la plupart des pop-up. De nombreux annonceurs ont désormais élaboré le *pop-under*, de nouvelles fenêtres qui échappent aux systèmes de blocage des *pop-up* en s'affichant derrière la page en cours de consultation.

En raison de l'augmentation de l'accès Internet à haut débit dans les foyers français, de nombreuses entreprises développent des services *Rich Media* de publicités en ligne interactives qui contiennent des animations, de la vidéo, de l'audio. Les publicités *Rich Media* attirent et retiennent davantage l'attention des consommateurs que les bannières publicitaires traditionnelles. Les techniques utilisées permettent aux animations de flotter sur la page web, de la traverser puis de revenir à sa place d'origine.

Beaucoup de publicités *Rich Media* proposent davantage que de petites animations; elles sont également interactives. Elles peuvent fournir des renseignements sur le produit, sur les options d'achat locales ou en ligne ou offrir une expérience de marque sans obliger les consommateurs à quitter le site qu'ils visitent. Ainsi, la publicité récente de Verizon, l'opérateur de téléphonie, qui vante le téléphone Versa de LG comme un périphérique de jeu sur le site Yahoo! Games, interagit avec le contenu du site : lorsque le téléphone Versa s'incline, les éléments du site s'inclinent également.

Les *liens publicitaires* (ou la *publicité contextuelle*) sont un autre domaine de croissance important pour la publicité en ligne. Ce format consiste à afficher du texte publicitaire et des liens à côté des résultats des moteurs de recherche comme Google et Yahoo!. Effectuez par exemple une recherche sur Google des termes « TV LCD ». En haut et à droite de la liste des résultats, vous verrez des annonces discrètes pour 10 annonceurs ou plus, de Toshiba et Samsung à Laredoute.fr ou Darty.com. La quasi-totalité des 22 milliards de dollars de revenus de Google provient de ces ventes d'espace publicitaire. Un annonceur achète des termes au moteur de recherche et ne paie que si les consommateurs cliquent sur le lien menant à son site. La recherche est un type de media constamment utilisé et les résultats sont facilement quantifiables, ce qui est très important étant donné les conditions économiques actuelles. Ainsi, les liens publicitaires représentent environ 45 % de toutes les dépenses publicitaires en ligne, plus que toute autre catégorie de publicité sur le Web[28].

Ces dernières années, les liens publicitaires ont été de plus en plus utilisés par les entreprises qui vendent des biens de consommation[29].

Tapez « Coke » ou « Coca-Cola » ou même simplement « boissons gazeuses » ou « rewards » dans le moteur de recherche Google ou Yahoo! et le lien « My Coke Rewards » apparaît sans faute en haut de la page. Coïncidence ? Absolument pas. Le géant du cola a en grande partie basé son programme de fidélisation en ligne sur les liens publicitaires. Lorsque Coke a lancé My Coke Rewards il y a trois ans, la campagne se déroulait à la télévision et dans les publications imprimées. Mais l'entreprise a rapidement compris que les liens publicitaires représentaient une manière plus efficace et rentable pour inciter les consommateurs à s'inscrire sur le site www.Mycokerewards.com. À présent, Coke possède des dizaines de termes de recherche afin que MyCokeRewards.com s'affiche à côté ou au-dessus de la liste de résultats.

Les liens publicitaires doivent être assimilés à un espace de présentation virtuel fonctionnant 24 heures sur 24 et 7 jours sur 7.

Les autres formes de promotion en ligne

Les autres formes de promotions en ligne sont le sponsoring du contenu, les alliances et programmes d'affiliation et la publicité virale.

Le *sponsoring du contenu* consiste pour les entreprises à améliorer l'exposition de leur nom sur Internet en parrainant des contenus spécifiques sur divers sites web, comme les actualités, les informations financières ou des sujets thématiques. Par exemple, pour la commercialisation de ses forfaits destinés aux professionnels (24/24 Pro), SFR sponsorise le site du management et du développement commercial « actionco.fr » tandis que, pour les appels illimités *via* la neuf box, SFR sponsorise le site du voyagiste Discount « PromoVacances.fr ». Ces actions de sponsoring sont particulièrement bien adaptées, car elles offrent des informations ou des services pertinents pour le public de ces sites. Les entreprises peuvent également développer des *alliances* et des *programmes d'affiliation*, grâce auxquels elles collaborent avec d'autres entreprises aussi bien en ligne que hors ligne, afin de « se promouvoir l'un l'autre ». Grâce à son programme Partenaire Amazon.com, par exemple, Amazon.com dispose de très nombreux affiliés qui affichent des bannières Amazon.fr sur leurs sites web.

Le marketing viral
La version Internet du marketing de bouche-à-oreille – sites web, vidéos, courriers électroniques ou autres événements marketing qui suscitent un tel intérêt que les consommateurs transmettent le message ou l'offre promotionnelle à leurs amis.

Enfin, les responsables de marketing en ligne utilisent le **marketing viral**, la version Internet du marketing de bouche-à-oreille. Le marketing viral consiste à créer un site web, une vidéo, un courrier électronique, un message publicitaire sur téléphone portable, une publicité ou tout autre événement marketing qui suscite un tel intérêt que les consommateurs transmettent le message ou l'offre promotionnelle à leurs amis. Comme ce sont les consommateurs qui diffusent l'information, le coût du marketing viral peut être très faible. Et, lorsque l'information vient d'une connaissance, le destinataire est beaucoup plus enclin à le regarder ou à le lire.

Parfois, une publicité classique bien élaborée peut devenir virale avec un peu d'aide de l'entreprise. Par exemple, la publicité « Forest Love » de Greenpeace. Cette pub est une parodie d'un clip de la Commission européenne intitulé « Film lovers will love this », dont l'objectif était de promouvoir le cinéma. Dans le film très suggestif de Greenpeace, on assiste à une multitude de scènes érotiques entre des troncs d'arbre, feuilles et branches, qui ressemblent étrangement à des parties du corps humain. Ce film a pour objectif d'interpeller l'Union européenne à propos de la sauvegarde des forêts et du commerce illégal du bois. Il a été vu plus de quatre cent mille fois et a obtenu une évaluation de 5 étoiles de la part des internautes. En outre, en réponse à l'invitation du film, des centaines de magnifiques photos de forêt ont été déposées sur Flickr. ◀

Même si les responsables marketing ont généralement peu de contrôle sur leurs messages viraux, une campagne virale bien concoctée peut bénéficier d'une exposition très vaste, à l'exemple du site ElfYourself.com d'OfficeMax, qui, depuis trois ans et à chaque période de Noël, permet aux visiteurs d'ajouter l'image de leur propre visage sur des elfes qui dansent accompagné d'un message personnel[30].

▶ Le site web viral ElfYourself.com d'OfficeMax est dans le livre des records des sites les plus visités, sans qu'aucune publicité n'ait été réalisée. Entre la fin du mois de novembre 2007 et le début de janvier 2008, le site ElfYourself.com a enregistré plus de 193 millions de visites ; 123 millions d'elfes ont été créés, et 53 % des visiteurs sont revenus visiter le site. Les elfes furent des aimants publicitaires pour OfficeMax, en attirant l'attention des principaux médias américains, de *Good Morning America* à CNN en passant par le *New York Times*. Très appréciés dans plus de 50 pays, les elfes dansants sont même apparus sur l'écran géant de Times Square, à New York. Les responsables d'OfficeMax plaisantent en disant que les elfes vont remplacer le sapin et le bonhomme de neige comme icônes de Noël pour cette génération. Plus important, un tiers de ceux qui ont visité le site ElfYourself.com ont ensuite effectué des achats chez OfficeMax, et un autre tiers a déclaré que cela avait amélioré leur perception du distributeur.
Toutefois, une telle réussite n'est pas aussi facile à obtenir qu'il n'y paraît. La première année, ElfYourself.com n'était qu'un des 20 sites Internet viraux ayant pour thème Noël créés par OfficeMax, qui espérait qu'au moins l'un d'entre eux rencontrerait le succès auprès des employés de bureau qui s'ennuient et cherchent des choses à partager en ligne à l'époque des fêtes (le coût total pour la création des 20 sites est inférieur au coût de production d'une seule publicité télévisée, qui s'élève généralement à environ 350 000 dollars). ElfYourself.com fut le seul à atteindre son but. Selon un des créateurs du site, « ce genre de choses repose beaucoup sur la chance. Et, ajoute-t-il, les entreprises ne décident pas que telle ou telle chose devienne virale, ce sont les consommateurs qui le font. Nous avons eu la chance de trouver quelque chose qui fonctionne très bien ». ◀

Réseaux sociaux en ligne
Communautés sociales en ligne – blogs, sites web de réseautage social ou même mondes virtuels – où les gens socialisent ou échangent des informations et des opinions.

La création ou la participation aux réseaux sociaux en ligne

Comme nous l'avons vu aux chapitres 1 et 5, la popularité d'Internet a entraîné une éruption de **réseaux sociaux en ligne** ou de *communautés web*. D'innombrables sites web indépendants et commerciaux sont apparus pour offrir aux consommateurs des espaces en ligne afin qu'ils se rassemblent, socialisent et échangent des opinions et des informations. Actuellement, il semble que presque tout le monde se retrouve sur Facebook, communique avec Twitter, regarde les vidéos du jour sur YouTube ou consulte des photos sur Flickr. Et, bien sûr, là où les consommateurs se rassemblent, le marketing suit, si bien que de plus en plus de responsables marketing s'intéressent maintenant à l'énorme mode du réseautage social.

Les responsables marketing peuvent s'engager dans des communautés en ligne de deux façons : ils peuvent participer à des communautés web existantes ou créer les leurs. Il semble plus facile d'adhérer à des réseaux existants. De nombreuses grandes marques – de Harley-Davidson à Volkswagen et à Victoria's Secret – ont ainsi établi des chaînes sur YouTube. General Motors et d'autres sociétés ont posté du contenu visuel sur Flickr. Le groupe Apple Students sur Facebook, qui propose des informations et des offres spéciales sur les produits Apple, regroupe plus de 1,3 million de membres. La page Facebook de Coca-Cola compte 3,5 millions de fans, ce qui la place en seconde position seulement derrière la page de Barack Obama. Et Mars a récemment transformé sa page d'accueil Skittles en portail qui relie directement sa clientèle cible (les adolescents qui utilisent beaucoup les médias sociaux) à son compte Twitter, à sa page Facebook et à sa chaîne YouTube. Tous ces liens conduisent à des pages de commentaires non censurés, écrits par des consommateurs sur la marque Skittles. La refonte du site a entraîné une augmentation de plus de 1 300 % du trafic web de la marque[31].

Bien que l'attention des médias se soit portée sur les réseaux sociaux les plus importants comme Facebook, YouTube et Twitter, une nouvelle génération de réseaux de niche plus ciblés a récemment fait son apparition. Ils répondent aux besoins des collectivités de moindre envergure composées de personnes de même sensibilité, ce qui est particulièrement intéressant pour les responsables marketing qui cherchent à cibler des groupes d'intérêt spécifiques (voir Marketing en actions 14.2).

Mais réussir à participer aux réseaux sociaux en ligne existants présente également certains défis. Tout d'abord, les réseaux sociaux en ligne sont une création récente et les résultats sont difficiles à mesurer, si bien que la plupart des entreprises recherchent encore la façon de les utiliser efficacement. Ces communautés web sont ensuite en grande partie contrôlées par l'utilisateur. L'objectif de l'entreprise est d'intégrer la marque dans les

MARKETING EN ACTIONS 14.2

Les réseaux sociaux en ligne : cibler les niches de personnes partageant les mêmes idées

En ce qui concerne les réseaux sociaux en ligne, les responsables marketing qui pensent qu'il est préférable de cibler un réseau de taille importante devraient reconsidérer leur position. Bien que les réseaux géants comme Facebook et Twitter attirent toute l'attention actuellement, des réseaux sociaux axés sur des sujets aussi éloignés que le tricot ou l'observation des oiseaux peuvent offrir de très bonnes possibilités de ciblage au marketing.

Lorsque les *jet setters* ont commencé à affluer vers un réseau social exclusif réservé aux nantis, ils ont attiré l'attention du plus précieux allié d'une communauté en ligne : les annonceurs. Les 300 000 membres du site ASmall World.net, qui ne fonctionne que sur invitation, sont devenus un pôle d'attraction pour les entreprises de luxe qui tentent de joindre les personnes qui peuvent s'offrir leurs produits. Les plus gros annonceurs du site sont Burberry, Cartier et Land Rover. La maison de cognac Rémy Martin a organisé le mois dernier une dégustation pour l'élite des membres du site au cours de laquelle elle a servi gratuitement son meilleur cognac à 1 300 euros la bouteille.

Des milliers de sites de réseaux sociaux ont surgi pour répondre aux personnes qui partagent les mêmes intérêts, proviennent du même milieu, exercent la même profession ou appartiennent à un groupe d'âge en particulier. Les fêtards peuvent se retrouver sur hi5.com, les amateurs de vin, sur Degustateur.com et les sportifs sur KeeWeek.com.

Les responsables marketing s'intéressent de plus en plus aux sites de niche qui pourraient se révéler pertinents pour leurs produits. AT&T, par exemple, a récemment assuré la promotion d'un téléphone portable global sur WAYN.com (abréviation de *Where Are You Now*), un réseau social pour les voyageurs internationaux. AT&T fait de la publicité sur des sites comme MySpace pour atteindre rapidement une large clientèle mais se tourne aussi vers les réseaux de niche car, comme l'explique un expert du réseautage social, « vos publicités y ont bien plus de sens – ce sont de véritables bijoux ».

Il existe au moins un réseau social pour tous les centres d'intérêt ou les passe-temps : Yub.com est destiné aux accros du shopping, Wouf.fr, aux amoureux des chiens, Oliceo.fr regroupe la communauté des écoamis (de la nature), MusiClassics.fr permet aux amateurs de musique classique de rencontrer d'autres personnes partageant les mêmes goûts et MonVoyageur.com est un des nombreux sites pour les grands voyageurs. Certains répondent aussi aux penchants plus obscurs. Passions Network est un réseau social de niche pour les rencontres en ligne qui compte 600 000 membres et 110 groupes d'intérêts particuliers, y compris les fans de la série *Star Trek*, les routiers, les athées et les personnes timides. Le groupe le plus populaire est un site de rencontres pour les personnes en surpoids. L'adhésion aux réseaux de niche en ligne varie considérablement, de quelques centaines à quelques millions de participants. Expat.org, qui fournit un refuge en ligne pour les expatriés de Paris, comptait quelques centaines de membres un mois après son lancement. Flixster.com compte 40 millions de membres qui évaluent les films et parlent des acteurs.

Selon l'Ifop, 71 % des internautes français et 96 % des adolescents utilisent les réseaux sociaux[32]. La création de nouveaux réseaux sociaux est exponentielle, ce qui suggère un marché en pleine explosion. Cela représente à la fois une opportunité en or et un énorme casse-tête pour les marques qui essaient de définir quel est le nouveau réseau le mieux adapté pour leurs campagnes publicitaires.

Bien que les sites de niche comptent beaucoup moins de membres que les sites les plus importants comme MySpace (plus de 115 millions de profils actifs) et Facebook (200 millions de membres dans le monde dont 8 millions en France), ils forment des communautés de personnes de même sensibilité[33]. Et, comme sur les réseaux plus vastes, les membres peuvent créer des pages personnalisées et les utiliser pour partager des informations, des photos et des nouvelles avec leurs amis. Cela rend les sites de niche idéals pour les responsables marketing qui veulent cibler des groupes d'intérêts spécifiques.

Les sites spécialisés offrent souvent un meilleur environnement pour les messages marketing. Un consultant en ligne note : « Puisque les membres des réseaux sociaux de niche partagent les mêmes intérêts et les mêmes expériences, ils ont tendance à passer du temps sur le site et à contribuer au groupe en discutant sur le chat et en laissant des commentaires. [Tandis que, sur les sites plus importants,] les membres ont tendance à moins s'impliquer… et sont donc moins intéressants pour les annonceurs. [De plus,] les plus gros sites sont tellement envahis par les annonceurs que les membres désactivent même les annonces personnalisées... Mais, sur les sites de réseautage qui pratiquent la sélection démographique, les gens ont tendance à faire confiance au contenu, y compris aux publicités. »

Tous les réseaux de niche n'acceptent pas le marketing. Sermo.com, un site de réseautage social regroupant quelque 112 000 médecins spécialisés dans des domaines allant de la dermatologie à la psychiatrie, n'autorise pas le marketing. Toutefois, les entreprises peuvent acheter un droit d'accès aux données et aux discussions des membres de Sermo.com. Comme le souligne un analyste de l'industrie des soins de santé, « ils peuvent suivre les discussions en ligne, mais les noms des médecins ne sont pas indiqués, ou voir un décompte des thèmes débattus sur le site afin de connaître les sujets dont la popularité augmente ou diminue ».

Les publics plus ciblés des réseaux de niche sont de plus en plus populaires auprès des marques car la « pertinence compense la taille », explique le même consultant. Mais la manière dont les marques effectuent une campagne publicitaire sur les réseaux sociaux importe autant que le site sur lequel elle se déroule. Les responsables marketing doivent être attentifs à ne pas tenir un discours trop commercial ni devenir trop envahissants. Respecter la tenue des sites sans les encombrer de publicité revient à trouver un équilibre aussi bien pour les marques que pour ces réseaux sociaux. La meilleure approche consiste à ne pas *démarcher* les membres du réseau mais à *interagir* avec eux sur les sujets qui les intéressent. Selon un responsable marketing en ligne, « la meilleure façon de s'introduire dans les réseaux sociaux est de ne pas faire de publicité mais de participer à la communauté ».

Sources : adapté d'extraits de Betsey Cummings, « Why Marketers Love Small Social Networks », *Brandweek*, 27 avril 2008, www.brandweek.com ; extraits adaptés, citations et autres informations de Kim Hart, « Online Networking Goes Small, and Sponsors Follow », *Washington Post*, 29 décembre 2007, p. D1 ; Jessica E. Vascellaro, « Social Networking Goes Professional », *Wall Street Journal*, 28 août 2007, p. D1. Voir aussi Paula Lehman, « Social Networks That Break a Sweat », *BusinessWeek*, 4 février 2008, p. 68 ; Tim Parry, « Social Climbing », *Multichannel Merchant*, juin 2009, p. 32.

conversations des consommateurs et dans leur vie. Toutefois, les responsables marketing ne peuvent pas simplement s'immiscer de force dans les interactions en ligne des consommateurs, ils doivent légitimer leur présence. Un analyste explique : « Il s'agit de conversations entre des groupes d'amis et une marque n'a rien à faire dans ces conversations, à moins qu'elles ne portent déjà sur cette marque. » Plutôt que s'immiscer, les spécialistes du marketing doivent apprendre à devenir un élément précieux de l'expérience en ligne. Selon un autre analyste, « le seul moyen approprié pour insérer une marque dans les médias sociaux est d'offrir certains avantages… On ne dupe personne en partageant des informations sur sa marque »[34].

Pour éviter les écueils et les défis que représente l'établissement d'une présence sur les réseaux sociaux en ligne, de nombreuses entreprises lancent maintenant leurs propres communautés de niche sur le Web. Ainsi, sur le site web Nike Plus de Nike, plus de 500 000 coureurs à pied indiquent, suivent et comparent leurs performances. Plus de la moitié d'entre eux visitent le site au moins quatre fois par semaine, et Nike prévoit à terme que 15 % au moins des 100 millions de coureurs dans le monde participent activement à la communauté en ligne Nike Plus.

Utiliser le courrier électronique

Le courrier électronique est un outil de marketing en ligne très important et de plus en plus utilisé. Selon une étude récente de la Direct Marketing Association (DMA), 79 % de toutes les campagnes de marketing direct étaient réalisées par courrier électronique. Le budget marketing consacré au courrier électronique des entreprises européennes s'élevait à environ 1,5 milliard d'euros en 2007 et devrait atteindre 2,3 milliards en 2012[35]. Afin d'être concurrentiel dans cet environnement très encombré, les responsables marketing ont conçu des messages électroniques personnalisés et « enrichis » grâce à des animations et à des éléments interactifs audio et vidéo.

Mais l'utilisation croissante du marketing par courrier électronique présente également une facette plus sombre. L'explosion du **spam** (ou **pourriel**) – les courriers électroniques publicitaires non sollicités qui encombrent les boîtes aux lettres électroniques – a entraîné une irritation et une frustration des consommateurs. Selon une étude, le spam représente aujourd'hui 90 % de tous les courriers électroniques[36]. La prospection par courrier électronique doit donc trouver un équilibre afin d'apporter une valeur ajoutée aux consommateurs sans se montrer envahissante.

Spam ou pourriel
Courriers électroniques non sollicités ou non désirés.

Pour répondre à ces préoccupations, les responsables marketing les plus respectueux n'envoient de courrier électronique qu'aux personnes qui acceptent de recevoir leurs messages commerciaux. Des sociétés comme Yahoo! ou Amazon.com proposent de longues listes de cases à cocher aux consommateurs pour qu'ils confirment leur accord. Amazon.com cible ses clients inscrits à ses listes de diffusion avec un nombre limité de messages d'information intitulés « nous pensons que vous aimeriez connaître », en se fondant sur les préférences et les achats antérieurs des clients. Peu de clients expriment leur désaccord et nombre d'entre eux accueillent favorablement ces messages promotionnels.

S'il est utilisé correctement, le courrier électronique peut être l'outil de marketing direct idéal. Les meilleurs services de marketing, comme ceux d'Amazon.com, de

WelcomeOffice, de Vente-en-Or.com ou d'Orange, l'utilisent régulièrement et obtiennent de très bons résultats. Le courrier électronique permet aux responsables marketing d'envoyer des messages très ciblés et personnalisés pour établir une relation client avec les consommateurs qui *veulent* effectivement les recevoir. Prenons l'exemple de StubHub.

Start-up lancée il y a presque dix ans, le site de billetterie en ligne StubHub procédait à des campagnes marketing d'envois massifs et répétés *(batch-and-blast)* de courriers électroniques afin créer la notoriété de sa marque. Pendant des années, le volume du courrier électronique dépassait de loin sa pertinence. Mais StubHub a découvert la valeur des messages électroniques soigneusement ciblés et pertinents. Les clients peuvent désormais accepter de recevoir des informations de StubHub lors de leur inscription sur le site, lorsqu'ils sélectionnent les différentes options proposées ou au cours de leurs achats. En utilisant les données des clients inscrits volontairement, StubHub cible les segments de consommateurs avec des informations sur les billets et les événements proches de leurs goûts. Intégrer les données des clients donne des résultats immédiats et surprenants. Le taux de clics du courrier électronique a rapidement augmenté de 30 % et la vente des billets par l'entreprise, de 79 % sur un an alors que le nombre de courriers électroniques envoyés par l'entreprise a diminué. « Les campagnes plus ciblées ont permis de tester et d'utiliser le type de marketing à fort impact qui est nécessaire en cette période, explique un responsable marketing de StubHub. Et les résultats parlent d'eux-mêmes : le revenu par message électronique de ces [nouvelles campagnes ciblées] est 2 500 % plus élevé que celui de [nos] autres campagnes marketing en moyenne ».

Compte tenu de son efficacité et de son faible coût, le courrier électronique peut être un investissement marketing fantastique. Selon la DMA, le retour sur investissement du marketing par courrier électronique est de 40 à 50 % plus élevé que celui des autres formes de marketing direct[37].

2.3 Les promesses et les défis du marketing en ligne

Le marketing en ligne continue d'offrir à la fois de grandes promesses et de présenter de nombreux défis pour l'avenir. Ses plus ardents défenseurs prédisent toujours qu'Internet et le marketing en ligne remplaceront les magazines, les journaux et même les magasins comme seules sources d'information et d'achat. La plupart des spécialistes du marketing adoptent toutefois une vue plus réaliste. Bien sûr, le marketing en ligne est devenu un modèle économique efficace pour certaines entreprises – les sociétés Internet comme Amazon.com et Google ou les sociétés de marketing direct telles que GEICO. Cependant, pour la plupart des entreprises, le marketing en ligne reste une approche du marché importante mais qui doit être combinée à d'autres approches dans un mix marketing entièrement intégré.

Malgré les nombreuses difficultés, les petites et grandes entreprises ont maintenant intégré le marketing en ligne dans leurs stratégies et leur mix marketing. En continuant de croître, le marketing en ligne se révélera un puissant outil de marketing direct permettant d'améliorer les ventes, la communication de l'entreprise et l'information sur le produit, de perfectionner la fourniture de produits et de services et d'établir des relations clients de manière plus approfondie.

RETOUR SUR LES CONCEPTS-CLÉS

Ce chapitre est le dernier des trois chapitres couvrant le mix marketing. Les chapitres précédents ont traité de la publicité, de la vente et de la promotion des ventes. Celui-ci a abordé le champ en pleine expansion du marketing direct et du marketing en ligne.

1. Définir le marketing direct et préciser ses avantages pour les consommateurs et les entreprises.

Le marketing direct se caractérise par l'absence d'intermédiaire entre l'entreprise et le client afin d'obtenir une réaction rapide de sa part. L'utilisation de bases de données détaillées permet d'adapter l'offre et la présentation aux besoins de segments très réduits, voire à chaque acheteur individuellement.
Pour les acheteurs, le marketing direct est pratique, facile à utiliser et personnalisé. Il permet d'avoir accès à une offre large de produits du monde entier. Enfin, il est immédiat et interactif : les acheteurs peuvent obtenir exactement l'information, le produit ou le service qu'ils désirent, puis passer aussitôt commande. Pour l'entreprise vendeuse, le marketing direct est très efficace pour établir des relations clients. Les bases de données permettent aux responsables marketing de cibler de petits groupes de consommateurs, voire des individus en particulier, et de personnaliser leur offre et la promotion. Le marketing direct est également un moyen peu onéreux et efficace d'atteindre des marchés. En raison de ces avantages pour les clients comme pour les vendeurs, le marketing direct est la forme de marketing qui connaît la plus grande croissance.

2. Identifier et discuter les formes majeures du marketing direct.

Les formes principales du marketing direct sont la vente personnalisée, le mailing, le marketing par catalogue, le télémarketing, les kiosques interactifs et le marketing en ligne. La vente a été développée au chapitre 13 ; nous n'y revenons pas ici.
Le **mailing** est la forme la plus répandue de marketing direct. Il consiste en l'envoi d'une offre, d'une annonce, d'un rappel à l'adresse d'une personne en particulier. Récemment, de nouvelles formes de mailing se sont développées, tels les **e-mailing** ou le **mobile marketing**. Les formes les plus efficaces de mailing sont celles qui mettent en place des synergies entre l'envoi de messages à des adresses personnelles et l'accès à des catalogues (au domicile, en ligne ou sur les lieux de vente).
Le **télémarketing** consiste en l'utilisation du téléphone pour vendre directement aux clients.
Les **kiosques interactifs** sont des bornes qui permettent d'effectuer des achats et de se renseigner sur les produits (à la différence des distributeurs, qui vendent des produits directement). On trouve ces bornes dans les hôtels en self-service, dans les cinémas, dans les aéroports et les gares pour réserver un billet ou encore dans des magasins.
Ces dernières années, un certain nombre d'outils digitaux sont apparus dans la boîte à outils du marketing direct : le mobile marketing, les podcasts (et vodcasts) ainsi que la télévision interactive (iTV).
Le marketing en ligne, quant à lui, utilise des canaux de diffusion qui relient digitalement les vendeurs et les acheteurs potentiels.

3. Expliquer comment les entreprises ont adapté leurs stratégies au développement d'Internet et des autres technologies.

Le **marketing en ligne** est la forme du marketing direct qui présente la croissance la plus rapide. Internet permet aux consommateurs et aux entreprises d'avoir accès à des quantités très importantes d'informations et de les partager juste en quelques clics. Internet a donné l'opportunité aux entreprises de créer de nouvelles façons de délivrer de la valeur aux consommateurs et de bâtir avec eux de nouveaux modes de relations. Il est quasiment impossible aujourd'hui de trouver une entreprise qui n'ait pas une activité en ligne significative. Des millions de Français achètent désormais sur Internet et les informations glanées sur la toile influencent de plus en plus les achats dans les réseaux physiques. Les responsables marketing utilisent donc des approches multicanal intégrées qui exploitent le Web pour pousser les ventes dans d'autres réseaux.

4. Expliquer comment les entreprises développent leur marketing en ligne de façon à délivrer plus de valeur à leurs consommateurs.

Les entreprises de tous les secteurs sont aujourd'hui impliquées dans le marketing en ligne. Internet a donné naissance aux entreprises « .com », qui sont uniquement actives sur la toile. En revanche, beaucoup d'entreprises présentant à l'origine uniquement des réseaux physiques ont développé des approches multicanal incluant Internet. Ces dernières ont souvent plus de succès que les entreprises strictement « .com ».

Pour délivrer de la valeur, les entreprises peuvent développer des approches en ligne suivant quatre axes : créer un **site web, insérer de la publicité et des promotions sur des sites tiers, participer aux débats dans les réseaux sociaux** et les animer ou encore utiliser des **campagnes d'e-mailing**. Un site doit être attractif, d'emploi facil,e et utile, pour que les prospects reviennent régulièrement le visiter.

Les publicités sur des sites tiers peuvent prendre des formes très diverses : des **bannières**, le **référencement**, le **sponsoring de contenu**, le **marketing viral**... Les responsables marketing peuvent aussi « gagner leur place » dans les réseaux sociaux, ce qui permet de bénéficier de la force de persuasion du C2C. Finalement, les campagnes d'e-mailing sont devenues des outils aussi importants en B2C qu'en B2B. Quels que soient les outils de marketing direct utilisés, ils doivent l'être dans une logique de synergie et de cohérence.

5. Passer en revue les enjeux et questions éthiques relatifs au marketing direct.

Les responsables de marketing direct et les consommateurs apprécient mutuellement de bâtir des relations où chacun s'y retrouve. Cependant, si on n'y prend garde, les pratiques du marketing direct peuvent facilement devenir agressives et invasives et tout aussi facilement irriter et offenser les consommateurs. Ces craintes militent pour la création d'actions conjointes entre les responsables marketing et les pouvoirs publics. En France, c'est entre autres pour cela que la Cnil a été créée.

Activités

Questions de réflexion et de mise en pratique

1. Vous êtes un dirigeant de PME. Régulièrement, vous êtes confronté à des problèmes relatifs au droit du travail. Visitez le site infotravail.com et décrivez comment le marketing direct crée de la valeur tant pour vous que pour la société de services.
2. Quels sont les atouts du *mobile marketing* par rapport aux autres outils du marketing direct ? Selon vous, est-ce l'outil qui va dominer tous les autres ? Pourquoi ?
3. Les VaDistes (vente à distance) tels La Redoute ou Vert Baudet, vendent historiquement *via* leur catalogue, envoyé au domicile des prospects. Pensez-vous qu'ils puissent faire l'économie de la production de ces catalogues et de leur diffusion ? Répondez en considérant l'approche multicanal de ces enseignes. Quelles seraient les conditions pour qu'ils puissent totalement abandonner le catalogue papier ?
4. Fnac éveil & jeux diffuse un catalogue papier, un catalogue en ligne et développe des boutiques dans les centres commerciaux (43 en 2009). Ne pensez-vous pas que cette société devrait copier strictement le *business model* de Dell et vendre uniquement en ligne ? Argumentez votre réponse en termes de gestion des coûts, de synergie multicanal et de comportement du consommateur.
5. Est-ce que MyMajorCompany.com devrait développer un réseau physique de vente ? Si oui, quel type de réseau devrait-il bâtir ? Quelle serait son offre ?
6. À quoi correspondent les « 7 C » qui prévalent à la construction d'un site web ?
7. L'entreprise Michelin commercialise, entre autres marques, des pneus sous la marque Michelin. Unilever ne commercialise pas ses produits sous la marque Unilever. Comparez les sites Michelin.fr et Unilever.fr. Quelle est la vocation de chacun de ces sites ? Quelles sont leurs cibles ?
8. Commentez la phrase suivante : « Nous sommes passés d'un marketing d'interruption (par la publicité) à un marketing de permission (par l'interaction) pour en arriver à un marketing de collaboration. » En quoi cette réalité a-t-elle un impact aujourd'hui sur le marketing d'adidas ? Est-ce toujours vrai en période de crise ?

9. Quels sont les rôles assumés par les podcasts (et vodcasts) dans les stratégies marketing des entreprises ? Y a-t-il une différence entre TF1 et Red Bull sur ce plan ?

10. Sermo.com, un site de réseautage social regroupant quelque 112 000 médecins spécialisés dans des domaines allant de la dermatologie à la psychiatrie, n'autorise pas de publicité sur ses pages. Comment ce réseau peut-il néanmoins assurer sa survie ? Quels sont les *business plans* possibles ?

Étude de cas : Chabal, la mauvaise personne au mauvais endroit… Un cocktail gagnant

Imaginez que vous êtes tranquillement assis devant votre ordinateur en train de réviser votre cours de marketing. Un e-mail arrive. C'est un ami. Il vous invite à cliquer sur un lien. Vous le faites et vous arrivez sur un site où vous voyez la scène suivante.

Sur un vague terrain de football, deux hommes se font face : un goal qui garde les buts et Sébastien Chabal, ballon au pied, qui s'apprête à tirer un penalty. Les deux hommes paraissent épuisés comme après un long combat, la tension est palpable. Chabal pose le ballon au sol, fait deux pas en arrière, puis s'arrête. Il a l'air perturbé. Il doute. Tout à coup, il décroche son mobile et compose un numéro. Il murmure pour lui-même : « Allez, décroche… » Il semble très tendu. Votre téléphone sonne, vous répondez, et vous entendez : « Allo, Émile ? Ouais, salut, c'est Sébastien Chabal. Je t'appelle parce que, là, j'ai un doute. Faut que tu m'aides à choisir où mettre la balle ! »

Une zone quadrillée apparaît dans les cages, avec une indication qui permet de comprendre qu'il faut appuyer sur une touche pour choisir la zone où tirer. Vous choisissez la zone de tir 3 (5 zones : 1, 3, 5, 7, 9). Chabal tire dans la zone choisie et met la balle au fond. Fou de joie, il remonte son maillot sur la tête, dévoilant un message : « Émile, ce but est pour toi. »

Vous êtes hilare. Vous venez de passer un excellent moment et avez envie de « partager cela » avec vos amis. Vous remplissez la boîte de dialogue qui apparaît à l'écran. Sébastien a maintenant l'e-mail d'un de vos amis et son numéro de portable. Il l'appelle.

Questions

1. Quels sont les objectifs poursuivis par cette publicité virale ?
2. En quoi sont-ils cohérents avec la stratégie d'Orange ?
3. Quels sont les liens logiques entre cette opération avec Chabal, celle relative à l'annonce en 2005 sur le site d'Orange du retour de Zinédine Zidane en équipe de France et la publicité Orange de 2007, pendant la coupe du monde de rugby, mettant en scène Fabien Galthié comme entraîneur de rugby de Zidane ?

Notes

1. http://www.peugeot.fr/Monespacepersonnel/Decouvrirlespacepersonnel/Presentation/?xtor=EPR-148.
2. Baromètre Internet 2009 vs 2008, Kantar Média.
3. Alicia Orr Suman, « Ideas You Can Take to the Bank! 10 Big Things All Direct Marketers Should Be Doing Now », *Target Marketing*, février 2003, pp. 31-33 ; Mary Ann Kleinfelter, « Know Your Customer », *Target Marketing*, janvier 2005, pp. 28-31.
4. L. Derrien, Frédéric Thibaud et Anne-Françoise Rabaud, « Les présidents face à la vente », *Action commerciale*, 16 juillet 2001.
5. Jim Emerson, « Print and the Internet Go Hand-in-Hand », *Printing News*, juin 2005, p. 2 ; « Abacus Report : Web Sales Soon to Overtake Catalog Sales », 3 août 2005.
6. Céline Oziel, « La carte dans tous ses états », *Marketing direct*, 1er septembre 2006.
7. Marie-Juliette Levin et Gilles Labouyrie (Home Shopping Service), « M6 Boutique est une enseigne de VAD comme les autres », *Marketing direct*, 1er février 2007.
8. Ava Eschwège, « NIVEA se refait une beauté en linéaire », *Marketing magazine*, 1er mai 2006.
9. « Interactive : Ad Age Names Finalists », *Advertising Age*, 27 février 1995, pp. 12-14.
10. Anonyme, « Téléphonie mobile : le nombre de clients passe la barre des 60 millions », OuestFrance.fr, 4 février 2010.
11. Cyril Altmeyer, « Smartphones, Social Networks to Boost Mobile Advertising », *Reuters*, 29 juin 2009, www.reuters.com.
12. Michael Garry, « Going Mobile », *Supermarket News*, 12 janvier 2009.
13. Florent Maillet, « Nouvelles technologies : ce que veulent les consommateurs », 22 janvier 2010.
14. Christophe Moëc, « Tendances de consommation », *e-marketing*, 26 janvier 2010.
15. Les Luchter, « Study : Internet 2nd Most Essential Medium, but #1 in Coolness », 27 juin 2007, www.publications.mediapost.com ;

Gail Schiller, « More Wired, Survey Finds », *Reporter*, 28 décembre 2007, http://hollywoodreporter.com.
16. Tom Sullivan, « A Lot More Than Paper Clips », *Barron's*, 16 avril 2007, pp. 23-25 ; informations provenant du site www.officedepot.com, septembre 2009.
17. Shop.org, Forrester Research Inc, « The State of Retailing Online 2008 », www.forrester.com/SORO ; Rachel Metz, « Report : Online Retail Could Reach $156B in 2009 », *Associated Press*, 29 janvier 2009, www.thestandard.com/news/2009/01/29/report-online-retail-could-reach-156b-2009.
18. Anonyme, « France : hausse de 26 % du commerce en ligne en 2009 », L'observatoire Cetelem, le 2 février 2010.
19. « Jupiter Research Forecasts Online Retail Spending Will Reach $144 Billion in 2010, a CAGR of 12 % from 2005 », 6 février 2006, www.jupitermedia.com/corporate/releases/06.02.06-new-jupresearch.html ; Kelly Mooney, « Most Manufacturing Brands Are Missing the Mark Online », *Advertising Age*, 5 janvier 2009, http://adage.com/print?article_id=133547.
20. Christophe-Emmanuel Lucy, « En période de crise, l'occasion a la cote », France-Soir.fr, 22 janvier 2010.
21. Flavien Neuwy, « Consommer en 2010, pas moins mais mieux », observatoire Cetelem, 2010.
22. Beth Snyder Bulik, « Who Blogs? », *Advertising Age*, 4 juin 2007 ; Nigel Hollis, « Going Global? Better Think local Instead », *Brandweek*, 1er décembre 2008 ; Jeff Vandam, « Blogs Find Favor as Buying Guides », *New York Times*, 22 décembre 2008.
23. Jack Neff, « Owning the Concept of Value Online », *Advertising Age*, 30 mars 2009, p. 22 ; et la page www.elevenmoms.com, consultée en juillet 2009.
24. Michael Barbaro, « Wal-Mart Tastemakers Write Unfiltered Blog », *New York Times*, 3 mars 2008, http://www.nytimes.com/2008/03/03/business/03walmart.html?hp ; Jack Neff, « Owning the Concept of Value Online », *Advertising Age*, 30 mars 2009, p. 22.
25. « GE Corporate Website », *Communication Interactive Arts annuel*, 2008, pp. 134-135 ; www.ge.com, page consultée en août 2009.
26. Jeffrey F. Rayport et Bernard J. Jaworski, *e-Commerce*, McGraw-Hill, New York, 2001, p. 116 ; « Looks Are Everything », *Marketing Management*, mars-avril 2006, p. 7 ; Benjamin Palmer, « Rethinking the User Experience », *Adweek*, 25 août-1er septembre 2008, p. 10 ; Elizabeth A. Sullivan, « Virtually Satisfied », *Marketing News*, 15 octobre 2008, p. 26.
27. Adapté de Brooks Barnes, « In Overhaul, Disney.com Seeks a Path to More Fun », *New York Times*, 25 juin 2008.
28. Internet Advertising Bureau, IAB Internet Advertising Revenue Report, 8 mars 2009, www.iab.net/insights_research/530422/adrevenuereport.
29. Adapté d'Elaine Wong, « Coke, ConAgra, Kellogg Cozy Up with Search Buys », *Brandweek*, 12 octobre 2008, www.brandweek.com.
30. Leftheria Parpis, « Behind McD's Flashy New Spot : Mounted Musical Mouthpiece Makes a Splash on the Net », *Adweek*, 10 mars 2009, www.adweek.com.
31. Emily Steele, « Skittles Cozies Up to Social Media », *Wall Street Journal*, 3 mars 2009, p. B4 ; Laura McKay, « Skittles : A Rainbow of Social Media Marketing », *Customer Relationship Management*, mai 2009, p. 18.
32. Anonyme, « Réseaux sociaux : le phénomène s'amplifie », *e-marketing*, 21 janvier 2010.
33. Béatrice Héraud, « Réseaux sociaux : l'heure de la maturité », *Marketing magazine*, 1er mai 2009.
34. Heather Fletcher, « DMA Forecasts Continued Growth in Internet, E-mail Marketing », *Target Marketing*, 5 novembre 2008, www.targetmarketingmag.com/article/dma-forecasts-continued-growth-internet-e-mail-marketing-400373_1.html ; DMA, *The Power of Direct Marketing*, juin 2009 ; « Integrated Marketing Media Mix Study : More Digital with the Stay Traditional », www.marketingcharts.com, juin 2009.
35. Anonyme, « Monde : les performances de l'e-mailing », *Le Journal du Net*, 11 janvier 2010.
36. Jessica Tsai, « How Much Marketing Is Too Much? », *DestinationCRM.com*, 1er octobre 2008, www.destinationcrm.com/Articles/PrintArticle.aspx?ArticleID=50752 ; « StubHub Increases Revenue Per E-mail by Over 2,500 Percent with Responsys Interact and Omniture Recommendations », 18 février 2009, www.responsys.com/company/press/2009_02_18.php.
37. William Hupp, « E-mail », *Advertising Age*, 17 mars 2008, p. 48 ; Jessica Tsai, « Email : What's Inside? », *Customer Relationship Management*, janvier 2009, pp. 32-38.

Annexe
Calculs de marketing

Les responsables marketing sont de plus en plus souvent responsabilisés sur les implications financières de leurs actions. Cette annexe propose une introduction à la mesure des performances financières du marketing afin de les guider dans une prise de décision équilibrée et dans l'évaluation de leurs résultats.

L'annexe s'articule autour de l'exemple imaginaire d'un fabricant de produits électroniques grand public, ConnectPhone. Par le passé, Connect Phone était spécialisée dans la fabrication de modems Internet. La société propose désormais un nouveau type de produit, un *téléphone multimédia* qui remplace le téléphone des ménages et assure une connexion Internet constante ainsi qu'un accès téléphonique sans fil par le biais de la technologie VoIP (voix sur Internet). Nous analysons dans cette annexe les diverses décisions que doivent prendre les responsables marketing de ConnectPhone avant et après le lancement du nouveau produit.

L'annexe est organisée en trois sections. La première présente des évaluations de la tarification, du seuil de rentabilité et des marges qui influeront sur l'introduction du nouveau produit de ConnectPhone. La deuxième traite des mesures des estimations de la demande, du budget marketing et des performances marketing. Elle démarre par une discussion sur l'estimation du potentiel de marché et des ventes de la société. Elle présente ensuite le budget marketing, par le biais d'un compte de résultats *pro forma* suivi du compte de résultats réel. Les mesures des performances marketing sont ensuite présentées dans le but d'aider les responsables marketing à mieux défendre leurs décisions d'un point de vue financier. Enfin, la troisième partie analyse les implications financières des diverses tactiques marketing.

1. Analyse de la tarification, des seuils de rentabilité et des marges

1.1 La tarification

L'une des décisions les plus importantes que doit prendre le marketing concerne les prix. Ceux-ci sont contraints par la demande et par les coûts. Ce sont les paramètres de la demande, par exemple la valeur perçue par l'acheteur, qui définissent les prix maximaux. Le prix plancher est, lui, fixé par les coûts supportés par la société. Les décideurs marketing doivent également tenir compte des prix de la concurrence et d'autres facteurs tels que les exigences des revendeurs, les réglementations de l'État et les objectifs de l'entreprise.

Les téléphones multimédias de la concurrence, proposés sur le marché dans cette catégorie de produits relativement nouvelle, ont été introduits en 2009 et se vendent au détail entre 500 et 1 000 euros. ConnectPhone prévoit de vendre son nouveau produit à un prix inférieur pour élargir le marché et gagner rapidement en parts de marché. Nous allons tout d'abord étudier la décision de tarification de ConnectPhone du point de vue des coûts.

Nous envisagerons ensuite la valeur pour le consommateur, l'environnement concurrentiel et les exigences de revendeurs.

Établir les coûts

Nous avons vu les différents types de coûts au Chapitre 9. Les **coûts fixes** ne varient pas en fonction de la production ou du niveau des ventes et comprennent des frais tels que le loyer, les intérêts financiers, les amortissements, ainsi que le salaire des employés. Quel que soit le niveau de production, la société se doit de les acquitter. Puisque le total des coûts fixes reste constant, même lorsque la production augmente, le coût unitaire fixe (ou coût fixe moyen) diminue à mesure que la production augmente puisque le total des coûts fixes se répartit sur un plus grand nombre d'unités. Les **coûts variables** évoluent proportionnellement au niveau de production et comprennent des frais relatifs à la production directe (le coût des marchandises vendues, par exemple) et de nombreux autres coûts marketing. Ces coûts sont les mêmes pour chaque unité produite, mais ils varient car leur total change en fonction du nombre d'unités produites. Le **total des coûts** correspond à la somme des coûts fixes et des coûts variables, quel que soit le niveau de production.

ConnectPhone a investi 10 millions d'euros pour rénover des installations dans le but de fabriquer le nouveau téléphone multimédia. Une fois la production démarrée, la société estime qu'elle supportera des coûts fixes de 20 millions d'euros par an. Les coûts variables liés à la production de chacun des appareils sont estimés à 250 euros et devraient rester à ce niveau, étant donné la capacité de production des installations.

1.2 Établissement des prix en fonction des coûts

ConnectPhone démarre par une approche de la tarification basée sur les coûts, étudiée au Chapitre 9. La méthode la plus simple, la **fixation des prix par majoration des coûts**, se contente d'ajouter une majoration standard au coût du produit. Cependant, pour utiliser cette méthode et déterminer le total des coûts unitaires, ConnectPhone doit établir ses prévisions de ventes. Les coûts unitaires variables resteront constants, quelle que soit la production, mais les *coûts unitaires fixes moyens* diminueront à mesure que la production augmentera.

Pour illustrer cette méthode, supposons que ConnectPhone affiche des coûts fixes de 20 millions d'euros, des coûts variables de 250 euros par appareil et prévoit de vendre 1 million de téléphones multimédias. Le coût unitaire est donc donné comme suit :

Coût unitaire total = coûts variables + coûts fixes / ventes unitaires
= 250 € + 20 000 000 € / 1 000 000 = 270 €

Vous remarquerez que nous ne faisons *pas* figurer l'investissement initial de 10 millions d'euros au total des coûts fixes. Il n'est pas considéré comme un coût fixe puisque ce n'est pas un coût *pertinent*. Les **coûts pertinents** sont ceux qui interviendront à l'avenir et qui varieront en fonction des alternatives étudiées. L'investissement de ConnectPhone, destiné à rénover les installations de fabrication, a constitué un coût forfaitaire qui ne réapparaîtra pas à l'avenir. Ces coûts passés sont des *coûts irrécupérables* et ne doivent pas être pris en compte dans les analyses futures.

Remarquez également que, si ConnectPhone vend son produit 270 euros, le prix sera égal au coût unitaire total. Il s'agit du **prix du seuil de rentabilité**, c'est-à-dire celui auquel les recettes unitaires (prix) sont égales au coût unitaire total, et donc le bénéfice est égal à zéro.

Supposons que ConnectPhone souhaite non pas atteindre simplement le seuil de rentabilité mais gagner 25 % sur ses ventes. Le prix majoré de ConnectPhone est :

Prix majoré = coût unitaire / (1 – recettes souhaitées sur les ventes)
= 270 € / 1 – 0,25 = 360 €

Il s'agit du prix auquel ConnectPhone devrait vendre le produit aux revendeurs, tels que des grossistes ou des détaillants, pour gagner un bénéfice de 25 % sur les produits vendus.

ConnectPhone pourrait faire appel à une autre approche, appelée la **tarification selon retour sur investissement, RSI** (ou **tarification selon rendement recherché**). Dans ce cas, la société *pourrait* prendre en compte l'investissement initial de 10 millions d'euros, mais dans le seul but de déterminer l'objectif de rendement en euros. Supposons que la société souhaite obtenir un rendement ou retour de 30 % sur son investissement. Le prix nécessaire pour y parvenir peut être déterminé ainsi :

Prix RSI = coût unitaire + RSI × investissement / ventes unitaires
= 270 € + 0,3 × 10 000 000 € / 1 000 000 = 273 €

Ainsi, si ConnectPhone vend son produit 273 euros, la société obtient un bénéfice de 30 % sur son investissement initial de 10 millions d'euros.

Dans ses calculs de tarification, le coût unitaire est établi en fonction des estimations de vente, soit 1 million d'appareils. Que se passerait-il si les ventes réelles n'atteignaient pas ce seuil ? Le coût unitaire serait supérieur car les frais fixes seraient ventilés sur un moins grand nombre d'unités et la majoration en pourcentage réalisée sur les ventes ou sur le RSI serait inférieure. Si les ventes sont supérieures au million d'appareils estimé, le coût unitaire sera inférieur à 270 euros, un prix inférieur pourrait donc permettre d'obtenir la majoration souhaitée sur la vente ou le RSI. Il faut noter que ces méthodes de tarification basées sur les coûts ont un objectif *interne* et ne tiennent compte ni de la demande, ni des prix de la concurrence, ni même des exigences des revendeurs. Et, puisque ConnectPhone doit vendre ce produit à des consommateurs par l'intermédiaire de grossistes et de détaillants proposant également des marques concurrentes, la société peut envisager une tarification majorée en tenant compte de cet état de fait.

1.3 Fixer des prix en fonction de facteurs externes

Bien que les coûts déterminent le prix plancher, ConnectPhone doit aussi tenir compte de facteurs externes. La société n'a pas le dernier mot sur le prix définitif de ses téléphones multimédias pour le consommateur ; ce sont les commerçants qui déterminent le prix public. La société doit donc partir du prix de détail souhaité et travailler à rebours. Ce faisant, ConnectPhone doit tenir compte des marges des détaillants qui vendent le produit au consommateur.

En règle générale, une **marge** en euros correspond à la différence entre le prix de vente d'un produit d'une société et son coût de fabrication ou d'achat. Ainsi, pour un commerçant, la marges correspond à la différence entre le prix qu'il facture aux clients et le coût qu'il doit payer pour l'acquérir. Ainsi, quel que soit le niveau du détaillant :

Marge en euros = prix de vente – coût

Les marges sont généralement exprimées en pourcentage ; il existe deux manières différentes de les calculer, sur le *coût* ou sur le *prix de vente* :

Pourcentage de marge sur le coût
= marge en euros
/ coût

Pourcentage de marge sur le prix de vente
= marge en euros
/ prix de vente

Pour appliquer l'analyse des marges du revendeur, ConnectPhone doit d'abord établir le prix au détail souhaité, puis travailler à rebours jusqu'au prix auquel il doit vendre le produit à un grossiste. Supposons que les détaillants s'attendent à percevoir une marge de 30 % et que les grossistes veulent une marge de 20 % sur leurs prix de vente respectifs. Et supposons également que ConnectPhone souhaite un prix de vente au détail de 599,99 euros pour son produit.

Rappelez-vous que ConnectPhone souhaite ouvrir le marché en établissant des prix bas et en obtenant rapidement des parts de marché. ConnectPhone souhaite un prix de vente public de 599,99 euros car ce montant est inférieur à celui de la plupart de ses concurrents, qui peut aller jusqu'à 1 000 euros. Les études de marché de la société montrent que ce prix est inférieur à celui que la plupart des consommateurs sont prêts à payer pour ce produit. En exploitant les perceptions de valeur des acheteurs et non le coût des vendeurs pour déterminer le prix de vente conseillé, ConnectPhone utilise la **tarification selon une approche valeur**. Pour plus de simplicité, nous utiliserons un prix de vente public de 600 euros dans nos analyses ultérieures.

Pour déterminer le prix que ConnectPhone facturera à ses grossistes, nous devons d'abord soustraire la marge du détaillant afin d'établir ces coûts (600 € – (600 € × 0,30) = 420 €). Le coût du détaillant correspond au prix du grossiste, ConnectPhone soustrait donc la marge du grossiste (420 € – (420 € × 0,20) = 336 €). Voici donc le **cumul**, qui est la suite des marges appliquées par les entreprises à chaque niveau dans un canal de vente pour le nouveau produit de ConnectPhone :

Prix de détail suggéré : 600 €
moins marge du détaillant (30 %) : – 180 €

Coût du détaillant/prix du grossiste : 420 €
moins marge du grossiste (20 %) : – 84 €

Coût du grossiste/prix pour ConnectPhone : 336 €

En déduisant les marges de chaque maillon de la chaîne, ConnectPhone parvient au prix du produit pour les grossistes, soit 336 €.

2. Analyse du seuil de rentabilité et des marges

Les analyses précédentes établissaient le prix du produit de ConnectPhone selon une approche valeur à 336 euros. Bien qu'il soit supérieur au prix du seuil de rentabilité de 270 euros et qu'il couvre les coûts, la situation supposait une demande de 1 million d'appareils. Mais quel volume et quel chiffre d'affaires doit atteindre ConnectPhone pour parvenir au seuil de rentabilité au prix de 336 euros ? Et quel chiffre d'affaires faut-il réaliser pour parvenir aux divers objectifs de bénéfices ? Ces questions trouvent leur réponse dans le seuil de rentabilité et les marges.

Déterminer le volume unitaire et le chiffre d'affaires du seuil de rentabilité

En étudiant les coûts, la valeur pour le consommateur, la concurrence et les exigences des revendeurs, Connect Phone a décidé de fixer son prix pour les grossistes à 336 euros. À ce niveau, quel chiffre d'affaires faut-il réaliser pour que ConnectPhone parvienne à la rentabilité ou tire un bénéfice de ses téléphones multimédias ? L'**analyse du seuil de rentabilité** (ou point mort) détermine le volume unitaire et le chiffre d'affaires nécessaires pour être rentable, si l'on tient compte d'un prix et d'une structure de coûts particuliers. Au seuil de rentabilité, le total des recettes est égal au total des coûts et le bénéfice est égal à zéro. Au-delà de ce point, la société gagne de l'argent ; en dessous, elle en perd. ConnectPhone peut calculer le volume du seuil de rentabilité grâce à la formule suivante :

Volume du seuil de rentabilité (point mort) = coûts fixes / prix – coût variable unitaire

Le dénominateur (prix – coût variable unitaire) est appelé **marge unitaire**. Il représente le montant apporté par chaque unité pour couvrir les coûts fixes. Le volume du seuil de rentabilité représente les niveaux de production à partir desquels tous les coûts (variables et fixes) sont couverts. Dans le cas de ConnectPhone, le seuil de rentabilité ou point mort est le suivant :

Seuil de rentabilité = coût fixe
/ prix – coût variable = 20 000 000 €
/ 336 € – 250 € = 232 558,1 unités

Ainsi, si l'on tient compte de la structure tarifaire et des coûts donnés, ConnectPhone peut atteindre la rentabilité à partir de 232 559 unités.

Pour déterminer le chiffre d'affaires du seuil de rentabilité, multiplions simplement le seuil de rentabilité en volume par le prix de vente :

$$SR_{\text{ventes}} = SR_{\text{volume}} \times \text{prix} = 232\,559 \times 336\text{ €} = 78\,139\,824\text{ €}$$

Une autre manière de calculer le seuil de rentabilité en valeur consiste à utiliser le taux de contribution à savoir la contribution unitaire divisée par le prix de vente :

Taux de contribution = prix – coût variable / prix
= 336 € – 250 € / 336 € = 0,256, soit 25,6 %

Par conséquent,

Seuil de rentabilité en valeur = coûts fixes
/ contribution unitaire
= 20 000 000 € / 0,256 = 78 125 000 €

Vous remarquerez que la différence entre les deux calculs du chiffre d'affaires du seuil de rentabilité est liée à l'arrondi.

Cette analyse aide ConnectPhone en lui indiquant le volume unitaire nécessaire pour couvrir les coûts. Si la capacité de production ne permet pas d'atteindre ce niveau, la société ne doit pas lancer le produit. Toutefois, le seuil de rentabilité en volume s'inscrit confortablement dans la capacité de ConnectPhone. Bien entendu, la grande question est de savoir si ConnectPhone peut vendre ce volume au prix de 336 euros. Nous traiterons de ce sujet par la suite.

La marge unitaire est également utile pour d'autres types d'analyses, notamment lorsque les prix unitaires et les coûts variables unitaires sont inconnus ou qu'une entreprise (par exemple un détaillant) vend de nombreux produits à des prix différents et connaît le pourcentage que représente le total des coûts variables de vente. La marge unitaire représente la différence entre le prix unitaire et les coûts variables unitaires, la marge totale représente quant à elle la différence entre le total des ventes et le total des coûts variables. La contribution totale peut être calculée comme suit :

Contribution totale = total des ventes
– total des coûts variables
/ total des ventes

Quel que soit le niveau réel des ventes, si la société connaît le pourcentage des ventes que représentent les coûts variables, elle peut calculer la marge contributive. Ainsi, par exemple, le coût variable unitaire de ConnectPhone est de 250 euros, soit 74 % du prix de vente (250 € / 336 € = 0,74). Cela signifie que pour chaque euro de chiffre d'affaires les coûts variables représentent 0,74 euro. La différence (0,26 euro) correspond à la contribution aux frais fixes. Mais, même si l'entreprise ne connaît pas son prix unitaire ni son coût unitaire variable, elle peut calculer le taux de marge à partir du total des ventes et du total des coûts variables ou des connaissances qu'elle a du total des coûts. Elle peut fixer les ventes totales à 100 %, quel que soit le montant absolu réel, et déterminer la marge de contribution :

Taux de marge contributive = 100 % – 74 % / 100 %
= 1 – 0,74 / 1 = 1 – 0,74 = 0,26, soit 26 %

Vous remarquerez que ceci correspond au pourcentage calculé à partir des informations sur le prix unitaire et le coût variable unitaire. Cette seconde formule de calcul sera très utile par la suite, lors de l'analyse des diverses décisions de marketing.

2.1 Fixer le seuil de rentabilité pour parvenir au bénéfice

Bien qu'il soit utile de connaître le seuil de rentabilité, la plupart des sociétés sont plutôt intéressées par leur bénéfice. Supposons que ConnectPhone souhaite réaliser des bénéfices de 5 millions d'euros la première année. Combien doit-elle vendre d'unités au prix de 336 euros pour couvrir les frais fixes et y parvenir ? Pour le savoir, ConnectPhone peut simplement ajouter le chiffre du bénéfice aux frais fixes, puis diviser à nouveau par la contribution unitaire pour déterminer les ventes unitaires :

Volume = coût fixe + objectif de bénéfice
/ (prix – coût variable) = 20 000 000 € + 5 000 000 €
/ (336 € – 250 €) = 290 697,7 unités

Ainsi, pour parvenir à un bénéfice de 5 millions d'euros, ConnectPhone doit vendre 290 698 appareils. Multipliez ceci par le prix pour déterminer le chiffre d'affaires nécessaire pour atteindre le bénéfice de 5 millions d'euros :

Chiffre d'affaires = 290 698 unités × 336 €
= 97 674 528 €

Ou utilisez le taux de marge contributive :

Chiffre d'affaires = coût fixe + objectif de bénéfices
/ taux de marge contributive
= 20 000 000 € + 5 000 000 €
/ 0,256 = 97 656 250 €

Une fois de plus, vous remarquerez que la différence entre les deux calculs des ventes du seuil de rentabilité est due à l'arrondi.

Nous l'avons vu précédemment, un objectif de bénéfices peut également se présenter comme un objectif de retour sur investissement. Ainsi, par exemple, rappelez-vous que ConnectPhone souhaite obtenir un bénéfice de 30 % sur son investissement de 10 millions d'euros. Son objectif de bénéfice absolu est donc de 3 millions d'euros (10 000 000 € × 0,30). Cet objectif est envisagé de la même manière que dans l'exemple précédent :

Volume unitaire = coût fixe + objectif de bénéfice
/ prix – coût variable = 20 000 000 € + 3 000 000 €
/ 336 € – 250 € = 267 442 appareils

Chiffre d'affaires = 267 442 appareils × 336 €
= 89 860 512 €

Ou

Chiffre d'affaires = coût fixe + objectif de bénéfices
/ marge contributive = 20 000 000 € + 3 000 000 €
/ 0,256 = 89 843 750 €

Enfin, ConnectPhone peut exprimer son objectif de bénéfices en pourcentage des ventes, ce que nous avons également vu dans les précédentes analyses des prix. Supposons que la société souhaite un rendement de 25 % sur ses ventes. Pour déterminer le volume unitaire et le volume des ventes nécessaires pour parvenir à cet objectif, le calcul diffère légèrement des deux exemples précédents. Dans ce cas, nous incorporons l'objectif de bénéfices dans la contribution unitaire, sous la forme d'un coût variable supplémentaire. Considérons la situation de cette façon : si 25 % de chaque vente doivent être affectés au bénéfice, cela ne laisse que 75 % du prix de vente pour couvrir les frais fixes. L'équation devient donc :

Volume unitaire = coût fixe
/ prix – coût variable – (0,25 × prix) ou coût fixe
/ (0,75 × prix) – coût variable

Par conséquent :

Volume unitaire = 20 000 000 €
/ (0,75 × 336 €) – 250 € = 10 000 000 d'unités

Chiffre d'affaires nécessaire = 10 000 000 d'unités
× 336 € = 3 360 000 000 €

Si l'on considère le prix et les coûts actuels, ConnectPhone aurait donc besoin de plus de 3 milliards d'euros de chiffre d'affaires pour parvenir à un rendement de 25 % sur ses ventes ! Peut-elle véritablement parvenir à ce niveau de ventes ? La grande question est la suivante : bien que l'analyse du seuil de rentabilité puisse être utile pour déterminer le niveau de ventes nécessaire pour couvrir les coûts ou pour parvenir à un objectif de bénéfice donné, il n'indique pas à la société s'il est *possible* de parvenir à ce niveau de vente au prix spécifié. Pour le savoir, ConnectPhone doit estimer la demande pour le produit.

3. Mesures des estimations de la demande, du budget marketing et des performances marketing

3.1 Estimer les ventes et le potentiel du marché

ConnectPhone a maintenant calculé les ventes nécessaires pour parvenir au seuil de rentabilité et à divers objectifs de bénéfices pour son nouveau produit. La société a toutefois besoin de plus amples informations concernant la demande, et ce dans le but d'évaluer la faisabilité des niveaux de ventes nécessaires. Ces informations sont également nécessaires pour la production et pour d'autres décisions. Aussi faut-il développer les plannings de production et planifier les actions marketing.

La **demande totale du marché** pour un produit ou un service correspond au volume total qu'achèterait un groupe de consommateurs défini, dans une zone géographique définie, au cours d'une période définie, dans un environnement marketing défini, à un niveau défini et selon divers efforts de marketing. La demande totale du marché ne correspond pas à un chiffre fixe, elle est fonction des conditions indiquées. Par exemple, la demande totale du marché pour l'année suivante en matière de téléphones multimédias dépendra de la somme que les autres fabricants dépenseront pour leur marketing. Elle dépend également de nombreux facteurs environnementaux, comme les réglementations gouvernementales, les conditions économiques et le niveau de confiance du consommateur dans un marché donné. La limite supérieure de la demande de marché est appelée le **potentiel de marché**.

Une méthode générale mais pratique que pourrait utiliser ConnectPhone pour estimer la demande totale du marché fait appel à trois variables : (1) le nombre d'acheteurs potentiels, (2) la quantité achetée par un acheteur moyen chaque année et (3) le prix d'un appareil moyen. Grâce à ces chiffres, ConnectPhone peut estimer la demande totale du marché comme suit :

$$Q = n \times q \times p$$

Où

Q = demande totale du marché
n = nombre d'acheteurs sur le marché
q = quantité achetée par un acheteur moyen chaque année
p = prix moyen d'une unité

Cette approche connaît une variation qui consiste à multiplier un nombre de base par un certain nombre de pourcentages d'ajustement. Ainsi, le produit de ConnectPhone est destiné à remplacer le téléphone des ménages, ainsi qu'à fournir une connexion Internet en continu. Seuls les ménages disposant d'un accès haut débit à Internet pourront donc l'utiliser. Enfin, tous les ménages connectés à Internet ne seront pas disposés à acheter le nouveau produit ou capables de le faire. ConnectPhone peut estimer la demande en France en faisant appel à une multiplication de pourcentages comme suit :

Nombre total de foyers français
× pourcentage de foyers français ayant un accès haut débit à Internet
× pourcentage de ces ménages disposés à payer cet appareil et capables de le faire

L'INED estime à environ 160 millions le nombre de foyers en Europe. Les études de marché montrent également que 42 % des foyers européens disposent d'un accès haut débit à Internet fin 2008[3]. Enfin, les propres recherches de ConnectPhone stipulent que 33,1 % des ménages possèdent les revenus nécessaires et sont disposés à acheter un appareil comme celui-ci. Le nombre total de ménages désireux et capables d'acheter ce produit est donc :

160 millions de foyers × 0,42 × 0,331
= 22,2 millions de foyers

Les ménages n'ont besoin que d'un seul téléphone multimédia. Si l'on suppose que le prix moyen au détail pour toutes les marques est de 750 euros pour ce produit, l'estimation de la demande totale du marché est la suivante :

22,2 millions de foyers × 1 appareil par foyer × 750 €
= 16,6 milliards €

Cette simple chaîne de calculs n'offre à Connect Phone qu'une estimation brute de la demande potentielle. Toutefois, des chaînes plus détaillées, comprenant des segments supplémentaires et d'autres facteurs d'admissibilité, produiraient des estimations plus précises et plus affinées. Pourtant, ce ne sont que des approximations du potentiel de marché. Elles se reposent lourdement sur des hypothèses au niveau des pourcentages d'ajustement, de la quantité moyenne et du prix moyen. ConnectPhone doit donc s'assurer que ces hypothèses sont raisonnables et défendables. Comme on le voit, le potentiel général du marché en matière de chiffre d'affaires peut largement varier en fonction du prix moyen utilisé. C'est pourquoi la société utilisera le potentiel de chiffre d'affaires pour déterminer son estimation des ventes l'année suivante. Le potentiel de marché en termes d'appareils est de 22,2 millions (22,2 millions de foyers × 1 appareil par foyer).

En supposant que ConnectPhone souhaite parvenir à une part de marché de 2 % (comparable à sa part sur le marché des modems Internet) la première année suivant le lancement du produit, elle peut prévoir des ventes unitaires de 22,2 millions d'unités × 0,02 = 444 000 appareils. Avec un prix de vente de 336 euros par unité, on obtient un chiffre d'affaires de 149 184 000 euros (444 000 appareils × 336 € l'unité). Pour plus de simplicité, les analyses ultérieures utiliseront des prévisions des ventes de 150 millions d'euros.

Cette estimation du volume unitaire correspond bien à la capacité de production de ConnectPhone et dépasse non seulement l'estimation du seuil de rentabilité (232 559 appareils) calculé précédemment, mais aussi le volume nécessaire pour parvenir à des bénéfices de 5 millions d'euros (290 698 appareils) ou un retour sur investissement de 30 % (267 442 appareils). Toutefois, cette prévision est loin du volume nécessaire pour parvenir à un rendement de 25 % sur les ventes (10 millions d'appareils !) et pourrait obliger ConnectPhone à revoir ses attentes.

Pour évaluer les profits attendus, nous devons désormais étudier les dépenses budgétisées pour le lancement de ce produit. Nous allons pour cela établir un compte de résultats *pro forma*.

4. Compte de résultat et budget marketing

Tous les responsables marketing doivent tenir compte de l'impact de leurs stratégies sur les bénéfices. L'un des principaux outils destinés à prévoir cet impact sur les bénéfices est un **compte de résultats *pro forma***. Celui-ci présente les prévisions de recettes moins les dépenses budgétisées et les estimations des bénéfices nets prévus pour une organisation, un produit ou une marque sur une période donnée, généralement un an. Il comprend les coûts de production directs, les dépenses marketing budgétées pour parvenir à une prévision commerciale donnée et des coûts indirects affectés au produit ou à l'organisation. Un compte de résultat est généralement composé de plusieurs grandes composantes (voir Tableau A2.1).

- *Ventes nettes*. Les recettes des ventes brutes moins les retours et dépréciations (par exemple échange, liquidités, quantité et dépréciation de promotion). Les ventes nettes de ConnectPhone pour 2010 sont estimées à 150 millions d'euros, comme indiqué par la précédente analyse.
- *Coût des marchandises vendues*. Parfois appelé *coût des ventes*, il s'agit du coût réel des marchandises vendues par un fabricant ou un revendeur. Il comprend le coût de l'inventaire, des achats et autres frais associés à la création des marchandises. Celui de ConnectPhone est estimé à 50 % des ventes nettes, soit 75 millions d'euros.
- *Marge brute (ou profit brut)*. La différence entre les ventes nettes et le coût des marchandises vendues. La marge brute de ConnectPhone est estimée à 75 millions d'euros.
- *Frais d'exploitation*. Les dépenses supportées lors de l'activité. Elles englobent toutes les autres dépenses, allant au-delà du coût des marchandises vendues, nécessaires pour mener l'activité. Les frais d'exploitation peuvent être présentés au total ou ventilés en détail. Ici, l'estimation des frais d'exploitation de ConnectPhone comprend les *dépenses marketing* et les *dépenses administratives et générales*.

Les dépenses marketing comprennent les dépenses commerciales, les dépenses de promotion et les frais de distribution. Le nouveau produit sera vendu par les commerciaux de ConnectPhone, la société budgétise donc 5 millions d'euros pour leurs salaires. Toutefois, les commerciaux pouvant gagner une commission de 10 % sur les ventes, ConnectPhone doit également ajouter une composante variable aux dépenses des ventes de 15 millions d'euros (10 % de 150 millions d'euros de ventes nettes), pour une dépense commerciale totale budgétisée à 20 millions d'euros. ConnectPhone fixe ses frais de publicité et de promotion pour lancer le produit à 10 millions d'euros. Toutefois, la société budgétise également 4 % des ventes, soit 6 millions d'euros, pour des allocations de publicité coopérative aux détaillants qui font la promotion du nouveau produit de ConnectPhone dans leur publicité. Ainsi, le total budgétisé des dépenses de publicité et de promotion s'élève à 16 millions d'euros (10 millions d'euros pour la publicité plus 6 millions d'euros en indemnités de coopération). Enfin, ConnectPhone budgétise 10 % des ventes nettes, soit 15 millions d'euros pour les frais d'expédition et de livraison. En tout, les dépenses marketing totales sont estimées à 20 millions € + 16 millions € + 15 millions € = 41 millions €.

Les dépenses administratives et générales sont estimées à 5 millions d'euros, ventilées en 2 millions d'euros pour les salaires et dépenses de gestion pour la fonction marketing et 3 millions d'euros de frais indirects alloués à ce produit par les comptables de la société (dépréciation,

Tableau A2.1
Compte de résultat *pro forma* pour la période de 12 mois au 31 décembre 2010

		% des ventes
Ventes nettes	150 000 000 €	100 %
Coût des marchandises vendues	75 000 000 €	50 %
Marge brute	75 000 000 €	50 %
Dépenses marketing		
Dépenses commerciales	20 000 000 €	
Dépenses de promotion	16 000 000 €	
Expédition	12 500 000 € 51 000 000 €	46 %
Dépenses administratives et générales		
Salaires et dépenses de gestion	2 000 000 €	
Frais indirects	3 000 000 € 5 000 000 €	2 %
Bénéfices nets avant impôts	19 000 000 €	2,6 %

intérêt, maintenance, assurance). Le total des dépenses pour l'année est donc estimé à 60 millions d'euros (41 millions € de dépenses marketing + 5 millions € de dépenses générales et administratives).

- *Bénéfices nets avant impôts*. Bénéfices gagnés après déduction de l'ensemble des coûts. Le bénéfice net estimé de ConnectPhone avant impôts est de 12,5 millions d'euros.

Dans l'ensemble, comme le montre le Tableau A2.1, ConnectPhone prévoit de gagner des bénéfices sur son nouveau produit de l'ordre de 19 millions d'euros en 2010. Remarquez également que le pourcentage des ventes représenté par chaque composante du compte de résultat est donné dans la colonne de droite. Ces pourcentages sont déterminés par la division des coûts par les ventes nettes (à savoir que les dépenses de marketing représentent 46 % des ventes nettes déterminées par 51 millions d'euros / 150 millions d'euros). Comme on le voit, ConnectPhone prévoit un rendement des bénéfices nets sur les ventes de 12,6 % la première année après le lancement de ce produit.

5. Mesure des performances du marketing

Avançons d'un an. Le produit de ConnectPhone est sur le marché depuis douze mois et la direction veut évaluer les performances de ses ventes et de ses bénéfices. Une manière d'évaluer ces performances consiste à calculer les rapports de performances du **compte de résultat** de ConnectPhone.

Lorsque le compte de résultat *pro forma* présente les performances financières *prévues*, l'état présenté au Tableau A2.2 montre les performances financières *réelles* de ConnectPhone en fonction des ventes réelles, du coût des marchandises vendues et des dépenses de l'année passée. En comparant le compte de résultat des deux périodes, ConnectPhone peut évaluer les performances par rapport aux objectifs, pointer les tendances favorables ou défavorables et prendre les mesures correctives appropriées.

Le compte de résultats montre que ConnectPhone a perdu 1 million d'euros au lieu de gagner les 12,5 millions d'euros prévus dans l'état *pro forma*. Il y a à cela une raison évidente, c'est que les ventes nettes affichent un déficit de 50 millions d'euros par rapport à l'estimation des ventes. Une baisse des ventes s'est traduite par des coûts variables inférieurs associés à la commercialisation du produit. Toutefois, les coûts fixes et le coût des marchandises vendues en pourcentage des ventes ont dépassé les attentes. La marge de contribution du produit était donc de 21 % au lieu des 26 % estimés. C'est-à-dire que les coûts variables ont représenté 79 % des ventes (55 % pour le coût des marchandises vendues, 10 % pour les commissions de vente, 10 % pour le fret et 4 % pour les provisions de coopération). Rappelez-vous que la marge de contribution peut être calculée en soustrayant cette fraction du chiffre 1 (1 – 0,79 = 0,21). Le total des coûts fixes était de 22 millions d'euros, 2 millions de plus que les estimations. On peut calculer ainsi les ventes dont ConnectPhone avait besoin pour parvenir au seuil de rentabilité, étant donné cette structure de coûts :

Ventes au seuil de rentabilité = coûts fixes / marge de contribution = 22 000 000 € / 0,21 = 104 761 905 €

Tableau A2.2
Compte de résultat pour la période de 12 mois au 31 décembre 2010

		% des ventes
Ventes nettes	100 000 000 €	100 %
Coût des marchandises vendues	55 000 000 €	55 %
Marge brute	45 000 000 €	45 %
Dépenses marketing		
Dépenses commerciales	15 000 000 €	
Dépenses de promotion	14 000 000 €	
Fret	10 000 000 € 39 000 000 €	39 %
Dépenses générales et administratives		
Dépenses et salaires de gestion	2 000 000 €	
Frais indirects	5 000 000 € 7 000 000 €	7 %
Bénéfices nets avant impôts	(1 000 000 €)	(1 %)

Si ConnectPhone était parvenu à obtenir 5 millions supplémentaires pour ses ventes, la société aurait gagné un bénéfice.

Les ventes de ConnectPhone n'ont pas atteint les prévisions, mais les ventes générales du secteur ont suivi la même tendance pour ce produit. Elles se sont limitées à 2,5 milliards d'euros. Cela signifie que la **part de marché** de ConnectPhone était de 4 % (150 millions € / 2,5 milliards € = 0,06 = 6 %), donc plus que prévu. ConnectPhone a donc atteint une part de marché supérieure aux prévisions mais les ventes globales du marché n'ont pas été aussi fortes que prévues.

5.1 Ratios d'analyse

Le compte de résultat apporte les chiffres nécessaires au calcul de certains **ratios d'exploitation** : les ratios de certains postes d'exploitation par rapport au chiffre d'affaires net. Ces ratios permettent aux spécialistes du marketing de comparer les performances de la société sur une année à celles des années précédentes (ou aux normes du secteur et aux performances des concurrents pour l'année donnée). Les ratios d'exploitation les plus usités sont le pourcentage de marge brute, le pourcentage de bénéfice net et le pourcentage de dépenses d'exploitation. La rotation des stocks et le retour sur investissement (RSI) servent également à mesurer l'efficacité de gestion.

Le **pourcentage de marge brute** indique le pourcentage de ventes nettes demeurant après le coût des marchandises vendues et qui peut contribuer aux dépenses d'exploitation et au bénéfice net avant impôt. Plus ce ratio est élevé, plus une société affiche de disponibilités pour couvrir les dépenses et générer du profit. Le ratio de marge brute de ConnectPhone était de 45 % :

Pourcentage de marge brute = marge brute
/ ventes nettes = 45 000 000 €
/ 100 000 000 € = 0,45 = 45 %

Remarquez que ce pourcentage est inférieur aux estimations et que ce ratio se constate aisément dans la colonne du pourcentage des ventes au Tableau A2.2. Indiquer les postes dans le compte de résultats en pourcentage des ventes permet aux responsables de situer rapidement des évolutions anormales des coûts. S'il y avait eu un historique pour ce produit et que ce ratio baissait, la direction devrait se pencher sur le sujet pour comprendre les raisons de la baisse (baisse du volume ou du prix des ventes, augmentation des coûts ou combinaison de ces facteurs). Dans le cas de ConnectPhone, les ventes nettes étaient de 50 millions d'euros inférieures aux estimations et le coût des marchandises vendues était supérieur aux estimations (55 % au lieu des 50 % prévus).

Le **pourcentage de bénéfice net** montre le pourcentage sur chaque euro vendu qui contribue au bénéfice. Il se calcule en divisant les bénéfices nets par les ventes nettes :

Pourcentage de bénéfice net = bénéfice net
/ ventes nettes = – 1 000 000 €
/ 100 000 000 € = – 0,01 = – 1,0 %

Ce ratio se retrouve aisément dans la colonne de pourcentage des ventes. Le nouveau produit de ConnectPhone a généré un bénéfice négatif la première année, ce qui ne constitue pas une situation convenable, étant donné que, avant le lancement du produit, les bénéfices nets avant impôts étaient estimés à 19 millions d'euros. Plus loin dans cette annexe, nous traiterons des autres analyses que doit mener le responsable marketing pour défendre le produit.

Le **taux des dépenses d'exploitation** indique la partie des ventes nettes qui contribue aux dépenses d'exploitation. Les dépenses d'exploitation comprennent les dépenses marketing et autres, qui ne sont pas directement liées à la commercialisation du produit, par exemple les frais indirects attribuables à ce produit. Elles se calculent ainsi :

Pourcentage des frais d'exploitation = total des dépenses
/ ventes nettes = 46 000 000 €
/ 100 000 000 € = 0,46 = 46 %

Ce ratio peut aussi être rapidement déterminé à partir de la colonne de pourcentage des ventes dans le compte de résultat, en ajoutant les pourcentages des dépenses marketing et des dépenses administratives et générales (39 % + 7 %). Ce sont donc 46 centimes sur chaque euro vendu qui sont allés à l'exploitation. Bien que ConnectPhone souhaite que ce ratio soit aussi faible que possible, et que 46 % ne constitue pas un chiffre alarmant, il devient préoccupant s'il augmente au fil du temps ou en cas de pertes.

Autre ratio utile, la **rotation des stocks**. Elle correspond au nombre de fois où un inventaire connaît une rotation ou est vendu au cours d'une période donnée (souvent un an). Ce taux indique la rapidité avec laquelle une activité fait évoluer l'inventaire dans l'organisation. Des taux supérieurs signalent des investissements inférieurs dans l'inventaire, ce qui libère des fonds pour d'autres investissements. Elle peut être calculée en fonction du coût, du prix de vente ou de l'unité. La formule basée sur le coût est la suivante :

Rotation des stocks = coût des marchandises vendues / inventaire moyen au coût

Supposons que les inventaires de début et de fin de ConnectPhone soient respectivement de 30 et 20 millions d'euros, la rotation des stocks est de :

Rotation des stocks = 55 000 000 € / (30 000 000 € + 20 000 000 €) / 2 = 55 000 000 € / 25 000 000 € = 2,2

Ainsi, l'inventaire de ConnectPhone a connu une rotation sur 2,2 fois en 2010. Normalement, plus la rotation est élevée, plus l'efficacité de gestion et la rentabilité de l'entreprise sont fortes. Cependant, pour déterminer si ConnectPhone se porte bien, ce taux doit être comparé aux moyennes du secteur, aux prix des concurrents et aux performances passées. Un concurrent présentant des taux similaires mais ayant une rotation des stocks supérieure disposera de moins de ressources bloquées dans l'inventaire, ce qui lui permettra d'investir dans d'autres domaines de l'activité.

Les sociétés utilisent souvent le **retour sur investissement (RSI)** pour mesurer l'efficacité de gestion et la rentabilité de la société. Pour ConnectPhone, le RSI correspond au ratio des bénéfices nets sur l'investissement requis pour fabriquer le nouveau produit. L'investissement comprend les investissements en capitaux en matière de terrains, de bâtiments et d'équipement (ici, les 10 millions d'euros initiaux pour rénover les installations de fabrication) plus les coûts d'inventaire (l'inventaire moyen de ConnectPhone totalisait 25 millions d'euros), pour un total de 35 millions d'euros. Le RSI de Connect Phone pour ce produit est donc :

Retour sur investissement = bénéfice net avant impôts / investissement = – 1 000 000 € / 35 000 000 € = – 0,286 = – 2,86 %

Le RSI sert souvent à comparer des alternatives. Les sociétés recherchent donc un RSI positif. La solution présentant le plus haut RSI est préférable aux autres. ConnectPhone doit s'inquiéter du RSI réalisé. Une manière évidente qui lui permettrait d'augmenter son RSI consisterait à augmenter le bénéfice net en réduisant les dépenses. Une autre manière consiste à réduire son investissement, par exemple en investissant moins dans l'inventaire et en le faisant tourner plus souvent.

5.2 Mesures de la rentabilité du marketing

Étant donné les résultats financiers qui précèdent, vous pensez peut-être que ConnectPhone devrait abandonner ce nouveau produit. Quels sont les arguments que les spécialistes du marketing peuvent avancer pour le conserver ou au contraire s'en défaire ? Les arguments évidents pour l'abandon du produit concernent le fait que les ventes de la première année sont bien inférieures aux niveaux attendus et que le produit a perdu de l'argent, d'où un retour sur investissement négatif.

Que se passerait-il si ConnectPhone abandonnait le produit ? Étonnamment, les bénéfices de la société dans son ensemble baisseraient de 4 millions d'euros ! Comment cela est-il possible ? Les spécialistes du marketing n'ont pas besoin de se pencher de près sur les chiffres du compte de résultats pour déterminer la *contribution marketing nette* de ce produit. Dans le cas de ConnectPhone, elle est de 4 millions d'euros. Si la société délaisse le produit, la contribution disparaît également. Voyons ce concept de plus près pour montrer comment les responsables du marketing peuvent mieux évaluer et défendre leurs stratégies et leurs programmes.

Contribution marketing nette

La **contribution marketing nette (CMN)**, associée à d'autres mesures marketing qui en sont issues, mesure la rentabilité du *marketing*. Elle ne comprend que les composantes de la rentabilité qui sont influencées par le marketing. Contrairement au calcul précédent des bénéfices nets avant impôts, tiré du compte de résultats, qui comprend les dépenses d'exploitation qui ne sont pas aux mains du marketing, la contribution marketing nette ne prend en compte que les dépenses marketing. Si l'on se reporte au compte de résultat de ConnectPhone qui apparaît au Tableau A2.2, nous pouvons calculer la contribution marketing nette du produit comme suit :

CMN = chiffre d'affaires net
– coût des marchandises vendues – dépenses marketing
= 100 millions € – 55 millions € – 41 millions €
= 4 millions €

Les dépenses marketing comprennent les dépenses commerciales (15 millions €), les dépenses de promotion (14 millions €), les dépenses de transport (10 millions €) et les salaires et les dépenses de la direction concernant la fonction marketing (2 millions €), soit un total de 41 millions d'euros.

Le produit a donc en fait contribué pour 4 millions d'euros au bénéfice de ConnectPhone. Ce sont les 5 millions d'euros de frais indirects alloués à ce produit qui ont entraîné les bénéfices négatifs. De plus, le montant alloué s'élevait à 2 millions d'euros de plus que les estimations du compte de résultats *pro forma*. En effet, si le montant alloué s'était limité à la somme estimée, le produit aurait permis de gagner un *bénéfice* de 1 million d'euros au lieu des pertes s'élevant à 1 million d'euros. Si ConnectPhone abandonne le produit, les 5 millions d'euros de frais indirects fixes ne disparaîtront pas, ils devront simplement être réaffectés. Toutefois, la contribution marketing nette de 4 millions d'euros, elle, disparaîtra.

Marge opérationnelle du marketing et investissement

Pour comprendre encore plus en détail l'impact de la stratégie marketing sur les bénéfices, nous étudierons maintenant deux mesures de l'efficacité marketing : la *marge opérationnelle du marketing* et le *retour sur investissement du marketing* (RSI marketing).

La **marge opérationnelle marketing** présente le pourcentage du chiffre d'affaires net attribuable à la contribution marketing nette. Pour notre produit, la marge opérationnelle est la suivante :

Marge opérationnelle du marketing
= contribution marketing nette
/ chiffre d'affaires net = 4 000 000 €
/ 100 000 000 € = 0,04 = 4 %

Ainsi, sur 100 euros de ventes, le produit rapporte 4 euros au résultat de ConnectPhone. Il serait souhaitable de disposer d'une marge opérationnelle marketing élevée. Mais, pour évaluer s'il s'agit d'un bon niveau de performance, ConnectPhone doit comparer ce chiffre au précédent niveau de marge opérationnelle du marketing pour le produit, aux marges opérationnelles des autres produits de la gamme de la société et aux marges opérationnelles des produits de la concurrence.

Le **retour sur investissement du marketing** mesure la productivité du marketing pour un investissement marketing. Dans le cas de ConnectPhone, l'investissement marketing concerne les 41 millions d'euros de dépenses totales. Ainsi, le RSI marketing est :

RSI marketing = contribution marketing nette
/ dépenses de marketing = 4 000 000 €
/ 41 000 000 € = 0,0976 = 9,76 %.

Comme avec la marge opérationnelle marketing, il est souhaitable de parvenir à une valeur élevée. Ce chiffre doit toutefois être comparé aux niveaux précédents pour le produit donné et aux RSI du marketing des produits de la concurrence. Vous remarquerez, à partir de cette équation, que le RSI du marketing pourrait être supérieur à 100 %. Ceci peut être obtenu en parvenant à une contribution marketing nette supérieure, à des dépenses marketing totales inférieures, ou en combinant les deux.

Dans cette partie, nous avons estimé le potentiel de marché et les ventes, développé des comptes de résultat et étudié les mesures financières des performances. Dans la prochaine partie, nous verrons les méthodes d'analyse de l'impact des diverses actions marketing.

6. Analyse financière des actions marketing

Bien que les bénéfices de la première année pour le nouveau produit de ConnectPhone aient été inférieurs aux attentes, la direction considère que ce marché attractif présente d'excellentes opportunités de croissance. Et, même si les ventes du produit ont été inférieures aux prévisions initiales, elles n'ont pas été ridicules, étant donné la taille du marché actuel. ConnectPhone veut donc explorer de nouvelles actions marketing pour faire progresser le marché de ce produit et augmenter les ventes de la société.

Ainsi, la société pourrait augmenter la publicité pour mieux faire connaître le produit et sa catégorie. Elle pourrait aussi affecter plus de personnel à sa distribution. ConnectPhone pourrait aussi baisser les prix pour toucher une clientèle plus vaste. Enfin, pour ouvrir le marché, ConnectPhone pourrait proposer un modèle moins cher en plus de l'offre initiale au tarif plus élevé. Avant d'engager l'une de ces actions, ConnectPhone doit analyser les implications financières de chacune.

6.1 Augmenter les dépenses publicitaires

Même si la plupart des consommateurs comprennent Internet et les téléphones, ils ne connaissent pas forcément les téléphones multimédias. ConnectPhone envisage donc de donner un coup de fouet à sa publicité et de communiquer sur les avantages de cet appareil en général et de sa propre marque en particulier.

Les spécialistes de ConnectPhone recommandent d'augmenter le budget publicitaire national de 50 %, pour passer à 15 millions d'euros (en supposant que la composante coopérative variable des dépenses de promotion ne change pas), soit une augmentation des coûts fixes de 5 millions d'euros. De combien faudra-t-il augmenter les ventes pour arriver au seuil de rentabilité suite à cette augmentation de 5 millions d'euros de coûts fixes ?

Pour répondre rapidement à cette question, il est possible de diviser l'augmentation des coûts fixes par la marge de contribution, que nous avons évaluée dans une précédente analyse à 21 % :

Augmentation des ventes = augmentation des coûts fixes / marge de contribution = 5 000 000 € / 0,21 = 23 809 524 €

Ainsi, une augmentation de 50 % des budgets publicitaires doit produire une augmentation des ventes de près de 24 millions d'euros pour simplement arriver au seuil de rentabilité. Cette augmentation se traduit par une hausse de la part de marché de près de 1 point en pourcentage (1 % du marché global de 2,5 milliards d'euros égale 25 millions d'euros). Ainsi, pour parvenir au seuil de rentabilité avec l'augmentation du budget publicitaire, ConnectPhone doit faire passer sa part de marché de 4 % à 4,95 % (123 809 524 € / 2,5 milliards € = 0,0495, soit 4,95 % de part de marché). Tout ceci suppose que le marché global ne va pas progresser, hypothèse très difficile à établir.

6.2 Augmenter la couverture de distribution

ConnectPhone veut aussi envisager d'embaucher du personnel pour créer de nouveaux comptes chez les détaillants et accroître la distribution dans de nouveaux points de vente. Même si ConnectPhone vend directement aux grossistes, ses commerciaux contactent des détaillants pour effectuer d'autres types d'opérations, par exemple la formation des vendeurs. Actuellement, ConnectPhone emploie 60 commerciaux, qui gagnent en moyenne un salaire annuel de 50 000 euros et une commission de 10 % sur les ventes. Le produit est actuellement vendu à des consommateurs dans 1 875 points de vente. Supposons que ConnectPhone veuille faire passer ce nombre de points de vente à 2 500, soit 625 de plus. De combien de commerciaux supplémentaires la société aura-t-elle besoin et quel sera le niveau de ventes nécessaire pour parvenir au seuil de rentabilité avec le nouveau coût ?

L'une des méthodes permettant de déterminer le nombre de commerciaux dont ConnectPhone aura besoin s'intitule la **méthode de la charge de travail**. Elle fait appel à la formule suivante pour déterminer le nombre de commerciaux nécessaires :

$$NR = NC \times FC \times LC / TA$$

où

NR = nombre de commerciaux
NC = nombre de clients
FC = fréquence moyenne de visites clients par représentant
LC = longueur moyenne d'une visite clientèle
TA = temps annuel consacré par un commercial moyen à la vente

Les commerciaux de ConnectPhone contactent généralement les comptes en moyenne vingt fois par an pendant environ deux heures à chaque fois. Bien que chaque commercial travaille 1 610 heures par an (46 semaines par an × 35 heures par semaine), ils passent environ 15 heures par semaine à des activités qui ne sont pas liées à la vente, comme des tâches administratives et des déplacements. Ainsi, le temps annuel moyen disponible pour la vente pour chaque commercial est de 900 heures (46 semaines × 20 heures par semaine). Nous pouvons désormais calculer le nombre de représentants dont ConnectPhone a besoin pour couvrir les 2 500 points de vente prévus :

NR = 2 500 × 20 × 2 / 960 = 105 commerciaux

ConnectPhone devra donc embaucher 45 commerciaux supplémentaires. Le coût de cette embauche s'élèvera à 2,25 millions d'euros (45 commerciaux × 50 000 euros de salaire par commercial).

De combien faudra-t-il donc augmenter les ventes pour parvenir au seuil de rentabilité du fait de cette augmentation des coûts fixes ? La commission de 10 % est déjà prise en compte dans la marge de contribution, cette dernière reste donc inchangée à 21 %. L'augmentation des ventes nécessaire pour couvrir cette augmentation des coûts fixes peut donc être calculée comme suit :

Augmentation des ventes = augmentation des coûts fixes / marge de contribution = 2 250 000 € / 0,21 = 10 714 290 €

Ainsi, les ventes de ConnectPhone doivent progresser de plus de 10 millions d'euros pour parvenir au seuil de rentabilité avec cette tactique. Combien de nouveaux points de vente la société devra-t-elle s'assurer pour parvenir à cette augmentation des ventes ? Les recettes moyennes générées par un point de vente actuel s'élèvent à 53 333 euros (100 millions d'euros de ventes divisés par 1 875 points de vente). Pour parvenir à l'augmentation de près de 5 millions d'euros de ventes nécessaire pour parvenir au seuil de rentabilité, ConnectPhone aurait besoin d'environ 200 nouveaux établissements (4 761 905 € / 53 333 € = 200,8 points de vente), soit environ 4,5 points de vente par nouveau commercial. Étant donné que les commerciaux actuels traitent environ 31 points de vente chacun (1 875 points de vente / 60 représentants), cela paraît très raisonnable.

6.3 Diminuer le prix

ConnectPhone envisage également d'abaisser ses prix pour augmenter ses recettes par un volume plus important. Les études de marché de la société ont montré que la demande pour la plupart des types d'appareils électroniques de grande consommation est élastique, c'est-à-dire que l'augmentation en pourcentage de la quantité demandée est supérieure à la baisse en pourcentage des prix.

Quelle serait donc l'augmentation des ventes nécessaire pour parvenir au seuil de rentabilité suite à une diminution des prix de 10 % ? En fait, de combien faut-il augmenter les ventes pour maintenir la contribution totale que ConnectPhone a réalisée avec son prix supérieur ? La contribution totale actuelle peut être déterminée en multipliant la marge de contribution par les ventes totales :

Contribution totale actuelle = marge contributive × ventes = 0,21 × 100 millions € = 21 millions €

Un changement du prix entraîne un changement de la contribution unitaire et de la marge contributive. Rappelez-vous que la marge de contribution de 21 % s'appuyait sur des coûts variables représentant 79 % des ventes. Ainsi, les coûts variables unitaires peuvent être déterminés en multipliant le prix initial par ce pourcentage : 336 € × 0,79 = 265,44 € l'unité. Si l'on diminue le prix de 10 %, le nouveau prix est égal à 302,40 euros. Toutefois, les coûts variables ne changent pas simplement parce que le prix a baissé. La baisse de la contribution et de la marge contributive est donc la suivante :

	Ancien	Nouveau (baisse de 10 %)
Prix	336 €	302,40 €
Coût variable unitaire	265,44 €	265,44 €
Contribution unitaire	70,56 €	36,96 €
Marge contributive	70,56 € / 336 € = 0,21 ou 21 % 36,96 € / 302,40 € = 0,12 ou 12 %	36,96 €

Une réduction des prix de 10 % entraîne donc une baisse de la marge contributive, qui passe de 21 à 12 %. Pour déterminer le niveau de ventes nécessaire pour parvenir au seuil de rentabilité, même avec cette réduction des prix, nous calculons le niveau des ventes qui doit être atteint à la nouvelle marge contributive pour parvenir à la contribution totale initiale de 21 millions d'euros :

Nouvelle marge contributive
× nouveau niveau des ventes
= contribution totale initiale

Ainsi,

Nouveau niveau des ventes = contribution initiale
/ nouvelle marge contributive = 21 000 000 €
/ 0,12 = 175 000 000 €

Ainsi, les ventes doivent augmenter de 75 millions d'euros (175 millions € – 100 millions €) simplement pour parvenir au seuil de rentabilité après une réduction des prix de 10 %. Cela signifie que ConnectPhone doit faire progresser sa part de marché à 7 % (175 millions € / 2,5 milliards €) pour parvenir au niveau actuel de bénéfices (en supposant une stabilité des ventes totales sur le marché). Le responsable marketing doit évaluer s'il s'agit ou non d'un objectif raisonnable.

6.4 Élargir la gamme des produits

Enfin, ConnectPhone envisage d'élargir sa gamme de produits en proposant un modèle moins cher. Bien entendu, ce nouveau produit déroberait des parts de marché au modèle supérieur. C'est ce qu'on appelle la **cannibalisation** : une situation dans laquelle un produit vendu par une société tire une partie de ses ventes des autres produits de la société. Si le nouveau produit présente une contribution inférieure à celle du produit initial, la contribution totale de la société diminue sur les ventes cannibalisées. Toutefois, si le nouveau produit est capable de générer suffisamment de volume nouveau, il peut être utile d'en tenir compte.

Pour évaluer la cannibalisation, ConnectPhone doit étudier la contribution incrémentale obtenue du fait que la société dispose de deux produits. Dans la précédente analyse, nous avons vu que les coûts variables unitaires s'élevaient à 265,44 euros et que la contribution unitaire dépassait à peine les 70 euros. En supposant que les coûts restent identiques l'année suivante, ConnectPhone peut s'attendre à réaliser une contribution unitaire d'environ 70 euros pour chaque unité vendue du produit initial.

Supposons que le premier modèle proposé par ConnectPhone s'appelle le MP1 et que le nouveau modèle, moins cher, s'appelle le MP2. Le MP2 se vendra au détail à 400 euros et les revendeurs prendront les mêmes pourcentages de majoration sur le prix qu'avec le modèle supérieur. Toutefois, le prix du MP2 pour les grossistes sera de 224 euros comme suit :

Prix de détail : 400 €
– marge de détail (30 %) : – 120 €

Coût du détaillant/prix du grossiste : 280 €
– marge du grossiste (20 %) : – 56 €

Coût du grossiste/prix de ConnectPhone : 224 €

Si les coûts variables du MP2 sont estimés à 174 euros, sa contribution unitaire sera égale à 50 euros (224 € – 174 € = 50 €). Cela signifie que, pour chaque unité cannibalisée par le MP2, ConnectPhone *perdra* 20 euros en contribution envers les coûts fixes et le bénéfice (c'est-à-dire, $\text{contribution}_{MP2} - \text{contribution}_{MP1}$ = 50 € – 70 € = – 20 €). Vous pourriez en conclure que ConnectPhone ne doit pas poursuivre cette tactique car il semble que la société se portera moins bien si elle introduit le modèle à bas prix. Toutefois, si MP2 capture suffisamment de ventes *supplémentaires*, ConnectPhone se portera mieux, même si les ventes du MP1 sont cannibalisées. La société doit étudier ce qui se passera pour la contribution *totale*, ce qui nécessite des estimations du volume unitaire des deux produits.

Initialement, ConnectPhone a estimé que les ventes de l'année suivante pour le MP1 seraient de 600 000 unités. Toutefois, avec l'introduction du MP2, elle suppose désormais que 200 000 de ses ventes seront cannibalisées par le nouveau modèle. Si ConnectPhone ne vend que 200 000 unités du nouveau MP2 (toutes cannibalisées du MP1), la société perdrait 4 millions d'euros en contribution totale (200 000 unités × – 20 € par unité cannibalisée = – 4 millions €), ce qui n'est pas une issue favorable. Toutefois, ConnectPhone estime que le MP2 générera les 200 000 ventes cannibalisées plus la vente de 500 000 unités *supplémentaires*. La contribution sur ces MP2 supplémentaires sera donc de 25 millions d'euros (soit 500 000 unités × 50 € par unité = 25 millions €). L'effet net est que ConnectPhone gagnera 21 millions d'euros de contribution totale en introduisant le MP2.

Le tableau suivant compare la contribution totale de ConnectPhone avec et sans l'introduction du MP2.

	MP1 uniquement	**MP1 et MP2**
Contribution du MP1	600 000 unités € 70 € = 42 000 000 € 400 000 unités € 70 € = 28 000 000 €	
Contribution du MP2	0 700 000 unités × 50 € = 35 000 000 €	
Contribution totale	42 000 000 €	63 000 000 €

La différence dans la contribution totale est un gain net de 21 millions d'euros (63 millions € – 42 millions €). Selon cette analyse, ConnectPhone doit introduire le MP2 car il entraîne une contribution incrémentielle positive. Toutefois, si les coûts fixes augmentent de plus de 21 millions d'euros en conséquence de l'ajout de ce modèle, l'effet net sera négatif et ConnectPhone ne devra pas poursuivre cette stratégie.

Vous avez vu ici un exemple concret des analyses d'actions marketing en application sur le nouveau produit de ConnectPhone.

Index des notions

Index des entreprises, des marques et des produits